Traité des constitutions et institutions politiques et publiques du Congo-Brazzaville

Tome 2

Le droit aujourd'hui

La collection « Le droit aujourd'hui » regroupe des études juridiques concernant des problèmes d'actualité nationale et internationale, dans divers domaines (éthique, politique, questions de société…).

Déjà parus

Carine VAYSSE, *La théorie générale du contrat administratif*, 2022.
Thomas LARDEUX, *La sécurité juridique et le contentieux international des investissements*, 2021.
Coffi Dieudonné ASSOUVI, *L'influence du droit international des changements climatiques sur le droit de l'environnement de l'Union européenne*, 2021.
Zohra Aziadé ZEMIRLI, *Le statut juridique des non-musulmans en Algérie. L'exemple des évangéliques et des ahmadis,* 2020.
Moustapha KAMARA, Jean Baptiste BERTRAND, avec la collaboration de Samba Thiam et Isabel Falconer, *Le contentieux international du transfert des joueurs, Football et autres sports collectifs, Nouvelle édition revue et augmentée,* 2020.
Béatrice Blohorn-Brenneur (dir.), *Médiation, cultures et religions*, 2020.
Marion Brosset Briand, Antonin Crinon, Élodie Delacoure et Émilie Delcher (dir.), *Le nombre et le droit*, 2020.
Mickaël Le Borloch, *L'application du droit d'auteur aux hyperliens, Analyse de droit français et de droit américain*, 2019.
Romain Feydel, *La société de libre partenariat. Régime juridique et fiscal*, 2019.
Arafat Abi, *La protection des droits des migrants, Interactions entre la protection des droits de l'homme et la protection diplomatique et consulaire*, 2019.
Georges Labrecque, *Les cours d'eau internationaux. Étude jurisprudentielle*, 2019.
Fabien Bottini, *Droits fondamentaux et crise(s) des solidarités*, 2019.
Hadi Azari, *La demande reconventionnelle devant la Cour internationale de Justice,* 2018.

Wilfrid MBILAMPINDO

Traité des constitutions et institutions politiques et publiques du Congo-Brazzaville

Tome 2

Le cadre juridique actuel

Préface de Patrice Ndiaye

L'Harmattan

5-7, rue de l'Ecole-Polytechnique, 75005 Paris

www.editions-harmattan.fr

ISBN : 978-2-343-24036-7
EAN : 9782343240367

A Liwata Alphonse.
Ce patriarche qui, sous une pluie fine d'octobre,
guida mes premiers pas sur le chemin de l'école à N'kassa !

A
Steeve Bona Barnabé,
Angela Euphrasie,
Lohiselle Sloane,
Modestine Prétronile,
Tous Mbilampindo !

Remerciements

Mes sincères remerciements à :

- *Patrice Ndiaye, qui a accepté de préfacer cet ouvrage, ainsi que pour sa gentillesse.*

- *Iwandza Arthur Alain Christian pour la disponibilité dont il a fait preuve dans la collecte des informations et la mise à disposition de quelques documents et matériaux qui ont servi à l'ébauche et à la réalisation de cet ouvrage. Je n'oublie pas Sophie Béatrice Patricia Dhédet et Yanis, pour la générosité et l'hospitalité dont ils font preuve.*

- *Michel Nkaya, Ebiatsa Hopiel, Ossiya Ongagna Yoka pour nos fructueux échanges et leurs encouragements.*

- *Philippe Moukoko, dont les conseils ont été une source de motivation dans la réalisation de cet ouvrage.*

- *Zambo Nnanga d'Atuisi, Efulan-Metet, Mbalmayo (Cameroun), et l'Association Panafricaine Alliance Tribale (PAT) dont les activités ont été une source précieuse d'inspiration, notamment dans sa dimension afrocentriste.*

- *A tous les miens, pour leur sollicitude !*

« L'homme en tant qu'individu, fait d'os et de chair,
De moelle et de nerfs, de peau recouverte de poils et de cheveux,
se nourrit d'aliments et de boissons.
Mais son « âme », son esprit vit de trois choses :
Voir ce qu'il a envie de voir,
Dire ce qu'il a envie de dire et
faire ce qu'il a envie de faire.
Si une seule de ces choses venait à manquer à l'âme humaine,
elle en souffrirait et s'étiolerait sûrement. »

(Charte de Manden, ou du kurukan fuga, art. 7,
1ère déclaration des droits humains, au monde 1222).

Après l'obtention d'une licence en droit public à la faculté de droit de Brazzaville (1987), Wilfrid MBILAMPINDO a poursuivi son cursus universitaire à la faculté de droit et des sciences économiques de Montpellier où il obtenait successivement une maîtrise en droit public (1989), un DEA en droit public de l'entreprise (1990), un DESS en droit de la construction, urbanisme, aménagement et environnement (1991). Il soutenait brillamment une thèse de doctorat en droit public en 1995.

Wilfrid MBILAMPINDO passait le Certificat d'aptitude à la profession d'avocat (CAPA) et prêtait serment en 1996. Il est inscrit au barreau de Montpellier et ancien membre du Conseil de l'ordre. Spécialiste en droit public, son activité professionnelle est tournée vers le conseil, l'assistance juridique et la représentation en justice aussi bien des particuliers, des organismes publics que des entreprises. Il assure des missions de formation auprès du personnel des collectivités locales (au CNFPT) et des entreprises, parallèlement à ses activités de chargé d'enseignements à l'institut de management de l'Université de Montpellier (MOMA).

Wilfrid MBILAMPINDO est l'auteur de plusieurs publications en droit congolais et en droit français. Conseiller municipal, il est aussi grand électeur.

Préface

Tout comme le lecteur qu'il précède, le préfacier est saisi d'un sentiment mêlé d'attirance et de répulsion à la découverte du traité des constitutions et institutions politiques et publiques du Congo-Brazzaville rédigé par Wilfrid Mbilampindo.

Plus de 1300 pages ! Cela peut décourager les potentiels lecteurs qui impressionnés n'oseront pas s'attaquer à un tel monument de peur de s'y perdre et préféreront le reposer après l'avoir rapidement parcouru. Passée cette première réaction, le lecteur qui ouvrira la somme sur les constitutions et institutions publiques congolaises (République du Congo ou Congo-Brazzaville ou plus rarement Congo français par opposition à l'autre République congolaise située sur la rive gauche du fleuve Congo), au fil des pages, s'avèrera relativement surpris de la lecture aisée, voire agréable et, en tous cas, édifiante pour toutes celles et tous ceux qui s'intéressent au droit constitutionnel et des institutions en général et au Congo en particulier.

Le mérite en revient bien sûr à l'auteur. Wilfrid Mbilampindo maîtrise évidemment la matière. Docteur en droit public de l'Université de Montpellier avec une thèse soutenue voilà plus d'un quart de siècle sur les rapports entre marchés publics et comptabilité publique sous la direction de Michel Guibal, éminent représentant de l'école montpelliéraine des contrats administratifs fondée par le doyen Georges Péquignot dans l'immédiat après seconde guerre mondiale, il est rompu à l'exercice de la recherche universitaire où l'érudition et la précision du propos ne doivent rien enlever à sa clarté. Cette maîtrise de la théorie juridique, il la complète utilement par une expérience quotidienne du droit public en tant que praticien au barreau de Montpellier depuis là aussi un nombre respectable d'années. Enfin, Wilfrid Mbilampindo a toujours montré un intérêt pour la transmission de la science juridique, comme en attestent les interventions qu'il a assurées et continue d'assurer en droit constitutionnel de la Ve République ou en droit administratif général auprès d'étudiants de la Faculté de droit et de science politique ou de l'Institut Montpellier Management de l'Université de Montpellier.

Outre la qualité scientifique de l'auteur, l'intérêt et l'originalité de l'ouvrage tiennent à sa volonté affirmée de tendre vers l'exhaustivité. L'auteur nous prend littéralement par la main et nous conduit à visiter sur près de 5 siècles, les institutions et constitutions congolaises de la période précoloniale des chefferies et royautés au scrutin présidentiel de mars 2016 et la crise postélectorale qui s'ensuivit en passant par les différentes constitutions et les régimes politiques du Congo indépendant. Et l'histoire politique et constitutionnelle de ce pays est riche sur un peu plus d'un demi-siècle d'une dizaine de constitutions ordinaires et presque autant de constitutions provisoires et actes fondamentaux, de régimes présidentiels, de régimes militaires et même du socialisme bantou.

Mais cette succession de constitutions, régimes, idéologies fait l'objet par l'auteur d'une analyse juridique rigoureuse et méthodique qui permet d'aller à la racine des choses et d'en comprendre aisément la substance. En effet, Wilfrid Mbilampindo mobilise les différentes branches du droit public interne et leurs méthodes ; le droit constitutionnel bien sûr, mais aussi le droit administratif institutionnel et matériel. Le droit international public est également convoqué à propos des traités conclus, au nom de la France, par Pierre Savorgnan de Brazza avec le roi téké, le Makoko Iloo en 1880 ou de la conventionnalité de la détention d'un candidat à la présidentielle de mars 2016 ou encore du débat sur le « génocide » des Laris.

A priori l'ampleur de l'approche pourrait présenter le risque de conduire le lecteur à subir une description sans relief du sujet traité, à voir défiler les constitutions et les régimes *ad nauseam*. Il en va bien différemment ! L'auteur met un point d'honneur à présenter de manière synthétique les constitutions et institutions décrites et à nous livrer son analyse critique fondée sur une argumentation solidement étayée. Ainsi la criminalisation de la violation de l'immunité juridictionnelle du Président de la République par l'article 96 alinéa de la constitution de 2015 ou la commission nationale de la transparence et de responsabilité dans la gestion des finances publiques pour ne se limiter qu'à ces exemples passent au crible d'une critique juridique serrée qui emportera l'adhésion du lecteur peut-être, mais s'appuiera toujours sur un argumentaire posé, sérieux, cohérent et précis.

Celui auquel l'auteur a eu l'amabilité, ou l'inconscience, de demander d'écrire quelques mots ne voudrait pas retenir ici plus longtemps le lecteur, mais bien l'assurer qu'il prendra grand plaisir à voyager dans cet ouvrage qui s'il se pare de la rigueur de la science juridique ne verse à aucun moment dans la fausse érudition. Le lecteur retrouvera tout au long de son parcours, outre la passion pour le droit non pas pour lui-même, mais pour ce qu'il nous dit des femmes et des hommes à un moment donné de leur histoire, dans une société précise, de quoi nourrir sa réflexion sur la chose publique en général et plus particulièrement dans cette partie du sol africain, le long du fleuve Congo, de Pointe-Noire à Bétou, d'Eghui à Liranga.

Patrice Ndiaye,
Maître de conférences HDR à
L'Université de Montpellier
Ancien Doyen de la faculté d'AES,
Co-Directeur du Master Management public territorial

Avant-propos

Le lecteur est avisé que cet ouvrage n'est pas un traité de droit constitutionnel et institutions politiques, au sens strict d'une discipline fondamentale enseignée dans les facultés de droit et de science politique. Il se propose d'aborder et d'examiner, sans forcément être exhaustif, les différentes constitutions et les institutions politiques et publiques du Congo, dont la capitale est Brazzaville, depuis la République naissante et l'accession à la souveraineté internationale le 15 août 1960. Cela sans éclipser la période préindépendance.

Dès lors, par constitution, nous entendons ici la plus haute norme ou la loi fondamentale d'un Etat ; tant au sens matériel, comme un ensemble de règles *« relatives aux principaux organes de l'Etat, à leur construction, à leurs compétences, à leur fonctionnement et à leurs rapports »*[1] *;* qu'au sens formel d'un acte écrit (pas forcément), *« élaboré le plus souvent et en tout cas toujours révisé selon une procédure spéciale et contenant par la suite des règles de droit ayant une valeur juridique supérieure à toutes les autres règles de droit »*[2]. La constitution définit aussi les droits et les libertés des citoyens, ainsi que leurs devoirs vis-à-vis d'autrui ou de la collectivité.

Mais, la constitution n'est pas le fruit de la providence. Elle est le produit de l'histoire, le reflet d'une société à un moment donné de son histoire. Elle est consubstantielle à l'histoire et surtout au contexte dans lequel elle intervient. Ce contexte peut être strictement national ou, dans un monde devenu un immense village planétaire, régional, voire international. Elle véhicule aussi une dimension philosophique. Elle est la matérialisation de l'idée, de la conception du système institutionnel ou du régime que son auteur veut forger et donner à la société, à l'Etat.

Dans le cas du Congo, l'étude des constitutions que le pays a connues et connait ne peut pas formellement se limiter à une approche classique du concept. Elle doit intégrer, compte-tenu des particularités de son histoire institutionnelle et politique, d'autres types de textes qui, au gré des circonstances et des péripéties de cette même histoire, en tiennent lieu. Il s'agit en l'occurrence du procédé de l'acte fondamental conçu ou confectionné en période de crise pour définir les règles et les mécanismes de fonctionnement de l'Etat et des institutions de la République à titre transitionnel ou provisoire, se substituant à l'ordre constitutionnel établi.

---

[1] Cf. J. Cadart, *« institutions politiques et droit constitutionnel »*, LGDJ, Paris, 1979, p.118 et suivantes.
[2] Idem.

Ensuite, par institutions, il s'agit d'appréhender, non pas une donnée, ni un phénomène, mais une réalité conçue et établie par la volonté de l'homme et qui a vocation à se pérenniser moyennant d'utiles adaptations ou aménagements en fonction de l'évolution des faits et de la fuite du temps.

De cette réalité, il est permis de distinguer classiquement les institutions-organes et des institutions-mécanismes. La première catégorie (qu'il ne faut pas confondre avec les organes des institutions) désigne les différents organismes établis par la volonté de l'homme dans la sphère sociale, économique, politique, familiale ou culturelle. Pour ce qui nous concerne, nous pouvons citer au titre de la sphère politique, les institutions comme le parlement, l'exécutif, le président de la République, le gouvernement, la justice, les partis et groupements politiques, etc. La seconde catégorie renferme les différents mécanismes ou les différentes normes, règles ou principes qui régissent le fonctionnement des institutions-organes ou les rapports entre les différents organes et ceux qu'ils entretiennent avec les citoyens. Toutefois, ces deux catégories peuvent s'imbriquer[3].

Certaines institutions ont un caractère éminemment politique, d'autres revêtent un caractère administratif, juridictionnel, économique ou social qu'il conviendra d'examiner à travers des textes constitutionnels ou en tenant lieu, des textes comme les actes fondamentaux ou des normes conventionnelles internationales incorporées au droit positif congolais et relevant du droit public ou du droit privé (cette dernière catégorie ne nous intéresse pas).

Par ailleurs, nous n'avons eu aucune prétention ni une ambition savante pour concevoir cet ouvrage. Il s'agit simplement d'une passion, qui nous anime, d'apporter notre modeste contribution à l'étude du droit congolais en général et du droit public en particulier. Cela, sans chercher à en épuiser tous les contours. Il s'adresse à tous ceux qui (étudiants, universitaires, praticiens du droit, femmes et hommes politiques, tout citoyen du Congo ou d'ailleurs) manifesteraient un réel intérêt pour le Congo et ses institutions.

Nous sommes aussi conscients des lacunes et des imperfections qu'une œuvre d'une telle ampleur peut comporter. Pour ce faire, nous sommes ouverts aux critiques d'où qu'elles viendraient. Pourvu qu'elles soient constructives, objectives, dépassionnées, courtoises, non stériles. Qu'elles fassent avancer et enrichir le débat intellectuel, le débat d'idées, le débat doctrinal. Nous attendons aussi et surtout des témoins et acteurs de l'histoire institutionnelle et politique du Congo, encore présents sur cette terre des hommes, de partager leur vécu et leur expérience à la postérité dans la relation du récit national. Enfin, nous ne présentons pas ici une

---

[3] Cf. J. Cadart, op. cit. p.42 et suivants.

nouvelle thèse de doctorat en droit, plus de vingt-cinq ans après avoir soutenu la nôtre à la faculté de droit de l'Université de Montpellier I. Sans être iconoclaste, notre seul crédo c'est la recherche, rien que la recherche.

Montpellier, 1er octobre 2021

Wilfrid Mbilampindo
Docteur en Droit Public
Avocat au Barreau de Montpellier
Ancien membre du Conseil de l'ordre
Chargé d'enseignements à l'Université de Montpellier
Conseiller municipal.

Le présent volume s'inscrit dans le prolongement du précédent. Il est consacré, dans le cadre de la constitution du 25 octobre 2015, à l'organisation des pouvoirs publics (1ère partie), aux institutions de la démocratie participative (2ème partie), aux autorités administratives indépendantes (3ème partie), à la force publique (4ème partie) et à l'administration territoriale de la République (5ème partie).

Toutefois, il n'est pas exclu que certains développements se rapportent aux périodes précédentes pour une meilleure compréhension des sujets abordés.

Première partie : L'organisation des pouvoirs dans la constitution de 2015

Il sera question d'identifier le régime politique institué dans le cadre de la redistribution des pouvoirs, entre les différents organes de l'Etat, et leurs interactions sous l'empire de la constitution du 25 octobre 2015.

Titre 1er : L'instauration d'un présidentialisme tempéré

La constitution du 25 octobre 2015 distingue 3 organes de l'Etat qui incarnent respectivement le pouvoir exécutif (titre IV de la constitution), le pouvoir législatif (titre V de la constitution) et le pouvoir judiciaire (titre VI de la constitution). Elle instaure un régime présidentialiste tempéré. Les éléments de tempérament de ce présidentialisme se trouvent au sein même du pouvoir exécutif ainsi qu'à travers le contrepoids des autres organes du pouvoir de l'Etat, notamment de l'Assemblée nationale.

Chapitre 1er : Un exécutif quasi tricéphale

La constitution du 25 octobre 2015 confirme, ce qui est devenu un classique au Congo, la prééminence du Président de la République au sein du pouvoir exécutif. Cette prépondérance est, dans une certaine mesure, tempérée par l'institution de la fonction de Premier ministre, chef du gouvernement. Dans la pratique, ce dernier se voit adjoindre un Vice-Premier Ministre ; ce qui est une grande première dans l'histoire constitutionnelle et politique du Congo.

Section 1 : Le Président de la République, chef de l'exécutif

La place du Président de la République dans la constitution du 25 octobre 2015 est circonscrite à travers son mode de désignation incluant son mandat, la gestion constitutionnelle de la vacance du pouvoir présidentiel et surtout, les prérogatives qui lui sont dévolues en sa qualité de chef de l'Etat.

§ 1 : L'élection et le mandat du Président de la République

Le Président de la République est investi d'un mandat. Celui-ci procède de son élection par le peuple. C'est la source de sa légitimité.

A). Le mandat présidentiel

Le mandat du Président de la République sera cerné au regard de sa durée et de sa limitation constitutionnelle.

I). La durée et le nombre de mandats présidentiels

Aux termes des dispositions de l'article 65, le Président de la République est élu au suffrage universel direct pour un mandat de 5 ans, renouvelable deux fois. Il peut donc être réélu et demeuré au pouvoir pendant 15 ans si le peuple lui apporte sa grâce. Il y a sur ce point un subtil changement par rapport à l'article 57 de la constitution du 20 janvier 2002 qui prévoyait un septennat renouvelable une fois. Ce qui revient presque au même nombre d'années en cas de réélection (15-1= 14), avec une année de plus dans la constitution de 2015.

Par ailleurs, il est significatif de souligner que la constitution du 25 octobre 2015 a fait sauter le verrou de l'irrevisabilité constitutionnelle relativement à la limitation du nombre de mandats. Alors que l'article 185 de la constitution du 20 janvier 2002 interdisait, comme nous l'avons déjà évoqué, toute révision constitutionnelle, lorsqu'elle porte entre autres sur le nombre de mandats du Président de la République[4], l'article 240 de la constitution de 2015 exclut désormais la limitation des mandats présidentiels du bloc de l'irrevisabilité constitutionnelle[5]. Cela lui donne la possibilité de réviser la constitution au cours de son dernier mandat, en espérant d'être réélu, s'il veut se maintenir au pouvoir. Il y a là un risque sérieux d'insécurité constitutionnelle et de crise institutionnelle. Cette disposition supprime également l'interdiction de révision portant sur les droits énoncés aux titres I et II de la constitution, sans qu'on ne comprenne la pertinence d'un tel retrait.

II). La prolongation du mandat présidentiel

Pour éviter la vacance du pouvoir, le 2ème alinéa de l'article 65 prévoit que la fin du mandat du Président de la République en exercice doit coïncider avec la prise effective des fonctions du Président élu. Donc, le Président sortant demeure en poste jusqu'à l'installation officielle de son successeur élu. Aux termes des dispositions de l'article 69, le premier tour du scrutin a lieu trente (30) jours au moins, et quarante (40) jours au plus, avant la date d'expiration du mandat du Président sortant.

La constitution prévoit la possibilité de prolonger le mandat du Président de la République en cas de force majeure reconnue et déclarée par la Cour constitutionnelle ou en cas d'annulation du scrutin.

a). Le cas de décès ou d'empêchement d'un candidat à l'élection présidentielle

Conformément aux dispensions de l'article 70 de la constitution, le mandat du Président de la République peut être prolongé jusqu'à la prestation de serment de son successeur élu, après le report de l'élection présidentielle sur décision de la Cour constitutionnelle, en cas de décès ou d'empêchement d'un candidat avant le 1er tour. Il en est de même, après la reprise de l'ensemble des opérations électorales suite au décès ou à

---

4 *« L'initiative de la révision de la Constitution appartient, concurremment, au Président de la République et aux membres du Parlement.*
Aucune procédure de révision ne peut être engagée ou poursuivie lorsqu'il est porté atteinte à l'intégrité du territoire.
La forme républicaine, le caractère laïc de l'Etat, le nombre de mandats du Président de la République ainsi que les droits énoncés aux titres I et II ne peuvent faire l'objet de révision ».

5 *« L'initiative de la révision de la Constitution appartient concurremment au Président de la République et aux membres du Parlement.*
Aucune procédure de révision ne peut être engagée ou poursuivie en période d'intérim ou lorsqu'il est porté atteinte à l'intégrité du territoire national.
La forme républicaine et le caractère laïc de l'Etat ne peuvent faire l'objet de révision ».

l'empêchement définitif de l'un des deux candidats restés en lice pour le 2ème tour[6].

Dans un cas comme dans l'autre, le scrutin doit avoir lieu dans un délai de 90 jours à compter de la décision de la Cour constitutionnelle. Si le décès doit être attesté par un certificat du médecin légiste, les cas d'empêchement définitif sont laissés à l'appréciation souveraine de la Cour constitutionnelle au regard entre autres des conditions d'aptitude requises pour exercer les fonctions de Président de la République. La Cour constitutionnelle statue sur saisine soit du Président de la République, soit du Président de l'Assemblée nationale ou du Sénat, soit de tout intéressé. Cette dernière catégorie de personnes habilitées à saisir la Cour constitutionnelle pour proroger le délai de l'élection présidentielle peut d'emblée être interprétée comme étant réservée aux personnes ayant été admises à faire acte de candidature. Mais, tout citoyen congolais inscrit sur les listes électorales donc jouissant de ses droits civils et politiques a un intérêt légitime lui conférant le droit de saisir la Cour constitutionnelle aux fins de constater l'événement qui justifierait le report de l'élection présidentielle.

b). Le cas d'annulation du scrutin présidentiel.

Un autre motif de prolongation du mandat du Président de la République en exercice réside dans l'annulation du scrutin en application de l'article 73 de la constitution. Ainsi donc, en cas d'annulation de l'élection, de nouvelles élections sont organisées dans un délai de quarante-cinq (45) jours au moins et quatre-vingt-dix (90) jours au plus, à compter de la notification de la décision de la Cour constitutionnelle au Président de la République en fonction. Dans ce cas, le Président de la République en exercice reste également en fonction jusqu'à la prestation de serment de son successeur élu.

c). Le cas de décès ou d'empêchement du président élu avant la prise de fonctions.

L'article 74 de la constitution de 2015 prévoit également la possibilité de prolonger le mandat du président de la République en cas de décès ou d'empêchement définitif du Président de la République élu avant son entrée en fonction. Il est procédé dans ce cas à de nouvelles élections dans un délai de quarante-cinq (45) à quatre-vingt-dix (90) jours à compter de la notification au Président de la République en fonction de la décision de la

---

[6] Ces dispositions sont reprises par l'article 53 nouveau de la loi électorale. Le cas de Guy Brice Parfait Kolélas aura été marquant en tant que c'est pour la première fois qu'un candidat à l'élection présidentielle fut empêché deux jours avant le premier tour de l'élection présidentielle du 21 mars 2021 et décédait dans la luit du 21 au 22 mars 2021 juste l'atterrissage de l'avion médicalisé qui l'évacuait de Brazzaville à Paris.

Cour constitutionnelle constatant le décès ou l'empêchement définitif du Président de la République élu. Le Président de la République en exercice reste en fonction jusqu'à la prestation de serment du Président de la République élu.

d). Le caractère inopérant du désistement d'un candidat au second tour.

Le désistement de l'un des deux candidats qualifiés pour le second tour est sans incidence sur la poursuite de l'élection présidentielle. Le processus électoral se poursuit avec le candidat resté en lice, jusqu'à la proclamation des résultats définitifs. Mais cette situation peut être une source de difficultés et poser problème en termes de légitimité si le candidat resté en lice n'est pas celui qui était arrivé en tête au premier tour ou celui qui, du point de vue de l'opinion, présentait plus de chances de l'emporter, même si c'est la vérité des urnes qui compte. La question de la légitimité démocratique se poserait avec d'autant d'acuité si le candidat resté en lice serait élu avec un très faible pourcentage de voix. Enfin, il faut craindre que le désistement de l'un des deux candidats qualifiés pour le second tour confine à un déni de démocratie ou à une manœuvre qui viendrait à en fausser le jeu. Dès lors, il serait judicieux de bien encadrer et contrôler les motivations d'un éventuel désistement et de sanctionner pénalement toute fraude ou collusion.

III). Le risque d'un mandat glissant

Les dispositions précitées de la constitution présentent, cependant, le risque d'un mandat glissant ; d'un glissement du mandat ou d'une prolongation de mandat en cas de force majeure reconnue et constatée par la Cour constitutionnelle.

B). L'élection du Président de la République

La constitution de 2015 et le législateur organique règlent les questions de l'éligibilité aux fonctions de Président de la République, du mode du scrutin, du serment et de la prise de fonctions.

I). Les conditions d'éligibilité

Ces conditions sont pour certaines énumérées dans l'article 66 de la constitution. D'autres découlent de la loi organique, portant loi électorale.

Aux termes des dispositions de l'article 66 de la constitution, nul ne peut être candidat aux fonctions de Président de la République s'il :

- n'est de nationalité congolaise d'origine ; - ne jouit de ses droits civils et politiques ; - n'est de bonne moralité ; - n'atteste d'une expérience professionnelle de huit (8) ans au moins ;

- n'est âgé de trente (30) ans révolus ; - ne jouit d'un état de bien-être physique et mental dûment constaté par un collège de trois médecins assermentés désignés par la Cour constitutionnelle[7].

Certaines conditions de la constitution du 20 janvier 2002 ou du 15 mars 1992 sont maintenues. D'autres sont modifiées ou supprimées. Ainsi donc, l'expérience professionnelle exigée n'est plus de 15 ans. Elle est réduite à 8 ans. La limite d'âge maximale est supprimée (elle était de 70 ans en 2002). La limite d'âge minimale est passée de 45 à 30 ans. Si le nombre de mandats est limité à trois mandats successifs. Pour autant, la constitution n'interdit pas des mandats séparés. La notion de congolais d'origine demeure imprécise comme en 1992 et en 2002.

Par ailleurs, l'article 48 nouveau de la loi électorale complète ce dispositif par les formalités de déclaration de candidature devant comporter les mentions et les éléments suivants,

« Tout candidat à l'élection présidentielle doit faire une déclaration de candidature légalisée comportant :

- ses nom et prénom (s), date et lieu de naissance, profession et domicile ;

- une copie conforme de l'acte de naissance ;

- quatre cartes de photographie d'identité et le logo choisi pour l'impression de ses affiches électorales ;

- un curriculum vitae certifié sur l'honneur ;

- un certificat médical délivré par un collège de trois médecins assermentés désignés par la Cour constitutionnelle ;

- un spécimen de signature ;

- un casier judiciaire volet n° 2 ;

- un certificat de nationalité ;

- une déclaration de moralité fiscale ;

- un récépissé de versement au trésor public d'un cautionnement de vingt-cinq millions (25 000 000,00) de francs CFA, non remboursable ».

II). Le mode du scrutin présidentiel

Le corps électoral est convoqué par décret pris en Conseil des ministres. Aux termes des dispositions de l'article 67, le Président de la République est élu au suffrage universel direct, au scrutin uninominal, à la majorité absolue des suffrages exprimés. Si celle-ci n'est pas obtenue au premier tour du scrutin, il est procédé à un second tour, vingt et un (21) jours après la proclamation des résultats par la Cour constitutionnelle.

A défaut de l'élection à la majorité absolue du Président de la République dès le 1er tour, ne sont admis à se présenter au deuxième tour que les deux premiers candidats ayant obtenu le plus grand nombre des suffrages

---

[7] Dispositions reprises par l'article 47 nouveau de la loi électorale.

exprimés au premier tour. Le candidat qui aura obtenu la majorité des suffrages exprimés au second tout sera déclaré élu Président de la République.

III). La prise des fonctions et le serment du Président élu

La prestation de serment est acte solennel qui marque l'investiture et l'engagement que le Président de la République prend vis-à-vis de la nation et du peuple, pendant la durée de son mandat. Ainsi, lors de sa prise effective de fonctions, le Président élu doit prêter serment devant la Cour Constitutionnelle, en audience publique et solennelle. Cela en présence des deux chambres du parlement (assemblée nationale et le sénat), ainsi que de la Cour suprême.

Le texte du serment présidentiel est inscrit dans l'article 77 de la constitution dans les termes suivants :

- *« Devant la Nation et le peuple congolais, moi : (nom de l'élu), Président de la République, je jure solennellement :*
- *de respecter et de faire respecter la Constitution, et de défendre la Nation et la forme républicaine de l'Etat ;*
- *de remplir loyalement les hautes fonctions que la Nation et le peuple m'ont confiées ;*
- *de garantir la paix et la justice à tous ;*
- *de préserver l'unité nationale, l'intégrité du territoire national, la souveraineté et l'indépendance nationales ».*

Ce texte est quelque peu différent de celui de la constitution du 20 janvier 2002 tout comme de celui du 15 mars 1992[8].

---

[8]*«Devant la Nation et le Peuple congolais seul détenteur de la souveraineté: MOI (nom de l'élu), Président de la République, je jure solennellement:*
- de respecter et de défendre la Constitution et la forme républicaine de l'Etat ;
- de remplir loyalement les hautes fonctions que la Nation et le Peuple m'ont confiées ;
- de garantir le respect des droits fondamentaux de la personne humaine et les libertés publiques ;
- de protéger et de respecter le bien public ;
- de consacrer l'intégralité des ressources naturelles au développement de la Nation ;
- de garantir la paix et la justice à tous ;
- de préserver l'unité nationale et l'intégrité du territoire, la souveraineté et l'indépendance nationales. » (Article 69 de la constitution de 2002).
«Devant la Nation et le Peuple congolais, seuls détenteurs de la souveraineté ; Moi, ... (non de l'élu), président de la République, je jure solennellement
- de respecter et de défendre la Constitution et la forme républicaine de l'État ;
- de remplir loyalement les hautes fonctions que la Nation m'a confiées ;
- de garantir le respect des droits fondamentaux de la personne humaine et les libertés publiques ;
- de protéger et respecter le bien public y compris les ressources et richesses naturelles ;
- de promouvoir la paix ;
- de préserver l'unité nationale et l'intégrité du territoire, la souveraineté et l'indépendance nationales. » (Article 72 de la constitution du 15 mars 1992).

§ 2 : La gestion constitutionnelle de la vacance du pouvoir présidentiel

La constitution prévoit la possibilité de pourvoir à l'intérim de la présidence de la République en cas survenance d'événements caractérisant la vacance du pouvoir au plus haut sommet de l'Etat. Cela suppose une impossibilité définitive et non provisoire d'exercer les fonctions de Président de la République. Le but étant d'assurer le fonctionnement régulier des institutions de la République et de garantir la continuité de l'Etat. La matière est régie par les dispositions des 78 et 79 de la constitution.

A). La constatation de la vacance du pouvoir au plus haut sommet de l'Etat

Seront examinés ci-après, l'identification des causes de la vacance du pouvoir présidentiel et le rôle dévolu à la Cour constitutionnelle dans ces circonstances.

I). Les causes de la vacance du pouvoir présidentiel

La vacance de la présidence de la République peut résulter de plusieurs événements. L'un est précisé, les autres ne le sont pas, par l'article 78 de la constitution qui dispose,

« En cas de vacance de la fonction de Président de la République, par décès ou par toute autre cause d'empêchement définitif... ».

a). Le décès du Président de la République en cours de mandat

Le décès est la cause normale et naturelle de l'empêchement définitif à l'exercice des fonctions de Président de la République. Peu importe la cause du décès, assassinat, accident ou mort naturelle, il doit en principe être médicalement certifié par le corps médical, notamment un médecin légiste.

b). Les autres causes d'empêchement définitif du Président de la République

Les autres causes d'empêchement définitif du Président de la République ne sont pas indiquées ni précisées dans la constitution. Il peut s'agir de l'état de santé physique ou mentale du Président de la République. Il peut aussi s'agir d'une cause qui n'a aucun rapport avec son état de santé.

1). L'altération de l'état de santé physique ou mentale

Si tout candidat à l'élection présidentielle doit justifier, à l'occasion du dépôt du dossier de candidature, de son état de santé certifié par un collège de trois médecins désignés par la Cour constitutionnelle, aucune disposition constitutionnelle ne prévoit une telle obligation pendant la durée du mandat présidentiel. Comme tout citoyen, le Président de la République a droit au respect du secret médical.

Mais, n'étant pas un citoyen ordinaire, son état santé peut avoir des incidences sur le fonctionnement des institutions de la République et constituer une cause d'empêchement définitif d'exercer ses fonctions. Il en est ainsi en cas de maladie grave, d'inaptitude physique lourde et invalidante ou de déchéance mentale irréversible, rendant définitivement impossible l'exercice de ses fonctions.

La question peut se poser, au-delà du secret médical reconnu à toute personne, s'il fallait instituer, compte tenu de l'importance de sa charge, un minimum de contrôle ou de transparence sur la santé du Président de la République qui prendrait la forme d'une visite médicale périodique, tous les deux ans, ou d'une obligation de publier un bulletin certifié de santé en cas d'hospitalisation urgente, prolongée ou récurrente. On briserait ainsi le tabou sur l'état de santé du chef de l'Etat, dans l'intérêt du fonctionnement des institutions de la République.

2). La démission et la destitution

D'autres circonstances peuvent constituer une cause de vacance de pouvoir ou d'empêchement à l'exercice des missions dont le Président de la République est investi en rapport avec son mandat.

Il peut s'agir d'une démission pure et simple, exprimant la volonté claire et non équivoque du Président de la République de ne pas poursuivre le mandat dont il est investi jusqu'à son terme. La démission est équivoque lorsque le Président de la République y est contraint d'une manière ou d'une autre.

Il peut aussi s'agir, en application des dispositions de l'article 192 de la constitution, de la circonstance d'une condamnation définitive du Président de la République par la Haute cour de justice, en cas de manquements à ses devoirs manifestement incompatibles avec l'exercice de son mandat. L'article 192 de la constitution est ainsi rédigé,

« La Haute Cour de justice est compétente pour juger le Président de la République en cas de manquements à ses devoirs manifestement incompatibles avec l'exercice de son mandat. »

Comme nous le verrons plus loin, cette disposition reprend dans une certaine mesure l'article 68 de la constitution française, dans sa rédaction issue de la loi constitutionnelle n° 2007-238 du 23 février 2007[9]. Mais, à la différence de l'article 68 de la constitution française, l'article 192 de la constitution de 2015 ne mentionne pas le mot *« destitution »*. Elle abandonne aussi la notion de *« haute trahison »* qui figurait dans les articles 153 et 127 des constituions du 20 janvier 2002[10] et du 15 mars 1992[11].

II). Le rôle déterminant de la Cour constitutionnelle

C'est la Cour constitutionnelle qui constate et déclare la vacance définitive de la présidence de la République. Pour ce faire, elle doit être saisie par le Premier ministre. Elle peut aussi se saisir d'office, si le Premier ministre ne l'a pas saisie dans un délai de vingt-quatre (24) heures à compter de la vacance, pour la constater et la déclarer. Il est constant que le délai de 24 heures, prescrit pour déclencher l'auto-saisine de la Cour constitutionnelle, correspond plus à l'empêchement pour cause de démission ou de décision définitive de destitution. Il ne s'accommode guère des cas d'empêchement pour cause de décès ou du cas de maladie grave, d'inaptitude physique lourde et invalidante ou de déchéance mentale irréversible en raison des atermoiements ou des incertitudes sur la date de l'événement déclencheur.

Par ailleurs, à l'exception des délégations par le président de la République de certaines de ses prérogatives dans des cas bien précis, la constitution du 25 octobre 2015 ne régit pas l'hypothèse de l'empêchement temporaire du Président de la République, qui ne saurait être assimilée à la vacance de la présidence de la République.

Le constituant congolais serait bien avisé de revoir la constitution sur ce point, comme dans bien d'autres, pour ne pas se retrouver comme dans la situation gabonaise, avec la décision discutable et discutée de la Cour constitutionnelle n° 219/CC du 14 novembre 2018[12], par laquelle le juge constitutionnel, saisi d'une requête du Premier ministre en interprétation de l'article 13 de la constitution, s'était autorisé à modifier la constitution en y ajoutant un alinéa afin de légitimer une situation de fait, née de

---

[9] *« Le Président de la République ne peut être destitué qu'en cas de manquement à ses devoirs manifestement incompatible avec l'exercice de son mandat. La destitution est prononcée par le Parlement constitué en Haute Cour.... ».*

[10] *« La Haute Cour de justice est compétente pour juger le Président de la République en cas de haute trahison ».*

[11] *Le président de la République est responsable des actes accomplis dans l'exercice de ses fonctions en cas de haute trahison... »*

[12] *https://presidence.ga/decision-n-219-de-la-cour-constitutionnelle-datee-du-14-novembre-2018*
http://www.gabonews.com/fr/actus/libre-propos/article/decision-no219-cc-la-grosse-entourloupe-de-lacour constitutionnelle
http://gabonreview.com/blog/decision-de-la-cour-constitutionnelle-un-coup-detat/
http://gabon1.com/index.php/2018/11/22/protestation-de-la-decision-n219-cc-de-la-cour-constitutionnelle-plusieurs-manifestants-interpelles-par-la-police/
https://www.jeuneafrique.com/664568/politique/gabon-la-cour-constitutionnelle-autorise-le-vice-president-a-presider-un-conseil-des-ministres/

l'empêchement du Chef de l'Etat pour raison de santé. Instituant et caractérisant ainsi la notion d'empêchement temporaire rendant possible la suppléance du Chef de l'Etat par le Vice-président de la République. Cela, sans qu'il ne soit besoin de recourir au schéma classique de la vacance du pouvoir présidentiel. Si la Cour constitutionnelle s'approprie le pouvoir constituant dérivé, à travers ses prérogatives d'interprétation de la constitution, pour la modifier en lieu et place du peuple souverain, une question de fond demeure et doit être tranchée : celle de la durée de l'empêchement temporaire du Président de la République, que lui seul juge constitutionnel peut mettre fin sur saisine de toute personne habilitée. Car, la situation d'empêchement temporaire des fonctions du Président de la République n'a pas vocation à durer ad vitam aeternam. Enfin, il incombe au constituant de désigner l'autorité qui devrait exercer les fonctions présidentielles pendant la durée de l'empêchement temporaire.

B). Les autorités habilitées à assurer l'intérim du Président de la République

Les autorités habilitées à exercer les fonctions présidentielles, en cas de vacance de la présidence de la République, sont limitativement énumérées et hiérarchisées. Leurs pouvoirs sont aussi limités.

I). La hiérarchisation des autorités pouvant assurer l'intérim présidentiel

L'article 78 alinéa 4 de la constitution établit un ordre hiérarchique des autorités habilitées à exercer les fonctions de Président de la République en cas de vacance de pouvoir au plus haut sommet de l'Etat. Il s'agit du Président du Sénat, du Président de l'Assemblée nationale et du Premier ministre. La Cour constitutionnelle a, à cet égard, une compétence liée. Elle ne peut pas désigner n'importe quelle autorité pour assurer l'intérim de la présidence de la République suite à la vacance du pouvoir. Parmi ces trois autorités, elle doit d'abord désigner le Président du Sénat. En cas d'empêchement du Président du Sénat, elle doit désigner le Président de l'Assemblée nationale. Enfin, en cas d'empêchement du Président de l'Assemblée nationale, elle doit désigner le Premier ministre.

La constitution ne prévoit pas la situation particulièrement extrême et exceptionnelle où ces trois autorités seraient toutes dans l'impossibilité absolue d'assurer l'intérim de la présidence de la République. Devrait-on, dans ces circonstances, désigner le Premier vice-président du Sénat, de l'Assemblée nationale ou le vice-premier ministre ? Dans ces circonstances de crise institutionnelle aiguë, cette fonction reviendrait-elle au Président de la Cour constitutionnelle entériné par le Parlement réuni en Congrès ?

Le vide juridique est tel que ces questions sont sans réponse dans la constitution. En toute hypothèse, le constituant devrait prévoir cette situation pour ne pas fournir le prétexte à un groupuscule ou une junte militaire de s'emparer du pouvoir et marquer un coup d'arrêt au processus démocratique, sous prétexte d'une crise institutionnelle très exceptionnelle.

Par ailleurs, la constitution ne comporte aucune précision sur la cause ou la nature de l'empêchement du Président du Sénat ou celui de l'Assemblée nationale. S'agit-il d'un empêchement pur et simple, d'un empêchement provisoire ou d'un empêchement définitif ? La question étant d'importance capitale pour le fonctionnement des institutions de la République, le constituant devrait clarifier les circonstances rendant impossible la désignation d'une autorité qui devrait assurer l'intérim du président de la République.

Enfin, comme le Président élu, le Président de la République par intérim est soumis à l'obligation de serment. Il doit prêter le même serment que celui de l'article 77 de la constitution lors de l'investiture du Président élu.

II). Les limites assignées au Président de la République intérimaire

Les pouvoirs du Président de la République par intérim sont strictement encadrés et limités dans le temps. Ils ne peuvent pas dépasser la durée de quatre-vingt-dix (90) jours. Le Président de la République intérimaire ne peut pas exercer toutes les prérogatives et attributions du Président de la République élu. Certaines lui sont strictement interdites.

a). Les prérogatives et attributions interdites au Président intérimaire

L'article 78 alinéa 1er énumère les matières qui échappent à la compétence du Président de la République intérimaire.

En effet, il ne peut pas prétendre au traitement du Président de la République (article 82). Pour autant, rien n'est précisé, outre les mesures de sécurité renforcée, s'il peut percevoir une indemnité spécifique et exceptionnelle à ce titre. Il ne peut pas s'installer dans la résidence officielle du Président de la République. Il ne peut pas non plus nommer ni révoquer le Premier ministre ou les ministres ni fixer les attributions du gouvernement (article 83). Il lui est interdit de prendre l'initiative de consulter le peuple par référendum (article 86 et 87). Il ne dispose pas du pouvoir de nomination aux emplois et fonctions civils et militaires (article 88 alinéa 2), ne peut procéder à la nomination des ambassadeurs ni recevoir les accréditations des ambassadeurs des pays étrangers (article 89). Il ne peut pas présider le Conseil supérieur de la magistrature (article 91) ni exercer le droit de grâce (article 92). Le Président de la République par intérim ne peut pas dissoudre l'Assemblée nationale (articles 138 et 162). Enfin, il lui est interdit de réviser la constitution ou d'engager la procédure de révision constitutionnelle.

Cette liste des attributions du Président de la République interdites à l'autorité assurant l'intérim de la fonction présidentielle est plus détaillée, par rapport à celle de l'article 70 de la constitution du 20 janvier 2002 qui ne concernait que la nomination ou la révocation des ministres (article 74), l'exercice du droit de grâce (article 80), l'exercice des pouvoirs exceptionnels en cas de circonstances exceptionnelles (article 84), la consultation du peuple par référendum (article 86) et la révision de la constitution (article 185). Elle est encore plus importante que celle de l'article 70 de la constitution du 15 mars 1992 qui ne concernait pas le référendum ni la dissolution de l'Assemblée nationale (art. 79, 80 et 81).

b). L'intérêt de la limitation des pouvoirs du Président intérimaire

L'intérêt de limiter les prérogatives de l'autorité qui devrait assurer l'intérim de la présidence de la République est assurément de se prémunir contre tout opportunisme politique machiavélique, consistant à profiter d'une situation de fait pour s'emparer progressivement du pouvoir, en violation des règles du jeu de l'alternance démocratique et du respect de l'ordre constitutionnel. Ces interdictions permettent d'éviter toute velléité d'un coup d'Etat constitutionnel, en s'installant dans la résidence présidentielle devenue vacante, en modifiant ou suspendant la constitution, en révoquant le Premier ministre et le gouvernement en place, en dissolvant le parlement, en décrétant l'état d'urgence ou l'état de siège, en procédant à des nominations pour conforter sa position, en organisant un référendum dans le but de légitimer un pouvoir de fait, en révisant la constitution, etc.

La limitation de l'intérim dans le temps (90 jours), permet d'éviter qu'une situation provisoire ne s'installe dans la durée et ne se transforme en un fait accompli. Tout comme l'interdiction du président intérimaire de la République de se présenter à l'élection présidentielle permet d'éviter qu'il ne profite de sa situation pour s'imposer et fausser le jeu d'une alternance véritablement démocratique. Car, la tentation de conserver le pouvoir par celui qui a l'intention de s'en accaparer peut s'avérer très irrésistible.

Enfin, l'intérêt de la limitation des prérogatives du Président de la République par intérim est aussi d'éviter que le pays ne plonge dans une crise institutionnelle ou dans une situation de conflit du fait de la vacance du pouvoir au plus sommet de l'Etat. Elle permet de préserver la paix, la sécurité et l'unité nationale.

C). L'organisation de l'élection présidentielle anticipée

Aux termes des dispositions de l'article 79 alinéa 2 de la constitution, l'élection du nouveau Président de la République a lieu dans un délai de quarante-cinq (45) jours au moins et quatre-vingt-dix (90) jours au plus, suivant l'ouverture de la vacance. Ce délai ne peut être dépassé qu'en cas de force majeure dûment constatée par la Cour constitutionnelle. Si la Cour constitutionnelle apprécie souverainement la force majeure empêchant la tenue de l'élection en vue de la désignation du nouveau présidentielle dans le délai constitutionnel de 45 à 90 jours, aucun délai n'est fixé dans les circonstances de force majeure.

Comme le précise le dernier alinéa de l'article 78, ainsi que nous venons de le souligner, l'autorité qui assure l'intérim du Président de la République ne peut pas se porter candidat à l'élection présidentielle. L'élection du Président de la République a lieu en application des dispositions constitutionnelles, législatives et réglementaires en vigueur.

Par ailleurs, il convient de préciser que, le nouveau Président de la République ne poursuit pas le mandat inachevé de son prédécesseur. Il commence un nouveau mandat constitutionnel de 5 ans. L'intérêt d'une telle restriction est d'éviter un cumul inconsidéré de la durée du mandat à plus de 15 ans, renouvellement compris, au prétexte que ses débuts n'étaient que la continuation et le parachèvement du mandat de son prédécesseur.

Enfin, l'état de droit et le principe de l'alternance démocratique exigent que l'ordre constitutionnel soit respecté. Il ne doit pas être court-circuité ni mis entre parenthèses au gré des circonstances, comme nous interpelle le fâcheux précédent tchadien[13].

---

[13] Le Président Idriss Deby Itno, fut décédé officiellement des suites des blessures subies au front qu'il dirigeait dans le nord du Tchad contre les rebelles du FACT (font pour l'alternance et la concorde au Tchad) le 20 avril 2021, alors qu'il venait fraichement d'être réélu (résultats publiés le jour du décès par la CENI) pour un nouveau mandat à la tête du Tchad. Constatant la vacance de la présidence de la République, un Conseil militaire de transition (CMT), s'est emparé du pouvoir en abrogeant la constitution du 04 mai 2018, révisée par la loi constitutionnelle n°017/PR/2020 du 14 décembre 2029, dont l'article 82 disposait qu'en cas de vacance de la présidence de la République pour quelque cause que ce soit ou d'empêchement définitif constaté par la Cour suprême, saisie par le parlement réuni en congrès, les attributions du Président de la République (à l'exception des articles 86, 89, 90, 96, 97, 98, 99 et 101) sont provisoirement exercées par le Président du Sénat. En cas d'empêchement de ce dernier, l'intérim est exercé par le vice Président du Sénat. Or, le CNT, qui adoptait dans la foulée une charte de transition le 21 avril 2021, présidé par un des fils cadets du maréchal du Tchad, le général Mahamat Idriss Deby (âgé de 37 ans), a reçu le soutien indéfectible de la France dont le Président de la République s'était déplacé en personne pour les obsèdes le 23 avril 2021, et le soutien implicite de l'Union africaine, y compris celui de la Commission de l'UA, dont le Président, Moussa Faki Mahamat, est un Tchadien. Cela au grand dam, de la classe politique qui aura réclamé le respect de l'ordre constitutionnel. La stabilité du pays et rôle indispensable que joue l'armée tchadienne dans la lutte antiterroriste au sahel légitiment malheureusement cet état de fait. Il n'est pas inutile de souligner que, Idriss Deby Itno est décédé 4 jours seulement après avoir assisté à l'investiture du Président Denis Sassou Nguesso, le vendredi 16 avril 2021 à Brazzaville (scrutin des 17 et 21 mars 2021). Un deuil national d'un jour a été décrété le vendredi 23 avril 2021 (décret du 22 avril 2021).

§ 3 : Les prérogatives du Président de la République.

Le Président de la République détient des pouvoirs exclusifs, qu'il ne peut déléguer ni partager, et des pouvoirs dont la mise en œuvre associe d'autres autorités.

A). Les pouvoirs propres et exclusifs au Président de la République

Il s'agit ici des prérogatives exclusives et inhérentes au Président de la Républiquc, qu'il exerce sans le contreseing d'une autre autorité. Avant de les évoquer, nous aborderons le caractère sacré de la fonction présidentielle.

I). La sacralisation de la fonction présidentielle

La constitution confère à la fonction présidentielle, si ce n'est au Président de la République, des pouvoirs quasi mythiques et mystiques. Il s'agit d'une sacralisation de la fonction présidentielle, inhérente à sa qualité, qui en fait le personnage le plus important et le plus sublimé de l'Etat. Le Président de la République est donc sacralisé. Cette sacralisation est confortée par la prestation de serment avant la prise effective de ses fonctions dans les conditions que nous venons de rappeler plus haut. Car, le serment parachève l'onction qu'il tient du suffrage universel. Cette élévation à la plus haute dignité de l'Etat le rend apte à diriger et présider aux destinées du pays.

Ainsi donc, aux termes des dispositions de l'article 64 alinéas 1 et 3 de la constitution, Le Président de la République est le Chef de l'Etat. A ce titre il est garant de l'indépendance nationale, de l'intégrité du territoire, de l'unité nationale, du respect de la Constitution, des traités et accords internationaux. Il est garant du fonctionnement régulier des pouvoirs publics et de la continuité de l'Etat[14].

II). Des pouvoirs exclusifs au sein de l'exécutif.

Le Président de la République détient, aux termes de la constitution, des pouvoirs exclusifs. Il a seul le pouvoir de nomination et révocation du Premier ministre. Il détient seul le pouvoir de fixer les attributions des

---

[14] *L'article 64 de la constitution du 25 octobre 2015 dispose, « Le Président de la République est le Chef de l'Etat. Il est garant de l'indépendance nationale, de l'intégrité du territoire, de l'unité nationale, du respect de la Constitution et des traités et accords internationaux.*
Il détermine la politique étrangère et de défense de la Nation.
Le Président de la République est garant du fonctionnement régulier des pouvoirs publics et de la continuité de l'Etat ».

membres du gouvernement (article 83) et de présider le Conseil des ministres (article 84). Il exerce seul le droit de grâce, etc.

III). Des pouvoirs exclusifs dans les relations avec le parlement.

Les prérogatives exclusives du Président de la République dans ses rapports avec le Parlement concernent la promulgation des lois, la dissolution de l'Assemblée nationale, la convocation du Parlement en congrès et, dans une certaine mesure, la demande d'une seconde délibération sur un projet ou une proposition de loi.

a). La promulgation des lois.

Le Président de la République promulgue les lois dans les conditions définies par l'article 85 de la constitution. C'est-à-dire, dans les quinze (15) jours suivant leur transmission par l'Assemblée nationale au gouvernement. Ce délai est réduit à cinq (5) jours en cas d'urgence déclarée par les deux (2) chambres du Parlement.

Les prérogatives du Président de la République en matière législative lui permettent aussi de demander, dans le délai de 15 jours (5 jours en cas d'urgence), à l'une et l'autre chambre du Parlement, une seconde délibération de la loi toute entière ou de certaines dispositions seulement, avant sa promulgation. Cette seconde délibération ne peut pas lui être refusée. Si le Parlement est en fin de session, cette seconde délibération a lieu, d'office, lors de la session suivante. Le vote, pour cette seconde délibération, est acquis à la majorité des deux tiers (2/3) des membres composant l'Assemblée nationale et le Sénat réunis en Congrès. La loi ainsi votée est promulguée dans les conditions du délai constitutionnel, sauf si la Cour constitutionnelle venait à être saisie.

Si, après ce dernier vote, le Président de la République refuse de promulguer la loi, la Cour constitutionnelle, saisie par le Président de la République ou par le Président de l'une ou de l'autre chambre du Parlement, procède au contrôle de conformité de la loi. Si la Cour constitutionnelle la déclare conforme à la Constitution, le Président de la République doit la promulguer.

Enfin, il y a un petit bémol. Car, le Président de la République a une compétence liée en matière de promulgation de la loi. Il ne peut pas modifier le texte définitivement voté et adopté par le parlement. Il droit le promulguer tel quel.

b). La dissolution de l'Assemblée nationale.

Le Président de la République est seule habilité à dissoudre l'Assemblée nationale comme le prévoient les dispositions des articles 138, 162 et 165 de la constitution.

L'article 138 lui confère un pouvoir général de dissolution en ce qu'il dispose que, *« Le Président de la République peut dissoudre l'Assemblée nationale ».*

Les articles 162 et 165 instituent un pouvoir de dissolution conditionnel ou circonstanciel. En ce sens qu'aux termes des dispositions du premier texte (article 162), la dissolution de l'Assemblée nationale est la conséquence des changements intervenus dans cette chambre parlementaire, en cas de changement ou de perte de la majorité, rendant possible le vote d'une mention de censure. Il doit pour cela préalablement consulter les présidents des deux chambres du parlement ainsi que le Premier ministre :

« Le Président de la République, après avoir constaté les changements intervenus à l'Assemblée nationale et après consultation des Présidents des chambres du Parlement et du Premier ministre, peut prononcer la dissolution de l'Assemblée nationale... ».

Le Président de la République peut aussi dissoudre l'Assemblée nationale en cas de crise persistante entre le Gouvernement et l'Assemblée nationale, comme le prévoit l'article 165 de la constitution. Il doit simplement informer les présidents de l'Assemblée nationale et du Sénat ainsi que le Premier ministre.

Cependant, il ne peut pas user de ce pouvoir de dissolution dans la dernière année de la législature. Est-ce à dire que, si une crise survenait pendant la dernière année de la législature, le fonctionnement des institutions devrait être paralysé jusqu'à la fin du mandat des députés et l'élection de la nouvelle Assemblée nationale ? Dans ces conditions, une dissolution de la constitution serait-elle interprétée comme un coup d'Etat constitutionnel ?

La réponse à ces interrogations n'est pas aisée. Car, tout dépend du contexte et des circonstances. Normalement, il n'y aurait aucun inconvénient à dissoudre l'Assemblée nationale et convoquer des élections législatives anticipées si cette initiative ne dissimule pas une manœuvre ou une tactique politicienne.

L'article 165 de la constitution est ambigu sur ce point. La dissolution de l'Assemblée nationale et la convocation des élections législatives anticipées devraient s'imposer en raison de la paralysie des institutions de la République, générée par la crise persistante entre le Gouvernement et l'Assemblée nationale.

L'article 165 de la constitution est ainsi libellé,

« En cas de crise persistante entre le Gouvernement et l'Assemblée nationale rendant impossible le fonctionnement régulier des institutions, le Président de la

République, après avoir informé les Présidents des deux chambres et le Premier ministre, prononce la dissolution de l'Assemblée nationale (...)

Il ne peut être procédé à aucune dissolution de l'Assemblée nationale au cours de la dernière année de la législature ».

c). La convocation du Parlement en Congrès.

Le Président de la République est seul habilité par la constitution à convoquer l'Assemblée nationale et le Sénat à se réunir en Congrès, comme le dispose l'article 127,

« L'Assemblée nationale et le Sénat peuvent se réunir en congrès sur convocation du Président de la République... ».

Cette initiative n'appartient ni au Président du Sénat, ni au Président de l'Assemblée nationale, ni aux parlementaires.

Il aurait été souhaitable, dans le cadre d'un présidentialisme tempéré, que les présidents des chambres parlementaires ou un nombre défini de parlementaires puissent, selon les circonstances, l'urgence ou l'importance des sujets, inviter le Président de la République à convoquer le Parlement en Congrès. Une telle initiative participerait d'une démocratie apaisée, d'une démocratie consensuelle. Sauf à considérer qu'en raison des circonstances, la convocation du Congrès s'imposerait au Président de la République sans qu'il n'y soit invité.

IV). Le recours au référendum.

Le Président de la République détient seul l'initiative des référendums en application des dispositions de l'article 86 de la constitution[15]. La constitution de 2015 tranche radicalement avec celle du 20 janvier 2002 qui opérait un partage de l'initiative référendaire entre le Président de la République et les parlementaires[16], ainsi qu'avec la constitution du 15 mars 1992[17].

Cette dévolution exclusive de l'initiative des référendums est sans doute une conséquence des controverses suscitées par le référendum

---

[15] *Cf. Article 86 : « Le Président de la République a seul l'initiative des référendums ».*

[16] L'article 110 de la constitution du 20 janvier 2002 dispose, *« Le Parlement a l'initiative législative et vote seul la loi.*
Il consent l'impôt, vote le budget de l'Etat et en contrôle l'exécution. Il est saisi du projet de loi de finances dès L'ouverture de la session d'octobre.
Il a l'initiative des référendums, concurremment avec le Président de la République ».

[17] L'article 79 de la constitution du 15 mars 1992 dispose, *« Le président de la République peut, sur initiative du Gouvernement pendant la durée des sessions ou sur initiative de l'Assemblée nationale, publiée au journal officiel, soumettre au référendum tout projet ou toute proposition de loi portant sur des questions susceptibles d'avoir des incidences graves sur le fonctionnement des institutions et sur la société.*
Lorsque le référendum a conclu à l'adoption du projet ou de la proposition, le président de la République les promulgue dans le délai prévu à l'article précédent ».

constitutionnel du 25 octobre 2015. Les modalités de la mise en œuvre des prérogatives du Président de la République en la matière sont définies par l'article 87, aux termes duquel,

« Le Président de la République peut soumettre au référendum, après avis de conformité de la Cour constitutionnelle, tout projet de loi quand il le juge nécessaire.

En cas d'avis de non-conformité, il ne peut être procédé au référendum.

Lorsque le référendum a conclu à l'adoption du projet, la loi est promulguée dans les quinze (15) jours suivant la proclamation des résultats de celui-ci ».

V). Les pouvoirs de crise.

Le Président de la République détient les pouvoirs exceptionnels qu'il exerce dans les conditions prévues par l'article 93, qui dispose,

« Lorsque les institutions de la République, l'indépendance de la Nation, l'intégrité du territoire national ou l'exécution des engagements.

Internationaux sont menacées de manière grave et imminente et que le fonctionnement régulier des pouvoirs publics est interrompu, le Président de la République prend les mesures exigées par ces circonstances, après consultation du Premier ministre et des Présidents des deux chambres du Parlement.

Il en informe la Nation par un message.

Le Parlement se réunit de plein droit en session extraordinaire.

Le Parlement fixe le délai au-delà duquel le Président de la République ne peut plus prendre des mesures exceptionnelles ».

Il peut décréter l'état d'urgence ou l'état de siège dans les conditions de l'article 157 de la constitution.

B). Les autres prérogatives exclusives du Président de la République.

Le Président de la République dispose d'autres prérogatives constitutionnelles exclusives notamment en matière diplomatique et de politique étrangère, en matière de grâce ou dans sa communication à la nation, au peuple congolais.

I). Les prérogatives exclusives en matière diplomatique et de politique étrangère.

La détermination de la politique étrangère est, aux termes de la constitution du 25 octobre 2015, une prérogative exclusive du Président de la République. L'article 64 dispose que le Président de la République est le garant, entre autres, des traités et accords internationaux. Il détermine la politique étrangère de la nation. Par ailleurs, c'est lui qui, aux termes des dispositions de l'article 89 de la constitution, nomme les ambassadeurs et les envoyés extraordinaires auprès des puissances étrangères et des organisations internationales. Les ambassadeurs et les envoyés extraordinaires étrangers sont accrédités auprès de lui (article 89).

II). La grâce présidentielle.

Le droit de grâce est une prérogative exclusive du Président de la République, prévue par l'article 92 de la constitution qui dispose, *« Le Président de la République exerce le droit de grâce ».*

La grâce présidentielle permet de faire bénéficier à une personne condamnée par une juridiction pénale, une réduction ou une suppression de sa peine. Elle suppose une condamnation définitive, passée en force de chose jugée, pour laquelle les délais ou les voies de recours sont épuisés.

Le droit de grâce ne doit pas être confondu avec l'amnistie, qui est une prérogative législative. En ce sens qu'elle procède d'une loi votée par le parlement ; c'est-à-dire la loi d'amnistie. Une autre différence entre la grâce présidentielle et l'amnistie réside dans le fait que la première, même si elle supprime la condamnation, ne l'efface pas du casier judiciaire de la personne concernée. Tandis que la seconde, l'amnistie, emporte l'effacement de la condamnation du casier judiciaire. La personne amnistiée est réputée n'avoir jamais commis l'infraction qui lui était reprochée. La grâce se distingue aussi de l'amnistie en ce sens qu'elle concerne une personne bien déterminée, elle est individualisée. Tandis que l'amnistie est impersonnelle, elle concerne une catégorie d'infractions. La grâce est notifiée à la personne concernée, graciée, tandis que les personnes bénéficiant de la loi amnistie ne le sont pas. Quitte à ce qu'elles prennent connaissance de la loi d'amnistie promulguée et publiée au journal officiel. Enfin, sur le plan procédural, la grâce présidentielle est en principe prononcée à la demande de la personne condamnée qui saisit le Président de la République d'un recours dit, *« recours en grâce ».*

III). Les messages à la nation ou au parlement.

Les messages à la nation ou au parlement font partie de la communication constitutionnellement consacrée du Président de la République, comme une prérogative qui lui est exclusivement réservée. En effet, outre la possibilité qu'a le Président de la République de prononcer des discours dans certaines circonstances lorsque l'actualité l'exige, l'article 94 de la constitution lui reconnait le droit d'adresser, une fois par an, un message sur l'état de la nation, devant le Parlement réuni en Congrès. Par ailleurs, il peut également, à tout moment, adresser à l'Assemblée nationale ou au Sénat, des messages qui ne donnent pas lieu à débat.

C). Les pouvoirs non exclusifs du Président de la République.

Ces pouvoirs sont de plusieurs ordres. Le Président de la République ne les exerce pas forcément seul. Il y pourvoit sur proposition du Premier ministre ou en concertation avec lui en Conseil des ministres. Ce pouvoir est parfois assorti du contreseing du Premier ministre ou des ministres concernés.

I). Le pouvoir de nomination.

Le Président de la République détient, à plusieurs titres, le pouvoir de nomination, sans qu'il ne soit nécessairement exclusif. Ainsi donc, aux termes des dispositions de l'article 83 alinéa 2, il nomme les autres membres du gouvernement sur proposition du Premier ministre et peut mettre fin à leurs fonctions. Aux termes des dispositions des articles 182 et 183, il nomme trois (3) des neuf (9) membres de la Cour constitutionnelle, parmi lesquels le président cette institution.

Il nomme en Conseil des ministres aux hauts emplois et fonctions civils et militaires, dont la liste est déterminée par la loi (article 88). La Loi n° 2-2018 du 5 février 2018 détermine les modalités de nomination aux hauts emplois et fonctions civils et militaires[18]. Cette loi prévoit la nomination par décret présidentiel en Conseil de ministres et des nominations par simple décret.

a). Les emplois et fonctions pourvus par décret en Conseil des ministres.

Aux termes dispositions de l'article 1er de la loi précitée du 5 février 2018, le Président de la République nomme, en Conseil des ministres, aux hauts emplois et fonctions civils et militaires ci-après :

le médiateur de la République ; les recteurs, les vice-recteurs et les secrétaires généraux des universités publiques ; le chef d'état-major général des forces armées congolaises ; le chef d'état-major général adjoint des forces armées congolaises ; les chefs d'état-major des armées de terre, de l'air et de la marine nationale ; le commandant de la gendarmerie nationale ; les secrétaires généraux des ministères ; les présidents des conseils d'administration et des comités de direction des entreprises et des établissements publics ; les inspecteurs généraux et inspecteurs généraux adjoints de l'administration publique ; les directeurs généraux et les directeurs généraux adjoints des administrations centrales, des entreprises et des établissements publics ; les préfets de département ; les préfets de police ; les membres de la Cour des comptes et de discipline budgétaire ; le haut-commissaire

[18] La Loi n° 2-2018 du 5 février 2018 détermine les modalités de nomination aux hauts emplois et fonctions civils et militaires, JO, n°7-2018 du jeudi 15 février 2018, p.163

aux vétérans et aux victimes des conflits armés ; le contrôleur, général des forces armées congolaises et de la gendarmerie nationale ; l'inspecteur général des forces armées congolaises et de la gendarmerie nationale ; le commandant en second de la gendarmerie nationale ; les directeurs généraux du ministère de la défense nationale ; l'inspecteur général des services de police ; les directeurs généraux et les directeurs généraux adjoints du ministère en charge de la police ; le préfet, inspecteur général de l'administration du territoire ; les préfets, directeurs généraux du ministère en charge de l'administration du territoire ; les hauts emplois civils et militaires pour lesquels cette procédure est prévue par une disposition législative ou réglementaire.

b). Les emplois et fonctions pourvus par décret simple du Président de la République.

L'article 2 de la même loi énumère les emplois et fonctions civils et militaires, pourvus par simple décret du Président de la République. Il s'agit des emplois et fonctions civils et militaires suivants :

les ambassadeurs et envoyés extraordinaires ; le commandant de la logistique des forces armées congolaises ; le commandant des écoles des forces armées congolaises ; le commandant des écoles et centres d'instruction de la gendarmerie nationale ; le directeur central des renseignements militaires ; les commandants des zones militaires de défense ; les commandants des régions de gendarmerie ; les directeurs centraux directement rattachés au ministre de la défense nationale ; les chefs d'état-major adjoints des armées (terre, air et marine nationale) ; les contrôleurs des forces armées congolaises et de la gendarmerie ; les inspecteurs des forces armées congolaises et de la gendarmerie ; les chefs d'état-major interarmées des zones militaires de défense ; les chefs d'état-major des régions de gendarmerie ; les membres du cabinet du Président de la République ; le secrétaire général de la Présidence de la République ; les directeurs des structures relevant de l'état-major des forces armées congolaises ; les directeurs des structures relevant de la gendarmerie nationale ; les commandants des régions militaires de défense ; les commandants des grandes formations et groupements des forces armées congolaises à compétence nationale ; les chefs des corps des unités de la réserve ministérielle et des unités « non embrigadées » ; les inspecteurs des services de police ; les directeurs des services de police ; les sous-préfets ; les administrateurs-maires d'arrondissements et des communautés urbaines ; les attachés de défense ; les secrétaires généraux des préfectures ; les secrétaires généraux des conseils départementaux et municipaux ; les hauts emplois et fonctions civils et militaires pour lesquels cette procédure est prévue par une disposition législative ou réglementaire.

Cependant, comme le précise l'article 3 de la loi du 5 février 2018, les emplois et fonctions civils et militaires autres que ceux visés aux articles 1er et 2 sont pourvus par décret du Premier ministre. Cette délimitation permet d'éviter les éventuels conflits de compétence en matière de nomination entre le Président de la République et le Premier ministre Chef du gouvernement.

Cette loi est plus précise que la loi n° 6-2005 du 13 mai 2005 portant sur le même objet[19].

II). La présidence des Comités et Conseils.

Le Président de la République préside un certain nombre d'institutions collégiales et consultatives, notamment en matière de défense ou en matière judiciaire.

a). En matière de défense nationale.

La défense de la nation fait également partie des prérogatives du Président de la République, comme en dispose l'article 64 alinéa 2 de la constitution. Chef suprême des armées, il préside le Comité de défense ainsi que les organes supérieurs d'orientation, de suivi et de décision stratégique en matière de défense et de sécurité (article 90).

b). En matière judiciaire.

Le Président de la République préside le Conseil supérieur de la magistrature (article 91), dont le vice-président est le ministre de la justice.

Section 2 : Les restrictions et le statut juridictionnel du Président de la République

Les fonctions de Président de la République font peser sur lui un certain nombre de contraintes. Dans un Etat de droit, le Président de la République n'est pas au-dessus des lois. Il peut commettre ou avoir commis des actes qui l'exposent, comme tout citoyen, aux poursuites judiciaires.

§ 1 : Les restrictions qui pèsent sur Président de la République

Le Président de la République est soumis à un certain nombre restrictions qui prennent la forme d'incompatibilités et d'interdictions.

A). Les incompatibilités liées au statut du Président de la République

Le Président de la République doit se consacrer exclusivement à la plus haute charge de l'Etat que le peuple lui a confiée à travers son élection.

[19] Loi n°6-2005 du 13 mai 2005, déterminant les hauts emplois et fonctions civils et militaires pourvus en Conseil des ministres.

I). L'incompatibilité avec tout mandat électif, emploi, fonction ou profession

Aux termes des dispositions de l'article 80 de la constitution, le Président de la République ne peut pas cumuler ses fonctions avec un mandat électif, un emploi public, civil ou militaire et toute autre activité professionnelle, qu'elle soit libérale ou indépendante.

Il convient de préciser que le Président de la République peut présider certaines instances, en ce qu'elles sont intimement liées à ses fonctions de Chef de l'Etat et ne donnent pas lieu à rémunération. Par exemple, assurant la magistrature suprême, à ce titre, il préside le Conseil supérieur de la magistrature (article 91). En sa qualité de Chef suprême des armées, il préside le Comité de défense ainsi que les organes supérieurs d'orientation, de suivi et de décision stratégique en matière de défense et de sécurité (article 90) ; comme nous l'avons vu plus haut.

II). L'incompatibilité avec la direction d'un parti politique

Une fois élu, le Président de la République ne représente plus son parti ni les formations politiques qui l'ont soutenu. Il est au-dessus des partis politiques et exerce ses fonctions au non de tous les congolais. Il incarne la nation, il est le garant de l'unité nationale. A ce titre, le mandat du Président de la République est également incompatible avec toute responsabilité au sein d'un parti politique (article 80 alinéa 2).

Mais, il en va souvent autrement dans la pratique. Car, le Président de la République ne demeure pas moins le chef virtuel de son parti. Même s'il n'intervient pas directement dans son fonctionnement, il n'y porte pas moins un regard tutélaire et peut être l'ultime recours en cas de nécessité ou au titre d'une médiation pour mettre la discipline dans ses rangs. Le poste de président de son parti est souvent laissé vacant ; la direction étant confiée à un premier secrétaire ou à un secrétaire général.

Nous renvoyons sur cette question aux développements consacrés plus haut sur la décision de la Cour constitutionnelle, à la requête de M. Clément MIERASSA, du 31 juillet 2020 sur le recours en inconstitutionnalité de l'élection par laquelle Monsieur Denis SASSOUNGUESSO avait été reconduit comme président du comité central du Parti Congolais du Travail, lors du 5ème congrès ordinaire de ce parti du 27 au 31 décembre 2019[20].

---

[20] Décision n° 005/DCC/SVA/20 du 31 juillet 2020 sur le recours en inconstitutionnalité de l'élection à l'issue de laquelle monsieur Denis SASSOUNGUESSO a été reconduit président du comité central du Parti Congolais du Travail, lors du 5ème congrès ordinaire de ce parti du 27 au 31 décembre 2019, JORC, jeudi 6 août 2020, p. 702

B). Les interdictions

Le régime des interdictions, de prise illégale d'intérêts ou de non-ingérence prescrits par l'article 81 de la constitution de 2015, comporte deux aspects.

I). L'interdiction d'acquérir les biens publics

En effet, pendant l'exercice de ses fonctions, le Président de la République ne peut pas, par lui-même ou par personne interposée, acheter ou prendre à bail les biens appartenant au domaine de l'Etat ou des collectivités locales (article 81 alinéa 1er). Cette interdiction concerne tant les biens meubles que les immeubles. L'obligation déclarative de patrimoine à l'entrée et à la cessation de ses fonctions, comme nous l'avons soulignée, s'applique également à lui.

II). L'interdiction de soumissionner

Nonobstant le principe de liberté d'accès aux commandes publiques, le Président de la République ne peut pas, directement ou indirectement, pendant la durée de son mandat, se porter candidat à l'attribution des marchés publics. Cette interdiction concerne aussi bien les marchés publics de travaux, de marchés publics de fournitures, de marchés publics de services, que les conventions de délégation de services publics, des contrats de partenariat public-privé et autres achats publics, auprès des administrations ou des institutions dans lesquelles l'Etat a des intérêts (article 81 alinéa 2).

§ 2 : Le statut juridictionnel du Président de la République

Le Président de la République n'est pas un justiciable comme les autres. En matière pénale, son statut juridictionnel peut être apprécié au regard du droit interne et du droit international. Il ne va pas sans dire que le Président de la République dispose comme tout citoyen du droit d'ester en justice.

A). Le statut pénal du Président de la République en droit interne

Sur le plan pénal, le Président de la République bénéficie, au regard de la constitution, d'un privilège ainsi que d'une immunité de juridiction.

I). Le privilège de juridiction : un justiciable de la Haute Cour de justice

Le privilège de juridiction est la possibilité qu'ont certaines personnes d'être jugées par une juridiction autre que celle qui est territorialement et matériellement compétente, selon la procédure de droit commun ou une dérogation à la règle de compétence que la loi attribue à telle ou telle juridiction. S'agissant du Président de la République, le privilège de juridiction dont il bénéficie s'explique par le fait qu'il ne peut être jugé, pour certains de ses actes, que par une juridiction spécialement créée à cet effet.

En l'occurrence, comme nous l'avons souligné plus haut, aux termes des disposions combinées des articles 95[21] et 192[22] de la constitution, le Président de la République ne peut être jugé que par la Haute cour de justice. La mise en jeu de la responsabilité du Président de la République en vue de sa destitution, qui ressemble à la procédure américaine de *« l'impeachment »*, ne s'applique pas à tous les agissements qui lui sont reprochés. En effet, elle s'applique seulement en cas de *« manquement grave à ses devoirs, manifestement incompatible avec l'exercice de sa haute fonction »*.

Cette procédure ne peut être mise en œuvre qu'au cours du mandat présidentiel, dans les conditions des articles 95 et 192 précités. Ce régime de responsabilité est largement inspiré du droit français, notamment de l'article 68 de la constitution de 1958, issue de la révision du 27 février 2007, qui abandonne la notion de *« haute trahison »*[23]. C'est ce que suit également la constitution congolaise de 2015 par rapport aux articles 87 et 127 des constitutions de 2002 et de 1992 qui en faisaient également mention.

La notion de *« manquement grave à ses devoirs, manifestement incompatible avec l'exercice de sa haute fonction »* est des plus imprécises.

---

[21] *« Le Président de la République est justiciable devant la Haute Cour de justice.*
La responsabilité pénale du Président de la République peut être engagée en cas de manquement grave à ses devoirs, manifestement incompatible avec l'exercice de sa haute fonction.
Dans ce cas, le Président de la République est mis en accusation par le Parlement réuni en congrès statuant à la majorité des trois quarts (3/4) de ses membres.
Une loi organique fixe les conditions et la procédure de mise en accusation du Président de la République ».

[22] *« La Haute Cour de justice est compétente pour juger le Président de la République en cas de manquement grave à ses devoirs, manifestement incompatible avec l'exercice de sa haute fonction ».*

[23] *« Le président de la République ne peut être destitué qu'en cas de manquement à ses devoirs manifestement incompatible avec l'exercice de son mandat. La destitution est prononcée par le Parlement constitué en Haute Cour.*
La proposition de réunion de la Haute Cour adoptée par une des assemblées du Parlement est aussitôt transmise à l'autre qui se prononce dans les quinze jours.
La Haute Cour est présidée par le président de l'Assemblée nationale. Elle statue dans un délai d'un mois, à bulletins secrets, sur la destitution. Sa décision est d'effet immédiat.
Les décisions prises en application du présent article le sont à la majorité des deux tiers des membres composant l'assemblée concernée ou la Haute Cour. Toute délégation de vote est interdite. Seuls sont recensés les votes favorables à la proposition de réunion de la Haute Cour ou à la destitution.
Une loi organique fixe les conditions d'application du présent article. »

Elle peut viser des agissements politiques ou civils, des infractions pénales que seul le Parlement, réuni en Congrès, doit apprécier souverainement pour voter la mise en accusation du Président de la République à la majorité des ¾ de ses membres.

Cette ambigüité rend très improbable, voire illusoire, la mise en jeu, sur ce fondement, de la responsabilité pénale du Chef de l'Etat pendant son mandat. Sauf s'il y a une défiance manifeste des parlementaires vis-à-vis du Président de la République. Cela suppose que le Président de la République perde la majorité des parlementaires de son bord politique, qui rejoindraient *de facto* à ceux de l'opposition. Tout dépend de la gravité ou du caractère infamant des faits reprochés. Mais, la défection de sa majorité parlementaire peut être qualifiée de traitrise par une franche d'irréductibles soutiens. Enfin, le Président de la République a un autre levier pour rebondir. A défaut de démissionner, il peut décider de dissoudre l'Assemblée nationale en appelant au peuple ; s'il espère en avoir le soutien.

II). L'immunité juridictionnelle : après le mandat présidentiel

Les actes commis par le Président de la République, pendant l'exercice de son mandat, ne peuvent pas donner lieu à des poursuites pénales après la cessation de ses fonctions. C'est-à-dire après la fin de son mandat. Ils sont couverts par l'immunité de juridiction dont jouit le Président de la République pour ces infractions. Cette immunité confine à la prescription en ce qu'aucune action n'a jamais été intentée de leur chef pendant l'exercice de ses fonctions présidentielles.

Cette immunité est d'ordre public, irrévocable et sanctionnée. Elle est d'ordre public en ce sens que cette exception de procédure peut être soulevée en tout état de la procédure, même d'office par le juge.

Elle est irrévocable en ce sens que l'intéressé, notamment le Président de la République ne peut pas non plus y renoncer.

Elle est lourdement sanctionnée au plan pénal, en ce sens qu'aux termes des dispositions de l'article 96 alinéa 2 de la constitution, sa violation constitue un crime de forfaiture ou de haute trahison.

La criminalisation, voire la correctionnalisation, de la violation de l'immunité juridictionnelle du Président de la République est excessive. Même s'il s'agit de lui donner un caractère dissuasif. Car, une action visant à engager la responsabilité du Président de la République du fait des agissements commis alors qu'il était dans l'exercice de son mandat, qu'ils soient couverts par l'immunité de juridiction, partant prescrits, est non seulement nulle et non avenue, irrecevable, mais aussi, et surtout abusive. Elle peut donner lieu à la condamnation du requérant à une amende pour procédure abusive. Sauf à ce que l'on veuille réactiver le crime de lèse-majesté « *crimen maiestatum* », contre « *l'empereur et sa famille* » prévu et réprimé par les articles 87 et suivants du code pénal congolais, bien que tombé en désuétude. D'ailleurs, la France avait elle-même abandonné le crime de lèse-majesté en 1832, en lui substituant le délit d'offense au plus haut représentant de l'Etat[24], qu'elle supprimait ensuite en par la loi n° 2013-711 du 5 août 2013.

B). Le statut pénal du Président de la République en droit international.

Tel qu'il est défini dans la constitution du 25 octobre 2015, comme nous venons de le voir, le statut pénal du Président de la République peut entrer en conflit avec le statut de Rome de la Cour pénale internationale. Cette dernière étant par ailleurs décriée, à tort ou à raison, par les dirigeants africains qui l'ont menacé d'un retrait collectif sur lequel il convient de s'appesantir.

I). Un conflit potentiel avec la Cour pénale internationale.

Le statut pénal du Président de la République, notamment l'immunité de juridiction concernant les agissements commis pendant l'exercice de ses fonctions, confortée par l'interdiction d'extrader et de livraison que consacre l'article 10 alinéa 1er de la constitution[25], peut entrer en conflit, comme nous l'avons démontré plus haut, avec le droit international. Notamment lorsque les faits reprochés relèvent de la compétence du statut de Rome sur la Cour pénale internationale[26], qui pose le principe du « *défaut de pertinence de la qualité officielle*[27] », en vertu des dispositions de son article 5, pour les crimes de génocide, crimes contre l'humanité, crimes de guerre et crime d'agression. Il est manifeste que la qualité de chef d'Etat ou d'ancien chef d'Etat ne saurait faire obstacle à la compétence de la Cour, en vertu de

---

[24] *Cf. Les articles 23, 26, 36 et 37 de la loi sur la liberté de la presse du 29 juillet 1881,*

[25] *L'article 10 alinéa 1er de la constitution stipule, « Sauf en cas de perte ou de déchéance de la nationalité, aucun citoyen congolais ne peut être ni extradé, ni livré à une puissance ou organisation étrangère, pour quelque motif que ce soit ».*

[26] *Signé le 17 juillet 1998 lors de la Conférence diplomatique des plénipotentiaires des Nations unies, dite Conférence de Rome,* portant *création de la Cour pénale internationale, entrée en vigueur le 1er juillet 2002.*

[27] *Article 27, « Défaut de pertinence de la qualité officielle,*

1. Le présent Statut s'applique à tous de manière égale, sans aucune distinction fondée sur la qualité officielle. En particulier, la qualité officielle de chef d'État ou de gouvernement, de membre d'un gouvernement ou d'un parlement, de représentant élu ou d'agent d'un État, n'exonère en aucun cas de la responsabilité pénale au regard du présent Statut, pas plus qu'elle ne constitue en tant que telle un motif de réduction de la peine.

2. Les immunités ou règles de procédure spéciales qui peuvent s'attacher à la qualité officielle d'une personne, en vertu du droit interne ou du droit international, n'empêchent pas la Cour d'exercer sa compétence à l'égard de cette personne. »

l'article 27 du statut de Rome[28]. On peut à juste titre considérer que l'immunité de juridiction serait inopérante en droit pénal international concernant les crimes relevant du droit des gens ; c'est-à-dire des crimes contre l'humanité, des crimes de génocide, des grimes de guerre ou du crime d'agression dont un Président de la République serait présumé ou soupçonné d'avoir commis dans l'exercice de ses fonctions.

II). La stratégie africaine du retrait collectif de la Cour pénale internationale

Frustrés par l'attitude de la Cour pénale internationale à l'égard des dirigeants africains, certains d'entre eux, si ce n'est une grande majorité, manifestaient une défiance vis-à-vis de cette juridiction, à tel point qu'ils menaçaient de sortir du statut de Rome.

a). La problématique du retrait collectif de la CPI

Les africains, notamment leurs gouvernants et dirigeants se montrent très critiques à l'égard de la Cour pénale internationale qui paraît à leurs yeux comme une institution créée au service des occidentaux pour ne s'en prendre qu'à eux, à leurs Chefs d'Etat. Les critiques fusent sur un fonctionnement qualifié de sélectif de la CPI, qui donne à tort ou à raison l'impression de faire une fixation sur l'Afrique. Comme si l'Afrique serait le seul continent au monde où les crimes et les violations des droits de l'homme seraient perpétrés ; même si des dictatures, des régimes autoritaires ou despotiques y règnent encore. Le constat étant que sur dix (10) enquêtes encours en 2020, neuf (9) concernaient l'Afrique. Les africains dénoncent un impérialisme judiciaire[29] à travers la Cour pénale internationale. Cette juridiction apparaît à leurs yeux et à certains égards comme un instrument de pression ou de chantage au service des puissances occidentales, à travers les ONG de défense des droits de l'homme.

Ce sentiment de défiance était exacerbé avec les mandats d'arrêt émis le 04 mars 2009 et 12 juillet 2010 par la Cour pénale internationale contre l'ancien Président soudanais Omar El-Bechir pour les crimes de guerre, crimes contre de l'humanité et le crime de génocide commis au Darfour, pendant la guerre civile ; devenant ainsi le premier chef d'Etat en exercice à faire l'objet de poursuite par la CPI. Cette décision avait suscité une levée de boucliers des dirigeants africains, de sorte qu'au 27ème sommet de l'UA à

---

[28] Cf. article 27 précité du statut de Rome de la CPI.

[29] Cf. *« Union africaine et CPI : chronique d'un divorce à petits pas »*, http://www.rfi.fr/afrique/20170209-cour-penale-internationale-union-africaine. Les africains ne sont pas les seuls à s'interroger sur le fonctionnement de cette juridiction internationale. Un auteur s'en est fait l'écho dans un titre très évocateur, S. Maupas, *« Le Joker des puissants : le grand roman de la Cour pénale internationale »*, Paris, Ed. Don Quichotte, 2016.

Kigali (Rwanda) du juillet 2016, ils insistaient sur la suspension des poursuites engagées par la CPI contre Omar El-Bechir. La question de son extradition à la CPI se pose depuis son renversement par un coup d'Etat et sa mise en détention le 11 avril 2019 après 4 mois de manifestations de la population, mettant fin à près de 30 ans de règne.

La Cour pénale internationale connaissait ses premières défections avec le Burundi (retrait annoncé le 7 octobre 2016, concrétisé par la loi du 18 octobre 2016 et notifié le 27 octobre 2016[30]), l'Afrique du Sud (retrait annoncé le 19 octobre 2016, retrait jugé inconstitutionnel par une décision de la Cour constitutionnelle du 22 février 2017, faute d'avoir été approuvé au préalable par le parlement) et la Gambie (décidé le 25 octobre 2016, on se demande si ce retrait serait maintenu suite au départ, en exil forcé à Malabo en Guinée équatoriale, du Président Yahya Jammeh le 21 janvier 2017).

Dans ce contexte, les Chefs d'Etats et de gouvernements adoptaient lors du 28ème sommet de l'UA du 31 janvier 2017 à Addis-Abeba (Ethiopie), une *« stratégie de retrait collectif »* qui devait porter sur une réforme en profondeur de la CPI sans qu'aucun calendrier ne soit arrêté. Mais l'idée d'une sortie collective de la CPI était loin de faire l'unanimité, puisque certains Etats parmi lesquels le Sénégal, le Nigeria, le Cap Vert et la Cote d'ivoire ne semblaient pas être favorables à une telle démarche.

b). Analyse critique du retrait de la CPI

Certes, on peut formuler des griefs sur le fonctionnement de la Cour pénale internationale, concernant le traitement de certaines situations qui peuvent justifier des frustrations. On peut citer le cas de la Côte d'Ivoire où seuls l'ancien Président Laurent Gbagbo et Charles Blé Goudé ont été mis en cause puis acquitté le 31 mars 2021[31], sans que ceux du Président Alassane Ouattara, l'autre camp, ne soient inquiétés, alors que des exactions auraient été commises de part et d'autre. Le cas des exactions et massacres des populations civiles qui perdurent à l'est de la RD Congo, parfois au nez et à la barbe des forces de la MONUSCO (mission de l'organisation des Uations-Unies pour la stabilité en République démocratique du Congo) ; le fait que dans les cas avérés, les complices étrangers (multinationales ou non) qui fournissent les moyens d'action ou en tirent profit ne sont pas inquiétés (etc.), sans compter les dirigeants des grandes puissances qui ne sont pas non

---

[30] P. Capizzi, *« Le retrait du Burundi du statut de la cour pénale internationale : quelles conséquences »*, RDH, novembre 2016, https://revdh.revues.org/2738.

[31] L'acquittement prononcé par jugement du 15 Janvier 2019 a été confirmé par la chambre d'appel de la CPI le 31 mars 2021, ayant rejeté l'appel du procureur, soit une dizaine d'années de détention suite à la crise postélectorale de 2010-2011. Cf. "La Chambre d'appel de la CPI confirme la décision de la Chambre de première instance I d'acquitter Laurent Gbagbo et Charles Blé Goudé de toutes les charges de crime contre l'humanité", Communiqué de presse du 31 March 2021, https://www.icc-cpi.int/Pages/item.aspx?name=pr1583&ln=fr

plus inquiétés. Ces situations affectent sérieusement la crédibilité de la juridiction pénale internationale.

Mais, la stratégie africaine du retrait collectif du statut de Rome n'est pas crédible. C'est une facétie, voire une plaisanterie, un moyen de pression quasiment sans effets majeurs. Cela pour plusieurs raisons.

1). Une résolution non contraignante au regard des engagements de chaque Etat.

En effet, le retrait du statut de Rome de la Cour pénale internationale ne peut se concevoir que dans le cadre d'une démarche individuelle de chaque Etat comme le stipule l'article 127[32]. L'Union africaine (UA) n'est pas compétente pour prendre une résolution collective concernant les engagements internationaux souscrits souverainement par chaque Etat. Elle ne peut pas engager les Etats membres à sortir de la CPI en lieu et place des mécanismes constitutionnels qui leur sont propres. Le statut de Rome ne reconnait pas une telle compétence à l'UA. Une telle résolution n'est pas contraignante.

2). L'absence d'effet rétroactif du retrait.

Le retrait d'un Etat n'a pas d'effet rétroactif. Il ne peut disposer que pour l'avenir. Ainsi qu'il ressort des dispositions de l'article 127 du statut de Rome, les crimes perpétrés avant la date d'effet du retrait ne sont pas à l'abri des poursuites. D'ailleurs, même n'étant plus membre du statut de Rome, les dirigeants des Etats concernés peuvent voir leur responsabilité mise en cause et recherchée dans le cadre du mécanisme spécial institué au profit du Conseil de Sécurité des Nations-Unies. Le Conseil de Sécurité peut adopter une résolution dans le sens des poursuites devant la juridiction pénale internationale. Or, en dehors des cinq (5) membres permanents, aucun pays africain ne dispose du droit de véto pour espérer bloquer une telle résolution. Sauf espérer obtenir le soutien d'un membre permanent des Nation-Unies.

[32] *« Article 127 : Retrait,*
1. Tout État Partie peut, par voie de notification écrite adressée au Secrétaire général de l'Organisation des Nations Unies, se retirer du présent Statut. Le retrait prend effet un an après la date à laquelle la notification a été reçue, à moins que celle-ci ne prévoie une date postérieure.
2. Son retrait ne dégage pas l'État des obligations mises à sa charge par le présent Statut alors qu'il y était Partie, y compris les obligations financières encourues, et n'affecte pas non plus la coopération établie avec la Cour à l'occasion des enquêtes et procédures pénales à l'égard desquelles l'État avait le devoir de coopérer et qui ont été commencées avant la date à laquelle le retrait a pris effet ; le retrait n'affecte en rien la poursuite de l'examen des affaires que la Cour avait déjà commencé à examiner avant la date à laquelle il a pris effet. »

III). Le bon sens et le droit.

Les africains, surtout leurs gouvernants, ne devraient pas trop se méfier ni décrier la Cour pénale internationale, si eux-mêmes n'ont ou n'avaient rien à se reprocher. Pour gagner en crédibilité, ils devraient commercer par mettre de l'ordre dans leurs institutions, en consacrant à travers leurs constitutions des mécanismes de protections des droits des citoyens et surtout une justice qui, dans la pratique, soit impartiale et véritablement indépendante, débarrassée des pesanteurs politiques ; une justice dont le bon fonctionnement permettrait de reconquérir la confiance des citoyens ; une justice qui annihile le sentiment d'impunité dont se galvanisent les gouvernants ; lequel sentiment d'impunité meurtrit davantage les faibles et les contraint à la résignation face aux violations de leurs droits et aux injustices qu'ils subissent au quotidien ; une justice gangrenée par la corruption.

L'efficacité de la justice interne est indispensable d'autant plus que l'intervention de la Cour pénale internationale repose sur le principe de subsidiarité ou de complémentarité. C'est-à-dire en cas de carence ou de défaillance de la justice de l'Etat concerné, comme cela découlent aussi bien du dixième paragraphe du préambule que de l'article 1er et des énumérations de l'article 17 du statut de Rome.

Dès lors, les griefs d'impérialisme judiciaire ou d'instrumentalisation de la CPI par les grandes puissances auraient plus de résonnance et de pertinence, si les Etats africains parvenaient à éliminer les facteurs qui légitiment la saisine de cette juridiction, c'est-à-dire qui leur permettraient d'opposer des fins de non-recevoir comme cela est prévu dans l'article 17 du traité de Rome[33].

---

[33] *L'article 17 du statut de Rome fixe, en vertu du principe de complémentarité ou de subsidiarité, les conditions de recevabilité de la sa saisine, « Article 17 : Questions relatives à la recevabilité,*

1. Eu égard au dixième alinéa du préambule et à l'article premier, une affaire est jugée irrecevable par la Cour lorsque :

a) L'affaire fait l'objet d'une enquête ou de poursuites de la part d'un État ayant compétence en l'espèce, à moins que cet État n'ait pas la volonté ou soit dans l'incapacité de mener véritablement à bien l'enquête ou les poursuites ;

b) L'affaire a fait l'objet d'une enquête de la part d'un État ayant compétence en l'espèce et que cet État a décidé de ne pas poursuivre la personne concernée, à moins que cette décision ne soit l'effet du manque de volonté ou de l'incapacité de l'État de mener véritablement à bien des poursuites ;

c) La personne concernée a déjà été jugée pour le comportement faisant l'objet de la plainte, et qu'elle ne peut être jugée par la Cour en vertu de l'article 20, paragraphe 3 ;

d) L'affaire n'est pas suffisamment grave pour que la Cour y donne suite.

2. Pour déterminer s'il y a manque de volonté de l'État dans un cas d'espèce, la Cour considère l'existence, eu égard aux garanties d'un procès équitable reconnues par le droit international, de l'une ou de plusieurs des circonstances suivantes :

a) La procédure a été ou est engagée ou la décision de l'État a été prise dans le dessein de soustraire la personne concernée à sa responsabilité pénale pour les crimes relevant de la compétence de la Cour visés à l'article 5 ;

b) La procédure a subi un retard injustifié qui, dans les circonstances, est incompatible avec l'intention de traduire en justice la personne concernée ;

Enfin, la solution d'une juridiction pénale africaine, par l'extension des compétences de la Cour africaine de justice et des droits de l'homme à travers le protocole de Malabo du 27 juin 2014[34], en créant une chambre internationale pour juger 14 crimes dont les crimes de guerre, crimes contre l'humanité et le crime de génocide, est une solution novatrice à l'évidence.

Mais, cette solution présente une limite de taille en instituant, dans l'article 46A bis, une immunité au profit des Chefs d'Etats ou de gouvernements en exercice. Ce texte stipule,

« *Aucune procédure pénale n'est engagée ni poursuivie contre un chef d'État ou de gouvernement de l'UA en fonction, ou toute personne agissant ou habilitée à agir en cette qualité ou tout autre haut Responsable public en raison de ses fonctions* ».

Cela en contradiction flagrante avec les principes consacrés dans l'acte constitutif l'Union africaine du 11 juillet 2000, notamment les paragraphes *(m)* et *(o)* de l'article 4 qui prônent le respect des principes démocratiques, des droits de l'homme, de l'état de droit, le caractère sacro-saint de la vie humaine, tout en condamnant et rejetant l'impunité, les assassinats politiques, etc[35]. Bien que le protocole de Malabo ne soit pas encore entré en vigueur faute de ratification suffisante[36], cette solution ne dessaisit pas pour autant la CPI de ses compétences. Il s'agit là d'une ineptie sans non !

C). La responsabilité autre que pénale et les actions du Président de la République.

La constitution ne régit pas la question de la responsabilité du Président de la République pour des faits autres que ceux qui ressortissent à la compétence des juridictions répressives, notamment en matière civile, commerciale, sociale ou autres. Il s'agit de la responsabilité civile du fait des actes accomplis dans le cadre de la vie privée, comme tout citoyen, soit avant ou, dans une certaine mesure, pendant son mandat. Ces procédures

---

c) La procédure n'a pas été ou n'est pas menée de manière indépendante ou impartiale, mais d'une manière qui, dans les circonstances, est incompatible avec l'intention de traduire en justice la personne concernée.

3. Pour déterminer s'il y a incapacité de l'État dans un cas d'espèce, la Cour considère si l'État est incapable, en raison de l'effondrement de la totalité ou d'une partie substantielle de son propre appareil judiciaire ou de l'indisponibilité de
celui-ci, de se saisir de l'accusé, de réunir les éléments de preuve et les témoignages nécessaires ou de mener autrement à bien la procédure ».

[34] *Ce protocole fut adopté lors du 23ème sommet des Chefs d'Etat et de gouvernement du 27 juillet 2014 à Malabo en Guinée Equatoriale.*

[35] Article 4 de l'acte constitutif de l'UA du 11 juillet 2000, *« ... (m) Respect des principes démocratiques, des droits de l'homme, de l'état de droit et de la bonne gouvernance (...)*
(o) Respect du caractère sacro -saint de la vie humaine et condamnation et rejet de l'impunité, des assassinats politiques, des actes de terrorisme et des activités subversives ».

[36] Mutoy Mubiala, *« Chronique de droit pénal de l'Union africaine : l'élargissement du mandat de la Cour africaine de Justice et des droits de l'homme aux affaires de droit international pénal »*, Revue internationale de droit pénal 2014/3-4 (Vol. 85), pp. 749 à 758 ; « Vers une justice pénale africaine », Revue internationale de droit pénal, 2012, vol.83, pp.547-557.

peuvent avoir une incidence sur l'exercice de ses fonctions. L'institution d'une irresponsabilité du Président de la République pour ces faits ou la suspension de toute procédure y afférente pendant la durée de son mandat est souhaitable à l'instar de l'article 67 de la constitution française[37].

D). Le droit du Président de la République d'ester en justice.

Rien n'interdit au Président de la République d'engager des actions en justice pour des faits dont il peut s'estimer à juste titre être lésé ou victime comme tout citoyen, afin d'obtenir réparation même à titre symbolique. Une telle action peut être engagée aussi bien devant les juridictions nationales que les juridictions étrangères.

Section 3 : Le Gouvernement.

Le Gouvernement apparaît dans la constitution du 25 octobre 2015 comme étant le deuxième organe du pouvoir exécutif, après le Président de la République. Elle lui consacre le sous-titre 2 du titre IV relatif au pouvoir exécutif, le sous-titre 1 étant dédié au Président de la République. L'article 98 décrit le gouvernement comme comprenant le Premier ministre, Chef du gouvernement, et les ministres. Les prérogatives du gouvernement sont définies à travers les fonctions du Premier ministre et des ministres.

§1 : Le Premier et le Vice-Premier Ministre : résurgence et nouveauté.

La constitution de 2015 et sa pratique nous interpellent en ce qu'elles font resurgir les fonctions de Premier et créent le poste de Vice-Premier Ministre, dont nous examinerons les prérogatives.

A). La résurgence de la fonction de Premier ministre.

Le constituant de 2015 renoue, après une longue éclipse, avec une tradition bien ancrée dans l'histoire constitutionnelle et politique du Congo, qui touche à la fonction de Premier ministre. Cette fonction fut exclue de

[37] *« Le Président de la République n'est pas responsable des actes accomplis en cette qualité, sous réserve des dispositions des articles 53-2 et 68.*
Il ne peut, durant son mandat et devant aucune juridiction ou autorité administrative française, être requis de témoigner non plus que faire l'objet d'une action, d'un acte d'information, d'instruction ou de poursuite. Tout délai de prescription ou de forclusion est suspendu.
Les instances et procédures auxquelles il est ainsi fait obstacle peuvent être reprises ou engagées contre lui à l'expiration d'un délai d'un mois suivant la cessation des fonctions ».

l'organisation des grands pouvoirs publics, depuis l'acte fondamental du 24 octobre 1997. La constitution du 20 janvier 2002 n'en faisait guère mention. Le caractère très présidentialiste imprimé au régime plaçait le gouvernement sous la direction du Président de la République qui cumulait les fonctions de Chef de l'Etat et de Chef du gouvernement, conduisant et déterminant la politique de la nation, disposant du pouvoir réglementaire et assurant l'exécution des lois[38].

La pratique s'en était allée autrement en allégeant la charge du Président de la République, par la nomination (en l'absence d'une révision ne serait-ce qu'à minima de la constitution) d'un Premier ministre qui aura officié du 07 janvier 2005 au 15 septembre 2009, sans que ne lui fusse attribué la direction du gouvernement. Le Président de la République demeurait lui-même le Chef du gouvernement. Le Premier ministre ainsi nommé en assurait la coordination. Le poste de Premier ministre était ensuite supprimé jusqu'à sa réapparition dans la constitution du 25 octobre 2015.

B). L'innovation et la nomination ''contra legem'' d'un Vice-Premier Ministre.

La pratique constitutionnelle changeait encore l'organisation des pouvoirs publics par rapport à la lettre de la loi fondamentale. Cette fois-ci, la nouveauté réside dans la nomination inattendue et ''*contra legem*'' d'un Vice-Premier Ministre par décret n° 2017-373 du 22 août 2017, portant nomination des membres du gouvernement. Il y a innovation parce que cette fonction n'existait pas jusqu'à présent. La nomination est ''*contra legem*'' parce qu'elle n'est pas non plus prévue dans la constitution du 25 octobre 2015. Cela même si le dernier alinéa de l'article 83 dispose que le Président de la République fixe par décret les attributions des membres du gouvernement.

Le Vice-Premier Ministre n'a pas les mêmes prérogatives que le Premier ministre. D'une part, parce que sa nomination intervient dans le même décret présidentiel de nomination que les autres membres du gouvernement sur proposition du Premier ministre ; alors que ce dernier fut quant à lui désigné par décret n° 2017-371 du 21 août 2017 portant nomination du Premier ministre, chef du gouvernement.

Comme les autres ministres, les attributions du Vice-Premier Ministre sont déterminées dans le décret précité du 22 août 2017. Il est *« chargé »* de la fonction publique, de la réforme de l'Etat, du travail et de la sécurité sociale. Il vient juste après le Premier ministre dans l'ordre protocolaire. Cependant, rien ne permet d'indiquer qu'il peut suppléer le Premier ministre dans l'exercice de ses fonctions, par exemple convoquer et présider le

---

[38] *Cf. Article 56 alinéa 2 de la constitution du 20 janvier 2002 et l'article 36 de l'acte fondamental du 24 octobre 1997.*

Conseil de Cabinet. Il n'est pas l'adjoint au Chef du gouvernement. Cependant, il pourra recevoir délégation de pouvoir du Président de la République ou du Premier ministre dont il contresigne les actes concernant son département ministériel ou assurer son intérim en cas d'empêchement ou d'indisponibilité.

Une révision de la constitution eut été nécessaire pour clarifier le rôle du Vice-Premier Ministre. Cela permettra de distinguer ses fonctions en raison de sa double casquette. Celles qu'il doit assurer en sa qualité de Vice-Premier Ministre et deuxième personnalité du gouvernement, et celles qui s'attachent au département ministériel dont il a la charge.

La création de la fonction de Vice-Premier Ministre obéit soit à la nécessité de suppléer au Premier ministre, pour en assurer l'intérim en cas d'empêchement ou d'indisponibilité ; soit pour une redistribution ou un partage de pouvoirs dans le cadre d'un consensus politique au sein d'un gouvernement de coalition, d'union nationale ou qui tienne compte du contexte politique, économique ou social du pays. Le poste de Vice-Premier Ministre est alors confié à une personnalité de premier plan qui permet d'assurer l'équilibre et la stabilité des institutions.

En l'espèce, cette nouveauté peut s'expliquer par un double contexte. D'une part, le contexte de la démission du gouvernement au lendemain des premières élections législatives du 16 et 30 juillet 2017 sous l'empire de la constitution du 25 octobre 2015 et du changement de législature.

D'autre part, le contexte de la crise économique et financière qui contraint le Congo à négocier un programme d'ajustement budgétaire avec le Fonds monétaire international (FMI ayant abouti à la signature d'un accord le 11 juillet 2019), dont le Président de la République s'était fait l'écho en annonçant dans son message du 14 août 2017, la veille de la commémoration de l'indépendance nationale (15 août 2017), vouloir s'appuyer sur *« un gouvernement efficace et résolument porté sur l'action »*[39].

Dans ce contexte, la charge confiée au Vice-Premier Ministre de s'occuper de la fonction publique, de la réforme de l'Etat, du travail et de la sécurité sociale, est au cœur des préoccupations du moment. Car, ce grand portefeuille cristallise toutes les attentes pour canaliser les contrecoups et la résonnance des tensions que susciteraient les mesures d'austérité que le FMI impose.

Enfin, pour toutes ces considérations, le profil de la personnalité désignée aux fonctions de Vice-Premier Ministre ne pouvait guère laisser indifférent. En l'occurrence, la nomination du M. Firmin Ayessa s'y collait, en raison,

---

[39] Cf. *Les Dépêches de Brazzaville, « Message présidentiel du 15 août, « Un nouveau gouvernement attendu pour mener à bien les réformes», n°2992 du 15-16 août 2017, pp. 1, 2 et 3 : «... Je vais devoir m'appuyer sur un gouvernement efficace et résolument porté sur l'action. Un gouvernement qui sera entièrement mobilisé pour mettre en œuvre des réformes hardies et des politiques appropriées, afin de relancer la machine économique nationale, d'accélérer la sortie de crise, et de mettre l'ensemble du pays en marche vers le développement... ».*

outre son expérience ; de la confiance qu'il inspire au Président de la République, pour en avoir été l'un de ses plus proches collaborateurs et surtout le Directeur de Cabinet pendant 10 ans environ.

C). La suppression inattendue de la fonction de Vice-Premier Ministre.

Comme elle fut créée, la fonction de vice-premier ministre fut également supprimée sine die au lendemain de l'élection présidentielle du 21 mars 2021, par décret n° 2021-301 du 15 mai 2021 portant nomination des membres du gouvernement.

Cela quand bien même que celui qui exerçait cette fonction, M. Firmin Ayessa, était maintenu dans ses autres attributions de ministre d'Etat en charge de la fonction publique, du travail et de la sécurité sociale. Ce, tout en occupant le même rang dans l'ordre de préséance au sein du gouvernement dirigé par M. Anatole Collinet Makosso[40].

La disparition de la fonction de vice-premier ministre ne fait que confirmer le pouvoir discrétionnaire du Président de la République dans l'interprétation de certaines dispositions de la constitution et la marge de manœuvre qu'il s'octroie dans la pratique constitutionnelle des institutions. Notamment au sein du pouvoir exécutif dont il paraît être l'incarnation et le chef incontesté.

En dépit du fait que le constituant ne puisse pas tout prévoir, il est vivement souhaitable que des limites soient fixées, dans le cadre d'une révision, au pouvoir d'interprétation de la constitution par le Président de la République et à sa pratique constitutionnelle des institutions du pays.

[40] Décret n°2021-301 du 15 mai 2021, portant nomination des membres du gouvernement, JORC, n°21, du 27 mai 2021, pp.814-815 ; Décret n°2021-303 du 16 mai 2021, fixant la préséance des membres du gouvernement, JORC, n°21 du 27 mai 2021, pp.815-816 ; Décret n°2021-300 du 12 mai 2021, portant nomination du Premier ministre, chef du gouvernement.

§ 2 : Les prérogatives du Premier ministre.

La constitution fixe les pouvoirs dévolus au Premier ministre. Pour autant, sa marge de manœuvre est assez limitée en raison de la double révérence envers le Président de la République et le Parlement, notamment l'Assemblée nationale.

A). Les pouvoirs du Premier ministre.

En dehors de la résurgence de la fonction de Premier ministre dans la constitution du 25 octobre 2015, celle-ci se distingue de la pratique suivie depuis l'acte fondamental du 24 octobre 1997, ainsi que la constitution du 20 janvier 2002, par le fait que le Premier ministre assure la fonction de Chef du Gouvernement qui incombait jusque-là au Président de la République.

Il reprend les attributions exercées en cette qualité par le Président de la République sous la constitution de 2002. Il assure l'exécution des lois. Il exerce le pouvoir réglementaire, qui porte sur les matières autres que celles qui relèvent des décrets en Conseil des ministres. Il procède subsidiairement à des nominations aux emplois et fonctions civils et militaires, sans empiéter sur les prérogatives du Conseil des ministres et du Président de la République en la matière[41]. Ses actes sont contresignés par les ministres chargés de leur exécution.

Il propose la nomination des ministres au Président de la République. Il peut le suppléer dans la présidence des conseils de défense ainsi que des organes supérieurs d'orientation, de suivi et des décisions stratégiques en matière de défense et de sécurité.

Le Premier ministre peut convoquer et tenir un Conseil de Cabinet (article 102), qui ressemble à un Conseil des ministres. La différence en est que le Conseil des ministres est présidé par le Président de la République. C'est une instance décisionnelle, le cadre par excellence de l'exercice par le Président de la République de son pouvoir réglementaire. Le Conseil de cabinet n'est pas une instance de décision. Il ne peut pas concurrencer le Conseil des ministres. En Conseil de Cabinet, le Premier ministre réunit les membres de son gouvernement, y compris le Vice-Premier Ministre, pour faire des recommandations ou des orientations sur le fonctionnement du gouvernement. Il fait office de cadre réflexion dans l'entre-session du Conseil des ministres. Le Premier ministre préside les Comités interministériels.

---

[41] L'article 3 de la loi n° 2-2018 du 5 février 2018, déterminant les modalités de nomination aux hauts emplois et fonctions civils et militaires, dispose, « *Les emplois et fonctions civils et militaires autres que ceux visés aux articles 1er et 2 de la présente loi sont pourvus par décret du Premier ministre* ».

B). La double allégeance du Premier ministre.

Certes, l'institution du Premier Ministre, tout comme du Vice-premier ministre, tempèrent le caractère présidentialiste du régime politique institué par la constitution du 25 octobre 2015. Il n'en demeure pas moins que le Premier ministre est soumis à une double allégeance vis-à-vis du Président de la République et de l'Assemblée nationale.

I). L'allégeance du Premier ministre envers le Président de la République

Cette allégeance revêt deux aspects. D'une part, celui de la responsabilité du Premier ministre et des membres de son gouvernement vis-à-vis du Président de la République et, d'autre part, celui de l'absence d'autonomie dans la définition de la politique de la nation, induisant une concertation avec le chef de l'exécutif.

a). La responsabilité du Premier ministre et de son gouvernement

Le Premier ministre est responsable devant le Président de la République, qui le nomme discrétionnairement et peut tout aussi discrétionnairement mettre fin à ses fonctions, conformément à l'article 83 de la constitution. Sa responsabilité politique emporte celle de son équipe, puisque sa révocation ou sa démission entraîne la démission collective de son gouvernement.

Il en est de même pour chaque ministre pris isolément, puisque le Président de la République qui, certes nomme les ministres sur proposition du Premier ministre, peut aussi les révoquer de leurs fonctions[42].

---

[42] Au cours du premier mandat au titre de la constitution du 25 octobre 2015, le Président de la République D. Sassou-Nguesso, avait révoqué deux ministres pour manquements en plein exercice (non pas dans le cadre d'un remaniement du gouvernement). Il s'agissait M. Fidèle Dimou qui avait été révoqué de ses fonctions de ministre des transports, de l'aviation civile et de la marine marchande par décret n° 2020-57 du 16 mars 2020, mettant fin aux fonctions d'un ministre et nommant un nouveau ministre. Ses fonctions furent attribuées à Mme EBOUKA-BABACKAS Ingrid Olga Ghislaine pour les exercer cumulativement aves ses fonctions de ministre du plan, de la statistique, de l'intégration régionale, JORC du jeudi 26 mars 2020, n° 13-2020, p. 320. Ce fut le cas de Mme Inès Nefer Bertille Ingani, révoquée de ses fonctions de ministre de la promotion de la femme et de l'intégration de la femme au développement, par décret présidentiel n°2019-269 du 17 septembre 2019. Ce portefeuille fut attribué à Mme Jacqueline Lydia Mikolo qui devait l'occuper cumulativement avec ses fonctions de ministre de la santé et de la population.

b). La définition concertée de la politique économique et sociale de la nation

Si le Premier ministre est le Chef du gouvernement, il ne détermine pas seul la politique économique et sociale de la nation. Il doit le faire en concertation avec le Président de la République, comme cela est prescrit par l'article 99 de la constitution, qui dispose,

« Le Premier ministre, en concertation avec le Président de la République, détermine la politique économique et sociale de la nation ».

La constitution du 25 octobre 2015 ne spécifie pas que le Premier ministre dirige l'action du gouvernement ni qu'il conduit la politique économique et sociale de la nation. Tout porte à croire que, comme la politique économique et sociale de la nation est déterminée en concertation avec le Président de la République, sa mise en œuvre se fait sous l'œil tutélaire du Chef de l'Etat, dès l'instant où l'on sait que cette politique est la traduction voire l'application du programme de société pour lequel il a été élu par le peuple.

II). L'allégeance du Premier ministre envers l'Assemblée nationale

D'une part, le Premier ministre doit, aux termes des dispositions de l'article 103 de la constitution, présenter, lors de son entrée en fonction, le programme d'action de son gouvernement devant l'Assemblée nationale. Cette présentation ne donne pas lieu à vote de la part des députés. En fait, comme nous venons de le souligner, le programme d'action du gouvernement n'est en réalité que celui sur lequel le Président de la République aura été élu ou celui du Parti ou du groupement politique dont le Premier ministre est issu, en cas de changement de majorité à l'issue des élections législatives.

D'autre part, le Premier ministre est responsable, aux termes des dispositions de l'article 100 de la constitution, de la conduite de la politique économique et sociale de la nation devant l'Assemblée nationale. C'est la politique économique et sociale qu'il a déterminée en concertation avec le Président de la République. Une politique dont il n'a pas entièrement la maîtrise. Il s'agit en principe, à travers le gouvernement, d'une responsabilité dans le cadre des moyens de contrôle du Parlement, dont la motion de censure ou de défiance. On assiste, en dehors de l'hypothèse de la cohabitation, à un effacement du Président dans la République à ce stade de recherche de la responsabilité politique. Car, si le Président de la République participe à la détermination, avec le Premier ministre, de la politique économique et sociale de la nation, il n'en est pas comptable devant l'Assemblée nationale. Mais il n'en est responsable que devant le peuple, source de sa légitimité.

§ 3 : Les autres membres du gouvernement.

Il est ici question d'examiner les attributions des ministres et les contraintes inhérentes à leurs fonctions en tant que membres du gouvernement.

A). Les attributions des autres membres du gouvernement.

La constitution de 2015 contient très peu de dispositions spécifiques aux autres membres du gouvernement, notamment les ministres. Si ce n'est qu'ils sont nommés par le Président de la République sur proposition du Premier ministre. Ils ne sont pas responsables devant le Premier ministre ni le Vice-Premier Ministre, mais devant le Président de la République lui-même qui peut les révoquer discrétionnairement[43].

Pour autant, ils sont soumis à l'autorité du Premier ministre et du Vice Premier ministre, auxquels ils rendent compte de la gestion de leurs départements ministériels respectifs. Avec l'ensemble du gouvernement, ils sont collectivement responsables devant l'Assemblée nationale dans les conditions que nous venons de rappeler. Ils contresignent les actes du Président de la République et du Premier ministre dont ils assurent l'exécution. Les ministres ont, sur délégation du Premier ministre, le pouvoir de nomination à certaines fonctions ou emplois civils et militaires[44].

B). Les cumuls et les incompatibilités.

Ce qui va suivre n'est pas spécifique aux ministres. Car, ça concerne tout autant le Premier ministre que le Vice-Premier Ministre. Donc tous les membres du gouvernement. Si les fonctions de membres du gouvernement sont incompatibles avec l'exercice de tout mandat électif, de représentation professionnelle à caractère national et de tout emploi privé ou public, civil ou militaire ou toute autre activité professionnelle (article 105 alinéa 1er), il y

---

[43] On peut rappeler la révocation de Mme Inès Nefer Bertille INGANI, Ministre de la promotion de la femme et de l'intégration de la femme au développement, par décret n°2019-269 du 17 septembre 2019, mettant fin aux fonctions d'un ministre et nommant un nouveau ministre. On peut également citer le décret n°2020-57 du 16 mars 2020, mettant fin aux fonctions d'un ministre et nommant un nouveau ministre, JORC, n°13-2020 du 26 mars 2020, pp.320. Ce décret mettait fin aux fonctions de M. Fidèle DIMOU, ministre des transports, de l'aviation civile et de la marine marchande. Ces fonctions furent ensuite rattachées par le même décret au ministère du plan, de la statistique et de l'intégration régionale, sous l'autorité de Mme. Ingrid Olga Ghislaine EBOUKA-BABACKAS.

[44] L'article 4 de la loi n° 2-2018 du 5 février 2018, déterminant les modalités de nomination aux hauts emplois et fonctions civils et militaires, dispose, « *Le Premier ministre délègue aux ministres son pouvoir de nomination de certains emplois et fonctions* ».

a une exception. L'article 105 alinéa 2 de la constitution du 25 octobre 2015 autorise le cumul des fonctions de membre du gouvernement avec l'exercice d'une activité agricole, culturelle, d'élu local, d'enseignant ou de chercheur.

L'exception concernant les activités agricoles est louable en tant qu'elle promeut ce secteur dans lequel le congolais est fortement dépendant de l'étranger, comme dans bien d'autres domaines. Le but recherché est d'investir dans le secteur agricole pour rendre les congolais élémentairement autosuffisants.

Les exceptions qui touches aux activités culturelles, de recherche et de l'enseignement sont toutes aussi concevables afin de promouvoir le patrimoine et le rayonnement culturel, scientifique et de l'enseignement du Congo qui a tant perdu de sa splendeur qui le caractérisait dans les années 70 et 80. Cependant, il serait important de préciser à quel niveau de l'enseignement et de la recherche, l'exception serait admise. S'agit-il au niveau du secondaire, de l'enseignement supérieur ou professionnel ? Il appartiendra à tout sachant de mener la réflexion sur cette problématique.

Enfin, concernant l'exception du cumul avec le mandat d'élu local. Il aurait été judicieux d'opérer une clarification sur la nature des fonctions exercées par l'intéressé dans le cadre d'un mandat électif local. De sorte qu'il faille si besoin est limiter l'exception du cumul à la seule qualité de membre des conseils locaux (municipaux, départementaux...), excluant les fonctions de Chef d'un exécutif local (maire, administrateur-maire, président du conseil départemental, etc.).

C). Les interdictions

L'article 106 de la constitution interdit, pendant l'exercice de leurs fonctions, au Premier ministre et aux autres membres du gouvernement, directement ou indirectement, d'acquérir ou prendre à bail les biens appartenant à de l'Etat et aux collectivités locales.

Par ailleurs, il leur est également interdit de soumissionner ou de se porter candidats aux marchés publics et aux adjudications dans les administrations ou les institutions dans lesquelles l'Etat a des intérêts. Ils ne peuvent, à titre onéreux ou gracieux, acquérir ni pour leur compte, ni pour le compte de tierces personnes, les résidences de fonction mises à leur disposition. Enfin, ils sont également soumis à l'obligation de déclarations de leurs patrimoines aussi bien à l'entrée qu'à la fin de leurs fonctions.

Chapitre 2 : Un parlement bicaméral, exerçant le pouvoir législatif

Le bicamérisme ou bicamérisme institué par la constitution du 15 mars 1992, avec le Sénat comme deuxième chambre du parlementaire après l'Assemblée nationale, est maintenu. Le Parlement exerce le pouvoir législatif, ses prérogatives sont assez renforcées pour tempérer le caractère présidentialiste du régime de la constitution du 25 octobre 2015. Un examen des organes du pouvoir législatif sera suivi de celui des fonctions législatives et autres, ainsi que de ses relations avec l'exécutif, en termes de contrôle ou de rapports de force.

Section 1 : Les organes du pouvoir législatif.

Le pouvoir législatif est exercé par le Parlement composé de deux chambres : le Sénat ou la chambre haute, et l'Assemblée nationale que l'on qualifie de chambre basse. Ces deux assemblées parlementaires peuvent se réunir en Congrès dans les cas spécifiquement prévus par la constitution. A la différence de l'Assemblée nationale et du Sénat, le Congrès n'est pas un organe permanent du Parlement pendant une législature.

§ 1 : L'Assemblée nationale.

L'examen de l'Assemblée nationale conduit à évoquer le mode de désignation, le statut et le mandat de ses membres, son organisation et son fonctionnement.

A). L'élection des députés.

Le nombre des députés à l'Assemblée nationale est passé de 139 à 151, suivant en cela les recommandations de la concertation politique qui s'était tenue à Ouesso, dans le département de la Sangha, du 04 au 7 mars 2017, avec la modification subséquente du découpage des circonscriptions qui a nécessairement entraîné celle de la loi électorale. Les députés sont élus au suffrage universel direct, avec un 2ème tour pour ceux des candidats qui n'auront pas obtenu la majorité absolue des suffrages exprimés au 1er tour. Est élu au second tour, celui des candidats qui arrive en tête dans la circonscription électorale.

I). Les conditions d'éligibilité.

Aux termes des dispositions de l'article 132 de la constitution, ne peuvent se porter candidats aux élections législatives que les personnes qui satisfont à un certain nombre de conditions relatives à la nationalité congolais, à l'âge minimal de 18 ans (au lieu de 25 ans comme dans les constitutions de 1992 et 2002), à la résidence sur le territoire congolais au moment du dépôt de la candidature, à la jouissance des droits civils et politiques, à un casier judiciaire vierge de toute condamnation pour crime ou délit volontaire. A cela s'ajoute la condition financière. Elle peut constituer un frein pour certains candidats en raison de son caractère prohibitif. Car, il faut justifier d'une caution de 1.500.000,00 FCFA, non remboursable, conformément à l'article 62 nouveau de la loi électorale. Les candidats peuvent se présenter sous l'investiture d'un parti politique, d'une formation ou groupement politique ou individuellement en qualité d'indépendant.

II). Le mandat et le rôle du député.

Les députés sont élus pour un renouvelable de cinq (5) ans. Conformément à l'article 115 de la constitution, le mandat des députés (comme celui des sénateurs) commence le deuxième mardi suivant leur élection où l'Assemblée nationale (comme le Sénat) se réunit de plein droit. Si cette réunion a lieu en dehors des périodes prévues pour les sessions ordinaires, une session extraordinaire est ouverte de plein droit pour une durée de quinze (15) jours. Le mandat des députés prend fin dès l'entrée en fonction de la nouvelle Assemblée nationale. Les élections ont lieu vingt (20) jours au moins, et cinquante (50) jours au plus, avant l'expiration du mandat des députés.

Il convient de souligner la possibilité d'une reconduction d'office du mandat, sans élection, sur décision de la Cour constitutionnelle. La Cour constitutionnelle statue ainsi à la demande du Président de la République. Cette reconduction d'office ne s'impose qu'en cas de circonstances graves et exceptionnelles, rendant impossible la tenue des élections législatives dans une ou des circonscriptions bien déterminées[45].

Tel est le cas, comme nous l'avons vu plus haut, de la décision n° 001/DCC/EL/ du 9 août 2017 qui prorogeait le mandat des députés (et sénateurs) dans certaines circonscriptions du Pool en raison de la guerre civile qui sévissait dans ce Département[46], jusqu'à l'organisation des élections partielles.

---

[45] *Cf. Article 109 de la constitution de 2015, « Les mandats de député et de sénateur peuvent être prolongés par la Cour constitutionnelle saisie par le Président de la République, en cas de circonstances exceptionnellement graves empêchant le déroulement normal des élections » ; « La Cour constitutionnelle statue, en cas de contestation, sur la régularité des élections législative et sénatoriale. Elle se prononce sur la recevabilité des candidatures aux mêmes élections et peut, en cas de circonstances exceptionnelles graves empêchant le déroulement normal des élections, prolonger le mandat des députés et des sénateurs. En ce cas, elle est saisie par le Président de la République », Article 5, loi organique n° 1-2003 du 17 janvier 2003, portant organisation et fonctionnement de la Cour constitutionnelle.*

[46] Il s'agit des circonscriptions de Kinkala 2, Kindamba, Mindouli, Vinza, Kimba, Mbandza Ndounga, Goma Tsétsé, Mayama. La Cour fut saisie par le Président de la République le 27 juillet 2017.

Le député, bien qu'étant élu dans sa circonscription, n'en est pas constitutionnellement le représentant. L'Assemblée nationale assurant la représentation nationale, chaque député est censé représenter la nation toute entière, donc tous les congolais, comme en dispose l'article 128 de la constitution,

« Article 128 alinéa 1er : Les membres de l'Assemblée nationale portent le titre de député. Ils sont élus au suffrage universel direct. Chaque député élu dans une circonscription électorale est le représentant de la Nation toute entière ».

En effet, les acteurs politiques devraient faire preuve de pédagogie lors des campagnes législatives en expliquant aux électeurs le vrai rôle du député, dont le mandat est souvent confondu avec celui des élus locaux (conseillers départementaux, communaux...). Ces derniers sont élus pour gérer, dans le cadre de la décentralisation, les affaires locales, améliorer les conditions de vie des populations au niveau local en définissant et réalisant tel ou tel projet dans leurs domaines respectifs de compétence.

Le député, en tant qu'élu de la nation, n'a pas vocation à faire des promesses mirifiques ou à distribuer des subsides, pendant la campagne électorale ou non, aux électeurs de sa circonscription. Cette pratique, qui frise le clientélisme et l'achat des consciences, présente le risque du dévoiement ou de dénaturation du sens de son mandat. Or, le député n'a pas un mandat impératif. D'ailleurs l'article 128 alinéa 2 de la constitution dispose que, *« Tout mandat impératif est nul. »*

Il peut y avoir des interférences en cas de cumul de mandat de représentation nationale et d'élu local. Ce genre d'interférence ne doit pas conduire à des télescopages fonctionnels. Il conviendra alors d'éviter le mélange des genres et bien distinguer ce qui relève du mandat national de ce qui ressortisse à la fonction élective locale. Ce qui peut être un atout peut devenir un inconvénient si l'une des fonctions venait à empiéter sur l'autre.

Cependant, le propos mérite d'être nuancé. Car, comme nous le verrons, en dehors de sa mission de voter des lois et du contrôler l'action du gouvernement, le député ne doit pas être déconnecté de la réalité du terrain. Cela peut être pour lui un laboratoire ou une source d'inspiration pour mener à bien sa mission de représentation nationale.

A ce titre, le député devient, accessoirement, dans sa circonscription, l'interface entre ses électeurs et les pouvoirs publics, notamment le gouvernement. Il devient une courroie de transmission des préoccupations des populations auprès des décideurs publics. Interlocuteur privilégié des élus locaux dans sa circonscription, le député peut jouer le rôle de facilitateur, de modérateur ou de médiateur pour résoudre ou désamorcer certaines situations conflictuelles. Il doit avoir de l'écoute, de la sollicitude, devenant malgré lui le réceptacle de tout genre de doléances.

Il a un rôle à jouer dans le développement économique, social, culturel et durable de sa circonscription, sans se substituer aux autorités de l'Etat ni aux autorités locales dans leurs domaines de compétence. Pèse sur lui une responsabilité morale. Il se sent directement concerné par le bien-être de ses concitoyens. Il agit dans l'intérêt général.

Le sous-développement, la misère sociale et le délaissement de certaines contrées incitent le député à devenir le bienfaiteur idéal. A ce titre, il peut pallier la carence de l'Etat en construisant des bâtiments scolaires[47], des dispensaires et les équiper. Il va jusqu'à indemniser les enseignants bénévoles, mener des actions de formation financées sur ses propres deniers ou dans le cadre d'une offre de concours, tout comme assurer un accompagnement des programmes définis par les autorités locales.

Ces actions doivent être menées dans un but purement humanitaire et désintéressé. Ce, même si en politique la confiance des électeurs se mesure à l'aune de l'action de l'élu dans la prise en compte des préoccupations de ses concitoyens sur le terrain.

B). Le statut de député en raison de son mandat.

Les députés jouissent d'un certain nombre d'avantages et de privilèges dans l'exercice de leurs fonctions. Ils sont également astreints à des sujétions liées à leur statut.

I). Les avantages, les privilèges et la protection du député.

Aux termes des dispositions de l'article 108 de la constitution de 2015, les fonctions de député donnent droit à quelques avantages matériels ou financiers, tels que le remboursement des frais de transport et le paiement des indemnités prises en charge par la dotation affectée par la loi de finances.

Le député bénéficie d'une protection, dite *« immunité parlementaire »*, en raison de son statut. Ainsi donc, aux termes des dispositions de l'article 130 de la constitution, il ne peut être poursuivi, ni recherché, ni détenu ou ni jugé, pour les opinions ou les votes émis par lui dans l'exercice de ses fonctions.

Le député ne peut pas non plus, pendant la durée des sessions, être poursuivi ou arrêté sans l'autorisation de l'Assemblée nationale, sauf cas de crime ou de délit flagrant, de poursuites autorisées ou de condamnation définitive. Il ne peut pas, hors session, être poursuivi ni arrêté sans l'autorisation du bureau de l'Assemblée nationale, sauf cas de crime ou délit flagrant, de poursuites autorisées ou de condamnation définitive.

Enfin, le député bénéficie d'un privilège de juridiction, en application de l'article 193 de la constitution, en ce sens qu'il est justiciable de la Haute

[47] Il est sidérant de voir les élèves, prendre des cours entassés dans un bâtiment, assis à même le sol, sans tables-bancs, la toiture complètement abimée ou emportée par le vent, exposés aux intempéries et aux maladies.

Cour de justice, pour les actes qualifiés crimes ou délits commis dans l'exercice de ses fonctions.

II). Les sujétions auxquelles le député est astreint.

Les députés sont astreints à un certain nombre de contraintes qui se rapportent à la moralité, à la loyauté et aux incompatibilités en raison de leur statut.

a). La sanction de la moralité et de la déloyauté.

L'article 112 de la constitution sanctionne le défaut de moralité et de loyauté du député. D'une part, de par son statut, le député, élu de la nation, qui vote les lois, doit faire preuve d'une bonne moralité et d'exemplarité. Dès lors, il peut perdre son mandat, s'il faisait l'objet d'une condamnation à une peine infamante. Dans ce cas, la décision de condamnation est transmise par le Procureur général près la Cour suprême, pour notification, à l'Assemblée nationale. D'autre part, le député doit être loyal vis-à-vis du parti politique ou du groupement politique sous la bannière de laquelle il avait été investi et élu. Dès lors, le député perd son mandat, par voie de conséquence, son statut, si d'aventure il venait à démissionner dudit parti ou groupement politique en cours de législature. Cette disposition reprise de l'article 98 de la constitution du 20 janvier 2002, tend à fidéliser le député dans la formation politique à laquelle il appartient, à éviter le phénomène de transhumance parlementaire et le risque de basculement de majorité en cours de législature ; avec ses effets pervers sur le fonctionnement des institutions.

Si cette restriction est à ce point le gage d'une stabilité institutionnelle, elle présente cependant l'inconvénient de s'affranchir d'une liberté fondamentale et constitutionnellement consacrée. Celle d'adhérer librement à un parti ou un groupement politique de son choix et qui implique corrélativement celle d'en sortir librement[48]. On est en droit de s'interroger si la sanction prévue peut s'appliquer en cas d'exclusion du député de son parti ou de son groupement politique pour des raisons strictement internes ou idéologiques. Car, une telle décision s'impose au membre du parti ou du groupement politique et ne traduit pas une volonté claire et non équivoque de s'en séparer. La même préoccupation se pose s'agissant d'un parti ou d'un groupement politique qui se délite. On touche là aux limites d'une telle restriction.

Enfin, le député peut également perdre son statut et son mandat à tout moment, dès l'instant où une cause d'inéligibilité ou d'incapacité préexistante venait à être révélée postérieurement à son élection.

---

[48] Cf. l'article 58alinéa 2 de la constitution du 25 octobre 2015, *«...L'adhésion à un parti politique est libre... »*

Dans toutes ces hypothèses, des élections législatives partielles doivent être organisées conformément à la loi. Sauf si la situation se présentait dans le dernier semestre de la législature. Car, aux termes des dispositions de l'article 116 de la constitution, *« Il ne peut être procédé à une élection partielle dans le dernier semestre de la législature »*. C'est-à-dire que le siège doit demeurer vacant jusqu'aux prochaines élections législatives.

b). Les incompatibilités.

Le député exerce un mandat, qui lui confère un statut. A ce titre, il ne peut le cumuler avec l'exercice de toute fonction publique, comme le proscrit l'article 131 de la constitution. Il ne peut par exemple occuper aucune fonction au sein de l'exécutif, notamment au sein du gouvernement dont il est censé contrôler l'action. Il ne peut tout à la fois être député et dirigeant d'une entreprise publique. Pendant la durée de l'incompatibilité, ses fonctions de député sont exercées par son suppléant. Il les recouvre de plein droit dès la cessation de l'incompatibilité, sans qu'il ne soit besoin de solliciter à nouveau les suffrages de ses électeurs. Cependant, il peut cumuler les fonctions de député avec celles d'enseignant-chercheur à l'université ou avec un mandat électif local.

C). L'organisation et le fonctionnement de l'Assemblée nationale.

L'Assemblée nationale obéit à une organisation et à un fonctionnement définis par la constitution du 25 octobre 2015, comme c'est le cas dans toutes constitutions.

I). L'organisation

Aux termes des dispositions de l'article 120 de la constitution, chaque assemblée parlementaire est dirigée par un bureau composé d'un président, de deux vice-présidents, de deux secrétaires et de deux questeurs. Les membres dudit bureau sont élus en début de législature, lors de la session inaugurale, présidée par le doyen d'âge et assisté de deux plus jeunes députés.

Par ailleurs, selon l'article 123 de la constitution, en cas de vacance de la présidence de l'Assemblée nationale (ou du Sénat), pour cause de décès, démission ou toute autre cause, elle élit un nouveau Président dans les quinze (15) jours suivant la vacance si elle est en session ; dans le cas contraire, elle se réunit de plein droit dans les conditions fixées par le règlement intérieur. En cas de nécessité, il est pourvu au remplacement des autres membres du bureau conformément aux dispositions du règlement intérieur.

L'Assemblée nationale est organisée en Commissions. Ainsi donc le nouveau règlement intérieur adopté le 29 août 2017, dans le cadre de la 14ème législature issue des élections des 16 et 31 juillet 2017, en compte huit (8) : *la Commission économie, finances et contrôle de l'exécution du Budget de l'Etat ; la Commission des Lois et des Affaires administratives* ; *la commission Affaires Etrangères, coopération et des congolais de l'étranger* ; *la Commission Défense et sécurité, la Commission Education, culture, sciences et technologie ; la Commission Santé, affaires sociales, familiales et genre* ; *la Commission Plan, aménagement du territoire et infrastructures ; la nouvelle commission environnement et développement durable.*

II). Le fonctionnement.

Le fonctionnement de l'Assemblée nationale, ainsi que nous le verrons, la procédure législative et la modalité de contrôle de l'action du gouvernement, sont déterminés par le règlement intérieur. Conformément à l'article 121 de la constitution, le règlement intérieur de chaque chambre du Parlement doit, préalablement à son entrée en vigueur, être transmis à la Cour constitutionnelle qui doit en examiner la conformité à la Constitution. Car, il a force de loi organique.

a). Les sessions ordinaires et extraordinaires.

En dehors de la session inaugurale, l'Assemblée nationale (comme le Sénat) se réunit de plein droit, selon l'article 117 de la constitution, en trois (3) sessions ordinaires par an. Chaque session est convoquée par le Président de l'Assemblée. L'ordre du jour est fixé par la conférence des Présidents (article 118).

La maîtrise de l'ordre du jour des sessions ordinaires est un élément essentiel de l'indépendance d'une assemblée parlementaire. La périodicité des trois sessions ordinaires est fixée par la constitution en son article 117 précité. Ainsi donc, la première session commence le 15 octobre et se termine le 23 décembre de l'année ; la deuxième session s'ouvre le 1er février et se termine le 10 avril de l'année suivante ; la troisième session commence le 2 juin et se termine le 13 août de la même année. Si le 15 octobre, le 1er février ou le 2 juin est un jour férié, l'ouverture de la session a lieu le premier jour ouvrable qui suit.

Lorsque les circonstances l'exigent l'Assemblée nationale (ou le Sénat) peut être convoquée en session extraordinaire par son Président sur un ordre du jour déterminé, à la demande du Président de la République ou de la majorité absolue de ses membres. La durée d'une session extraordinaire ne peut dépasser 15 jours. Elle prend fin dès l'épuisement de son ordre du jour.

En tout état de cause, conformément à l'article 121 alinéa 3 et 4 de la constitution, l'ouverture et la fermeture des sessions ordinaires et extraordinaires sont prononcées par le Président de l'Assemblée (ou du Sénat).

b). La publicité des débats et travaux.

L'article 122 de la constitution prévoit la publicité des séances de chaque assemblée parlementaire, ainsi que la publication du compte rendu intégral des débats au journal officiel (rubrique débats parlementaires). Cependant, l'Assemblée nationale (ou le Sénat) peut décider, selon l'importance ou pour des raisons de confidentialité ou de secret, de siéger à huis clos, à la demande du Président de la République, du Président de chaque chambre ou d'un tiers de ses membres.

c). Le droit de vote.

Conformément à l'article 114 de la constitution de 2015, chaque député (ou sénateur) jouit d'un droit de vote qu'il exerce personnellement. Toutefois, ce droit de vote peut être exercé par procuration dans les conditions fixées par le règlement intérieur de l'Assemblée parlementaire concernée. Comme nous l'avons vu plus haut, le député a un mandat représentatif et non impératif.

§ 2 : Le Sénat.

Le Sénat, deuxième organe du pouvoir législatif, fait office de chambre haute du Parlement. Les règles d'organisation et de fonctionnement du Sénat sont identiques à celles que nous venons de voir concernant l'Assemblée nationale, en ce sens qu'elles font partie du sous-titre I, intitulé *« dispositions communes »* du titre V *« Pouvoir législatif »* (article 107 à 127) de la constitution du 25 octobre 2015 auxquelles il convient de s'y reporter.

A). L'élection et le mandat du sénateur.

Aux termes des dispositions de l'article 133 de la constitution de 2015, les membres du Sénat, appelés sénateurs, sont élus au suffrage universel indirect par les conseillers départementaux et municipaux, dits *« grands électeurs »*. A la différence des députés, les sénateurs représentent les collectivités locales de la République. Le Sénat exerce, outre sa fonction législative, celles de modérateur et de conseil de la Nation.

La durée du mandat des sénateurs est de six (6) ans, renouvelable à l'intégralité pour toute la législature. L'article 134 de la constitution du 25 octobre 2015, innove sur ce point en rompant avec une règle inscrite dans les constitutions de 1992 (article 94) et 2002 (article 92), héritée de la constitution française de 1958, d'un renouvellement par tiers tous les deux ans ou par moitié tous les trois ans.

Les conditions d'éligibilité sont identiques à celles des députés. Sauf en ce qui concerne l'âge minimal qui est fixé à 45 ans, comme en 2002 (contre 50 ans dans la constitution de 1992). La condition financière est le cautionnement dont le montant est fixé à un million cinq cent mille (1. 500. 000,00) francs CFA, non remboursable, par l'article 75 nouveau de la loi électorale, modifiée.

B). Immunité, privilèges de juridiction et incompatibilités du sénateur.

Comme les députés, tout sénateur jouit d'une immunité parlementaire. Dès lors, conformément à l'article 135 de la constitution, il ne peut pas être poursuivi, ni recherché, ni détenu ou ni jugé, pour des opinions ou votes émis par lui dans l'exercice de ses fonctions. Il ne peut pas non plus, pendant la durée des sessions, être poursuivi ou arrêté sans l'autorisation du Sénat, sauf en cas de crime ou de délit flagrant, de poursuites autorisées ou de condamnation définitive. Enfin, il ne peut, hors session, être poursuivi ni arrêté sans l'autorisation du bureau du Sénat. Sauf en cas de crime ou délit flagrant, de poursuites autorisées ou de condamnation définitive.

Il bénéficie, dans les mêmes conditions qu'un député, d'un privilège de juridiction en ce sens qu'il est justiciable de la Haute cour de justice, en application de l'article 193 de la constitution, pour les actes qualifiés de crimes ou délits commis dans l'exercice de leurs fonctions.

Enfin, conformément à l'article 136 de la constitution, le mandat de sénateur est incompatible avec toute autre fonction à caractère public. En cas d'incompatibilité survenue en cours de mandat, il est procédé à une élection sénatoriale partielle pour pourvoir le siège devenu vacant.

C). La spécificité du Sénat.

Le Sénat est une assemblée parlementaire spécifique qui, outre le mode désignation de ses membres et la représentation, tient également au rôle de modérateur et de conseil de la nation que lui assigne l'article 133 alinéas 3 de la constitution de 2015,

« ... Le Sénat exerce, outre sa fonction législative, celle de modérateur et de conseil de la Nation... »[49]

En tant que modérateur, le Sénat garantit la stabilité et l'équilibre des institutions en atténuant les ardeurs des uns et des autres, notamment en présence d'une éventuelle confrontation entre le pouvoir exécutif (plus précisément le gouvernement) et l'Assemblée nationale, qui risque de déboucher sur le renversement du premier par le vote d'une motion de censure ou la dissolution de la deuxième. Il peut jouer le rôle de balancier ou de contre-pouvoir.

Il doit faire preuve de pondération, dans l'intérêt de l'équilibre des pouvoirs et surtout de la stabilité des institutions. Incarnant la sagesse, comme dans la plus profonde tradition africaine, au regard de l'âge et de l'expérience de ses membres, le Sénat est amené à jouer le rôle de Conseil de la Nation auquel il conviendrait de recourir pour résoudre une situation conflictuelle ou désamorcer une crise. La fonction de Conseil de la nation dévolue au Sénat risque fort bien d'être concurrencée par les organes consultatifs nationaux créés par la constitution de 2015, notamment le Conseil national du dialogue et le Conseil consultatif des sages et des notabilités traditionnelles (titre XIX, articles 227 à 231), que nous verrons plus loin.

§ 3 : Le Congrès.

Le Congrès est la réunion des deux chambres du parlement soit pour délibérer sur les matières spécifiquement prévues par la constitution soit pour constater voire prendre acte d'une déclaration solennelle du Chef de l'Etat. Il ne dispose, cependant pas, d'une autonomie organique et structurelle.

A). L'absence de l'autonomie organique et structurelle du Congrès.

Le Congrès est régi par les dispositions de l'article 127 de la constitution. Ce n'est pas un organe permanent du pouvoir législatif, voire du Parlement. Il n'a pas de structure propre. Il s'agit d'une instance circonstancielle qui incarne l'unité du Parlement, partant celle de la Nation et de la République. Il est la réunion des deux chambres du Parlement (l'Assemblée nationale et le Sénat), la conjonction ou le point de rencontre entre la représentation nationale et la représentation territoriale de la République.

---

[49] Elle reprend ainsi les dispositions des articles 103 et 90 des constitutions de 1992 et 2002. L'institution sénatoriale est inspirée du système politique français qui adopta le bicamérisme sous la constitution de 1795, sous l'appellation de *« Conseil des Anciens »* (sauf sous la deuxième République de 1848 à 1852). L'élection du Sénat au suffrage universel indirect remonte à 1875.

B). Le fonctionnement et les attributions du Congrès.

Aux termes des dispositions de l'article 127 de la constitution, le Président de la République est seul habilité à convoquer le Parlement en Congrès. Dans ce cadre, c'est le Bureau de l'Assemblée nationale qui préside les débats. Un règlement spécifique définit, outre l'organisation, le fonctionnement du Parlement lorsqu'il se réunit en congrès.

Les attributions, voire les cas dans lesquels le Parlement peut être réuni en Congrès sont déterminées dans la constitution. Il peut s'agit d'une demande de seconde délibération sur un projet de loi (article 85 alinéa 5), de l'exercice par le Président de la République des pouvoirs exceptionnels ou en cas de crise (article 93, et 157 al.3), de la mise en accusation du Président de la République, des membres des Assemblées parlementaires et autres justiciables de la Haute Cour de justice (articles 95 et 193), de la déclaration de guerre (article 157), du message annuel du Président de la République sur l'état de la nation (article 94), de la révision de la constitution (article 241 alinéa 1er).

Section 2 : La fonction législative.

La fonction première du pouvoir législatif dans une démocratie représentative est de voter les lois. C'est l'une de ses raisons d'être dans un système de séparation des pouvoirs. L'article 107 alinéa 2 de la constitution du 25 octobre 2015 dispose que, le Parlement exerce le pouvoir législatif et contrôle l'action du Gouvernement. Évoquer la fonction législative invite à se prononcer sur son objet, son domaine d'intervention ou son étendue, ainsi que le processus de production des normes législatives et les contraintes qui s'y attachent.

§ 1 : Le périmètre de la fonction législative.

La fonction législative est strictement encadrée et s'exerce dans un périmètre bien circonscrit par la constitution, le domaine de la loi. Nous évoquerons ensuite les limites de la délimitation du périmètre de la loi.

A). Le domaine de la loi.

Le droit de légiférer qui incombe au parlement est conditionné, non seulement en ce qu'il exprime la volonté du peuple souverain, partant de la nation, mais en tant qu'il doit l'exercer dans les matières qui lui sont réservées dans la constitution. Son périmètre d'action est strictement délimité. Il détermine la compétence matérielle du parlement.

I). Des lois en général.

Fidèle à la reproduction assumée (pour des raisons historiques et du mimétisme juridique) de la constitution française du 04 octobre 1958, en l'occurrence son article 34, la constitution du 25 octobre 2015 se livre à une énumération limitative des matières réservées à la loi et dans lesquelles le Parlement peut exercer sa fonction normative. Avec cette particularité que le domaine de la loi au Congo couvre plus de matières que dans la constitution française.

Ainsi donc, aux termes des dispositions de l'article 125 de la constitution, sont du domaine de la loi,

Sont du domaine de la loi, - la citoyenneté, les droits civiques et l'exercice des libertés publiques ; - les sujétions imposées aux citoyens, en leurs biens et en leurs personnes, dans l'intérêt de la défense nationale et de la sécurité publique ; - la nationalité, l'état et la capacité des personnes, les régimes matrimoniaux, les successions et les libéralités ; - la détermination des crimes, des délits et des contraventions ainsi que des peines qui leur sont applicables ; - l'organisation de la justice et de la procédure suivie devant les juridictions, le statut de la magistrature et le régime juridique du Conseil supérieur de la magistrature ; - l'organisation et les règles de fonctionnement concernant les offices ministériels et les professions libérales ; - l'assiette, le taux et les modalités de recouvrement des impositions de toute nature, les emprunts et les engagements financiers de l'Etat ; - le régime d'émission de la monnaie ; - l'approbation des contrats de partage de production des hydrocarbures liquides ou gazeux ou des autres ressources minières.

La loi fixe également les règles concernant, - la réforme de l'Etat ; - la création des établissements publics ; - le régime des consultations référendaires ; - les découpages électoraux ; - l'amnistie ; - le statut général de la fonction publique ; - l'organisation administrative du territoire ; - la libre administration des collectivités locales, leurs compétences et leurs ressources ; - l'aménagement du territoire ; - le droit du travail, le droit syndical et les régimes de sécurité sociale ; - les nationalisations et les privatisations des entreprises ; - le plan de développement économique et social ; - l'environnement et la conservation des ressources naturelles et le développement durable ; - le régime de la propriété, des droits réels et des obligations civiles et commerciales ; - le régime des partis politiques, des associations et des organisations non gouvernementales ; - l'autorisation de ratification des traités et accords internationaux ; - l'organisation de la défense et de la sécurité nationales ; - le régime domanial et foncier ; - le régime des ressources naturelles ; - la mutualité, l'épargne et le crédit ; - le droit et le régime des transports ; - le droit et le régime des communications et de l'information ; - le droit et le régime pénitentiaires ; - les lois de finances ; - les lois de programme qui fixent les objectifs de l'action économique et sociale de l'Etat, l'organisation des activités productives de l'Etat et les grandes orientations de la défense et de la sécurité nationales.

Par ailleurs, la loi détermine aussi les principes fondamentaux de, - l'enseignement ; - la santé ; - l'action sociale ; - la science, la technologie et

l'innovation ; - l'industrie ; - le commerce ; - les télécommunications ; - l'électricité ; - l'eau ; - la culture, les arts et les sports ; - l'agriculture, l'élevage, la pêche et les eaux et forêts.

II). Des lois spécifiques.

Elles sont spécifiques non seulement en raison de leurs matières, mais aussi, et surtout de la procédure qui préside à leur adoption, comme nous le verrons plus loin.

On peut citer les lois constitutionnelles qui modifient la constitution dans les conditions de l'article 241 de la constitution ; des lois organiques qui complètent et précisent la constitution ainsi qu'il y est expressément spécifié (article 151 de la constitution) ; ou des lois de finances dans les conditions des articles 124 et 152 à 155 de la constitution.

B). Les limites de la détermination du périmètre législatif.

La délimitation du domaine de la loi a pour corolaire, le domaine illimité du règlement qui incombe au pouvoir exécutif. Ainsi donc, perpétuant la traditionnelle reproduction constitutionnelle, l'article 126 de la constitution de 2015 consacre une formule identique à celle de l'article 37 alinéa 1er de la constitution française de 1958,

« Article 126 : Les matières autres que celles qui sont du domaine de la loi ont un caractère réglementaire ».

Si l'intérêt légitime de ce cloisonnement institutionnel n'est pas forcément que les pouvoirs exécutif et législatif doivent s'observer en chiens de faïence, sans agir l'un contre l'autre et se tiennent mutuellement en respect, chacun dans son domaine ; ils doivent bien collaborer pour un fonctionnement normal et régulier des pouvoirs publics.

Cependant, la constitution tolère dans certains cas, non pas un décloisonnement, mais une intrusion limitée et sous conditions du pouvoir exécutif dans le domaine des compétences du pouvoir législatif. C'est la pratique des ordonnances, prévue par les dispositions de l'article 158 de la constitution[50].

---

[50] *« Le Gouvernement peut, pour exécuter son programme, demander au Parlement de voter une loi l'autorisant à prendre, par ordonnance, pendant un délai limité, des mesures qui sont normalement du domaine de la loi.*
Cette autorisation est accordée à la majorité simple des membres du Parlement. La demande indique la matière dans laquelle le Gouvernement souhaite que des ordonnances soient prises.
Les ordonnances sont prises en Conseil des ministres, après avis de la Cour suprême. Elles rentrent en vigueur dès leur publication, mais deviennent caduques si le projet de loi de ratification n'est pas déposé au Parlement avant la date fixée par la loi d'habilitation.
Lorsque la demande d'habilitation est rejetée, le Président de la République peut, sur décision conforme de la Cour constitutionnelle, légiférer par ordonnance.

Enfin, persistant dans le mimétisme juridique, on peut reconnaitre, à l'instar de l'article 37 alinéa 2 de la constitution française, le rôle du juge constitutionnel dans la délégalisation d'une matière incorporée dans le domaine de la loi et vice versa.

§ 2 : Les modalités d'exercice de la fonction législative.

La fonction législative comporte plusieurs phases : la phase de la conception ou de l'initiative de la loi, celle de la confection, de l'élaboration de la loi, celle de l'adoption ou du vote de la loi et celle de sa promulgation, de sa publication et de son entrée en vigueur. Elle peut également comprendre le suivi de l'application de la loi. Si le Parlement est le cadre dans lequel se poursuit ou s'opère la gestation de la loi et le détenteur exclusif du pouvoir d'adoption ou du vote de la loi, il n'en demeure pas moins que l'exécutif intervient aussi dans ce processus de légifération.

A). L'initiative législative partagée.

Le parlement n'est pas forcément à l'origine de toutes les lois qu'il vote. Bien souvent elles émanent de l'exécutif, notamment du gouvernement, dans le cadre de la mise en œuvre de la politique ou du programme pour lequel le Président de la République a été élu. D'ailleurs, la rédaction de l'article 143 de la constitution est bien précise en consacrant la préséance du gouvernement sur le parlement en la matière :

« L'initiative des lois appartient concurremment au Gouvernement et aux membres du Parlement ».

Cette règle prend tout son relief en cas de cohabitation.

L'initiative législative comporte également le droit d'amendement en vue de modifier une disposition d'un projet ou d'une proposition de loi. Comme en dispose l'article 149 alinéa 1er de la constitution, le droit d'amendement est également partagé entre le gouvernement et les membres du parlement.

I). L'initiative gouvernementale : projets de loi.

Les projets ou avant-projets de loi sont des textes préparés et conçus par le gouvernement pour être déposés devant l'une ou l'autre chambre du parlement, en vue de leur adoption comme loi de la République. Comme nous venons de le souligner, ils s'inscrivent le plus souvent dans le cadre de l'application du programme politique ou du projet de société sur lequel le Président de la République a été élu et dont la mise en œuvre incombe au gouvernement ou, dans le cadre d'un changement de majorité à l'Assemblée

---

A l'expiration du délai mentionné au présent article, les ordonnances ne peuvent plus être modifiées que par la loi dans leurs dispositions qui sont du domaine législatif »

nationale en cohabitation avec le Président de la République, pour la mise en œuvre programme du parti ou de la formation politique ayant remporté les élections législatives.

En toute hypothèse, aux termes des dispositions de l'article 144 alinéa 1er de la constitution, le gouvernement ne peut pas transmettre directement son projet de loi au parlement. Il doit préalablement le soumettre à la Cour suprême qui, en sa qualité de conseil juridique du gouvernement et dans l'exercice de ses fonctions consultatives, donnera son avis sur la régularité juridique du texte. Le projet de loi doit ensuite être présenté en Conseil des ministres pour son adoption, avant sa transmission en parlement. Le non-respect de ce processus constitue un vice de procédure susceptible d'entraîner l'irrecevabilité du projet par la chambre parlementaire qui en serait saisie.

En principe, le parlement ne peut pas se saisir d'un projet de loi qui ne lui est pas transmis par le gouvernement, nonobstant son adoption en Conseil des ministres. A moins qu'il se l'approprie en le transformant en une proposition de loi pour pallier, dans le temps, la carence manifeste de l'exécutif.

II). L'initiative parlementaire : propositions de loi.

C'est dans le cadre des propositions de loi que le Parlement exerce la plénitude de sa fonction législative. Les propositions des lois peuvent émaner de l'une ou l'autre chambre du Parlement. En application de l'article 144 alinéa 2 de la constitution, une chambre parlementaire ne peut pas directement délibérer sur une proposition de loi dont elle a eu l'initiative, sans l'avoir préalablement communiquée au Premier ministre, Chef du gouvernement pour information. Les propositions de loi sont donc, avant délibération et vote, communiquées pour information au Premier ministre. Le Premier ministre n'exerce aucun contrôle sur l'initiative législative du Parlement. Cela relève d'une bonne et intelligente collaboration entre les deux pouvoirs.

III). Les griefs d'irrecevabilité.

La chambre devant laquelle le projet de texte a été déposé doit procéder à l'examen de sa recevabilité. De ce fait, la constitution distingue deux causes de fin de non-recevoir.

a). La fin de non-recevoir pour défaut de l'équilibre entre les recettes et dépenses.

Comme le prévoient les dispositions de l'article 145 de la constitution, les propositions de loi et les amendements déposés par les membres du parlement et tendant à augmenter ou à diminuer les dépenses de l'Etat doivent être assortis de propositions dégageant les recettes ou les économies correspondantes. Si cette prescription garantit le respect de l'exigence de l'équilibre budgétaire, entre dépenses et recettes ; il n'en demeure pas moins qu'elle restreint la marge de manœuvre des parlementaires, dans l'exercice de leur droit d'initiative législative.

b). La fin de non-recevoir au regard du domaine de la loi.

Cette restriction vise aussi bien les projets, les propositions que des amendements qui sortent du domaine de la loi. Ce filtrage permet de faire respecter le cantonnement du législateur dans son domaine de compétences en écartant dès le départ des projets de textes dont l'objet aurait un caractère réglementaire.

L'irrecevabilité est, selon l'article 146 alinéa 1er de la constitution, prononcée par le Président de la chambre saisie, après délibération de son bureau. Il s'opère ainsi un contrôler anticipé et parlementaire de la conformité à la constitution. Car, la Cour constitutionnelle n'intervient pas à ce stade. Cela d'autant plus qu'aux termes des dispositions de l'article 146 alinéa 2 de la constitution, s'il y a contestation, la Cour constitutionnelle peut être saisie à la diligence soit du Premier ministre, soit par le Président de la chambre parlementaire devant laquelle le projet du texte est porté. Dans ce cas, la Cour constitutionnelle doit statuer dans un délai de quinze (15 jours).

B). Les procédures de confection de la loi.

La confection varie selon la nature de la loi. Il y a la procédure normale, applicable à la loi ordinaire, qui peut être avec incident ou accélérée selon les circonstances. Il existe aussi des procédures spécifiques de confection de la loi.

I). La procédure ordinaire de confection de la loi.

Elle est régie par les dispositions des articles 147 à 150 de la constitution, ainsi que par les règles définies dans le règlement intérieur de chaque Assemblée parlementaire. Elle peut se dérouler avec ou sans incident.

L'existence de deux chambres nécessite une navette entre elles afin que le texte final soit adopté dans des termes identiques.

a). La procédure normale et sans incident.

Après le dépôt, le projet de loi est examiné par la première chambre parlementaire qui en est saisie ou, s'agissant d'une proposition de loi, celle qui en a pris l'initiative. Les projets ou les propositions de loi peuvent être renvoyés en commission permanente ou à une commission spécialisée.

1). L'examen en commission permanente.

Comme le prévoit l'article 148 alinéa 1er de la constitution, les projets et les propositions de loi sont renvoyés à l'une des commissions permanentes que compte chaque chambre du parlement. Il s'agit, concernant l'Assemblée nationale de l'une des huit (8) commissions que nous avons évoquées plus haut.

Etant rappelé que le nombre et la nature de ces commissions sont déterminés par le règlement intérieur de chaque chambre du Parlement[51]. Le renvoi et le choix de la Commission permanente est décidé par le Président de l'assemblée parlementaire en fonction de l'objet du projet ou de la proposition et surtout des attributions, voire, des compétences de la commission telles qu'elles sont définies dans le règlement intérieur de ladite assemblée.

Le Président de la Commission idoine désignera, à son tour, celui de ses membres qui devrait assurer les fonctions de rapporteur. La commission peut entendre tout sachant, outre les membres du gouvernement dont la présence s'impose, ou tout organisme susceptible de l'éclairer.

A l'issue des travaux en commission, le rapporteur établit un rapport qui consigne ses conclusions. La Commission doit ensuite adopter un texte qui sera soumis en séance publique. Il pourra s'agir, soit du texte initial (proposition ou projet de loi) s'il n'a pas été modifié par la commission, soit d'un nouveau texte comprenant les modifications (amendements) apportées par les députés (ou sénateurs) qu'elle aura jugées utiles.

2). L'examen en séance publique.

Le texte adopté par la Commission permanente doit, avant les débats en séance publique, être inscrit à l'ordre du jour. Les débats en séances publiques peuvent revêtir deux formes. D'une part, ils peuvent s'inscrire

---

[51] *Leur constitution doit refléter, autant que possible, la configuration politique de chaque chambre parlementaire, notamment en termes de représentativité des partis et groupements politiques (Cf. article 148 dernier alinéa de la constitution).*

dans le cadre de la présentation générale du projet (ou de la proposition) adopté par la commission, faisant intervenir aussi bien le membre du gouvernement concerné (le Premier ministre et l'ensemble de son gouvernement étant présent), que le rapporteur.

D'autre part, ils consistent en un examen intégral et détaillé du texte présenté, en le décortiquant et votant ses articles les uns après les autres ; ensuite interviendra l'adoption, après mise au vote, de l'ensemble du projet ou de la proposition de loi, éventuellement enrichi des amendements des membres de la chambre parlementaire ou du gouvernement.

3). La navette parlementaire : transmission d'une chambre à l'autre.

Le texte adopté par la première chambre saisie est ensuite transmis à l'autre chambre parlementaire, qui devra à son tour l'examiner et en débattre selon la procédure requise. Le texte est définitivement adopté si la deuxième chambre adopte tous ses articles dans les mêmes termes sans modification. Dans le cas contraire, elle l'adoptera avec amendement et le retournera à la première chambre saisie, qui ne se prononcera que sur les dispositions amendées et les retransmettra ensuite à la seconde chambre pour un vote à l'identique.

4). L'examen en commission spéciale.

La constitution de 2015 prévoit également la possibilité de renvoyer tout projet ou toute proposition de loi à une commission spécialement désignée à cet effet (article 148 alinéa 2 de la constitution). Ce renvoi peut être décidé à la demande du gouvernement ou de la chambre parlementaire qui en est saisie ou qui en a pris l'initiative. La désignation de cette commission spéciale se fait dans les conditions définies par le règlement intérieur de chaque assemblée parlementaire.

b). Les procédures avec incident.

Il existe deux types de procédures avec incident. Une procédure aux fins de conciliation, dite *« commission mixte paritaire »* et l'autre, très risquées, de passage en force, dite *« responsabilité du gouvernement »* ou de *« vote de confiance »*.

1). Le renvoi à la commission mixte paritaire.

Il est un principe, déjà rappelé, de la procédure législative dans le cadre du bicamérisme parlementaire, celui de l'identité du texte adopté par les deux chambres. Dès lors, en cas de désaccord manifeste ou persistant entre elles, la constitution prévoit, dans son article 150, la mise en œuvre d'un mécanisme de conciliation, celui de la Commission mixte paritaire[52].

C'est une procédure facultative dont l'initiative incombe au Premier ministre, qui provoque la réunion d'une commission mixe paritaire. Elle est composée en nombre égal de Députés et Sénateurs. Cette composition doit en principe respecter la représentativité au sein du parlement. Elle élit un bureau, dont un président. L'office de la Commission mixte paritaire est de rédiger et de proposer un texte sur les seules dispositions du projet ou de la proposition de loi qui se trouvent au centre de la discorde entre les deux chambres du parlement. Si le désaccord porte sur l'intégralité du projet ou de la proposition de loi, la mission de la Commission mixte paritaire sera de proposer un nouveau texte.

En cas de compromis sur un texte, celui-ci est transmis au Premier ministre afin de le soumettre aux deux chambres du parlement pour approbation, les débats en séances publiques ne devraient en principe porter que sur les nouvelles dispositions.

Le vote est acquis si les deux chambres adoptaient le texte proposé par la Commission mixte paritaire. En cas de désaccord persistant au sein de la Commission mixte paritaire, le Premier ministre peut demander à l'Assemblée nationale de statuer définitivement après une nouvelle délibération de chacune des deux chambres. Cela soit en reprenant à son compte le texte proposé par la Commission mixte paritaire, soit le dernier texte adopté par cette même assemblée nationale, éventuellement modifié par quelques amendements du Sénat.

Le gouvernement ou les membres des assemblées parlementaires peuvent, en toute hypothèse, user de la possibilité offerte par l'article 149 alinéa 2 de la constitution, de retirer le projet ou la proposition de loi[53].

---

[52] Aux termes des dispositions de l'article 150 de la constitution, *« Tout projet ou toute proposition de loi est examiné, successivement, par les deux chambres en vue de l'adoption d'un texte identique.*
Lorsque, par la suite d'un désaccord entre les deux chambres, un projet ou une proposition de loi n'a pu être adopté après une lecture par chaque chambre, le Premier ministre a la faculté de provoquer la réunion d'une commission mixte paritaire chargée de proposer un texte sur les dispositions restant en discussion.
Le texte élaboré par la commission mixte paritaire est soumis, par le Premier ministre, pour approbation aux deux chambres du Parlement. Aucun amendement n'est recevable, sauf accord du Gouvernement.
Si la commission mixte paritaire ne parvient pas à l'adoption d'un texte commun, le Premier ministre, après une nouvelle lecture par l'Assemblée nationale et le Sénat, demande à l'Assemblée nationale de statuer définitivement.
Dans ce cas, l'Assemblée nationale peut reprendre soit le texte élaboré par la commission mixte paritaire, soit le dernier texte voté par elle, modifié, le cas échéant, par un ou plusieurs amendements adoptés par le Sénat ».

[53] *« Le Gouvernement et les membres du Parlement ont le droit d'amendement.*
Tout projet de loi, toute proposition de loi, présenté devant l'une ou l'autre chambre du Parlement, peut faire l'objet d'un retrait au cours des débats ou avant l'ouverture de ceux-ci ».

2). La procédure risquée de la question de confiance ou de la motion de défiance.

Le gouvernement a la possibilité d'accélérer le vote d'une loi, notamment d'un projet de loi en prenant le risque d'engager sa responsabilité devant l'Assemblée nationale par le moyen d'une question de confiance ou de défiance. Cette procédure, consacrée par l'article 159 de la constitution de 2015, permet principalement au gouvernement de demander, voire de tester la confiance que lui inspire la représentation nationale sur son programme d'action ou sur sa déclaration de politique générale suivant son investiture ou sa composition. Mais le constituant a cru bon d'inclure le vote d'un projet de loi dans son périmètre.

En effet, concernant la confection de la loi, la mise en œuvre de cette procédure suppose que le gouvernement, notamment le Premier ministre ait été préalablement autorisé par le Conseil des ministres pour engager sa responsabilité devant l'Assemblée nationale sur un projet de loi.

Une fois cette étape franchie, la question de l'engagement de la responsabilité du gouvernement sur le projet de loi est portée, par Le Premier ministre, devant l'Assemblée nationale qui doit voter après débats. Le vote défavorable, c'est-à-dire le refus de la confiance, ne peut être acquis qu'à la majorité des deux tiers (2/3) des membres de l'Assemblée nationale (en l'occurrence 151x2/3= 101 députés au moins). En conséquence du refus de la confiance, le Premier ministre doit présenter sa démission et celle de son gouvernement au Président de la République.

Si la confiance est acquise, le projet de loi est considéré comme adopté. Cette procédure est une forme combinée des dispositions de l'article 49 alinéas 1er et 3 de la constitution française de 1958. Il est aisé qu'elle soit mise en œuvre après le retour de la navette à l'Assemblée nationale en présence des désaccords ou des velléités manifestes d'obstruction de la procédure législative par les amendements parlementaires.

De tout ce qui précède, on constate à l'évidence une perte significative de la maîtrise la procédure de confection des lois par le Parlement, dont c'est l'une des raisons d'être. Il va de soi que dans ces conditions, on ne peut que souligner le rôle prépondérant de l'exécutif.

D'une part, le rôle du Premier ministre dans la recherche d'une solution de compromis à travers la Commission mixte paritaire ou, en cas d'échec de cette dernière, dans la détention du pouvoir de décider en dernière instance. D'autre part, le rôle du Président de la République, bien qu'il n'intervienne pas ostensiblement dans la procédure législative, rien ne peut se passer sans son regard tutélaire. De surcroit, l'autorisation d'engager la responsabilité du gouvernement, aux visas de l'article 159 dans la constitution, est donnée, non pas en Conseil de cabinet par le Premier ministre, mais en Conseil des ministres que préside le Chef de l'Etat, Président de la République. Il en est ainsi, parce que c'est lui qui détient l'arme de dissuasion : la dissolution de l'Assemblée nationale.

II). Des procédures législatives spécifiques.

La constitution du 25 octobre 2015 prévoit des procédures législatives spécifiques à certaines matières. Il en est ainsi des lois organiques, des lois de finances, de la révision parlementaire de la constitution, de l'habilitation et de la ratification législatives.

a). La procédure applicable aux lois organiques.

Les lois organiques sont expressément prévues et qualifiées comme telles dans la constitution pour compléter ou préciser une disposition bien déterminée ayant trait au fonctionnement des pouvoirs publics. Elles se situent, dans l'ordonnancement juridique, au-dessous des lois constitutionnelles et au-dessus des lois ordinaires. La constitution, en l'occurrence l'article 151, définit la procédure de leur adoption et de leur modification. Elle comporte trois particularités :

1). Le délai de 15 jours avant l'examen du projet de loi organique.

L'examen et le votre d'une loi organique ne peuvent commencer qu'après l'expiration d'un délai de quinze (15) jours à compter du dépôt du projet ou de la proposition devant la première chambre saisie. S'appliquent ensuite les règles procédurales définies aux articles 147 à 150 pour les lois ordinaires (avec ou sans incident). Lors de l'examen, les amendements ne doivent pas tendre à dénaturer ou changer le caractère d'une loi organique en y apportant des dispositions qui n'en relèveraient pas. À titre d'exemple, une loi organique ne peut pas se substituer au pouvoir constituant en renvoyant à une autre loi organique le soin de la préciser ou compléter.

2). L'adoption à la majorité absolue des membres de l'Assemblée nationale.

Il est spécifié qu'en cas de désaccord entre les deux chambres du Parlement lors de leurs échanges pendant la navette parlementaire, l'Assemblée nationale ne peut adopter définitivement le texte en dernière lecture qu'à la majorité absolue de ses membres (50 % +1).

3). La saisine préalable et obligatoire de la Cour constitutionnelle.

A la différence des lois ordinaires, la Cour constitutionnelle doit être saisie avant la promulgation d'une loi organique. S'agissant d'une saisine préalable obligatoire, il va de soi que le Président de l'Assemblée nationale doit après l'adoption d'une loi organique la transmettre à la Cour Constitutionnelle afin qu'elle puisse en examiner la conformité à la constitution. Si le contrôle de la constitutionnalité de la loi organique ne révèle aucun grief, la loi est ensuite transmise au Président de la République pour sa promulgation suivie de sa publication au journal officiel. Dans le cas contraire, la loi organique ne peut pas être promulguée tant qu'elle n'aura pas été expurgée des griefs d'inconstitutionnalité qui l'affectent.

b). La procédure spécifique aux lois de finances.

Commençons par définir une loi de finances avant d'en examiner la procédure de confection et d'adoption.

1). La notion de lois de finances.

De la définition des lois de finances suivra la présentation des différentes catégories qu'elles renferment.

➢ *La définition des lois de finances.*

La constitution ne définit pas ce qu'est une loi de finances. Sur le plan formel, la loi de finances est un acte juridique par lequel le Parlement vote, pour une année civile (du 1er janvier au 31 décembre), le budget de la nation, de l'Etat. C'est un acte qui autorise la perception des recettes et l'engagement des dépenses.

Sur le plan strictement matériel, la loi de finances renferme l'ensemble des dispositions relatives aux ressources et aux charges de l'Etat pour un exercice budgétaire. Elle arrête le budget de l'Etat et rend compte de son exécution. Elle détermine l'équilibre budgétaire et financier de l'Etat[54].

➢ *Les différentes catégories de lois des finances.*

Il existe trois types de lois de finances.

[54] *Cf. article 2, loi n°20-2012 du 3 septembre 2012 relative au régime financier de l'Etat. JO, 20 septembre 2012, pp.787 et siècle Article 52, loi organique n°36-2017 du 3 octobre 2017, relative aux lois de finances.*

La loi de finances initiale ou la loi de finances de l'année qui détermine, pour chaque année la nature, le montant, la répartition des ressources et des charges de l'Etat, ainsi que son équilibre budgétaire et financier.

La loi de finances rectificative ou le collectif budgétaire. Elle modifie la loi de finances initiale en cours d'exercice. Elle est présentée dans les mêmes formes que la loi de finances de l'année.

La loi de règlement. Elle constate les résultats financiers de chaque exercice budgétaire et rend compte de l'exécution du budget de l'Etat[55].

Une notion voisine doit être précisée. Celle des *« cavaliers budgétaires »*, qui sont des dispositions dont l'objet est étranger à une loi des finances (ne la concerne pas), mais qui s'en trouvent insérées. Elle porte atteinte à la cohérence et à l'harmonie de l'objet même d'une loi des finances. Ces dispositions *« hors sujets »* peuvent être censurées par le juge constitutionnel.

Pour toutes ces lois, leur cadre juridique général et commun est défini, outre les dispositions des articles 152 à 155 de la constitution, par la loi organique relative au régime financier de l'Etat (ou relative aux lois des finances). Elle en précise les procédures de confection et d'adoption[56].

2). L'élaboration et d'adoption des lois de finances.

L'initiative, la saisine prioritaire de l'Assemblée nationale, l'examen et le vote sont les principales étapes du processus d'élaboration et d'adoption d'une loi de finances.

α). L'initiative de la loi des finances.

L'initiative législative est en principe partagée entre le gouvernement et le parlement. Cependant, en matière de loi de finances, elle appartient au gouvernement, dont le principal artisan est le ministre chargé des finances (assisté naturellement du ministre ou du secrétaire d'Etat dédié au budget), sous la responsabilité du Premier ministre. Il élabore le projet de loi des finances, en se référant au document de programmation budgétaire et économique pluriannuelle couvrant une période minimale de trois ans. Il doit ensuite être adopté en Conseil des ministres. Cette procédure ne laisse pas le Président de la République indifférent, ne serait-ce qu'en raison du fait que, outre la Présidence du Conseil des ministres, la loi des finances lui permet de mettre en œuvre le programme ou le projet pour lequel il a été élu.

---

[55] *Cf. loi organique du 3 septembre 2012 (articles 5 à 15) ; article 53 loi organique n°36-2017 du 03 octobre 2017 précitée.*

[56] Cf. *loi organique n°36-2017 du 3 octobre 2017, relative aux lois de finances.*

β). La saisine prioritaire de l'Assemblée nationale en session budgétaire.

Aux termes des dispositions de l'article 152 alinéa 1er de la constitution, le parlement doit être saisi du projet de loi de finances au plus tard une semaine (7 jours) avant l'ouverture de la session d'octobre. Elle précise à l'alinéa 2ème de ce texte qu'il s'agisse du projet de loi de finances de l'année (initiale), du projet de la loi de finances rectificatives (collectif budgétaire) ou de la loi de règlement, l'Assemblée nationale doit en être saisie prioritairement. C'est-à-dire en premier lieu, avant le Sénat.

Le dépôt du projet de la loi des finances à l'Assemblée nationale est accompagné :

- d'un rapport portant sur l'évolution récente des conjonctures économiques internationales et nationales sur les résultats connus et les perspectives d'évolution de l'économie nationale ;
- du document de programmation budgétaire à moyen terme ;
- des annexes explicatives concernant : *une situation d'exécution des recettes et dépenses à la date la plus récente du dépôt du projet de loi de finances ; une situation des recettes et dépenses ventilées par nature pour chaque budget annexe et compte spécial du trésor ; un état indiquant le montant, les bénéficiaires et les modalités de répartition des concours financiers accordés par l'Etat aux organismes publics et à d'autres Etats ; un état indiquant l'endettement ; un tableau des opérations financières de l'Etat retraçant l'ensemble des flux financiers des administrations publiques ; un plan de trésorerie annuel mensualisé comportant notamment un plan d'engagement ; un projet annuel de performance de chaque programme présentant les objectifs poursuivis et les résultats attendus mesurés au moyen d'indicateurs ; un échéancier des crédits de paiement associés aux autorisations d'engagement ; une répartition des emplois rémunérés par l'Etat présentés par ministère ; un récapitulatif détaillé des fonds des bailleurs prévus dans le cadre de l'exercice budgétaire*[57].

γ). L'examen et le vote du projet de loi des finances.

γ-1. Présentation en session plénière et examen en commissions des finances.

Comme le précise la loi organique portant loi de finances du 3 septembre 2012, c'est le ministre des finances qui présente le projet de loi en session plénière de chaque chambre du Parlement avant son examen par les commissions chargées des finances des deux chambres. La commission des finances de chaque chambre du Parlement auditionne, à sa demande, le ministre des finances et les autres ministres dans leurs domaines de compétences.

---

[57] *Cf. article 6, loi organique du 03 septembre 2012 ; articles 55 et 56 de loi organique n°36-2017 du 03 octobre 2017.*

Le projet de loi peut faire l'objet d'amendements de la part des membres des deux chambres parlementaires ou des articles additionnels de la part du gouvernement au cours des discussions. Ils doivent être motivés et accompagnés d'éléments justificatifs. Comme pour les lois ordinaires, ces amendements et dispositions additionnelles sont irrecevables s'ils ont pour effet de générer soit une diminution des ressources, soit la création ou l'augmentation d'une charge non compensée par des économies ou des recettes correspondantes.

γ-2. Le vote de la loi de finances.

Le vote de la loi de finances ne se fait pas de la même manière, selon qu'il s'agisse des recettes, des dépenses de l'Etat ou du budget annexe.

γ-2.1. Le vote en session budgétaire ordinaire.

Concernant les prévisions des recettes du budget général de l'Etat, elles font l'objet d'un *vote global* par la commission des finances de chacune des deux chambres du parlement.

Les crédits de paiement, les autorisations d'engagement et les autorisations de plafonds d'emplois du budget général de l'Etat sont votés par la commission chargée des finances de chaque chambre du Parlement, *par ministère et institution*, après un examen du programme. Le budget de l'Etat lui-même fait l'objet d'un vote global, solennel, et en termes identiques par l'Assemblée nationale et par le Sénat, sur rapport de la commission chargée des finances de chacune des deux chambres du parlement. Enfin, les crédits de paiement, les autorisations d'engagement et les autorisations de plafonds d'emplois des budgets annexes et des comptes spéciaux du trésor font l'objet d'un vote par budget annexe et par compte spécial du trésor[58].

γ-2.2. Le vote en session budgétaire extraordinaire.

Le vote du projet de la loi de finances de l'année a lieu pendant la session parlementaire qui s'ouvre le 15 octobre et se termine le 23 décembre de l'année. La loi des finances de l'exercice suivant, doit en principe être votée au plus tard le 23 décembre de l'année qui précède. Lorsque ce délai n'est pas respecté, la constitution prévoit la convocation d'une session extraordinaire dans deux circonstances.

---

[58] *Cf. article 18 loi organique du 03 septembre 2012. Le projet de loi de finances rectificative est voté dans les mêmes conditions que la loi de finances de l'année (article 19), celui de la loi de règlement fait l'objet d'un vote d'ensemble (article 20). L'article 155 de la constitution, « Le projet de loi de règlement est déposé et distribué, au plus tard, à la fin de l'année qui suit l'année d'exécution du budget ». Le Parlement règle les comptes de la Nation. Il est assisté, à cette fin, par la Cour des comptes et de discipline budgétaire (article 154 al.2, constitution 2015). Loi organique du 03 octobre 2017, articles 57 à 61.*

D'une part, aux termes des dispositions de l'article 153 de la constitution, si le projet de la loi de finances, bien qu'ayant été déposé dans le délai prévu à l'article 152, n'est pas voté en fin de session le 23 décembre de l'année, le Premier ministre doit demander la convocation d'une session extraordinaire dont la durée ne peut excéder quinze (15) jours. Cette disposition confère au Premier ministre le droit de demander la convocation d'une session budgétaire extraordinaire du parlement, alors que l'article 119 le reconnait seulement au Président de la République ou à la majorité absolue des membres de chaque chambre du Parlement[59]. Cependant, si le budget n'a pas été voté à l'issue du délai de quinze (15) jours de la première session extraordinaire, l'article 153 alinéa 2 de la constitution dispose que le budget est définitivement établi par voie d'ordonnance après avis de la Cour constitutionnelle. Il s'agira d'une ordonnance en Conseil des ministres.

D'autre part, aux termes des dispositions de l'article 153 dernier alinéa de la constitution, si le parlement n'a pas été saisi du projet de loi de finances dans le délai prévu à l'article 152 et que le budget n'a pas été voté à l'issue de cette première session extraordinaire, une deuxième session extraordinaire est convoquée à la demande du Premier ministre. Dès lors, les mêmes causes produisant les mêmes effets, il est évident que si la crise persiste et que le budget ne venait pas à être voté dans le délai de 15 jours, il sera établi par voie d'ordonnance après avis de la Cour constitutionnelle.

En tout état de cause, cette procédure implique l'intervention du Président de la République, qui détient un levier important pour pallier la carence du parlement ou surmonter le blocage des parlementaires sur le vote du budget. Il met en évidence le rôle prépondérant de l'exécutif et la marge de manœuvre très limitée du pouvoir législatif dans la maîtrise du processus d'élaboration et d'adoption de la loi des finances.

C). La révision parlementaire de la constitution.

Le Parlement dispose également d'un pouvoir de révision de la constitution. Mais ce pouvoir n'est pas sans limites.

I). L'exercice du pouvoir de révision parlementaire de la constitution.

L'exercice de la fonction législative du parlement comporte également le pouvoir de réviser la constitution, conformément aux dispositions des articles 240 à 242. Le parlement partage l'initiative de la révision

[59] *En application des dispositions de l'article 119 de la constitution, chaque chambre du Parlement est convoquée en session extraordinaire par son Président sur un ordre du jour déterminé, à la demande du Président de la République ou de la majorité absolue de ses membres. La clôture intervient dès que la chambre a épuisé l'ordre du jour pour lequel elle a été convoquée et, au plus tard, quinze (15) jours à compter de la date du début de la session.*

constitutionnelle avec le Président de la République (article 240). A la différence de la constitution de 1992, le gouvernement en est exclu. Etant rappelé que le Président de la République peut soumettre, après avis de la Cour suprême, le projet de révision de la constitution directement au peuple afin qu'il se prononce par référendum.

L'initiative parlementaire de révision de la constitution prend la forme d'une proposition de loi. Elle peut émaner de l'une ou l'autre chambre du parlement. Le Congrès est le cadre institutionnel du vote et de l'adoption de la révision de la constitution, en dehors du référendum constitutionnel.

L'examen du projet ou de la proposition de loi constitutionnelle portant révision de la constitution se fait conformément aux dispositions de la loi organique y afférente et au règlement intérieur du parlement réuni en congrès. Pour autant, l'adoption de loi constitutionnelle en la matière a lieu à la majorité des trois quarts (3/4) des membres des deux chambres parlementaires réunies en Congrès.

II). Des limites au pouvoir parlementaire de révision constitutionnelle.

L'exercice par le parlement de son pouvoir de révision de la constitution n'est pas sans bornes. Il comporte des limites d'ordre formel, fonctionnel et matériel.

a). Sur le plan formel : l'avis du Président de la République.

La mise en œuvre de l'initiative parlementaire de révision de la constitution est subordonnée à l'avis du Président de la République, à qui la proposition de loi constitutionnelle y afférente doit être préalablement transmise. Ainsi qu'il résulte du dernier alinéa de l'article 241 de la constitution,

« Le Président de la République est préalablement informé de toute proposition de révision de la Constitution. Il fait parvenir son avis au Parlement réuni en congrès ».

Le Président de la République exerce ainsi une sorte de contrôle a priori de la constitutionnalité ou de la conformité de la proposition de loi de révision à la constitution. Cela en vertu des prérogatives qui sont les siennes, du chef des dispositions de l'article 64 alinéa 1er de la constitution ; qui font de lui, entre autres, *« le garant du respect de la constitution »*[60]. Cette prérogative incombait, sous la constitution du 20 janvier 2002, à la Cour

[60] Article 64 alinéa 1er de la constitution de 2015, « ...*Le Président de la République est le Chef de l'Etat. Il est garant de l'indépendance nationale, de l'intégrité du territoire, de l'unité nationale, du respect de la Constitution et des traités et accords internationaux*... »

constitutionnelle qui, aux termes des dispositions de son article 186 alinéa 2 devait en être saisie afin d'émettre un avis de conformité.

Il va de soi que l'initiative parlementaire peut demeurer *« mort-née »* si le Président de la République venait à émettre un avis défavorable. Elle pourra se poursuivre si le Président de la République exprimait son accord pur et simple ou assorti de réserves que les membres du parlement devraient prendre en considération. Le parlement est donc bien obligé de coopérer avec le Président de la République ou de se soumettre à ses désidérata dans la mesure où c'est lui qui détient, au visa des dispositions de l'article 127 alinéa 1er de la constitution, le pouvoir de convoquer les deux chambres en Congrès[61]. Faute de quoi, la proposition parlementaire ne pourra jamais aboutir.

Enfin, le Président de la République détient également un autre levier, pour infléchir la récalcitrance des parlementaires, en refusant de promulguer la loi de révision de la constitution qui serait votée sans tenir compte des observations contenues dans son avis. Sauf à considérer que, ne s'agissant pas d'une révision par voie de référendum, la Cour constitutionnelle en soit saisie pour trancher le conflit. La révision constitutionnelle révèle une fois de plus le défaut de maîtrise de l'intégralité du processus de légifération par le pouvoir législatif, quand bien même qu'il en prendrait l'initiative.

b). Sur le plan fonctionnel et matériel.

La constitution de 2015 pose des limites matérielles au pouvoir de révision constitutionnelle du parlement. Elles sont les mêmes qu'à l'égard du Président de la République. Ces limites présentent deux aspects, un aspect fonctionnel et un aspect matériel.

III). Les limites d'ordre fonctionnel de révision constitutionnelle.

Comme pour le Président de la République, l'article 240 alinéa 2 de la constitution interdit d'engager la procédure de révision de la constitution lorsque le fonctionnement des institutions est affecté dans deux circonstances.

[61] Article 127 alinéa 1er de la constitution de 2015, *« L'Assemblée nationale et le Sénat peuvent se réunir en congrès sur convocation du Président de la République »*.

a). En période d'intérim : la vacance de la présidence de la République.

Le Parlement ne peut pas prendre l'initiative ni être convoqué à se prononcer sur la révision de la constitution en période d'intérim. C'est-à-dire en cas ou pendant la période de vacance de la fonction de Président de la République, pour cause d'empêchement de celui-ci, dûment constaté par la Cour constitutionnelle dans les conditions définies par l'article 78 de la constitution. Pour les mêmes raisons, si la révision de la constitution est déjà engagée la procédure doit être suspendue en cas de survenance d'une cause susceptible d'entraîner la vacance de la fonction du Président de la République.

b). En période de crise : atteinte à l'intégrité du territoire national.

Le parlement ne peut pas se saisir, ni être saisi, ni poursuivre l'examen, en congrès, de la révision de la constitution en cas de survenance ou pendant les circonstances portant atteinte à l'intégrité du territoire national. En clair, l'exercice des pouvoirs exceptionnels du Président de la République dans les circonstances et conditions définies par l'article 93 de la constitution ne peut justifier la poursuite de la révision constitutionnelle par voie parlementaire.

IV). Les limites d'ordre matériel de révision constitutionnelle.

A la différence des limitations d'ordre circonstanciel, les limites matérielles au pouvoir de révision de la constitution par le parlement (ou à l'initiative du Présent de la République) portent sur l'objet même de la révision. La constitution de 2015 énumère les matières qui échappent au pouvoir de révision. Il s'agit des matières qui ne peuvent faire l'objet d'une révision constitutionnelle. Il en est ainsi, aux termes du dernier alinéa de l'article 240 de la constitution, de la forme républicaine et du caractère laïc de l'Etat. La constitution de 2015 opère un rétrécissement du domaine de l'irrecevabilité constitutionnelle, en se différenciant de la constitution de 1992 et surtout de celle de 2002. Cette dernière interdisait, comme nous l'avons déjà évoqué plus haut, toute révision constitutionnelle lorsqu'elle touchait, outre la forme républicaine et le caractère laïc de l'Etat, au nombre de mandats du Président de la République ainsi qu'aux droits énoncés au titre I et II de cette constitution portant sur l'Etat et la souveraineté, d'une part et sur les droits et libertés fondamentaux, de l'autre part.

D). L'habilitation et la ratification législatives.

Deux domaines sont ici concernés. Il s'agit d'une part, de la délégation législative en matière d'ordonnances, et, d'autre part, des traités et accords internationaux.

I). En matière de délégation législative : les ordonnances.

En matière de délégation législative, la procédure se déroule en deux temps. D'une part, elle nécessite une loi d'habilitation et d'autre part, elle requiert une loi de ratification ou d'homologation.

a). L'habilitation ou l'autorisation de légiférer par ordonnance.

Comme le prévoit l'article 158 de la constitution, le gouvernement peut, pour exécuter son programme, demander au parlement l'autorisation de prendre dans un délai précis, par ordonnances, des mesures qui sont normalement du domaine de la loi. Cette délégation législative est consentie par le parlement sous la forme d'une loi d'habilitation, examinée et votée sur la base du projet de loi émanant du gouvernement et selon la procédure ordinaire.

Le parlement peut, jaloux de perdre ses prérogatives dans son domaine réservé, refuser de donner son habilitation. Dans ce cas, le Président peut passer outre le refus du Parlement et légiférer par ordonnance sur avis conforme de la Cour constitutionnelle. Nous sommes une fois de plus en présence de la prépondérance du Président de la République vis-à-vis du Parlement dans l'exercice de la fonction législative.

b). La ratification ou la consécration législative.

Dans l'hypothèse où l'habilitation est accordée, les ordonnances prises de ce chef, en Conseil des ministres, ne peuvent revêtir la forme et la valeur législative qu'après une nouvelle intervention du parlement dans le cadre d'une loi, dite *''loi de ratification''* de l'ordonnance prise dans le domaine des compétences législatives. Cela suppose que le gouvernement ait présenté au parlement un projet de loi de *''ratification ''* ou d'homologation de l'ordonnance gouvernementale, dans le délai prescrit. Faute de quoi, l'ordonnance devient caduque comme nous l'avons vu plus haut. Enfin, jusqu'à sa ratification, l'ordonnance à la valeur d'un acte réglementaire.

En droit français, la nature et le régime juridiques des ordonnances ont connu une évolution récente, qui a donné lieu à un dialogue nourri des juges entre le Conseil constitutionnel et le Conseil d'Etat[62].

II). En matière des traités et accords internationaux.

Il est constant qu'aux termes des dispositions des articles 217 et 220 de la constitution, le Président de la République et le ministre des affaires étrangères sont les seuls habilités à négocier, signer, adopter ou authentifier les traités et accords internationaux. Toute autre autorité doit disposer des pleins pouvoirs pour engager l'Etat au plan international (article 220).

Les traités ou les accords internationaux doivent être ratifiés par les autorités compétentes de chaque Etat ou partie prenante, en l'occurrence le Président de la République. Cette obligation de ratification ne concerne que certains engagements internationaux, notamment en ce qui concerne les traités de paix, les traités de défense, les traités de commerce, les traités relatifs aux ressources naturelles ou les accords relatifs aux organisations internationales, ceux qui engagent les finances de l'Etat, ceux qui modifient les dispositions de nature législative, ceux qui sont relatifs à l'état des personnes, ceux qui comportent cession, échange ou adjonction du territoire. D'autres en sont dispensés (article 218).

La ratification des traités ou accords internationaux, soumis à cette obligation, ne peut intervenir qu'avec l'autorisation expresse du parlement dans le cadre d'une loi, dite *« loi d'autorisation de ratification »*.

Cela suppose que le gouvernement adopte un projet de loi de ratification (après avis de la Cour suprême) en Conseil des ministres, qu'il le dépose ensuite devant l'une des deux chambres du parlement en vue de son examen et de son adoption. Le projet de loi de ratification est assorti, en annexe, du traité ou de la convention internationale.

[62] Le Conseil constitutionnel a considéré dans une décision du 28 mai 2020 (n° 2020-843 QPC) que, si une la loi d'habilitation n'est pas adopté dans le délai imparti pour la ratification au gouvernement, les dispositions d'une ordonnance ne peuvent uniquement être modifiées que par la loi dans les matières qui sont du domaine législatif. Ce qui leur confère de facto un caractère législatif. Cependant, le Conseil d'Etat adoptait une position différente dans un arrêt du 11 juin 2020 (n° 437851) et surtout *1er juillet 2020 (n*° 429132), ainsi que du même jour (° 428134 et 429442), s'estimant compétent pour connaitre d'un recours en excès de pouvoir contre une ordonnance non ratifié à l'expiration du délai imparti. Le Conseil constitutionnel persiste et reprécise sa position dans une autre décision du 03 juillet 2020, dès qu'un projet de loi de ratification a été déposé avant l'expiration du délai imparti, *« si le deuxième alinéa de l'article 38 de la Constitution prévoit que la procédure d'habilitation du Gouvernement à prendre des ordonnances se clôt, en principe, par leur soumission à la ratification expresse du Parlement, il dispose qu'elles entrent en vigueur dès leur publication. Par ailleurs, conformément à ce même alinéa, dès lors qu'un projet de loi de ratification a été déposé devant le Parlement avant la date fixée par la loi d'habilitation, les ordonnances demeurent en vigueur y compris si le Parlement ne s'est pas expressément prononcé sur leur ratification. Enfin, en vertu du dernier alinéa de l'article 38 de la Constitution, à l'expiration du délai de l'habilitation fixé par la loi, les dispositions d'une ordonnance prise sur son fondement ne peuvent plus être modifiées que par la loi dans les matières qui sont du domaine législatif. »* (Cons. const. 3 juill. 2020, n° 2020-851/852 QPC).

L'examen du projet de loi de ratification a lieu, en principe devant la Commission affaires étrangères de la chambre parlementaire saisie. Le droit d'amendement ne peut pas porter sur le texte même de la convention, compte tenu du principe selon lequel la compétence de négociation et de signature des conventions internationales est dévolue à l'exécutif, notamment au Président de la République et au ministre des affaires étrangères. Les amendements ne peuvent donc porter que sur les dispositions du projet de loi de ratification.

Il convient cependant de souligner que, compte tenu de l'importance des matières, qui touchent souvent à la souveraineté de l'Etat, le parlement se doit de porter un regard attentif sur le contenu même de la convention dont l'autorisation de ratification est sollicitée. Ainsi donc, les parlementaires peuvent légitimement refuser d'adopter le projet de loi de ratification si l'accord comporte des clauses attentatoires à la souveraineté de l'Etat ou aux intérêts fondamentaux de la nation. C'est également en cela que, comme pour le Président de la République, les présidents des deux chambres du parlement doivent être informés de la négociation de tout accord international dispensé de l'obligation de ratification.

Ainsi qu'il sera vu ci-après, aux termes des dispositions de l'article 222 de la constitution, si la Cour constitutionnelle a déclaré qu'un engagement international comporte une clause contraire à la Constitution, l'autorisation de le ratifier ou de l'approuver ne peut intervenir qu'après révision de la Constitution.

Enfin, du point de vue de la hiérarchie des normes, il est bien spécifié dans l'article 223 de la constitution que, les traités ou les accords, régulièrement ratifiés ou approuvés, ont dès leur publication, une autorité supérieure à celle des lois, sous réserve, pour chaque accord ou traité de son application par l'autre partie. C'est le principe de la réciprocité en matière de traités et conventions internationaux.

§ 3 : La fin du processus législatif.

Le processus législatif ne prend fin qu'avec le vote définitif de la loi par le Parlement, notamment par l'Assemblée nationale en séance plénière. La loi votée peut ou doit, avant sa promulgation et sa publication, donc son entrée en vigueur, être déférée à la censure de la Cour constitutionnelle pour s'assurer de sa conformité avec la constitution.

A). La censure de la Cour constitutionnelle.

Comme il sera vu plus loin, une fois votée dans les mêmes termes par les deux chambres du Parlement, la loi peut être soumise, avant sa promulgation, à la censure de la Cour constitutionnelle pour examiner sa conformité à la constitution. Cette saisine peut être facultative ou obligatoire.

I). La saisine facultative aux fins du contrôle de la constitutionnalité des lois.

Toutes les lois votées par le Parlement ne sont pas systématiquement déférées à la Cour constitutionnelle, afin qu'elle contrôle la conformité de ses dispositions à la constitution. Cela dépend des diligences et des désidérata des autorités habilitées et énumérées par l'article 178 de la constitution, qui peuvent le faire dans le délai de 15 jours (ou 5 jours en cas d'urgence), suivant leur transmission par l'Assemblée nationale au gouvernement en vue de la promulgation par le Président de la République (article 85 alinéas 1 et 2).

C'est ce que précise l'article 32 de la loi organique n° 28-2018 du 07 août 2018, portant organisation et fonctionnement de la Cour constitutionnelle, *« Les lois ordinaires, avant leur promulgation, peuvent être déférées à la Cour constitutionnelle, pour avis de conformité, par le Président de la République, le Président de l'Assemblée nationale, le Président du Sénat, le Premier ministre chef du gouvernement ou par un tiers des membres de chaque chambre du Parlement. »*

Etant précisé que la saisine de la Cour constitutionnelle suspend le délai de promulgation de la loi. L'autorité qui saisit la Cour constitutionnelle en informe les autres autorités habilitées à le faire[63].

Ce qui revient à dire que toute loi non déférée à la Cour constitutionnelle bénéficie d'une simple présomption de conformité à la constitution. Cette présomption peut être remise en cause, comme nous le verrons, après la promulgation de la loi dans le cadre du contrôle a posteriori, par voie d'exception.

II). La saisine obligatoire aux fins d'un avis de conformité à la constitution.

La saisine de la Cour constitutionnelle postérieurement au vote d'une loi est obligatoire dans des cas bien déterminés. Notamment, lorsqu'il s'agit d'une loi organique ou du règlement intérieur de chaque assemblée parlementaire. C'est ce qu'en dispose l'article 179 de la constitution[64]. Car, ces règlements ont force de loi organique conformément à l'article 121 alinéa 2 de la constitution. Il en est de même, s'agissant du règlement

---

[63] Cf. articles 33 et 34 de la loi organique du 7 août 2018.

[64] *«La Cour constitutionnelle est saisie, pour avis de conformité, avant la promulgation des lois organiques ou la mise en application du règlement intérieur de chaque chambre du Parlement.*
Dans ce cas, la Cour constitutionnelle statue dans le délai d'un (1) mois.
Toutefois, à la demande expresse du requérant, ce délai peut être ramené à dix (10) jours s'il y a urgence ».

intérieur du Parlement lorsqu'il se réunit en congrès. La Cour constitutionnelle rend à leur sujet un avis de conformité qui ne peut être passé outre en cas de censure de dispositions contraires à la constitution.

III). La reprise du processus législatif.

La reprise du processus législatif peut, dans certains cas, revêtir un caractère obligatoire, dans le cadre d'une seconde délibération, avant la promulgation de la loi.

a). L'initiative et l'obligation d'une seconde délibération.

C'est l'une des limitations des prérogatives du Parlement dans l'exercice de sa fonction législative et l'une des manifestations de l'impérium du Président de la République en la matière. Il s'agit notamment de la possibilité reconnue au Président de la République de demander, après le vote d'une loi et avant sa promulgation, c'est-à-dire dans le délai de 15 jours de sa transmission par l'Assemblée nationale au gouvernement, une seconde délibération de la loi ou de certaines de ses dispositions, à l'une ou l'autre chambre parlementaire. Cela dans les conditions définies par l'article 85 de la constitution[65], qui reprend dans une certaine mesure l'article 10 de la constitution française de 1958.

La seconde délibération peut porter sur toute la loi ou certains de ses articles seulement. Le caractère impératif de la demande d'une seconde délibération réside dans le fait que le Parlement ne peut s'y opposer ni la refuser. Si le Parlement se trouve en fin de session, cette seconde délibération est d'office inscrite à l'ordre du jour de la session suivante. Cette seconde délibération est votée à la majorité des 2/3 des députés et sénateurs, c'est-à-dire du Parlement réuni en congrès.

---

[65] *« Le Président de la République promulgue les lois dans les quinze (15) jours suivant leur transmission par l'Assemblée nationale au Gouvernement.*
Ce délai est réduit à cinq (5) jours en cas d'urgence déclarée par les deux (2) chambres du Parlement.
Le Président de la République peut, avant l'expiration de ce délai, demander à l'une et l'autre chambre du Parlement une seconde délibération de la loi ou de certains de ses articles. Cette seconde délibération ne peut être refusée.
Si le Parlement est en fin de session, cette seconde délibération a lieu, d'office, lors de la session suivante.
Le vote, pour cette seconde délibération, est acquis à la majorité des deux tiers (2/3) des membres composant l'Assemblée nationale et le Sénat réunis en Congrès.
Si, après ce dernier vote, le Président de la République refuse de promulguer la loi, la Cour constitutionnelle, saisie par le Président de la République ou par le Président de l'une ou de l'autre chambre du Parlement, procède à un contrôle de conformité de la loi. Si la Cour constitutionnelle déclare la loi conforme à la Constitution, le Président de la République la promulgue ».

b). L'éventuel conflit entre le Parlement et le Président de la République.

Un conflit peut surgir entre le Parlement et le Président de la République concernant une loi votée. Dès lors, en cas de désaccord entre le Parlement et le Président de la République, suscitant un refus de promulguer la loi votée en seconde délibération, l'article 85 prévoit dans son dernier alinéa que le Président de la République ou le Président de l'une ou l'autre chambre du Parlement peut saisir la Cour constitutionnelle aux fins de déclaration de sa conformité ou non à la constitution.

Le Président de la République doit promulguer la loi votée dans ces conditions si la Cour constitutionnelle venait à la déclarer conforme à la constitution. La Cour constitutionnelle joue ainsi, ne serait-ce qu'en théorie, son rôle d'arbitre, de régulateur du fonctionnement des institutions en cas de conflit entre le pouvoir législatif et le pouvoir exécutif, notamment le Président de la République, sur l'issue d'une seconde délibération d'une loi.

Dans la pratique, il est très hypothétique que le Président de la République puisse perdre la partie en cas de conflit législatif. D'une part, un bras de fer entre les deux institutions est presque improbable lorsque le Parti politique dont est issu le Président de la République occupe, sans même compter ses alliés, une position hégémonique au sein des deux assemblées parlementaires ; comme en témoignent les résultats des élections législatives et sénatoriales de juillet et août 2017.

D'autre part, un tel bras de fer risque fort bien d'être perçu comme un affront ou une défiance que les parlementaires, tout comme le juge constitutionnel, ne sauraient se permettre dans un régime présidentialiste, même tempéré.

B). La promulgation et l'entrée en vigueur.

La loi votée par le parlement, lorsqu'elle n'est pas déclarée non conforme à la constitution ou à défaut de saisine de la cour constitutionnelle, est promulguée et entre en vigueur.

I). La promulgation de la loi.

La promulgation des lois est une prérogative exclusive du Président de la République. Elle connaît quelques limites qu'il convient également de souligner.

a). Une prérogative exclusive du Président de la République.

La loi votée par le Parlement doit être promulguée par le Président de la République, si elle n'est pas déférée à la Cour constitutionnelle ou si une seconde délibération n'est pas demandée, comme nous venons de le voir. La promulgation n'est pas un acte anodin, car elle permet au Président de la République d'attester ou d'authentifier l'existence, la régularité de la loi. Elle lui confère le caractère exécutoire, lui imprime le respect qui s'impose à tous. Il appartient, en principe, au Secrétariat général du gouvernement, dès réception de la loi votée, de rédiger le texte selon les formes requises pour sa promulgation, afin qu'elle soit signée par le Président de la République et contresignée par les ministres concernés.

Comme nous venons de le voir, ainsi qu'en dispose l'article 85 de la constitution (alinéa 1er et 2ème), la promulgation doit intervenir dans le délai de 15 jours (5 jours en cas d'urgence) à compter de sa transmission par l'Assemblée nationale au gouvernement. Ce délai est suspendu en cas de saisine de la Cour constitutionnelle. Prérogative exclusive du Président de la République, la promulgation de la loi est aussi l'expression d'une autre prérogative présidentielle, celle de garant du respect de la constitution qui figure dans l'article 64, en s'assurant, sans même déférer la loi à la Cour constitutionnelle, de la régularité sur la forme et sur le contenu de l'œuvre du législateur.

Dès lors, la technique de la demande d'une seconde délibération, participe de cette censure présidentielle de la loi. D'ailleurs, certains auteurs voient dans le pouvoir de promulgation des lois, une sorte de contrôle informel de la constitutionnalité, en dehors de celui du juge constitutionnel[66].

b). Des limites au pouvoir présidentiel de promulgation de la loi.

La promulgation, une prérogative présidentielle sur l'œuvre normative du Parlement n'est pas sans bornes.

D'une part, le Président de la République ne peut pas, sans excéder l'étendue de ses pouvoirs, promulguer un texte différent de celui qui a été définitivement voté par le Parlement, notamment par l'Assemblée nationale en dernier ressort. Le principe de l'identique du texte voté par les deux chambres parlementaires s'impose également au Président de la République, sous réserve, en cas de désaccord, de solliciter une seconde délibération ou de saisir le juge constitutionnel. Donc, le Président de la République ne dispose d'aucun pouvoir de substitution pour modifier le texte qui lui a été transmis aux fins de promulgation. C'est sur ce point une application stricte du principe de séparation des pouvoirs.

---

[66] Cf. F. Bottini, *« La promulgation des lois parlementaires »*, RFDC, 2008/4, n°76, p.761

Ensuite, le Président est en la matière en situation de compétence liée dans la mesure où, en cas de censure partielle du juge constitutionnel, il doit promulguer la loi en l'état, sans rétablir les dispositions jugées non conformes à la constitution, en tenant également compte des réserves d'interprétation émises par la cour constitutionnelle.

D'autre part, le Président de la République ne peut pas, à l'expiration du délai qui lui est imparti (15 ou 5 jours), refuser de promulguer une loi au prétexte d'un quelconque désaccord avec le Parlement. Il y a là également une manifestation de la compétence liée du Président de la République en la matière. La promulgation s'impose à lui, au risque de créer une crise institutionnelle et se mettre en porte-à-faux avec une autre prérogative qui est la sienne, celle de garant du fonctionnement régulier des pouvoirs publics et de la continuité de l'Etat, principe consacré par le dernier alinéa de l'article 64 de la constitution. La promulgation pèse sur le Président de la République comme une obligation à la fois morale et juridique. Car le défaut de promulgation est un obstacle à l'effectivité et à l'applicabilité d'une loi, puis qu'elle ne pourra ni être publiée ni appliquée.

II). La publication et l'entrée en vigueur de la loi.

La publication d'une loi est la conséquence matérielle de sa promulgation. D'aucuns diraient que c'est l'acte matériel de la promulgation. Elle se caractérise par l'insertion de la loi au journal officiel de la République. Cette insertion peut revêtir la forme d'un support papier ou par voie dématérialisée, en ligne, sur le site des publications du journal officiel, qui dépend normalement du Secrétariat général du gouvernement.

La publication permet non seulement de porter la loi à la connaissance du public, mais elle détermine son entrée en vigueur. Donc, elle est une condition de son application, de son exécution. Faute de quoi, elle ne peut ni être appliquée, ni être exécutée en dépit de sa promulgation.

Il va de soi que la loi produit ses effets le jour suivant sa publication. Cependant, le législateur peut, par sécurité juridique, par respect des droits acquis ou dans certaines circonstances, aménager les modalités d'entrée en vigueur d'une loi en prévoyant des décrets d'application. Il peut aussi prévoir des dispositions transitoires, accélérer le processus d'application, en différer les effets dans le temps.

Section 3 : Le contrôle parlementaire de l'exécutif.

Le contrôle de l'exécutif par le parlement peut s'effectuer de deux manières. Classiquement, en effet, il s'agit du contrôle parlementaire de l'action de l'exécutif, notamment du gouvernement. Et, de manière plus innovante, il s'agira du contrôle parlementaire de l'application des lois, c'est-à-dire l'évaluation, le suivi législatif ou des politiques publiques.

§ 1 : Le contrôle classique de l'action du gouvernement.

Le contrôle de l'action du gouvernement est la deuxième fonction du parlement, dans un système de démocratie représentative et de séparation des pouvoirs[67]. Aux termes des dispositions précitées de l'article 107 alinéa 2 de la constitution de 2015, le Parlement exerce le pouvoir législatif et contrôle l'action du Gouvernement. Plus spécifiquement, l'article 142 dispose que le Parlement contrôle l'action du Gouvernement.

Pour ce faire, le Parlement dispose de trois types de moyens d'action : information, investigation et responsabilité. Les deux premiers peuvent être utilisés par les deux chambres du Parlement, tandis que le troisième est réservé à l'Assemblée nationale, car le Sénat ne peut pas mettre en cause la responsabilité du gouvernement. Ces moyens sont énumérés dans l'article 107 alinéa 3 de la constitution et repris dans le règlement intérieur de chaque chambre.

A). Les moyens d'action communs aux deux chambres parlementaires.

Ce sont les moyens d'information et d'investigation.

I). L'accès aux travaux et l'obligation de déférer à la convocation.

L'accès du Premier ministre et des membres du gouvernement aux travaux du Parlement est prescrit par la constitution. Ils peuvent ainsi demander d'être entendus de leur propre chef. Ils sont tenus, chacun en ce qui le concerne, de déférer aux convocations des commissions des assemblées parlementaires dans l'exercice de la mission de contrôle de l'activité du gouvernement.

Ainsi donc, aux termes de l'article 141 de la constitution,

« Le Premier ministre et les autres membres du Gouvernement ont accès aux travaux de l'Assemblée nationale et du Sénat ainsi qu'à ceux de leurs commissions.

Lorsqu'ils sont invités par l'une ou l'autre chambre du Parlement, le Premier ministre et les autres membres du Gouvernement ont l'obligation d'assister aux séances de la chambre qui en a fait la demande et de fournir aux parlementaires toutes explications en rapport avec leurs activités.

---

[67] *« C'est une expérience éternelle que tout homme qui a du pouvoir est porté à en abuser (...) Pour qu'on ne puisse abuser du pouvoir, il faut que, par la disposition des choses, le pouvoir arrête le pouvoir. », Montesquieu,* « De l'esprit des lois », Livre XI chapitre IV.

Le Premier ministre et les autres membres du Gouvernement peuvent être entendus sur leur demande. Ils peuvent être également entendus sur interpellation, sur des questions écrites ou orales qui leur sont adressées ».

II). Des moyens à caractère informatif.

Le parlement dispose de plusieurs moyens à caractère informatif pour exercer ses prérogatives en matière de contrôle de l'action du gouvernement.

a). Le droit d'interpellation.

Le droit d'interpellation est parfois utilisé au sens large pour désigner toutes les techniques du contrôle parlementaire de l'activité de l'exécutif[68]. Il est ici entendu au sens d'une demande qu'un parlementaire (député ou sénateur) peut adresser à un ou plusieurs membres du gouvernement, ou bien au Premier ministre afin de lui fournir des explications sur son action ou même sa politique. En principe, si l'interpellation peut donner lieu à un débat en séance plénière, elle ne doit pas être utilisée comme une motion de censure déguisée pour renverser le gouvernement. Ce serait un véritable détournement de procédure.

b). Les questions orales.

Elles peuvent prendre la forme de questions orales avec ou sans débats, de questions au gouvernement ou à un ministre. Elles sont en principe individualisées, du point de vue de leurs auteurs et de leurs destinataires et portent sur un point bien précis, nécessitant une réponse aussi précise de la part du ministre concerné. Une séance est consacrée aux questions et réponses. Elles sont préalablement déposées et notifiées au ministre. Cela, à la différence des questions au gouvernement qui sont spontanées. L'organisation et le temps de parole doivent se faire de façon à respecter la configuration de l'assemblée parlementaire et terme de représentative.

c). Le questions écrites.

La technique des questions écrites n'a pas le caractère solennel que revêtent les questions orales, en ce qu'elle est un mode d'expression externe aux séances. Elle ne donne pas lieu à des passes d'armes ou des joutes oratoires, comme c'est le cas dans les hémicycles. Rédigées avec précision et concision, elles doivent permettre d'en identifier l'auteur, l'objet et le

[68] *Cf. K. Guessan (Préf.), « Les moyens parlementaires de contrôle de l'action gouvernementale dont les moyens d'interpellation dans l'espace francophone (rapport),* Assemblée parlementaire de la francophonie, Commission affaires parlementaires, Berne (Suisse), |, 8 juillet 2015.

destinataire. Elles portent le plus souvent sur des points précis du droit ou de l'état du droit. Elles s'apparentent à une consultation juridique, à laquelle le ministre concerné doit y apporter une réponse aussi précise.

Les questions écrites peuvent être adressées, via le Président de la chambre parlementaire, soit sur support papier, soit par voie dématérialisée. Elles donnent lieu à des réponses toutes aussi claires et précises. Les réponses aux questions écrites des parlementaires n'ont aucune valeur normative. Mais, il n'en demeure pas moins qu'elles font partie de la doctrine administrative. Elles peuvent inspirer le juge tout comme le législateur pour faire évoluer le droit sur l'interprétation donnée à la problématique soulevée. Elles apportent un éclairage sur les difficultés d'interprétation d'une règle de droit ou sur son application à une situation de fait.

d). Les questions d'actualités.

Elles rejoignent, dans une certaine mesure, l'interpellation et les questions orales, avec la particularité qu'elles sont destinées à connaître la position du gouvernement sur les événements de l'actualité tant nationale qu'internationale. Elles permettent surtout d'édifier les commissions, comme la commission affaires étrangères.

III). Les moyens d'investigation.

Les moyens d'investigation sont de deux ordres, les auditions en commissions et les enquêtes parlementaires.

a). Les auditions en commissions.

Il s'agit ici des auditions qui peuvent avoir lieu au sein des différentes commissions permanentes de chaque chambre parlementaire, en dehors de l'examen des projets ou des propositions des lois. Elles peuvent alors, convoquer un membre du gouvernement ou toute personne dont l'audition leur paraît utile. De façon beaucoup plus contraignante, une commission permanente peut être autorisée, à sa demande, par l'assemblée parlementaire dont elle dépend, de constituer, pour une durée déterminée, une mission avec les prérogatives d'une commission d'enquête[69].

Ce travail d'investigation doit être mené dans le respect du secret défense, de la sécurité intérieure et extérieure de l'Etat, des intérêts supérieurs et vitaux de la nation, ainsi que dans le respect du fonctionnement et de l'indépendance de la justice, voire de l'autorité judiciaire.

---

[69] *A l'instar de ce qui s'applique en France avec la loi no 96-517 du 14 juin 1996 tendant à élargir les pouvoirs d'information du Parlement et à créer un Office parlementaire d'évaluation des politiques publiques (modifiant l'ordonnance n° 58-1100 du 17 novembre 1958 relative au fonctionnement des assemblées parlementaires).*

b). L'enquête parlementaire.

L'enquête parlementaire a lieu dans le cadre d'une commission spécialement créée, *dite « commission d'enquête »,* pour des raisons ou des faits qui la motivent. Il peut s'agit d'une commission d'enquête stricto sensu ou d'une commission de contrôle ayant trait à la gestion au plan technique, financier, administratif ou social d'un service public, d'une personne privée investie d'une mission de service public ou d'une entreprise détenue ou gérée par une personne publique.

La mise en place d'une commission d'enquête parlementaire suppose l'adoption d'une proposition de résolution, bien motivée et précise sur l'objet de l'enquête, à l'initiative d'un ou de plusieurs membres de l'assemblée parlementaire concernée. Elle est transmise au Président de la chambre parlementaire par le Président de la commission permanente au fond, qui doit au préalable en examiner la recevabilité, relative entre autres à l'interdiction de ne pas entraver les procédures judiciaires en cours en raison de la connexité des questions soulevées. En tout état de cause, l'engagement d'une procédure pénale portant sur l'objet de la commission d'enquête interrompt le cours de celle-ci. Donc, l'office du juge prime sur l'activité investigatrice du pouvoir législatif.

La composition de la Commission d'enquête doit être représentative de celle de la chambre parlementaire. Ses membres, dont le nombre peut varier en fonction de l'effectif de l'assemblée concernée, élisent un bureau avec un président et un rapporteur. Le travail de la commission d'enquête parlementaire est limité dans le temps, il ne peut pas en principe excéder six mois. La commission dispose des pouvoirs d'investigation très importants et contraignants, proches de ceux d'un juge d'instruction. Ils peuvent consister en des citations directes aux fins d'auditions (publiques ou non), au transport sur les lieux aux fins d'accéder à certains renseignements et se faire remettre tous documents autres que ceux ayant trait aux secrets ci-devant soulignés.

La fin des travaux de la commission d'enquête donne lieu à un rapport, transmis au Président de la chambre parlementaire concernée, qui peut nécessiter un débat en séance plénière ou être publié au journal officiel en ces passages non confidentiels.

Le rapport de la commission d'enquête parlementaire peut avoir un impact sur l'action du gouvernement, en ce qu'il peut permettre de remédier aux dysfonctionnements constatés. Il peut aussi être une source d'inspiration et impulser des réformes par voie législative. Enfin, il peut déboucher sur des poursuites pénales à travers le ministre de la justice ou par la saisine du parquet.

B). La mise en jeu de la responsabilité du gouvernement.

C'est une nouveauté de la constitution du 25 octobre 2015, par rapport à celle du 20 janvier 2002, que d'avoir rétabli et renforcé, ne serait-ce qu'en théorie, les pouvoirs de contrôle du parlement, en reconnaissant à l'Assemblée nationale la possibilité de renverser le gouvernement, comme ce fut le cas dans la constitution du 15 mars 1992[70]. Il s'agit d'une prérogative exclusivement réservée à L'Assemblée nationale. Car le Sénat ne peut pas mettre en cause la responsabilité du gouvernement. Celle-ci peut être engagée ou mise en cause de deux manières. Soit à l'initiative du gouvernement, notamment du Premier ministre, soit à l'initiative des députés.

I). L'engagement de la responsabilité du gouvernement à l'initiative du 1er ministre.

L'engagement de la responsabilité du gouvernement dépend d'un certain nombre de facteurs, même s'il existe quelques contradictions entre les dispositions de la constitution. Cela suppose l'autorisation du Conseil des ministres lorsque le Premier ministre en prend l'initiative.

a). Les circonstances d'engagement de la responsabilité du Gouvernement.

Les circonstances susceptibles de voir le Premier ministre engager la responsabilité politique de son gouvernement, devant l'Assemblée nationale, sont limitativement énumérées par les dispositions de l'article 159 de la constitution de 2015.

Il peut en être ainsi, soit à l'occasion de la présentation, par le Premier ministre, du programme de son gouvernement ou de la déclaration de politique générale. Il s'agit ici, de l'hypothèse dans laquelle le Premier ministre sollicite la confiance des députés après avoir exposé solennellement les grandes lignes de son programme de gouvernement, comprenant aussi bien les réformes que les mesures qu'il entend mettre en œuvre ; en s'appesantissant surtout sur le plan national sans oublier le plan international, même si la politique étrangère est le domaine réservé du Président de la République.

Le Premier ministre peut également s'assurer de la confiance des députés à l'occasion du vote d'un texte, notamment d'un projet de loi, lorsqu'un doute subsiste sur son adoption dans des conditions normales par le parlement. Une façon pour lui de s'affronter aux députés ou de les mettre à

[70] Cf. article 122 et 123 de la constitution du 15 mars 1992.

l'épreuve pour éviter toutes obstructions ou des atermoiements par le recours abusif aux amendements.

b). La contradiction entre les articles 103 et 159 alinéa 1er de la constitution de 2015.

L'article 103 de la constitution du 25 octobre 2015, dispose, *« A son entrée en fonction, le Premier ministre présente devant l'Assemblée nationale le programme d'action du gouvernement.*

La présentation du programme d'action du gouvernement ne donne lieu ni à débat, ni à vote. »

Ce texte rejoint celui du dernier alinéa de l'article 90 de la constitution du 15 mars 1992, aux termes duquel, *« Lors de son entrée en fonction, le Premier ministre fait devant le Parlement une déclaration de politique générale. Cette déclaration ne donne pas lieu à débat. Le Parlement en prend acte ».*

L'article 159 de la même constitution de 2015 dispose dans son alinéa 1er, *« Le Premier ministre peut, après délibération du Conseil des ministres, engager devant l'Assemblée nationale la responsabilité du gouvernement sur son programme, sur une déclaration de politique générale ou sur un projet de texte... ».*

Il rejoint l'article 122 alinéa 1er de la constitution du 15 mars 1992, aux termes duquel, *« Le Premier ministre, après délibération du Conseil des ministres, engage devant l'Assemblée nationale la responsabilité du Gouvernement sur son programme ou éventuellement sur un déclaration de politique générale ».*

La contradiction réside dans le fait que, l'article 103 de la constitution du 25 octobre 2015, qui interdit l'engagement de la responsabilité du gouvernement lors de la présentation de son programme d'action par le Premier ministre à son entrée en fonction, est une reproduction quelque peu maladroite du dernier alinéa de l'article 90 de la constitution du 15 mars 1992.

En effet, sous l'empire de la constitution du 15 mars 1992, le Premier ministre fait une déclaration de politique générale, lors de son entrée en fonction devant le parlement, qui en prend acte. Or, si le parlement contrôle l'action du gouvernement, à travers ses deux chambres et chacune en ce qui la concerne, il n'est pas constitutionnellement habilité à se réunir en congrès pour renverser ledit gouvernement quelles qu'en soient les circonstances.

Le gouvernement n'est responsable que devant le Président de la République et l'Assemblée nationale dans les conditions des articles 75 et 122 de la constitution du 15 mars 1992. Donc, sous la constitution de 1992, le gouvernement n'encourrait aucune responsabilité politique devant le parlement réuni en congrès. C'est ainsi que le discours inaugural du Premier ministre ne pouvait pas donner lieu à débat ni être sanctionné par un vote. Il ne pouvait qu'être constaté par une simple prise d'acte de la déclaration de politique générale.

La situation n'est pas la même sous la constitution du 25 octobre 2015 qui exclut toute responsabilité du gouvernement à l'occasion de la présentation par le Premier ministre de son programme d'action lors de sa prise de fonctions devant l'Assemblée nationale qui, constitutionnellement, à la différence du Sénat, peut le renverser.

Contrairement ce qu'affirment certains auteurs, notamment, A.C. MAKOSSO, le programme invoqué dans l'article 103 de la constitution du 25 octobre 2015 et celui de l'article 159 de la même constitution ne sont pas différents[71]. Il s'agit du programme d'action du même gouvernement, dont le Premier ministre est porteur du fait de sa nomination. Sauf s'il venait à changer de cap ou de politique en cours d'exercice.

Enfin, dans les deux cas, la justification de l'exclusion de l'engagement de la responsabilité du gouvernement réside également dans ce qu'ils ont en commun, l'absence de délibération, voire d'autorisation, préalable du Conseil de ministre comme il sera vu ci-après.

c). L'autorisation préalable du Conseil des ministres.

Le Premier ministre ne peut pas engager la responsabilité collective de son gouvernement devant l'Assemblée nationale, sans l'autorisation préalable du Conseil des ministres, que préside le Président de la République. Cette autorisation préalable s'impose, parce qu'en dehors des situations cohabitation en cas de changement de majorité parlementaire, le programme du gouvernement ou la déclaration de politique générale s'appuie sur le projet de société qui a conduit à l'élection du Président de la République. Or, l'exercice est périlleux en ce qu'il peut déboucher sur le renversement du gouvernement, par conséquent, affecter ou fragiliser le Président de la République sur le plan politique.

Cela, peu importe qu'il tienne sa légitimité de son élection au suffrage universel direct. C'est-à-dire par le peuple congolais. Donc, le Conseil des ministres, notamment le Président de la République peut refuser d'autoriser le Premier ministre de s'engager dans une aventure périlleuse si le risque d'une défiance des députés est élevé. Le Conseil des ministres, donc, le Président de la République, accéderait à une telle demande si le Premier ministre dispose d'une majorité confortable au sein de l'Assemblée nationale.

Cela d'autant plus qu'il s'agit d'une possibilité et non d'une obligation. L'article 159 alinéa 1er de la constitution de 2015 est une disposition permissive et non prescriptive ni impérative. Donc, l'autorisation préalable du Conseil des ministres (indirectement du Président de la République) et la

---

[71] *Cf. A.C. Makosso, « Le régime consensualiste », op. cit.* Commentaires sous les articles 103 et 159 de la constitution du 25 octobre 2015.

configuration de l'Assemblée nationale limitent la marge de manœuvre du Premier ministre.

d). Les débats, le vote de confiance ou de défiance et les conséquences.

Après la présentation par le Premier ministre du programme d'action du gouvernement, la déclaration de politique générale ou la présentation du projet du texte législatif, en séance plénière, le Président de l'Assemblée nationale ouvre les débats qui seront suivis d'un vote des députés. Aux termes des dispositions du second alinéa de l'article 159 de la constitution, la confiance ne peut être refusée au gouvernement qu'à la majorité des 2/3 des députés composant l'Assemblée nationale. Faute de quoi, le Premier ministre est rassuré de mener le programme d'action de son gouvernement, la politique générale de celui-ci ou de l'adoption du projet de texte litigieux ou problématique.

En cas de refus de la confiance, c'est-à-dire d'un vote de défiance, le renversement du gouvernement tombe comme un couperet et le Premier ministre doit remettre sa démission au Président de la République, en application des dispositions de l'article 159 dernier alinéa de la constitution. Le Président de la République a le choix entre la désignation d'un autre Premier pour composer un nouveau gouvernement ou dissoudre l'Assemblée nationale en convoquant de nouvelles élections législatives.

Cette dernière option est la plus idoine, car, le renversement du gouvernement traduit, dans une certaine mesure, un désaveu du Président de la République qui devra faire le constat d'un défaut de soutien à l'Assemblée nationale et doit en tirer les conséquences pour ne pas plonger le pays dans une crise politique persistante. C'est ce que prévoit l'article 162 de la constitution.

II). La mise en jeu de la responsabilité du gouvernement : la motion de censure.

Il s'agit ici de la situation dans laquelle la responsabilité du gouvernement procède d'une initiative, non pas du Premier ministre, mais des députés dans le cadre de leurs prérogatives en matière de contrôle de l'action du gouvernement, par le vote d'une motion de censure. Sa mise en œuvre est strictement encadrée par les dispositions des articles 160 et suivants de la constitution de 2015.

a). Les conditions de recevabilité de la motion de censure.

Compte tenu des effets qu'il génère sur le fonctionnement et la stabilité des institutions de la République, la mise en œuvre de la motion de censure comme moyen de contrôle, en vue de sanctionner le gouvernement en le renversant, est soumise à des conditions de recevabilité qui peuvent être interprétées comme réduisant d'une manière ou d'une autre la marge de manœuvre des députés.

1). Le nombre minimal des députés signataires de la motion et le délai.

Pour être recevable, la motion de censure prend la forme d'un texte qui doit être signé par au moins un quart (1/4) des députés composant l'Assemblée nationale. Il ne s'agit pas des députés présents, mais de l'effectif correspondant au nombre de sièges que compte l'Assemblée nationale. Il est actuellement de 151 députés. Donc, il faut au moins 38 députés signataires de la motion de censure. Ensuite le débat et le vote de la mention de censure doivent avoir lieu dans un délai de 48 heures à compter de son dépôt devant l'Assemblée nationale (article 160 alinéa 3), sous peine de forclusion.

2). La limitation du nombre de motions de censure.

Le recours à la motion de censure n'est pas systématique. Aussi l'article 164 de la constitution de 2015 limite-il le nombre de motions de censure à une par session (une motion de censure *« au cours d'une même session »,* selon la formule consacrée). Cela peu importe que la motion de censure ait abouti ou échoué. Par ailleurs, le même article 164 de la constitution interdit, dans son dernier alinéa, de déposer une motion de censure pendant l'année qui précède la fin de la législature. Ce qui revient à dire que, la durée d'une législature étant de 5 ans, les députés ne peuvent faire usage de ce moyen de contrôle du gouvernement que pendant les trois (3) premières années, en raison d'une au cours d'une même cession. Cette restriction est quelque peu excessive. Eut été judicieux d'en interdire le dépôt pendant la dernière année de la législature pour permettre une libre expression de la démocratie parlementaire. Qu'à cela ne tienne, le non-respect de cette limitation dans le temps est un motif de l'irrecevabilité de la motion de censure.

b). Les débats, le vote et les conséquences de la motion de censure.

Les débats sur la motion de censure sont ouverts en séance plénière par le Président de l'Assemblée nationale après l'exposé de son contenu et de ses motivations par les signataires. Le vote est individuel, le vote par procuration a lieu dans les conditions prévues par le règlement intérieur de l'Assemblée nationale. Seules sont comptabilisées les voix favorables à la motion de censure.

La motion de censure est adoptée si elle obtient la majorité des 2/3 des députés composant l'Assemblée nationale. Le gouvernement étant renversé, le Premier ministre est tenu de présenter sa démission au Président de la République, qui n'est pas obligé de dissoudre l'Assemblée nationale. Mais, cette solution peut s'imposer comme étant une évidence, s'il s'apercevait qu'ayant été indirectement désavoué par les députés, il ne dispose plus d'une majorité confortable ou d'une confiance suffisante des députés pour soutenir l'action d'un nouveau gouvernement (article 162).

Le Président de la République peut aussi invoquer les dispositions de l'article 165 de la constitution, en raison de la persistance de la crise entre le gouvernement et l'Assemblée nationale, qui rendrait impossible le fonctionnement régulier des institutions, en prononçant la dissolution de l'Assemblée nationale, après en avoir informé les Présidents des deux chambres parlementaires et le Premier ministre. Les élections législatives anticipées sont alors organisées conformément aux textes en vigueur.

§ 2 : La nécessité d'un contrôle innovant : l'évaluation.

L'office du parlement ne devrait pas se limiter à la fabrique des lois et au contrôle l'action du gouvernement, pour le sanctionner le cas échéant. Il devrait intégrer d'autres préoccupations qui touchent à l'efficacité, à l'effectivité, à l'efficience ou à la performance de l'activité des pouvoirs publics.

Cette approche privilégie une analyse concrète des résultats par rapport aux objectifs fixés : *''l'évaluation''*. D'où la nécessité d'une prise en compte de l'évaluation législative et des politiques publiques dans la loi fondamentale au titre des prérogatives des assemblées parlementaires.

Si le Congo pâtit du défaut de prise en compte de cette exigence dans les lois fondamentales qui se sont succédées, comme c'est le cas dans la plupart des Etats d'Afrique francophone[72], la constitution du 25 octobre 2015 n'y déroge point. Pourtant, il n'y pas lieu de trop s'en offusquer. Puisque la

---

[72] Sauf quelques exceptions qui consacrent la formule suivante, *« le Parlement vote les lois, contrôle l'action du gouvernement et évalue les politiques publiques. »* : Sénégal (article 59 modifiée par la loi constitutionnelle du 05 avril 2016), Côte-d'Ivoire (article 93 de la constitution du 12 octobre 2016) ; Maroc (article 70 de la constitution du 1er juillet 2011).

France, qui est, bon gré malgré, notre référence historique en matière institutionnelle, n'a pu intégrer l'évaluation au titre des prérogatives du Parlement dans sa loi fondamentale qu'avec la loi constitutionnelle du 23 juillet 2008, modifiant l'article 24 de la constitution du 04 octobre 1958[73]. Alors que ce mouvement, bien que n'étant pas forcément consacré à ce niveau, est bien ancré depuis des décennies dans les pays anglo-saxons (USA, Canada, Grande-Bretagne...) y compris dans les pays comme la Belgique et la Suisse[74] ou dans des pays se situant hors du cadre de l'Organisation de coopération et de développement économique (OCDE)[75].

A). L'évaluation législative.

Le dogme de l'autorité de la loi devrait se concilier avec la nécessité de l'efficacité, de l'utilité ou de la qualité de la norme législative. Il s'agit pour le pouvoir législatif d'agir autrement. Non pas de légiférer pour légiférer. Mais, de légiférer en s'imprégnant d'une exigence de rationalité, de l'efficacité et du bon sens. Car, *« trop de lois tuent la loi »*. L'évaluation législative participe de cet état d'esprit. Parce qu'il y va de la vitalité d'une démocratie, même en construction, d'annihiler le risque d'une désaffection du peuple souverain envers ses représentants. Comme il sera vu plus loin, le Congo souffre d'un défaut d'institutionnalisation, au plus haut niveau de la hiérarchie de son ordonnancement juridique, du mécanisme d'évaluation législative.

I). Une composante de la science de la législation.

Du point de vue de la théorie ou de la conception du droit, l'évaluation législative relève de la science de la législation, chère à Gaetano FILANGIERI, juriste et philosophe napolitain du XVIII, qui étudia les mécanismes de production et d'amélioration des normes législatives[76]. La science de la législation se propose, selon Luzius MADER, de réaliser une

---

[73] *L'article 24 alinéa 1er de la constitution française, dans sa rédaction issue de la loi constitutionnelle n° 2008-724 du 23 juillet 2008 de modernisation des institutions de la Ve République (article9), dispose, « Le Parlement vote la loi. Il contrôle l'action du Gouvernement. Il évalue les politiques publiques... ».*

[74] L'article 170 de la constitution suisse du 18 avril 1999 dispose, *« L'Assemblée fédérale veille à ce que l'efficacité des mesures prises par la Confédération fasse l'objet d'une évaluation ».*

[75] Cette institution fut créée le 30 septembre 1961, pour succéder à l'organisation européenne de coopération économique (OECE) créée en 1948 dans le cadre du plan Marshall pour la reconstruction de l'Europe après la deuxième guerre mondiale. L'OCEDE a pour missions de promouvoir les politiques favorables au bien être économique et social dans le monde. Elle prône les règles du libéralisme, du libre-échange, bref de l'économie du marché. Elle encourage l'innovation technologique.

[76] G. Filangieri, «La scienza della legislazione », 7 Tomes, 1784, rééd (éditition della Laguna, 2004) ; traduit en fançais, *«La science de la législation », (Cuchet), Hachette livre, BNF, 2016* ; B. Constant, *commentaire sur l'ouvrage de Finagieri (1822), institut coppet, Paris janvier 2012, www.intitutcoppet.org*; P. Cordey, *« Benjamin constant, Filangieri, « la science de la législation »,* Revue européenne des sciences sociales, T18, n°50, Annales Benjamin Constant, n°1 (1980), pp.55-79.

approche globale du phénomène législatif à travers une démarche à la fois empirique, théorique et pragmatique[77].

L'évaluation législative est, selon MADER, la 4ème branche de la science de la législation, en sus des trois qu'énumère O. WEINGERGER. A savoir le processus législatif (procédure législative), la méthodologie législative (l'interprétation des normes législatives) et la légistique (la rédaction des normes législatives)[78]. L'évaluation législative consiste dans une analyse objective de la norme législative tant du point de vue de sa conception, de son application que de ses effets ou de son impact, pour en apprécier l'efficacité.

II). La typologie et les caractéristiques de l'évaluation législative.

L'évaluation législative revêt plusieurs formes et des caractéristiques variées.

a). Les différents types d'évaluations législatives.

L'évaluation législative peut être a priori, ''*ex ante*'' (prospective), a posteriori, ''*ex post*'' (rétrospective)[79], temporaire, expérimentale ou définitive.

1). L'évaluation a priori ou « ex-ante ».

Il s'agit d'une évaluation prospective des effets d'une législation consistant à les appréhender en amont, au stade de la conception, voire pendant le processus législatif, et ce bien avant la promulgation ou l'entrée en vigueur et son application. Ce travail d'anticipation et de repérage des effets potentiellement désirables ou indésirables permet d'en annihiler les contingences et d'en réduire, autant que faire se peut, les aléas. Cette tache d'anticipation des anomalies d'une production normative adaptée et adéquate peut être aussi bien l'œuvre gouvernement au titre des avant-projets, mais surtout du parlement. A double titre pour ce dernier : soit dans

---

[77] L.MADER, « *L'évaluation législative. Pour une analyse empirique des effets de la législation* », Lausanne, Payot, 1985, p.5 ; « *L'évaluation législative en suisse : la longue marche d'une idée à travers les institutions étatiques* », in, « *De l'évaluation à l'action législative* », actes du colloque en l'honneur du Prof. Jean Daniel Delley », CETEL, Université Genève, 2009, p15 ; P. AMSELEK (*Dir), « La science de la législation », Paris, Puf, 1988 ;* BERGEAL C., *Savoir rédiger un texte normatif – Loi, décret, arrêté, circulaire*, 2e éd., Berger-Levrault, 1997 ;

[78] *Cf. A.VIANDIER, Note bibliographique, sous Luzius Mader, « L'évaluation législative. Pour une analyse empirique des effets de la législation... », Rev. Inter. droit comparé, vol.38, n°1, janv-mars 1986, p.285-286 ; WEINBERGER O., « Droit et connaissance du droit au regard du positivisme juridique institutionnaliste », Droits, 1989, n° 10, p. 109 s.*

[79] L. MADER, « *L'évaluation législative en Suisse* », op. cit. pp. 19 et s ; R. DREIFUSS, « *De l'arroseur arrosé à l'évaluateur évalué* », *in « De l'évaluation à l'action administrative »*, op. cit. pp.9 et suiv.

le cadre de la conception des textes dont, chaque chambre parlementaire a l'initiative, soit dans l'examen des projets de loi émanant du gouvernement. Il est constant que le procédé des amendements et la navette entre les deux chambres parlementaires peut être mis à profit aux fins d'une évaluation législative prospective. On peut citer à titre d'exemples l'obligation d'une étude d'impact assortie à tout projet de loi[80] et, dans une certaine mesure, l'expérimentation législative en vigueur dans la législation française[81].

2). L'évaluation a postériori ou ''ex-post''.

L'évaluation rétrospective, a posteriori ou ex post est l'antonyme de l'évaluation prospective. Elle intervient après coup pour constater, examiner les effets générés dans la mise en œuvre d'une norme, par comparaison avec les objectifs assignés, ce qu'on était en droit d'en attendre, indépendamment des aléas. En matière de législation, elle permet d'apprécier le degré ou le niveau de l'efficacité d'une norme par rapport à la problématique qu'elle devrait régir, afin d'en tirer les conséquences dans le sens d'une pérennité, en cas de succès, d'une révision, d'une adaptation, d'un perfectionnement ou d'une abrogation selon l'ampleur des motifs d'insatisfaction. Elle permet au législateur de juger non seulement l'utilité, la nécessité et l'efficacité des normes qu'il édicte, mais aussi, et surtout, le degré d'implication du gouvernement dans leur mise en œuvre. Le contrôle de l'application des lois participe de cette préoccupation. Les carences de l'exécutif peuvent ainsi être révélées avec un impact négatif sur l'opinion, les citoyens. Même si constitutionnellement ce contrôle a postériori ne peut guère déboucher sur une mise en cause de la responsabilité du gouvernement.

b). Les caractéristiques des effets d'une évaluation législative.

Le Parlement doit être en mesure de juger les effets d'une évaluation des normes législatives qu'il édicte. Les résultats ne sont pas forcément les

[80] *L'article 8 de la loi organique n°2009-403 du 15 avril 2009, pris en application de l'article 39 de la constitution, issue de la loi constitutionnelle du 23 juillet 2008, exige que tout projet de loi soit assorti d'une étude d'impact (précisé par une circulaire du Premier Ministre du 17 février 2011). Ce dispositif ne semble pas avoir atteint les ambitions affiches et justifie une proposition de loi organique à l'initiative du Sénat pour l'améliorer proposition de loi organique relative aux études d'impact des projets de loi, réenregistrée à la Présidence du Sénat le 28 septembre 2017, http://.senat.fr/leg/ppl116.722html); B.L. Combrade, « L'étude d'impact au Parlement français : un instrument de mutation du rôle des assemblées dans le processus législatif ? », in,* « Études d'impact et production normative », Revue française d'administration *publique, 2014/1 (N° 149), pp. 195 à 206 .*

[81] L'article 37-1 de la loi constitutionnelle n° 2003-276 du 28 mars 2003 relative à l'organisation décentralisée de la République, dispose, « La loi et le règlement peuvent comporter, pour un objet et une durée limités, des dispositions à caractère expérimental. » ; Décision du Conseil constitutionnel n° 2003-469 DC du 26 mars 2003 ; F. Crouzatier-Durand, « Réflexions sur le concept d'expérimentation législative (à propos de la loi constitutionnelle du 28 mars 2003 relative à l'organisation décentralisée de la République) », Revue française de droit constitutionnel, 2003/4 (n° 56), page 675 à 695 .

mêmes et les effets peuvent être diversement caractérisés d'une évaluation à une autre. Ainsi donc, les effets d'une évaluation peuvent être appréciés en termes d'efficacité. C'est d'ailleurs le but recherché dans toute évaluation. L'efficacité se déduit d'une comparaison des résultats obtenus par rapport au but recherché par le législateur en édictant la norme. Il s'agit de juger si la loi a produit les effets escomptés par rapport au problème qu'elle devait régir. Ces effets peuvent également être appréciés en termes d'efficience par rapport aux moyens mis en œuvre. Il peut s'avérer que le temps consacré, la complexité des débats, les excès de zèle dans le droit aux amendements des parlementaires, la propension ou l'obstination de l'exécutif à mettre en œuvre la procédure accélérée pour faire voter une loi, ou même la complexité du contenu même de la loi en termes de clarté et d'intelligibilité (cela fait appel à la légistique) puissent se révéler excessifs par rapport au caractère insignifiant du résultat, notamment des effets. Cela pose le problème de l'économie des moyens. Enfin, pour ne pas trop allonger la liste, l'appréciation des effets d'une évaluation peut aussi être opérée au regard de l'effectivité. Cela conduit à invoquer des effets souhaités ou non, mais dont la survenance ne présente aucun lien de causalité avec la norme édictée. Soit parce qu'elle n'est pas effectivement appliquée, parce que la situation à laquelle elle était destinée à régir aura disparu, donc une autorégulation, soit parce que certains effets furent amplifiés par le législateur en amont. Cela pose in fine le problème de l'utilité de la norme législative[82].

c). Evaluation législative et conflit de légitimité.

L'évaluation législative met en évidence un mode de légitimation de l'action des pouvoirs publics fondée sur la performance. La recherche de l'efficacité devient le marqueur, le facteur déterminant de l'activité législative. Cette logique d'essence managériale semble opérer un glissement de l'Etat de droit vers un Etat gestionnaire[83]. Elle se nourrit, en quelque sorte de la fin du mythe de l'autorité de la loi qui devrait à tout prix guider l'action des autorités publiques. La légalité comme mode de légitimation de l'action publique devient donc évanescente.

L'Etat de droit n'a de sens que si les autorités qui l'animent se conforment à ce que la loi permet ou prescrit, sous peine de sanction, et que la loi à la même autorité vis-à-vis des citoyens en ce sens qu'ils y adhèrent

[82] Pour une analyse complète des effets de l'évaluation législative, on peut utilement se reporter à : A. Flückiger, *« L'évaluation législative ou comment mesurer l'efficacité des lois »*, Revue Européenne des Sciences Sociales, 2007 (XLV-138), pp83-101 ; L. Mader, *« L'évaluation législative. Pour une analyse empirique des effets de la législation »*, op. cit. pp.44 et suiv ; F. Varone, *« Nouvelle gestion publique et évaluation : un couplage réussi grâce à la légistique »*, in, *« De l'évaluation à l'action législative »*, acte du colloque en l'honneur au Professeur Jean Daniel Delley, op. cit. pp. 27 et suiv ; JP Duprat, *« Le parlement évaluateur »*, Revue Internationale de droit comparé, Vol.50 n°2, avril-juin 1998, pp 551-576.
[83] Cf. A. Flückiger, op.cit. pp.84.

parce qu'elle est l'expression de la volonté générale, selon cette formule d'essence rousseauiste inscrite à l'article 6 de la déclaration française des droits de l'homme et du citoyen de 1789[84]. Il est désormais acquis que la dictature voire le dogme de la loi ne paraît pas suffisant pour emporter l'adhésion des citoyens. Cette adhésion devient de plus en plus fonction de la capacité dont la norme législative a à régler les problèmes auxquels elle est destinée.

La légitimité d'une action publique ne se mesure pas forcément dans la production des normes, mais dans leur degré d'efficacité par rapport aux préoccupations des citoyens. L'efficacité d'un remède se mesure à l'aune de sa capacité à guérir du mal. La recherche de l'efficacité devient une alternative à la légalité et viendrait concurrencer la légitimité démocratique au point de la supplanter.

Mais, la sublimation sans nuance de la performance, pour légitimer l'action législative, ne présente pas moins le risque symétrique de substituer une dictature à une autre ; celle du résultat ou de l'efficacité à celle de la loi. Cela, d'une part, du point de vue démocratique. La logique managériale de la recherche de l'efficacité ou de la performance dans l'activité législative peut conduire à une valorisation excessive des techniciens ou des experts, qui n'ont aucune légitimité démocratique, par rapport aux acteurs politiques, en l'occurrence les parlementaires. D'autre part, la légalité comme élément de légitimation présente l'avantage d'être comminatoire et coercitive. Or, la légitimation par le résultat ne l'est pas d'emblée. Mis à part une responsabilité morale du technicien ou de l'expert qui serait disqualifié au regard de ses connaissances et de sa crédibilité, en cas d'échec. L'acteur politique devrait, sans doute encourir une responsabilité politique du point de vue du suffrage à l'occasion du renouvellement de son mandat. Donc, sans faire de l'évaluation législative, un 4ème pouvoir, comme une certaine opinion doctrinale le projette[85], une conciliation des deux facteurs de légitimité est nécessaire. Car l'activité législative n'est pas résolument prédictive.

---

[84] P. Joxe, *« La loi est-elle ''l'expression de la volonté générale ?'' »*, Après-demain, vol. n°7, n°3, 2008, pp.11-14.

[85] Cf. C.A. Morand, *« L'obligation dévaluer les effets de la loi », in « Evaluation législative et lois expérimentales »*, PUAM, 1992, pp.79 ; *« L'Evaluation des effets des mesures étatiques »*, in Droit constitutionnel suisse (CA Morand, AUER, G. Malinverni, M. Hottelier), Zürich : Schulthess, 2001. - P. 1119-1129 ; C.A. Morand, *« Formes et fonctions de l'évaluation législative », in « Elaborer la loi aujourd'hui, mission impossible ? »* (Dr. B. Jadot eF. Ost), Bruxelles, PFUSL, 1999, pp 207 et suiv ; L. Mader, « L'évaluation législative en suisse », op. cit. pp.21 et siècle

III). Le cadre juridique et institutionnel de l'évaluation législative.

La conciliation des exigences de la légalité et de l'efficacité dans l'activité législative passe par la détermination d'un cadre juridique et du cadre institutionnel.

a). Le cadre juridique de l'évaluation.

Il est nécessaire de donner un cadre juridique solide à l'évaluation de l'activité normative du parlement. Cela implique d'abord, la constitutionnalisation de l'évaluation des politiques publiques, en général, et de l'évaluation législative en particulier, au titre des missions du parlement[86]. Ensuite, l'obligation de voir certaines lois comporter des dispositions évaluatives en termes d'objectif[87]. Il ne s'agit non pas d'une évaluation systématique des normes législatives, mais elle doit être recentrée sur celles-ci pour qu'il y ait un intérêt au regarde de leur nature ou de leur objet.

b). Le cadre institutionnel.

Dès l'instant où l'évaluation législative est juridiquement bien ancrée, se pose ensuite la question du cadre institutionnel. C'est-à-dire de l'organe en charge de l'évaluation. Ainsi donc, l'évaluation législative peut relever d'une organisation interne à chaque assemblée parlementaire, d'un organe qui en dépend ou d'un organe externe.

Dans la première hypothèse, la démarche peut consister dans l'extension des missions d'une commission parlementaire permanente existante, en l'occurrence la commission des lois et affaires administratives ou la création d'une nouvelle commission voire des organes spécialement dédiés à l'évaluation et au suivi de l'application des lois. Il peut aussi s'agir de la mise en place d'une commission ad hoc d'évaluation, qui rendrait compte, dans le cadre d'un rapport, à la chambre parlementaire sous l'autorité de laquelle elle est instituée. Il ne s'agira pas de subdéléguer à ces organes, le contrôle de l'activité de l'exécutive, qui relève de la compétence exclusive des assemblées parlementaires[88].

Il est, ensuite, possible de faire appel aux intervenants extérieurs dans le cadre d'une convention de mission de service public. Mais, cette forme d'externalisation est beaucoup plus compatible avec l'évaluation des

---

86 Cf. JP. Duprat, op.cit. pp.555 et suivantes.

87 Cf.D. Wirths, *« Les clauses d'évaluation sectorielles : outils d'ajustement ou de stratégie politique ? Le cas de l'interdiction de la mendicité à Lausanne »*, pp53-74, *https://www.cairn.info/revue-gestion-et-management-public-2016-2.htm; A. Flückiger, op. cit. p.4 et suiv ; Sénat (français) « l'évaluation de la législation », https://www.senat.fr/lc/lc7/lc7_mono.html#toc26.*

88 *Cf. JP. Duprat, op. cit. 558 et s.*

politiques ou programmes publics qu'à l'évaluation législative stricto sensu. Même, dans ce cade, il est toujours possible de s'adjoindre l'expertise de tout sachant ; qu'il soit individuel ou institutionnel. En tout état de cause, l'évaluation de l'activité législative pose le problème du contenu et de la méthode[89].

B). De l'évaluation des politiques publiques.

Il convient dans un premier temps de cerner la notion de politiques publiques avant d'examiner la manière dont le parlement s'attèle à l'évaluer. Nous examinerons ensuite le cas précis du Congo.

I). La notion de politiques publiques.

La notion de politiques publiques est au confluent de plusieurs disciplines. Elle intéresse aussi bien la science politique, en ce sens qu'elle traduit l'ambition des acteurs politiques à agir et à mener des actions ou des interventions dans des domaines bien déterminés de la société[90], la sociologie politique qui analyse les différents aspects du processus, que la science administrative en ce qu'il s'agit des actions conçues et mises en œuvre par la puissance publique afin d'impacter sur des situations préalablement identifiées[91].

Les politiques publiques sont donc des actions menées par des acteurs publics, des autorités publiques, destinées à apporter des solutions aux problèmes ponctuels ou récurrents qui se posent dans la collectivité. C'est un mode de régulation et de prise en compte des préoccupations des citoyens à travers des actions bien définies. Elles supposent l'identification, donc une connaissance préalable de ces préoccupations, le choix des remèdes adaptés, c'est-à-dire des moyens (humains, financiers et matériels) en termes de cohérence et de rationalité, et la détermination des objectifs à atteindre : une évaluation ex ante.

Ces interventions peuvent être l'œuvre aussi bien de la puissance publique étatique, des collectivités locales, de leurs démembrements respectifs, que des organismes privés investis des prérogatives de puissance publique, ainsi des acteurs étrangers. Il va de soi que ces entités peuvent agir séparément ou de concert[92]. Dans tous les cas, l'Etat reste le principal acteur

---

[89] *Cf. D. Wirths, op. cit.pp. 7 et suiv ; JP Duprat, op. cit.571 et suiv.*

[90] Cf. JC. Thoenig, *« Dictionnaire des politiques publiques »*, 4ème edition, Presses de Sciences Po, 2014.

[91] Cf. https://wikipedia.org/wiki/Plolitque_publique;

[92] *B. Jobert et P. Muller, « L'Etat en action ». Politiques publiques et corporatisme, PUF, Paris, 1987, ; P. Le Galès, D. King, « Sociologie de l'Etat en recomposition », revue française de sociologie, 2011, pp 453 et suiv. ; D. Kübler et J. de Maillard, « Analyser les politiques publiques », Presse universitaire de Grenoble, P. Lascoumes et P. Le Galès, « Sociologie de l'action publique », Paris Armand Colin, 2007, ; P. Muller, « Les politiques publiques », Que sais-je ?, PUF, 2009*

ou le promoteur des politiques publiques compte tenu du rôle qu'il doit jouer dans la société.

Les politiques publiques ne sont pas homogènes, elles varient dans le temps et dans l'espèce ; surtout en fonction de l'environnement ou du système institutionnel dans lequel elles sont déployées[93]. Elles peuvent concerner des domaines aussi divers que variés tels que l'éducation, la santé, l'environnement, l'insertion sociale, la lutte contre la pauvreté, les équipements publics, etc. Notre propos sera essentiellement consacré aux interventions étatiques, pour cerner le rôle que joue le parlement dans leur évaluation au titre de ses prérogatives de contrôle de l'action du gouvernement, dans le cas précis du Congo.

II). L'évaluation des politiques publiques au Congo.

Les développements que nous venons de consacrer à l'évaluation législative sont applicables, *mutatis mutandis*, à l'évaluation des politiques publiques en tant que mode d'intervention de la puissance publique étatique dans la régulation des problématiques qui se posent dans un pays sous-développé comme le Congo. Nous en examinerons le cadre juridique et institutionnel.

a). Le cadre juridique de l'évaluation des politiques publiques au Congo.

Le cadre juridique de l'évaluation des politiques publiques au Congo se caractérise par un défaut de consécration constitutionnelle du rôle du parlement en la matière et une appropriation marquée par l'exécutif.

1). Le défaut d'une consécration constitutionnelle.

Comme en matière d'évaluation législative, le Congo pâtit d'un défaut de consécration constitutionnelle de l'évaluation des politiques publiques au titre des moyens d'action du parlement sur le gouvernement. Cela quand bien même qu'aux termes de la constitution du 25 octobre 2015, les politiques publiques relèvent du domaine de la loi, en ce sens que, outre le plan de développement économique et social, les lois de programme fixent les objectifs de l'action économique et sociale de l'Etat, l'organisation des activités productives de l'Etat et les grandes orientations de la défense et de la sécurité nationales.[94]

---

[93] Cf. P. Lascoumes et P. Le Galès, op. cit. p.10 et suiv.

[94] Aux termes des dispositions de l'article 125 délimitant le périmètre ou les matières qui relèvent du domaine de la loi, dispose entre autres que, « .... *La loi fixe également les règles concernant (...)les lois de programme qui fixent les objectifs de l'action économique et sociale de l'Etat, l'organisation des activités productives de l'Etat et les grandes orientations de la défense et de la sécurité nationales...* ».

2). La consécration législative de l'évaluation des politiques publiques.

L'évaluation des politiques publiques connaît une consécration législative, avec la loi organique n° 36-2017 du 03 octobre 2017, relative aux lois de finances[95], qui se substitue à la loi n° 20-2012 du 03 septembre 2012 portant loi organique relative au régime financier de l'Etat[96]. Elle confirme le choix d'une culture de performance au regard des résultats réalisés (au lieu d'une exigence de régularité)[97].

Ainsi donc, pour permettre au parlement d'exercer son évaluation *ex ante* des politiques publiques à travers la loi de finances, les dispositions des articles 55 et surtout celles du dernier alinéa de l'article 56 §6 de la loi organique relative aux lois de finances (LOLF ou LORLF), prescrivent que les documents annexés au projet de la loi de finances de l'année sont accompagnés d'un projet annuel de performance de chaque programme présentant les objectifs poursuivis et les résultats attendus, mesurés au moyen des indicateurs de résultat et de performance.

Etant précisé qu'aux termes des dispositions de l'article 19 dernier alinéa de la LOLF, un programme comprend tout ou partie des crédits destinés à mettre en œuvre une action ou un ensemble cohérent d'actions représentatives d'une politique publique[98].

S'agissant de l'évaluation des politiques publiques, l'article 20 de la LOLF dispose,

« A tout programme sont associés des objectifs précis, arrêtés en fonction de l'intérêt général et des résultats attendus, justifiant l'allocation des crédits. Les objectifs de chaque programme sont assortis d'indicateurs de résultats.

Les objectifs et résultats associés à un programme font l'objet d'une évaluation de leur efficacité, économie et efficience par les corps et institutions de contrôle ainsi que par la Cour des comptes et de discipline budgétaire.

L'atteinte de ces objectifs est mesurée annuellement au moment de l'examen de la loi de règlement à travers les rapports annuels de performance ainsi que les rapports spécifiques des rapporteurs spéciaux des commissions du Parlement en charge des finances ».

---

[95] *Loi Organique n°36-2017 du 03 octobre 2017 relative aux lois des finances, JO. édition spéciale n°8, 05 octobre 2017, pp 3 à 18 ; Avis de la Cour constitutionnelle, n°006-ACC-SVC/17 du 21 septembre 2017, sur la conformité à la constitution de la loi organique relative aux lois des finances, JO. édition spéciale, 05 octobre 2017, pp. 18-19.*

[96] Cf. JO du 30 septembre 2012, pp.787-799.

[97] Cf. en ce sens, P.M. Okombi, *« A quand l'évaluation des politiques publiques au Congo »*, https://www.lasemaineafricaine.net/index.php/point-de-vue/9627.

[98] *« Les crédits ouverts dans le budget de l'Etat pour couvrir chacune de ses dépenses sont, à l'exception des crédits visés à l'article 21 de la présente loi organique, regroupés par programme relevant d'un seul ministère.*
Seule une disposition d'une loi de finances peut créer ou modifier un programme.
Un programme comprend tout ou partie des crédits destinés à mettre en œuvre une action ou un ensemble cohérent d'actions représentatif d'une politique publique », Cf. Article 19 de la LOLF du 03/10/2017.

b). Le cadre institutionnel de l'évaluation des politiques publiques au Congo.

On peut distinguer deux niveaux d'évaluation des politiques publiques au Congo. Il y a d'une part, lieu de souligner le rôle du parlement dans le cadre de la loi des finances et d'autre part, un contrôle qui s'opère sous les auspices de la présidence de la République.

1). Le rôle du parlement dans l'évaluation des politiques publiques.

L'évaluation permet au parlement de mieux juger ou de bien juger de la pertinence, de l'efficacité et de l'efficience des politiques et programmes publics. Ce contrôle peut s'opérer dans cadre de l'examen de la loi de finances ou de la constatation de son exécution.

α). L'évaluation parlementaire « ex-ante » des politiques publiques.

Cette évaluation peut s'opérer dans le cadre de l'examen du projet de la loi de finances de l'année (loi de finances initiale) ou de la loi de finances rectificative comme prévu par les dispositions des articles 54 et suivants, ainsi que les articles 57 et suivants de la loi organique du 03 octobre 2017, relative aux lois des finances (LOLF).

Elle prend ici la forme du contrôle parlementaire (Cf. article 83 LOLF) de la prise en compte des exigences de performance et d'efficacité par le gouvernement, dans la mesure où le parlement examine le projet de loi de finances de l'année (ou de la loi de finances rectificative), au vu du rapport sur la situation et les perspectives économiques, sociales et financières de la nation qui l'accompagne, comme le prévoit l'article 55 de la LOLF. Etant rappelé que ce rapport comprend la présentation des hypothèses, des méthodes et des résultats des projections sur la base desquelles est établi le projet de loi de finances de l'année.

Le parlement examine également le projet de loi de finances au vu des annexes qui y sont jointes, dont certaines (annexes explicatives de cohérence avec le cadre budgétaire à moyen terme) sont accompagnées du projet annuel de performance de chaque programme présentant les objectifs poursuivis et les résultats attendus, mesuré au moyen d'indicateurs de résultat et de performance, comme le prévoit l'article 56§6 alinéa 2 de la LOLF.

β). L'évaluation parlementaire « ex post » des politiques publiques.

Il s'agit ici de l'évaluation parlementaire des politiques publiques, au titre du contrôle de l'exécution de la loi de finances. Donc, d'une évaluation a postériori de la performance des résultats budgétaires, des politiques publiques[99]. Ce contrôle s'opère dans le cadre de l'examen de loi de règlement qui, aux termes des dispositions de l'article 60 de la LOLF, a entre autres pour objet de constater l'exécution de la loi de finances de l'année ; d'arrêter les résultats de la comptabilité budgétaire et de la comptabilité générale de l'exercice considéré et de donner quitus au Gouvernement ; de constater les écarts dans la mise en œuvre des programmes sur la base des objectifs et des indicateurs correspondants ; de contrôler de la gestion des finances publiques ainsi qu'à la comptabilité de l'Etat et aux régimes de responsabilité des agents chargés de l'exécution du budget.

Elle est accompagnée, outres les annexes, des rapports annuels de performance présentant sous le même format que les projets annuels de performance, pour chaque programme, les résultats obtenus comparés aux objectifs fixés, les actions développées et les moyens utilisés accompagnés d'indicateurs de résultat et de performance, ainsi qu'une estimation des coûts des activités ou des services rendus ; du rapport de la Cour des comptes et de discipline budgétaire sur l'exécution de la loi de finances accompagné d'une certification de la régularité, la sincérité et la fidélité des comptes de l'Etat.

D'ailleurs, aux termes des dispositions de l'article 20 alinéa 2 et 3 de la LOLF, *« Les objectifs et résultats associés à un programme font l'objet d'une évaluation de leur efficacité, économie et efficience par les corps et institutions de contrôle ainsi que par la Cour des comptes et de discipline budgétaire.*

L'atteinte de ces objectifs est mesurée annuellement au moment de l'examen de la loi de règlement à travers les rapports annuels de performance ainsi que les rapports spécifiques des rapporteurs spéciaux des commissions du Parlement en charge des finances ».

Dès lors, pour exercer sa mission d'évaluation des politiques publiques, dans le cadre du contrôle de l'exécution de la loi des finances, et s'assurer que des objectifs fixés en termes de performance et d'efficacité ont été atteints, le parlement peut également s'appuyer sur les travaux des rapporteurs spéciaux des commissions en charge des finances de chacune des assemblées parlementaires (rapporteur général pour les recettes de l'Etat et des rapporteurs spéciaux chargés des dépenses publiques et du contrôle de

---

[99] Cf. J.F. Calmette, *« La LOLF comme nouvelle approche des politiques publiques »,* Informations sociales, 2008/6, n°150, pp.22 et suivantes ; B. Perret, *« L'évaluation des politiques publiques »,* Informations sociales, octobre 2003, n°110 ; R. Poli, *« Les indicateurs de performances de la dépense publique »,* Revue française de finances publiques, juin 2003, n°82, p. 110 ; N. Tenzer, *« Une politique publique peut-elle être évaluée ? »,* Information sociale, octobre 2003, n°110 ; S Trosa, *« La loi organique relative aux lois des finances (LOLF) : contrôle ou liberté ? »,* Revue française d'administration publique, 2006, n°117, p. 57.

l'usage des fonds publics) ou de l'assistance de la Cour des comptes et de discipline budgétaire.

Car, outre le fait qu'elle a pour mission d'évaluer l'économie, l'efficacité et l'efficience de l'emploi des fonds publics au regard des objectifs fixés, des moyens utilisés et des résultats obtenus par les programmes ainsi que la pertinence et la fiabilité des méthodes, indicateurs et données permettant de mesurer la performance des politiques et des administrations publiques, La Cour des comptes et de discipline budgétaire peut procéder (à la demande du Gouvernement ou du Parlement) à des enquêtes et analyses sur toute question, budgétaire, comptable et financière (Cf. article 86, LOLF).

2). Les apports extérieurs.

Le Congo devrait tirer profit des apports extérieurs qui s'amplifient en matière d'évaluation des politiques publiques. On peut citer le 1er forum sur l'évaluation des politiques publiques (FIFE), organisé par l'Organisation internationale de francophonie, avec le soutien de la BAD, du PNUD et de la France, du 24 au 27 octobre 2014 à Dakar (Sénégal) ; la résolution des Nations Unies du 12 décembre 2014 déclarant l'année 2015 comme année de l'évaluation. D'ailleurs, le 2ème forum Global des parlementaires pour l'évaluation (FGPE), qui s'était tenu le 25 novembre 2015 à Katmandou (Népal) avait pour objectif de contribuer au développement d'un environnement institutionnel favorable, à l'échelle de chaque pays, pour que les processus d'évaluation puissent se mettre en place de manière transparente et systématique[100]. L'évaluation des politiques publiques devient alors un facteur de la bonne gouvernance, du développement et d'une démocratie apaisée.

III). L'évaluation extra-parlementaire des politiques publiques.

Si le parlement doit être, de notre point de vue, l'acteur principal de l'évaluation des politiques publiques en raison du rôle qui est le sien dans les institutions de la République, cette fonction paraît mieux structurée au sein l'exécutif, notamment de la Présidence de la République, avec la création du

---

[100] *Cf.www.*portail-rfe.org/node/178. On peut également citer les travaux du 3ème forum global du 24 au 27 avril 2017 , au *Kyrgyzstan, dont le thème fut, le thème du 3e Forum mondial est « Transformer notre monde à travers l'évaluation: l'engagement et le partenariat pour un monde meilleur », organisé en collaboration avec l'Organisation internationale de Coopération en Évaluation (OICE) et le Groupe d'évaluation des Nations Unies (UNEG), qui a connu la participation des représentants des gouvernements, des parlements, etc. Cf. http://www.evalpartners.org/global-evaluation-forum*

Comité de suivi et d'évaluation des politiques et programmes publics (CSEPPP) par le Décret du 12 février 2011[101].

Présidé par le Secrétaire général de la présidence de la République, ce Comité est, aux termes de l'article 2 du décret, un organe de suivi et d'évaluation de l'action gouvernementale et des programmes et projets de développement qui a pour missions de suivre et évaluer la mise en œuvre des politiques et stratégies de développement national ; de mettre en place un système de suivi et d'évaluation des politiques publiques ; d'entreprendre les études et enquêtes visant à évaluer l'impact des politiques publiques mises en œuvre ; de rendre compte régulièrement au Président de la République et de publier les résultats des évaluations des politiques publiques mises en œuvre ; de veiller à l'exécution des décisions de financement arrêtées par le comité de trésorerie.

a). L'organisation du CSEPPP.

Sur le plan organique, le Comité comprend trois structures, à savoir une coordination, une cellule de suivi et d'évaluation de l'action gouvernementale, une cellule de suivi et d'évaluation de l'exécution des programmes et projets de développement.

1). La Coordination du CSEPPP.

C'est la principale structure du Comité de suivi et d'évaluation des politiques et programmes publics (CSEPPP). Pour en coordonner les activités, elle est composée, d'un Président (le secrétaire général de la Présidence de la République), d'un vice-président (le secrétaire général du gouvernement), d'un deuxième vice-président (le conseiller du Président de la République, chef de département des transports, de l'équipement, de l'urbanisme et de l'habitat), d'un rapporteur (le conseiller du Président de la République, chef de département économie et finances), d'un secrétaire technique (le directeur de cabinet du secrétaire général de la Présidence de la République) et des membres (les conseillers du Président de la République)[102].

2). La cellule de suivi et d'évaluation de l'action gouvernementale.

La cellule de suivi et d'évaluation de l'action gouvernementale est dirigée et animée par un coordonnateur qui a rang et prérogatives de conseiller

---

[101] *Décret n° 2011-107 du 12 février 2011 portant création, attributions, organisation et fonctionnement du comité de suivi et d'évaluation des politiques et programmes publics, JO. du jeudi 17 février 2011, pp. 263-264.*

[102] *Cf. Article 4 du décret.*

technique du Président de la République. C'est le Président du CSEPPP qui nomme les membres de l'équipe technique de cette cellule[103]. Elle a pour mission de veiller à la cohérence des objectifs et des stratégies de l'action gouvernementale avec les moyens humains, juridiques, administratifs et financiers mis en place ; d'apprécier la mise en œuvre de l'action gouvernementale et d'appréhender les impacts finaux ; de rendre compte régulièrement au comité du niveau d'exécution des politiques publiques par le gouvernement ; d'élaborer les rapports de suivi, d'évaluation et de contrôle physico-financiers de l'action gouvernementale.

3). La cellule de suivi et d'évaluation de l'exécution des programmes et projets de développement.

La cellule de suivi et d'évaluation de l'exécution des programmes et projets de développement est dirigée et animée par un coordonnateur qui a rang et prérogatives de conseiller technique du Président de la République. Outre le coordonnateur, elle est composée d'une équipe technique dont la composition est fixée par le Président du comité de suivi et d'évaluation des politiques et programmes publics[104].

Elle est chargée de coordonner la mise en œuvre des programmes et projets dans les ministères et institutions de l'Etat, de suivre l'exécution des programmes et projets de développement et assurer l'évaluation de leur efficacité, de leur efficience et de leur pertinence, d'assurer le contrôle physico-financier des programmes et projets de développement.

b). Le fonctionnement du CSEPPP.

Les règles du fonctionnement du CSEPPP (ou CSE3P) sont définies par les articles 11 à 15 du décret du 12 février 2011. En effet, le CSE3P entretient des relations fonctionnelles avec les organes de contrôle, de suivi, de planification, et consultatifs ; dont les rapports de performance et de suivi-évaluation lui sont communiqués.

1). Les obligations trimestrielles de chaque ministère.

Chaque ministre doit communiquer, au début de chaque année, le programme annuel de son département au Comité. Cela de telle sorte qu'au début de chaque trimestre, et sur la base de ce programme annuel, il indique les projets prioritaires ainsi que leurs coûts. A la fin du trimestre, il doit dresser le rapport physico-financier des projets exécutés.

---

[103] *Cf. Articles 6 et 7 du décret.*
[104] *Cf. articles 9 et 10 du décret.*

2). Les obligations trimestrielles des deux ministères clés : Plan et finances.

En effet, à la fin de chaque trimestre, les ministres chargés du plan et des finances sont tenus de faire, chacun en ce qui le concerne, un point de l'exécution financière globale, et par ministère, des volets fonctionnement et investissement du budget de l'Etat ; qui est ensuite communiqué au Comité en vue de son exploitation.

Enfin, les rapports du comité de suivi et d'évaluation des politiques et programmes publics sont adressés au Président de la République afin de l'aider dans la prise des décisions et l'orientation de l'action publique.

Comme nous pouvons le constater, l'évaluation des politiques et programmes publics est beaucoup plus pertinente et mieux structurée que l'évaluation parlementaire. Cependant, ce mécanisme institué sous l'empire de la constitution du 20 janvier 2002, aux termes de laquelle le Président de la République cumulait les fonctions de Chef de l'Etat et de Chef du gouvernement, devrait être reconsidéré afin de l'adapter à la nouvelle donne institutionnelle issue de la constitution du 25 octobre 2015 où le Premier ministre exerce désormais les prérogatives de Chef du gouvernement et peut voir sa responsabilité et celle de son équipe gouvernementale engagée, notamment devant l'Assemblée nationale.

c). L'évaluation spécifique du plan national de développement (PND) 2018/2022.

Comme la plupart des Etats africains, le Congo s'est fixé pour objectif de se transformer en un pays émergeant au cours de la décennie 2020-2030. Dès lors, le plan national de développement (PND) apparaît comme l'instrument idoine dans la mise en œuvre des politiques publiques pour atteindre l'objectif ainsi assigné. Dans ce cadre, il a paru judicieux de mettre en place un mécanisme de suivi et d'évaluation de ces politiques publiques.

L'évaluation s'est imposée comme une nécessité. Ainsi donc, tirant les leçons du PND 2012/2016, les autorités ont, dans le cadre du PND 2018/2022 (adopté le 13 août 2018[105]), décidé d'instituer un cadre institutionnel de suivi et d'évaluation, capable de fournir, dans les délais raisonnables, des informations appropriées sur la progression des réalisations du plan de développement et d'appréhender les changements induits par la

---

[105] Loi n°32-2018 du 1er octobre 2018, portant approbation du plan national de développement 2018-2022 ; *« Le gouvernement valide le programme national de développement »*, Les Dépêches de Brazzaville, n°3263 du lundi 09 juillet 2018, pp. 1 et 2 ; n°3294 du mercredi 15 au jeudi 16 août 2018, p.4 ; *« PND 2018-2022, Un plan pour opérationnaliser la vision du Président de la République »*, Le Patriote, n°492 du 15 au 27 août 2018, p. 10.

mise en œuvre des projets et programmes prioritaires du PND 2018/2020[106]. Outre le suivi des programmes et des actions du PND, l'institution d'un cadre spécifique permet une évaluation périodique de la mise en œuvre des actions et politiques publiques préconisées dans le cadre du plan[107].

L'évaluation des performances de la mise en œuvre du PND apparaît comme une activité majeure du dispositif. Il permet d'évaluer les progrès réalisés en vue d'atteindre les objectifs globaux du PND, d'apprécier l'impact des actions sur les populations et les acteurs cibles (acteurs privés, genre, jeunesse…). Il permet également de sensibiliser toutes les parties prenantes sur les progrès réalisés. Cette évaluation peut être faite de façon périodique ou ponctuelle[108].

Dès lors, pour évaluer les performances du PND 2018-2022, il a paru nécessaire de créer un organe spécifique. En l'occurrence, le Conseil national d'évaluation. Il est placé sous l'autorité du Premier ministre et composé de quatre instances aux rôles bien définis, à savoir : le Comité de pilotage, la coordination technique, le Secrétariat technique permanent et la Coordination départementale[109].

Quelles que soient les vertus d'une évaluation interne, l'institution du Conseil national de l'évaluation des performances du PND 2018/2022 ne peut guère laisser le parlement indifférent. Cela au regard tant des objectifs à atteindre, en termes de développement multisectoriel, que de l'importance des ressources budgétaires mobilisables ; surtout que le coût global pour la mise en œuvre du PND 2018/2022 est estimé à 15.510 milliards de FCFA.

Chapitre 3 : Le Pouvoir judiciaire.

La constitution du 25 octobre 2015 institue, à l'instar de celles du 15 mars 1992 et du 20 janvier 2002, un pouvoir judiciaire séparé et indépendant, au moins sur le plan formel, des deux autres grands pouvoirs d'Etat, le pouvoir exécutif et le pourvoir législatif. La consécration d'un pouvoir judiciaire tranche avec une tradition inspirée, pendant la période du monopartisme, de la constitution française de 1958, qui retenait tantôt le terme de *« l'autorité judiciaire »* tantôt celui de *« Juridictions nationales »* sans préciser s'il s'agissait d'un véritable pouvoir au même titre que les deux autres. Il convient d'en examiner l'organisation et le fonctionnement sous l'empire de la constitution de 2015.

---

106 Cf. *« PND 2018-2022, cadre stratégique de développement : document central »,* Commission nationale d'élaboration du Plan national de développement 2018-2022, Comité de pilotage, coordination technique, §. 739.

107 Op. cit, §. 740-741.

108 Op. cit. p746.

109 Op. cit. pp.179 et suiv.

Section 1 : L'organisation du pouvoir judiciaire.

Le pouvoir judiciaire est marqué par son caractère hétéroclite. Cela en tant qu'il est dévolu aux juridictions nationales, qu'il convient de qualifier d'organes juridictionnels, ainsi qu'il résulte des dispositions de l'article 166 de la constitution et de la loi n° 022-92 du 20 août 1992 portant organisation du pouvoir du pouvoir judiciaire, modifiée et complétée par la loi n° 19-99 du 15 août 1999. L'examen de l'organisation du pouvoir judiciaire implique également que l'on s'intéresse au système juridictionnel en vigueur, qui se caractérise par une unicité non consacrée dans la loi fondamentale.

§ 1 : Une unicité juridictionnelle non constitutionnellement consacrée.

L'unicité juridictionnelle est la caractéristique essentielle de l'organisation du pouvoir judiciaire au Congo. Cependant, ce principe n'est pas consacré dans la constitution. Pourtant, le Congo avait abandonné, au lendemain de son accession à l'indépendance, le système de dualité juridictionnelle qui fonctionne en France depuis des siècles et caractérisé par l'existence de deux ordres de juridictions[110] (ordre judiciaire et ordre administratif), au profit du système d'unicité qui repose sur un seul ordre regroupant l'ensemble des juridictions.

Le principe de l'unicité est consacré par le législateur depuis la loi n°6/61 du 11 janvier 1961 portant organisation judiciaire (modifiée par la loi n°28/61 du 29 mai 1961)[111], puis par la loi n° 022-92 du 20 août 1992, modifiée et complétée par la loi n° 19-99 du 15 août 1999, portant organisation du pouvoir judiciaire, dont l'article 1er dispose,

« La justice est rendue au nom du peuple congolais par un seul ordre de juridictions, qui comprend : la Cour suprême, la Cour des comptes, les Cours d'appel, les tribunaux de grande instance, les tribunaux administratifs, les tribunaux d'instance, les tribunaux de travail, et les tribunaux militaires ».

Il s'agit donc d'une organisation pyramidale au sommet de laquelle se hisse la Cour suprême, la plus haute juridiction du pays[112].

---

[110] *L'interdiction formelle faite aux tribunaux judiciaires de connaître des affaires de l'administration (la loi des 16 et 24 août 1790 et le décret du 16 fructidor an III ; la création du Conseil d'Etat, juridiction administrative, par la constitution du 22 frimaire an VIII (13 décembre 1799) et des conseils de préfecture par la loi du 28 pluviôse an VIII (17 février 1800) devenus ensuite les tribunaux administratifs par décret n°53-934 du 30 septembre 1953.*

[111] Cf. *JM. Breton, Droit public congolais, op. cit. pp.491 et siècle*

[112] Cf. *Loi n° 4-62 du 20 janvier 1962 (modifiée) portant création de la Cour suprême ; W. Mbilampindo, « La plus haute juridiction du Congo, aujourd'hui », RJPIC, 1997, pp. 37-48.*

§ 2 : Les organes du pouvoir judiciaire.

Nous pouvons distinguer deux catégories d'organes qui font partie de l'organisation du pouvoir judiciaire. Les uns exercent la fonction de juger et l'autre participe à la gestion au plan institutionnel.

A). Les organes juridictionnels.

Aux termes des dispositions de l'article 166 alinéa 1er de la constitution de 2015,

« Il est institué un pouvoir judiciaire exercé par la Cour suprême, les Cours d'appel et les autres juridictions nationales... ».

Cette énumération n'est pas limitative, en ce sens que le second alinéa du même article 166 complète le précédent, sans être à son tour exhaustif, ainsi qu'il dispose,

« La Cour suprême, les Cours d'appel, les Tribunaux de grande instance, les tribunaux administratifs, les Tribunaux du travail, les tribunaux de commerce, les tribunaux d'instance ainsi que toutes autres juridictions nationales sont créés par des lois organiques qui fixent leur ressort, leur composition, leur organisation et leur fonctionnement ».

Les juridictions ainsi visées par le constituant sont donc les organes du pouvoir judiciaire. Elles l'exercent dans le cadre des lois organiques qui les instituent.

Cette conception rejoint celle qui prévalait sous le régime des constitutions du 24 juin 1972 (article 79) et du 8 juillet 1979 (article 88) qui disposaient, *« la Cour suprême, la Cour des comptes, la Cour d'appel, les tribunaux populaires locaux, les cours militaires et les tribunaux institués par la loi constituent les organes juridictionnels de la République populaire du Congo ».* Cela, même si la justice n'était pas érigée en pouvoir[113].

Dans l'esprit de la constitution de 2015, ce sont en réalité les juges, les magistrats au sens large du terme, qui exercent le pouvoir judiciaire au sein des juridictions nationales. Ils rendent la justice au non du peuple congolais, le souverain. A ce titre, ils ont pour missions d'appliquer la loi, de l'interpréter, d'en contrôle l'application ou d'en sanctionner les violations, de dire le droit. Il va de soi que d'autres acteurs concourent aussi à l'exercice du pouvoir judiciaire. On peut citer les auxiliaires de justice, parmi lesquels figurent les avocats.

---

[113] *Cf. A. Iloki, « la justice au Congo : pouvoir ou service public « ?, Revue des sciences sociales n° 6, avril-juin 1986, p. 138.*

B). L'organe non juridictionnel : le Conseil supérieur de la magistrature.

La constitution de 2015 (articles 91, 170 et 171) confirme l'institution du Conseil supérieur de la magistrature à l'instar des constitutions de 1992 (articles 134 et 135)[114] et de 2002 (articles 139 et 140), au travers duquel le Président de la République, qui le préside, garantit, ainsi qu'il sera vu plus loin, l'indépendance du pouvoir judiciaire. Il est composé, outre le Président de la République, du ministre de la justice qui en est le Vice-président (il peut suppléer le Président de la République pour présider le CSM), des membres de droit (le Premier Président de la Cour suprême, le Procureur général, le Premier Avocat général) et d'autres membres, magistrats et non-magistrats[115].

A l'exception des membres de droit[116], les magistrats et les non-magistrats sont élus par leurs pairs selon les modalités fixées par l'arrêté n° 7129 du 25 octobre 2017. Ce, en raison de : pour les membres magistrats, un membre de la Cour suprême, trois membres des cours d'appel, deux membres des tribunaux de grande instance et deux membres des tribunaux d'instance ; pour les membres non-magistrats, un enseignant-chercheur en droit de rang magistral, un psychologue et un sociologue, attestant chacun d'une expérience professionnelle d'au moins dix ans, un représentant des organisations non gouvernementales des droits de l'homme[117].

L'article 1er de la loi du 15 avril 1999, modifiée par la loi organique n° 22-2008 du 26 juillet 2008 relative à l'organisation, la composition et le fonctionnement du Conseil supérieur de la magistrature[118], précisait qu'il est institué au sein du pouvoir judiciaire, un organe collégial dénommé *« Conseil supérieur de la magistrature ».*

Désormais, la loi organique n° 29-2018 du 07 août 2018, fixant l'organisation, la composition et le fonctionnement du Conseil supérieur de la magistrature, dispose en son article 1er que, *« Le Conseil supérieur de la*

---

[114] Cf. *W. Mbilampindo, « L'institution d'un conseil supérieur de la magistrature au Congo », RJPIC, 1997, vol. 51, pp. 305-311.*

[115] *Cf. loi organique n° 22-2008 du 26 juillet 2008 portant organisation, composition et fonctionnement du Conseil supérieur de la magistrature (elle modifie la loi n°16-99 du 15 avril 1999 modifiant et complétant certaines dispositions de la loi n°024-92 du 20 août 1992 et n°29-94 du 18 octobre 1994 portant institution du Conseil supérieur de la magistrature).*

[116] Sont membres de droit du CSM, le ministre de la justice, le premier président de la Cour suprême, le procureur général près la Cour suprême, le vice-président de la Cour suprême, le premier avocat général près la Cour suprême. Cf. http: Loi organique du 07 août 2018, //www.droit-afrique.com/uploads/Congo-Loi-2018-29-conseil-superieur-magistrature.pdf.

[117] *Cf. Arrêté du ministre de la justice (des droits humains et de la promotion de la population autochtone), n° 7129 du 25 octobre 2017, fixant les modalités d'organisation de l'élection des membres du conseil supérieur de la magistrature, JO du 02 novembre 2017, p.1365.*

[118] *La loi du 15 avril 1999 modifiait et complétait la loi n°24-92 du 20 août 1992, puis la loi n°29-94 du 18 octobre 1992. Une nouvelle réforme du Conseil supérieur de la magistrature est mise en chantier avec l'adoption d'un projet de loi organique par le Conseil des ministres le 17 octobre 2017. Cf. Les Dépêches de Brazzaville, n°3047 du 19 octobre 2017, p.4.*

magistrature est un organe collégial de décision et de régulation au sein du pouvoir judiciaire »[119].

Il a entre autres attributions, de proposer au Président de la République la nomination des magistrats, assurer la gestion de leur carrière et statuer comme conseil de discipline.

Section 2 : L'indépendance du pouvoir judiciaire.

S'inscrivant dans la logique d'un système de séparation des pouvoirs, la constitution de 2015 confirme l'indépendance du pouvoir judiciaire vis-à-vis du pouvoir exécutif et du pouvoir législatif. Mais, cette indépendance proclamée du troisième grand pouvoir d'Etat n'est pas sans susciter quelques réserves.

§ 1 : La confirmation constitutionnelle de l'indépendance du pouvoir judiciaire.

La consécration constitutionnelle de l'indépendance du pouvoir judiciaire est confirmée dans la loi fondamentale de 2015 comme elle l'était dans celles de 1992 et 2002. L'indépendance du pouvoir judiciaire ou tout au moins de la justice en tant qu'institution est également reconnue par les instruments juridiques internationaux intégrés dans le corpus constitutionnel congolais[120].

L'indépendance du pouvoir judiciaire est consubstantielle à la séparation des pouvoirs, de telle sorte qu'elle interdit des immixtions ou des ingérences de part et d'autre. Elle induit l'indépendance des juges, des magistrats.

---

[119] http://www.droit-afrique.com/uploads/Congo-Loi-2018-29-conseil-superieur-agistrature.pdf.

[120] *Il en est ainsi : de la charte africaine de la démocratie, des élections et la gouvernance, dont l'un des objectifs est de « promouvoir et protéger l'indépendance de la justice » (article 2§5) ; de l'article 10 de la déclaration universelle des droits de l'homme, « Toute personne a droit, en pleine égalité, à ce que sa cause soit entendue équitablement et publiquement par un tribunal indépendant et impartial, qui décidera, soit de ses droits et obligations, soit du bien-fondé de toute accusation en matière pénale dirigée contre elle » ; de l'article 14-1 du pacte international des droits civils et politiques, « Toute personne a droit à ce que sa cause soit entendue équitablement et publiquement par un tribunal compétent, indépendant et impartial, établi par la loi » ; des résolutions des nations unies sur l'indépendance de la magistrature (adoptés au septième congrès des Nations unies pour la prévention du crime et le traitement des délinquants, de Milan du 26 août au 6 septembre 1985, puis par l'Assemblée générale dans ses résolutions 40/32 du 29 novembre 1985 et 40/146 du 13 décembre 1985) Il en est de même des principes directeurs applicables au rôle des magistrats du parquet adoptés au huitième congrès des Nations unies pour la prévention du crime et le traitement des délinquants tenu à La Havane (Cuba) du 27 août au 7 septembre 1990. On peut également citer « la déclaration universelle sur l'indépendance de la justice », adoptée à l'issue de la 1ère conférence mondiale sur l'indépendance de la justice, qui s'était tenue à Montréal (Canada) le 10 juin 1983. En 1985, les Nations Unies adoptaient les principes fondamentaux relatifs à l'indépendance des magistratures (Résolutions 40/32 du 29 novembre 1985 et 40/146 du 13 décembre 1985 ; http .7/www.unhchr.ch. ; « Les règles pour l'application effective des Principes fondamentaux relatifs à l'indépendance de la magistrature », Conseil économique et social des nations unies, Résolution 1989/60 du 24 mai 1989. L. Huppé "Les déclarations de principes internationales relatives à l'indépendance judiciaire." Les Cahiers de droit, vol. 43, n° 2, juin 2002, pp. 299–326.*

A). L'indépendance à l'égard des pouvoirs exécutif et législatif.

Le principe de l'indépendance du pouvoir judiciaire vis-à-vis du pouvoir exécutif (incarné par le Président de la République et le Gouvernement) et du pouvoir législatif (incarné par le Parlement à travers les deux chambres), est confirmé dans l'article 168 alinéa 1er de la constitution aux termes duquel,

« Le pouvoir judiciaire est indépendant du pouvoir exécutif et du pouvoir législatif... ».

La justice étant rendue, sur toute l'étendue du territoire national, au nom du peuple congolais, les juges ne sont soumis, dans l'exercice de leurs fonctions, à aucune autre autorité que celle de la loi.

I). Vis-à-vis du pouvoir exécutif.

Il résulte de l'article 169 alinéa 2 de la constitution qu'il est formellement interdit au pouvoir exécutif de statuer sur les différends, d'entraver le cours de la justice ou de s'opposer à l'exécution d'une décision de justice[121]. Cette prohibition ne s'impose pas seulement au pouvoir exécutif stricto sens, c'est-à-dire au niveau de l'Etat, mais aussi au niveau local ainsi qu'à l'égard de toute personne dépositaire de l'autorité publique ou invertie des prérogatives de puissance publique.

Ils ne doivent pas faire œuvre de justice pour trancher les différends entre les parties. Mais, cela ne remet pas en cause la mise en œuvre, dans le cadre de la loi, des mécanismes de déjudiciarisation. C'est-à-dire de règlement non juridictionnel des litiges (règlement amiable, médiation, transaction et autres).

L'interdiction d'entraver le cours de la justice, vise les agissements qui consistent à exercer des pressions, des interventions, des immixtions de toute nature auprès des magistrats, destinées pour influer sur l'issue d'un procès. L'opposition à l'exécution d'une décision de justice est une entrave à la chose jugée, empêchant qu'elle ne produise les effets de droit qui y sont attachés. Or, les autorités publiques doivent prêter leur concours à l'exécution d'une décision de justice. C'est une exigence d'un Etat de droit.

II). Vis-à-vis du pouvoir législatif.

Aux termes des dispositions de l'article 169 alinéa 3 de la constitution de 2015, il est aussi formellement interdit au pouvoir législatif, c'est-à-dire au

---

[121] *« ... Le pouvoir exécutif ne peut ni statuer sur les différends, ni entraver le cours de la justice ou s'opposer à l'exécution d'une décision de justice... »* Article 169 alinéa 2 de la constitution de 2015.

parlement, en ses deux chambres, de statuer sur les différends, ni d'entraver le cours de la justice ou de s'opposer à l'exécution d'une décision de justice. Toute loi dont le but est de fournir la solution à un procès en cours est nulle et de nul effet. Les interdictions de statuer, d'entraver et de s'opposer s'opèrent de la même manière que vis-à-vis du pouvoir exécutif.

Plus significative est l'interdiction faite au parlement de légiférer sur un procès en cours. Car, l'exercice de la fonction législative n'implique pas le pouvoir ni le droit de se substituer au juge pour régler ou trancher un litige dont il est saisi. Une loi ayant un tel objet est non seulement nulle et de nul effet, mais peut être censurée par la Cour constitutionnelle.

Mais, cette interdiction ne fait pas obstacle à l'application du principe de la validation législative, qui permet au parlement de modifier rétroactivement une règle de droit ou de valider un acte administratif ou de droit privé. Cela sous certaines conditions qui tiennent au respect d'une décision de justice passée en force de chose jugée, à la non-rétroactivité des peines et sanctions, à ce que l'atteinte aux droits des personnes qui en résulterait soit justifiée par un motif impérieux d'intérêt général, que l'acte modifié ou validé ne méconnaisse aucune règle ni aucun principe à valeur constitutionnelle, pourvu que le motif impérieux d'intérêt général ait lui-même une valeur constitutionnelle ; que la portée de la modification ou de la validation législative soit strictement définie[122]. Il est évident que, comme toute loi, une loi de validation est soumise au contrôle du juge constitutionnel.

B). L'interdiction qui pèse sur le pouvoir judiciaire.

L'indépendance du pouvoir judiciaire n'est mieux assurée que s'il respecte lui-même le principe de la séparation des pouvoirs en s'abstenant de faire des incursions dans les domaines respectifs du pouvoir exécutif et du pouvoir législatif. Ainsi qu'en dispose l'article 169 alinéa 1er de la constitution de 2015,

« Le pouvoir judiciaire ne peut empiéter ni sur les attributions du pouvoir exécutif ni sur celles du pouvoir législatif ».

Sa fonction est définie par l'article 168 alinéa 2 de la constitution en ce sens que, *« Le pouvoir judiciaire statue sur les litiges nés entre les citoyens ou entre les citoyens et l'Etat ».*

La seconde branche de cette disposition est lacunaire. En effet, outre les litiges entre particuliers, le pouvoir judiciaire ne connaît pas que des litiges

---

[122] *C'est le sens de la jurisprudence actuelle du Conseil constitutionnel français sur le contrôle de la constitutionnalité des lois de validation législative (Cf. ans sa décision n° 2013-366 QPC du 14 février 2014 ; décisions n° 2010-2 QPC du 11 juin 2010, n° 2010-53 QPC du 14 octobre 2010, n° 2010-78 QPC du 10 décembre 2010, n° 2011-224 QPC du 24 février 2012, n° 2012-263 QPC du 20 juillet 2012, n° 2012-287 QPC du 15 janvier 2013 et n° 2013-327 QPC du 21 juin 2013 ; décision n° 99-425 DC du 29 décembre 1999 ; décision n° 80-119 DC du 22 juillet 1980 ; et de la CEDH, arrêt du 28 octobre 1999,* Zielinski c/ France, *(n° 24846/94 et 34165/96 à 34173/96).*

qui opposeraient les citoyens et l'Etat. Il est compétent pour connaître des différends entre les citoyens, voire les particuliers et toute personne morale de droit public, en ce compris l'Etat, les collectivités territoriales et leurs démembrements respectifs (Etablissements publics), toute personne investie d'une mission de service public ou des prérogatives de puissance publique. Le pouvoir judiciaire peut aussi statuer sur les litiges qui opposeraient deux personnes morales de droit public (par exemple entre l'Etat et une collectivité territoriale, entre l'Etat et un établissement public de l'Etat ou local, ou entre deux collectivités territoriales).

C). Les garanties de l'indépendance du pouvoir judiciaire.

Parmi les garanties de l'indépendance du pouvoir judiciaire figurent en première position le rôle que le constituant assigne au Président de la République, ensuite celui du CSM et le statut des magistrats.

I). Le Président de la République, garant constitutionnel de l'indépendance du pouvoir judiciaire.

La constitution fait du Président de la République, le garant de l'indépendance du pouvoir judiciaire, dans le cadre de ses attributions au sein du Conseil supérieur de la magistrature, comme en dispose l'article 171 alinéa 1er :

« Le Président de la République garantit l'indépendance du pouvoir judiciaire à travers le Conseil supérieur de la magistrature... ».

Mais, ce rôle de garant constitutionnel de l'indépendance du pouvoir judiciaire s'inscrit dans le cadre de ses attributions de garant du respect de la constitution et du fonctionnement régulier des pouvoirs publics telles qu'elles découlent de l'article 64 de la constitution.

II). Le rôle du Conseil supérieur de la magistrature et le statut des magistrats.

Comme nous l'avons vu plus haut, l'institution du CSM, un organe de gestion du corps de la magistrature et cadre dans lequel le Président de la République exerce ses prérogatives en la matière, est une des garanties de l'indépendance reconnue au pouvoir judiciaire. Le statut spécifique du corps de la magistrature participe aussi de l'indépendance du 3ème pouvoir d'Etat.

L'indépendance du pouvoir judiciaire n'aurait aucun sens sans l'indépendance fonctionnelle des magistrats tant vis-à-vis du pouvoir politique que vis-à-vis des groupes de pression (lobbies) ainsi que des justiciables. Elle ne le serait pas non plus sans l'impartialité des magistrats, comme en dispose l'article 5 de la loi n° 15-99 du 14 avril 1999, modifiant et complétant la loi n° 023-92 du 20 août 1992 portant statut de la magistrature.

Il en est également du principe constitutionnel de l'inamovibilité des magistrats du siège que réaffirme l'article 172, dernier alinéa, de la constitution de 2015, qui les met à l'abri des pressions et des entreprises du pouvoir politique. Un gage de leur indépendance, en ce sens qu'ils ne peuvent pas être choisis ou déplacés hors de leur juridiction ou mutés sans leur accord si ce n'est dans le cadre d'une procédure disciplinaire ou pour les nécessités de service[123].

Mais, il y a lieu de préciser qu'en disposant que les *« les magistrats du siège sont inamovibles »* la constitution du 25 octobre 2015 se distingue de la constitution du 15 mars 1992 et celle du 20 janvier 2002, qui ne consacraient le principe de l'inamovibilité qu'à l'égard des magistrats de la Cour suprême, sans distinction entre les magistrats du siège et ceux du parquet[124]. La nouvelle disposition concerne uniquement les magistrats du siège dans toutes les juridictions.

III). Le gardien des libertés individuelles.

C'est parce que le pouvoir judiciaire doit être indépendant que le constituant lui confère le rôle de gardien des libertés individuelles contre les entreprises des gouvernants, notamment du pouvoir exécutif. Ainsi donc, l'article 11 de la constitution de 2015 dispose,

« Toute personne arrêtée est informée du motif de son arrestation et de ses droits dans une langue qu'elle comprend.

Tout acte de torture, tout traitement cruel, inhumain ou dégradant est interdit.

Le pouvoir judiciaire, gardien des libertés individuelles, assure le respect de ce principe dans les conditions fixées par la loi. ».

Ce texte s'inspire de l'article 66 de la constitution française de 1958, qui elle-même s'inspirait de *« l'habeas corpus »* anglais[125]. La différence réside dans le fait que le constituant français de 1958 a préféré, dans un système dualiste, de confier la protection des libertés individuelles au juge judiciaire au lieu du juge administratif, même si l'évolution jurisprudentielle conduit à reconnaitre le rôle protecteur de ce dernier[126]. La tâche du constituant

---

[123] *Cf. O. PLUEN, «L'inamovibilité des magistrats : Un modèle ? », Thèse doctorat droit public, Paris 2 (Panthéon Assas), 2011.*

[124] *« Les membres de la Cour suprême sont inamovibles » (Article 129 alinéa 4 de la constitution de 1992) ; « Les magistrats de la Cour suprême sont inamovibles » (article 141 alinéa 2 de la constitution de 2002).*

[125] *« Nul ne peut être arbitrairement détenu.*
L'autorité judiciaire, gardienne de la liberté individuelle, assure le respect de ce principe dans les conditions prévues par la loi. » ; S. Damien « Michel Debré et la protection de la liberté individuelle par l'autorité judiciaire », Cahier de droit constitutionnel, août 2009, n°26.

[126] *Cf.B. Louvel, « L'autorité judiciaire gardienne de la liberté individuelle ou des libertés individuelles ? », https://www.courdecassation.fr/publications_26/discours_tribunes_entretiens_2039/discours_2202/premier_president_7084/gardienne_liberte_33544.html; T.S. Renoux, « Le pari de la justice », revue pouvoirs, « La nouvelle Vème république », 2001, n°99 ; « L'indépendance de l'autorité judiciaire, un principe constitutionnel à repenser ? »,*

congolais est d'autant plus aisée que, dans un système moniste, le pouvoir judiciaire assure la protection des libertés individuelles, sans qu'il ne soit besoin de distinguer la juridiction à laquelle ce rôle est spécifiquement dévolu. Enfin, la protection des libertés individuelles n'est mieux assurée que si l'indépendance du juge lui-même est aussi bien garantie.

§ 2 : Les limites de l'indépendance du pouvoir judiciaire.

On ne peut pas véritablement parler de l'indépendance du pouvoir judiciaire lorsque les conditions d'existence et le mode de fonctionnement des organes qui l'incarnent sont tributaires des deux autres grands pouvoirs d'Etat.

A). Les facteurs de la dépendance du pouvoir judiciaire.

La garantie présidentielle de l'indépendance du pouvoir judiciaire ainsi que l'influence de l'exécutif au sein du Conseil supérieur de la magistrature peuvent s'avérer à rebours comme des facteurs de la dépendance du pouvoir judiciaire.

I). L'antinomique garantie présidentielle de l'indépendance du pouvoir judiciaire.

Dès l'instant où la justice est érigée en pouvoir, son indépendance est affirmée et proclamée avec force dans la constitution vis-à-vis du pouvoir exécutif et du pouvoir législatif, comme nous venons de le voir ; le placement de l'indépendance du pouvoir judiciaire sous la garantie du Président de la République, qui incarne lui-même le pouvoir exécutif, est en soi antinomique.

Cette transposition des dispositions de l'article 64 de la constitution française de 1958[127] est maladroite. Car, la garantie présidentielle de l'autorité judiciaire reconnue au Président de la République dans la constitution française de la Vème République se justifie par l'histoire séculaire de ce pays, qui éprouva des réticences voire des méfiances vis-à-

httpas://www.lepetitjuriste.fr/droit-constitutionnel/indépendance-autor.., 9 février 2017 ; CNCDH, « Avis sur l'indépendance de la justice »,
https://www.legifrance.gouv.fr/affichTexte.do?cidTexte=JORFTEXT000027778844,
Assemblée plénière du 27 juin 2013, JORF n°0176 du 31 juillet 2013texte n° 102.

[127] *« Le Président de la République est garant de l'indépendance de l'autorité judiciaire.*
Il est assisté par le Conseil supérieur de la magistrature.
Une loi organique portant statut des magistrats.
Les magistrats du siège sont inamovibles » (article 64, constitution française de 1958).

vis des juges et redoutait le gouvernement des juges[128] . Il y a aussi l'idée que les auteurs de la constitution de 1958 n'avaient pas voulu hisser la justice au rang d'un pouvoir d'Etat, au même titre que l'exécutif et le législateur (même si cette constitution n'utilise pas le terme *« pouvoir »*), mais préféraient consacrer une simple autorité judiciaire.

Ce schéma ne peut pas être repris tel quel au Congo, qui adopte une séparation nette des trois grands pouvoirs d'Etat. Il est donc souhaitable que le pouvoir judiciaire s'émancipe de cette tutelle présidentielle. Une réforme de la loi fondamentale devrait conduire à supprimer la garantie présidentielle de l'indépendance du pouvoir judiciaire.

II). L'influence du pouvoir exécutif au sein du Conseil supérieur de la magistrature.

La présidence et la vice-présidence du Conseil supérieur de la magistrature, l'institution d'un observateur attitré du Président de la République auprès du CSM, la désignation des membres du CSM sont autant d'éléments qui marquent l'influence de l'exécutif et renforcent corrélativement la dépendance du pouvoir judiciaire.

a). La Présidence et la vice-présidence du CSM.

Le rôle de l'exécutif au sein du Conseil supérieur de la magistrature est un autre signe du défaut d'indépendance réelle de pouvoir judiciaire au Congo. Alors que le CSM est un organe du pouvoir judiciaire. Nous venons de voir que le schéma français dans lequel le Président de la République est garant de l'indépendance de l'autorité judiciaire n'est pas transposable dans ce système séparation des trois grands pouvoirs d'Etat au Congo. Sauf à considérer que l'indépendance proclamée du pouvoir judiciaire n'est qu'une indépendance formelle, factice. Or, à ce jour, le Conseil supérieur de la magistrature est présidé par le Président de la République. Le ministre de la justice en est le Vice-président. Cette situation met à mal l'indépendance proclamée d'un pouvoir, qui ne l'est pas en réalité.

Nous pensons que, l'indépendance du pouvoir judiciaire ne s'accommode pas de la présidence du Conseil supérieur de la magistrature par le Président de la République. De la même manière, le ministre de la justice ne devrait pas non plus y siéger à quelque titre que ce soit (vice-président ou non). Nous nous sommes déjà prononcés sur cette problématique en concluant l'une de nos publications sur cette institution[129]. Cela place le conseil

---

[128]*Cf. « Gouvernement des juges », Wikipédia, https://fr.wikipedia.org/wiki/Gouvernement des juges/; J.D. BREDIN, "Un gouvernement des juges ?", Pouvoirs, revue française d'études constitutionnelles et politiques, n°68, 68. ; E. de Lambert , « Le Gouvernement des juges », Dalloz, 2004.*

[129] *Cf. W. Mbilampindo, « L'institution d'un conseil supérieur de la magistrature au Congo, op. cit. pp.210 et 211.*

supérieur de la magistrature sous la surveillance permanente du chef de l'exécutif.

D'ailleurs, dans le système français où la justice n'est pas un pouvoir, mais une autorité, le Président de la République ne siège plus et ne préside plus le Conseil supérieur de la magistrature, depuis la révision de la constitution par loi constitutionnelle n° 2008-724 du 23 juillet 2008, dite loi de modernisation des institutions de la Ve République. Il en est de même du ministre de la justice, qui n'est plus le vice-président de cette institution (même si paradoxalement il peut encore y siéger, sauf en matière disciplinaire). Le CSM français est, alors, présidé par le 1er Président de la Cour de cassation, qui est suppléé par le Procureur général près cette haute juridiction. Sous réserve de la réforme qui est en chantier, la première autorité assure la présidence de la formation compétente à l'égard des magistrats du siège et la seconde préside celle qui est compétente à l'égard des magistrats du parquet.

b). L'observateur attitré du président de la République auprès du CSM.

La réforme du CSM, adoptée par le Conseil des ministres le 17 octobre 2017, dont procède la loi précitée du 07 août 2018[130], crée un statut d'observateur. C'est-à-dire, un cadre, membre du Cabinet du Président de la République, chargé de suivre les activités du Conseil supérieur de la magistrature pour le compte de celui-ci, en sa qualité de président de cette institution. Cela, en dehors de la possibilité de participer aux assises du Conseil, à titre consultatif, une tierce personnalité, astreinte à cet égard à l'obligation de secret[131]. Là encore, l'indépendance du pouvoir judiciaire ne peut pas être sérieusement acquise en présence d'un avatar ou d'un commis du chef du pouvoir exécutif au sein de l'organe qui est censé en être le cadre d'exercice, le garant. Dans ces conditions, le Conseil supérieur de la magistrature devient incontestablement un organe sous surveillance, pour ne pas dire sous aiguillon.

c). La désignation des membres du CSM.

Dans la mesure où il est souhaitable que le Président la République ne préside pas le CSM, cet organe est en principe le garant de l'indépendance du pouvoir judiciaire. Cela pose également le problème de la désignation des membres de cette institution et de sa structuration.

---

[130] Cf. La loi organique n°29-2018 du 07 août 2018 fixant l'organisation, la composition et le fonctionnement du Conseil supérieur de la magistrature (article 5 avant dernier alinéa).

[131] *Cf. Les Dépêches de Brazzaville, jeudi 19 octobre 2017, n° 3047, p.4 ;* loi organique n°29-2018 du 07 août 2018 fixant l'organisation, la composition et le fonctionnement du Conseil supérieur de la magistrature (article 5 dernier alinéa).

Concernant les membres de droit, la configuration actuellement définie par l'article 170 alinéa 3 de la constitution va dans le bon sens. Car, il s'agit, en dehors du ministre de la justice, de quatre magistrats de la plus haute juridiction du pays, la Cour suprême[132]. Cependant, le retrait du Président de la République et du ministre de la justice devrait être compensé par l'inclusion, par exemple, du Président et du procureur général près la Cour des comptes et de discipline budgétaire.

Le caractère électif des autres membres est une nécessité pour la représentativité du corps judiciaire au sein de cette institution tout comme l'ouverture aux membres autres des magistrats, issus de divers horizons, comme les enseignants de l'université (en droit, en sciences politiques ou en science administrative, etc.), les psychologues et sociologues, les membres de la société civile, notamment les organisations non gouvernementales de défenses des droits de l'homme.

La présence d'un représentant des ONG au sein du Conseil supérieur de la magistrature ne peut qu'être saluée. Car la justice est rendue au nom du peuple congolais.

Cependant, on peut profondément regretter l'absence des avocats, auxiliaires de justice de premier rang, dévoués dans la défense des droits et libertés des citoyens.

B). L'indépendance des magistrats.

L'indépendance du pouvoir judiciaire n'est pas non plus concevable sans l'indépendance corrélative des magistrats ni la mise à disposition des moyens nécessaires pour assurer leurs missions.

I). Le mode actuel de désignation des magistrats.

Le mode actuel de désignation des magistrats ne garantit pas nécessairement leur indépendance, partant, celui du pouvoir judiciaire. Se pose surtout la question de leur indépendance organique ou statutaire. Sur ce point, les pesanteurs du pouvoir exécutif sont également manifestes, puisqu'aux termes des dispositions du 1er alinéa de l'article 172 de la constitution de 2015,

« Les membres de la Cour suprême et les magistrats des autres juridictions nationales sont nommés par le Président de la République, par décret en Conseil supérieur de la magistrature... »

Bien qu'il y ait un élargissement du champ des nominations présidentielles aux emplois et fonctions civils et militaires, en dehors des nominations traditionnelles par décret en Conseil des ministres ou par décret

---

132 Le Premier Président, le Procureur général, le Vice-président, le Premier Avocat général de la Cour suprême (article 170, constitution de 2015 ; article 5, loi organique du 07 août 2018).

simple, les nominations par décret en Conseil supérieur de la magistrature sont une innovation significative par rapport à cette institution. Cependant, elles ne font que confirmer l'influence du pouvoir exécutif sur l'institution judiciaire. L'omniprésence du chef de l'exécutif est d'autant plus accentuée que le texte de 2015 tranche avec celui de 2002, dont l'article 141 prescrivait la nomination de tous les magistrats sur proposition du Conseil supérieur de la magistrature, dans les termes suivants :

« Les membres de la Cour suprême et les magistrats des autres juridictions nationales sont nommés par le Président de la République, sur proposition du Conseil supérieur de la magistrature... »

Dès lors, les dispositions de l'article 10 de la loi 17-99 du 15 avril 1999 modifiant et complétant certaines dispositions de la loi n° 025-92 du 20 août 1992 et de la loi n° 30-94 du 18 octobre 1994 portant organisation et fonctionnement de la Cour suprême, qui prévoit que, *« la liste des magistrats, soumis à la nomination du président de la République, est établie et présentée par le Conseil supérieur de la magistrature, conformément à la loi portant organisation du pouvoir judiciaire, à la loi portant statut de la magistrature et à la loi portant institution du Conseil supérieur de la magistrature »,* sont devenues incompatibles avec la constitution de 2015. La modification de cette législation s'impose pour être conforme à la nouvelle donne juridique.

La suppression du terme *''propositions''* dans la constitution du 25 octobre 2015 donne l'impression que le Conseil supérieur de la magistrature ne joue plus un rôle actif dans la désignation des magistrats. Devenant une quasi-chambre d'enregistrement, l'indépendance du pouvoir judiciaire s'en trouve de plus en plus formelle, voire factice.

Par ailleurs, on ne peut pas manquer d'invoquer la particularité, bien que limitée, de la constitution du 15 mars 1992 qui instituait l'élection des magistrats de la Cour suprême par le Parlement réuni en congrès. Même si nous avions déjà exprimé quelques réserves sur le mode de désignation[133]. L'élection des magistrats de la plus haute juridiction nationale par le Parlement n'offre pas forcément les garanties nécessaires d'indépendance aux magistrats et au pouvoir judiciaire, puisque sa légitimité dépendrait d'un autre organe du pouvoir d'Etat.

II). La perspective d'un système original de désignation des magistrats.

Dans un monde idéal, il serait souhaitable de postuler pour un système de désignation des magistrats, qu'ils soient du siège ou du parquet, dans lequel le pouvoir exécutif et le pouvoir législatif n'auraient aucun rôle à jouer ; si ce n'est celui de constater ce qui se fait, où le principal organe du pouvoir

[133] *« La Cour suprême comprend des magistrats élus par le Parlement réuni en Congrès dans les conditions fixées par la loi » ; W. Mbilampindo, « La plus haute juridiction du Congo, aujourd'hui », RJPIC, janv-avril 1997, pp. 37-48.*

judiciaire en serait l'acteur. Il s'agirait d'un système d'élection pour les magistrats de la plus haute juridiction nationale et de nomination pour les magistrats des autres juridictions[134].

a). L'élection des magistrats de la Cour suprême.

Dans ce système, les magistrats de la Cour suprême seraient élus sur la base d'une liste de candidatures (dont les critères seront bien définis en termes d'ancienneté, d'expérience, de compétences juridiques et techniques, d'éthique, de probité morale ou de conscience professionnelle, etc.) qui ne proviendraient pas forcément du milieu de la magistrature (on pense aux juristes universitaires ou praticiens du droit ayant une expérience professionnelle bien éprouvée). Cette liste de candidature étant établie et arrêtée par le Conseil supérieure de la magistrature. Les électeurs seraient l'ensemble des membres du corps de la magistrature et au sein des instances représentatives pour les candidats non issus du milieu judiciaire.

Une fois élus, ces membres élisent à leur tour le bureau de la Cour suprême en leur sein. Ils prêtent serment devant le Conseil supérieur de la magistrature. La répartition entre les magistrats du siège et ceux du parquet est faite par le Conseil supérieur de la magistrature, qui gère leur carrière. Ces magistrats seraient nommés à vie, ils peuvent être révoqués en cas de grave manquement au terme d'une procédure disciplinaire par le CSM. Ils devraient bénéficier d'une rémunération confortable qui ne peut subir aucune diminution[135].

---

[134] Sous d'autres cieux, tels qu'en France, certains auteurs se montrent hostiles à l'influence du de l'exécutif sur le fonctionnement de la justice. Dans son commentaire de l'article 64 de la constitution de 1958, le Professeur Guy Carcassonne trouvait incongru que le président de la République soit le garant de l'indépendance de l'autorité judiciaire, comme si l'on proclamait que « le loup est le garant de la sécurité de la bergerie » (Cf. G. Carcassonne, La Constitution, éd. Seuil, Paris, 2009, p. 312). Le Professeur Dominique Rousseau a encore une position plus radicale, puisqu'il préconise purement et simplement la suppression du Ministère de la justice, Il faut sortir la justice du gouvernement. «il ne peut plus y avoir de ministre de la justice au sein d'un gouvernement. Il faut sortir la justice du gouvernement comme on a sorti l'information du gouvernement. Plus de ministre de l'information, plus de ministre de la justice. À la place, soit un Conseil supérieur de la Justice, soit l'élection d'un chancelier par le parlement à la majorité des 3/5 pour cinq ans qui ne siègerait pas au conseil des ministres » (Cf. D. Rousseau, « pourquoi il faut supprimer le Conseil d'État (et le ministère de la justice par la même occasion) »,
http://libertes.blog.lemonde.fr/2014/06/09/dominique-rousseau-pourquoi-il-faut-supprimer-le-conseil-detat-et-le-ministere-de-la-justice-par-la-meme-occasion/; Gazette du palais, édition professionnelle, 16 et 17 mai 2014, n°136-317. p7.

[135] *Il s'agirait, sur ces deux derniers points d'un emprunt à la règle de checks and balances du système américain (Cf. J. Darby, « Garanties et limites à l'indépendance et à l'impartialité du juge aux Etats unis d'Amériques » (traduction, A. Fontanille & J. Debost), Revue internationale de droit comparée, 2003, vol. 55, n°2, pp.351-362.*

b). La désignation des magistrats des autres juridictions nationales.

Ils seraient nommés par le Conseil supérieur de la magistrature, sur la base d'une liste préalablement établie et arrêtée par une commission de sélection, en fonction des critères bien définis, sous réserve des spécificités tenant à la nature de certaines juridictions comme les tribunaux militaires, les tribunaux de commerce, les tribunaux du travail ou la cour des comptes et de discipline budgétaire. Les critères de sélection seraient les mêmes que pour la désignation des magistrats de la Cour suprême. Outre la compétence, l'expérience, l'éthique et la conscience professionnelle, un magistrat devrait bien se tenir et se garder d'afficher un comportement débridé, indigne de son statut.

III). L'indépendance fonctionnelle des magistrats.

Elle concerne la manière dont les magistrats exercent leurs fonctions. Si les magistrats sont assurés d'une indépendance vis-à-vis du pouvoir politique sur le plan organique, il est tout à fait naturel qu'ils soient aussi indépendants au sein de la hiérarchie ou de l'ordonnancement juridictionnel dans ce sens qu'ils ne doivent pas recevoir des instructions ni de la part d'un autre juge, quel qu'en soit le niveau hiérarchique ou de juridiction, ni des pressions de la part des organisations syndicales ou professionnelles, encore moins de l'extérieur (de la part des justiciables ou non). Un magistrat doit exercer son office en toute indépendance aussi bien dans l'appréciation souveraine des faits que dans l'application de la règle de droit sur laquelle il en entend fonder sa décision.

IV). Les conditions matérielles et financières.

L'indépendance des juges, partant celle de la magistrature et du pouvoir judiciaire qu'ils incarnent, est aussi bien garantie s'ils exercent leurs fonctions dans des conditions de confort matériel et financier digne d'un Etat de droit. Outre le bénéfice d'un statut protecteur et d'une rémunération décente et régulière, les magistrats doivent travailler dans un environnement propice à leur épanouissement professionnel et intellectuel, pourvus de moyens techniques modernes. Ils doivent bénéficier régulièrement des formations pour s'adapter à l'évolution de leur domaine de compétence. Faute de quoi, la tentation de verser dans des comportements que l'on entend qualifier *« d'antivaleurs »* viendrait gangrener outrancièrement l'institution judiciaire. A cela s'ajoute la perte des compétences dont la justice pâtirait en termes de qualité sur service rendu aux justiciables.

C). Le rôle des auxiliaires de justice.

L'indépendance du pouvoir judiciaire, partant celle de la justice, ne peut pas seulement se concevoir sous le prisme de la magistrature ou du juge. Car la fonction de juger ne s'arrête pas avec le prononcer de la décision de justice. Il doit tenir compte de cet autre pilier constitué par les auxiliaires de justice.

Dans cette vaste constellation d'acteurs qui participent au fonctionnement de la justice, il y a des collaborateurs plus ou moins directs des juges (les greffiers, les officiers de police judiciaire, des experts ou techniciens) disposant d'un statut d'agents publics ou de fonctionnaires ; il y a ceux qui apportent leur concours à la justice dans l'assistance et la représentation des justiciables avant, pendant et parfois après un procès avec le statut de profession libérale, au premier rang desquels figurent les avocats, ensuite les mandataires et administrateurs judiciaires ; d'autres y sont associés à titre individuel du fait de leur agrément sur des listes détenues par les tribunaux (les experts judiciaires, les conciliateurs de justice, les médiateurs, les interprètes et traducteurs, les éducateurs spécialisés, les administrateurs ad' hoc, etc.) ; il y a aussi ceux qui, bien que pouvant participer en amont, pendant ou après le procès, ont la qualité d'officiers ministériels en ce qu'ils sont détenteurs d'une charge qui leur est confiée par l'Etat (huissiers de justice, notaires, voire les commissaires priseurs).

Ces différents acteurs internes ou externes jouent, dans leurs domaines respectifs d'intervention, un rôle important dans le fonctionnement de la justice, de telle sorte que l'Etat doit ménager leur statut, et concernant les professions libérales, notamment les avocats, l'indépendance nécessaire attachés à l'exercice de leurs fonctions, dont les atteintes peuvent affecter l'indépendance du pouvoir judiciaire[136].

---

[136] Cf. Jacques Isnard, « *L'indépendance de la justice* », http://www.uihj.com/fr/l-independance-de-la-justice_1020615.html, janvier 2008.

Titre 2 : Le contrôle de la constitutionnalité

La constitution 2015 institue, comme les précédentes, une juridiction constitutionnelle, dont la principale mission est le contrôle de la constitutionnalité des lois et des engagements internationaux de l'Etat. Il conviendra de cerner son évolution qui se caractérise, après les prémices, par une inféodation à l'ordre judiciaire puis son autonomie organique en tant qu'il est confié à un organe indépendant.

Section 1 : Les prémices d'un contrôle de la constitutionnalité par le Comité constitutionnel consultatif

Comme nous l'avons vu plus haut, dès la proclamation de la République du Congo par la délibération n° 112/58 du 28 novembre 1958 (promulguée par l'arrêté 4107/CAB3 du 28 novembre 1958), la loi constitutionnelle n° 1 du 28 novembre 1958, portant organisation des pouvoirs de la République du Congo et déterminant les conditions de préparation et d'approbation des lois constitutionnelles (JO du 3 décembre 1958, p5), créait un Comité constitutionnel consultatif. Ce fut les prémices d'un contrôle de la constitutionnalité par un organe politique, donc non juridictionnel.

Ce Comité, composé de cinq membres élus au scrutin proportionnel au sein de l'Assemblée législative du Congo, auxquels s'ajoutaient trois membres choisis pour leurs compétences, était chargé, aux termes des dispositions de l'article 8 la loi constitutionnelle, de donner un avis sur les projets de lois constitutionnelles que le gouvernement de la République naissante devait lui soumettre.

Aux termes des dispositions de l'article 9 de la loi constitutionnelle précitée, le Comité constitutionnel consultatif devait donner son avis sur le projet de loi constitutionnelle dans un délai de trente jours à compter de sa saisine par le gouvernement. Ce dernier disposait pour sa part d'un délai de quinze jours pour arrêter le projet définitif, après d'éventuelles modifications, pour le soumettre à l'Assemblée législative qui, à son tour, devait statuer dans un délai de quinze jours. Faute de quoi, le projet de loi constitutionnelle devait être adopté par le gouvernement en l'amendant par les modifications qui auraient été apportées par l'Assemblée.

En fait, le Comité constitutionnel consultatif de la première République n'était inverti d'aucun pouvoir décisionnel. Comme son nom l'indique, il n'émettait qu'un simple avis consultatif. Donc, non conforme. Il exerçait sa fonction consultative à l'aune de la constitution française du 04 octobre 1958, puisque la République du Congo n'était pas encore un Etat indépendant, mais membre de la Communauté en application des dispositions des articles 76 et suivants de cette constitution. D'ailleurs, l'article 12 de loi constitutionnelle du 28 novembre 1958, dispose que,

« En tout ce qui n'est pas contraire à la Constitution du 4 octobre 1958 et à la présente Loi, les dispositions législatives et réglementaires en vigueur à la date du choix du statut restent applicables jusqu'à modification ou abrogation par les autorités compétentes.

En tout ce qui n'est pas contraire à la Constitution du 4 octobre 1958 et à la présente loi, les autorités, juridictions et services administratifs, en place à la date du choix du statut, continuent d'exercer leurs fonctions jusqu'à la mise en place des autorités, juridictions et services de la Communauté ou de ses membres appelés à leur succéder. »

Enfin, on ne peut pas parler véritablement à propos de ce système d'un contrôle de la constitutionnalité puisque les avis du Comité n'avaient aucun caractère décisoire. Pourtant, ce système avait perduré jusqu'après l'indépendance du Congo acquise le 15 août 1960.

Section 2 : L'inféodation du contrôle de la constitutionnalité à l'ordre judiciaire.

Le choix peut être fait entre deux voire trois grands modèles de justice constitutionnelle, du contrôle de la conformité des lois à la constitution. Le modèle d'inspiration américaine (contrôlé par le Cour suprême), le modèle européen largement inspiré de Hans Kelsen à travers la constitution autrichienne de 1920 (création d'une juridiction spécialement dédiée au contrôle de la constitutionnalité des lois, dénommée Cour constitutionnelle)[137], largement repris, malgré quelques spécificités. Il y a le modèle français qui, bien que s'insérant dans le système Kelsenien, se caractérise par son originalité avec le Conseil constitutionnel, qui n'est pas une Cour comme les autres[138]. Ce dernier est repris dans la plupart des

---

[137] Cf. Ch. Eisenmann, *« Justice constitutionnelle et la haute cour constitutionnelle d'Autriche »* (préf. Hans Kelsen), Lib. Général, de droit, 1928, Economica, 1986 ; G. Drago, *« Justice constitutionnelle »*, Droits, 2001/2 (n°34), pp.119-130 ; M. Carpentier, *« Pour de nouveaux ''modèles'' de justice constitutionnelle »*, RIDC, 2016/1, p.1 ; A. Panagopoulos, *« Modèle américain ou modèle européen de justice constitutionnelle. Etude comparative à travers le cas hellénique »*, Th. Doctorat, UAM, 2012 ; J. Pini, *« La Cour constitutionnelle autrichienne et les rapports entre juge constitutionnel et pouvoir constituant »*, Cahier du Conseil constitutionnel, n°7 (dossier Autriche), décembre 1999.

[138] L. Favoreu, *« La justice constitutionnelle en France ». Les Cahiers de droit*, (1985). *26*(2), pp. 299–337 ; I. Diallo, *« A la recherche d'un modèle africain de justice constitutionnelle »*, Annuaire international de justice constitutionnelle, 2004/2005, pp 93-120 ; M. Fromont, *« La justice constitutionnelle en France ou l'exception française »*, Revue administrative, 1999 (n° spécial, 7), pp 36-45.

constitutions des Etats d'Afrique francophone, dont le Congo où il a connu une évolution au gré des péripéties de son histoire.

Le contrôle de la constitutionnalité des lois au Congo fut au départ confié à un organe politique pour être plusieurs fois intégré dans l'ordre juridictionnel unique, au sein de la Cour suprême.

§ 1 : Le contrôle de la constitutionnalité par la Cour suprême.

Le contrôle de la constitutionnalité des lois et des traités internationaux, par la Cour suprême, a connu plusieurs évolutions depuis la création de cette juridiction jusqu'à ce qu'il en sorte.

A). La constitution du 02 mars 1961 et la création de la Cour suprême.

La situation avait changé avec la création de la Cour suprême par la loi n° 4-62 du 20 janvier 1962, sous la constitution du 02 mars 1961, dont l'article 58 énumère les 4 chambres (constitutionnelle, judiciaire, administrative et des comptes). Le Congo ne suivra pas, sur le plan formel, le modèle français par la création d'un Conseil constitutionnel, mais confiait le contrôle du respect de la constitution à la plus haute juridiction du pays ainsi créée.

Il rejoignait ainsi, dans la forme, le modèle américain. D'ailleurs, au titre des compétences de la Cour, l'article 1er de la loi précitée du 20 janvier 1962, dispose que, *« La Cour suprême se prononce sur la constitutionnalité des lois et des engagements internationaux ».* La justice constitutionnelle faisait donc partie intégrante de l'organisation judiciaire nationale, de l'ordre juridictionnel unique ou du monisme juridictionnel adopté par le Congo, en se démarquant ainsi de l'ancienne métropole.

Pourtant, sur le plan procédural, le système du contrôle de la conformité à la constitution était bien calqué sur le modèle français, puisque le législateur avait institué un contrôle *a priori* des lois et des encagements internationaux. Cependant, seul le Président de la République était habilité à saisir la Cour suprême qui, en matière constitutionnelle, devait statuer en chambres réunies, comme en dispose l'article 31 de la loi, *« Les affaires entrant dans la compétence de la Cour suprême en vertu de l'article 1er sont portées devant les chambres réunies ».*

Cette disposition était en elle-même inconstitutionnelle, puisque l'article 58 précité de la constitution énumérait 4 chambres bien distinctes, dont la chambre constitutionnelle.

B). Le Conseil constitutionnel, une formation de la Cour suprême dans la constitution de 1963.

La constitution du 08 décembre 1963 confirmait l'attribution du contrôle de la constitutionnalité des lois et engagements internationaux à la Cour suprême, tout en remédiant à la situation incongrue de la première République, où persistait la contrariété entre la constitution du 02 mars 1961 et la loi du 20 janvier 1962, concernant la chambre constitutionnelle qui n'existait que de nom dans la loi fondamentale, tandis que la loi créant la Cour suprême confiait cette fonction en sa formation des chambres réunies.

Cette constitution du 08 décembre 1963 instituait trois chambres de la Cour suprêmes, au lieu de quatre (chambre judiciaire, chambre administrative et chambre des comptes ; article 71). Le contrôle de la constitutionnalité était dévolu à un Conseil constitutionnel siégeant en formations réunies de la Cour suprême. Le constituant congolais reprenait le système français dans la forme, par la création d'un organe ou d'une juridiction indépendance. C'est-à-dire en cas de saisine, la Cour suprême se transformait *de facto et de juré* en Conseil constitutionnel où tous les magistrats qui la composaient devraient siéger,

« La Cour suprême se prononce toutes chambres réunies, en conseil constitutionnel, sur la constitutionnalité des lois et des engagements internationaux ainsi que sur les conflits de compétence entre le Gouvernement et le parlement... ».

§ 2 : Le contrôle de la conformité sous « les régimes du PCT » de 1969 à 1984.

Après la période qui suivait l'arrivée au pouvoir du président Marien Ngouabi, avec les actes fondamentaux du 05 août et 17 août 1968, la Cour Suprême fut rétablie dans ses attributions en matière de contrôle de la conformité à la constitution, notamment des traités et accords internationaux. Le Président de la République, par ailleurs, Président du Comité central du parti congolais du travail était la seule personne habilitée à saisir la Cour suprême statuant en matière constitutionnelle.

Ainsi donc, aux termes des dispositions de l'article 57 de la constitution du 30 décembre 1969 et celles de l'article 88 de la constitution du 24 juin 1973, dont les termes sont identiques, *« Si la Cour suprême, saisie par le Président de la République, a déclaré qu'un engagement comporte une clause contraire à la Constitution, l'autorisation de la ratifier ne peut intervenir qu'après révision de la Constitution, sur avis préalable du Comité central du Parti Congolais du Travail ».*

Ces dispositions seront reprises par l'acte fondamental du 05 avril 1977 (article 26) et les articles 3 des actes fondamentaux du 05 février et 30 mars 1979 qui maintenaient la constitution du 24 juin 1973, dont l'article 88.

La compétence de la Cour suprême en matière du contrôle de la conformité à la constitution sera une fois de plus confirmée, avec la constitution du 08 juillet 1979 dont l'article 93 dispose, *« ...Elle émet et contrôle la constitutionnalité des lois »*. Concernant la conformité des traités internationaux, l'article 105 dispose que, si *« La Cour suprême, saisie par un des organes supérieurs d'Etat visés à l'article 48, a déclaré qu'un engagement conventionnel comporte une clause violant une norme constitutionnelle, elle émet un avis de non-ratification ou, s'il est déjà en vigueur, constate son inconstitutionnalité »*.

On observe, d'une part, que seuls le Président de la République, les membres du gouvernement et les députés étaient habilités à saisir la Cour suprême. D'autre part, elle ne pouvait que constater l'inconstitutionnalité d'une convention internationale déjà entrée en vigueur, donc ratifiée. La constitution ne précise pas les conséquences qu'il faut en tirer. Il était incongru de laisser subsister une telle contrariété.

Il est constant que dans l'ordre interne, les traités ont une valeur infraconstitutionnelle (d'ailleurs, l'article 107 de la constitution du 8 juillet 1979 dispose que les traités régulièrement ratifiés ont force de loi sous réserve pour chaque traité de son application par l'autre partie). Dans l'ordre international, ils ont une valeur supra-constitutionnelle. Ainsi donc, en cas de conflit entre un traité déjà ratifié et la constitution, il va de soi qu'une révision de la constitution s'impose[139].

Enfin, Il convient de souligner que, dans le cadre de ses pouvoirs d'interprétation, la Cour suprême s'attribue des compétences très larges en matière du contrôle de la conformité à la constitution, qui vont au-delà du contrôle de la constitutionnalité des lois et des engagements internationaux, en incluant également la constitutionnalité des actes réglementaires[140].

§ 3 : Le contrôle de la constitutionnalité pendant les transitions de 1991 et 1997.

Pendant la période de transition instituée par la Conférence nationale souveraine, à travers l'acte fondamental du 04 juin 1991, mettant fin au monopartisme, et ayant dissout, à l'exception du Président de la République, les institutions politiques, administratives et juridictionnelles existantes *(Assemblée nationale populaire élue le 24 septembre 1989 ; le Conseil constitutionnel ; le Conseil économique et social ; les Conseils populaires des régions, des communes et des districts élus le 24 septembre 1989),* le contrôle de la

---

[139] *Cf.* F.D.P. Tetang, Franc. *« De quelques bizarreries constitutionnelles relatives à la primauté du droit international dans l'ordre juridique interne : la Côte d'Ivoire et « l'affaire de l'élection présidentielle » », Revue française de droit constitutionnel, vol. 91, no. 3, 2012, pp. 45-66 ; B. Genevois, « Les limites d'ordre juridique à l'intervention du pouvoir constituant », RFDA, 1998, p. 909 ; Ch. Maugüé, « Le Conseil constitutionnel et le droit supranational », Pouvoirs, vol. 105, no. 2, 2003, pp. 53-71 ;*

[140] *Cf. J.M. Breton et al, Droit public congolais, op.ci. p.124 et suiv. ; Avis n°04 du 21 juillet 1973.*

constitutionnalité des lois fut confié à la Cour suprême par l'article 90 de l'acte fondamental.

La Cour suprême retrouvait les mêmes fonctions, après la guerre civile meurtrière de juin 1997 à octobre 1997, dans l'Acte fondamental de transition du 24 octobre 1997 (abrogeant la Constitution du 15 mars 1992) qui dans son article 73 disposait que *« Pendant la période de transition, la Cour suprême assure le contrôle de la conformité des lois, des traités et des accords internationaux au présent Acte fondamental ».* Elle exerçait ces attributions jusqu'en 2003.

Section 3 : L'autonomie organique du contrôle de la constitutionnalité.

En dehors du cas sus évoqué du Comité constitutionnel consultatif, l'évolution de la justice constitutionnelle devait nécessairement conduire à son émancipation de l'appareil judiciaire ordinaire pour être confiée à une instance indépendante. Il en a été ainsi avec la création d'un conseil constitutionnel en 1984 puis celle d'une cour constitutionnelle en 2002 et sa confirmation dans la constitution de 2015.

§ 1 : La création et la résurgence du Conseil constitutionnel.

Crée en 1984, le Conseil constitutionnel était rétabli en 1992 après sa dissolution à la Conférence nationale souveraine par l'acte fondamental du 04 juin 1991.

La révision de la constitution du 08 juillet 1979 par l'ordonnance du 23 août 1984, marquait un tournant important dans l'exercice du contrôle de la conformité à la constitution qui, jusque-là était constitutionnellement confié à la Cour suprême. Ses attributions en la matière étaient alors dévolues au Conseil constitutionnel, un organe à la fois juridictionnel et politique, spécialement créé à cet effet[141].

A). La création du Conseil constitutionnel en 1984.

Le Conseil constitutionnel était composé de huit (8) membres, dont trois nommés par le Président de la République, pour un mandat de six (6). Etant précisé que le Président du Conseil constitutionnel était avant tout un membre du Bureau politique du Parti congolais du Travail, également

[141] *Cf. l'Ordonnance n°019/84 du 23 Août 1984, portant modification de certaines dispositions de la constitution du 8 juillet 1979, ratifiée par la loi 76 /84 du 0 décembre 1984 ; J.M. Breton et al. Op. cit. pp. 144 et suiv. ; A. Iloki, « Le Conseil constitutionnel : une nouvelle institution en République Populaire du Congo », Penant (revue de droit des pays d'Afrique), vol. 96, pp. 9 à 12.*

membre du Comité central du parti unique. Cela explique le caractère éminemment politique de cette institution.

Sur le plan fonctionnel, le Conseil constitutionnel avait d'une part, des compétences juridictionnelles en matière de contrôle a priori et a posteriori de la constitutionnalité des lois. Donc, par voie d'action et par voie d'exception. Le domaine du contrôle de la conformité à la constitution était assez vaste. Outre la loi, il s'étendait également aux engagements internationaux, au règlement intérieur de l'Assemblée nationale, aux décisions des assemblées populaires locales, aux ordonnances, ou à certains actes réglementaires tels que les règlements autonomes prévus par l'article 48 de la constitution. Le Conseil constitutionnel était également compétent pour connaître du contentieux des élections des députés à l'Assemblée nationale populaire ainsi que des conseils populaires locaux.

En dehors des compétences juridictionnelles, le Conseil constitutionnel était également investi des fonctions consultatives (avis). Il avait aussi un rôle protocolaire (recevoir le serment du président de la République et en prendre acte par un procès-verbal). Le Conseil constitutionnel pouvait être saisi par voie d'action ou à titre consultatif et à l'initiative, soit du Président de la République, soit du Premier ministre, soit du Président de l'Assemblée nationale, soit par un tiers des députés. Il pouvait également l'être ou par voie d'exception, dans le cadre d'une question préjudicielle d'exception d'inconstitutionnalité soulevée devant toute juridiction par une des parties au procès, entraînant un sursis à statuer. Dans cette hypothèse, l'auteur de l'exception d'inconstitutionnalité doit, si la juridiction l'estime recevable, en saisir directement le Conseil constitutionnel. Les décisions du Conseil constitutionnel ont un effet *erga omnès ;* donc, opposable à tous.

Il est constant que l'acte fondamental du 04 juin 1991, avait dissout le Conseil constitutionnel, dans la foulée de la dissolution des institutions du régime du parti unique lors de la conférence nationale souveraine.

B). La résurgence du Conseil constitutionnel sous la constitution de 1992.

La dévolution du contrôle de la constitutionnalité à un organe indépendant et spécialisé s'imposait au constituant de 1992. Il rétablissait le Conseil constitutionnel dans la constitution du 15 mars 1992, dont le titre X lui était dédié, et précisé par la loi n° 17-94 du 1er août 1994 qui régissait son organisation et son fonctionnement.

I). Sur le plan organique et fonctionnel.

Le constituant de 1992 s'était inspiré en partie de la constitution française de 1958 dans ses dispositions relatives à cette institution (articles 56 et suivants). Il instituait un conseil constitutionnel, dont la composition et le mode de désignation des membres étaient différents de celui qui reflétait, en réalité, le rôle dirigeant de l'ancien Parti unique, le Parti Congolais du travail.

Il était composé de neuf (9) membres, renouvelable par tiers tous les deux ans. Le caractère électif des deux tiers (2/3) de ses membres, élus par leurs pairs en raison de deux (2) magistrats par le Conseil supérieur de la magistrature, deux (2) enseignants de droit de l'université et deux (2) avocats, présentait une certaine garantie d'indépendance de cette institution, nonobstant la nomination du tiers (1/3) restant des membres respectivement en raison de, 1 par le Président de la République, 1 par le Président de l'Assemblée nationale et 1 par le Président du Sénat. Il est important de préciser que le Président du Conseil constitutionnel devait être élu par ses pairs, au lieu d'être nommé par le Président de la République, pour une durée de deux années renouvelables, comme ce fut le cas de la durée du mandat de tous les membres de cette institution. Le Président et tous les membres du Conseil constitutionnel devraient prêter serment devant le parlement réuni en congrès.

a). Sur les attributions du Conseil constitutionnel de 1992.

Le Conseil constitutionnel exerçait quasiment les mêmes fonctions que sous l'empire de la constitution modifiée de 1979. Cela, en ce sens qu'il lui incombait d'assurer le contrôle de la Constitutionnalité des lois, des traités et accords internationaux. Il était le principal organe régulateur des activités des pouvoirs publics ; il devait veiller à la régularité de l'élection du Président de la République, en examiner les réclamations et en proclamer les résultats ; il était le juge des contestations sur la régularité des élections législatives et locales, de la régularité des opérations de référendum dont il en proclamait les résultats[142].

b). Sur le fonctionnement du Conseil constitutionnel de 1992.

Outre la possibilité d'être saisi par voie d'action ou par voie d'exception, la constitution de 1992 distinguait des cas de saisine obligatoire et de saisine facultative du Conseil constitutionnel.

1). La saisine obligatoire du Conseil constitutionnel.

Le Conseil constitutionnel devait être obligatoirement saisi, avant leur application, des lois organiques et des règlements intérieurs de l'Assemblée

---

[142] Cf. article 142 à 145, constitution du 15 mars 1992.

nationale, du Sénat et des conseils locaux pour en examiner la conformité à la Constitution. Il en est de même des traités, des projets et propositions de loi avant leur ratification ou leur adoption par le parlement. Le Conseil constitutionnel est également saisi en cas de décès ou d'empêchement d'un candidat retenu pour l'élection présidentielle ou de l'un des deux candidats restés en lice pour le second tour, comme le prévoit l'article 69 de la constitution du 15 mars 1992.

2). La saisine facultative du Conseil constitutionnel.

Au titre de contrôle facultatif, notamment des lois avant leur promulgation, la constitution du 15 mars 1992 énumérait un large éventail de personnes habilitées à saisir le Conseil constitutionnel. Il pouvait s'agir, soit du président de l'Assemblée nationale, soit du président du Sénat, soit du président de la Cour suprême, soit du président du Conseil supérieur de l'information et de la communication, soit des présidents des conseils locaux soit d'un tiers des députés ou des sénateurs[143].

Enfin, comme nous l'avons déjà vu, la constitution de 1992 reconnaissait également la possibilité à tout particulier de saisir le Conseil constitutionnel, aux fins du contrôle de la conformité à la constitution, soit directement (par voie d'action) soit indirectement par voie d'exception d'inconstitutionnalité invoquée devant une juridiction dans le cadre d'une affaire le concernant. Si elle estimait l'exception d'inconstitutionnalité recevable, la juridiction sursoit à statuer et impartit au requérant un délai d'un mois à compter de la notification de la décision pour saisir le Conseil constitutionnel[144].

II). Sur l'autorité des décisions du Conseil constitutionnel de 1992.

Il est manifeste que les décisions du Conseil constitutionnel ont une autorité absolue. Elles ne peuvent faire l'objet d'aucun recours. Elles s'imposent aux pouvoirs publics, à toutes les autorités publiques, judiciaires ainsi qu'aux particuliers. Une disposition déclarée inconstitutionnelle ne peut pas être promulguée ni mise en application. Seul le peuple souverain peut, dans le cadre d'une consultation directe par référendum, les modifier.

En dépit du caractère novateur du système du contrôle de la constitutionnalité institué par la constitution du 15 mars 1992, celui-ci n'avait pas survécu à la chute du régime constitutionnel qui l'instituait, puisque le Conseil constitutionnel était dissout, à la fin de la guerre civile de

[143] *Cf. articles 146 à 147, constitution 1992.*
[144] *Cf. articles 148 à 150, constitution 1992.*

juin à octobre 1997, par l'acte fondamental du 24 octobre 1997, pour renaître 5 ans après une nouvelle période de transition et sous une nouvelle forme.

§ 2 : La création d'une Cour constitutionnelle sous la constitution de 2002.

La constitution du 20 janvier 2002 marquait un nouveau tournant dans la sortie de la justice constitutionnelle de l'ordre juridictionnel unique et confirmait, cinq ans après la dissolution du Conseil constitutionnel par l'acte fondamental du 24 octobre 1997, la nécessité de confier le contrôle de la constitutionnalité à une juridiction spécialisée et désormais dénommée *« Cour constitutionnelle »*[145]. Outre le fait que ce changement de nom s'inscrit dans la pure tradition kelsenienne de voir le contrôle de la constitutionnalité exercé par à une haute juridiction spécialisée, séparée ou détachée du système judiciaire ordinaire, il l'épargne aussi des polémiques dont est l'objet le Conseil constitutionnel français, à qui le Congo aura emprunté le nom, sur la question de savoir s'il s'agit d'une juridiction ou d'un organe purement politique[146]. Qu'à cela ne tienne, il est important de savoir si, à travers son organisation, la Cour constitutionnelle créée par la constitution du 20 janvier 2002 était une institution indépendante dans l'exercice de ses fonctions. La loi organique n° 1-2003 du 17 janvier 2003 en définissait l'organisation et le fonctionnement[147].

A). La composition et le statut des membres de la Cour constitutionnelle de 2002.

Seront ici examinés la composition et le statut des membres de Cour constitutionnelle, comme éléments caractéristiques de l'indépendance à la fois organique et fonctionnelle de cette institution.

---

[145] *Le titre IX (article 144 à 151) de la constitution du 20 janvier 2002 est consacré à la Cour constitutionnelle, dont les règles d'organisation, de composition et de fonctionnement sont précisées par la loi organique n°1-2003 du 17 janvier 2003.*

[146] Cf. M. Fromont, « La diversité de la justice constitutionnelle en Europe », in Mélange Ph. Ardant (Droit et politique à la croisée des cultures), Paris, LGDJ, 1999 ; « La justice constitutionnelle dans le monde », Paris, Dalloz, 1996 ; « La justice constitutionnelle en France ou l'exception française », Revue administrative, 1999, numéro spécial 7, pp. 36-45 ; H. Haenel, « Vers une Cour suprême ? », www.conseil-constitutionnel.fr/conseil-constitutionnel/root/.../21102010_haenel.pdf; L. Favoreu, « La légitimité du juge constitutionnel », Revue internationale de droit comparé, 1994 Vol 46, Numéro 2 pp. 557-581.

[147] Loi organique n°1-2003 du 17 janvier 2003 portant organisation et fonctionnement de la Cour constitutionnelle, JORC, Avril 2004, édition spéciale, p.31.

I). La composition de la Cour constitutionnelle de 2002.

La Cour constitutionnelle était composée de neuf membres (renouvelables par tiers tous les trois ans), comme ce fut le cas du Conseil constitutionnel, sous la constitution du 15 mars 1992 (empruntant sur ce point à l'institution française). Cependant, le mode de désignation de ses membres avait changé. Ils cessaient d'être élus. Ce coup d'arrêt au caractère électif des membres de la juridiction constitutionnelle était regrettable. Ils étaient désormais nommés, comme ce fut le cas sous la constitution de 1979 modifiée, cette fois-ci, pour un mandat de neuf ans renouvelable en raison de trois par le Président de la République. Les six autres membres sont également nommés par lui, en raison de deux sur proposition de chacune des autorités et instances suivantes : le Président de l'Assemblée nationale, le Président du Sénat et du bureau de la Cour suprême parmi les magistrats de cette juridiction pour cette dernière catégorie.

Fidèle à ce qui est devenu une tradition congolaise, la Cour constitutionnelle ne comprenait pas des anciens Présidents la République en qualité de membres de droit. C'est une différence par rapport au Conseil constitutionnel français, contre lesquels les voix s'élèvent[148]. D'ailleurs, l'institution de cette catégorie de membres aurait pu susciter de sérieuses controverses, puisque dans le contexte de la constitution du 20 janvier 2002, il existait deux anciens Présidents de la République en disgrâce et en exil à cause de la guerre civile de juin à octobre 1997[149]. Mais, le caractère extrêmement prohibitif du régime des incompatibilités énumérées par l'article 145[150], notamment l'alinéa 2, ne pouvait guère leur permettre de siéger comme membres de la Cour constitutionnelle en raison des griefs qui pesaient sur eux avant les lois d'amnistie de 2007 et 2009. C'est le Président de la République qui nomme le Président de la Cour constitutionnelle, ce dernier ayant voix prépondérante en cas de partage de voix. Le mode de désignation des membres de la Cour constitutionnelle offrait moins de garanties d'indépendance par rapport au mode électif institué par la constitution de 1992.

---

[148] *Cf. S.L. Formery, « La constitution commentée, article par article », Paris, Hachette, 2008-2009.*

[149] *Il s'agissait de J. Yhombi-Opango (1977-1979) et P. Lissouba (1992-1997).*

[150] *« Les fonctions de membres de la Cour constitutionnelle sont incompatibles avec celles des membres du Gouvernement, du Parlement ou de la Cour suprême.*

Les personnalités condamnées pour forfaiture, haute trahison, parjure, crime économique, crime de guerre, de génocide ou tout autre crime contre l'humanité ne peuvent être membres de la Cour Constitutionnelle.

Les autres incompatibilités sont fixées par la loi ».

II). Le statut des membres de la Cour constitutionnelle de 2002.

Les membres de la Cour constitutionnelle disposaient, dans la constitution du 20 janvier 2002, d'un statut constitutionnel qui leur conférait des droits et des obligations ; gages de leur indépendance et de la juridiction qu'ils composent.

Le premier gage de l'indépendance des membres de la Cour constitutionnelle et de cette institution réside d'abord dans le respect, sous peine de forfaiture, du serment qu'ils prêtent avant l'entrée en fonctions (même si le mot *''indépendance''* n'y figure pas), devant le Parlement réuni en Congrès, dont le Président en prend acte, comme prévu par l'article 14 de la loi organique,

« Je jure de bien et fidèlement remplir mes fonctions, de les exercer en toute impartialité dans le respect de la Constitution et des lois de la République, de garder le secret des délibérations et des votes et de ne prendre aucune position publique, de ne donner aucune consultation sur les questions relevant de la compétence de la Cour. »

Un autre gage de leur indépendance réside dans le régime des incompatibilités (outre celles qui sont énumérées par l'article 145 de la constitution, complétées par la loi organique du 17 janvier 2003 en ses articles 21 à 23). A savoir, l'incompatibilité avec les fonctions de membre du Gouvernement, du Parlement, de la Cour suprême, du Conseil économique et social, du Conseil supérieur de la liberté de communication, de la Commission nationale des droits de l'Homme, du Conseil supérieur de la magistrature et des conseils locaux.

La renonciation à la qualité de membres de la Cour constitutionnelle est acquise de plein droit si la personne se trouvant en situation d'incompatibilité n'exerçait pas son droit d'option dans le délai de réflexion de huit (8) jours fixé par l'article 21 de la loi organique, à compter de sa nomination.

Le régime des incompatibilités concerne aussi bien les emplois publics que les emplois privés, à l'exception toutefois, sur autorisation préalable, des activités agricoles, scientifiques, artistiques ou d'enseignement (Cf. article 22 loi organique). L'acceptation des activités incompatibles entraîne la démission volontaire ou d'office de la qualité de membre de la Cour constitutionnelle.

L'indépendance des membres de la Cour constitutionnelle est aussi garantie, dans la mesure où ils ne peuvent pas cumuler cette qualité avec l'appartenance à des partis et associations politiques ou à des syndicats. Ils doivent pour ce faire formuler, par écrit, une déclaration sur l'honneur certifiant qu'ils démissionnent de leurs partis et associations politiques ou syndicats respectifs (article 20, loi organique).

Par ailleurs, l'indépendance des membres de la Cour constitutionnelle, qui garantit d'autant celle de l'institution à laquelle ils appartiennent, réside dans le fait qu'ils bénéficient d'une rémunération décente dont le montant est déterminé par décret en Conseil des ministres (article 19, loi organique).

Enfin, l'article 1er alinéa 2 de la loi organique du 17 janvier 2003 confirme que la Cour constitutionnelle est indépendante du pouvoir exécutif, du pouvoir législatif et du pouvoir judiciaire.

B). Les attributions de la Cour constitutionnelle de 2002.

La mission principale assignée par le constituant de 2002 à la Cour constitutionnelle est de contrôler la conformité des normes législatives et des engagements internationaux de l'Etat à la constitution. Elle veille ensuite à la régularité de l'élection du Président de la République (dont elle proclame les résultats), des élections législatives et sénatoriales, ainsi que des opérations de référendum dont elle proclament aussi les résultats (articles 146 et 147).

Cependant, la loi organique du 17 janvier 2003 privilégie les fonctions régulatrices (consultatives et protocolaires) de la Cour constitutionnelle et la protection des droits et libertés fondamentaux des citoyens ; en ce sens qu'il dispose dans son article premier alinéa 1er qu'elle est l'organe régulateur de l'activité des pouvoirs publics. Elle assure, à travers ses missions de contrôle, la protection des droits et des libertés fondamentaux du citoyen.

C). Le fonctionnement et la procédure de la Cour constitutionnelle de 2002.

Les règles de fonctionnement et de procédure touchent à la saisine, au déroulement de la procédure, aux décisions de la Cour constitutionnelle et à leur portée, sous la constitution du 20 janvier 2002.

I). La saisine de la Cour constitutionnelle de 2002.

Nous distinguerons les modes et les modalités de saisine institués par la constitution de 2002 et la loi organique du 17 janvier 2003.

a). Les modes de saisine de la cour constitutionnelle.

La constitution de 2002, complétée par la loi organique du 17 janvier 2003, distingue trois modes de saisine de la Cour constitutionnelle, qui se rapportent tantôt au contrôle *a priori*, tantôt au contrôle *a posteriori*. Elle est saisie, soit à titre de consultation, soit par voie d'action ou par voie d'exception.

1). La saisine à titre consultatif.

La Cour constitutionnelle est saisie aux fins d'émettre un avis de conformité avant la promulgation d'une loi organique, l'entrée en vigueur du règlement intérieur de chaque chambre parlementaire et du Parlement réuni en congrès. Cette saisine n'est pas ouverte à tous. Elle est réservée au Président de l'Assemblée nationale (pour le règlement intérieur de la chambre basse et celui du Parlement réuni en congrès), au Président du Sénat (pour le règlement intérieur de la chambre haute) et au Président de la République (pour les lois organiques). L'article 33 prévoit que le Président de la République peut déléguer ses prérogatives en la matière au Secrétaire général du gouvernement.

Il est significatif de souligner que, dans un avis du 12 juillet 2018, la Cour constitutionnelle avait jugée irrégulière sa saisine par le Secrétaire général du Gouvernement, pour avis sur la conformité à la constitution, avant la promulgation de la loi portant attribution, organisation et fonctionnement de la Commission nationale des droits de l'homme, au motif qu'il résulte de l'article 35 alinéa premier de la loi organique n° 1-2003 du 17 janvier 2003 portant organisation et fonctionnement de la Cour constitutionnelle que, le secrétaire général du Gouvernement ne figurait pas au nombre des autorités habilitées à saisir la Cour constitutionnelle dans le cadre d'une consultation relative à une loi ordinaire avant sa promulgation.

Entant précisé que la Cour constitutionnelle avait relevé dans un précédent considérant que, la loi soumise à son contrôle, présentée comme loi organique et portant attributions, organisation et fonctionnement de la Commission nationale des droits de l'Homme, était en réalité une loi ordinaire au regard de l'article 216 de la Constitution[151].

Toutefois, on pouvait souligner le privilège ainsi reconnu au Secrétaire général du gouvernement pour saisir la Cour, sur délégation du Président de la République. Le Secrétariat général du gouvernement étant une autorité administrative et non politique, qui, placée auprès du Premier ministre, veille au bon fonctionnement de l'action du gouvernement, dont il joue entre autres le rôle de conseiller juridique et d'interface avec la Cour suprême (dans la fonction consultative de cette dernière) et le Parlement (dans la procédure législative). Il est également amené à jouer un rôle important sur les questions relatives au contrôle de la conformité à la constitution. Même si le

[151] Cf. Avis n° 007-ACC-SVC/18 du 12 juillet 2018 sur la conformité à la Constitution de la loi portant attributions, organisation et fonctionnement de la commission nationale des droits de l'homme, JO, n°33 du 16 août 2018, p.1065.

Secrétaire général du gouvernement a rang de ministre, à travers ses fonctions, il assure la supervision des services de la primature.

Or, dans la mesure où la constitution de 2002 ne prévoyait pas la fonction de Premier ministre ; celle-ci étant exercée de facto par le Président de la République, Chef du Gouvernement, le Secrétaire général du Gouvernement voyait son rôle renforcé au point d'obtenir l'habilitation présidentielle pour saisir la Cour constitutionnelle au nom de son mandant.

Cela, peu importe la nomination circonstancielle d'un Premier ministre sous l'empire de la constitution de 2002, du 7 janvier 2005 au 15 septembre 2009. Cette situation peut paraître absurde d'un point de vue politique puisque sur le plan protocolaire, le secrétaire général du gouvernement ne se situe pas au même niveau qu'un Premier ministre, bien que ne jouissant pas de la fonction de Chef de gouvernement.

Le Président de la République doit également saisir la Cour constitutionnelle, aux fins d'un avis de conformité, d'un projet de référendum ainsi que le prévoit l'article 86 alinéa 2 de la constitution de 2002, tout comme avant la mise en œuvre des mesures nécessitées par les circonstances exceptionnelles sur le fondement de l'article 84. Dans ce dernier cas, il s'agit d'une simple consultation du Président de la Cour constitutionnelle au même titre que les autres autorités visées dans l'article 84 de la constitution de 2002.

2). La saisine par voie d'action.

La saisine de la Cour constitutionnelle par voie d'action peut s'opérer soit dans le cadre d'un recours en interprétation de la constitution, soit au titre d'un recours en appréciation de la conformité normative à la constitution ou du contrôle de la constitutionnalité.

α). Le recours en interprétation de la constitution.

Il s'agit en quelque sorte du contrôle de la répartition des compétences entre le domaine de la loi et celui du règlement. Ce type de recours recouvre deux aspects. Il s'agit, d'une part, de l'hypothèse dans laquelle la Cour constitutionnelle est saisie d'une contestation relative à la recevabilité d'un projet (ou proposition) de loi ou d'amendement, déposé devant une chambre parlementaire, au regard du domaine des compétences législatives tel qu'il est délimité par l'article 111 de la constitution de 2002, et d'autre part, de l'interprétation proprement dite d'une disposition constitutionnelle dans son application[152].

---

[152] Sur la problématique de l'interprétation de la constitution, Cf. D. ROUSSEAU, Droit du contentieux constitutionne*l, ...op.cit., p. 145 ; P. BRUNET, « Le juge constitutionnel est-il un juge comme les autres ? Réflexions méthodologiques sur la justice constitutionnelle », in JOUANJOUAN (O.), CREWE (C.), MAULIN (E.) et WACHSMANN (P.)(sous la direction de), La notion de justice constitutionnelle, Paris, Dalloz, 2005, pp.115-135 .*

Dans la première hypothèse, ce recours est réservé au Président de la République et au Président de la chambre parlementaire devant laquelle s'élève la contestation sur l'irrecevabilité du projet, de la proposition de loi ou du projet d'amendement[153]. La Cour doit statuer dans un délai de quinze jours.

Dans la seconde hypothèse, le recours devant la Cour constitutionnelle en interprétation des dispositions de la constitution est attribué aux mêmes autorités que celles qui sont habilitées à exercer un recours en vue du contrôle de la constitutionnalité. C'est-à-dire le Président de la République, le Président de l'Assemblée nationale, le Président du Sénat ou un tiers des députés ou des sénateurs.

La fonction de Premier ministre n'étant pas constitutionnellement prévue, celui-ci ne dispose pas de cette prérogative, même dans les circonstances où il fut désigné *contra legem.*

Ce recours n'est enfermé dans aucun délai. Cependant, la Cour doit statuer dans le délai de trois mois à compter de sa saisine et de 21 jours en cas d'urgence[154].

β). Le recours classique de la constitutionnalité.

C'est le recours classique du contrôle de la constitutionnalité ou de la conformité de la loi, avant sa promulgation, ou d'un engagement international, avant sa ratification, à la constitution. Il s'agit d'un recours facultatif.

La saisine de la Cour constitutionnelle au titre de ce recours est ouverte à un large éventail de requérants constitué d'une part, des autorités (le Président de la République, le Président de chacune des chambres parlementaires, un tiers des députés ou sénateurs, article 148 de la constitution de 2002 et 35 de la loi organique de 2003) et d'autre part, de tout particulier (article 149 de la constitution et 43 de la loi organique).

Le recours en inconstitutionnalité doit intervenir avant la promulgation de la loi. La saisine de la Cour suspend le délai de promulgation de la loi ou le processus de ratification de la constitution.

---

[153] *Cf. article 34 de la loi organique du 17 janvier 2003, « Les projets, les propositions de loi et les amendements, qui ne sont pas du domaine de la loi, sont irrecevables. L'irrecevabilité est prononcée par le Président de la chambre intéressée, après délibération du bureau.*
En cas de contestation, la Cour constitutionnelle, saisie par le Président de la République ou par le Président de la chambre intéressée, statue dans un délai de quinze jours ».

[154] Cf. *Article 36 de la loi organique du 17 janvier 2003, « La Cour constitutionnelle peut être saisie pour interprétation des dispositions constitutionnelles par les autorités visées à l'article 35 de la présente loi.*
Elle se prononce dans un délai de trois mois à compter de l'introduction du recours. Ce délai est réduit à vingt jours si l'acte introductif du recours mentionne qu'il y a urgence.
Les règles de procédure applicables sont celles qui sont définies aux articles 43, 44 et 45 de la présente loi ».

3). La Saisine par voie d'exception.

C'est la procédure d'exception d'inconstitutionnalité prévue par les dispositions de l'article 149 de la constitution de 2002 et précisée par les dispositions des articles 43 et suivants de la loi organique de 2003. Aux termes de la constitution et de la loi organique, la saisine de la Cour constitutionnelle par voie d'exception d'inconstitutionnalité dans le cadre d'un litige engagé ou pendant devant une juridiction ordinaire, est prévue au profit des particuliers.

Il convient de préciser, d'une part, que la qualité de particulier concerne aussi bien les personnes physiques que des personnes morales de droit privé dont les droits et les libertés peuvent être compromis ou affectés par une loi ou une disposition législative présumée contraire à la constitution ou inconstitutionnelle ; d'autre part, les personnes de droit public, telles que les établissements publics ou les collectivités territoriales peuvent être confrontés, dans le cadre d'un litige qui les oppose à l'Etat ou à une autre personne morale de droit public, voire à tout particulier, à une disposition législative contraire à leurs droits tels qu'ils sont garantis par la constitution.

Il va de soi que les requérants peuvent tout aussi bien exciper de l'exception d'inconstitutionnalité pour faire valoir leurs droits. Lorsque l'exception est jugée recevable, la juridiction saisie du principal, doit surseoir à statuer dans l'attente de la décision de la Cour sur la constitutionnalité de loi ou de la disposition législative contestée.

b). Les conditions de saisine de la Cour constitutionnelle en matière de contrôle normatif.

Sur le plan procédural, les modalités de la saisine de la Cour constitutionnelle en matière de contrôle normatif de la constitutionnalité sont moins formalisées s'agissant d'une demande à titre de consultation, notamment de la part de l'exécutif, dont la plupart des démarches sont en principe accomplies par le Secrétariat général du gouvernement. Elles le sont un peu plus lorsque le recours émane des autorités habilitées, de la minorité requise de parlementaires ou des particuliers.

1). Les règles de forme.

S'agissant d'un recours en inconstitutionnalité, notamment lorsqu'il émane d'un particulier, il n'est en principe soumis à aucun délai. Il est formalisé au moyen d'une requête ou d'un écrit quelconque permettant d'en identifier l'auteur (indication des nom et prénom, date et lieu de naissance, profession, domicile)[155]. La requête doit être datée et signée par son auteur. La procédure est gratuite, aucun frais, ni droit de timbre ni droit d'enregistrement ne sont exigés. Le requérant peut se faire représenter par un conseil de son choix. La requête est déposée au Secrétariat général de la Cour constitutionnelle qui l'enregistre et en donne récépissé.

2). Le contenu de la requête.

La requête devant la Cour constitutionnelle doit est motivée, en ce qu'elle doit comporter les considérations de fait et de droit au soutien des prétentions de son auteur. En cela, le requérant doit préciser la norme législative (ou conventionnelle) ou la disposition critiquée, qu'il estime contraire à la constitution et indiquer expressément la ou les dispositions constitutionnelles méconnues ou violées. A droit constant, le requérant peut fonder ses prétentions sur la jurisprudence constitutionnelle en la matière.

3). Le déroulement de la procédure.

L'instruction est menée selon les règles définies aux articles 26 et suivants de la loi organique, avec la désignation d'un rapporteur à cette fin par le Président de la Cour. Celui-ci dispose d'importants pouvoirs d'investigation. A ce titre, il peut, en respectant des droits de la défense, ordonner la communication des pièces, entendre les requérants, les parties adverses, tout sachant et, d'une manière générale, prendre toutes mesures d'instruction jugées utiles. Il rend son rapport à la Cour constitutionnelle pour prendre sa décision ou ordonne des mesures d'instruction supplémentaires, en cas de besoin. Il convient de souligner que les affaires sont portées devant la Cour constitutionnelle en séance publique. Les conseils, notamment les avocats sont autorisés à présenter oralement leurs observations telles que contenues dans les mémoires. La Cour délibère à huis clos, le quorum étant fixé à sept membres au moins. En cas de partage de voix, celle du Président est prépondérante. Les décisions de la Cour constitutionnelle sont motivées, en principe notifiées aux parties, et publiées au journal officiel.

c). Les conditions de saisine de la Cour constitutionnelle en matière électorale.

Les conditions de saisir la Cour constitutionnelle en sa qualité de juge de la régularité de l'élection du Président de la République, des élections des

[155] Cf. article 44 de la loi organique de 2003. Etant précisé que si le requérant est une personne morale, bien que la constitution et loi organique ne le mentionnent pas, elle doit indiquer sa raison sociale, son numéro d'immatriculation ou d'identification officielle, son siège social ou sa domiciliation, le nom de la personne physique habilitée à la représenter.

députés ou des sénateurs et de la consultation du peuple par référendum sont strictement encadrées et présentent quelques spécificités par rapport à la nature de l'élection. Les délais de saisir la Cour constitutionnelle ne sont pas les mêmes selon qu'il s'agisse de l'élection présidentielle ou des élections des parlementaires.

1). Les délais de recours en matière électorale.

Ils sont différents selon qu'il s'agisse de la contestation de l'élection présidentielle, des élections parlementaires.

α). Le délai de 5 jours du recours en contestation de l'élection présidentielle.

Aux termes des dispositions de l'article 53 de la loi organique, l'élection du Président de la République peut être contestée devant la Cour constitutionnelle dans le délai de cinq (5) jours à compter de la proclamation des résultats provisoires par le ministre en charge des élections, en l'occurrence, le ministre de l'intérieur.

Cela suppose qu'il ne faille pas attendre la publication des résultats dans un support matériel ou numérique. Le délai de recours est déclenché à compter de la première diffusion officielle des résultats soit par voie de la radio et de la télévision, soit par voie numérique ou sur support matériel (presse ou affichage).

Il s'agit d'un délai franc qui court dès le lendemain de la proclamation des résultats provisoires de l'élection présidentielle et expire le 5ème jour. Etant précisé que si le dernier jour est un samedi, un dimanche ou un jour férié, la date d'expiration du délai est en principe prorogée jusqu'au 1er jour ouvrable suivant. La Cour constitutionnelle statue alors dans le délai de 15 jours à compter de sa saisine et proclame les résultats, conformément à l'article 65 de la constitution de 2002.

β). Le délai de 15 jours pour contester les élections des parlementaires.

A la différence de l'élection du Président de la République, les élections des Députés et des Sénateurs peuvent être contestées devant la Cour constitutionnelle dans le délai de 15 jours à compter de la proclamation des résultats du scrutin par le ministre en charge des élections, Ministre de l'intérieur. Il s'agit également d'un délai franc.

2). L'intérêt pour agir ou la limitation des requérants.

A la différence du contrôle de la constitutionnalité, la contestation des élections devant la Cour constitutionnelle n'est pas ouverte à tous les citoyens. Elle est réservée, aux termes des dispositions de l'article 54 de la loi organique du 17 janvier 2003, à une catégorie bien déterminée de requérants. Le droit de contester une élection appartient aux candidats ou à leurs représentants, aux partis ou aux groupements politiques. Pour les élections de listes, la qualité de requérant appartient aux partis ou aux groupements politiques concernés.

d). Les conditions de saisine de la Cour constitutionnelle en matière de référendum.

Rappelons qu'aux termes des dispositions de l'article 147 (alinéa 2) de la constitution de 2002 et celles de l'article 7 de la loi organique du 17 janvier 2003, *« La Cour constitutionnelle veille à la régularité des opérations de référendum et en proclame les résultats ».* Le constituant et le législateur organique congolais reprennent quasiment les dispositions de l'article 60 de la constitution française de 1958. Les règles applicables en la matière sont définies, outre la loi électorale, par les articles 24 et suivants de la loi organique du 17 janvier 2003 et, plus spécifiquement, par les articles 64 et 65 de la même loi. En matière de référendum, la Cour constitutionnelle peut donc être saisie soit à titre consultatif soit à titre de réclamation.

1). La saisie consultative de la Cour constitutionnelle en matière référendaire.

La loi organique prévoit deux possibilités de saisir la Cour constitutionnelle à titre consultatif en matière de référendum. Il s'agit d'une part sur l'organisation des opérations du référendum et d'autre part, en ce qui concerne la révision de la constitution.

α). La consultation de la Cour constitutionnelle sur l'organisation du référendum.

Aux termes des dispositions de l'article 64 (alinéa 1er) de la loi organique précitée, trois autorités sont habilitées à consulter la Cour constitutionnelle sur l'organisation des opérations du référendum. Cette exclusivité peut, dans une certaine mesure, s'expliquer par le fait qu'aux termes des dispositions de l'article 110, dernier alinéa, de la constitution du 20 janvier 2002, l'initiative du référendum est partagée entre le Président de la République et le Parlement. Et, surtout qu'aux termes de l'article 86 de la même constitution, le Président de la République peut, après avoir consulté les Présidents des deux assemblées parlementaires, solliciter l'avis de la Cour constitutionnelle avant de soumettre le projet de loi au référendum. Il va de soi qu'une saisine émanant d'une personne non constitutionnellement invertie est irrecevable.

L'objet du référendum doit en principe porter sur les domaines définis par la constitution. Il s'agit, en ce qui concerne la saisine par le Président de la République, de l'organisation des pouvoirs publics, des garanties des droits et Libertés fondamentaux, de l'action économique et sociale de l'État ou tendant à autoriser la ratification d'un traité ; comme le prévoit l'article 86 (1er alinéa) de la constitution du 20 janvier 2002.

β). La consultation de la Cour en matière de révision de la constitution.

La Cour constitutionnelle doit préalablement être saisie, aux fins d'un avis de conformité, sur tout projet ou proposition de révision constitutionnelle, comme le prescrit l'article 186 de la constitution de 2002, précisé par l'article 65 de la loi organique précitée du 17 janvier 2003. A cette fin, l'initiative de la saisine incombe au Président de la République et aux présidents des deux assemblées parlementaires. Dans ce dernier cas, il s'agira normalement du Président de l'Assemblée nationale, qui a vocation à présider les séances du Parlement réuni en congrès ; puisque la proposition de révision de la constitution doit être votée par les deux tiers des membres des deux chambres du Parlement réuni en congrès, après avis de conformité de la Cour constitutionnelle.

Il est constant que, pour être recevable, le projet ou la proposition ne doit pas porter sur les matières pour lesquelles la révision de la constitution est formellement interdite par les alinéas 2 et 3 de l'article 185 de la constitution du 20 janvier 2002. Il s'agit de l'intégrité du territoire, de la forme républicaine et du caractère laïc de l'État, du nombre de mandats du Président de la République, ainsi que de droits énoncés aux titres I et II la constitution[156]. Cette question a été au centre des controverses sur le référendum du 25 octobre 2015, qui a abouti à l'adoption d'une nouvelle constitution, comme nous l'avons vu plus haut.

2). La saisine réclamatoire de la Cour constitutionnelle en matière référendaire.

La saisine réclamatoire s'inscrit dans le cadre des compétences contentieuses de la Cour constitutionnelle en matière électorale, notamment en ce qui concerne le contrôle de la régularité des opérations du référendum. Ni la constitution de 2002 ni la loi organique du 17 janvier 2003 n'indiquent les personnes qui sont habilitées à saisir la Cour constitutionnelle des réclamations sur la régularité du déroulement des opérations de référendum.

---

[156] *Cf. article 185 de la constitution de 2002, « 185 : L'initiative de la révision de la Constitution appartient, concurremment, au Président de l a République et aux membres du Parlement.*
Aucune procédure de révision ne peut être engagée ou pour suivie lorsqu'il est porté atteinte à l'intégrité du territoire.
La forme républicaine, le caractère laïc de l 'État, le nombre de mandats du Président de la République ainsi que les droits énoncés aux titres I et II ne peuvent faire l'objet de révision».

Il est constant que la particularité de cette consultation directe du peuple est de reconnaitre ce droit, outre les partis et groupements politique, aux citoyens ayant participé au scrutin dans leurs circonscriptions respectives ; qui auraient fait consigner des irrégularités dans le déroulement des opérations du référendum. Cela d'autant plus que, comme le précise l'article 64 (dernier alinéa) de la loi organique, la Cour constitutionnelle déploie ses délégués sur le terrain pour suivre le déroulement des opérations référendaires.

Donc, les réclamations doivent porter, sous peine d'irrecevabilité, sur les irrégularités constatées et formulées à l'issue du scrutin, donc avant la proclamation des résultats par la Cour. Car, le juge constitutionnel doit se garder de contrôler les résultats du référendum lui-même, qui traduisent la volonté et la décision du peuple souverain. Il ne contrôle que les conditions dans lesquelles le scrutin a été organisé et s'est déroulé.

C'est en cela que son contrôle en la matière est un contrôle absolument à priori. Il peut concerner les actes préparatoires aux opérations du référendum, le défaut d'isoloirs, la fermeture des bureaux avant l'heure, le défaut du contrôle des identités des électeurs, le vote des électeurs non inscrits, l'usage des bulletins non réglementaires, bref tous les cas de fraude électorale, etc.

II). Les règles de présentation de la requête.

En matière de contestation électorale, la Cour constitutionnelle est également saisie par voie d'une requête à l'attention du Président. La requête doit être datée et signée par son auteur ou son représentant et déposée au Secrétariat de la Cour constitutionnelle qui en avise aussitôt le Président de l'Assemblée nationale, le Président du Sénat et le défendeur, le candidat dont l'élection est contestée. Un récépissé est en principe délivré au requérant lors de l'enregistrement de sa requête.

a). L'identification du requérant.

Sous peine d'irrecevabilité, la requête comporte tous les éléments susceptibles d'en identifier l'auteur (les noms, prénoms, la date et lieu de naissance, la profession et l'adresse du requérant). Il convient de souligner, même si la loi organique ne le précise pas, que si le plaignant est une personne morale, la requête doit préciser sa dénomination, son numéro d'identification, son siège, ainsi que l'identification de la personne qui est habilitée à agir en son nom (outre le mandataire éventuel).

b). La formalité du timbre fiscal.

La saisine de la Cour constitutionnelle en sa qualité de juge électoral n'est pas gratuite. A peine d'irrecevabilité, elle donne lieu à la perception des frais de timbres fiscaux et droits d'enregistrement aux taux en vigueur, que le requérant doit justifier lors du dépôt de sa requête ou s'il est invité à régulariser cette formalité par le Greffe.

c). Le contenu de la requête.

Sous peine de la même sanction de l'irrecevabilité, la requête doit être motivée en fait et en droit. C'est-à-dire qu'elle doit comporter les considérations de fait et de droit qui la caractérisent, les faits de la cause et le ou les fondements juridiques sur lesquels son auteur s'appuie. Enfin, la requête doit comporter en annexe un bordereau et les pièces produites au soutien des moyens soulevés par le requérant.

III). L'instruction de la requête.

D'abord, les dispositions générales des articles 26 et suivants de la loi organique du 17 janvier 2003 sont ici applicables. Plus spécifiquement, en matière électorale, s'appliquent les dispositions des articles 57 et suivants de la même loi.

a). Le rejet sans instruction contradictoire.

La requête est irrecevable si elle ne satisfait pas aux conditions relatives au délai de saisine, à la qualité et à l'identification de l'auteur de la saisine, à la formalité du timbre fiscal, à la motivation et à la signature du requérant. Elle peut ainsi être rejetée par la Cour constitutionnelle sur décision motivée, sans qu'il soit besoin d'une instruction préalable[157].

Peut également être rejetée, la requête qui ne comporte aucun grief ou celle dont les griefs ne peuvent manifestement avoir une incidence ou une influence sur les résultats de l'élection contestée. Ce rejet d'office vise à limiter les recours fantaisistes, abusifs ou dilatoires. Car, la Cour constitutionnelle n'a pas en principe vocation à suppléer les carences des plaignants. Il convient, cependant de préciser que le rejet d'office n'est qu'une faculté et non une obligation. La Cour constitutionnelle peut accueillir une requête sans soulever d'office la fin de non-recevoir.

[157] Cf. L'article 57 loi organique du 17 janvier 2003.

b). La procédure avec instruction contradictoire.

Dans le cadre d'une instruction contradictoire, la Cour constitutionnelle avise le défendeur dont l'élection est contestée, tout en lui accordant un délai de quinze (15) jours pour prendre connaissance de la requête et les pièces qui l'accompagnent au Secrétariat général et produire ses observations écrites.

La Cour constitutionnelle dispose des pouvoirs d'investigation très étendus. Elle peut soit ordonner une enquête, se faire communiquer tous documents et rapports se rapportant à l'élection, soit désigner un de ses membres pour recueillir les déclarations des témoins sous serment, ou procéder sur place à d'autres mesures d'instruction. Le membre ainsi désigné établit un procès-verbal, qu'il communique aux parties afin de formuler et déposer leurs observations écrites dans un délai de huit (8) jours.

Dès réception de ces observations ou ces expirations de ce délai de huit jours, l'affaire est rapportée devant la Cour constitutionnelle qui doit prendre une décision motivée. La Cour constitutionnelle peut décider de se réunir en séance publique pour entendre les parties en leurs observations, notamment par le truchement de leurs conseils, avant de délibérer à huis clos, en application des règles générales de procédure définies aux articles 24 et suivants de la loi organique (notamment les articles 27 et 28).

c). La Cour constitutionnelle, « juge de l'action et juge de l'exception ».

Le principe du droit processuel selon lequel, *« le juge de l'action est juge de l'exception »*, s'applique également à la Cour constitutionnelle ainsi qu'en dispose l'article 63 de la loi organique. Cela en ce sens qu'à l'occasion de l'examen du litige dont elle est saisie, la Cour constitutionnelle est compétente pour connaître de toutes les questions ou des exceptions soulevées par les parties ; même si elles ressortissent à la compétence d'une autre juridiction. Cependant, la décision rendue à ce titre par la Cour constitutionnelle est revêtue de l'autorité relative de la chose jugée. Elle n'a d'effet qu'en ce qui concerne l'élection dont elle aura été saisie.

IV). La portée des décisions de la Cour constitutionnelle.

Nous devons cerner la notion de décision avant d'en évoquer la portée en ce qui concerne la Cour constitutionnelle.

a). L'indispensable précision conceptuelle du terme « décision ».

L'autorité des décisions de la Cour constitutionnelle puise ses fondements, en ce qui concerne la constitution du 20 janvier 2002, dans les dispositions de son article 150, dont le deuxième alinéa est repris par l'article 29 de la loi organique du 17 janvier 2003, qui dispose,

« Une disposition déclarée inconstitutionnelle ne peut être, ni promulguée ni mise en application.

Les décisions de la Cour constitutionnelle ne sont susceptibles d'aucun recours. Elles s'imposent aux pouvoirs publics, à toutes les autorités administratives, juridictionnelles et aux particuliers »[158].

Une interprétation stricte de ce texte est manifestement restrictive en ce qu'elle conduit à appréhender d'emblée le terme de *''décisions''* exclusivement sous l'angle d'un acte juridique par lequel une juridiction tranche un litige, une contestation. Or, les décisions de justice peuvent revêtir plusieurs formes ou plusieurs natures selon la juridiction qui les rend, des prérogatives ou du chef des attributions au titre desquelles elle est saisie.

Selon la nature de la juridiction, ou sa composition, une décision de justice peut être qualifiée, selon le terme que lui attribue le législateur, de *''jugement''* (pour les juridictions inférieures ou de premier degré comme les tribunaux d'instance, de grande instance, de commerce, du travail, ou administratif, etc.), *''d'ordonnance''* (il s'agit généralement dans les procédures spécifiques, d'urgence ou en matière gracieuse, des compétences attribuées aux présidents des juridictions ou déléguées à un juge bien déterminé), *''d'arrêt''* (pour des juridictions de second degré ou supérieures).

Il est constant que, bien qu'étant la haute juridiction spécialisée en matière constitutionnelle, elle ne fait pas partie de l'organisation judiciaire ou de l'ordre juridictionnel unique. Le constituant a préféré qualifier les actes qu'elle rend de *''décisions''*, aussi bien par commodité de langage que pour les distinguer de celles qui émanent des juridictions ordinaires.

Cependant, la dualité fonctionnelle de la Cour constitutionnelle milite en faveur d'une conception large du terme *''décisions''* que consacre

---

[158] C'est encore une reproduction, aménagée, de la constitution française du 4 octobre 1958 dont de l''article 62 dispose, *« Une disposition déclarée inconstitutionnelle sur le fondement de l'article 61 ne peut être promulguée ni mise en application.*
Une disposition déclarée inconstitutionnelle sur le fondement de l'article 61-1 est abrogée à compter de la publication de la décision du Conseil constitutionnel ou d'une date ultérieure fixée par cette décision. Le Conseil constitutionnel détermine les conditions et limites dans lesquelles les effets que la disposition a produits sont susceptibles d'être remis en cause.
Les décisions du Conseil constitutionnel ne sont susceptibles d'aucun recours. Elles s'imposent aux pouvoirs publics et à toutes les autorités administratives et juridictionnelles ». Il convient de préciser, par rapport à la constitution congolaise du 20 janvier 2002, que le second alinéa de l'article 62 de la constitution française a été introduit par loi constitutionnelle du 23 juillet 2008, concernant la question prioritaire de constitutionnalité (QPC).

l'article 150 précité de la constitution du 20 janvier 2002 pour caractériser la portée des actes émanant de cette juridiction.

b). L'autorité des avis de la Cour constitutionnelle.

Les actes émis par la Cour constitutionnelle dans le cadre de ses fonctions consultatives sont des *''avis''*. L'autorité qui s'y attache dépend selon qu'ils procèdent d'une consultation obligatoire, que le constituant qualifie *''avis de conformité''*, voire de *''avis de non-conformité''* ou d'une consultation facultative, s'agissant de *''simples avis''*.

1). Concernant les avis de conformité ou de non-conformité.

Comme nous venons de le voir plus haut, les domaines d'intervention des avis de conformité ou de non-conformité sont strictement définis par la constitution. L'aspect contraignant procède du caractère obligatoire et impératif de la consultation de la Cour constitutionnelle telle que le constituant l'a prescrite.

Il en est ainsi des avis de conformité émis par la Cour constitutionnelle, qui doit être obligatoirement consultée avant la promulgation d'une loi organique ou la mise en application du règlement intérieur de chaque chambre parlementaire ou du parlement réuni en congrès (article 148 de la constitution) ; avant l'autorisation de ratification ou d'approbation d'un engagement international (article 183) ; avant le vote par le Parlement réuni en congrès d'une proposition de révision de la constitution ou avant que le Président de la République ne soumettre, au référendum, un projet de révision de la constitution (article 86 et 186).

Les avis rendus dans ces domaines ont un double caractère décisoire et exécutoire. Ils s'imposent avec force. D'ailleurs, l'article 86 alinéa 2 de la constitution de 2002 dispose qu'en cas de non-conformité du projet à la constitution, il ne peut être procédé au référendum.

S'agissant des traités et accords internationaux, l'article 183 dispose que si la Cour constitutionnelle a déclaré qu'un engagement international comporte une clause contraire à la constitution, l'autorisation de le ratifier ou de l'approuver ne peut intervenir qu'après révision de la constitution. Dès lors, toute loi qui s'affranchirait d'un avis de non-conformité s'expose à ce qu'elle soit déférée à la Cour constitutionnelle par toute personne habilitée à la saisir.

Par ailleurs, sous la même réserve de la volonté du peuple exprimée par voie de référendum, un avis de conformité émis par la Cour ne confère pas un certificat de conformité constitutionnelle ni une immunité constitutionnelle à la loi organique, au règlement intérieur d'une assemblée parlementaire ou à un engagement international. Le texte n'est pas à l'abri d'un recours en inconstitutionnalité devant la même Cour dès l'instant où des griefs d'inconstitutionnalité subsistent. C'est là l'intérêt du contrôle a posteriori (par voie d'exception) qui caractérise la justice constitutionnelle au Congo.

2). Concernant les simples avis consultatifs.

A la différence des avis de conformité, les simples avis consultatifs émis par la Cour constitutionnelle ne lient pas l'autorité qui aura pris l'initiative de la consultation. Il en est ainsi des avis susceptibles d'être donnés au titre des consultations préalables à l'exercice par le Président de la République de ses prérogatives en matière de circonstances exceptionnelles (article 84 de la consultation), des avis émis dans le cadre des projets de loi avant leur délibération en Conseil des ministres et leur dépôt au bureau de l'une des assemblées parlementaires, des avis sur les projets d'ordonnances avant leur délibération en Conseil des ministres (article 132), des avis avant l'établissement définitif du budget à défaut du vote dans le délai de quinze jours pendant la session extraordinaire.

c). L'autorité des actes de l'exercice de la fonction contentieuse.

Il s'agit ici des décisions stricto sensu. Une distinction doit être faite entre les décisions qui relèvent du contentieux de la constitutionnalité de celles qui procèdent du contentieux électoral et des opérations de référendum.

1). L'autorité des décisions relatives au contentieux de la constitutionnalité.

Il s'agit ici de la portée des décisions juridictionnelles que la Cour constitutionnelle peut rendre dans le cadre d'une contestation de la constitutionnalité d'une norme par voie d'action ou dans le cadre d'une action indirecte et a posteriori, selon la procédure de l'exception d'inconstitutionnalité.

1-1). Des décisions du contrôle a priori.

Concernant les décisions prises dans le cadre du contrôle a priori, il convient de souligner qu'en principe, lorsque, saisie avant la promulgation d'une loi, la Cour constitutionnelle constate qu'elle contient des dispositions contraires à la constitution, elle la déclare inconstitutionnelle et prononce son annulation. Une telle loi ne peut pas, en application des dispositions de l'article 45 de la loi organique, être promulguée ni publiée.

1-2). Des décisions d'inconstitutionnalité totale ou partielle.

La constitution de 2002, tout comme la loi organique du 17 janvier 2003, utilise, respectivement dans les articles 150 et 38, le terme *« disposition »*. Car, le grief d'inconstitutionnalité peut ne pas concerner la loi dans son intégralité. Il peut affecter une ou quelques dispositions seulement de la loi déférée devant la Cour constitutionnelle.

En cas d'inconstitutionnalité totale, la loi sera déclarée inconstitutionnelle dans son entièreté et insusceptible de promulgation, si toutes ses dispositions contreviennent à la constitution. Elle le sera également si la ou les dispositions entachées d'inconstitutionnalité sont déterminantes, c'est-à-dire non détachables de l'ensemble des autres dispositions de la loi déférée.

Ce critère de détachabilité, retenue par l'article 38 de la loi organique, induit une inconstitutionnalité totale de la loi et l'impossibilité de la promulguer et de la publier. Dès lors, la loi n'étant pas promulguée, elle est réputée n'être pas entrée dans l'ordonnancement juridique. Elle ne pourrait fonder l'action des pouvoirs publics ou des autorités administratives, pour cause d'illégalité en raison du défaut de base légale. Les particuliers ne pourront pas non plus s'en prévaloir. Il reviendra à l'exécutif ou au législateur de reprendre le projet ou la proposition de loi pour l'expurger de toutes les irrégularités dont elle est affectée.

En revanche, s'il s'agit de l'inconstitutionnalité partielle de la loi déférée. Elle, n'en affecte qu'une ou certaines dispositions détachables[159]. Donc, la ou les dispositions censurées sont susceptibles d'être isolées de l'ensemble de la loi, sans en remettre en cause l'économie générale. Dans cette hypothèse, la loi peut être déclarée conforme à la constitution, promulguée et publiée à l'exclusion des dispositions censurées. Il appartiendra, alors, à l'exécutif ou au législateur de reprendre, si besoin est, les dispositions censurées en se conformant à la constitution dans le cadre d'un nouveau projet ou proposition de loi.

1-3). Des réserves d'interprétation.

En cas de réserves d'interprétation, le juge constitutionnel peut, sans invalider une loi ni donner un blanc-seing au législateur, opter pour une voie médiane. Celle d'assortir la validité constitutionnelle d'une loi, ou d'un certain nombre de ses dispositions, de réserves d'interprétation. C'est-à-dire

---

[159] *« Si la Cour constitutionnelle, saisie d'une loi avant promulgation, déclare que cette loi contient une disposition contraire à la Constitution sans constater en même temps que celle-ci est détachable de l'ensemble de cette loi, la loi dont s'agit ne peut être ni promulguée, ni publiée*
Dans le cas où la Cour constitutionnelle déclare que le règlement intérieur de l'Assemblée nationale ou du Sénat ou du Parlement réuni en congrès qui lui a été soumis contient une disposition contraire à la Constitution, cette disposition ne peut être mise en application ».

en les déclarant conformes à la constitution sous réserve ou à condition qu'elles soient interprétées dans le sens que la Cour constitutionnelle dicte dans sa décision. Il ne s'agit donc pas pour le juge constitutionnel de réécrire la loi en lieu et place du législateur, mais d'y apporter d'utiles correctifs lorsque les dispositions en cause le justifient. Cette technique a cours en France et dans d'autres pays comme l'Italie, l'Allemagne et l'Espagne[160].

Ces réserves d'interprétation font autorité au même titre que la décision de conformité constitutionnelle[161].

1-4). En matière de contrôle a posteriori.

Dans le cadre du contrôle a postériori, l'annulation de la loi ou de ses dispositions inconstitutionnelles s'impose d'abord à la juridiction devant laquelle l'exception d'inconstitutionnalité a été soulevée. Elle doit en tirer toutes les conséquences de droit dans la résolution du litige dont elle est saisie. La loi ou ses dispositions annulées disparaissent de l'ordonnancement juridique et ne peuvent plus être invoquées par qui que ce soit.

Il est constant que, dans un souci de sécurité juridique, la Cour constitutionnelle peut différer dans le temps les effets de l'inconstitutionnalité d'une loi ou de ses dispositions qu'elle constate à l'occasion d'un contrôle a posteriori.

2). L'autorité des décisions de la Cour constitutionnelle en matière électorale.

La portée des décisions de la Cour constitutionnelle dans le contentieux électoral doit être cernée selon qu'il s'agisse de l'élection présidentielle, des élections législatives, sénatoriales et des opérations du référendum.

2-1). Des décisions de la Cour constitutionnelle relatives à l'élection présidentielle.

Le défaut de contestation des résultats provisoires dans le délai de cinq jours de leur publication par le ministre en charge des élections, rend définitifs les résultats proclamés par la Cour constitutionnelle.

---

[160] *Cf. G. Drago, « Contentieux constitutionnel français », PUF (Thémis), 1998, p416 ; O. Cayla, O.Beaud, « Les nouvelles méthodes du Conseil constitutionnel », RDP, 1998, p.696 ; A. Viala, « Les réserves d'interprétation dans la jurisprudence du Conseil constitutionnel, thèse, LGDJ, 1999. X. Samuel, « Les réserves d'interprétation émises par le Conseil constitutionnel», www.conseil-constitutionnel.fr/conseil-constitutionnel/root/bank.../Conseil/reserves.pd. ; « Les réserves d'interprétation du Conseil constitutionnel; », www.conseil-constitutionnel.fr Techniques contentieuses et portée des décisions.*

[161] *Le Conseil d'Etat français a considéré dans un arrêt du 15 mai 2013, req. n°340554, que les réserves d'interprétation du Conseil constitutionnel ont une autorité absolue de la chose jugée.*

En cas de contestation, il y a lieu de distinguer,

D'une part, comme toute décision de la Cour constitutionnelle, le rejet d'une requête pour cause d'irrecevabilité. Dès lors, la proclamation des résultats définitifs de l'élection présidentielle ne peut faire l'objet d'aucun recours. D'autre part, sur le plan politique, c'est dans l'intérêt de la vitalité de la démocratie que le candidat perdant devrait, dans une démarche d'élégance républicaine, reconnaitre sa défaite, s'il ne jugeait pas nécessaire de contester la régularité de l'élection ou les résultats provisoires publiés par le ministre qui en a la charge.

Dans le cadre de ses attributions, le juge de l'élection présidentielle peut aux termes des dispositions de l'article 61 de la loi organique, selon le cas, *« annuler »* l'élection contestée, *« reformuler »* les résultats proclamés et déclarer élu le candidat qui l'est régulièrement au vu des résultats.

Concernant la reformulation des résultats, la rédaction de la loi organique est quelque peu maladroite. En effet, la reformulation consiste à formuler différemment ce qui a été fait ou présenté, sans en changer le fond. C'est un exercice de pure forme, qui ne modifie rien quant au fond. Or, il est plausible de considérer le pouvoir que le législateur organique reconnait au juge de l'élection présidentielle, en cas de contestation, comme étant un *« pouvoir de reformation »* ou *« de modification »* des résultats provisoires publiés par le ministre en charge des élections.

A la différence de l'annulation, le pouvoir de reformation du juge électoral consiste, lorsqu'il constate des irrégularités, à rectifier ou à corriger les résultats publiés par l'autorité administrative et à lui substituer ses propres résultats. Contrairement à l'annulation, la reformation n'entraîne pas l'organisation d'une nouvelle élection. Elle peut aboutir soit à la confirmation des résultats de l'administration, soit au changement de l'issue du scrutin affectant l'ordre des résultats et déclarer élu un autre candidat que celui qui a été présenté par l'administration comme étant arrivé en tête, vainqueur.

Enfin, l'annulation concerne les irrégularités graves qui peuvent affecter le déroulement des opérations de vote, ou les opérations de dépouillement et de transmission des procès-verbaux. L'annulation peut être partielle et conduire à une réformation, comme nous venons de le voir, elle peut être totale et entraîner la reprise du processus électoral, dans le délai de 45 à 90 jours conformément 61 dernier alinéa de la loi organique du 17 janvier 2003.

2-2). Des décisions de la Cour constitutionnelle en matière d'élections parlementaires.

Les élections législatives et les élections sénatoriales doivent être contestées dans le délai de quinze jours à compter le leur proclamation par le ministre qui en a la charge. La décision de la Cour constitutionnelle constatant et proclamant les résultats définitifs s'impose à tous et ne peut faire l'objet d'aucune contestation. En cas de contestation dans le délai prescrit, la cour constitutionnelle peut, selon les cas, prendre une décision de réformation ou d'annulation comme nous venons de voir. En cas d'annulation, les élections partielles doivent être de nouveau organisées dans les circonscriptions concernées.

2-3). Des décisions de la Cour constitutionnelle en matière de référendum.

La matière de référendum a ceci de particulier qu'elle concerne une décision du peuple souverain, que le juge constitutionnel doit se garder de remettre en cause. Son contrôle se cantonne à en examiner la régularité des opérations. Selon la nature et la gravité des irrégularités constatées, le juge constitutionnel peut soit valider les opérations, en prononcer l'annulation totale ou partielle. La décision prise en la matière s'impose à tous et insusceptible de recours.

Il est constant qu'en matière de contentieux électoral, les décisions du juge constitutionnel sont revêtues de l'autorité relative de la chose juge. Cela d'autant plus qu'aux termes des dispositions de l'article 63 de la loi organique, ces décisions n'ont d'effet qu'en ce qui concerne l'élection dont la Cour constitutionnelle est saisie.

§ 3 : La Cour constitutionnelle dans la constitution de 2015.

Elle est aux termes des dispositions de l'alinéa 1er de l'article 175 de la constitution, *« ... la haute juridiction de l'Etat en matière constitutionnelle »*. Les mots ont un sens. Le constituant utilise l'adjectif qualificatif, *« la haute »*, au lieu du superlatif relatif de supériorité, *« la plus haute »,* pour caractériser la Cour constitutionnelle. De même qu'il utilise les termes, *« juridiction de l'Etat »* au lieu de *« juridiction nationale ».* Ce choix sémantique peut signifier que la Cour constitutionnelle n'appartient pas à un ordre de juridictions dans lequel elle se situerait au sommet de la hiérarchie. La Cour incarne la justice constitutionnelle. Elle veille au respect de la loi fondamentale aussi par le pouvoir exécutif, le pouvoir législatif et, dans une certaine mesure, par le pouvoir judiciaire la constitution du 25 octobre 2015 confirme la Cour constitutionnelle dans sa fonction de juge de la constitutionnalité des lois, des traités et des accords internationaux. La loi organique n° 28-2018 du 07 août 2018, portant organisation et fonctionnement de la Cour constitutionnelle, abroge celle du 17 janvier

2003. Elle est modifiée et complétée dans certaines de ses dispositions par la loi organique n° 57-2020 du 18 novembre 2020[162].

A). Sur le plan organique.

Nous examinerons ci-après la répartition de la désignation des membres de la Cour constitutionnelle, caractérisée par l'omniprésence des juristes, les incompatibilités et les incapacités, ainsi que la durée du mandant des membres de cette institution.

I). La répartition de la désignation des membres de la Cour constitutionnelle.

La Cour constitutionnelle est composée, dans la constitution de 2015, du même nombre de membres qu'en 1992 et en 2002, soit neuf membres. La répartition de la désignation est la même qu'en 2002 ; avec ceci de particulier que si ces membres ne sont pas élus comme en 1992, l'article 182 de la constitution de 2015 dispose qu'ils sont nommés en raison de 3 par le Président de la République, 2 par le Président de l'Assemblée nationale, 2 par le Président du Sénat et deux par la Cour suprême parmi les magistrats qui composent cette plus haute juridiction nationale.

Il n'échappera pas à l'attention que, pour les membres autres que ceux qui sont désignés par le Président de la République, la constitution de 2015 ne parle plus de proposition en vue de la nomination par le Chef de l'Etat. Ce terme conférait un pouvoir discrétionnaire au Président de la République pour nommer ou non les membres qui lui sont proposés par les différentes autorités de désignation. Tout porte à croire que les désignations faites par les présidents de chaque assemblée parlementaire et la Cour suprême valent nominations et doivent être entérinées par un décret présidentiel. S'agissant des deux membres issus de la Cour suprême, la constitution ne précise pas non plus, comme celle de 2002, s'ils sont désignés par le bureau de cette juridiction.

II). L'omniprésence des juristes.

Il convient également de souligner la place prépondérante réservée aux juristes dans la composition de la Cour constitutionnelle. Aux termes des dispositions de l'article 187 de la constitution du 25 octobre 2015, six (6) au moins des neuf (9) membres de la Cour constitutionnelle doivent avoir une expérience dans le domaine juridique.

---

[162] Loi organique 57-2020 du 18 novembre 2020 modifiant et complétant certaines dispositions de la loi n°58-2018 du 07 août 2018, portant organisation et fonctionnement de la Cour constitutionnelle, JORC n°47-2020 du 26 novembre 2020, p.1207.

S'il est de bon aloi qu'une juridiction, de surcroit aussi élevée et spécialisée, soit essentiellement composée de juristes, pour trancher les litiges avec le caractère d'une institution purement politique ; cela n'est pas forcément un gage de son efficacité ni de la qualité de ses décisions. Encore faudrait-il que les juristes qui la composent aient, *a minima,* la compétence de leurs compétences[163], notamment en matière constitutionnelle et surtout de la spécificité du contentieux constitutionnel.

Par ailleurs, la référence à *« l'expérience dans le domaine du droit »* nous paraît tout aussi vague qu'imprécise. D'autant plus que le niveau minimal d'expérience professionnelle en matière juridique n'est pas précisé. Car, tout juriste n'a pas vocation à devenir membre d'une juridiction constitutionnelle. L'omniprésence des juristes présente, au-delà de l'avantage de la technicité attendue d'une telle institution, l'inconvénient de la rendre trop technique, d'en aseptiser les débats ou les décisions.

Enfin, on peut apercevoir, à travers les dispositions de l'article 187 de la constitution de 2015, une subtile invocation de la constitution du 15 mars 1992 qui, dans son article 139, disposait que le Conseil constitutionnel était entre autres composé de deux magistrats élus par le Conseil supérieur de la magistrature, de deux enseignants de droit de l'université élus par leurs pairs et de deux avocats élus par leurs pairs, soit six (6) juristes.

III). Les incompatibilités et les incapacités.

Les incompatibilités sont les mêmes qu'en 2002, dans la mesure où l'article 184 interdit le cumul des fonctions de membres de la Cour constitutionnelle avec celles de membre du Gouvernement, du Parlement ou de la Cour suprême ou d'autres incompatibilités fixées par la loi.

Par ailleurs, elle consacre en son article 185 une énumération non limitative des incapacités entraînant une interdiction absolue de siéger à la Cour constitutionnelle. Il s'agit des personnalités condamnées pour forfaiture, haute trahison, parjure ou tout autre crime, qui ne peuvent être membres de la Cour constitutionnelle.

On peut cependant noter une subtilité rédactionnelle par rapport à la constitution de 2002 dont l'article 145 incluant les crimes économiques, crimes de guerre, crime de génocide ou tout autre crime contre l'humanité. Bien que n'étant plus expressément énumérées, ces incriminations ne sont pas supprimées du registre des incapacités puisque l'article 185 utilise l'expression *« tout autre crime »* pour en marquer le caractère non exhaustif,

« Les personnalités condamnées pour forfaiture, haute trahison, parjure ou tout autre crime ne peuvent être membres de la Cour constitutionnelle.

Les autres incompatibilités sont fixées par la loi ».

---

[163] Au sens du juriste allemand Georg Jellinek.

La rédaction du dernier alinéa de l'article 185 nous paraît maladroite. Car, on ne peut pas décemment qualifier ces interdictions de *« d'incompatibilités »* stricto sensu. Cela, dans la mesure où l'incapacité disparaît avec la cessation, la démission ou le choix de l'intéressé de ne plus exercer les fonctions dont le cumul n'est pas compatible avec la qualité de membre de la juridiction constitutionnelle.

Or, l'incapacité suite à une condamnation définitive pour crime, donc d'une décision de justice passée ou entrée en force de chose jugée, sanctionne non pas le cumul des fonctions, mais la commission d'une infraction pénale très grave. Elle est liée au casier judiciaire de l'intéressé, à son comportement et à sa moralité.

Encore faudrait-il distinguer si la personne concernée a bénéficié d'une grâce présidentielle, en application de l'article 92 de la constitution[164], ou d'une loi d'amnistie (article 125 de la constitution). Dans la première hypothèse, l'incapacité demeure, puisque la grâce fait disparaître ou réduit le quantum de l'infraction sans effacer la condamnation du casier judiciaire. Tandis que l'amnistie fait disparaître rétroactivement l'infraction commise en l'effaçant du casier judiciaire. La personne étant réputée ne l'avoir pas commise. Sauf si, outre l'infraction amnistiée, son casier judiciaire en recèle d'autres. En somme, si une personne graciée n'a aucune chance d'être désignée comme membre de la Cour constitutionnelle, une personne amnistiée peut l'être ; sauf si son casier judiciaire contient d'autres condamnations pour des crimes qui ne figurent pas dans la loi d'amnistie.

IV). La durée du mandat.

La constitution de 2015 reconnait aux membres de la Cour constitutionnelle un mandat particulièrement court, en principe. Car, il passe de neuf (9) à quatre (4) ans. Cependant, il est virtuellement de douze (12) ans, en ce sens qu'aux termes des dispositions de l'article 186 alinéa 1er, ce mandat de quatre ans peut être renouvelé deux fois, dans les conditions déterminées par la loi[165].

C'est aussi ce que reprend l'article 16 de la loi organique n° 28-2018 du 7 août 2018 portant organisation et fonctionnement de la Cour constitutionnelle, qui précise dans son second alinéa que le renouvellement du mandat des membres de la Cour constitutionnelle a lieu trente (30) jours avant le terme dudit mandat.

---

[164] *« Le Président de la République exerce le droit de grâce »*

[165] *« Le mandat des membres de la Cour constitutionnelle est de quatre (4) ans renouvelable deux fois. La loi détermine les modalités du renouvellement des mandats des membres de la Cour constitutionnelle ».*

B). Sur le plan fonctionnel.

Nous examinerons ici, les attributions et la saisine de la Cour constitutionnelle.

I). Concernant les attributions de la Cour constitutionnelle.

La constitution du 25 octobre 2015 définit, comme les précédentes, les attributions de la Cour constitutionnelle relativement au contrôle de la constitutionnalité ou de la conformité à la constitution (nous l'évoquerons un peu plus loin), à la régulation du fonctionnement des institutions et des activités des pouvoirs publics.

a). La fonction régulatrice de la Cour constitutionnelle.

Comme sous la constitution de 1992, la constitution de 2015 réintroduit dans son corpus la fonction d'organe régulateur des activités des pouvoirs publics, que reprenait aussi la loi organique du 17 janvier 2003 dans son article 1er ; ainsi que l'alinéa 3 de l'article 1er de la loi organique du 07 août 2018. La constitution du 25 octobre 2015 consacrant une énonciation toute aussi explicite dans son article 175 alinéa 3, qui dispose,

« La Cour constitutionnelle est l'organe régulateur du fonctionnement des institutions et des activités des pouvoirs publics ».

La Cour a eu l'occasion de préciser son rôle de régulateur dans sa décision n° 008 DCC/SVA/19 du 10 décembre 2019, rendue à la requête de Monsieur OKANA Jean-Claude. Ce dernier demandait à la Cour constitutionnelle de constater la violation, par le pouvoir exécutif, du principe d'égalité de tous les agents se trouvant dans une situation identique et de l'enjoindre d'exécuter un arrêt de la chambre administrative de la cour d'appel de Brazzaville du 6 mai 2013 qui ordonnait au gouvernement de procéder à la réhabilitation et à la reconstitution des carrières de quatre-vingt-trois (83) agents de la police nationale.

La Cour constitutionnelle considérait dans sa décision, au visa des dispositions précitées de l'article 175 alinéa 3 de la constitution, que son rôle est de veiller au respect, par chacun des pouvoirs de l'Etat, de ses attributions constitutionnelles et, par conséquent, de statuer sur les conflits positifs de compétence entre eux et de censurer leurs incompétences négatives. C'est le cas lorsque, d'une part, un organe de l'Etat prend une décision au mépris de sa compétence d'attribution et, inversement, d'autre part, un tel organe invoque, injustement, son incompétence. Elle précise donc que, le pouvoir de régulation que lui confie la constitution implique un conflit positif ou négatif de compétence entre organes de l'Etat et non les litiges entre ceux-ci et les particuliers dont le règlement relève du pouvoir judiciaire qui, aux termes des dispositions de l'article 168 alinéa 2 de la Constitution, statue sur les litiges nés entre les citoyens ou entre les citoyens et l'Etat. Interprétant strictement les dispositions de l'article 175 alinéa 3 de la constitution du 25 octobre 2015, elle considère que, le rôle régulateur de la Cour constitutionnelle, tel qu'il est encadré, n'induit pas un pouvoir général de faire des injonctions à l'Etat ou à ses démembrements[166].

b). La fonction de juge électoral.

En matière électorale, il y a une confirmation de la répartition des compétences. D'une part, aux termes des dispositions de l'article 176, la Cour constitutionnelle veille à la régularité de l'élection du Président de la République et des opérations du référendum, elle examine les réclamations relatives à l'élection présidentielle et proclame les résultats définitifs pour ces deux types de consultations. Elle examine, en sa qualité de juge du contentieux des élections des députés et des sénateurs, les contestations relatives à la candidature et aux résultats de ces élections. Donc, elle exerce un contrôle en amont des élections, dit a priori, et en aval des élections, dit a postériori. D'autre part, le contentieux des autres élections ressortit à la compétence des juridictions ordinaires.

II). Concernant l'élargissement de la saisine de la Cour constitutionnelle.

La constitution de 2015 consacre un double élargissement de la saisine de la Cour constitutionnelle, à l'égard du Premier ministre et du domaine d'intervention des particuliers.

a). L'élargissement de la saisine au Premier ministre.

Il va de soi qu'avec l'institution de la fonction de Premier ministre, la liste des personnes habilitées à saisir la Cour constitutionnelle soit élargie en l'incluant, comme en dispose l'article 178. On était en droit de s'interroger si la création *contra legem* du poste de vice-premier ministre pouvait lui conférer l'habilitation de saisir la juridiction constitutionnelle ; même s'il n'exerçait pas les fonctions d'adjoint au Chef de gouvernement. Une clarification de cette qualité et de l'étendue des pouvoirs qui s'y attachent devait s'imposer dans le cadre d'une révision constitutionnelle.

---

[166] Cf. Cour constitutionnelle, Décision n° 008 DCC/SVA/19 du 10 décembre 2019, sur le recours aux fins d'enjoindre au Gouvernement d'exécuter une décision de justice, J.O. N° 51-2019 du 19 décembre 2019, p. 1534. La question soumise à la Cour constitutionnelle relève en principe d'une procédure spécifique d'aide à l'exécution d'une décision de justice entrée en force de chose jugée.

Cependant, la pratique institutionnelle s'en était allée une fois de plus autrement. Car, le poste de vice-premier ministre fut supprimé. Cette fonction n'était pas mentionnée dans le décret n° 2021-301 du 15 mai 2021 portant nomination des membres du gouvernement (après l'élection présidentielle du 21 mars 2021), dont le Premier ministre (A.C. Makosso) fut lui-même nommé par décret n° 2021-300 du 12 mai 2021.

b). L'élargissement du champ matériel de la saisine des particuliers.

A la différence de la constitution de 1992 (article 148) et celle de 2002 (article 149), la constitution du 25 octobre 2015 élargit le champ matériel de la saisine de la Cour constitutionnelle par les particuliers (dans le cadre du contrôle de la constitutionnalité) aux traités, comme en dispose son article 180, alors qu'elle était limitée au contrôle de la constitutionnalité des lois.

§ 4 : L'analyse de la loi organique du 07 août 2018 par rapport à celle de 2003.

Il convient de souligner que le titre 1er relatif aux dispositions générales de la loi organique du 7 août 2018 est complètement refondu et réduit à 3 articles seulement, par rapport à celui de la loi organique du 17 janvier 2003 qui en comptait 9. Il s'ouvre par un article 1er qui reprend le statut constitutionnel de la Cour, la plus haute juridiction en matière constitutionnelle. Cet article, plus précis que celui de la loi organique précédente, réaffirme les deux principales fonctions de la Cour en tant que juge de la constitutionnalité des lois, des traités et accords internationaux et, organe régulateur du fonctionnement des institutions et activités des pouvoirs publics.

On peut regretter qu'à ce stade, la loi organique du 07 août 2018 ne fasse pas mention, comme celle de 2003, de la protection des droits et des libertés fondamentaux des citoyens ni de l'indépendance de la Cour constitutionnelle vis-à-vis des pouvoirs exécutif, législatif et judiciaire.

Les articles 2 et 3 sont respectivement consacrés à ses fonctions de juge électoral. Notamment de l'élection du Président de la République et aux opérations du référendum, dont elle veille à la régularité et en examine les réclamations et proclame les résultats ; aux élections législatives et sénatoriales, ainsi qu'à l'examen des contestations qui en résultent.

On peut utilement observer sur le plan formel, qu'à la différence de la loi organique du 17 janvier 2003, certaines matières ne figurent plus au titre 1er dédié aux dispositions générales. Il s'agit notamment de la désignation du collège des médecins assermentés pour certifier de l'état de santé mentale et physique des candidats à l'élection présidentielle, de la réception du serment du Président de la République élu, de la constatation de la vacance de la Présidence de la République, de la consultation de la Cour sur l'établissement définitif du budget de l'Etat par voie d'ordonnance, de l'autorisation du Président de la République à légiférer par voie d'ordonnance, de la consultation de la Cour sur la conformité à la constitution des règlements des assemblées parlementaires avant leur promulgation ou mise en application, etc.

Le rétrécissement de l'étendue du titre premier traduit la volonté du législateur organique de le réserver aux dispositions générales, plutôt que de se consacrer d'entrée à l'organisation et au fonctionnement de la Cour.

A). L'organisation et le fonctionnement de la Cour constitutionnelle.

Sont ici concernées les dispositions relatives à la composition, au serment et aux interdictions.

I). La composition de la Cour et le serment de ses membres.

a). Sur la composition de la Cour constitutionnelle.

La Cour constitutionnelle est composée, dans la loi organique du 7 août 2018, de la même manière que dans la constitution du 20 janvier 2002 et la loi organique du 17 janvier 2003, de neuf membres désignés comme nous venons de le voir et d'un bureau qui comprend un Président, un Premier Vice-président et 7 autres membres.

b). Le serment des membres de la Cour constitutionnelle.

Le serment que les membres de la Cour constitutionnelle prêtent avant l'entrée en fonction devant le parlement réuni en congrès, est libellé dans l'article 6 de la loi organique du 7 août 2018,

« Je jure de bien et fidèlement remplir mes fonctions de membre de la Cour constitutionnelle, de les exercer en toute impartialité dans le respect de la constitution et des lois de la République, de garder le secret des délibérations et des votes, de ne prendre aucune position publique et de ne donner aucune consultation sur les questions relevant de la compétence de la Cour ».

Ce texte est légèrement modifié par l'insertion des termes, *« ...membre de la Cour constitutionnelle... »,* par rapport à celui de l'article 14 de la loi organique du 17 janvier 2003.

L'intérêt de ce rajout n'est pas seulement formel pour le distinguer de la formule générale de *« ...remplir mes fonctions... »*. Il permet de personnaliser le serment et de l'identifier à la fonction à laquelle l'impétrant est admis. Il donne du relief à la sacralité du serment.

Il s'ensuit que cette dimension est sanctionnée avec plus de précisions dans l'article 7 de la loi organique du 07 août 2018 qui, à la différence de celle du 17 janvier 2003, dispose que la violation du serment constitue une forfaiture passible de la dégradation civique. Donc, on châtie l'indignité !

II). Les interdictions et les incompatibilités des membres de la Cour constitutionnelle.

A la différence de l'article 10, dernier alinéa de la loi organique du 17 janvier 2003 qui se contentait d'une formule générale interdisant de nommer toute personne condamnée pour crime ou délit en qualité de membre de la Cour constitutionnelle, l'article 8 de la loi organique du 07 août 2018 dresse une liste non exhaustive des incriminations absolument incompatibles avec la qualité de membres de cette institution. Il s'agit des personnes condamnées pour forfaiture, haute trahison, parjure, détournement de deniers publics, corruption, concussion, fraude, blanchiment d'argent, participation à une entreprise terroriste, génocide, atteinte à la sécurité intérieure de l'Etat, insurrection, rébellion armée ou tout autre crime.

Cette énumération exclut aussi la nomination de toute personne dont le casier judiciaire comporte la mention des délits ou crimes, bien que ne figurant pas sur la liste de l'article 8 de la loi organique du 07 août 2018, mais présentant un caractère afflictif ou infamant.

Par ailleurs, la loi organique du 07 août 2018 élargit le périmètre des incompatibilités avec les fonctions de membres de la Cour constitutionnelle.

Alors que la loi organique du 17 janvier 2003 limitait les incompatibilités seulement avec la qualité de membre du gouvernement, du parlement, de la Cour suprême, du Conseil économique et social, du Conseil national des droits de l'homme, du conseil supérieur de la magistrature, et des conseils locaux (article 21) ; l'article 13 de la loi organique de 2018 élargit le périmètre de l'interdiction du cumul des fonctions de membres de la Cour constitutionnelle aux membres de la Cour des comptes et de discipline budgétaire, de la Haute Cour de justice, au Médiateur de la République et aux Conseils consultatifs nationaux. La démission est réputée acquise si l'intéressé n'a pas exprimé sa volonté dans un délai de 8 jours à compter de sa nomination.

B). Le fonctionnement de la Cour constitutionnelle.

Seront examinés ci-après, la réduction du mandat des membres, la convocation et les réunions de la Cour constitutionnelle.

I). La réduction de la durée du mandat des membres de la Cour constitutionnelle.

Le mandat des membres de la Cour constitutionnelle n'est plus de neuf ans renouvelables par tiers tous les trois ans comme ce fut le cas sous la loi organique du 17 janvier 2003. Comme nous venons de le voir, le mandat est désormais de quatre ans renouvelable deux fois, dans les mêmes conditions que lors de la nomination. Etant précisé qu'aux termes du dernier alinéa de l'article 16 de la loi organique du 07 août 2018, le renouvellement a lieu 30 jours avant la fin du mandat.

Le remplacement d'un membre de la Cour constitutionnelle pour cause de décès, de démission ou de déchéance intervient désormais dans un délai de 15 jours au lieu de 8 jours, pour le reste du mandat en cours.

II). Les réunions de la Cour constitutionnelle.

Les séances solennelles et les audiences publiques de la Cour constitutionnelle sont dirigées par son président. Ce dernier en est le représentant légal, il en assure le fonctionnement régulier et la discipline.

Pour ne pas paralyser le fonctionnement de la Cour et assurer la continuité du service public qu'il incarne, la loi organique prévoit, en cas d'empêchement temporaire, la possibilité de suppléer le président de la Cour par son vice-président. A défaut, c'est le doyen d'âge qui en assure la suppléance. Les convocations aux réunions sont adressées à l'initiative du président ou, en cas d'empêchement, du vice-président, voire du membre le plus âgé.

L'une des nouveautés de la loi organique du 07 août 2018, par rapport à celle de 2003, réside dans l'institution du doyen d'âge, pour présider la Cour en cas d'empêchement temporaire du président ou du vice-président. Cela sans qu'il ne soit besoin d'une intervention de l'autorité de nomination, en l'occurrence, le Président de la République.

La nouvelle loi organique ne modifie pas fondamentalement les règles d'examen des affaires en ce qui concerne la désignation d'un rapporteur, le déroulement de l'instruction, le quorum, le vote, etc.

Sur le plan financier, il demeure que les crédits nécessaires au fonctionnement de la Cour constitutionnelle sont inscrits au budget de l'Etat. Le président de la Cour en est l'ordonnateur principal, le vice-président est l'ordonnateur secondaire ou délégué. Il est prévu que la Cour constitutionnelle perçoive une dotation spécifique avant tout processus électoral.

C). Les droits et les obligations des membres de la Cour constitutionnelle.

Les membres de la Cour constitutionnelle se voient reconnaitre un certain nombre de droits. Ils sont également assujettis à un certain nombre d'obligations, qu'il convient de souligner.

I). La rémunération des membres de la Cour constitutionnelle.

A la différence de l'article 18 de la loi organique de 2003, l'article 10 de celle de 2018 dispose que les membres de la Cour constitutionnelle perçoivent un traitement dont le montant est déterminé par décret du Président de la République ; alors qu'il l'était par décret en Conseil de ministres sous la précédente législature. On peut considérer que la fixation de la rémunération de membres de la Cour constitutionnelle relève de la compétence exclusive du Chef de l'Etat, agissant en dehors du cadre du Conseil des ministres.

II). La démission de tous partis, syndicats et associations.

L'article 12 de la loi électorale du 07 août 2018 réaffirme l'obligation faite à toute personne nommée, comme membre de la Cour constitutionnelle, de démissionner, avant la prise de ses fonctions, de tous partis, syndicats ou associations dont elle appartiendrait. Cependant, il n'en précise pas les modalités. Ce, à la différence de l'article 20 de la loi organique du 17 janvier 2003 qui exigeait une déclaration écrite sur l'honneur.

D). La procédure devant la Cour constitutionnelle.

Les règles de procédure sont définies selon qu'il s'agisse de la saisine de la Cour constitutionnelle dans le cadre du contrôle de la constitutionnalité ou de la saisine en sa qualité de juge électoral et des opérations du référendum.

I). La procédure en matière de contrôle de la constitutionnalité.

La loi organique du 07 août 2018 distingue la procédure applicable selon qu'il s'agisse d'une saisine au titre d'un avis ou d'une déclaration de conformité à la constitution, au titre de l'interprétation de la constitution ou d'un recours en inconstitutionnalité.

a). La saisine de la Cour au titre d'un avis de conformité à la constitution.

La saisine au titre d'avis de conformité à la constitution peut être facultative ou obligatoire.

1). La saisine consultative obligatoire aux fins d'avis de conformité à la constitution.

La loi organique de 2018 limite la saisine consultative obligatoire à deux situations. Il s'agit, d'une part, des lois organiques avant leur promulgation par le Président de la République (article 30). Dans ce cas, seules deux autorités sont habilitées à solliciter l'avis de conformité en la matière à la Cour constitutionnelle. Il s'agit du Président de la République et du Premier ministre, chef du gouvernement. Toutes autres autorités (vice-premier ministre ou les parlementaires) sont incompétentes en la matière.

A la différence de la loi organique du 17 janvier 2003 (article 33 dernier alinéa), le secrétaire général du gouvernement n'est plus compétent, même sur délégation, pour saisir la Cour constitutionnelle d'une demande d'avis de conformité d'une loi organique à la constitution.

D'autre part, l'avis de conformité est également obligatoire concernant les règlements intérieurs des deux assemblées parlementaires (l'Assemblée nationale et le sénat), avant leur mise en application. Comme nous l'avant déjà vu, les règlements intérieurs des assemblées parlementaires ont valeur de lois organiques. L'avis de conformité à la constitution est sollicité par le président de l'assemblée parlementaire concernée.

Il va de soi que, même si la loi organique du 07 août 2018 ne le mentionne pas, cette exigence devrait aussi s'imposer au règlement intérieur du parlement réuni en congrès. Dans ce cas, c'est en principe le président de l'Assemblée nationale qui devrait saisir la Cour constitutionnelle. Car, c'est lui qui préside le parlement lorsqu'il se réunit en congrès.

2). La saisine consultative facultative aux fins d'avis de conformité à la constitution.

Une loi ordinaire peut donner lieu à une saisine facultative de la Cour constitutionnelle aux fins d'un avis sur la conformité à la constitution (article 31), avant sa promulgation. Ce contrôle a priori de la constitutionnalité est mis en mouvement par un grand éventail d'autorités (président de la République, président du sénat, président de l'Assemblée nationale, Premier ministre et chef du gouvernement, 1/3 de députés ou de sénateurs).

L'effet suspensif du délai de promulgation est confirmé. Il est également spécifié que l'autorité qui saisit la Cour constitutionnelle doit en informer les autres personnes habilitées à le faire. Cette précaution permet d'éviter la multiplication voire la pluralité des saisines sur une même loi. La Cour dispose d'un délai d'un mois pour rendre son avis. Ce délai est réduit à 10 jours en cas d'urgence. Alors qu'il était de trois mois sous la loi organique du 17 janvier 2003.

3). La saisine consultative facultative en matière de ratification des traités.

La Cour constitutionnelle peut également être saisie aux fins d'un avis de conformité des engagements internationaux de l'Etat, à l'occasion de l'adoption ou avant la promulgation d'une loi de ratification. Il s'agit en fait d'une saisine aux fins d'avis de ratification ou de non-ratification d'un traité ou d'un accord international, comme le prévoient les dispositions des articles 40 et 41 de la loi organique du 7 août 2018.

Enfin, en application des dispositions des articles 217 et 222 de la constitution, il eut été indispensable, compte tenu de la nature et de l'objet de certains traités et accords internationaux, de les soumettre obligatoirement à la Cour constitutionnelle, avant toute autorisation de ratification. Dans cette hypothèse, le Président de la République, les Présidents du Sénat et de l'Assemblée nationale, le Premier ministre, chef du gouvernement ou 1/3 des députés et sénateurs, seraient habilités.

Il en serait ainsi, concernant les traités de paix, les traités de défense, les traités relatifs aux ressources naturelles ou les accords relatifs aux organisations internationales, ceux qui engagent les finances de l'État, ceux qui modifient les dispositions de nature législative, ceux qui sont relatifs à l'état des personnes, ceux qui comportent délimitation du territoire ou susceptibles d'en affecter l'intégrité.

b). La saisine de la Cour aux fins d'interprétation de la constitution.

Il s'agit également d'une saisine consultative facultative. Elle ne vise pas nécessairement la conformité à la constitution, mais l'interprétation qu'il faille donner à une disposition constitutionnelle.

Comme la loi organique du 17 janvier 2003, celle du 07 août 2018 (article 36) prévoit la possibilité de saisir la Cour constitutionnelle d'un recours, voire d'une demande aux fins d'interprétation d'une disposition de la constitution. Notamment, lorsqu'il s'agit d'une disposition pas claire ou insuffisamment précise, susceptible de donner lieu à diverses interprétations, source de contestations et polémiques dans son application[167].

---

[167] Sur le pouvoir d'interprétation du juge constitutionnel, Cf.A. Duffy-Meunier, *« Pédagogie et interprétation du juge constitutionnel »,* in la pédagogie au service du droit, sous la direction de Ph.

Cette procédure est réservée au Président de la République, aux Présidents du Sénat et de l'Assemblée nationale, ainsi qu'au Premier ministre, Chef du gouvernement.

Aucun délai n'est imparti à la Cour pour statuer. On peut considérer que le délai d'un mois (10 jours en cas d'urgence) fixé par l'article 35 de la loi organique du 7 août 2018, concernant les lois organiques, les règlements intérieurs des assemblées parlementaires et des lois ordinaires, pourrait s'appliquer.

c). La saisine a posteriori de la Cour aux fins du contrôle de la constitutionnalité.

Il s'agit ici d'un contrôle *« après coup »* de la constitutionnalité, en ce sens qu'il intervient postérieurement à la promulgation d'une loi ou à la ratification d'un traité ou d'une convention internationale. Si le contrôle a priori de la constitutionnalité est un contrôle fermé, voire limité, du point de vue des auteurs, des personnes habilitées à saisir la Cour constitutionnelle, le contrôle a posteriori de la constitutionnalité est quant à lui ouvert. Il est accessible à tout citoyen, à toute personne. Il n'est enfermé dans aucune condition de délai. Il revêt deux formes. Il est exercé soit par voie d'action (directe), soit par voie d'exception (indirecte).

1). La saisine directe aux fins du contrôle a posteriori de la constitutionnalité.

Sur le plan formel, nonobstant le fait que le contrôle a posteriori de la constitutionnalité, par voie d'action, est un contrôle permanent, sans limitation de délai de saisine de la Cour constitutionnelle, il doit satisfaire à certaines conditions relatives à la forme de la saisine (requête écrite), à l'identification de l'auteur du recours (pour les personnes physiques : nom, prénom, date et lieu de naissance, profession, adresse ; pour les personnes morales : raison sociale, immatriculation, représentant légal, siège social, etc.). La requête, signée par son auteur ou son représentant légal, doit être adressée au Président de la Cour constitutionnelle.

Sur le fond, comme l'exige l'article 44 de la loi organique de 2018, la requête doit mentionner explicitement l'acte (la loi ou le traité) contesté ou certaines de ses dispositions dont l'inconstitutionnalité est alléguée, ainsi que les dispositions de la constitution dont la violation est invoquée.

Raimbault et M. Hecquard-théon, Presse universitaire de Toulouse 1, Capitole, LGDJ, 2011, pp. 185-211 ; S. Surin, *« La légitimité interprétative du juge dans le procès constitutionnel »*, HAL-01663454, 2017, https//Hal.archives-ouvertes.fr ; Mathieu, *« le conseil constitutionnel, législateur ou la question des interventions du juge constitutionnel français dans l'exercice de la fonction législative »*, revue internationale de droit comparé, 2010, n°62-2, pp 507-531 ; M. Troper, *« le droit et la nécessité »*, PUF, 2011, pp.155-168.

Toutes ces conditions sont prescrites à peine d'irrecevabilité du recours. La Cour constitutionnelle dispose d'un délai d'un mois (réduit à 10 jours en cas d'urgence) pour statuer[168].

Elle peut prendre une décision de rejet de la requête ou d'annulation. La Cour peut, conformément aux dispositions de l'article 47 de la loi organique du 07 août 2018, moduler les effets de sa décision dans le temps[169]. Cela, dans un souci de sécurité juridique, tient compte de la conformité ou non du texte, de certaines ses dispositions seulement, du caractère détachable ou non des dispositions jugées contraires à la constitution.

2). La saisine indirecte aux fins du contrôle a posteriori de la constitutionnalité.

L'exception d'inconstitutionnalité est une modalité du contrôle a postériori, une voie de saisine indirecte du juge constitutionnel contre une disposition légale ou conventionnelle internationale, à l'occasion d'une instance pendante devant une juridiction ordinaire. Il s'agit d'un incident de procédure, en ce qu'il a pour effet, lorsqu'elle est jugée fondée, d'interrompre voire de suspendre le cours normal d'un procès. De ce fait, l'exception d'inconstitutionnalité est soumise à des conditions strictes de recevabilité.

α). La recevabilité de l'exception d'inconstitutionnalité.

Les conditions de recevabilité de l'exception d'inconstitutionnalité sont, selon le législateur organique de 2018, relative à l'auteur de l'incident, à la matière qui s'y rapporte, à l'étape et au moment de l'instance, et la forme requise.

α-1). L'auteur, la juridiction saisie et le moment de l'incident.

L'exception d'inconstitutionnalité est ouverte à toutes les parties à une instance. Qu'il s'agisse du demandeur, du défendeur ou de l'intervenant.

Aux termes des dispositions de l'article 48 de la loi organique du 7 août 2018, elle peut être soulevée devant toute juridiction. Aucun délai n'est pas, en cours d'instance, prescrit pour soulever cet incident. Cependant, la rédaction de l'article 49 alinéa 1er de la loi organique est quelque peu maladroite et prête à confusion. Ce texte dispose,

---

[168] Article 45, loi organique 7 août 2018.

[169] Cf. X. Magnon, *« La modulation des effets dans le temps des décisions du juge constitutionnel », Annuaire international de justice constitutionnelle (Juge constitutionnelle et parlement : les effets des décisions des juridictions constitutionnelles)*, 2011-2012, Economica, PUAM, pp 557-591.

« L'exception d'inconstitutionnalité doit, à peine d'irrecevabilité, être soulevée avant la mise en délibéré, en matière pénale, et en toute autre matière par les parties au procès, dans leurs conclusions respectives ».

Il est constant que le délibéré intervient après clôture des débats contradictoires des parties, après que le juge ait entendu les parties en leurs explications ou les plaidoiries de leurs représentants. Sauf s'il y a réouverture des débats dans l'hypothèse où une partie serait autorisée à produire une note en délibéré, aucune pièce, aucun moyen de fait ou de droit ne peut être admis dans la phase du délibéré qui précède le prononcé du jugement. La particularité du procès pénal et le caractère oral de la procédure rendent inopportune la possibilité de soulever l'exception d'inconstitutionnalité après clôture des débats.

Pour autant, la possibilité laissée aux parties, en toute autre matière de soulever une exception d'inconstitutionnalité dans leurs conclusions respectives ne nous paraît pas nécessairement justifier cette particularité. Car, les parties peuvent également dans un procès pénal produire des écritures comportant leurs conclusions.

Dès lors, le législateur organique serait mieux avisé de prescrire qu'en toute matière autre que pénale, les parties doivent soulever cette exception *in lemine litis*, dans leurs conclusions, avant toute défense au fond ou toute fin de non-recevoir. D'ailleurs, l'article 49 de la loi organique du 17 janvier 2003 était plus précis, puisqu'il disposait qu'en toutes autres matières que pénale, l'exception d'inconstitutionnalité doit être invoquée dans la requête introductive d'instance pour le demandeur ou dans les conclusions en réponse pour le défendeur.

α-2). Les déchéances, en appel, des parties initiales.

L'article 49 alinéa 2 de la loi organique consacre une sorte de déchéance des parties au procès en première instance pour soulever l'exception d'inconstitutionnalité en appel.

« Seul l'intervenant volontaire, devant la Cour d'appel, peut invoquer ladite exception pour la première fois ».

En réservant au seul intervenant en appel, la possibilité de soulever l'exception d'inconstitutionnalité pour la première fois à ce stade de la procédure, le législateur organique confirme, d'une part, qu'il ne s'agit pas d'un moyen d'ordre public pour être invoqué en tout état de la procédure, et d'autre part qu'il s'agit d'un moyen nouveau désormais interdit aux parties qui ne l'auraient pas soulevée, par méprise ou par ignorance, en première instance.

Cette limitation va à contrecourant de la volonté du législateur organique du 2003, dont l'article 49, dernier paragraphe, disposait que l'exception d'inconstitutionnalité pouvait être invoquée pour la première fois au deuxième degré de juridiction. Cela en conformité avec l'article 48 qui reconnaissait cette possibilité à toutes les parties en procès devant toute juridiction, sans la réserver en appel à une catégorie donnée de justiciables.

Enfin, l'exception d'inconstitutionnalité n'est pas un moyen d'ordre public que le juge peut soulever d'office.

β). Le filtrage de l'exception d'inconstitutionnalité.

Le filtrage de l'exception d'inconstitutionnalité est admis dans des termes qui peuvent prêter à confusion ou confinent au laxisme, si l'on n'y prend pas garde.

β-1). Le principe du filtrage de l'exception d'inconstitutionnalité

Le juge de la recevabilité de l'exception d'inconstitutionnalité est celui qui est saisi de l'action principale. Celui devant lequel l'incident de procédure est soulevé. Il n'est, cependant, pas le juge de l'exception. Son office en matière d'exception d'inconstitutionnalité se limite à en examiner la recevabilité, sans aller jusqu'à se prononcer sur le fond de la question soulevée devant lui. Dans le cadre du contrôle des conditions de recevabilité de l'exception d'inconstitutionnalité, il exerce un filtrage qui revêt un double aspect. D'une part, ce filtrage permet de ne pas paralyser le cours du procès dont il est saisi, à titre principal, par un moyen, un recours dilatoire ou abusif. Auquel cas, une amende peut en principe être infligée à l'auteur de cette inconduite, sans préjudice des dommages et intérêts au profit de la partie qui en pâtit. D'autre part, ce filtrage permet de ne pas engorger voire encombrer inutilement le rôle du juge naturel de la constitutionnalité par des exceptions manifestement fantaisistes, dilatoires et irrecevables. Il est donc, de bonne justice que les juges ordinaires fassent preuve de vigilance et de perspicacité pour éviter tout abus du droit d'exciper d'une exception d'inconstitutionnalité.

β-2). Le caractère apparemment déroutant du filtrage de l'inconstitutionnalité.

La rédaction de l'article 50 de la loi organique du 07 août 2018 peut conduire à un laxisme en raison d'une apparence déroutante que laisse transparaître l'usage de l'expression, *« le cas échéant »*. D'aucuns pourraient penser que le filtrage de l'exception d'inconstitutionnalité n'est pas une obligation, mais une simple faculté. Cette locution insérée dans l'article 50 de la loi organique, n'induit pas que l'examen de la recevabilité de l'exception d'inconstitutionnalité par le juge de l'action n'est qu'une simple formalité dont il peut se passer. Il doit s'entendre dans ce sens que cet examen est au cœur de son office, dès l'instant où cet incident surgit dans l'instance ouverte devant lui. Cela, peu important que le défaut d'en examiner la recevabilité ne soit pas sanctionné ou ne vicie pas sa décision de sursoir à statuer, dans l'attente de la décision du juge constitutionnel.

En toute hypothèse, lorsque le juge constate la recevabilité l'exception d'inconstitutionnalité, il sursoit à statuer, renvoie le dossier et les parties devant la Cour constitutionnelle. Il impartit au requérant un délai d'un mois à compter de la signification du jugement, de l'arrêt ou de l'ordonnance de sursis à statuer, pour saisir le juge constitutionnel. Le greffier délivre au requérant, sans frais, une expédition de la décision dans un délai de 8 jours. Dans le même délai, le greffe établit l'inventaire des pièces du dossier, il le transmet en l'état ainsi que la décision rendue au secrétariat-greffe de la Cour constitutionnelle.

d). Les effets du contrôle de la constitutionnalité.

On peut distinguer les effets relatifs au contrôle a priori de ceux que génère le contrôle *a posteriori* de la constitutionnalité.

1). Les effets de la décision du contrôle a priori de la constitutionnalité.

Outre l'effet suspensif du délai de promulgation de la loi, le législateur organique de 2018 distingue trois situations. D'une part, l'impossibilité de promulguer ou d'appliquer la loi ou le règlement intérieur de l'assemblée au cas où ses dispositions seraient contraires à la constitution et si la Cour ne les a pas jugées détachables de l'ensemble du texte. D'autre part, en cas de détectabilité de l'ensemble du texte, c'est-à-dire de la loi ou du règlement intérieur d'une assemblée parlementaire, la disposition déclarée contraire à la constitution est soit expurgée de l'ensemble de la loi par le parlement, avant de la soumettre de nouveau à la Cour, soit (lorsque la saisine est facultative) purement et simplement inapplicable. Enfin, lorsque la loi ou le règlement intérieur d'une assemblée parlementaire est conforme à la constitution, la promulgation intervient dans les conditions des articles 37 et 38 de la loi organique.

Par ailleurs, s'agissant des traités et accords internationaux, une application stricte de l'article 222 de la constitution du 25 octobre 2018 s'impose. En effet, ce texte dispose que, *« si la Cour constitutionnelle a déclaré qu'un engagement international comporte une clause contraire à la Constitution, l'autorisation de le ratifier ou de l'approuver ne peut intervenir qu'après révision de la Constitution ».*

Il y a sur ce dernier point l'affirmation, en cas de conflit des normes, de l'autorité de la norme internationale sur la constitution. Cela, en vertu des dispositions de l'article 27 de la convention de Vienne du 23 mai 1969 sur le droit des traités[170]. La constitution devrait s'adapter à la norme

[170] *« Une partie ne peut invoquer les dispositions de son droit interne comme justifiant la non-exécution d'un traité. Cette règle est sans préjudice de l'article 46 ».* La position soutenue en droit français sur la suprématie, dans l'ordre interne, de la constitution sur les traités est difficilement tenable ; si in fine,

internationale, faute de quoi cette dernière est inapplicable. Cette inversion de l'autorité induit incontestablement un glissement du contrôle de la constitutionnalité vers un contrôle de la conventionnalité, celui de la conformité de la constitution au traité, à la norme internationale en général.

Enfin, la question ne devrait pas se poser pour les traités et conventions internationaux incorporés dans la constitution du 25 octobre 2015, à travers son préambule et qui, de ce fait, font partie intégrante du bloc de la constitutionnalité.

2). Les effets de la décision du contrôle a posteriori de la constitutionnalité.

S'agissant d'une action directe aux fins du contrôle de la constitutionnalité, la Cour constitutionnelle peut soit rejeter la requête lorsqu'elle constate que le texte ou l'une de ses décisions inséparables de l'ensemble du texte est conforme à la constitution. Dans le cas contraire, il peut en prononcer l'annulation. Comme en matière du contrôle a priori, un texte déclaré non conforme à la constitution (inconstitutionnel ou anticonstitutionnel) ne peut pas être promulgué ni appliqué. Si le texte a produit des effets, la Cour peut moduler les effets de sa décision dans le temps, tout en préservant les droits acquis.

Dans le cas d'un recours indirect en inconstitutionnalité, exception d'inconstitutionnalité, le premier effet est la reprise de l'instance dès l'instant où le juge saisi du principal reçoit du secrétariat de la Cour constitutionnelle, dans le délai de 8 jours, l'entier dossier comportant une expédition de la décision rendue. La juridiction saisie rendra sa décision à l'aune de la décision prise ; selon que les constatations de la Cour aboutissent à la constitutionnalité ou à l'inconstitutionnalité du texte contesté.

l'Etat est obligé de réviser sa constitution pour se conformer à ses engagements internationaux plutôt que de faire de la résistance en s'obstinant à laisser la situation en l'état, en refuser d'engager la procédure de ratification. Si l'on se résout à réviser la constitution pour la rendre compatible avec un engagement international ou sa ratification, il y a implicitement la reconnaissance de la suprématie de la norme internationale sur la constitution. Pour un état de la jurisprudence en droit français (Cf. CC du 15 juin 1999, *Charte européenne relative aux langues régionales et minoritaires* ; CC 80-116 DC du 22 juillet 1980, *Convention franco-allemande d'entraide judiciaire ;* CE 14 mai 2010, *Rujovic ;* CE Ass. 3 juillet 1996, *Moussa Koné*. Cf. aussi CE Ass. 23 décembre 2011, *Kandyrine de Brito Paiva ;* CE Ass. 30 octobre 1998, *Sarran et Levacher et autres* ; cass. 2 juin 2000, *Pauline Fraisse* ; CE 3 novembre 1999, *Groupement national de défense des porteurs des titres russes* ; CE 8 juillet 2002, *Commune de Porta* ; CE Ass. 9 juillet 2010, *Fédération nationale de la libre pensée* ; CC 92-308 DC du 9 avril 1992. Le quatorzième alinéa du préambule de la Constitution de 1946 ; CC 2004-505 DC du 19 novembre 2004, *Traité établissant une Constitution pour l'Europe).*

II. La Cour constitutionnelle, juge des grandes consultations électorales.

La loi organique du 07 août 2018, complétée par celle du 18 novembre 2020, comme celle du 17 janvier 2003, distingue les fonctions de la Cour constitutionnelle en tant que juge des grandes élections (présidentielles, législatives et sénatoriales) et juges de la régularité des opérations de référendum.

a). Le contrôle de la Cour constitutionnelle en matière référendaire.

La Cour constitutionnelle exerce un double contrôle en matière référendaire. Un contrôle au titre de la fonction consultative et un contrôle au titre de ses prérogatives contentieuses.

1). La consultation de la cour constitutionnelle en matière de référendum.

La Cour contrôle de l'initiative et suit le processus du référendum.

α). Le contrôle de l'initiative du référendum.

Reprenant les dispositions de l'article 64 de la loi organique du 17 janvier 2003, l'article 52 de la loi organique du 7 août 2018 dispose que, *« La Cour constitutionnelle est consultée par le Président de la République sur l'organisation des opérations du référendum. Elle est avisée, sans délai, de toute mesure prise à cet effet »*.

Cependant, elle s'en distingue parce que l'initiative en matière de référendum n'est plus partagée avec le président de l'Assemblée nationale et celui du Sénat. Il s'agit désormais d'une prérogative exclusive du Président de la République. Cette disposition est conforme à l'article 86 de la constitution du 25 octobre 2015 aux termes duquel, *« Le Président de la République a seul l'initiative du référendum »*. Il en est de même s'agissant du projet de révision de la constitution par voie de référendum[171].

Comme nous l'avons vu plus haut, le législateur organique a tiré, dans la suite du constituant, les conséquences du référendum controversé sur la constitution du 25 octobre 2015.

---

[171] Cf. articles 240 alinéa 1er de la constitution du 25 octobre 2015 et 54 de la loi organique du 7 août 2018.

β). La surveillance des opérations du référendum et la proclamation des résultats.

La Cour constitutionnelle est un acteur particulier du processus référendaire. Elle y participe, comme le prévoit l'article 53 de la loi organique de 2018, en désignant en son sein un ou plusieurs coordonnateurs, qui peuvent se faire assister par des délégués pour suivre le déroulement des opérations du référendum. Cette participation lui permet, sans être juge et partie, de s'assurer de la régularité du processus et de déceler les éventuelles irrégularités qui pourraient donner lieu à contestation.

Enfin, dans le cadre de ses fonctions consultatives et administratives, il incombe à la Cour constitutionnelle de proclamer les résultats définitifs du référendum, conformément aux dispositions de l'article 176 dernier alinéa de la constitution de 2015.

2). Le contentieux du référendum.

Dans le cadre du contentieux du référendum, le contrôle de la Cour constitutionnelle se cantonne, lorsqu'elle est saisie, à constater l'existence des irrégularités survenues dans le déroulement des opérations y afférentes. Le droit de saisir la Cour constitutionnelle d'une requête en contestation des résultats du référendum appartient aux participants.

La Cour a un pouvoir souverain d'appréciation qui la conduit, en raison de la nature ou de la gravité des irrégularités alléguées, à décider s'il y a lieu de valider ces opérations ou d'en prononcer l'annulation totale ou partielle ou encore de les réformer[172].

La loi organique du 18 novembre 2020 (n° 57-2020) introduit un deuxième alinéa qui précise qu'en cas d'annulation totale ou partielle des résultats du référendum, le corps électoral doit à nouveau être convoqué dans un délai de trois (3) à quatre (4) mois suivant la décision d'annulation.

Enfin, si le juge constitutionnel peut contrôler les opérations de référendum, elle doit de se garder de contrôler les lois référendaires, qui sont l'expression directe du peuple souverain auquel elle est soumise et lui doit un respect révérenciel[173].

---

[172] Cf. article 55 loi organique du 7 août 2018.

[173] Cf.L. HAMON, note sous CC, 6 novembre 1962, *D.* 1963, p. 398-401, spéc. p. 399 ; *« Qui juge sans appel, qui échappe au contrôle d'un organe supérieur », Dictionnaire de la langue française*, Le Petit Robert, éd. 2004 ; D. ROUSSEAU, « *Droit du contentieux constitutionnel* », Paris, Montchrestien, coll. « Domat », 7ème éd., 2006, p. 214 ; Fatin-Rouge Stefanini Marthe, Luciani Massimo. *« Référendums et contraintes constitutionnelles et internationales », Annuaire international de justice constitutionnelle*, 32-2016, 2017, (Migrations internationales et justice constitutionnelle - Référendums et justice constitutionnelle). pp. 605-618 ; E. Pisier, « Le peuple et les sages : le référendum et le conseil constitutionnel », Esprit, n°96 (12), Décembre 1984, pp. 137-144, https://www.jstor.org/stable/24270297.pdf;
N. Nivert, *« Le statut de la loi référendaire à l'épreuve du contrôle de la constitutionnalité, contradictions et perspectives »*, RJOI, n°10, mars 2010, p.119 ; L. Philip, *« Le Conseil constitutionnel, juge constitutionnel »,* revue Pouvoirs, n°13, avril 1980, pp. 67-86.

b). Le contrôle des élections présidentielles et parlementaires.

La Cour constitutionnelle exerce un contrôle non juridictionnel et connaît des contestations en matière des élections du Président de la République, des députés et des sénateurs.

1). Le contrôle du déroulement des scrutins.

Comme en matière de référendum, ce contrôle prend la forme du suivi du déroulement du processus électoral. Cependant, ce contrôle ne concerne que l'élection présidentielle. Pour ce faire, la Cour constitutionnelle désigne en son sein, un ou plusieurs coordonnateurs qui peuvent, le cas échéant, se faire assister par des délégués.

2). Le contentieux électoral.

L'examen du contentieux électoral conduit à répondre aux questions de savoir qui, quand et comment saisir le juge constitutionnel des élections ainsi que la manière dont il y répond ?

α). Qui peut saisir le juge des élections présidentielles et parlementaires ?

Le principe est que, le recours en contestation des élections du Président de la République et des parlementaires n'est pas ouvert à tout le monde. Le droit d'ester contre les résultats de ces élections a évolué dans le sens d'une ouverture moins large à une stricte restriction.

Dans l'état du droit initial, ce recours était réservé à une catégorie bien déterminée de requérants. Ainsi donc, aux termes des dispositions de l'article 57 de la loi organique du 07 août 2018, ce recours était ouvert aux candidats ou à leurs représentants, aux partis et groupements politiques.

Ce texte, reprenant l'article 110 dernier alinéa de la loi électorale du 10 décembre 2001 (n°9/2001), était un peu plus précis que celui de l'article 54 de la loi organique du 17 janvier 2003, au terme duquel ce droit appartient aux partis ou aux groupements politiques concernés.

L'article 57 de la loi organique du 07 août 2018 (28-2018), modifiée par la loi organique du 18 novembre 2020 (n° 57-2020), restreint strictement ce droit en le réservant au seul candidat :

« Le droit de contester une élection appartient au candidat ».

Cela peut d'emblée se comprendre dans un scrutin uninominal, puisqu'il s'agit d'un seul candidat qui sollicite les suffrages des électeurs. Cependant, l'exclusion des représentants du candidat est discutable et peut poser problème pour la liberté d'accès à la justice et les droits de la défense garantis par la constitution. Surtout lorsque le représentant est un avocat, dont on sait qu'il a un *''mandat ad-litem''*. D'autre part, l'exclusion des partis et groupements politiques ne nous paraît pas se justifier lorsque l'on sait que le candidat peut se présenter à une élection à titre indépendant ou dans le cadre d'une investiture par un parti ou un groupement politique. Dans ce dernier cas, les partis et groupements politiques ont un intérêt légitime à agir, y compris au soutien du candidat évincé, dès l'instant où, constitutionnellement, ils participent au jeu démocratique pour la conquête et la gestion pacifiques du pouvoir au tour d'un projet de société dicté par le souci de réaliser l'intérêt général (Cf. article 57 de la constitution). Enfin, cette restriction présente l'inconvénient d'annihiler toute possibilité de recours dans l'hypothèse où le candidat lésé se trouvait, selon les circonstances, dans l'impossibilité d'exercer personnellement le recours devant la Cour constitutionnelle.

β). Quand peut-on saisir le juge constitutionnel des élections ?

Le délai de saisir la Cour constitutionnelle en matière du contentieux électoral varie selon qu'il s'agisse de l'élection présidentielle ou des élections des députés ou des sénateurs.

Il est de cinq (5) jours à compter de la proclamation des résultats provisoires, par le ministère en charge des élections, pour l'élection du Président de la République.

Ce délai est de quinze (15) jours, s'agissant des élections législatives ou sénatoriales, à compter de la proclamation des résultats du scrutin par le même ministre.

γ). Comment peut-on saisir le juge constitutionnel des élections ?

La saisine du juge constitutionnel des élections se fait sous la forme d'une requête qui, pour être recevable, doit satisfaire à un certain nombre de conditions de forme et de fond.

Sur la forme, la requête doit (outre les conditions de délais) être écrite, signée par le requérant dont les noms, prénoms, date et lieu de naissance, et la profession et le domicile, sont mentionnés. Elle doit aussi mentionner les noms et prénoms de la personne dont l'élection est contestée. Outre les pièces annexes, la requête doit comporter tout justificatif du paiement des frais de timbre et des droits d'enregistrement requis par la loi.

Dans son contenu, la requête doit comporter des considérations en fait et en droit qui fondent la demande de l'annulation de l'élection ou de la réformation des résultats contestés. Elle est déposée, dans les délais des articles 58 et 59 de la loi organique du 7 août 2018, au secrétariat général de la Cour constitutionnelle qui, en application des dispositions de l'article 63 de la loi organique, doit en aviser l'Assemblée nationale (en principe le président), le Sénat (notamment le président) ou la personne dont l'élection est contestée afin de répondre dans un délai de trois (3) jours. Etant précisé que, l'une des particularités du contentieux constitutionnel des élections est le caractère non suspensif de la saisine de la Cour constitutionnelle.

δ). Comment s'opère l'office du juge constitutionnel en matière électorale ?

L'office du juge constitutionnel des élections commence par une phase préliminaire de présélection et se poursuit, éventuellement, par l'instruction, les auditions, la mise en délibéré et le prononcé de la décision.

ε). L'admission de la requête.

Dans cette phase d'admission, régie par les dispositions de l'article 65 de la loi organique, la Cour constitutionnelle examine, sans instruction contradictoire, pour s'assurer que la requête satisfait aux conditions de recevabilités qu'impose la loi organique. Son office peut, à ce stade, conduire soit à déclarer irrecevable la requête qui ne remplit pas les conditions de forme visées aux articles 58, 59, 61 et 62 de la loi organique du 7 août 2018, soit au rejet par une décision motivée, si cette requête ne comporte pas de griefs manifestement susceptibles d'affecter les résultats de l'élection.

Il convient, toutefois, de préciser que cette phase d'admission préalable n'est pas obligatoire. La Cour constitutionnelle peut s'en affranchir et procéder à une instruction contradictoire et convoquer les parties à telle audience qu'elle fixera pour rendre ensuite sa décision.

ζ). La procédure avec instruction contradictoire.

La procédure avec instruction contradictoire se déroule selon les règles définies aux articles 67 à 69 de la loi organique du 07 août 2018, auxquels nous renvoyons utilement. Par respect du principe du contradictoire et de loyauté, le requérant ne peut plaider que sur la base des écritures versées aux débats.

η). Les causes d'annulations des élections.

La loi organique du 18 novembre 2020 (n° 57-2020) introduit deux articles 69-1 et 69-2 à la loi organique du 7 août 2018 (28-2018), qui énumèrent les causes d'annulation totale ou partielle des élections ou des résultats. Ainsi donc. Elle peut résulter de la constatation de l'inéligibilité des candidats ; de l'organisation des élections en dehors des circonscriptions électorales et des bureaux de vote définis par les textes en vigueur ; de l'existence des candidatures multiples ; du défaut d'isoloirs dans un bureau de vote, même en dehors de toute intention de fraude ; du déplacement de l'urne hors du bureau de vote avant ou pendant le dépouillement ; de la constatation d'un nombre de bulletins supérieurs au nombre d'émargements (article 69-1).

Peuvent également entraîner l'annulation la fraude, le transfert d'électeurs d'une circonscription à une autre ou d'un bureau de vote à un autre, la corruption, l'empêchement et la séquestration entachant d'irrégularités l'élection. Cela, seulement, comme le précise l'article 69-2, dans la mesure où, la Cour constitutionnelle aura reconnu que ces irrégularités ont faussé le résultat du scrutin de manière déterminante pour l'élection des candidats. Cette conditionnalité nous paraît étonnante au regard de la nature des incriminations.

Enfin, peuvent également fonder l'annulation de l'élection, la violence ou les voies de fait constatées dans un bureau de vote et aux abords immédiats, le port d'insignes distinctifs, la distribution de sommes d'argent dans le bureau de vote ou dans tout autre lieu ainsi que la propagation de fausses nouvelles susceptibles de vicier les résultats le jour du scrutin.

θ). La décision de la Cour constitutionnelle, juge électoral.

En matière du contentieux constitutionnel des grandes élections, la Cour bénéficie de la plénitude de juridiction. Il est juge de l'action et juge de l'exception. Cela, en ce sens qu'aux termes des dispositions de l'article 70 de la loi organique du 7 août 2018, il connaît de toute question posée ou toute exception soulevée en cours d'instance, au vu des résultats ou de l'élection.

En toute hypothèse, la Cour constitutionnelle peut selon les irrégularités constatées, annuler l'élection contestée, en réformer les résultats et proclamer élu le candidat qu'elle considère l'être régulièrement.

§ 5 : Le secrétariat général et le personnel de la Cour constitutionnelle.

Il convient d'évoquer le secrétariat général et le personnel de la Cour constitutionnelle, qui jouent un rôle important dans le fonctionnement de cette institution, ainsi qu'il résulte du décret n° 2018-479 du 26 décembre 2018, portant attributions, organisation et fonctionnement du secrétariat général de la Cour constitutionnelle[174].

A). Le secrétariat général.

Nous examinerons ci-après l'organisation et les missions du secrétariat général de la Cour constitutionnelle.

[174] Cf. décret n° 2018-479 du 26 décembre 2018 portant attributions, organisation et fonctionnement du secrétariat général de la Cour constitutionnelle, JO. n°3-2019 du 17 janvier 2019, p.39.

I). Les missions du secrétariat général de la Cour constitutionnelle.

Aux termes des dispositions de l'article 1er alinéa 1er du décret n° 2018-479 du 26 décembre 2018, le secrétariat général de la Cour constitutionnelle est l'organe central de l'organisation administrative de la Cour. Il a pour mission de prendre toutes mesures nécessaires à la préparation et à l'organisation des travaux de la Cour ; de recevoir tous les recours introduits devant la Cour ; assister le rapporteur dans la rédaction des projets de décision et dans la confection de son rapport ; d'établir les comptes rendus des travaux de la Cour ; d'éditer et publier les recueils annuels des décisions et avis de la Cour ; de préparer et exécuter le budget de la Cour ; de gérer l'équipement et le matériel de la Cour ; de gérer les archives et la documentation de la Cour.

II). L'organisation du secrétariat général de la Cour constitutionnelle.

Du point de vue de l'organisation, le secrétariat général de la Cour est composé d'un secrétaire général et d'un secrétaire général adjoint et d'autres organes.

a). Le secrétaire général et son adjoint.

Ils sont régis par les dispositions des articles 2 à 9 du décret 26 décembre 2018. Ils sont tous les deux nommés par décret en Conseil des ministres et soumis à l'obligation de réserve et de serment qu'il prête avant leur entrée en fonctions dans les termes définis par l'article 9 du décret, devant le président de la Cour constitutionnelle qui en donne acte[175].

1). Concernant le secrétaire général de la Cour constitutionnelle.

C'est lui qui, aux termes des dispositions des articles 2 et 3 du décret du 26 décembre 2018, dirige et anime, sous l'autorité du Président de la Cour constitutionnelle, tous les services techniques et administratifs. Il peut, par délégation du président de la Cour, signer tous actes ou décisions d'ordre administratif. Il assiste aux délibérations de la Cour avec voix consultative.

---

[175] Le serment prescrit par l'article 9 du décret du 26 décembre 2018 est le suivant, *« Je jure de bien et fidèlement remplir mes fonctions, de les exercer avec dévouement dans le respect des lois de la République et de garder le secret des délibérations et des votes. »*

En sa qualité de Greffier en chef de la Cour constitutionnelle, l'article 4 du décret du 26 décembre 2018 dispose que le Secrétaire général signe les décisions et avis de la Cour avec le président, le rapporteur et les autres membres de la Cour. Il en délivre copie. C'est lui qui, en cette qualité, rédige les procès-verbaux des séances de la Cour qu'il signe avec le Président ; vise tous les documents administratifs et financiers soumis à la signature du président de la Cour constitutionnelle ; notifie les décisions de la Cour constitutionnelle aux parties intéressées ; fait préparer par ses services du projet du budget de la Cour et en assure l'exécution sous l'autorité du président de la Cour.

Conformément aux dispositions de l'article 21 du décret précité du 26 décembre 2018, le secrétaire général dispose d'un personnel composé d'un chargé d'études ; d'un ou d'une secrétaire particulier(e) ; d'un ou d'une secrétaire et d'un agent de protocole. L'article 23 du décret précise que les chargés d'études et les secrétaires particuliers (es) ont rang de chef de service.

2). Concernant le secrétaire général adjoint de la Cour constitutionnelle.

Aux termes des dispositions de l'article 6 du décret précité, le secrétaire général adjoint assiste le secrétaire général de la Cour constitutionnelle et peut le suppléer dans l'exercice de ses fonctions et le représente en cas d'empêchement ou d'absence. Il assure, comme il sera vu ci-après, la direction de l'informatique, de la documentation et de la communication. Il peut également, sur proposition du secrétaire général et décision du président de la Cour, assurer la coordination d'autres directions ou services.

Comme le secrétaire général, le secrétaire général adjoint de la Cour constitutionnelle est assisté dans ses tâches quotidiennes d'un personnel composé, aux termes des dispositions de l'article 22 du décret, d'un ou d'une secrétaire particulière (qui a aussi rang de chef de service), d'un ou d'une secrétaire et d'un agent de protocole.

b). Les autres organes du secrétariat général.

Il s'agit des directions et services de la Cour constitutionnelle qui sont placés sous la direction du Secrétaire général. Ils sont régis par les articles 10 et suivants du décret précité du 26 décembre 2018, à savoir le secrétariat central, le service du protocole, la direction des affaires juridiques, la direction des affaires administratives et financières et la direction de l'informatique, de la documentation et de la communication.

1). Le secrétariat central et de service du protocole.

Dirigé et animé par un chef de secrétariat, le secrétariat central est, aux termes des dispositions de l'article 11 du décret, chargé de la réception et de l'expédition du courrier, ainsi que de l'analyse des correspondances et autres documents administratifs.

Quant au service du service du protocole, aux termes des dispositions des articles 12 et 13 du décret précité, il est dirigé et animé par un chef de service. Ce service assure les relations des membres de la Cour constitutionnelle avec les représentants diplomatiques accrédités, les institutions nationales et les institutions internationales représentées au Congo. Il organise les audiences, les missions, les voyages, les réceptions officielles et autres cérémonies de la Cour. Il comprend le bureau des audiences et des missions et le bureau des relations extérieures.

2). La direction des affaires juridiques.

Placée sous la responsabilité d'un directeur, la direction des affaires juridiques est chargée, aux termes des dispositions de l'article 14 du décret, de la réception des requêtes et de fournir toute information liée à la procédure devant la Cour constitutionnelle ; de préparer les éléments d'information nécessaires pour le compte du rapporteur ; de préparer les réunions des membres de la Cour constitutionnelle ; d'assister le rapporteur dans la confection de ses rapports et la rédaction des projets de décision ; de préparer les notifications aux parties et institutions intéressées ; de conserver et tenir à jour les dossiers des affaires en cours et les archives juridiques ; de conserver les originaux des décisions, avis et délibérations de la Cour et de faire les recherches et études pour l'intérêt de la Cour. Elle comprend le service du greffe et le service des études et des recherches.

c). La direction des affaires administratives et financières.

Elle comprend trois services. Le service des ressources humaines, le service des finances et le service de l'équipement et du matériel. Elle est placée sous la responsabilité d'un directeur. Aux termes de l'article 16 du décret précité, la direction des affaires administratives et financières a pour missions de gérer le personnel de la Cour constitutionnelle ; d'identifier les besoins en formation du personnel de la Cour ; d'élaborer et suivre les programmes de formation du personnel ; d'identifier les besoins d'embauche ; d'élaborer l'avant-projet de budget de la Cour ; d'exécuter le budget de la Cour constitutionnelle ; de proposer des ajustements budgétaires ; d'assurer les dépenses relatives au bon fonctionnement de la Cour et de gérer l'équipement et le matériel de la Cour.

d). la direction de l'informatique, de la documentation et de la communication.

Elle est régie par les dispositions des articles 18 et 19 du décret précité du 26 décembre 2018. La direction de l'informatique, de la documentation et de la communication est dirigée et animée par un directeur. Elle a trois services. A savoir, le service de l'informatique ; le service de presse ; le service de la documentation et des archives.

Ces missions consistent à concevoir et gérer les supports d'information ; à préparer, en collaboration avec le service juridique, la publication des recueils des décisions, délibérations et avis de la Cour constitutionnelle ; à conserver et tenir à jour la documentation de la Cour constitutionnelle ; à gérer l'internet et le site web de la Cour constitutionnelle ; à assurer l'exploitation et la maintenance des applications et du matériel informatiques ; à assurer l'assistance aux utilisateurs des applications informatiques ; à gérer les stocks et consommables ; à tenir le registre d'entrée et de sortie des archives ; à proposer une organisation des archives incluant l'élaboration d'un guide de conservation et d'utilisation des archives ; à organiser la couverture médiatique des activités de la Cour constitutionnelle ; à assurer les rapports entre la Cour et les organes de presse ; à rassembler et traiter les informations nationales et internationales pour le compte des membres de la Cour constitutionnelle, du secrétaire général et du secrétaire général adjoint de la Cour ; à vulgariser les missions et le fonctionnement de la Cour constitutionnelle ; à assurer les relations publiques de la Cour constitutionnelle ; à diffuser les décisions de la Cour constitutionnelle ; à gérer la cellule de camera surveillance de la Cour constitutionnelle.

B). Le statut du personnel du secrétariat général de la Cour.

Qu'il s'agisse des directeurs, des chefs de service et des autres agents du secrétariat général de la Cour constitutionnelle, ce personnel a la qualité d'agents publics de l'Etat. Ils sont tous, conformément aux dispositions de l'article 24 du décret précité du 26 décembre 2018, nommés par le président de la Cour constitutionnelle.

Par ailleurs, l'article 25 du même décret dispose que le secrétaire général, le secrétaire général adjoint, les directeurs, les chefs de service, ainsi que les autres agents du secrétariat général perçoivent les indemnités prévues par les textes en vigueur.

Titre 3 : La Haute Cour de Justice (H.C.J.)

La Haute Cour de justice est une juridiction répressive spéciale, voire, d'exception, à caractère politique. Elle répond à la nécessité de juger les plus hautes autorités politiques et publiques de l'Etat qui peuvent échapper à la justice pénale ordinaire pour certaines infractions commises dans l'exercice de leurs fonctions. Son institution par la constitution du 25 octobre 2015 n'est pas une nouveauté puisqu'elle fut déjà instituée au lendemain de l'accession du Congo à l'indépendance dans la constitution du 2 mars 1961 et reprise par la constitution du 8 décembre 1963[176].

Du fait de l'abrogation de la constitution du 08 décembre 1963, la Haute Cour de justice avait disparu pour laisser la place à une justice dite *''spéciale révolutionnaire''* incarnée dans un premier temps par la Cour révolutionnaire de justice[177] et, au gré des soubresauts politiques de l'époque, par une succession de juridictions du même ordre. La Conférence nationale souveraine mettait fin à cette justice révolutionnaire d'exception, en rétablissant la Haute Cour de justice dans l'acte fondamental du 4 juin 1991[178]. Cette juridiction était confirmée dans l'acte fondamental du 24 octobre 1997, la constitution du 20 janvier 2002. Elle l'est encore sous la constitution du 25 octobre 2015. De l'examen de l'organisation de la Haute cour de justice, suivra celui de son fonctionnement.

§ 1 : L'organisation de la haute Cour de justice.

Outre la qualité et la désignation de ses membres, la Haute cour de justice comprend une Commission d'instruction et un Secrétariat-greffe.

---

[176] Titre VIII (articles 64 à 66) de la constitution du 2 mars 1961 ; Titre XII (articles 75 à 80) de la constitution du 8 décembre 1963. Cf. A. Gabou, Les constitutions congolaises, op. cit. pp.132 et 195.

[177] La Cour Révolutionnaire de justice (créée par l'ordonnance n°2-69 du 07 février 1969) ; la Cour martiale (créée par l'ordonnance n°22-69-CNR du 10 novembre 1969) ; la Cour révolutionnaire d'exception (créée par l'ordonnance n°24-69-PCNR du 18 novembre 1969) ; la Cour révolutionnaire d'exception (créée par l'ordonnance n°01-78 du 02 janvier 1978) ; la Cour de sûreté de l'Etat (créée par l'ordonnance n°33-78 du 29 août 1978) ; Cf. A. Gabou, op.cit. pp 303 à 314 et 440 à 444 ; A. Gabou, Chronologie politique, op. cit. pp. 60 à 61 et 79 à 81.

[178] Cf. titre VII (article 72 à 74). La Haute cour de justice est composée de membres élus, en leur sein et en nombre égal, par le Conseil supérieur de la République (faisant office de Parlement de transition) et par la Cour suprême.

A). La composition de la H.C.J.

Ainsi qu'il résulte de l'article 191 de la constitution, la Haute Cour de justice comprend deux catégories de membres. D'une part, elle est composée de parlementaires élus en nombre égal et en leur sein par les députés (4 titulaires, 4 suppléants et un membre de la commission d'instruction) et les sénateurs (4 titulaires, 4 suppléants et un membre de la commission d'instruction). L'article 191 de la constitution insiste sur la nécessité de refléter la configuration de chaque chambre en termes de représentativité des sensibilités politiques. Cette précaution permet, en quelque sorte, de garantir l'impartialité d'une juridiction dont l'essence est éminemment politique.

D'autre part, elle est composée de membres issus de la Cour suprême, élus par leurs pairs (18 magistrats). A savoir, le Premier Président de la Cour suprême qui préside la HCJ, un procureur général, deux avocats généraux, six juges titulaires, trois juges suppléants et cinq membres de la commission d'instruction. Les membres de la Haute cour de justice, issus de la constitution du 25 octobre 2015 étaient nommés par le décret n° 2018-453 du 14 décembre 2018 et avaient prêté serment, au même moment que les membres de la Cour constitutionnelle (nommés par décret n° 2018-452 du 14 décembre 2018) le 28 décembre 2018, devant le Parlement réuni en Congrès[179].

B). La Commission d'instruction.

Il est institué en sein de la Haute cour de justice, une Commission d'instruction composée de sept membres élus en son sein. Elle est composée majoritairement de magistrats issus de la Cour suprême (5) et de deux parlementaires. Les sept membres de la Commission d'instruction élisent leur président. Il n'y a aucune précision sur la désignation du rapporteur de la Commission.

C). Le Secrétariat-greffe.

La Haute cour de justice comprend en outre un Secrétariat greffe, dirigé par un Greffier en Chef. Contrairement au caractère électif des autres instances de la HCJ, ce dernier est nommé par le Président de la République, sur proposition du ministre de la justice parmi les greffiers en chef de premier groupe du corps du personnel des greffes.

---

[179] Cf. *« Les nouveaux membres de la Haute cour justice et de la Cour constitutionnelle installés »*, Les Dépêches de Brazzaville, n° 3398, lundi 31 décembre 2018, p.8.

§ 2 : Le fonctionnement de la haute Cour de justice.

La Haute cour de justice connaît deux catégories de justiciables pour des infractions bien déterminées.

A). La compétence organique de la HCJ.

D'une part, la HCJ est compétente pour juger les plus hautes autorités politiques et publiques de l'Etat, au premier rang desquelles figure le Président de la République, viennent ensuite les membres de l'Assemblée nationale et du Sénat, le Premier ministre, les ministres, les membres de la Cour suprême et les membres de la Cour constitutionnelle. Il convient de préciser la circonstance que la constitution du 25 octobre 2015 n'ait pas prévu la fonction de vice-premier ministre, sa désignation le rend, ipso facto, justiciable de la Haute cour de justice, ne serait-ce qu'en sa qualité de chef d'un département ministériel, membre du gouvernement. D'autre part, la Haute Cour de justice est aussi compétente pour juger les co-auteurs et les complices des personnes visées aux articles 192 et 193 de la constitution.

B). La compétence matérielle de la HCJ.

La compétence de la Haute cour de justice à l'égard des personnes ci-devant désignées est limitée à deux types d'infractions spécifiquement déterminées.

I). La compétence matérielle de la HCJ à l'égard du Président de la République.

Comme nous l'avions vu plus haut, le Président de la République n'est justiciable de la HCJ qu'*« en cas de manquement grave à ses devoirs, manifestement incompatible avec l'exercice de sa haute fonction »* (article 192). La constitution du 20 octobre 2015 abandonne l'incrimination de *« haute trahison »* contenue dans les constitutions du 02 mars 1961 (article 65), du 08 décembre 1963 (article 77), du 15 mars 1992 (article 127) et celle du 20 janvier 2002 (article 153), ainsi que les actes fondamentaux du 04 juin 1991 (article 72) et celui du 24 octobre 1997 (article 69), qui reprenaient les dispositions de l'article 68 de la constitution française de 1958, avant la révision constitutionnelle du 23 février 2007 qui abandonnait la notion de haute trahison et consacre celle de destitution, s'agissant du statut constitutionnel du Président de la République, dont le constituant congolais reprend l'incrimination susrappelée[180].

---

[180] Cf. LOI constitutionnelle n° 2007-238 du 23 février 2007 portant modification du titre IX de la Constitution du 24 octobre 1958 (article 67 et 68).

II). La compétence matérielle de la HCJ à l'égard des autres autorités.

A la différence du Président de la République, la Haute cour de justice est compétente pour juger les autres autorités politiques et leurs coauteurs ou complices, ainsi qu'en dispose l'article 193 précité de la constitution, pour les actes qualifiés crimes ou délits commis dans l'exercice de leurs fonctions. Elle ne l'est pas pour des infractions commises à un autre titre.

C). La saisine de la HCJ.

Bien que la constitution du 25 octobre 2015 ne le spécifie pas, s'agissant du Président de la République, la Haute cour de justice est saisie par le Parlement, réuni en congrès, qui statue à la majorité des deux tiers de ses membres par vote à bulletin secret. En principe c'est le Président de l'Assemblée nationale qui préside le Parlement réuni en congrès. Il saisit la HCJ par une réquisition notifiée au Président et au Procureur général de cette juridiction. Pour les justiciables visés à l'article 194 de la constitution, en l'occurrence les coauteurs ou les complices, leur mise en accusation ne nécessite pas l'intervention du Parlement. Dans les 24 heures de la notification de la mise en accusation, le Procureur général requiert l'ouverture de l'information et saisit immédiatement la Commission d'instruction. Les arrêts de la Haute cour de justice, quelle qu'en soit la teneur, ne peuvent faire l'objet de recours.

Deuxième partie : Les institutions de la démocratie participative.

La constitution du 25 octobre 2015 comporte un certain nombre d'institutions et d'organismes investis de missions consultatives. Elles relèvent de la démocratie participative et inclusive. Nous pouvons ranger dans cette catégorie le Conseil économique, social et environnemental, ainsi que les conseils consultatifs nationaux.

Titre 1er : Le Conseil économique, social et environnemental (CESE).

La constitution du 25 octobre 2015 institue un conseil économique, social et environnemental. Il convient d'évoquer l'évolution historique de cette institution, que l'on qualifie aussi de troisième assemblée après les deux assemblées parlementaires, avant d'en examiner l'organisation et le fonctionnement.

Section 1 : L'historique du CESE.

Consacrée au début de l'indépendance, sous l'appellation du Conseil économique et social, cette institution a connu un destin singulier ; caractérisé par une succession des périodes de disparition et de résurgence au gré des régimes des régimes politiques.

§1. De la consécration initiale à la disparité du Conseil économique et social.

Initialement consacrée dans les constitutions du 02 mars 1961 (tire IX, article 67) et celle du 08 décembre 1963 (titre XI, article 74), sous la dénomination de *''Conseil économique et social''*, en se référant à la constitution française de 1958 (titre X, article 69 à 71), cette institution sera quasiment absente sous l'ère du Parti congolais du travail (PCT), dont les textes constitutionnels successifs consacraient un ordre économique et social collectiviste et planifié dans lequel l'Etat jouait, à travers le parti unique, un rôle déterminant.

§2. Une institution plusieurs fois ressuscitée.

Le Conseil économique et social était ressuscité, après la conférence nationale, dans la constitution du 15 mars 1992, puis reprise sous la même dénomination par celle du 20 janvier 2002 et la loi organique n° 2-2003 du 17 janvier 2003 portant organisation, composition et fonctionnement du Conseil économique et social. Son absence est remarquée sous les régimes transitionnels de 1991 et 1997. La constitution du 25 octobre 2015 a ressuscité l'institution tout en changeant sa dénomination, pour devenir le *''Conseil économique, social et environnemental »,* par emprunt à la constitution française dans sa rédaction issue de la loi constitutionnelle du 23 juillet 2008 et de la loi organique du 28 juin 2010. Cette évolution tient compte de la problématique environnementale et du développement durable dans la prise des décisions des pouvoirs publics, des particuliers et des entreprises.

Outre les dispositions du titre XI (articles 196 à 199) de la constitution de 2015, l'institution est régie par la nouvelle loi organique n° 27-2018 du 07 août 2018, portant organisation, composition et fonctionnement du Conseil économique, social et environnemental[181] qui abroge la précédente loi organique n° 2-2003 du 17 janvier 2003.

Section 2 : La structuration et la nature du CESE.

Le Conseil économique, social et environnemental fait office d'une troisième assemblée constitutionnelle, après l'Assemblée nationale et le Sénat. Il a ceci de particulier que. D'une part, le CESE regroupe les acteurs socioprofessionnels et ceux de la société civile. D'autre part, participant de la démocratie sociale, cette assemblée a une fonction purement consultative. Sur ce dernier point, l'article 197 de la constitution, que reprend l'article 1er alinéa 1 de la loi organique n° 27-2018 du 7 août 2018, dispose que le CESE est, auprès des pouvoirs publics, *''une assemblée consultative''*. Il favorise la collaboration des diverses catégories socioprofessionnelles et les membres de la société civile, à la politique économique, sociale et environnementale de la nation. Le CESE examine les évolutions en matière économique, sociale, ou environnementale et suggère, par ses avis, les adaptations qui lui paraissent pertinentes et opportunes.

§1. L'organisation et la composition du CESE.

Les membres du Conseil économique, social et environnemental sont désignés pour un mandat de quatre (4) ans renouvelable une fois.

---

[181] Cf. Le Conseil des ministres adoptait, dans sa session du 06 décembre 2017, un projet de loi organique portant organisation, composition et fonctionnement du Conseil économique, social et environnemental, qui devait prendre en compte la nouvelle donne institutionnelle issue de la constitution du 25 octobre 2015 dans la désignation de certaines personnalités, comme l'institution de la fonction de Premier ministre, la création d'une nouvelle commission permanente en charge des problématiques environnementales, de la représentation paritaire entre homme et femme au sein du CESE. *Cf. Les Dépêches de Brazzaville, n°3087, jeudi 7 décembre 2017, p.7, "Compte rendu du Conseil des ministres du mercredi 6 décembre » 2017; .http : adiac-congo.com/prit/compte-rendu-du-conseil.* Ce projet de loi a donné lieu à *la* Loi organique n°27-2018 du 7 août 2018 portant organisation, composition et fonctionnement du Conseil économique, social et environnemental, JO n°33 du 16 août 2018, p.1034, déclarée conforme à la constitution par l'avis n° 006-ACC-SVC/18 du 12 juillet 2018, JO n°33 du 16 août 2018, p1064.

A). L'organisation du CESE.

Le Conseil économique, social et environnemental est composé d'une assemblée générale, d'un bureau et des commissions permanentes.

I). L'assemblée générale du CESE.

L'assemblée générale du Conseil économique, social et environnemental est régie par les dispositions des articles 6 et 7 de la loi organique n° 27-2018 du 07 août 2018.

Organe délibérant du Conseil économique, social et environnemental, l'assemblée générale comprend tous les membres de cette institution. Les critères de désignation des membres du Conseil économique, social et environnemental sont : *la nationalité congolaise, l'âge minimal de dix-huit ans, l'appartenance à l'une des catégories représentées au CESE, la non-déchéance des droits civiques et politiques.*

Le décret n° 2019-58 du 28 mars 2019 fixe les modalités de désignation des membres du Conseil économique, social et environnemental, représentant les principales branches d'activités économiques, socioculturelles et environnementales, en application des dispositions des articles 27, 28, 30 et 31 de la loi organique 27-2018 du 07 août 2018[182].

II). Le bureau du CESE.

Le bureau est régi par les dispositions des articles 8 à 15 de la loi organique n° 27-2018 du 07 août 2018. Il assure la permanence du Conseil économique, social et environnemental et en exécute les délibérations.

Il comprend un Président, un vice Président, un rapporteur, un questeur. Les membres du bureau issus du Conseil économique, social et environnemental sont nommés par décret en Conseil des ministres[183].

Comme il sera vu plus loin, c'est le Président du bureau qui préside les sessions de l'assemblée. Il représente le CESE à l'égard des tiers. Il est l'ordonnateur du budget du CESE.

Le vice-président supplée le Président en cas d'absence de ce dernier. Sur délégation du Président, le vice-président coordonne les activités du Conseil en relation avec les organes constitutionnels, internationaux et les collectivités locales. Le rapporteur du bureau du CESE est chargé de rédiger et d'en présenter les rapports. Quant au questeur, il prépare et assure l'exécution du budget du Conseil économique, social et environnemental.

---

182 Décret n° 2019-58 du 28 mars 2019 fixant les modalités de désignation des membres du Conseil économique, social et environnemental, JO, du 04 avril 2019, p.335.

183 Cf. Décret n°2019-182 du 10 juillet 2019, portant nomination des membres du bureau du CESE, JO du 25 juillet 2019, p. 760.

III). Les commissions permanentes.

La matière est régie par les dispositions des articles 16 à 26 de la loi organique. Le Conseil économique, social et environnemental comprend 4 commissions permanentes : la commission des affaires économiques, la commission des affaires sociales, la commission des affaires éducatives, culturelles et religieuses, la commission des affaires environnementales. Les commissions permanentes sont, d'une manière générale, chargées d'étudier les affaires qui sont soumises au Conseil et celles dont il se saisit lui-même en vertu de ses attributions.

a). Les missions dédiées à la commission affaires économiques.

Elle est chargée des questions relatives aux politiques économiques et financières ; au plan ; aux lois de programme ; à l'agriculture, l'élevage et la pêche ; à la forêt ; à l'industrie ; aux transports, aux bâtiments et aux travaux publics ; aux hydrocarbures, aux mines hydrauliques et à l'énergie ; au commerce, aux petites et moyennes entreprises, à l'artisanat et autres services ; au tourisme ; aux établissements de crédit, de microfinance et autres institutions financières ; à l'urbanisme, au foncier et à l'habitat ; aux collectivités locales et à l'aménagement du territoire ; à l'aide au développement ; à l'intégration régionale ; aux finances publiques.

b). Les missions spécifiques à la commission affaires sociales.

Elle est en charge des questions relatives au travail et à l'emploi ; à la population, à l'enfance et à la famille ; à la protection sociale ; à la santé ; à la lutte contre le VIH/SIDA, les maladies sexuellement transmissibles et autres pandémies (comme la COVID' 19) ; à la lutte contre la drogue, les stupéfiants et autre substances illégales ; à la lutte contre les faux médicaments ; au cadre de vie ; aux handicapés et mutilés de guerre ; aux conflits sociaux ; à la concertation entre diverses catégories socioprofessionnelles ; aux organisations non gouvernementales ; aux questions du genre.

c). Les missions de la commission affaires éducatives, culturelles et religieuses.

La commission affaires éducatives, culturelles et religieuses est chargée des questions relatives à l'éducation et la formation ; à la recherche scientifique et à l'innovation technologique ; aux loisirs ; à la culture et aux arts ; à la jeunesse et aux sports ; à la communication, à la presse, à l'information et à la documentation ; à la protection des peuples autochtones ; aux technologies de l'information et de la communication ; aux confessions religieuses.

d). Les missions dédiées à la commission affaires environnementales.

La commission affaires environnementales s'occupe des questions qui se rapportent aux changements climatiques ; à l'exploitation des ressources naturelles ; à la prévention et au traitement des pollutions et nuisances ; à la protection des écosystèmes et de la biodiversité ; à la protection du patrimoine naturel ; à la préservation et la valorisation de l'environnement ; à la réparation des risques environnementaux.

IV). Le secrétariat général du CESE.

Le Conseil économique, social et environnemental dispose d'un secrétariat général, dont les attributions, l'organisation et le fonctionnement sont fixés par décret en Conseil des ministres. Nommé par décret en Conseil des ministres, le Secrétaire général dirige et anime les services administratifs du CESE.

B). Composition du CESE.

La composition du Conseil économique, social et environnemental est très complexe.

I). La diversité des membres du CESE.

Conseil économique, social et environnemental est une institution pléthorique. Il comprend soixante-quinze (75) membres représentants les principales branches d'activités économiques, socioculturelles et environnementales, tels que répartis par l'article 27 de la loi organique précitée du 07 août 2018, ainsi qu'il suit : - 4 représentants des chambres de commerce ; douze représentant des coopératives agricoles et non agricoles à raisons d'un représentant par département ; six représentants des organisations patronales les plus représentatives ; douze représentants des associations paysannes les plus représentatives à raison d'un par département ; neuf représentants des professions libérales, en raison d'un par catégorie (avocats, architectes, pharmaciens, médecins, notaires, huissiers de justice, experts-comptables, transporteurs et commissionnaires en douane) ; deux représentants des professionnels de l'environnement ; deux représentants des associations non gouvernementales à vocation économique ; deux représentants des associations non gouvernementales à vocation sociale ; deux représentants des associations non gouvernementales à vocation environnementale ; trois représentants des chercheurs et des universitaires ; cinq représentants des confessions religieuses ; cinq personnalités désignées pour leurs compétences en matière économique, sociale et environnementale (en raison de deux par le Président de République, une par le président du Sénat, une par le Président de l'assemblée et une par le Premier ministre, chef du gouvernement) ; onze représentants des syndicats les plus représentatifs des travailleurs salariés en raison d'un représentant par chacune des catégories suivantes : catégorie 1 (enseignement, science, culture, sport, loisir, presse et informatique), catégorie 2 (marine marchande, aviation civile, transport terrestre, poste et télécommunications), catégorie 3 (santé, affaires sociales, action humanitaire, protection sociale), catégorie 4 (industrie, métallurgie), catégorie 5 (bâtiments, travaux publics), catégorie 6 (pétrole, mines, énergie, hydraulique), catégorie 7 (régies financières, système bancaire et financier, marché de l'assurance), catégorie 8 (collectivité locale, administration générale), catégorie 9 (commerce, hôtellerie, tourisme, artisanat), catégorie 10 (agriculture, élevage, pêche, et forêt), catégorie 11 (climat, biodiversité, ressources naturelles, transition énergique).

II). La désignation des membres du CESE.

Les membres du Conseil économique, social et environnemental sont proposés par les structures auxquelles ils appartiennent. L'article 28 de la loi organique du 7 août 2018 ne précise pas le caractère électif de la désignation des candidats au CESE. L'article 31 de la loi organique renvoie à un décret en Conseil des ministres les modalités d'application des articles 28 et 29, notamment les modalités de désignation des membres du CESE. C'est l'objet du décret précité n° 2019-58 du 28 mars 2019 fixant les modalités de désignation des membres du Conseil économique, social et environnemental.

En effet, tout candidat doit déposer auprès de la structure à laquelle il appartient un dossier comprenant un curriculum vitae, un extrait d'acte de naissance, un certificat de nationalité, un casier judiciaire, une copie certifiée conforme de la carte professionnelle ou de tout document en tenant lieu.

C'est chaque structure qui centralise les candidatures pour les présélectionner en vue de la désignation en assemblée générale ou l'instance habilitée de la structure. La structure présentant des candidats doit justifier, preuve à l'appui, qu'elle jouit de la capacité juridique, est habilitée à présenter des candidats, bénéficie d'une ancienneté de plus de trois ans dans l'exercice de son activité, a tenu une assemblée générale ou une réunion de l'instance pour désigner les candidats qu'elle présente[184].

Les femmes doivent représenter au moins la moitié des candidats sélectionnés. Le responsable de la structure est chargé de transmettre les dossiers complets des candidatures retenues et le procès-verbal de désignation au ministre de l'économie. Ce dernier arrête les listes nominatives des candidats, qu'il transmet à son tour au Président de la République pour prendre un décret de nomination des membres du conseil économique social et environnemental[185], ce compris les membres désignés par lui-même (2), le président du Sénat (1), le président de l'Assemblée nationale (1) et le Premier ministre, chef du gouvernement (1)[186].

Les premiers membres du Conseil économique, social et environnemental ont été nommés par le décret n° 2019-161 du 26 juin 2019[187].

III). Les incompatibilités et la perte de la qualité de membre du CESE.

Du point de vue des incompatibilités, aux termes de l'article 32 de la loi organique du 7 août 2018, la qualité de membre du CESE ne peut pas être cumulée avec les qualités de membre du parlement (Assemblée nationale et sénat), de membre du gouvernement, de membre de la Cour constitutionnelle, de membre de la Cour suprême, de membre de la Cour des comptes et de discipline budgétaire, de préfet, de maire, de sous-préfet et de conseillers locaux.

Toute personne exerçant des fonctions ou un mandat incompatible visés à l'article 32 alinéa 1er est réputée y avoir renoncé et démissionné si elle n'exprimait pas un avis contraire dans un délai de huit jours à compter de sa nomination en qualité de membre du Conseil économique, social et environnemental. Symétriquement, tout membre du Conseil économique, social et environnemental est réputé en avoir démissionné dès l'instant où il accepte d'occuper les fonctions incompatibles énumérées à l'article 32 alinéa 1er précité.

Par ailleurs, la qualité de membre du Conseil économique, social et environnemental, peut être perdue, outre la démission, en cas de décès, de déchéance ou pour toute autre cause d'empêchement définitif. En toute

---

[184] Cf. articles 2 à 4 du décret du 28 mars 2019 ;

[185] Cf. Articles 5 à 7 du décret.

[186] Cf. Décret n°2019-161 du 26 juin 2019 portant nomination des membres du CESE, JO du 25.07. 2019, p.759.

[187] Décret n°2019-161 du 26 juin 2019 portant nomination des membres du Conseil économique, social et environnemental, JO du 25 juillet 2919, 759.

hypothèse, il est pourvu au remplacement par la désignation d'un nouveau membre, dans un délai de trente jours afin de poursuivre le mandat de son prédécesseur.

Enfin, le contentieux de la désignation des membres du Conseil économique, social et environnemental ressortit à la compétence de la Cour suprême.

§2. Le fonctionnement du CESE.

Nous examinerons la saisine, les sessions et les aspects budgétaires et financiers du Conseil économique, social et environnemental.

A). La saisine du CESE.

La saisine du Conseil économique, social et environnemental répond à un certain nombre de conditions qu'il convient de présenter.

I). Les auteurs de la saisine du CESE.

La loi organique du 7 août 2018 distingue, du point de vue des auteurs, deux modes de saisine du Conseil économique, social et environnemental. La saisine par des autorités externes et la saisine par le CESE lui-même.

a). La saisine par les autorités externes au CESE.

Bien qu'étant une institution typique de la démocratie participative, la saisine du Conseil économique, social et environnemental n'est pas, du point de vue externe, ouverte à tout le monde. A cet égard, le CESE est normalement saisi par l'une des autorités expressément désignées par l'article 197 alinéa 2 de la constitution, que reprend l'article 2 alinéa 1er de la loi organique précitée du 07 août 2018.

Il s'agit notamment du Président de la République, du Président de l'Assemblée nationale et du Président du Sénat. Les parlementaires ne sont pas habilités à saisir le Conseil économique, social et environnemental.

Il est, cependant, étonnant de constater que le Premier ministre, Chef du gouvernement ne figure pas parmi les personnes habilitées à saisir le Conseil économique, social et environnemental.

Alors qu'en application des dispositions de l'article 99 de la constitution de 2015, le Premier ministre détermine, en concertation avec le Président de la République, la politique économique et sociale de la nation, dont il est, aux termes de l'article 100, responsable devant l'Assemblée nationale. Il aurait même été habilité à suppléer le Président de la République à cet effet. Cela d'autant plus que, comme il sera vu ci-après, le gouvernement qu'il dirige peut être confronté à tout problème d'ordre économique, social et environnemental qui ressortit à la compétence du CESE.

b). L'auto-saisine du CESE.

Reprenant l'article 197 alinéa 3 de la constitution de 2015, l'article 2 alinéa 2 de la loi organique du 7 août 2018 prévoit la possibilité pour le Conseil économique, social et environnemental de se saisir lui-même. Il a donc, la compétence de sa compétence. Cependant, comme nous le verrons ci-après, il peut se saisir de tout problème à caractère économique, social et environnemental. Les modalités de son auto-saisine ne sont pas déterminées. Notamment, sur la question de savoir s'il doit en informer au préalable, concomitamment ou postérieurement le Président de la République, les présidents du Sénat et de l'Assemblée nationale et le Premier ministre, Chef du gouvernement.

II). L'objet de la saisine du CESE.

La loi organique du 7 août 2018 définit, dans les dispositions de l'article 2 alinéas 3 et 4 (article 197 alinéas 4 et 5), outre tout problème à caractère économique, social et environnemental, l'objet de la saisine du CESE. Ainsi donc, sa saisine peut être facultative, obligatoire ou interdite.

a). La saisine facultative du CESE.

Le *CESE* peut être facultativement consulté, comme le prévoit l'article 2 alinéa 3, en raison de leur caractère économique, social ou environnemental, sur les projets :
- *traités ou accords internationaux,*
- *lois (ou propositions de lois),*
- *décrets.*

b). La saisine obligatoire du CESE.

La saisine du CESE est obligatoire, s'agissant des projets de loi de programme et du plan de développement à caractère économique, social ou environnemental. Il est constant que le défaut de consultation du Conseil sur tout projet de loi de programme ou de plan de développement constitue un vice de procédure qui peut être sanctionné par l'irrecevabilité de son admission et de son examen par les assemblées parlementaires. De même, une loi de programme ou relative au plan de développement, votée en l'absence de la consultation préalable obligatoire du Conseil économique, social et environnemental, encourt la censure du juge constitutionnel pour inconstitutionnalité.

c). La saisine interdite du CESE.

Le Budget de l'Etat échappe à la compétence du Conseil économique, social et environnemental. Il ne peut en être saisi, comme en dispose le dernier alinéa de l'article 197 de la constitution du 25 octobre 2015 et celui de l'article 2 de la loi organique du 07 août 2018.

B). Les sessions du CESE.

Il convient de souligner que les réunions du Conseil économique, social et environnemental, ainsi que celle de ses commissions permanentes, sont convoquées par son Président. Le nombre de sessions, leur déroulement et les avis du CESE sont régis par les dispositions des articles 35 et suivants de la loi organique précitée du 07 août 2018.

I). Le nombre et la nature des sessions du CESE.

Le Conseil économique, social et environnemental peut se réunir en session ordinaire ou en session extraordinaire. Les sessions ordinaires sont convoquées par le Président du Conseil. Les sessions extraordinaires le sont également par lui, mais à la demande soit du Président de la République, soit du président de l'Assemblée nationale ou du Sénat, soit des 2/3 des membres du Conseil.

L'assemblée générale tient trois sessions ordinaires par an. Chaque session ordinaire ne peut pas excéder quinze jours ouvrés. Leur rythme suit celui des sessions parlementaires, en ce sens que la session ordinaire doit commencer au plus tard un mois avant les sessions ordinaires des chambres parlementaires.

a). Le déroulement des sessions du CESE.

Le déroulement des sessions du Conseil économique, social et environnemental conduit à ce que l'ont puisse en examiner succinctement l'accessibilité.

1). La publicité des sessions.

Les réunions de l'Assemblée générale du Conseil économique, social et environnemental sont en principe publiques. Il ne peut en être autrement que si le Conseil décide, à la majorité absolue de ses membres, de siéger à huis clos. Les réunions des commissions permanentes se déroulent également à huis clos.

2). Les auditions des autorités ou des personnalités.

Deux catégories d'autorités ou de personnalités ont accès aux sessions de l'assemblée générale et aux réunions des commissions permanentes du CESE.

Il s'agit,

D'une part, des membres qui y ont accès à leur demande. Ce sont les députés et sénateurs, les membres du gouvernement ou leurs représentants.

D'autre part, peuvent également être entendues, cette fois-ci à la demande du conseil ou d'une commission, les personnalités (ou fonctionnaires) choisies par le Président de la République, le président du Sénat, le président de l'Assemblée nationale et le Premier ministre, chef du gouvernement. Elles sont entendues en raison de leurs qualifications ou compétences. Peuvent également être entendus, dans les conditions déterminées par le règlement intérieur du CESE, les opérateurs économiques étrangers.

b). Les avis et rapports du CESE.

Les avis et rapports du Conseil économique, social et environnemental sont circonstanciés en tant qu'ils doivent exposer les différentes opinions exprimées. Ils sont transmis, dans un délai de quinze jours suivant leur adoption, au Président de la République, au président de l'Assemblée nationale, au président du sénat et au Premier ministre, chef du Gouvernement. Ce délai est réduit à sept jours, en cas d'urgence notifiée par le Président de la République, le président du Sénat ou celui de l'Assemblée nationale.

Ces avis et rapports n'ont aucun caractère décisoire, en ce sens qu'ils ne lient pas l'auteur de la saisine. Cela tient au fait Conseil économique, social et environnemental n'est qu'une assemblée consultative. Il n'émet pas des avis conformes.

Enfin, le CESE établit chaque année un rapport général d'activités, qu'il adresse au Président de la République, au Président de l'Assemblée nationale, au Président du Sénat et au Premier ministre, chef du gouvernement. Ce rapport est publié au journal officiel.

II). Les aspects budgétaires et financiers du CESE.

En dehors des membres du bureau du CESE qui perçoivent une indemnité de fonction fixée par décret en Conseil des ministres, les fonctions de membre du CESE sont gratuites. Cependant, elles donnent droit au remboursement des frais de transport et à une indemnité de session dont le montant et les modalités sont fixés par décret en Conseil des ministres.

Sur le plan budgétaire, le CESE est dépourvu de ressources propres. Les crédits nécessaires à son fonctionnement sont inscrits au budget de l'Etat. Il jouit d'une autonomie de gestion et, soumis au contrôle de la Cour des comptes et de discipline budgétaire. Le Président du CESE en est l'ordonnateur principal. Il est en principe assisté d'un comptable assignataire[188].

[188] Au titre de l'année 2019, le CESE a bénéficié d'une dotation budgétaire de neuf cents millions (900 000 000) de francs FCFA. Cf. Arrêté n°380 du 15 janvier 2019 portant notification des crédits et autorisation d'exécution du budget de l'Etat, exercice 2019, au profit du Conseil économique, social et environnemental.

Titre 2 : Les Conseils consultatifs nationaux.

L'une des principales nouveautés de la constitution du 25 octobre 2015 réside dans l'institution des conseils consultatifs nationaux. Ils s'inscrivent dans la volonté d'instaurer une démocratie participative[189] ; pas forcément consensuelle[190]. Ce, même si la constitutionnalisation ne se justifie pas nécessairement pour la plupart d'entre eux. Ces innovations conduisent certains auteurs (avec qui nous sommes en désaccord), comme A. C. Makosso, à s'en prévaloir pour qualifier de consensualiste, le régime institué par la constitution du 25 octobre 2015. Il en est de même pour M.I. Peya qui exulte en prônant la démocratie à l'africaine[191]. Nous distinguerons ci-après le Conseil national du dialogue des conseils consultatifs sectoriels ou catégoriels.

Chapitre 1er : Le Conseil national du dialogue (CND).

Le Conseil national du dialogue est régi par les dispositions des articles 227 à 229 de la constitution. C'est un organe de concertation, d'apaisement et de recherche du consensus des forces vives du pays sur les grands problèmes politiques d'intérêt national. Il est placé sous l'autorité du Président de la République. Son organisation, sa composition et son fonctionnement sont déterminés la loi organique n° 30-2017 du 07 août 2017[192].

§1. L'organisation et la composition du CND.

Placé sous l'autorité du Président de la République, le Conseil national du dialogue comprend outre ses membres, un organe représentatif, le secrétariat permanent qui en assure l'administration.

---

189 Sur la démocratie participative, A. Lalande & L. Vermeersch, *« Qu'est ce que la démocratie participative ? »*, Vacarme, 2007/4 (n°81), p.53 ; A. Mazeaud & M. Nonjon, *« De la cause au marché de la démocratie participative »*, Agone, 2015/1 (n°56), pp. 135-152.

190 *Cf. I. Kaufman, « Vers une démocratie consensuelle », Les temps modernes, 2009/1 (n°652-653), pp. 143-163.*

191 *Cf. A.C.Makosso, « le régime consensualiste... », op. cit. pp. 73 et suiv ; 391 et suiv ; M. I. Peya, « entre le bon sens et l'alternance absolue... », op. cit.*

192 *J.O. du 21 septembre 2017 (n°38), p. 1212 ; Avis conformité de la Cour constitutionnelle n°003-ACC-SVC/17 du 16 juin 2017, JO. 21 septembre 2017 (n°38), p.1213.*

A). Le secrétariat permanent du Conseil national du dialogue.

Le Secrétariat permanent est aux termes des dispositions de l'article 6 de la loi organique du 07 août 2017, l'organe représentatif du Conseil national du dialogue. Il est composé d'un Secrétaire permanent nommé, sur proposition du ministre en charge de l'administration du territoire, par un décret du Président de la République[193] et, de deux Secrétaires nommés quant à eux par un arrêté du même ministre.

B). L'Assemblée générale du Conseil national du dialogue.

Le Conseil national du dialogue est un organe pléthorique et hétéroclite. Aux termes des dispositions de l'article 4 de la loi organique précitée, le CND est composé de trois catégories de membres. Des membres de droits, des membres désignés par le Président de la République en Conseil des ministres et des membres qualifiés, également nommés par le Président de la République. L'ensemble de ces membres constituent l'assemblée générale du Conseil national du dialogue visé à l'article 14 de la loi organique.

I). Les membres de droit du CND.

Aux termes des dispositions de l'article 4 de la loi organique du 07 août 2017, on distingue, les plus hautes autorités politiques, les chefs de la plus haute juridiction nationale, les représentants des institutions consultatives et de régulation, les hauts fonctionnaires.

a). Les plus hautes autorités politiques.

Cette catégorie comprend, pêlemêle, le président du Sénat, les membres du bureau et les présidents des commissions permanentes du Sénat ; le président de l'Assemblée nationale, les membres du bureau et les présidents des commissions permanentes de l'Assemblée nationale ; le Premier ministre, chef du Gouvernement ; les membres du Gouvernement ; le chef de l'opposition ; les anciens Présidents de la République ; les anciens présidents des Assemblées parlementaires ; les anciens Premiers ministres ; les présidents des groupes parlementaires.

---

[193] M. Mberi fut nommé secrétaire permanent du Conseil national du dialogue par décret n°2018-306 du 09 août 2018. Le premier Secrétariat permanent suivant la loi organique du 7 août 2017 a été nommé par le décret du Président de la République n°20186306 du 09 août 2018.

b). Les membres de la Cour suprême et des institutions consultatives et de régulation.

Cette catégorie regroupe les anciens présidents de la Cour suprême et les représentants des institutions consultatives et de régulation ; le président du Conseil économique, social et environnemental ; le médiateur de la République ; le président du Conseil supérieur de la liberté de communication ; le président de la commission nationale électorale indépendante ; le président de la Commission nationale des droits de l'homme ; le représentant du Conseil consultatif des sages et des notabilités traditionnelles ; le représentant du Conseil consultatif de la société civile et des organisations non gouvernementales ; la représentante du Conseil consultatif des femmes ; le représentant du Conseil consultatif de la jeunesse ; le représentant du Conseil consultatif des personnes vivant avec handicap.

c). Les hauts fonctionnaires et les chefs des exécutifs locaux.

Font partie de cette catégorie, les inspecteurs et directeurs généraux de l'administration du territoire ; les préfets de départements ; les présidents des Conseils départementaux et municipaux ; les recteurs des universités publiques.

II). Les membres nommés par le Président de la République en Conseil des ministres.

Les membres désignés au Conseil national du dialogue, le sont par décret du Président de la République, pris en Conseil des ministres, en application des dispositions de l'article 4 alinéa 3 de la loi organique du 07 août 2017. Le décret n° 2018-235 du 13 juin 2018 fixant le quota des membres désignés au Conseil national du dialogue indique que cette catégorie comprend 120 membres.

Il s'agit notamment, des représentants des partis politiques (60), qui remplissent les conditions prévues par la loi organique relative aux conditions de création, d'existence et aux modalités de financement des partis politiques (proposés respectivement par les partis de la majorité (20), de l'opposition (20) et du centre (20) ; des représentants des Congolais de l'étranger (12) ; des personnalités reconnues pour leur esprit de modération et leur attachement aux valeurs de paix, de concorde nationale et de justice sociale (10) ; les représentants de la Présidence de la République (10) ; les représentants de la Primature (5) ; des représentants du cabinet du ministère chargé de l'administration du territoire (10) ; des représentants des confessions religieuses (7) ; des représentants des organisations professionnelles (6).

On peut s'interroger sur le critère de représentativité ou de sélection de certains membres. Notamment, ceux qui sont issus des congolais de l'étranger, des confessions religieuses, des personnalités jouissant d'une notoriété pour leur esprit de modération, d'attachement aux valeurs de la paix, de concorde nationale et de justice sociale, etc.

III). Les membres nommés en raison de leur expertise.

Cette qualité de membres du Conseil national du dialogue est visée par les dispositions de l'article 5 de la loi organique précitée du 07 août 2017. Ils sont désignés par un simple décret (pas en conseil des ministres) du Président de la République. Il s'agit des membres nommés en raison de leurs expertises ou de leurs qualifications au regard de la problématique ou de l'objet des questions d'intérêt national soumises au Conseil national du dialogue.

C). La rémunération des membres du CND.

Seuls les membres du secrétariat permanent du Conseil national du dialogue perçoivent une rémunération sous la forme d'une indemnité mensuelle dont le montant est fixé par voie réglementaire, en application de l'article 8 de la loi organique du 7 août 2017. Cependant, ainsi qu'en dispose l'article 20 de la loi organique, la qualité de membre du Conseil national du dialogue ne donne aucun droit à rémunération. Sauf, en cas de participation au dialogue, un droit au remboursement de frais de transport et au paiement d'une indemnité de session dont le montant est fixé 500 000 FCFA par décret n° 2018-233 du 13 juin 2018[194], pris en Conseil des ministres.

§2. Le fonctionnement du CND.

Il convient de distinguer les instances du Conseil national du dialogue dans le cadre de son fonctionnement pour débattre des questions d'intérêt national et les règles spécifiques de fonctionnement.

A). La saisine du Conseil national du dialogue.

Nous examinons ci-après l'initiative, les mobiles ainsi que les modalités de la saisine du Conseil national du dialogue.

[194] Décret n°2018-233 du 13 juin 2018 fixant le taux de l'indemnité de session du Conseil national du dialogue, JO du 25 juin 2018, p.777.

I). L'initiative et le mobile de la saisine du CND.

Seul le Président de la République est habilité à saisir le Conseil national du dialogue. Cette saisine doit être motivée, aux termes des dispositions de l'article 9 de la loi organique, par de grands problèmes politiques d'intérêt national auxquels il est confronté. Cela suppose que le Président de la République ne peut pas saisir le Conseil national pour un problème qui présente un intérêt local ou sectoriel. Sauf s'il a des répercussions au niveau national. Ce problème doit présenter un caractère ou une difficulté majeure, qui cristallise le débat et clive la classe politique sans qu'aucune solution acceptable pas tous ne soit trouvée au plus haut sommet de l'Etat ; avec le risque d'affecter le fonctionnement des institutions. Cela va sans dire que la classe politique se trouve dans une impasse.

On peut déplorer le fait que le Président de la République soit la seule autorité habilitée à saisir le Conseil national du dialogue dans ce genre de circonstances. Même s'il est, aux termes des dispositions du dernier alinéa de l'article 64 de la constitution, le garant du fonctionnement régulier des pouvoirs publics et de la continuité de l'Etat. D'autres autorités comme les Présidents des deux assemblées parlementaires pouvaient en avoir l'initiative ou inviter le Président de la République à saisir le CND. Les représentants des partis politiques, ceux de la majorité ou de l'opposition à travers leur chef constitutionnel, pour cette dernière catégorie, pourraient également en avoir l'initiative ou inviter le Président de la République à saisir le Conseil national du dialogue.

II). Le mode de saisine du CND.

Aux termes des dispositions de l'article 10 de la loi organique du 7 août 2017, le Conseil national du dialogue est convoqué par décret du Président de la République, qui fixe les questions politiques sur lesquelles le Conseil national du dialogue devra se prononcer. Le même décret arrête la liste des participants au dialogue, la date et la durée des travaux. Ce décret est publié au journal officiel, ensuite de quoi le Secrétaire permanent du Conseil national du dialogue adresse les convocations à tous les membres concernés avec précision sur le lieu et l'heure d'ouverture des travaux.

B). Les instances relatives aux réunions du CND.

Ces instances sont, en dehors de l'assemblée générale, la réunion préliminaire, le bureau et le secrétariat des travaux.

I). La réunion préliminaire.

Elle a lieu, dès la publication du décret présidentiel convoquant le dialogue national. Cette réunion préliminaire a lieu entre le secrétaire permanent et les anciens Présidents de la République, le Président du Sénat et le Président de l'Assemblée nationale. Elle est présidée par le secrétaire permanent. La réunion préliminaire du Conseil national a pour objet de proposer la composition des instances du dialogue.

II). Le bureau et le secrétariat des travaux.

Le Conseil national du dialogue comprend deux instances pour la conduite de ses travaux. Il s'agit du bureau et du secrétariat des travaux. Le bureau des travaux est composé d'un Président, de deux Vice-présidents et d'un rapporteur. Tandis que le Secrétariat des travaux est composé d'un Chef de secrétariat et de six membres.

On remarquera que les rôles des uns et des autres ne sont pas définis, aucun décret n'est expressément prévu pour en préciser les modalités d'application. Par ailleurs, ces deux instances auraient pu en constituer qu'une seule (c'est-à-dire, un bureau qui serait composé d'un Président, d'un ou de deux vice-présidents, d'un secrétariat, d'un trésorier et de quelques membres en nombre réduit), pour éviter un excès de bureaucratie.

C). Le déroulement et la fin des travaux du CND.

Tout d'abord, le Conseil national du dialogue adopte, pour des besoins de son fonctionnement pendant ses assises, en séance plénière, un règlement intérieur proposé par le bureau et transmis pour information au ministre en charge de l'administration du territoire.

Les travaux du Conseil national du dialogue sont sanctionnés par des avis, des suggestions adoptées à la majorité absolue de ses membres qui sont transmis au Président de la République. Aucune précision n'est donnée sur le délai de transmission de l'avis ou de la suggestion au Président de la République. Cependant, il est prévu qu'un communiqué final peut être adopté par le plénum à la majorité absolue des membres du Conseil national du dialogue, après sa communication au Président de la République. Enfin, le Président de la République apprécie discrétionnairement la suite qu'il entend donner aux conclusions du Conseil national du dialogue. Il n'est pas lié par son avis.

§ 3 : Le cas particulier de la concertation politique de Madingou en 2020.

La concertation politique de Madingou, Chef-lieu du département de la Bouenza, du 24 au 26 novembre 2020, a ceci de particulier qu'elle fut organisée en dehors du Conseil national du dialogue (CND), qui est le cadre institutionnel prévu à cet effet par la Constitution du 25 octobre 2015 et déjà mis en place comme il vient d'être vu. La concertation politique de Madingou n'était pas sans susciter des critiques de la part d'une partie de l'opposition qui, réclamant à cor et à cri la tenue d'un dialogue national inclusif, dénonçait un dévoiement des procédures caractéristique du non-respect de la constitution. D'ailleurs, le secrétaire permanent du CND s'était lancé pendant un certain temps, sans succès, dans des démarches afin d'organiser un tel dialogue. Il n'était pas, encore moins les membres de l'institution qu'il dirige, associé à la préparation, ni à la mise en œuvre de ces assises. Le schéma novateur du CND fut abandonné pour un retour au schéma initial, comme ce fut le cas des concertations de Brazzaville du 14 au 17 avril 2009 ; d'Ewo du 15 au 17 décembre 2011 ; de Dolisie du 13 au 17 juillet 2013 ; du dialogue national de Sibiti du 13 au 17 juillet 2015 et de Ouesso du 4 au 7 mars 2017.

La renonciation *''ex cathedra''* à recourir à un dialogue national inclusif interroge sur l'utilité d'une institution pourtant constitutionnellement, légalement et réglementairement établie.

Instruit par le Président de la République, la concertation politique de Madingou était convoquée par le gouvernement dans la perspective, à quelques mois seulement, de l'élection présidentielle du 21 mars 2021, sur la thématique de la consolidation des acquis de la démocratie par des élections libres, transparentes et apaisées.

A). L'organisation et fonctionnement des assises politiques de Madingou.

Dans le contexte pandémique de la COVID' 19, les participants à la concertation politique de Madingou étaient triés sur le volet parmi les partis et groupements de partis politiques agréés (figurant sur la liste publiée par l'arrêté du ministre de l'intérieur n° 13205 du 21 octobre 2020, JORC, du 5 novembre 2020, p.1143 au titre de l'année 2020), les membres de la société civile ; les organes institutionnels et constitutionnels, ainsi que les autorités administratives. Deux instances étaient constituées : un présidium, présidé par le ministre de l'intérieur, assisté de trois autres membres du gouvernement ; un secrétariat ; la police sous l'égide du préfet du département de la Bouenza.

Les travaux étaient répartis en deux commissions. D'une part, la commission cadre juridique des élections politiques en République du Congo et les constatations de la commission nationale électorale indépendante (CNEI), présidée par le président de la CNEI. Ce dernier étant assisté de deux vice-présidents, un issu de la majorité et l'autre issu de l'opposition et d'un secrétariat de deux membres, un issu du Conseil départemental de la Bouenza et l'autre étant le président du comité de suivi et de contrôle de la CNEI.

D'autre part, la Commission d'élaboration des listes électorales, présidée par le Préfet, directeur général des affaires électorales, assisté d'un vice-président issu de l'opposition et d'un secrétaire-rapporteur issu des partis du centre.

B). Les recommandations des assises de Madingou.

Comme c'est bien souvent le cas dans ces assises devenues cycliques et un rituel avant les échéances électorales, une mise au point devait avant tout être faite sur l'exécution des recommandations de la concertation politique de Ouesso du 04 au 07 mars 2017 en prélude aux élections parlementaires et locales.

I). Le bilan de l'exécution des recommandations de Ouesso 2017.

Sur six (6) recommandations de Ouesso, deux (2) seulement n'ont pas été mises en œuvre[195]. Il s'agit de la recommandation relative à la biométrie, subordonnée aux résultats du recensement général de la population en 2018 et à la réforme du système de l'état civil. Cela s'explique par l'inachèvement du recensement général de la population et l'absence d'une loi régissant le système d'état civil. La deuxième résolution, non exécutée de Ouesso 2017, s'explique par le défaut de mise en place d'une commission chargée de réexaminer l'avant-projet de loi sur le financement des campagnes électorales.

II). Les recommandations des assises de Madingou 2020.

Il ressort du communiqué final des travaux de la concertation politique de Madingou que les recommandations sont réparties selon les travaux des deux commissions mises en place à cet effet.

[195] Les quatre des six (6) recommandations exécutées des assises de Ouesso se rapportent au passage du nombre des sièges de l'Assemblée nationale de 139 à 151 ; la révision extraordinaire des listes électorales en vue des élections de 2017 ; le découpage des circonscriptions administratives et électorales et la désignation des membres des instances de la CNEI parmi les partis politiques, les membres de la société civile et les autorités investies du pouvoir de nomination.

a). Les recommandations de la commission cadre juridique des élections et la CNEI.

La Commission cadre juridique des élections politiques en République du Congo et les constatations de la Commission nationale électorale indépendante (CNEI) avait émis 11 recommandations en vue de l'élection présidentielle de 2021.

Elles se rapportent à la nécessité d'une révision extraordinaire des listes électorales ; à la distribution des cartes d'électeurs auprès de chaque électeur et à son domicile pour annihiler les abstentions et assurer le succès de toute élection politique ; à l'introduction du bulletin unique de vote, devenu un acquis à conserver ; à la consolidation et au renforcement des moyens de la transparence pour des élections justes et apaisées ; à l'appropriation par tous des règles du contentieux électoral ; au renforcement des compétences de la CNEI ; au maintien de la représentation actuelle des partis politiques et de la société civile dans les instances de la CNEI au niveau local et national ; à la poursuite et la répression effectives des infractions en matière électorale ; à la compétence exclusive du ministre en charge des élections pour la proclamation des résultats électoraux ; à la formation conséquente, aux frais de l'Etat, des personnels électoraux et des délégués des candidats ; à l'encadrement rigoureux du vote par procuration.

b). Les recommandations de la commission élaboration des listes électorales.

En dehors des divergences d'opinions sur la nécessité, pour les uns, d'une révision extraordinaire des listes électorales et, pour les autres, d'un recensement spécial, la question du vote anticipé des agents de la force publique a cristallisé les débats houleux dans cette commission.

Il était convenu de mettre en place un mécanisme destiné à éviter le double emploi entre les listes spéciales des agents de la force publique et les listes électorales générales. En clair, les agents de la force publique ne devraient pas figurer sur les deux listes.

Il a également été convenu de faire participer les commissions paritaires pour les opérations liées à l'enrôlement et l'organisation du vote anticipé des éléments de la force publique.

Nous considérons que, pour éviter toute suspicion, tout soupçon de fraude électorale, il faut mettre en place des mécanismes de vérification en amont de ces deux listes par une commission idoine pour les confronter. Cela permet d'éviter les doublons. Il faudrait également s'assurer de la situation des agents de la force publique qui en seraient sortis suite à un détachement, à la conversion ou réversion dans l'administration civile ou dans la vie civile, à la révocation ou l'admission à la retraite, ou en cas de décès. L'idéal serait que toute décision impliquant la sortie d'un agent du statut de membre de la force publique soit automatiquement transmise à la commission en charge des listes électorales pour une mise à jour adéquate.

En somme la question de la fiabilité du fichier électoral en lien avec celui de l'état civil, a toujours été au centre des débats lors des concertations politiques qui sont devenues un rituel incontournable en prélude aux consultations électorales. Il est souhaitable, lorsque tous les écueils dénoncés sont résolus, d'évoluer vers le vote électronique. Cela devrait passer par une phase d'expérimentation pour en apprécier l'efficacité et la fiabilité avant d'être généralisé. Cela permettra, d'une part, d'éviter les délais trop longs de proclamation des résultats électoraux et, d'autre part, d'avoir des résultats plus crédibles. C'est un objectif vers lequel il faudra se projeter.

Chapitre 2 : Les Conseils consultatifs catégoriels.

La constitution du 25 octobre 2015 institue également, au titre des organes consultatifs, des conseils consultatifs spécifiques à certaines catégories sociales et institutionnelles. Ils jouent un rôle non moins important dans la cohésion nationale. Il s'agit du Conseil consultatif des sages et des notabilités traditionnelles, du conseil consultatif de la femme, du conseil consultatif de la jeunesse, du conseil consultatif de la société civile et des organisations non gouvernementales, du conseil consultatif des personnes vivant avec handicap. Au-delà de l'intérêt que l'on peut porter sur leur raison d'être ou leur existence, on peut s'interroger sur leur constitutionnalisation. Si ce n'est que de les sublimer par une consécration constitutionnelle.

Section 1 : Le Conseil consultatif des sages et des notabilités traditionnelles (CCSNT).

Sans en revendiquer la paternité, la création de cet organisme ne peut qu'être saluée. Car, nous avions déjà attiré l'attention sur *''le rôle et la place de la royauté dans le fonctionnement des institutions de la République''*. Cela, dans la conclusion de notre publication sur la constitution du 20 janvier 2002[196].

En effet, le conseil consultatif des sages et des notabilités traditionnelles est institué par les dispositions des articles 230 et 231 de la constitution du 25 octobre 2015. C'est un organe chargé d'émettre des avis sur la gouvernance démocratique, culturelle et sociale de l'Etat et de faire au gouvernement des suggestions pouvant contribuer à une gestion politique solidaire. Son organisation, sa composition et son fonctionnement sont

---

[196] Cf. W. Mbilampindo, *« La nouvelle Constitution de la République du Congo »*, RJPIDC, n° 3, 2002, p.369 (p.376).

déterminés par la loi organique n° 31-2017 du 07 août 2017[197]. Il est placé sous l'autorité du Président de la République et se réunit à sa demande.

§1. La composition, l'organisation et le fonctionnement du CCSNT.

Une description de la composition et de l'organisation du Conseil consultatif des sages et des notabilités traditionnelles s'impose avant d'en examiner le fonctionnement.

A). La composition du CCSNT.

Le Conseil consultatif des sages et des notabilités traditionnelles comprend des membres de droit et des membres désignés par le Président de la République en Conseil des ministres.

I). Les membres de droit.

Aux termes des dispositions de l'article 3 de la loi organique précitée du 07 août 2017, sont d'office membres du Conseil consultatif des sages et des notabilités traditionnelles : *les rois, le président national des sages et les présidents des sages de chaque département.*

II). Les membres nommés en Conseil des ministres.

Cette catégorie comprend deux types de membres : les membres permanents et les membres qualifiés. Le décret n° 2018-232 du 13 juin 2018 fixe, à cent vingt-huit (128), le nombre des membres désignés du Conseil consultatif des sages et des notabilités traditionnelles selon les quotas suivants, vingt-six (26) pour les membres du bureau exécutif du haut conseil des sages ; quatre-vingt-dix (9O) pour les notabilités traditionnelles de départements (soit un (1) par district) ; douze (12) pour les individualités reconnues pour leur esprit de modération et d'adhésion à la cohésion et à la solidarité nationales ainsi qu'à la Justice sociale.

---

[197] Loi organique n° 31-2017 du 7 août 2017 déterminant l'organisation, la composition et le fonctionnement du conseil consultatif des sages et des notabilités traditionnelles, JO. du 21 septembre 2017, pp. 1215 et suivis, qui a donné lieu à un avis de conformité de la Cour constitutionnelle, n°004-ACC-SVC du 16 juin 2017, JO du 21 septembre 2017, pp. 1217 et suivantes. Dans son avis de conformité, la Cour constitutionnelle exprimait une réserve d'interprétation sur l'intitulé de la nature de la loi qui lui était soumise, exigeant qu'elle devrait être conforme à ce que prévoit l'article 231 de la constitution. Non pas une simple loi, mais une loi organique.

a). Les membres permanents.

Le Conseil consultatif des sages et des notabilités traditionnelles comprend également des membres désignés, en Conseil des ministres, par décret du Président de la République. Ils sont choisis parmi les 7 catégories suivantes : *les membres du bureau exécutif des sages, les chefferies traditionnelles de chaque département, un représentant du Président de la République, un représentant de la primature, un représentant du ministre en charge de l'administration du territoire, un représentant du ministre de la culture et des arts ; des individualités reconnues pour leur esprit de modération et d'adhésion à la cohésion et à la solidarité nationale ainsi qu'à la justice sociale.*

b). Les membres non permanents qualifiés.

Aux termes des dispositions de l'article 4 de la loi organique précitée, le Président de la République peut également désigner en dehors du Conseil des ministres, pour siéger au Conseil consultatif des sages et des notabilités traditionnelles, tout sage ou notable traditionnel reconnu pour son esprit de modération et d'adhésion aux valeurs de cohésion et de solidarité nationales ou qualifié quant au problème de la gouvernance démocratique, culturelle et sociale dont le conseil est saisi.

Il convient de souligner une ambigüité dans cette catégorie de membres. Car, on ne voit pas clairement en quoi *« tout sage ou notable traditionnel reconnu pour son esprit de modération et d'adhésion aux valeurs de cohésion et de solidarité nationales »* serait foncièrement différent *« des individualités reconnues pour leur esprit de modération et d'adhésion à la cohésion et à la solidarité nationale ainsi qu'à la justice sociale »* que prévoit l'article 3 précité en son dernier paragraphe ; si ce n'est qu'une simple différence de statut : celui du sage ou de notable traditionnel, par rapport aux individualités ayant une notoriété dans leurs domaines de compétences.

En effet, la différence est mince. Il peut s'agir d'une même qualification, à part la subtilité rédactionnelle qui caractérise ces deux dispositions. La qualité de personnalité qualifiée aux problématiques de la gouvernance démocratique, culturelle et sociale dont le Conseil est saisi, aurait largement suffi pour caractériser cette catégorie de membres non permanents du Conseil national de sages et des notabilités traditionnelles.

III). Le régime d'incompatibilité.

Les membres du Conseil consultatif des sages et des notabilités traditionnelles sont astreints à un devoir de réserve et surtout de neutralité. Dès lors, aux termes des dispositions de l'article 5 de la loi organique, *« tout sage faisant preuve d'un activisme politique ne peut être nommé membre du Conseil consultatif des sages et des notabilités traditionnelles ».*

Cette rédaction est lacunaire en ce qu'elle limite le devoir de neutralité au sage, alors que l'institution est censée comprendre également les notabilités traditionnelles. Ensuite, l'interdiction ne vise que l'activisme politique. Or cela peut comprendre d'autres formes d'activismes, d'intolérance ou d'intégrisme du point de vue tribal, ethnique, sectaire, religieux, etc.

B). L'organisation et le fonctionnement du CCSNT.

Le Conseil consultatif des sages et des notabilités traditionnelles a, comme les autres institutions de la même nature, une organisation qui le place directement sous l'autorité du Président de la République. Cette position n'est pas sans incidence sur son fonctionnement.

I). L'organisation du CCSNT.

Le Conseil national des sages et des notabilités traditionnelles est placé sous l'autorité du Président de la République, bien qu'il n'y siège pas. Il est cependant administré par un secrétariat permanent[198] qui en est l'organe représentatif. Ce secrétariat étant composé d'un secrétaire permanent, nommé par décret présidentiel sur proposition du ministre en charge de l'administration du territoire, et de deux secrétaires qui sont quant à eux nommés par arrêté dudit ministre. Les fonctions de membres du secrétariat permanent donnent droit à une indemnité mensuelle, dont le montant est fixé par voie réglementaire.

II). Le fonctionnement du CCSNT.

Il est ici question d'évoquer les aspects relatifs aux instances de sessions, à la saisine, aux avis et suggestions du Conseil consultatif des sages et des notabilités traditionnelles, à la décision du Président de la République et à l'indemnisation des membres du Conseil ayant participé aux travaux.

a). Les instances des sessions du CCSNT.

Les instances des sessions ou des réunions du Conseil consultatif des sages et des notabilités traditionnelles sont proposées au cours d'une réunion, avant les travaux, entre le secrétaire permanent et les présidents des sages de chaque département. Il s'agit du bureau des travaux et du secrétariat des travaux. Le bureau des travaux comprend un président, deux vice-

---

[198] M. J.M. Ewengue fut nommé secrétaire permanent du CCSNT par décret n°2018-305 du 09 août 2018.

présidents et un rapporteur. Le secrétariat des travaux comprend un chef et six membres.

b). La saisine du CCSNT.

Seul le Président de la République est habilité à saisir le Conseil consultatif des sages et des notabilités traditionnelles pour solliciter son avis lorsque la gouvernance démocratique, culturelle ou sociale est compromise. La saisine se fait sous la forme d'un décret présidentiel. Ce décret fixe l'ordre du jour ou l'objet de la convocation, arrête la liste des participants, la date, l'heure d'ouverture, le lieu et la durée des travaux. Le secrétaire permanent distribue la convocation à chaque membre. Le CCSNT adopte, en séance plénière, le règlement intérieur des travaux, qui est transmis pour information au ministre de l'intérieur.

c). Les réponses du CCSNT au Président de la République.

A la fin des travaux, le Conseil consultatif des sages et des notabilités traditionnelles adopte en plénum un avis ou des suggestions qui sont ensuite transmis au Président de la République. Un communiqué final, adopté en plénum, peut également être publié après transmission au Président de la République. Le Président de la République n'est pas lié par les avis ou les suggestions du Conseil. Il en apprécie le contenu et décide discrétionnairement d'en tirer ou non des conséquences en termes de décision à prendre.

d). L'indemnité de session.

A la différence des membres du secrétariat permanent, la qualité de membre du Conseil consultatif des sages et des notabilités traditionnelles ne donne pas droit à une rémunération mensuelle. Cependant, les membres ayant participé aux travaux ont droit au remboursement de frais de transport (les frais d'hébergement ne sont pas mentionnés) et au paiement d'une indemnité de session fixée à 300 000 FCFA par le décret n° 2018-230 du 13 juin 2018[199].

§2. L'analyse critique du CCSNT.

Outre les réserves exprimées ci-devant en interligne, il convient de souligner dans le cadre des développements qui vont suivre, les incohérences majeures qui nous paraissent caractériser le Conseil consultatif des sages et des notabilités traditionnelles.

---

[199] JO du 25 juin 2018, p.778.

A). Du point de vue de la composition et du fonctionnement du CCSNT.

Le Conseil consultatif des sages et des notabilités traditionnelles regroupe pêle-mêle les Rois, le Président national et les Présidents départementaux des sages. Cependant, on peut observer que le mot *« royauté »* ne figure pas dans la dénomination de cette institution. Il se fond dans l'expression *« sages et notabilités traditionnelles »*. Or, si tout Roi peut avoir des qualités intrinsèques de sage et de notabilité, tout sage ou toute notabilité n'accède pas forcément ni nécessairement à la *« dignité de Roi »*, à la *« dignité royale »*. Nombreux sont ceux qui à travers l'âge, l'expérience, le rang social, la culture, les rites traditionnels et spirituels ancestraux peuvent accéder à la noblesse du sage et de la notabilité. Or, le titre de *« Roi »* est inhérent au statut de la royauté. Il est foncièrement dévolutif, successoral ; donc non putatif.

I). Le royaume controversé de Mbaya.

Dans l'historiographie congolaise, en dépit de la décadence et du déclin du royaume Kongo à la fin du XIXème siècle[200] (après sa fondation au XIIème), on connaît l'existence de deux autres royaumes, celui de Loango qui, crée au XVème siècle, a survécu jusqu'à son abolition en 1885[201], pour être ressuscité ensuite, et le royaume téké ou le royaume *« d'anzico »* qui, fondé au VIIème siècle, cessait d'être autonome avec le traité de Mbé signé le 10 septembre 1880 entre l'explorateur français d'origine italienne, Pierre Savorgnan de Brazza et le Roi Makoko ou le « Ma koko », Illoy Loubath Imumba, ayant placé le royaume, sans abolir la royauté, sous la protection de la France[202]. Ces institutions ont été purement et simplement bannies, notamment pendant près de deux décennies sous la période du marxisme triomphant des années 1970 et 1980, pour être rétablies par la Conférence nationale souveraine en 1991.

Si l'existence séculaire des royautés Téké et Loango ne soulèvent guère de difficultés, la reconnaissance et de la légitimité du Roi dit de *« Mbaya-à-Mfumu »*, suscitent de sérieuses controverses vis-à-vis de la royauté téké.

---

[200] Cf. IKO KABWITA Kabolo, *« Le royaume Kongo et la mission catholique 1750-1838 : Du déclin à l'extinction »*, édition Karthala, 2004.

[201] *Cf. F. Hagenbucher-Sacripianti,* « Les fondements spirituels du pouvoir au Royaume de Loango *» ORSTOM, Paris, 1973 ; A. Merlet, « Autour du royaume de Loango* XIV*e et* XIX*e siècles »,* Paris, *Sepia, 1991.*

[202] *Cf. E. Hopiel-Opiele*, « Les Teke, peuples et nation », Montpellier, 1990, 81 p. (ISBN 2-9501472-1-6) ; «la monarchie de droit ancestrale : sacralité et autorité », L'Harmattan, 2012 ; « Fondements de l'identité et de l'unité Téké : du Stanley-Pool à leketi », L'harmattan, 2011 ; E. Mouayini Opou, « Le royaume Téké », L'Harmattan, Paris, 2005 ; « La reine Ngalifourou, souveraine des Téké : dernière souveraine d'Afrique noire », L'Harmattan, Paris, 2006, 238 p.

L'historiographie congolaise ne nous renseigne guère sur l'existence de ce royaume que la mémoire collective semble avoir découvert suite à deux événements majeurs. Il s'agit, d'une part, du décès et des obsèques les 24 et 30 décembre 2007 du patriarche Albert Dzon Bintséné, un notable, chef de terre de Mbaya à quelques encablures (25 km) de Gamboma dans le Département des plateaux, qui régna pendant 71 ans depuis 1936 ; d'autre part, de la cérémonie d'intronisation de son fils, Léandre Antouo, qui lui succéda comme chef terrien à Mbaya le 27 janvier 2008. Ces deux événements connurent la présence aussi bien des sages et notabilités locaux que des plus hautes personnalités de l'Etat, parmi lesquelles le ministre Alain Akouala Atipault, représentant le Président de la République et André Obami Itou, alors Président du Sénat[203].

Il est certain que le patriarche Dzon Bintséné régna dans la *''chefferie''* de Mbaya en qualité de chef de terre. Pourtant, le titre de ''Roi'' ne semble pas lui avoir été reconnu, même par le colon français qui fit asseoir sa domination sur le royaume d'Anzico (Téké) depuis le fameux traité de Mbé du 10 septembre 1880 entre Pierre Savorgnan de Brazza et Makoko. Or, cette chefferie traditionnelle, dont se réclament le peuple *''ANDZION''* ou *« NGWOE-GWOEL »* fait partie intégrante du grand peuple Anzico (Téke), royaume du même nom avec pour capital Mbé.

On serait donc tenté de s'interroger si la chefferie traditionnelle de Mbaya était une entité vassale du royaume Téké ou une de ses composantes. Il appert que cette chefferie Mbaya ne fut pas ignorée de la Cour royale de Mbé qui, aux dires des sages, lui consignait quelques attributs de la royauté, dont le *''Ngia''*, pour les mettre à l'abri au plus fort moment de la traite des esclaves avec l'arrivée des portugais entre le XVème et le XVIème siècle, où le royaume courut le risque du délitement. Il semble qu'en cette qualité de dépositaire de quelques objets sacrés du royaume téké, la chefferie de Mbaya ne devint pas pour autant une royauté rivalisant la Cour de Mbé.

Il appert également que le statut de royauté dont se prévaudrait Mbaya serait de création relativement récente, encouragée par une élite politique et intellectuelle se réclamant du peuple *« ANDZION », « GANGULU » ou « NGWOE-GOEL»* dont les velléités consécrationnistes se manifestèrent après la guerre civile de 1997. Ce statut semblait acquis avec une reconnaissance implicite des plus hautes autorités de l'Etat, comme en témoignent leur présence aux deux événements précités de 2007 et 2008 pendant les obsèques et l'intronisation des dignitaires de Mbaya.

Pour autant, d'autres événements montrent que la quête d'une légitimation politique et officielle de la Cour de Mbaya au rang de royauté, est loin d'être entièrement aboutie.

---

[203] Cf. http://www.choix-realite.org/9021/albert-dzon-bintsene-roi-mbaya-peuple-andzion, 20 août 2017; *Léandre Antoua, ''nouveau ngaam-mboonm'' intronisé à Mbaya »*, La semaine africaine, n°2765 du 5 février 2008, page 7.

Il y a d'abord cette forme de méfiance ou de répulsion des deux royautés bien établies des Cours des Mbé (Téké) et de Bwali (Loango) réunies le 30 juillet 2014 à Bilala dans la sous-préfecture de loango pour instituer un Conseil interroyal de concertation des royaumes du Congo (CIRC), sans y associer les représentants du fameux royaume de Mbaya. Cette institution issue de la charte de Bilala se veut d'être un cadre de concertation entre les deux royaumes pour *« promouvoir et défendre les valeurs traditionnelles dont sont porteuses les institutions royales »*, défendre le patrimoine, renforcer les liens de solidarité et de fraternités entre les institutions royales existants dans le pays[204]. Cela, dans l'esprit du manifeste de Mbé, signé entre les deux Cours royales le 31 mai 2012.

En témoigne également la prise de position de Sa Majesté Michel Ladzoumou, Roi de Mbaya à Mfumu, en faveur du changement de la constitution du 20 janvier 2002, dans une correspondance (lettre de remerciements et doléances) remise en mains propres au Président de la République le 15 décembre 2014, en marge de l'inauguration du tronçon routier Okoyo-lekety-frontière du Gabon, et dans laquelle il aurait imploré la reconnaissance de sa Cour au sein de la carte des Royaumes du Congo et le bénéfice des mêmes droits que les autres[205]. Le Gouvernement paraissait bien lui répondre ; puisque dans le compte rendu du Conseil des ministres du 25 octobre 2016, le Roi de Mbaya fut cité parmi les membres de droit dans le projet de loi organique déterminant l'organisation, la composition et le fonctionnement du conseil consultatif des sages et des notabilités traditionnelles[206].

Enfin, on peut également invoquer au titre du défaut d'antériorité temporelle et factuelle du royaume de Mbaya, pour illustrer sa création récente et circonstancielle, l'ouvrage de Mbon Parfait intitulé *« introduction à la connaissance du peuple bangangoulou »*[207] qui, traitant en deuxième partie de la *« royauté Nganbomn »*, s'appuie sur des repères très récents en matière funéraire et d'intronisation de roi que nous avons rappelés plus haut à travers les obsèques patriarche Albert Dzon Bintséné et l'investiture de son fils Léandre Antouo.

---

[204] Cf. E. D. Nguimbi, *« Coopération entre les institutions royales : les royaumes Loango et Téké désormais unis autour d'un cadre de concertation »*, http://lasemaineafricaine.net/index.php/national/9636, 8 août 2014 ;
H.B.Mampouya, *« Patrimoine : les royaumes Loango et Téké scellent un cadre de concertation »*, http:/www.adiac-congo.com/print/content/patrimoine-les royaumes…

[205] Cf. S. Bakanawa, M. Samba, *« Changement de constitution, La royauté de Mbaya-à-Mfumu donne son point de vue »*, Le Patriote, n°311 du 22 décembre 2014, p.15.

[206] Cf. *« Compte rendu du Conseil des ministres du mardi 25 octobre 2016 »*, http://www.adiac-congo.com/print/content; http://www.lesdepechesdebrazzaville.fr/node/57279, Mardi 25 octobre 2016.

[207] P. Mbon, *« introduction à la connaissance du peuple bangangoulou »*, Edition l'Harmattan, 2016, 213 pages.

II). La supervision du CCSNT et la participation des Rois.

Organe consultatif, le Conseil consultatif des sages et des notabilités traditionnelles aurait dû être indépendant des pouvoirs publics tant au niveau national qu'au niveau local.

A ce titre, il ne serait pas placé sous l'autorité du Président de la République. Sauf à considérer qu'il s'agit d'une réaffirmation de l'Etat et de sa souveraineté sur ces institutions. Ensuite, du point de vue de la qualité de membres droit, il nous paraît un peu irrévérencieux, compte tenu de leur rang, d'y faire siéger des Rois au même titre que les sages et notabilités ordinaires. Le législateur organique aurait sans doute mieux fait de réserver la qualité de membres de droit aux représentants ou délégués de Leurs Majestés Rois légitimement établis. Par ailleurs, on peut également s'interroger que Conseil consultatif des sages et des notabilités traditionnelles ne se confondrait pas avec le Haut Conseil national des sages et ses relais locaux. Ces institutions ne pèchent-elles pas dans les mêmes eaux ?

Enfin, qu'il soit permis de penser que l'institution du Conseil interroyal telle que créée le 30 juillet 2014 à Bilala serait un interlocuteur privilégié sur des questions sociopolitiques d'intérêt national.

Toutes ses observations nous conduisent à aborder la perspective d'une redéfinition de la place et du rôle de la royauté et des autres institutions traditionnelles dans le fonctionnement des institutions de la République.

B). La perspective d'une redéfinition de la place des institutions traditionnelles.

Il est souhaitable de voir une redéfinition de la place et du rôle des institutions traditionnelles. Cela dans le sens d'une hybridation institutionnelle[208] limitée, d'une imprégnation plus ou moins mesurée de la tradition dans la modernité. Car, comme l'écrit Marcus Boni Teiga, *« les Rois et les chefferies traditionnelles jouent un rôle non négligeable dans le jeu politique en Afrique (...) Ils sont quasiment partie prenante de la vie sociopolitique, bien des décennies après la mise au tombeau de leur pouvoir suprême par l'administration coloniale »*[209].

Cela est d'autant plus vrai que, comme le souligne cet auteur, dans les pays voire les régions où ces institutions sont très présentes et influentes, il suffit de s'attirer leurs faveurs pour espérer remporter les élections[210]. Cela

---

[208] On peut consulter avec intérêt l'ouvrage de H. Mambi Tunga-Bau (Préf. P. Verjans, Post. Th. Mbemba Fundu), *« Pouvoir traditionnel et pouvoir d'Etat en République Démocratique du Congo : Esquisse d'une théorie d'hybridation des pouvoirs politiques »*, Médiaspaul, 2010.

[209] Cf.M. Boni Teiga, *« A quoi sert un roi en Afrique ? »*, http://www.slateafrique.com/44009/politique-statut-pour-rois-chefs-traditionnels.

[210] Idem.

peut exposer à des risques de travers tels que le clientélisme, le dévoiement des règles ou de l'ordre traditionnel d'investiture. Mais, la démocratie et le fonctionnement des institutions peuvent tirer, au double niveau national et local, le plus grand avantage de ces notabilités.

I). La place des institutions traditionnelles au niveau de l'Etat : le Sénat.

Les notabilités traditionnelles, notamment la royauté, pourraient avoir une place et un rôle à jouer au sein des institutions de l'Etat, en termes de représentation. De toutes les institutions du pouvoir d'Etat, le Sénat est mieux approprié pour y accueillir les représentants de la loyauté et de certaines notabilités traditionnelles.

Cela, outre la représentation des collectivités locales de la République, en ses doubles fonctions de *« modérateur »* et de *« conseil de la Nation »*, comme en dispose l'article 133 de la constitution. D'ailleurs, la constitution du 15 mars 1992 reconnaissait implicitement la représentativité des institutions traditionnelles au Sénat dans son article 103 alinéa 1er aux termes duquel, *« Le Sénat, outre ses fonctions législatives,* ***assure la représentation des intérêts des collectivités locales et des communautés socioculturelles*** *»*.

Or, les chefferies traditionnelles, notamment les Cours royales téké et Loango, constituent incontestablement et par excellence des communautés socioculturelles reconnues par l'Etat.

Dès lors, le Sénat serait donc le cadre idéal d'hybridation du pouvoir politique, pour ne pas parler des *« pouvoirs politiques »* que suggère Mambi Tunga-Bau[211]. Les sénateurs incarnent la sagesse et la modération par leurs âges et leurs expériences. Ce sont là quelques-unes des qualités intrinsèques qui caractérisent les notabilités royales ou traditionnelles. Le constituant serait donc avisé et mieux inspiré de réserver la qualité de *''membres de droit''* aux représentants des Rois choisis, en son sein par chaque Cour établie. Pour une représentation équilibrée des sages et des notabilités, le Sénat comprendrait un représentant élu de chaque conseil départemental des sages, en ce compris le président du Conseil national.

Il ne s'agirait pas ici d'une dénaturation de la forme de l'Etat, ni d'une remise en cause des principes de la République inscrits aux articles 1er et suivants (Titre 1er) de toutes les constitutions congolaises. Mais, d'une prise en compte des réalités historiques et sociologiques du pays pour asseoir et consolider une démocratie. Pas une démocratie désincarnée. Mais, une démocratie bien ancrée dans les traditions africaines et arrimées à la modernité. Cela participe naturellement d'une démocratie inclusive.

Nous partageons ici, en partie seulement, la position de Michel Innocent Peya, sur la conception de la démocratie à l'africaine, tout en récusant sa

[211] Idem.

conception quelque peu dogmatique et sélective concernant les icônes de la dictature l'urgence, de la dictature salutaire et les leaders charismatiques ou emblématiques[212].

II). La place des institutions traditionnelles au niveau local.

Les institutions traditionnelles, qu'elles soient cheffales ou relevant de la royauté devraient avoir leur place et jouer un rôle significatif dans l'organisation administrative au niveau local. Cela se justifie en raison de la proximité avec les populations locales. Elles sont un facteur de paix, de stabilité, de cohésion sociale voire même de prospérités. L'autorité morale et spirituelle qu'elles inspirent ne cesse de susciter un regain d'attention ces derniers temps.

En témoignent, par exemple, le rituel de la libation consistant à répandre ou à asperger du vin, surtout du vin de palme dans la pure tradition africaine, auquel on assiste au lancement des travaux ou à la cession d'une portion de terre, en guise d'offrande à la fois pour invoquer et implorer la sollicitude des ancêtres, n'a rien d'apocryphe.

Cependant, les institutions traditionnelles ne devraient pas jouer qu'un rôle symbolique, honorifique, ni simplement protocolaire. Leur rôle devrait être actif. Dans certains pays d'Afrique, ou encore plus près de nous en Afrique centrale, notamment au Cameroun, les chefferies traditionnelles participent à l'administration et à la gestion des affaires locales. Elles jouissent d'un cadre juridique constitutionnellement défini[213].

Dans le cas du Congo, la reconnaissance constitutionnelle des sages et notabilités traditionnelles devrait se traduire au plan local par la participation

---

[212] M. I. Peya, *« Entre le bon sens et l'alternance absolue : l'Afrique à la croisée des chemins »*, MEDIASPAUL, Kinshasa, 2014 (éd. L'harmattan, les impliqués, 2017); *« Démocratie à l'africaine: Osambe ou Kinzonzi »*, éd. L'harmattan, les impliqués, 2017.

[213] Loi n°7-SC du 10 décembre 1960 sur la reconnaissance des chefferies traditionnelles, décret n°77/245 du 15 juillet 1977 (modifier par le décret 2013/332 du 13 septembre 2013), portant l'organisation des chefferies traditionnelles. La constitution camerounaise du 18 janvier 1996, prévoit la représentation des chefferies traditionnelles au niveau des conseils régionaux. Cf. C. Sietchoua Djuitchoko, *« Aspect de l'évolution des coutumes ancestrales dans le droit public des chefferies traditionnelles au Cameroun »*, Revu générale de Droit, vol. 32, n°2, 2002, pp. 359 et suiv; Ch. Nach Mback, *« La chefferie traditionnelle au Cameroun : Ambigüités juridiques et dérives politiques »*, Africa Dévelopment, vol.XXV, numéros 3 et 4, 2000, p. 77 et suiv. On peut également citer la RD du Congo, dont la constitution du 18 février 2006 reconnait l'autorité coutumière dans son article 207 (section 3). La problématique de la chefferie traditionnelle s'est également posée en termes de lutte hégémonique en Afrique du sud avec l'ANC ; Cf. C. DIJKEMA, « Partage du pouvoir : que faire de la chefferie traditionnelle en Afrique du Sud ?, http://www.irenees.net/bdf_fiche-experience-190_en.html, Grenoble, 2005. JF. Bayart, *« La démocratie à l'épreuve de la tradition et Afrique subsaharienne »*, revue Pouvoirs, 2009/2, 129, pp.27 et suivantes. Nous ne partageons pas certaines critiques de cet auteur qui nous paraissent un peu caricaturales, notamment concernant certains dirigeants africains qui se réclament de leurs traditions. Les traditions africaines ne sont pas la cause des régimes totalitaires. Car, l'Europe en a connus au cours des siècles, dont le nazisme. B. Sakpane-Gbati, *« La démocratie à l'africaine »*, Revue internationale d'éthique sociétale et gouvernementale, vol. 13, n°2/2011.

au sein des conseils locaux. Au niveau des conseils départementaux par exemple, au moins un siège devrait être dévolu de plein droit au représentant de la royauté dans le département où sa cour est établie. Dans les départements où aucune royauté n'est établie, les listes électorales devraient comprendre à chaque échelon, au moins une notabilité ou un membre du Conseil des sages.

Section 2 : Le Conseil consultatif de la société civile et des ONG.

Le Conseil consultatif de la société civile et des organisations non gouvernementales (CCSCONG) a pour mission d'émettre des avis sur les questions liées à la participation des citoyens à la vie de la Nation en vue de la promotion des droits et libertés des citoyens et des valeurs républicaines. Il est institué par la constitution du 25 octobre 2015 en ses articles 238 et 239. Ses règles d'organisation, de composition et de fonctionnement sont déterminées par la loi organique n° 32-2017 du 07 août 2017[214].

Comme pour le Conseil national du dialogue et le conseil consultatif des sages et des notabilités traditionnelles, cette loi n'a été déclarée conforme à la constitution que sous la réserve d'être intitulée *« loi organique »*[215]. Cette réserve d'interprétation est importante. Car, ainsi qu'il résulte de l'article 139, la loi organique est le seul type de loi que le constituant a prévu pour complémenter et préciser la constitution en la matière.

§ 1 : L'organisation et la composition du CCSCONG.

De l'examen des règles d'organisation du Conseil consultatif de la société civile et des organisations non gouvernementales, suivra celui de sa composition.

A). L'organisation du CCSCONG.

Comme les autres conseils consultatifs nationaux, le Conseil consultatif de la société civile et des organisations non gouvernementales est placé sous l'autorité du Président de la République. Il est administré par un Secrétariat permanent, qui en est l'organe représentatif. Celui-ci, comprenant un Secrétaire permanent, est assisté par deux Secrétaires.

Le Secrétaire permanent est nommé par décret du président de la République sur proposition du ministre en charge de l'administration du

---

[214] *Loi organique n°32-2017 du 07 août 2017, déterminant l'organisation, la composition et le fonctionnement du Conseil consultatif de la société civile et des organisations non gouvernementales, JO. du 21 septembre 2017, pp.1218-1219.*

[215] Cour constitutionnelle, Avis n°005-ACC-SVC/17 du 16 juin 2017, JO du 21 septembre 2017, p.1279.

territoire[216]. Ce dernier nomme, par arrêté, les deux secrétaires (articles 5 et 6, loi organique). Les membres du secrétariat permanent perçoivent une indemnité dont le montant est fixé par voie réglementaire.

En dehors du Secrétariat permanent, le CCSCONG comprend des instances de session. Il s'agit d'une part, de l'Assemblée générale, d'autre part du Bureau de travail (composé d'un président, de deux vice-présidents et d'un rapporteur) et, enfin, d'un secrétariat de travaux qui comprend un chef de secrétariat et six membres. Le mode de désignation des membres de ces instances n'est pas précisé.

B). La composition du CCSCONG.

Le Conseil consultatif de la société civile et des organisations non gouvernementales est un organe très hétéroclite et fédératif. Il comprend deux catégories de membres.

I). Les membres choisis par les institutions concernées.

Aux termes des dispositions de l'article 3 de la loi organique, le *CCSCONG* est composé de membres choisis au sein des associations de la société civile et des organisations non gouvernementales déclarées d'utilité publique, des centrales syndicales, des ordres professionnels, des sociétés savantes et des confessions religieuses, ainsi que des associations déclarées auprès de l'administration, ayant obtenu un récépissé de déclaration et œuvrant dans les domaines de la promotion des droits et libertés des citoyens et des valeurs républicaines.

La loi organique ne précise pas le mode de désignation (élection, cooptation, nomination…) des représentants de ces associations, fondations, syndicats des travailleurs, syndicats professionnels, associations, ordres professionnels et confessions religieuses.

Le décret n° 2018-231 du 13 juin 2018 fixant le quota des membres désignés au Conseil consultatif de la société civile et des organisations non gouvernementales, indique qu'il est composé de 150 membres répartis comme suit : 20 pour les sociétés savantes ; 20 pour les confessions religieuses ; 20 pour les centrales syndicales ; 50 pour les ordres professionnels ; 20 pour les fondations ; 20 pour les associations de promotion et de protection des droits de l'homme[217].

Vu la configuration du Conseil consultatif de la société civile et des organisations non gouvernementales, on peut utilement s'interroger s'il ne se confond pas, à certains égards, avec le Conseil économique, social et

---

[216] M. G.C. Ewangui fut nommé secrétaire permanent du CCSCONG par décret n°2018-307 du 09 août 2018.

[217] JO. Du 25 juin 2018, p.776.

environnemental, dont la composition ratisse également auprès des mêmes catégories socioprofessionnelles ; à quelques exceptions près, notamment tirées de l'absence des représentants de l'administration, des organismes œuvrant dans le domaine du développement durable. Quand bien même que cette dernière catégorie fait également partie intégrante des droits de l'homme et des citoyens.

II). Les membres désignés par le Président de la République.

En dehors des membres visés à l'article 3, il y a des membres désignés par le Président de la République, pour siéger au CCSCONG, dans les conditions de l'article 4 de la loi organique précitée. A savoir, toute association ou organisation non gouvernementale qualifiée pour la promotion des droits et libertés des citoyens et des valeurs républicaines.

§ 2 : Le fonctionnement du CCSCONG.

Les règles de fonctionnement du CCSCONG se rapportent à l'initiative des réunions, au déroulement des travaux et aux conclusions des travaux et leur portée.

A). L'initiative et les mobiles des réunions du CCSCONG.

Le Conseil consultatif de la société civile et des organisations non gouvernementales ne se réunit pas non plus *« proprio motu » ou « motu proprio »*. Elle le fait à la demande exclusive du Président de la République, ainsi qu'il ressort du dernier alinéa de l'article 2 de la loi organique.

I). Les mobiles de la convocation des réunions du CCSCONG.

D'une part, il résulte des dispositions de l'article 8 de la loi organique n° 32-2017 du 7 août 2017, précitée, que le Président de la République peut solliciter l'avis du Conseil consultatif de la société civile et des organisations non gouvernementales, lorsqu'il est confronté aux questions liées à la participation des citoyens à la vie de la nation en vue de promouvoir les droits et libertés des citoyens et les valeurs républicaines.

C'est donc, dans la mesure où le Chef de l'Etat est en manque de solutions idoines pour répondre à une problématique relative à la participation des ONG et la société civile dans la promotion des droits et libertés des citoyens et des valeurs de la République tels qu'ils sont définis dans le préambule, les titres 1er et 2ème de la constitution, que se justifie la consultation du CCSCONG.

Il convient de souligner que, outre les valeurs de la République, ces problématiques doivent comprendre aussi les droits et libertés des citoyens, ainsi que les droits et libertés fondamentaux inhérents à la personne humaine, au sens des droits de l'homme ; comprenant tous ceux qui se trouvent sur le territoire national, conformément à la constitution et aux instruments juridiques pertinents internationaux qui en font partie en tant qu'ils sont dûment signés et ratifiés.

Vu sous cet angle, on est en droit de s'interroger si le Conseil consultatif de la société civile et des organisations non gouvernementales ne serait pas en concurrence avec la Commission nationale des droits de l'homme, qui aux termes des dispositions des articles 214 et 215 de la constitution de 2015 est un organe de suivi de la promotion et de la protection des droits de l'homme, comme nous le verrons plus loin.

II). Les modalités de convocation du CCSCONG.

La convocation intervient sous la forme d'un simple décret du Président de la République, qui fixe l'ordre du jour. C'est-à-dire, les questions sur lesquelles le Conseil consultatif de la société civile et des organisations non gouvernementales doit se prononcer. Ce décret arrête la date, le lieu et la durée des travaux, ainsi que la liste des participants.

B). Les séances et les conclusions du CCSCONG.

La loi organique précitée, du 07 août 2017, définit les modalités des sessions et des conclusions du Conseil consultatif de la société civile et des organisations non gouvernementales.

I). Les séances du CCSCONG.

Il y a d'abord une réunion préparatoire, dite réunion préliminaire, présidée par le Secrétaire permanent du Conseil consultatif de la société civile et des organisations non gouvernementales, au sein d'un bureau d'âge comprenant le membre le moins âgé et le plus âgé de tous. Cette réunion a pour objet de proposer la composition des instances du Conseil, prévues par les articles 11 à 14 de la loi organique. Le bureau des travaux établit le règlement intérieur des séances qu'il proposera ensuite à l'adoption par l'assemblée plénière, dont une copie est communiquée pour information au ministre chargé de l'administration du territoire.

II). Les conclusions du CCSCONG et leur portée.

Les réunions du Conseil consultatif de la société civile et des organisations non gouvernementales sont sanctionnées par des avis ou des suggestions à adresser au Président de la République. Un communiqué peut être publié après transmission au Président de la République. Etant précisé que les avis, suggestions et le communiqué final sont adoptés en plénum du CCSCONG à la majorité absolue des membres présents.

La règle du vote à la majorité absolue peut constituer un facteur de blocage et surtout d'indécision lorsqu'elle n'est pas atteinte. Même s'il n'est pas précisé que le vote a lieu à bulletin secret ou à main levée. Il eut été judicieux, pour éviter un blocage intentionnel, d'opter pour une majorité simple ou avec voix prépondérante pour le président de séance en cas de partage de voix. Enfin, s'agissant d'un organe consultatif, le Président de la République en apprécie discrétionnairement les conclusions. Il est libre d'en donner suite ou non dans le cadre de ses prérogatives décisionnelles.

C). La rémunération des membres du CCSCONG.

La qualité de membre du Conseil consultatif de la société civile et des organisations non gouvernementales ne donne pas droit à rémunération. Comme les autres institutions consultatives nationales, elle donne droit au remboursement des frais de déplacement et surtout à la perception d'une indemnité de session que le décret n° 2018-230 du 13 juin 2018 fixe à 300.000 FCFA.

Section 3 : Le Conseil consultatif de la femme (CCF).

La constitution de 2015 institue, dans ses articles 232 et 233, un Conseil consultatif de la femme, dont l'organisation, la composition et le fonctionnement sont déterminés par la loi organique n° 14-2018 du 15 mars 2018 (JO du 29 mars 2018, pp.405-406). Sans être une organisation de masse, inféodé à un parti politique comme ce fut le cas de l'Union révolutionnaire des femmes du Congo (URFC) créée le 04 mars 1965, dans la suite de l'Union démocratique des femmes du Congo (UDFC), le Conseil consultatif de la femme (CCF) est un organe consultatif national indépendant des partis politiques.

§ 1 : L'organisation du conseil consultatif de la femme.

Composé essentiellement des femmes, le Conseil consultatif de la femme comprend deux instances. Un organe délibérant, l'assemblée générale et un organe représentatif, le secrétariat exécutif permanent.

A). L'assemblée générale.

L'assemblée générale est l'organe délibérant du Conseil consultatif de la femme. Elle comprend un bureau et des membres, ainsi qu'il résulte des dispositions des articles 3 à 9 de la loi organique du 15 mars 2018.

I). Le bureau de séance du CCF.

Le bureau qui anime les sessions du Conseil consultatif de la femme est composé d'une Présidente, de deux vice-présidentes, d'un rapporteur et d'un membre. Il comprend en outre un chef de secrétariat et six membres.

Les membres du bureau et du secrétariat des séances de l'assemblée générale du CCF sont élus à l'ouverture de chaque session parmi les membres nommés de cette institution. Les fonctions de membres du bureau et du secrétariat de séances ne sont pas permanentes et ne donnent droit à une quelconque rémunération. Elles sont donc gratuites.

II). Les membres de l'Assemblée générale du CCF.

L'assemblée générale regroupe tous les membres du Conseil consultatif de la femme. Cependant, l'article 3 de la loi organique du 15 mars 2018 distingue deux catégories de membres. Les membres de droit et les membres désignés.

a). Les membres de droit.

Cette catégorie regroupe les anciennes ministres chargées de la promotion de la femme et les représentants des femmes ayant anciennement exercé un mandat de parlementaire (députée ou sénatrice). Nous pensons que cette catégorie de membres devrait également inclure les épouses des anciens Présidents de la République, même si la question du statut de la première dame se pose.

b). Les membres désignés.

Aux termes des dispositions du décret n° 2018-274 du 6 juillet 2018[218], fixant les modalités de sélection des membres du Conseil consultatif des femmes, cette institution comprend 101 membres[219] nommés par décret du Président de la République, sur proposition des organes dont ils relèvent. Ils sont choisis parmi les catégories politico-socioprofessionnelles suivantes :

- *Les représentantes des femmes parlementaires,*

---

[218] JO. Du 19 juillet 2018, p.881.
[219] Décret n°2018-274 du 6 juillet 2018 (article15), JO. Du 19 juillet 2018, p.878.

- *Les représentantes des femmes conseillères départementales et municipales,*
- *Les représentantes des femmes cheffes d'entreprises,*
- *Les représentantes des associations féminines,*
- *Les représentantes des groupements coopératifs,*
- *Les représentantes des partis et groupements politiques de la majorité, du centre et de l'opposition,*
- *Les représentantes des ordres professionnels et des sociétés savantes,*
- *Les représentantes des confessions religieuses et des organisations non gouvernementales des droits de l'homme,*
- *Les représentantes des femmes autochtones.*

Ils sont nommés pour un mandat de trois ans renouvelables une fois. Ces membres sont désignés selon les quotas fixés par le décret n° 2018-274 du 06 juillet 2018 :

- *6 pour les représentantes des femmes parlementaires : 3 députées et 3 sénatrices,*
- *28 pour les représentantes femmes conseillères départementales et municipales : (16) et (12),*
- *2 pour les représentantes des femmes cheffes d'entreprise,*
- *24 pour les représentantes des associations féminines : 2 associations par département,*
- *12 pour les représentantes des groupements coopératifs : 1 groupement par département,*
- *11 pour les représentantes des partis et groupements politiques : 6 pour la majorité, 2 pour le centre et 3 pour l'opposition,*
- *6 pour les représentantes des ordres professionnels et les sociétés savantes : 4 pour les sociétés savantes et 2 pour les sociétés savantes,*
- *10 pour les représentantes des confessions religieuses et ONG : 6 pour confessions religieuses et 4 pour les ONG,*
- *2 pour les représentantes des représentantes des femmes autochtones.*

B). Le secrétariat exécutif permanent.

La gestion quotidienne du Conseil consultatif de la femme est assurée, dans l'intervalle des sessions, par un secrétariat exécutif permanent. Il comprend une secrétaire exécutive et deux secrétaires. La première est nommée par décret du Président de la République sur proposition de la ministre en charge des questions de la femme. Les autres sont nommées par arrêté de la ministre en charge de la question de la femme.

Les fonctions de membres du secrétariat exécutif permanent du Conseil consultatif de la femme sont incompatibles avec l'exercice d'un haut emploi ou une haute fonction au niveau du pouvoir exécutif, du pouvoir législatif et du pouvoir judiciaire.

Ces membres perçoivent une indemnité mensuelle dont le montant est fixé à 300.000 FCFA par décret du 08 juin 2018.

Quant aux membres du Conseil consultatif de la femme, ils perçoivent une indemnité de session fixée, par le décret n° 2018-275 du 6 juillet 2018, à

300.000 FCFA. L'article 2 du décret précise que cette indemnité est versée aux membres ayant dûment pris part aux assises de l'assemblée générale.

§ 2 : Le fonctionnement du conseil consultatif de la femme.

Comme les autres conseils consultatifs nationaux, le Conseil consultatif de la femme est placé sous l'autorité du Président de la République. Il a pour mission de lui donner des avis, au-delà des questions du genre, sur les problématiques liées à la condition de la femme, sa place dans les institutions, dans la société et dans le développement économique et social de la nation.

Le Conseil consultatif de la femme se réunit sur convocation par décret du Président de la République. Ce décret fixe l'ordre du jour, notamment les questions sur lesquelles le Conseil va se prononcer, ainsi que les date et lieu de la réunion.

Les travaux du Conseil consultatif de la femme sont sanctionnés par des avis qui sont transmis au Président de la République à qui il appartiendra d'en tirer les conséquences en termes de décisions, sans y être lié. Ils peuvent aussi comporter des suggestions adressées au gouvernement aux fins de promouvoir l'intégration de la femme au gouvernement.

Pour sa crédibilité, ceci est également valable pour les autres organes consultatifs, le Conseil consultatif de la femme ne devrait pas avoir une posture trop militante, trop féministe, ni trop élitiste. Bien qu'incarnant les préoccupations de la femme, il doit être animé d'un idéal de paix, de concorder, de cohésion sociale, de démocratie et de progrès, dans le respect des principes et valeurs de la République.

Section 4 : Le Conseil consultatif de la jeunesse (CCJ).

Il y a une expression apocryphe, selon lequel, *« L'avenir est l'avenir d'un peuple, d'un pays ou d'une nation ».*

De l'allocution de Pierre Mendès France du 22 décembre 1955, dite *« Message à la jeunesse »*, concernant les préoccupations de celle-ci, nous pouvons retenir ce qui suit,

« ... Un régime politique, s'il méconnaît ces vérités essentielles, est un régime qui se condamne, qui se suicide. Il ne mérite d'exister, de durer que s'il est capable de construire l'avenir, que s'il sait s'orienter dans le sens du progrès, autrement dit : que s'il répond aux besoins des générations qui montent.

L'efficacité du régime républicain, du régime de liberté, ses chances de survie et de prospérité dépendent donc des liens qu'il saura créer entre la jeunesse et lui... »[220].

[220] Pierre Mendès France, *Œuvres complètes,* tome 4 *« pour une République moderne»* 1955-62, Paris, Editions Gallimard, 1987, p. 148-152 ;

Nous pouvons, à dessein, faire nôtre, cette réflexion pour comprendre la nécessité de constitutionnaliser la problématique de la jeunesse, en instituant un conseil consultatif de la jeunesse dans les articles 236 et 237 de la constitution du 25 octobre 2015 ; tout comme dans la loi organique n° 15-2018 du 15 mars 2018 déterminant l'organisation, la composition et le fonctionnement du Conseil consultatif de la jeunesse[221].

Nous examinerons dans un premier temps les expériences congolaises et africaines d'organisation de la jeunesse ensuite le statut de la jeunesse dans la constitution de 2015.

§ 1 : Les expériences congolaises et africaines d'organisation de la jeunesse.

Nous pouvons examiner la structuration de la jeunesse dans l'histoire institutionnelle congolaise ainsi que l'intérêt qui s'y attache au niveau continental.

A). L'évolution de la structuration de la jeunesse au Congo.

Il convient de rappeler que le Congo a connu, après l'indépendance, un encadrement institutionnel de la jeunesse tantôt sous la forme d'un embrigadement révolutionnaire, tantôt dans le cadre de la mouvance des organisations dites des masses, en soutien ou à la dévotion du parti unique[222].

C'était une structuration essentiellement monolithique de la jeunesse. On peut citer la création de la Jeunesse du mouvement national de la révolution (JMNR), lors de son congrès constitutif du 6 au 8 août 1964 en fédérant certains mouvements de jeunesse ; le Mouvement national des pionniers (MNP), créé le 19 septembre 1965 concernant tous les élèves de l'école primaire âgés de 6 à 16 ans[223] ; l'Union générale des élèves et étudiants congolais (UGEEC) et surtout la création de l'Union de la jeunesse socialiste congolaise (UJCS) lors du congrès constitutif du 9 au 20 août 1969, comme auxiliaire actif du parti congolais du travail. Elle sera ensuite dénommée UJSC-jeunesse du Parti au congrès de décembre 1977.

Depuis la Conférence nationale souveraine de 1991, cette structuration monolithique de la jeunesse a dû céder le pas à une libéralisation

---

http://www.mendes-france.fr/espace-pedagogique/textes-de-reference-de-pierre-mendes-france/message-a-la-jeunesse-22-decembre-1954/ (institut PMF).

[221] Loi organique n°15-2018 du 15 mars 2018 déterminant l'organisation, la composition et le fonctionnement du Conseil consultatif de la jeunesse, JO du 23 mars 2018, pp. 406-407.

[222] Cf. A. Gabou, chronologie politique congolaise, op. cit. pp.48 et suivantes ; G. Oba-Apounou, « Evocation de l'expérience de l'UJSC (union de la jeunesse socialiste congolaise), http://lasemaineafricaine.net/index.php/point-de-vue/3809-evocation-de-lexperience-de-lujsc-union-de-la-jeunesse-socialiste-congolaise.

[223] Sa création emportait la dissolution des mouvements scouts, qui ne seront rétablis que 26 ans plus tard par la Conférence nationale souveraine de 1991.

institutionnelle de cette couche sociale de la population. Il est constant que son poids démographique, son dynamisme, ses attentes ne peuvent guère laisser les pouvoirs publics indifférents. La jeunesse est au centre des enjeux politiques et du développement économique et social du pays.

B). La structuration de la jeunesse au niveau continental.

Au plan continental, la charte africaine de la jeunesse, adoptée le 2 juillet 2006 et entrée en vigueur le 8 août 2009, est la manifestation d'une prise en compte des besoins prioritaires de la jeunesse pour son épanouissement et son intégration économique et sociale. Nous pouvons également citer à ce niveau, le rôle que joue l'Union panafricaine de la jeunesse (UPJ) créée au congrès de Johannesburg de 2000, pour se substituer au Mouvement panafricain de la jeunesse, qui fut crée en 1962. L'UPJ fédère plus de quarante Conseils nationaux de la jeunesse, y compris celui du Congo auquel se substitue désormais le Conseil consultatif de la jeunesse.

§ 2 : Le statut de la jeunesse dans la constitution de 2015.

Il est constant que, ainsi que nous l'avons vu plus haut, comme toute constitution, celle du 25 octobre 2015 comporte des dispositions relatives aux droits et devoirs de la jeunesse ainsi qu'en matière de solidarité intergénérationnelle.

A). La spécificité du Conseil consultatif de la Jeunesse (CCJ).

Sa spécificité réside dans la reconnaissance d'un statut constitutionnel à travers sa structuration institutionnelle. Ainsi donc, la création d'un Conseil consultatif de la jeunesse paraît constituer un début de réponse aux préoccupations de cette couche de la population. On a pu lire dans la presse que la reconnaissance du statut constitutionnel à travers le Conseil consultatif de la jeunesse s'expliquerait par le fait que le Conseil national de la jeunesse (placé sous la tutelle du ministre de la jeunesse et de l'éducation civique), dont le mandat prenait fin en mars 2017, n'était pas institué par une loi organique. Il fonctionnait sous le régime de la loi du 1er juillet 1901 relative aux associations[224].

---

[224] Cf. S. Milandou, *«CONGO/SENAT : Le projet de loi sur le Conseil consultatif de la jeunesse adopté »*, ACI, 17 juin 2017 ; http://actualités.agence congoinfo.net/2017/06/17/...

B). L'organisation, la composition et le fonctionnement du CCJ.

Nous examinerons préalablement l'organisation et la composition du Conseil consultatif de la jeunesse, ensuit sont fonctionnement.

I). L'organisation du C.C.J.

L'organisation du Conseil consultatif de la jeunesse est similaire à celle des autres conseils consultatifs nationaux. Il est placé sous l'autorité, non plus du ministre de l'éducation civique et de la jeunesse, comme ce fut le cas du Conseil national de la jeunesse, mais du Président de la République. Il est doté d'un secrétariat exécutif permanent en tant qu'organe représentatif du Conseil, et des instances de sessions, à savoir le bureau et le secrétariat des travaux ou des séances. L'organe délibératif étant l'Assemblée générale, composée de jeunes âgés de 16 à 35 ans. Il est censé comprendre les jeunes représentant tous les départements du pays, les différentes catégories socioprofessionnelles, ainsi que la jeunesse de la diaspora. Le principe de la parité femme/homme doit être observé. L'article 4 de la loi organique du 15 mars 2018 précitée, relative à l'organisation, la composition et le fonctionnement du Conseil consultatif de la jeunesse, précise que la qualité de membre du Conseil consultatif de la jeunesse est également conditionnée à la possession de la nationalité congolaise et d'un casier judiciaire vierge. Cela, même si la loi organique exige qu'il ne faut *« avoir jamais été condamné »*, sans préciser la nature de la condamnation.

II). La composition du CCJ.

Le Conseil consultatif de la jeunesse est une institution pléthorique. Il est composé de trois cents (300) membres, qui constituent l'assemblée générale. Les modalités de sélection et les quotas des membres du CCJ sont fixés par le décret n° 2018-276 du 18 juillet 2018[225]. Outre les conditions d'éligibilités des représentants, la sélection des membres se fait selon la typologie et la capacité des organes représentés et les quotas de représentativité.

a). Les conditions d'éligibilité des représentants.

Aux termes des dispositions des articles 5 et 6 du décret du 18 juillet 2018, pour être éligible sur la liste nominative des membres choisis et proposés par les structures compétentes, le candidat doit constituer un

---

[225] *Décret n°2018-276 du 18 juillet 2018 fixant les modalités de sélection des membres de l'assemblée générale du Conseil consultatif de la jeunesse, JO du 26 juillet 2018, p.980.*

dossier contenant un certificat de nationalité, une copie de la pièce d'identité, une copie conforme de l'acte de naissance, un casier judiciaire, un curriculum vitae certifier sur l'honneur par l'intéressé, quatre photos d'identité, une lettre de motivation, une carte consulaire pour les congolais de l'étranger.

b). La configuration de l'assemblée du CCJ.

Le décret précité énumère les différents types d'organismes ou d'organes représentés à l'assemblée générale du CCJ et leur capacité à désigner ou les conditions de désignation de leurs représentants ainsi que leurs quotas.

1). Les organismes représentés au CCJ.

Les membres de l'assemblée générale du Conseil consultatif de la jeunesse sont choisis et proposés par les organes, voire les organismes qu'ils sont censés représenter et qui sont énumérés par l'article 2 du décret du 18 juillet 2018. Il s'agit : *des départements, des associations et organisations non gouvernementales, des organisations de jeunesse des partis politiques, des organisations de jeunesse des confessions religieuses, des ordres professionnels, des populations autochtones et des congolais de l'étranger.*

2). Les conditions de désignation des représentants au CCJ.

A l'exception des départements et des populations autochtones, l'appartenance à l'une des catégories socioprofessionnelles fixées par l'article 2 du décret précité ne suffit pas pour désigner ses représentants. Ces organismes doivent satisfaire aux conditions fixées par l'article 3 dudit décret. Ces conditions varient selon les catégories.

α). Concernant les associations.

Ne sont habilitées à proposer des représentants à l'assemblée générale du CCJ que les associations, ainsi que les ONG, légalement reconnues et justifiant d'un récépissé de déclaration authentifié par les services du ministère de l'intérieur ; disposant d'un siège social, des statuts et d'un règlement intérieur adoptés à l'assemblée générale constitutive ; justifiant d'une liste nominative des membres du bureau exécutive dûment signée par le premier responsable de ce bureau ; disposant d'un budget prévisionnel de trois années, d'un relevé d'identité bancaire et d'un document authentique d'affectation des biens délivré par un notaire. Cette dernière condition ne concerne que les fondations.

β). Concernant les organisations de jeunesse des partis politiques.

Cette catégorie ne peut proposer des représentants à l'assemblée générale du Conseil consultatif de la jeunesse des partis politiques que, si cet organisme justifie être une organisation juvénile d'un parti politique légalement reconnu et présente la liste nominative des membres du bureau exécutif dûment signée par le premier responsable dudit bureau.

γ). Concernant les confessions religieuses.

Dans cette catégorie, ne peuvent proposer des représentants à l'assemblée générale du CCJ que les confessions religieuses qui justifient avoir une organisation juvénile en leur sein, un récépissé authentifié par les services du ministère de l'intérieur et être reconnues légalement comme telles, des statuts et un règlement intérieur adoptés en assemblée générale de la confession religieuse et justifient d'une liste nominative des membres du bureau exécutif dûment signée par le premier responsable de celui-ci.

δ). Concernant les ordres professionnels.

Les ordres professionnels doivent être reconnus auprès du ministère de tutelle et se conformer à la loi organisant la profession pour prétendre proposer des représentants à l'assemblée générale du Conseil consultatif de la jeunesse.

ε). Concernant les populations autochtones.

Il y a une contradiction. L'article 3 du décret exclut d'emblée les départements et les populations autochtones de la conditionnalité de proposer des représentants à l'assemblée générale du Conseil consultatif de la jeunesse. Il leur est alors exigé d'être membre du réseau national des populations autochtones du Congo ou d'une association des populations autochtones légalement reconnue comme telle.

ζ). Concernant les Congolais de l'étranger.

Le congolais de l'étranger ne sont habilités à proposer leurs représentants à l'assemblée générale du Conseil consultatif de la jeunesse que s'ils sont immatriculés à l'ambassade du Congo dans le pays où ils se trouvent.

3). La répartition des représentants à l'assemblée générale du CCJ.

L'assemblée générale du Conseil consultatif de la jeunesse est composée, comme nous l'avons indiqué plus haut, de 300 membres répartis selon les quotas de représentativité fixés par l'article 4 du décret du 18 juillet 2018.

Ces quotas sont de : *cent dix-neuf (119) représentants des départements ; quatre-vingt-quinze (95) représentants des associations ; vingt-trois (23) représentants des partis politiques ; vingt-six (26) représentants des confessions religieuses ; douze (12) représentants des ordres professionnels ; douze (12) représentants des populations autochtones ; treize (13) représentants des Congolais de l'étranger.*

4). La subdivision des quotas de représentativité.

L'alinéa 2 de l'article 4 opère une subdivision de ces quotas de représentativité au sein de chaque catégorie d'organismes de la façon suivante :

α). Concernant les départements.

Le nombre de représentants varie selon la taille du département, du district, de la commune ou de l'arrondissement.

Ainsi donc, le département de Brazzaville a droit à dix (10) représentants, dont neuf (9) pour les neuf arrondissements et un (1) pour le district ; le département du Pool a droit à quinze (15) représentants, dont treize (13) pour les treize districts et deux (2) pour les deux communes ; le département des Plateaux a droit à douze (12) représentants, dont onze (11) pour les onze districts et un (1) pour la commune ; le département de la Cuvette a droit à douze (12) représentants, dont dix (10) pour les dix districts et deux (2) pour les deux communes, à raison d'un (1) par commune ; le département de la Cuvette-Ouest a droit à sept (7) représentants, dont six (6) pour les six districts et un (1) pour la commune ; le département du Kouilou a droit à six (6) représentants, pour les six (6) districts, à raison d'un (1) représentant par district ; le département de Pointe-Noire : sept (7) représentants, dont six (6) pour les six arrondissements et un (1) pour le district ; le département du Niari compte seize (16) représentants, dont quatorze (14) pour les quatorze districts et deux (2) pour les deux communes, à raison d'un (1) représentant par commune ; le département de la Bouenza a droit à douze (12) représentants, dont dix (10) pour les dix districts et deux (2) pour les deux communes, à raison d'un (1) représentant par commune ; le département de la Lékoumou compte six (6) représentants, dont cinq (5) pour les cinq districts et un (1) pour la commune ; le département de la Sangha se voit gratifié de huit (8) représentants, dont six (6) pour les six districts et deux (2) pour les deux communes ; le département de la Likouala a droit huit (8) représentants, dont sept (7) pour les sept districts et un (1) pour la commune.

On constate que les départements du Niari (16), du Pool (15), des Plateaux (12), de la Cuvette (12), de la Bouenza (12) et de Brazzaville (10) sont les mieux lotis.

β). Concernant les associations.

La répartition des quotas des associations est fonction de la nature ou de l'objet de leurs activités. Ainsi donc, pour les associations des droits de l'homme : dix (10) représentants ; pour les associations de jeunesse œuvrant dans les domaines de l'éducation, de la santé et des affaires sociales : quinze (15) représentants ; associations de développement rural : dix (10) représentants ; associations de développement durable : dix (10) représentants ; confédérations et centrales syndicales : dix-huit (18) représentants ; associations culturelles et sportives : douze (12) représentants ; associations des jeunes entrepreneurs : vingt (20) représentants.

γ). Pour les partis politiques.

Concernant les organisations de jeunesse des partis politiques, la subdivision des quotas est de treize (13) représentants pour la majorité présidentielle ; six (6) représentants pour partis politiques de l'opposition et de quatre (4) représentants pour les partis politiques du centre.

δ). Pour les confessions religieuses.

Concernant les organisations de jeunesse des confessions religieuses, la subdivision des quotas de représentativité est de douze (12) représentants pour la jeunesse des églises membres du conseil œcuménique du Congo ; dix (10) représentants pour la jeunesse des églises membres du conseil supérieur des églises de réveil du Congo ; de deux (2) représentants pour l'union de la jeunesse Kimbanguiste ; de deux (2) représentants pour la jeunesse du conseil supérieur islamique du Congo.

ε). Les ordres professionnels, les populations autochtones et les congolais de l'étranger.

Les ordres professionnels et les populations autochtones ont chacun douze (12) représentants. Les quotas de représentativité des congolais de l'étranger au Conseil Consultatif de la jeunesse sont répartis et subdivisés selon les continents, de telle sorte que, pour l'Amérique il y a un (1) représentant ; l'Europe a six (6) représentants ; l'Asie a un (1) représentant ; l'Afrique a quatre (4) représentants ; l'Océanie en a un (1).

5). La désignation des membres de l'assemblée générale du CCJ.

Dès réception des listes nominatives des membres choisis ou proposés, les structures représentées à l'assemblée générale du Conseil consultatif de la jeunesse les transmettent, dans le délai de deux semaines à compter de la notification, auprès du ministre chargé de la jeunesse. Ces listes doivent tenir compte de la parité hommes/femmes. Après examen, le ministre en charge de la jeunesse transmet ces listes au Cabinet du Président aux fins de vérifications avant que le Président de la République ne prenne un décret désignant les candidats retenus en qualité de membres de l'assemblée générale du CCL.

Les membres du Conseil consultatif de la jeunesse perçoivent une indemnité de session fixée à 300.000 FCFA. Le décret n° 2018-277 du 18 juillet 2018 précise en son article 2 que cette indemnité n'est versée qu'aux membres qui ont effectivement pris part aux travaux du Conseil[226].

III). Les missions du CCJ.

Aux termes des dispositions de l'article 236 de la constitution, le Conseil consultatif de la jeunesse est chargé d'émettre des avis sur les questions liées au plein épanouissement de la jeunesse dans le cadre d'une gouvernance intergénérationnelle. Il se réunit une fois par an sur convocation du Président de la République.

La première préoccupation du Conseil consultatif est de permettre la plénitude de l'épanouissement de la jeunesse. C'est-à-dire du développement de sa personnalité, de son accomplissement, d'avoir confiance en elle-même, de s'assumer en exploitant toutes ses potentialités, de se sentir pleinement responsable de ses actes, de s'investir pleinement dans la vie de la société, de la cité. Cela implique tout à la fois (en tant qu'elle est directement concernée et mieux placée), l'identification des facteurs ou des causes qui freinent et inhibent son évolution et la capacité de proposer des solutions idoines.

C'est parce que la jeunesse est l'avenir de la nation, qu'elle doit, pour assurer efficacement la relève le moment venu, être préparée et associée dès à présent à son édification, à sa consolidation, à sa prospérité. Sans quoi, la nation risque de sombrer dans l'abîme, de tomber en ruine, de se déliter. En cela, le Conseil consultatif est le cadre institutionnel choisi par le constituant pour veiller et garantir à la jeunesse l'expression de son plein épanouissement.

De ce fait, la gouvernance intergénérationnelle est le cadre fonctionnel dans lequel peut s'opérer le plein épanouissement de la jeunesse et son émancipation.

De la gouvernance, nous avons compris une notion à la fois polysémique et transversale. Cela, en tant qu'elle concerne le secteur public qui l'a vue naître et le secteur privé auquel elle s'est élargie (ce dernier ne nous intéresse pas en l'occurrence). La gouvernance est, par excellence, un mode moderne de régulation institutionnelle. Elle fédère des règles, des méthodes, des procédures ou des modes d'organisation et de fonctionnement en vue de l'efficacité et de l'efficience de l'action de l'Etat, d'une collectivité, d'une administration ou d'un organisme public. C'est une manière efficace et efficiente de gérer, d'administrer ou de gouverner. Elle peut être participative, inclusive en tant qu'elle associe les acteurs potentiels et/ou

[226] JO, 26 juillet 2018, p.982.

directement concernés dans la cause, pour atteindre des résultats optimaux attendus par les destinataires finaux. Une bonne gouvernance fait inévitablement appel au sens de responsabilités des différents acteurs impliqués, à la transparence dans l'action et à la légalité du cadre institutionncl[227].

Par ailleurs, le constituant emploie le vocable *« intergénérationnel »* dans l'indication des missions du Conseil consultatif de la jeunesse. Il convient de préciser que l'intergénérationalité ou l'intergénérationnel permet de tisser ou de resserrer les liens parfois distendus entre les tranches d'âges ou de générations, d'annihiler la méfiance réciproque qui les anime.

L'intergénérationalité permet de décloisonner les générations au sein d'une institution, d'un milieu socioprofessionnel. Elle favorise des interactions entre deux couches sociales que l'âge, l'expérience ou le vécu distinguent. Elle est un facteur d'efficacité. Car, en resserrant le lien entre les générations, l'intergénérationalité permet, non seulement, un mieux vivre ensemble, en apprenant à bien se connaître, mais aussi et surtout, à la collectivité de profiter des apports des uns et des autres, de chaque maillon de la chaine. Elle a le mérite de forger une solidarité intergénérationnelle dans l'intérêt général.

Les jeunes profitant de l'expérience des anciens, ils seront d'autant mis en confiance, et auront la conscience d'être utiles, que cet état d'esprit galvanisera leur inventivité. Les anciens tireront tout aussi profit du dynamisme de la jeunesse qu'ils auront la conscience de transmettre le fruit de leur expérience qui se pérennisera en s'améliorant. Ainsi donc, le passage de témoin, dont parle A.C. Makosso, se ferait dans un climat très rasséréné[228]. Appliquée à la gouvernance institutionnelle, l'intergénérationalité est un facteur indéniable de l'épanouissement et l'émancipation de la jeunesse tout en étant également un élément catalyseur du progrès et du développement de la collectivité.

---

[227] Pour un approfondissement, Cf. J. Pitsys, « Le concept de gouvernance », Revue interdisciplinaire d'études juridiques (RIEJ), 2010/2, vol. 65, pp.207-228 ; J. Habermas, « Droit et démocratie. Entre faits et normes » (trad. De l'allemand, R. Rochlitz, C. Bouchindhomme), Paris, Gallimard, 1997 ; O. De Schutter, N. Lebessis, J. Paterson, « La gouvernance dans l'Union européenne », Editeur : OPOCE (1 juin 2002), Collection : Cahiers cellule de prospective, 1 juin 2002 ; L. Cardinal, C. Andrew, « La Démocratie à l'épreuve de la gouvernance», Presse de l'Université d'Ottawa, Coll. Gouvernance, 2001 ; C. Milani, C. Arturi, G.Solinis, « Démocratie et gouvernance mondiale: quelles régulations pour le XXIe siècle? », Paris, Karthala, 2003 ; C. Hewitt De Alcandara, « Du bon usage du concept de gouvernance », Revue internationale des sciences sociales, 1998, n°155, p109-118.

[228] Cela même si nous ne partageons pas la conception un peu trop idyllique du régime consensualiste qu'il attribue à la constitution du 25 octobre 2015. Cf. A.C. Makosso, *« Le régime consensualiste dans la constitution congolaise du 25 octobre 2015 »*, op. cit. pp.80-82 et 396-397.

IV). L'apport de l'Union africaine dans la prise en compte des jeunes dans la gouvernance.

Le constituant de 2015 s'est nourri de l'apport de l'Union africaine dans la prise en compte de l'intergénérationalité, notamment la participation des jeunes dans la gouvernance institutionnelle. Ainsi qu'il s'évince des dispositions des articles 11 et 12 de la Charte africaine de la jeunesse de 2006[229], ratifiée par le Congo le 22 octobre 2010[230]. D'une part, l'article 11 est consacré à la participation des jeunes. Il consacre le droit de tout jeune de participer librement aux activités de sa société et le devoir des Etats de prendre des mesures expressément énumérées dans ce texte en vue de promouvoir la participation active de la jeunesse aux activités de la société[231]. D'autre part, l'article 12 incite les Etats membres à mettre en place une politique nationale pour la jeunesse. C'est-à-dire une politique globale et cohérente de la jeunesse qui se décline en une dizaine de points bien précis[232].

---

[229] La Charte africaine de la jeunesse fut adoptée les Chefs d'Etats et de gouvernements le 2 juillet 2006 à Banjul (Gambie) et entrée en vigueur le 8 août 2009.

[230] Cf. Loi n°13-2010 du 22 octobre 2010 autorisant la ratification de la charte africaine de la jeunesse et le Décret n°2010-686 du 22 octobre 2010, portant ratification de la charte africaine de la jeunesse, JO. du 28 octobre 2010, pp. 879-889.

[231] Le paragraphe 2 de l'article 11 de la charte liste ces mesures auxquelles les Etats s'engagent à mettre en œuvre. A savoir : *a) garantir l'accès des jeunes au Parlement et à tous les autres niveaux de prise de décision conformément aux lois ;b) favoriser la création d'une plate-forme pour la participation des jeunes à la prise de décisions aux niveaux local et national, régional et continental de la gouvernance ; c) assurer l'accès équitable des jeunes hommes et des jeunes femmes à la prise de décision et à l'exercice des responsabilités civiques ; d) accorder la priorité aux politiques et aux programmes qui incluent les plaidoyers en faveur de la jeunesse et les programmes d'éducation par les pairs, destinés aux jeunes qui vivent en marge de la société tels que les jeunes déscolarisés et les chômeurs en vue de leur donner la chance et la motivation pour se réinsérer dans la société ;e) faciliter l'accès à l'information pour permettre aux jeunes de connaître leurs droits et les opportunités qui leur sont offertes pour participer à la prise de décision et à la vie civique ; f) mettre en place des mesures visant à professionnaliser le travail des jeunes et à introduire des programmes de formation pertinents au sein de l'enseignement supérieur et des autres institutions de formation similaires ; g) apporter l'appui technique et financer au renforcement des capacités institutionnelles des organisations de la jeunesse ; h) mettre en place des politiques et des programmes de volontariat destinés aux jeunes aux niveaux local, national, régional et international en tant que forum important de la participation des jeunes à la gouvernance et au développement du continent et comme outil de formation par les pairs ; i) promouvoir l'accès à l'information et aux services qui permettraient aux jeunes de connaître leurs droits et leurs responsabilités ; j) inclure des représentants de la jeunesse, comme faisant partie intégrante de leurs délégations aux sessions ordinaires de l'Union africaine et autres réunions pertinentes afin d'élargir les réseaux de communication et de promouvoir les débats sur les questions relatives aux jeunes.*

[232] Cette politique globale et cohérente de la jeunesse de la jeunesse devait porter sur les points suivants : *a) Cette politique doit être de nature intersectorielle en raison de l'interrelation existant entre les défis auxquels les jeunes se trouvent confrontés ; b) L'élaboration de la politique nationale pour la jeunesse devra se fonder sur une consultation massive des jeunes et devra prévoir la participation active de ces derniers à tous les niveaux de prise de décision et de gouvernance relative aux sujets concernent la jeunesse et la société en général ; c) La perspective jeune doit être prise en considération dans la planification, les prises de décisions ainsi que dans l'élaboration des programmes. Le recrutement des points focaux des jeunes dans les structures du gouvernement facilitera ce processus ; d) Les mécanismes visant à relever ces défis doivent être conçus dans le cadre du développement national du pays ; e) Cette politique devra donner les grandes lignes de la définition de la jeunesse adoptée et spécifier les sous-groupes à cibler pour le développement ; f) Cette politique doit plaider en faveur d'opportunités*

Section 5 : Le Conseil consultatif des personnes vivant avec handicap.

Les personnes en situation de handicap ou vivant avec un handicap constituent l'une des catégories sociales les plus fragiles à l'égard desquelles la société et surtout les pouvoirs publics devraient prêter une attention toute particulière. Ce, au-delà des simples discours compassionnels et de commisération, en termes de prise en compte de leurs droits, d'amélioration de leurs conditions sociales, économiques, professionnelles, de leur implication dans la vie de la cité, dans les institutions aussi bien au niveau local qu'au plan national en tant que citoyens et acteurs à part entière[233]. Cette prise en compte ainsi que la prise de conscience, que leur situation suscite, nécessitent la définition d'un cadre juridique et institutionnel qui, pour être consistant et fonctionnel, devrait les associer. Cela d'autant plus qu'au Congo, plus de 1,4 % de la population vit avec un handicap[234].

§ 1 : Le cadre juridique et institutionnel des personnes vivant avec handicap.

Le cadre juridique et institutionnel des personnes vivant avec handicap a évolué. Partant d'un statut législatif pour aboutir à une consécration constitutionnelle. Dans tous les cas, il est largement inspiré du dispositif conventionnel international.

A). Le cadre juridique consacrant un statut législatif des personnes handicapées.

Sans vouloir remonter loin dans le temps, la situation des personnes vivant avec le handicap n'avait pas manqué d'interpeller le Conseil supérieur

équitables pour les jeunes hommes et les jeunes femmes ; g) Une évaluation de base ou une analyse de la situation orientera la politique sur les sujets prioritaires en matière de promotion de la jeunesse ; h) Cette politique est adoptée par le parlement et promulguée en une loi ; i) Un mécanisme national de coordination des jeunes sera créé et servira de plate-forme aux organisations non gouvernementales des jeunes pour participer à l'élaboration des politiques ainsi qu'à la mise en œuvre et au suivi et à l'évaluation des programmes ; j) Des programmes d'action nationaux accompagnés d'échéanciers devront être élaborés et devront être reliés à une stratégie de mise en œuvre et d'évaluation avec des indicateurs à définir; k) Ce programme d'action doit être accompagné d'une allocation budgétaire adéquate et durable.

[233] Nous pouvons utilement inviter à consulter les recherches édifiantes de J.D. Mbele, *« La représentation des situations de handicaps au Congo-Brazzaville : une approche psychologique et socioculturelle »*, thèse doctorat en psychologie, Université Lyon II, juin 2008. Nous renvoyant également à l'ouvrage collectif publié sous la direction de J. Mbandza et V. Mboungou, *« La situation du handicap au Congo-Brazzaville »*, éd. L'Harmattan, 2015.

[234] Httpas : www.portail242.info/, Congo : *« le gouvernement œuvre pour l'inclusion des personnes vivant avec handicap au processus de développement. »* ; B.C.D. Mouniéngué, *« Prise en charge des personnes handicapées : la nouvelle constitution ouvre une nouvelle ère au plan social et politique »*, http : lasemaineafricaine.net/index.php/société/13004.

de la République (CSR), le législateur de la transition démocratique, issue de la Conférence nationale souveraine de 1991. Outre l'adoption de la charte des droits et des libertés du 29 mai 1991, l'acte fondamental du 04 juin 1991 ne comportant pas de dispositions spécifiques aux personnes vivant avec handicap. Le législateur de transition les avait dotés d'un statut législatif à travers la loi n° 009/92 du 22 avril 1992, portant statut, protection et promotion de la personne handicapée. Cette loi définissait la personne handicapée comme, *« toute personne frappée d'une déficience physique ou mentale, congénitale ou acquise, éprouvant des difficultés à accomplir des fonctions normales pour toute personne dite valide de même âge »*.

Pourtant, les textes fondamentaux qui suivaient, bien que reconnaissant les droits des personnes handicapées[235], n'allaient pas jusqu'à reconnaitre un véritable statut constitutionnel aux personnes vivant avec handicap.

B). La consécration du statut constitutionnel des personnes handicapées.

Un statut constitutionnel répondant à une dynamique internationale, qui ne pouvait pas laisser le constituant congolais indifférent.

I). Le statut constitutionnel des personnes vivant avec handicap.

La constitution du 25 octobre 2015 consacre véritablement un statut constitutionnel, en instituant un Conseil consultatif des personnes vivant avec handicap (CCPVH) ainsi que le précise la loi organique n° 26-2018 du 07 août 2018[236], prise en application de l'article 235 de ladite constitution.

On peut considérer que cette évolution s'inscrit dans le cadre d'une prise de conscience internationale sous l'égide des Nations-Unies qui, depuis 1992, consacrent le 3 décembre de chaque année comme la journée internationale des personnes handicapées, afin de promouvoir leurs droits et leur plein épanouissement dans tous les secteurs de la vie sociale, économique, professionnelle, politique et culturelle.

---

[235] Cf. Article 34 alinéa 2, de la constitution du 15 mars 1992, « Les personnes âgées ou handicapées ont droit à des mesures spécifiques de protection en rapport avec leurs besoins physiques ou moraux » ; article 30 de la constitution du 20 janvier 2002, « L'Etat est garant de la santé publique. Les personnes âgées et les personnes handicapées ont droit à des mesures de protection en rapport avec leurs besoins physiques, moraux ou autres, en vue de leur plein épanouissement. Le droit de créer des établissements sociosanitaires privés, régis par la loi, est garanti. »

[236] Loi organique n°26-2018 du 07 août 2018 déterminant l'organisation, la composition et le fonctionnement du Conseil consultatif des personnes vivant avec handicap, JO. n°33 du 16 août 2016 p.1031. Loi jugée conforme à la constitution par avis n° 008-ACC-SVC/18 du 12 juillet 2018, JO. n°33 du 16 août 2016 p.1066.

II). Une prise de conscience inspirée de la dynamique internationale.

On peut considérer que cette prise de conscience avait abouti à l'adoption de la convention de New York du 08 février 2007 relative aux droits des personnes handicapées, ainsi que son protocole facultatif de la même date, ratifiés par le Congo le 14 février 2014[237]. Il convient de souligner que la convention a une approche plus large de la notion de personnes handicapées, par rapport à la législation congolaise sus rappelée. Elle les définit dans son article 1er alinéa 2, comme des " *(...) des personnes qui présentent des incapacités physiques, mentales, intellectuelles ou sensorielles durables dont l'interaction avec diverses barrières peut faire obstacle à leur pleine et effective participation à la société sur la base de l'égalité avec les autres* ».

Ce dispositif conventionnel international a dû fortement inspirer le constituant congolais de 2015, en instituant un Conseil consultatif des personnes vivant avec handicap qui, aux termes des dispositions de l'article 234, est chargé d'émettre des avis sur la condition de la personne vivant avec handicap et de faire au gouvernement des suggestions visant une meilleure prise en charge de la personne vivant avec handicap.

Ce cadre juridique constitutionnel a dû être complété, comme prévu, par un cadre juridique législatif avec la loi organique n° 26-2018 du 07 août 2017 déterminant l'organisation, la composition et le fonctionnement du Conseil consultatif des personnes vivant avec handicap.

§ 2 : L'organisation et la composition du CCPVH.

Le Conseil consultatif des personnes vivant avec handicap est structuré presque de la même manière que les autres conseils consultatifs nationaux. Il comprend, outre l'assemblée plénière, un organe représentatif, le secrétariat permanent, dont les membres sont nommés par décret en Conseil des ministres sur proposition du ministre en charge des personnes vivant avec handicap. Le CCPVH est composé des membres désignés par leurs pairs, notamment les personnes vivant avec handicap.

A). L'assemblée générale.

Elle est, aux termes des dispositions de l'article 3 de la loi organique précitée du 07 août 2017, l'organe délibérant du Conseil consultatif des personnes vivant avec handicap. Elle est composée de 103 membres proposés à la désignation par leurs pairs ou par les organes dont ils relèvent.

---

[237] Cf. loi n°4-2014 du 14 février 2014, autorisant la ratification de la convention relative aux droits des personnes handicapées ainsi que le protocole facultatif se rapportant à cette convention, JO. 20 février 2014, p.139 ; Décret n°2014-29 du 14 février 2014 portant ratification de cette convention, JO. 20 février 2014, pp.151-168 (comprenant en annexe les textes de la convention et du protocole).

Il y a deux catégories de membres. Les membres avec voix délibérative et les membres avec voix consultative.

I). Les membres avec voix délibérative.

Il y a une diversité des membres avec voix délibératives qu'il convient de présenter avant d'en saisir le mode de désignation.

a). La diversité des membres avec voix délibérative.

Il s'agit ici des membres de l'assemblée générale qui, outre l'expression de leurs opinions au cours des discussions ou des débats, participent par leur vote, à la délibération ou à la décision finale. C'est le décret n° 2018-482 du 26 décembre 2018 qui fixe les modalités de sélection de ces membres ayant voix délibérative au sein du Conseil consultatif des personnes vivant avec handicap[238]. Ils sont au nombre de soixante-sept (67). Ces membres sont repartis selon le type du handicap, ainsi qu'il suit : huit représentants des associations des personnes handicapées motrices ; huit représentants des associations des aveugles et déficients visuels ; huit représentants des associations des sourds et déficients auditifs ; huit représentants des associations des personnes atteintes d'albinismes ; huit représentants des associations des femmes vivant avec handicap ; huit représentants des associations des parents des déficients intellectuels ; cinq représentants des associations ou organismes œuvrant dans le domaine du handicap ; deux individualités vivant avec handicap et/ou œuvrant en faveur des personnes vivant avec handicap ; un représentant résident des associations ou organismes des personnes vivant avec handicap par département. Etant également précisé que la présence d'au moins trois femmes est requise au sein des associations.

b). Les conditions de désignation des membres à voix délibérative.

Le décret du 26 décembre 2018 fixe les conditions requises pour qu'un organisme soit habilité à désigner des membres, avec voix délibérative, du Conseil consultatif des personnes vivant avec handicap.

[238] Cf. Le quota des membres ayant voix délibérative est fixé par l'article 21 du décret n°2018-482 du 26 décembre 2018 fixant les modalités de sélection des membres ayant voix délibérative au sein du Conseil consultatif des personnes vivant avec handicap, JO n° 2019-03 du 17 janvier 2019, p.44.

1). Concernant les membres choisis par type de handicap.

L'article 7 du décret 26 décembre 2018 précise que seules sont autorisées à désigner les membres ayant voix délibérative, les associations des personnes vivant avec handicap qui remplissent les conditions suivantes, par type de handicap : *posséder un récépissé de déclaration d'association ; justifier d'une existence effective d'au moins cinq ans ; comprendre au moins cinquante personnes vivant avec le handicap concerné ou parents des déficients intellectuels ; avoir déjà accompli des actions au profit des personnes vivant avec le handicap considéré durant leur existence ; disposer de rapports écrits des deux dernières années de fonctionnement.*

Le choix des membres ayant voix délibérative au Conseil consultatif des personnes vivant avec handicap s'effectue par vote à bulletin secret, par les délégués des associations autorisées, réunis en assemblée générale[239].

2). Concernant les représentants des femmes vivant avec de handicap.

Aux termes des dispositions de l'article 9 du décret du 26 décembre 2018, ne sont autorisées à désigner les représentantes des associations des femmes vivant avec handicap que celles qui remplissent les conditions suivantes : *posséder un récépissé de déclaration d'association ; justifier d'une existence effective d'au moins cinq ans ; comprendre au moins vingt-cinq (25) femmes vivant avec handicap ou parents des déficients intellectuels ; avoir déjà accompli des actions au profit des femmes vivant avec le handicap considéré durant leur existence ; disposer de rapports écrits des deux dernières années de fonctionnement.*

Le choix des représentantes des associations des femmes vivant avec handicap ayant voix délibérative au Conseil consultatif des personnes vivant avec handicap se fait par vote à bulletin secret, par les déléguées des associations autorisées, réunies en assemblée générale[240].

3). Concernant les représentants des associations ou organismes œuvrant dans le domaine du handicap.

Les associations ou organismes œuvrant dans le domaine du handicap ne sont habilités à désigner leurs représentants que s'ils possèdent un récépissé de déclaration d'association ; disposent d'un siège social apparent sur le territoire national ; œuvrent dans le domaine des droits des personnes vivant avec handicap et dont l'activité principale n'est pas à but lucratif ; justifient d'une existence effective d'au moins cinq ans ; justifient d'une gestion

[239] Cf. article 8 du décret précité.

[240] Cf. Article 10 du décret.

financière formalisée et régulière en présentant un compte bancaire ; justifient d'avoir déjà accompli des activités au profit des personnes vivant avec handicap durant leur existence. Ces représentants sont élus par vote à bulletin secret, par les délégués des associations ou organismes autorisés, réunis en assemblée générale[241].

4). Concernant les individualités vivant avec handicap et/ou œuvrant en faveur des personnes vivant avec handicap.

Ces individualités vivant avec handicap et/ou œuvrant en faveur des personnes vivant avec handicap sont nommées par le Président de la République, sur proposition du ministre chargé des personnes vivant avec handicap. Elles sont choisies en raison de leur engagement remarquable pour la cause des personnes vivant avec handicap et/ou leur notoriété en la matière[242].

5). Concernant les représentants des associations ou les organisations des personnes vivant avec handicap dans les départements.

Au niveau des départements, ne sont autorisés à désigner les représentants des associations ou organismes des personnes vivant avec handicap que les associations ou organismes des personnes vivant avec handicap qui justifient d'un récépissé de déclaration d'association ; d'une existence effective d'au moins cinq ans ; d'au moins dix (10) membres résidant dans le département ; d'accomplir des actions au profit des personnes vivant avec handicap durant leur existence ; qui disposent de rapports écrits des deux dernières années de fonctionnement.

Le représentant des associations ou organismes des personnes vivant avec handicap de chaque département est choisi, parmi leurs délégués, à l'issue d'un vote à bulletin secret, par l'assemblée générale des associations ou organismes des personnes vivant avec handicap autorisés[243].

c). La candidature des membres à voix délibérative du CCPVH.

Le dossier de candidature en qualité de membre ayant voix délibérative du conseil consultatif des personnes vivant avec handicap doit comprendre un curriculum vitae certifié sur l'honneur ; une copie conforme de l'acte de

[241] Cf. articles 11 et 12 du décret.
[242] Cf. article 13 du décret.
[243] Cf. articles 14 et 15 du décret.

naissance ; un certificat de nationalité ; un casier judiciaire ; quatre photos d'identité.

Il est interdit à une association de proposer des candidats à plus de la moitié des postes de membres du Conseil consultatif des personnes vivant avec handicap dans sa catégorie. La déclaration de candidature se fait en deux (2) exemplaires déposés au secrétariat exécutif permanent du Conseil qui en transmet un au ministère en charge des personnes vivant avec handicap. Le dépôt de candidatures se fait contre la délivrance d'un récépissé attestant de la déclaration de candidature. Les dossiers de candidature doivent comprendre, sous peine d'irrecevabilité, en sus des pièces citées à l'article 16 du présent décret, le procès-verbal de l'assemblée des membres ayant choisi le candidat, ainsi que la liste nominative des membres présents. Les candidatures doivent être déposées trois mois avant la tenue de la session inaugurale de l'assemblée générale du Conseil consultatif des personnes vivant avec handicap[244].

II). Les membres avec voix consultative.

Ce sont les membres de l'assemblée générale qui certes participent aux séances ou aux débats de l'organe délibérant, mais ne disposent pas du droit de vote. Ils ne participent pas à l'adoption de la délibération ou à la décision finale.

Cependant, il n'est pas exclu que les opinions qu'ils expriment, au cours des débats, puissent influencer le vote des membres qui en ont le droit. Dès lors, essentiellement constituée de représentants des ministères, cette catégorie comprend : deux représentants des organisations de recherche dans le domaine du handicap ; deux représentants des organisations syndicales des salariés ; deux représentants des organisations professionnelles d'employeurs ; un représentant du ministère en charge des affaires sociales ; un représentant du ministère en charge de l'action humanitaire ; un représentant du ministère en charge des finances ; un représentant du ministère en charge du commerce ; un représentant du ministère en charge de la santé ; un représentant du ministère en charge du plan ; un représentant du ministère en charge des travaux publics ; un représentant du ministère en charge du travail ; deux représentants du ministère en charge de la jeunesse (dont une jeune fille) ; un représentant du ministère en charge de la promotion de la femme ; un représentant du ministère en charge de la culture ; un représentant du ministère en charge de la communication ; un représentant du ministère en charge de la justice ; un représentant du ministère en charge de la formation qualifiante ; un représentant du ministère en charge de l'emploi ; un représentant du ministère en charge des transports ; un représentant du ministère en charge de la construction ; un

---

[244] Cf. articles 16 à 20 du décret.

représentant du ministère en charge de la recherche scientifique ; un représentant du ministère en charge de la fonction publique ; un représentant du ministère en charge des nouvelles technologies ; un représentant du ministère en charge de la défense nationale ; un représentant du ministère en charge de l'enseignement supérieur ; un représentant du ministère en charge de l'enseignement primaire, secondaire et de l'alphabétisation ; un représentant du ministère en charge de l'enseignement technique et professionnel ; un représentant du ministère en charge de la décentralisation ; un représentant du ministère en charge des petites et moyennes entreprises ; un représentant du ministère en charge de l'artisanat ; un représentant du ministère en charge du secteur informel.

A ces membres avec voix consultative, il faut ajouter les représentants d'autres ministères invités par le secrétaire exécutif du CCPVH, pour participer aux travaux en fonction de l'ordre du jour[245].

III). Le présidium de l'assemblée générale du CCPVH.

Le Présidium est un organe non permanent et purement fonctionnel. Ainsi donc, aux termes des dispositions de l'article 9 de la loi organique du 07 août 2017 (n° 26-2018), il dirige les sessions de l'Assemblée générale du CCPVH. Il est composé d'un Président, d'un Premier Vice-président, d'un deuxième Vice-président, d'un Rapporteur et d'un membre. Il fait office de bureau de l'assemblée générale du conseil consultatif des personnes vivant avec handicap lors des sessions.

Ses membres sont élus, dès l'ouverture de chaque session de l'assemblée générale, par les membres siégeant avec voix délibérative. Leurs fonctions cessent de plein droit avec la fin de la session correspondante de l'assemblée générale du CCPVH. Le présidium doit comprendre au moins deux femmes vivant avec handicap.

Comme l'ensemble des membres du Conseil consultatif des personnes vivant avec handicap, à l'exception du secrétariat exécutif permanent, les fonctions de membres du présidium de l'assemblée générale sont gratuites. Elles donnent, cependant, droit au remboursement des frais de transport et à la perception d'une indemnité de session dont le montant et les conditions d'attribution sont fixés par décret en Conseil des ministres[246].

IV). le statut des membres du CCPVH.

Les membres du CCPVH sont nommés par décret du Président de la République, sur proposition des organes dont ils relèvent. Les principaux

---

[245] Cf. T.L. Moungalla, *« Compte-rendu-conseil des ministres du 13 novembre 2017 »*, http :www.adiac-congo.com/print/content/...

[246] Cf. article 18 de la loi organique précitée.

critères de désignation, outre le critère tenant au type du handicap, sont ceux de la nationalité congolaise, de l'âge minimal de dix-huit ans (18) et de la jouissance des droits civils et politiques.

Le mandat de membre du CCPVH est de trois (3) ans renouvelable une fois. En cas d'empêchement définitif pour cause de décès, démission ou déchéance, il est pourvu au remplacement du membre concerné dans un bref délai à compter de la survenance de l'événement ; ce dans les mêmes conditions que celles qui présidaient à la désignation initiale.

Enfin, la qualité de membre du CCPVH est incompatible avec l'exercice d'un haut emploi ou d'une haute fonction au sein du pouvoir exécutif, du pouvoir législatif et du pouvoir judiciaire. Il en est de même avec l'exercice de toute fonction au sein des collectivités locales et d'autres institutions et organes constitutionnels[247].

B). Le secrétariat exécutif permanent du CCPVH.

Le secrétariat exécutif du Conseil consultatif des personnes vivant avec handicap est régi par les dispositions des articles 10 et 11 de la loi organique précitée du 07 août 2017. C'est un organe permanent, en ce sens qu'il est chargé de la gestion au quotidien du CCPVH entre les deux sessions de l'organe délibérant, l'assemblée générale.

Il comprend un secrétaire exécutif permanent nommé par décret du Président de la République en Conseil des ministres, parmi les membres du Conseil ayant voix délibérante. Il comprend également un secrétaire, un secrétaire adjoint et un trésorier nommés, quant à eux, par arrêté du ministre chargé des personnes vivant avec handicap, parmi les membres de l'assemblée générale sans qu'ils ne soient forcement issus des rangs des membres ayant voix délibérative. Les fonctions de membres du secrétariat exécutif permanent sont rémunérées. Elles donnent doit à la perception d'une indemnité dans le montant est fixé par décret en Conseil des ministres.

§ 3 : Le fonctionnement du CCPVH.

Comme le dispose l'article 234 de la constitution, le CCPVH est un organe consultatif. Il a une double mission. D'une part, une mission strictement consultative, en ce sens qu'il est chargé d'émettre des avis sur la condition de la personne vivant avec handicap. Il est saisi à cette fin, notamment par le Président de la République. D'autre part, le CCPVH est investi par la constitution d'un pouvoir d'initiative vis-à-vis du gouvernement, auquel il peut faire des suggestions en vue d'une meilleure prise en charge de la personne vivant avec handicap.

---

[247] Cf. articles 4 à 8 de la loi organique du 07 août 2017.

En sus de ses missions consultatives et de suggestion, le CCPVH devrait être effacement associé à la définition des politiques publiques en faveur des personnes handicapées ainsi que d'une mission d'évaluation de ces politiques publiques pour améliorer la situation des personnes vivant avec handicap. Cela d'autant plus qu'il est, par sa composition, à même de tirer la sonnette d'alarme sur le non-respect ou le défaut de prise en compte par l'Etat de ses engagements qui découlent de la convention de New York du 8 février 2007 relative aux droits des personnes handicapées ainsi que son protocole facultatif.

A). Les sessions et les commissions du CCPVH.

Les travaux du Conseil consultatif des personnes vivant avec handicap ont lieu tantôt au cours des sessions tantôt dans le cadre des commissions[248].

I). Les sessions du CCPVH.

Le Conseil consultatif se réunit en session ordinaire une fois par an à la demande du Président de la République. Il peut le cas échéant se réunir en session extraordinaire, également à la demande du Président de la République. La durée d'une session ne peut pas excéder quinze (15) jours, sauf si le Président de la République décide expressément d'y déroger.

On peut observer que le Président de la République a l'exclusivité de la saisine. Aucune autre autorité constitutionnelle n'y est habilitée. Le CCPVH ne peut pas non plus s'autosaisir. Cela est quelque peu incongru vu les enjeux et l'importance que le constituant et le législateur organique ont entendu imprimer à cette institution. Comme nous venons de le voir, les sessions sont présidées par le président du présidium ou, en cas d'empêchement, par le premier vice-président ou le deuxième président. Comme prévoit la loi organique du 07 août 2017, le Conseil peut, en cours de session, faire appel aux personnes-ressources qui, par leurs connaissances éprouvées, peuvent l'éclairer sur des points précis. A la fin de chaque session, un procès-verbal circonstancié, comprenant suggestions et avis, signé par le président du présidium et le secrétariat de la séance, est transmis dans le délai de sept jours (7) au Président de la République et au gouvernement.

II). Les commissions techniques du CCPVH.

Aux termes des dispositions de l'article 15 de la loi organique précitée du 07 août 2017, le Conseil consultatif des personnes vivant avec handicap peut créer en son sein des Commissions techniques pour traiter des questions

[248] Cf. articles 12 à 14 de la loi organique du 07 août 2017.

spécifiques. Il n'est pas précisé que ses Commissions devraient être exclusivement composées de membres du CCPVH ayant voix délibérative. Il est évident que des Commissions doivent aussi comprendre des membres ayant voix consultative, ainsi que des personnes-ressources.

B). Le règlement intérieur, les aspects budgétaires et financiers du CCPVH.

Le fonctionnement du Conseil consultatif des personnes vivant avec handicap requiert l'édiction d'un règlement intérieur et, outre des moyens en personnel et en matériel, des moyens budgétaires et financiers.

I). Concernant le règlement intérieur du CCPVH.

Pour les besoins de son fonctionnement, le Conseil consultatif des personnes vivant avec handicap établit et adopte, en assemblée générale, un règlement intérieur. Ce règlement est transmis pour information au Président de la République et au gouvernement[249]. Le législateur organique organise sur ce point, et a minima, un contrôle a postériori qui n'ose dire son nom. Cela, même si le règlement intérieur est transmis au Président de la République et au gouvernement à titre informatif. Il n'est pas exclu que, si ce règlement intérieur du CCPVH comportait des dispositions contraires à la constitution, aux lois et règlements en vigueur, le Président de la République ou le Gouvernement puissent en attirer l'attention du CCPVH pour s'y conformer. Il va de soi que le contentieux des actes du CCPVH devrait ressortir à la compétence de la Cour suprême.

II). Concernant les aspects budgétaires et financiers.

Le Conseil consultatif des personnes vivant avec handicap ne dispose pas d'une autonomie financière. Les dépenses relatives à son fonctionnement sont inscrites au budget de l'Etat. À titre d'exemple, en 2019 le montant des crédits alloués au CCPVH s'est élevé à 100 000 000 de francs CFA, d'après l'arrêté du ministre des finances et du budget n° 383 du 15 janvier 2019[250]. Les membres du Conseil consultatif des personnes vivant avec handicap perçoivent une indemnité de session fixée à trois cent mille francs (300 000) francs CFA[251]. C'est le secrétaire exécutif permanent qui est l'ordonnateur principal du budget du CCPVH.

[249] Cf. article 17 de la loi organique précitée du 07 août 2017.
[250] JO du 31 janvier 2019, p. 133.
[251] Cf. Décret n°2018-483 du 26 décembre 2018, fixant le taux et les conditions d'attribution de l'indemnité de session du Conseil consultatif des personnes vivant avec handicap, JO. 17 janvier 2019.

Troisième partie :
Les autorités administratives indépendantes

La constitution du 25 octobre 2015 contient, comme les précédents textes fondamentaux adoptés depuis le retour à la démocratie pluraliste, des organes de régulation que l'on qualifie d'autorités administratives indépendantes (AAI). On entend par là, des institutions qui ont trois caractéristiques. Ce sont des autorités, en ce sens qu'elles sont investies d'un pouvoir décisionnel. Elles peuvent édicter des mesures exécutoires. A la différence des autorités publiques indépendantes (API), les AAI ne sont pas dotées de la personnalité morale ni, dans une certaine mesure, de l'autonomie financière. Bien qu'étant instituées par la constitution, elles n'ont pas la qualité d'autorités ni de pouvoirs constitutionnels. Ce sont des autorités purement administratives.

Elles sont indépendantes, en ce sens qu'elles ne sont pas soumises au pouvoir hiérarchique ou tutélaire du gouvernement. Leur raison d'être se traduit par la nécessité de limiter l'intervention du gouvernement dans certains domaines spécialement identifiés, bien qu'agissant au nom de l'Etat, de la puissance publique étatique ; dont elles sont d'utiles relais, sans en être des obligées. Nous retenons, dans le cadre de la constitution du 25 octobre 2015, le médiateur de la République, le Conseil supérieur de la liberté de communication et la Commission nationale des droits de l'homme.

Titre 1er : Le Médiateur de la République.

Historiquement en effet, l'institution du médiateur de la République est l'émanation de *« l'Ombudsman »* suédois, crée en 1809 pour recueillir les doléances des citoyens confrontés aux abus du pouvoir et aux dysfonctionnements de l'administration, pour les transmettre au Roi. L'autorité ainsi désignée devait jouir d'une grande indépendance, tant vis-à-vis de la couronne que vis-à-vis du gouvernement et des autres institutions publiques.

L'institution suédoise connut un franc succès qui franchit les frontières du royaume, au point où d'autres pays s'en inspirent dans le monde. Ce fut le cas de la France en 1973, dont les anciennes colonies emboitèrent le pas[252]. Dans le cas précis du Congo, cette institution semblait susciter moins d'intérêt au lendemain de l'indépendance, et surtout sous la longue période du monopartisme marxiste-léniniste où le Parti congolais du travail jouait, à travers ses organes et les organisations des masses, le rôle de régulateur des conflits dans le processus de construction d'une société socialiste jusqu'au dépérissement de l'Etat. La transition démocratique issue de la conférence nationale souveraine de 1991 dictait la nécessité de voir l'Etat se doter de nouvelles institutions de régulation et de garantie des droits et libertés fondamentaux, dont la médiation. Nous examinerons ci-après l'introduction de l'institution du médiateur de la République au Congo et ses évolutions à ce jour.

Section 1 : L'introduction de l'institution du Médiateur au Congo.

Deux phases caractérisent l'introduction de l'institution du médiateur de la République au Congo. Une phase de consécration et une autre teintée d'une apparente négligence de cette institution.

§ 1 : La consécration d'un médiateur institutionnel.

L'institution du médiateur fut introduite, pendant la transition démocratique, par l'acte fondamental du 04 juin 1991. Cette réception était moins orthodoxe, dans la mesure où la fonction du médiateur était dévolue

[252] B. Boumakani, *« Les médiateurs de la République en Afrique noire francophone : Sénégal, Gabon et Burkina Faso »*, Revue internationale de droit comparé, 1999, vol 2, pp307-329 ; *« La médiation dans la vie administrative »*, RDP, mai-juin 2003, pp. 863-888.

au Conseil supérieur de la République (CSR), l'organe législatif (Parlement) de transition[253]. Le rôle du Conseil supérieur de la République, faisant office de médiateur de la République, est confirmé par le titre IX de l'acte fondamental du 04 juin 1991 ; bien qu'étant simplement intitulé, *« Du médiateur »*.

Cependant, le contenu de l'article 77 de l'acte fondamental renvoie indéniablement au rôle du Médiateur de la République, en ce qu'il dispose que,

« Pendant la période de transition, toute personne physique ou morale qui estime, à l'occasion d'une affaire la concernant, qu'un organisme public n'a pas fonctionné conformément à la mission de service public qui lui est dévolue, peut, par une requête individuelle, saisir le Conseil supérieur de la République ».

L'article 78 renvoyait quant à lui à une loi, la détermination des conditions de saisine du Conseil supérieur de la République en qualité de médiateur. Il en était ainsi à travers la loi n° 011-91 du 12 décembre 1991 fixant l'organisation et le fonctionnement de la médiation.

Il est donc inexact d'affirmer, comme le soutiennent certains auteurs, dont A.C. Makosso, qu'aucun médiateur ne fut nommé avant 1997[254]. D'ailleurs, cet auteur reconnait que, *« ...Le Congo se dote d'un médiateur de la République en 1991 avec l'Acte fondamental de juin 1991 et la loi n° 011-91 du 12 décembre 1991 fixant l'organisation et le fonctionnement de la médiation... »*[255] Mais, il affirme assez paradoxalement que, *« aucun Médiateur n'ayant été nommé, cette institution n'a pu fonctionner »*[256].

Certes, le Conseil Supérieur de la République (CSR) fut un médiateur institutionnel au lieu d'un médiateur-personne physique. On ne peut pas affirmer que l'institution n'existait pas. Peu importe qu'elle n'eût pas effectivement fonctionné ou que le CSR ne fût jamais saisi en cette qualité.

Cependant, on peut s'accorder pour dire que le CSR, ce médiateur institutionnel ou *ad hoc*, ne présentait pas en soi des garanties d'indépendance. Etant lui-même, par ailleurs, l'un des trois grands pouvoirs d'Etat pendant la période de transition ; incarnant, outre ses nombreuses prérogatives, le pouvoir législatif aux côtés du pouvoir exécutif et du pouvoir judiciaire. L'indépendance vis-à-vis des pouvoirs publics étant la principale caractéristique du médiateur. Dans ce contexte, le Conseil Supérieur de la République ne pouvait pas être considéré comme une autorité administrative indépendante. Mais, une institution publique constitutionnellement indépendante des autres pouvoirs ; devrait agir comme

---

[253] Enumérant les attributions du CSR, l'article 51 de l'acte fondamental du 04 juin 1991, dispose qu'il a également pour mission *« d'assure le rôle de médiateur »*.

[254] Cf. G.J.C. MEBIAMA, *« Une nouvelle institution dans le paysage administratif africain, le médiateur de la République : le cas du Congo, du Gabon, du Burkina Faso et du Sénégal »*, Annales de l'Université Marien Ngouabi, 2010, 11-(3), p.1-27.

[255] Cf. A.C. Makosso, *« le régime consensualiste dans la constitution congolaise du 25 octobre 2015... »*, op. cit. p.358.

[256] Idem.

un organe *sui generis* dans ses fonctions de médiation. Cela avec le risque de déboucher sur un potentiel conflit d'intérêts en se trouvant être juge et partie, à travers ses autres attributions.

§ 2 : La négligence du constituant de 1992.

Aussi étonnant que cela puisse paraître, le constituant de 1992, instituant véritablement la première constitution du retour à la démocratie pluraliste, semblait ne pas se préoccuper de l'institution du Médiateur de la République, dont l'importance et la nécessité s'étaient imposées pendant la conférence nationale souveraine et sa consécration par l'acte fondamental précité du 04 juin 1991.

Peut-on en déduire une méfiance envers une institution dont on ne semble pas apprécier la raison d'être ou une simple négligence ? Nous pensons qu'il s'agissait d'une apparente négligence de consécration ou d'une carence institutionnelle, dans la mesure où la constitution du 15 mars 1992 comporte, au titre des droits et libertés fondamentaux, des dispositions qui auraient pu inciter le constituant à instituer un Médiateur de la République.

Il en est ainsi de l'article 18, aux termes duquel, *« tout citoyen a le droit d'introduire des requêtes auprès des organes appropriés de l'Etat »*. Or, les organes appropriés de l'Etat auprès desquels tout citoyen pourrait introduire une requête en raison d'un litige le concernant ne sont pas forcément des juridictions. Ils peuvent être d'ordre extrajudiciaire ou extrajuridictionnel. Le médiateur de la République en fait partie ; sans que cette possibilité ne soit altérée par l'article 19 qui dispose que *« Tout citoyen qui subit un préjudice du fait de l'administration a le droit d'ester en justice »*.

Section 2 : L'institution du Médiateur de la République depuis 1997.

C'est sous l'empire de l'acte fondamental du 24 octobre 1997, pendant la période de transition qui suivait la guerre civile de juin à octobre 1997, que le Congo réaffirmait l'institution du médiateur de la République.

§ 1 : L'identification du Médiateur de la République.

L'institution du Médiateur de la République pâtit d'un défaut de définition et de précision depuis l'acte fondamental du 24 octobre 1997, qu'il convient de souligner.

A). Le défaut définition.

Contrairement à l'acte fondamental de transition de 1991, l'institution du Médiateur de la République est confiée, comme c'est traditionnellement le cas, à une autorité-personne physique au lieu d'un grand pouvoir public. Le titre IX lui est consacré en ses articles 76 et 77. Le premier texte, qui reprend la rédaction de l'article 77 de l'acte fondamental du 4 juin 1991 dispose que,

« Pendant la période de transition, toute personne, physique ou morale, qui estime, à l'occasion d'une affaire la concernant, qu'un organisme public n'a pas fonctionné conformément à la mission de service public qui lui est dévolue, peut, par une requête individuelle, saisir le médiateur de la République ».

L'acte fondamental ne définit pas l'institution du Médiateur de la République et ne la qualifie pas non plus du point de vue de sa nature juridique. Comme l'article 78 de l'acte fondamental du 4 juin 1991, l'article 77 se contente de renvoyer à une loi, les conditions de saisine du Médiateur de la République.

B). Une identification imprécise.

Les règles d'organisation et de fonctionnement du médiateur de la République sont déterminées par la loi n° 9-98 du 31 octobre 1998, portant institution, attributions et fonctionnement du Médiateur. L'institution sera réaffirmée par la constitution du 20 janvier 2002, dans le titre XIII formellement intitulé, *« Du Médiateur de la République »*, et les articles 163 à 166 lui sont consacrés. La loi du 31 octobre 1998 demeure applicable, cependant le décret n° 2002-252 du 20 juillet 2002 fixe les attributions et l'organisation des services du médiateur de la République, conformément à la loi n° 9-98 du 31 octobre 1998, précitée.

La constitution du 25 octobre 2015 réaffirme à son tour l'institution du médiateur de la République dans son titre XII et aux articles 200 à 203, reprenant quasiment les termes de la constitution de 2002.

L'article 2 de la loi précitée du 31 octobre 1998 identifie le médiateur de la République comme *« ... une autorité indépendante »*, chargée de simplifier et d'humaniser les rapports entre l'administration et les administrés. Cette identification est reprise aussi bien dans la constitution de 2002 (article 164) que dans celle de 2015 (article 201).

Aucun de ces textes ne le qualifie exactement la vraie nature juridique cette autorité.

S'agit-il, d'une autorité administrative, d'une autorité constitutionnelle ou encore d'un pouvoir constitutionnel ? Le moins que l'on puisse dire est que le médiateur de la République a un statut constitutionnel, en tant qu'il est institué par la loi fondamentale. Il tient sa légitimité de la volonté du constituant et non du législateur. Il est de ce point de vue un organe constitutionnel. Cependant, cette consécration ne lui confère pas pour autant le statut d'un pouvoir public constitutionnel, au même titre que les trois grands pouvoirs publics classiques, le pouvoir exécutif, le pouvoir législatif et le pouvoir judiciaire.

Pour autant, l'article 7 de la loi du 31 octobre 1998 dispose que le Médiateur de la République a les mêmes avantages qu'un membre du gouvernement. Donc, il aurait rang de ministre ! Or, un membre du gouvernement est une autorité constitutionnelle investie des fonctions à la fois administratives et politiques. Ce qui n'est pas forcément le cas du médiateur de la République, dont le rôle principal est de réguler les relations entre les administrés et l'administration, de les simplifier, de les humaniser et d'annihiler les dysfonctionnements de l'administration pour une bonne gouvernance institutionnelle. Il est donc une autorité administrative indépendante, constitutionnellement instituée et investie.[257]

§ 2 : L'organisation du Médiateur de la République.

Comme il sera vu plus loin, les missions du Médiateur de la République sont tellement nombreuses et complexes, qu'il ne saurait les accomplir tout seul. Il doit s'entourer de moyens humains et matériels à la hauteur de l'ampleur de ses taches.

A). La désignation, le serment et le mandat du Médiateur de la République.

Aux termes des dispositions de l'article 13 de loi du 31 octobre 1998 précitée, le Médiateur de la République est nommé par décret en Conseil des ministres pour un mandat de trois ans renouvelable. Il n'y a aucune précision sur le nombre de mandats. Ce qui reviendrait à penser que le Médiateur de la République peut rester en fonction aussi longtemps qu'il bénéficiera de la confiance de l'autorité dont dépend sa légitimité. Or, l'usure du temps peut constituer un inconvénient pour une institution censée être indépendante. Il faut cependant espérer que l'alternance au pouvoir, au plus haut sommet de l'Etat soit un facteur indirect de la crédibilité et de l'indépendance de cette institution. Compte tenu de l'importance de ses missions, de la confiance qu'il doit inspirer au public, le choix du médiateur de la république ne devrait pas porter sur une personnalité clivante. Il doit porter sur une personne qui, par son expérience, jouit d'une certaine notoriété, d'une grande probité morale et intellectuelle, transcendant les clivages politiques,

[257] Nous rejoignons ici, le Conseil constitutionnel français qui, s'agissant du défenseur des droits a considéré, dans sa décision n° 2011-626 DC du 29 mars 2011, (5) «... qu'en érigeant le Défenseur des droits en « autorité constitutionnelle indépendante », le premier alinéa de l'article 2 rappelle qu'il constitue une autorité administrative dont l'indépendance trouve son fondement dans la Constitution ; que cette disposition n'a pas pour effet de faire figurer le Défenseur des droits au nombre des pouvoirs publics constitutionnels »

idéologiques, socioculturels, etc. Le médiateur de la République est lié, pendant et après son mandat, par le serment qu'il doit prêter, avant d'entrer en fonctions, devant la Cour suprême[258].

I). La stabilité et les incompatibilités.

Elles tiennent au fait que le médiateur de la République ne peut pas être révoqué avant la fin de son mandat. Mais, il peut être remplacé en cas d'empêchement dûment constaté, en principe par l'autorité de nomination. Cependant, il peut lui-même mettre fin à ses fonctions en démissionnant pour exercer une activité incompatible avec le mandat du médiateur de la République. La démission est d'office s'il veut solliciter un mandat électif.

Le régime des incompatibilités conforte l'indépendance du médiateur de la République dès le départ. Ce, dans la mesure où la personne nommée dans ces fonctions doit avant de les exercer, souscrire une déclaration sur l'honneur de ce qu'elle démissionne de son parti politique ou de son syndicat. Le Président de la Cour suprême donne acte de cette démission lors de la prestation de serment. Plus spécifiquement, l'article 11 de la loi du 31 octobre 1998 énumère les fonctions incompatibles avec le mandat du médiateur de la république. A savoir : *les qualités de membres du gouvernement, parlement, de la Cour suprême, du conseil économique social (et environnemental), du conseil supérieur de la magistrature et des conseillers locaux.*

Mais, cette liste des incompatibilités, arrêtées en 1998, nous paraît insuffisante. Elle devrait être mise à jour pour inclure au titre des incompatibilités les qualités de membres de cour constitutionnelle, de la cour des comptes et de discipline budgétaires ; d'une façon générale de toutes autres institutions constitutionnelles ou de toutes autres fonctions publiques ou privées rémunérées ou non.

II). L'immunité et la protection.

Le Médiateur de la République jouit d'une immunité de juridiction. A ce titre, il ne peut pas être poursuivi, recherché, arrêté, détenu, ni jugé à l'occasion des opinions qu'il émet ou des actes qu'il accomplit dans l'exercice de ses fonctions[259]. Comme toute personne dépositaire de l'autorité publique, l'article 8 de la loi du 31 octobre 1998 punit, d'une peine de prison de six mois à deux ans et d'une amende de deux cent mille à un million de francs CFA ou de l'une de ces deux peines, toute personne qui aura outragé le Médiateur, fait ou laissé figurer le nom du Médiateur de la

---

[258] Le texte du serment prévu par l'article 10 de la loi de 1998 est le suivant, « « *Je jure de bien et fidèlement remplir ma mission, d'être impartial, de garder le secret sur toutes les informations dont j'aurais eu connaissance, même après la cessation de mes fonctions* ».

[259] Cf. article 14 de la loi du 31 octobre 1998.

République, suivi ou non de l'indication de sa qualité, dans tout document de propagande ou de publicité, quelle qu'en soit la nature.

III). Les avantages et privilèges du Médiateur de la République.

Les fonctions de Médiateur de la République confèrent à son titulaire un certain nombre d'avantages et de privilèges. L'article 7 de la loi du 31 octobre 1998 dispose qu'il a les mêmes avantages que les membres du gouvernement. Cette rédaction peut conduire à penser que le Médiateur de la République a *« rang de ministre »* et autoriser implicitement un glissement du statut d'une autorité indépendante à celui de membre de l'exécutif ou liée à celui-ci. Ce risque de confusion peut affecter la crédibilité d'une institution que l'on veut indépendante. Enfin, le médiateur de la République perçoit un traitement mensuel dont le montant est déterminé par décret en conseil des ministres.

B). Les services et collaborateurs du Médiateur de la République.

Le Médiateur de la République est à la tête d'une grande administration, bien structurée au plan national et local, dont l'organisation est définie par le décret n° 2002-252 du 27 juillet 2002, portant attribution et organisation des services du Médiateur de la République, outre les dispositions de loi concernant ses collaborateurs.

I). Les collaborateurs du médiateur de la République.

Aux termes des dispositions des articles 24 à 29 de la loi du 31 octobre 1998 précitée, le Médiateur de la République a le pouvoir de nomination. Ces collaborateurs peuvent être des fonctionnaires de l'Etat ou des collectivités territoriales. Ils sont soumis au statut général des fonctionnaires. Ils bénéficient, à la fin de leur détachement, du droit à la réintégration dans leurs corps d'origine. Ils peuvent être issus du personnel civil ou militaire. Rien n'interdit au médiateur de nommer un agent de droit privé (en dehors de la fonction publique) comme collaborateurs, bénéficiant ainsi de la qualité d'agent non titulaire ou contractuel.

II). Les services du médiateur de la République au niveau national.

Au niveau national, les services du médiateur de la République sont structurés en cabinet, en directions rattachées au cabinet et en délégation générale.

a). Le cabinet du Médiateur de la République.

Il est placé sous l'autorité d'un directeur. Le directeur du cabinet est l'organe de conception, de coordination et de contrôle, qui assiste le médiateur de la République dans son action. Il est chargé au nom du médiateur de la République et sur délégation, des questions administratives et techniques de la médiation[260]. Les autres membres du cabinet du médiateur de la République sont en principe placés sous l'autorité hiérarchique du directeur.

b). Les directions rattachées au cabinet du Médiateur de la République.

Il existe deux directions rattachées au cabinet du Médiateur de la République : la direction de la communication et la direction administrative et financière, ayant chacune à sa tête un directeur.

La direction de la communication est chargée, aux termes des dispositions de l'article 6 du décret du 20 juillet 2002, de faire connaître et de vulgariser l'institution du Médiateur de la République auprès du public[261] ; de toutes les questions de presse et les informations qui intéressent le Médiateur de la République ; des relations avec les institutions de la République, les organes de la presse publique et privée ; de veiller à la bonne image de l'institution auprès des pouvoirs publics, de la presse et du public ; de gérer la documentation et les archives. Elle est composée de deux services. Le service de l'information et le service des relations publiques, de la documentation et des archives[262].

Quant à la direction administrative et financière, elle est chargée, aux termes des dispositions de l'article 10 du décret, d'élaborer le projet de budget de la médiation de la République ; de gérer les crédits ; de tenir la comptabilité deniers ; de tenir la comptabilité matière des biens, meubles et immeubles ; de gérer et entretenir les biens meubles et immeubles ; de gérer les ressources humaines ; d'élaborer le compte de gestion annuel à adresser à la cour des comptes et de discipline budgétaire. Elle est divisée en deux services. Le service administratif et du personnel et le service de la comptabilité[263].

---

[260] Cf. article 4 du décret du 20 juillet 2002.

[261] Une brochure intitulée, *« textes fondamentaux régissant l'institution, ''Le Médiateur de la République'' »*, publiée en 2007 sous la mandature M. H. Mounthault, participe de la mission de vulgarisation de cette institution sur le plan national et international.

[262] Cf. Articles 7 à 8 du décret du 20 juillet 2002.

[263] Cf. Article 11 à13 du décret précité.

c). La délégation générale du Médiateur de la République.

Elle est dirigée et animée par un délégué général qui a pour missions, aux termes des dispositions de l'article 14 du décret, d'instruire les réclamations et de préparer les projets de recommandations à soumettre au Médiateur de la République ; d'élaborer les projets de proposition de modification des textes législatifs et réglementaires à soumettre au Médiateur de la République ; de coordonner et de contrôler les activités de tous les services qui relèvent de son autorité ; de veiller aux relations avec les services de l'Etat et les délégations départementales du Médiateur de la République et d'assurer de concert avec la direction administrative et financière la formation du personnel. Il est en outre l'ordonnateur délégué de la médiation de la république.

Outre le secrétariat général, la délégation générale comprend, au niveau national, deux divisions. La division de l'orientation des réclamations et la division de l'instruction. Cette dernière est subdivisée en subdivision de l'économie et des finances ; en subdivision du travail et de l'administration ; en subdivision des affaires socioculturelles et, subdivision juridique, des droits humains, de la coopération internationale et des réformes.

III). Les structures locales du Médiateur de la République.

Le Médiateur de la République dispose de relais locaux, qui sont des délégations départementales. Elles sont animées par les délégués départementaux.

Disposant d'assistants et d'un secrétaire, les délégués départementaux sont, comme en dispose l'article 26 du décret du 20 juillet 2002, chargés de favoriser la démocratie de proximité, dans le cadre de la décentralisation. Mais les délégations départementales sont des services déconcentrés du Médiateur de la République. Aux termes des dispositions de l'article 26 du décret de 2002, leurs missions consistent à recevoir les réclamations déposées auprès d'elles et procéder à leur examen en vue de la recherche d'un règlement à l'amiable des litiges entre les administrations locales et les administrés ; à aider le réclamant, en cas d'affaires complexes, à constituer son dossier en vue de le transmettre au Médiateur de la République ; suggérer toute réforme utile au Médiateur de la République ; adresser au Médiateur de la République tous les trois mois un rapport sur les affaires réglées et sur celles qui sont en cours de règlement.

§ 3 : Le fonctionnement du Médiateur de la République.

Examiner le fonctionnement du médiateur de la République exige de passer en revue ses attributions, sa saisine, ses interventions et les pouvoirs qui lui sont dévolus en matière de médiation et la portée de ses décisions. Cela permet également de cerner le degré d'indépendance du médiateur congolais de la République à travers son fonctionnement.

A). Les attributions du médiateur de la République.

Les attributions du médiateur de la République sont étendues, mais elles ne sont pas sans limites.

I). L'étendue des missions du Médiateur de la République.

Les missions assignées au médiateur congolais de la République sont définies, outre la constitution, par la loi précitée du 31 octobre 1998[264] et reprises par le décret également précité du 20 juillet 2002. Dans son rôle d'interface entre l'administration et les administrés, suite aux réclamations de ces derniers, le médiateur de la République ne joue pas seulement le rôle de désamorceur des conflits ou de facilitateur, du dénouement non juridictionnel des litiges. Il permet également, comme nous l'avons vu plus haut, de simplifier, d'améliorer les rapports entre l'administration et les citoyens, de stimuler des réformes pour une meilleure gouvernance.

II). Les limites des attributions du médiateur de la République.

Si ses attributions sont très étendues, la loi fixe cependant des limitations aux missions de la médiation. Ainsi donc, le médiateur de la République ne peut pas se substituer à la justice. Cela implique qu'il ne peut pas intervenir dans un litige dont une juridiction est déjà saisie. Sauf, dans l'hypothèse où la loi prévoit la possibilité de suggérer une médiation aux parties. Il ne peut pas non plus remettre en cause la chose jugée. Cependant, l'intervention du médiateur de la République peut être utile pour faciliter l'exécution d'une décision de justice par l'administration.

Les compétences du médiateur de la République ne concernent pas non plus les litiges entre personnes privées. Sauf, lorsqu'il s'agit d'une personne privée investie d'une mission de service public. Il n'est pas non plus compétent pour connaître des réclamations entre l'administration (qu'il s'agisse de l'Etat, des collectivités locales ou les établissements publics) et ses propres agents[265]. Sauf, pour des litiges détachables du service ou qui concernent l'agent à titre exclusivement privé.

---

[264] Cf. Articles 2, 3, 6, 12.

[265] Cf. article 15 de la loi de 1998.

B). La saisine du Médiateur de la République.

Le médiateur de la République peut être saisi par toute personne physique ou morale, en principe, sous la forme d'une requête motivée, formulant ses réclamations. Elle peut être adressée par tout moyen. Cependant, avant de saisir le médiateur de la République, le plaignant doit avoir accompli des démarches auprès de l'administration concernée. Car, le recours à la médiation suppose l'existence d'un litige. La saisine du médiateur de la République (ou de son délégué départemental) est gratuite. Il n'y a aucune obligation de recourir au ministère d'un avocat, même si l'assistance de ce professionnel du droit est vivement conseillée. La saisine n'a aucun effet interruptif ou suspensif des délais de recours juridictionnels[266]. La loi ne prévoit pas de mécanisme d'auto-saisine. C'est-à-dire la possibilité pour le médiateur de la République de se saisir lui-même des dysfonctionnements, même avérés, d'une administration ne serait-ce que dans le cadre de ses missions de régulation pour interpeller les pouvoirs publics.

C). Les interventions du médiateur de la République.

Les interventions du médiateur de la République nécessitent une phase préalable d'admission ensuite des investigations peuvent être diligentées.

I). L'admission de la réclamation.

La phase d'admission consiste à vérifier si la réclamation dont le médiateur de la République est saisi entre bien dans le cadre de ses attributions ou n'excède pas ses compétences. Cela conduit les services du médiateur à écarter les réclamations irrecevables, soit parce qu'elles ne justifient pas l'existence d'un litige. C'est le cas de l'absence de toute réclamation préalable auprès de l'administration concernée, soit parce qu'elle est manifestement farfelue ou abusive.

II). Les investigations des services du médiateur.

En cas d'admission, les services du médiateur mènent des investigations en toute indépendance. Il est constant que le médiateur de la République ne peut recevoir d'instructions de la part de quelque autorité que ce soit. Il ne peut être fait obstruction aux investigations du médiateur. Toute autorité publique doit lui porter assistance et mettre à sa disposition les renseignements dont il a besoin dans le cadre de ses investigations.

---

[266] Cf. articles 16 et 17 de la loi de 1998.

Ainsi donc, il s'évince des dispositions de l'article 20 de la loi du 31 octobre 1998 que,

« Les ministres et toute autre autorité publique doivent faciliter la tâche du Médiateur. Ils sont tenus, à cet effet, d'autoriser les agents placés sous leur autorité à répondre aux convocations et, éventuellement, aux questions du Médiateur et de charger les corps de contrôle d'accomplir, dans le cadre de leur compétence, les vérifications et les enquêtes demandées par le Médiateur.

Le Président de la Cour Suprême et le Président de la Cour des comptes font, sur la demande du Médiateur, procéder à toutes études ».

L'article 21 de la même loi dispose pour sa part que,

« Le Médiateur peut demander au ministre responsable ou à l'autorité compétente de lui donner communication de tout document ou dossier relatif à l'affaire à propos de laquelle il fait son enquête. Le caractère secret ou confidentiel des pièces dont il demande communication ne peut lui être opposé sauf en matière de secret relatif à la défense nationale, à la sûreté intérieure ou extérieure de l'Etat.

En vue d'assurer le respect des dispositions relatives au secret professionnel, il veille à ce qu'aucune mention permettant l'identification des personnes dont le nom lui aurait été révélé ne soit faite dans les documents publiés sous son autorité ».

D). Les pouvoirs décisionnels limités du médiateur de la République.

Le médiateur congolais de la République ne dispose pas véritablement d'un pouvoir décisionnel ou normatif contraignant. Sauf dans le cadre de son administration interne. Il dispose dans le cadre de la médiation, des pouvoirs de recommandations et de propositions[267].

I). Le pouvoir de recommandations.

Lors qu'à l'issue de ses investigations, s'il estime que la réclamation dont il est saisi est justifiée, le Médiateur de la République formule à l'administration concernée toutes les recommandations qui lui paraissent de nature à régler le litige. L'administration doit le tenir informé des suites données à ses recommandations dans le délai qui lui est imparti. Faute de quoi, il peut rendre publiques ses recommandations sous la forme d'un rapport spécial.

L'administration concernée peut également rendre publique sa réponse ou la décision qu'elle a prise suite aux diligences du médiateur. N'étant pas un organe juridictionnel, les recommandations du médiateur de la République n'ont aucun caractère coercitif. Il est de bon aloi, dans un Etat de droit qui se respecte, que l'administration donne plein effet aux recommandations d'une telle autorité.

---

[267] Ces pouvoirs sont moins étendus que ceux de son homologue français devenu défenseur des droits depuis la loi constitutionnelle du 23 juillet 2008, précisée par la loi organique n°2011-333 du 29 mars 2011 (articles 24 et suivants) et le décret n°2011-905 du 29 juillet 2011 relatif et l'organisation et au fonctionnement des services du défenseur des droits.

II). Des propositions en vue d'une bonne gouvernance.

Les interventions du médiateur de la République peuvent être l'occasion pour cette institution de formuler des propositions aux pouvoirs publics pour remédier aux dysfonctionnements constatés et améliorer la gouvernance. Il en est ainsi des observations qu'il formule dans le rapport annuel de ses activités qu'il doit présenter au Président de la République, au Parlement et le cas échéant aux au Chef du Gouvernement.

E). Les moyens financiers du médiateur de la République.

Le médiateur de la république ne bénéficie pas d'une autonomie financière. Cependant, les crédits nécessaires à son fonctionnement sont inscrits au budget de l'Etat. Notons qu'en titre de l'exercice 2019, les crédits alloués au Médiateur de la République sont fixés à deux cent quatre-vingt-huit millions (288 000 000) de francs FCFA élevés[268].comme tout organisme public, il doit rendre compte de l'utilisation de ces crédits et de sa gestion à la Cour des comptes et de discipline budgétaire.

F). La diplomatie du médiateur de la République.

Il est indispensable, pour être efficace, que le médiateur de la République s'ouvre au monde extérieur dans le cadre, soit d'une coopération bilatérale, soit d'une coopération multilatérale au sein des structures de promotion de l'institution du médiateur de la République.

M. H. Mounthault[269], indique à juste titre dans le document précité de valorisation des textes fondamentaux du médiateur de la république (publié en 2007), que l'institution congolaise est un membre actif de l'Association des Ombudsmans et médiateurs de la francophonie (AOMF) et de l'Association des Ombudsmans et médiateurs africains (AOMA), membre du conseil d'administration de l'AOMF et représentant de la zone Afrique centrale.

[268] Cf. Arrêté n° 369 du 15 janvier 2019 portant notification des crédits et autorisation d'exécution du budget de l'Etat, exercice 2019, au profit du Médiateur de la République.

[269] Nommé médiateur de la République le 2 août 2001, son mandat fut renouvelé par décret n°2010-247 du 16 mars 2010, JO.25 mars 2010, p.234.

Titre 2 : Le Conseil supérieur de la liberté de communication.

Un rappel historique de l'évolution de la prise en compte et du mécanisme de garantie de la liberté d'expression, de la communication et d'information au Congo s'impose avant d'examiner les règles d'organisation et de fonctionnement de l'organisme qui en a la charge.

Section 1 : L'évolution de l'institutionnalisation de la liberté de communication.

Les constitutions et les actes fondamentaux que le Congo a connus depuis le retour du pluralisme politique, consacrent et garantissent la liberté d'expression, d'information et de communication à tout citoyen[270]. Ce, dans le respect de la loi. Nous retraçons ci-après cette évolution institutionnelle en deux temps : de 1991 à 1997 et depuis octobre 1998.

§ 1 : Le Conseil supérieur de l'information et de la communication (1991 à 1997).

La particularité, en ce domaine, du système politique adopté depuis la Conférence nationale souveraine de 1991 réside dans l'institution d'une autorité, voire d'un organe devant garantir tout à la fois le droit à l'information, la liberté d'expression et la liberté de communication. Cela à l'instar de l'institution française, le Conseil supérieur de l'audiovisuel (CSA)[271]. Il s'agit du Conseil supérieur de l'information et de la communication (CSIC) institué par l'acte fondamental du 04 juin 1991[272] pour veiller au respect des règles déontologiques ; réguler les rapports de communication entre les pouvoirs publics, les organes d'information et le public ; donner des avis techniques sur les questions touchant au domaine de l'information et de la communication.

---

[270] Cf. Article 16 de la constitution du 08 juillet 1979 ; article 17 de l'acte fondamental du 04 juin 1991 ; article 27 de la constitution du 15 mars 1992 ; article 17 de l'acte fondamental du 24 octobre 1997 ; article 19 de la constitution du 20 janvier 2002 et l'article 25 de la constitution du 25octobre 2015.

[271] Le Conseil supérieur de l'audiovisuelle (CSA) fut créé par la loi du 17 janvier 1989 pour garantir la liberté de communication audiovisuelle en France. Il fut créé en lieu et place de la haute autorité de la communication audiovisuelle qui fonctionna de 1982 à 1986 et à la Commission nationale de la communication et des libertés qui existait de 1986 à 1989. Cela sur la base de la Loi n° 86-1067 du 30 septembre 1986 relative à la liberté de communication (modifiée).

[272] Cf. Articles 79 à 81 de l'acte fondamental du 4 juin 1991.

Cette institution sera reprise par la constitution du 15 mars 1992[273], sous l'empire de laquelle fut adoptée la loi n° 30-96 du 02 juillet 1996 sur la liberté de la presse.

§ 2 : Le Conseil supérieur de la liberté de communication depuis 1998.

L'acte fondamental du 24 octobre 1997, édicté après la guerre civile de juin 1997 à octobre 1997, bien que réaffirmant la liberté d'expression comme il vient d'être rappelé, ne fit pas figurer le Conseil supérieur de l'information et de la communication (CSIC) au nombre des institutions de la période de transition. Le CSIC fut supprimé dans la foulée de l'abrogation de la constitution du 15 mars 1992[274].

Cependant, c'est sous l'empire de l'acte fondamental du 24 octobre 1997, que sera redéfini le cadre juridique régissant la liberté de la presse avec l'adoption de la loi n° 08-2001 du 12 novembre 2001 sur la liberté de l'information et de la communication. Cette loi, qui abroge la loi précitée du 2 juillet 1996 sur la liberté de la presse, institue un nouvel organe de régulation dans son titre II (articles 12 à 33), dénommé, *« Conseil supérieur de la liberté de Communication »* (CSLC). Dans la forme, la dénomination est différente. L'accent est mis sur la liberté de communication. Pour autant, l'éjection du mot *« information »* ne signifie pas que la liberté d'information soit exclue de son objet. C'est aussi sous l'empire de l'acte fondamental du 24 octobre 1997 que fut adoptée la loi n° 15-2001 du 31 décembre 2001 relative au pluralisme de l'audiovisuel public[275].

Le Conseil supérieur de la liberté de Communication sera confirmé sous sa nouvelle dénomination par la constitution du 20 janvier 2002 (articles 161 et 162), dont procédera la loi organique n° 4-2003 du 18 janvier 2003 déterminant les missions, l'organisation, la composition et le fonctionnement du Conseil supérieur de la liberté de communication, en l'extirpant de la loi n° 8-2001 précitée du 12 novembre 2001 dont elle abroge le titre II. La loi organique du 18 janvier 2003 qualifie juridiquement, le Conseil supérieur de la liberté de communication, dans son article 2, comme une autorité administrative indépendante (AAI). L'institution sera de nouveau confirmée par la constitution du 25 octobre 2015 dans ses articles 212 et 213.

---

[273] Cf. Articles 156 à 160.

[274] L'article Article 83 de cet acte fondamental dispose, *« Les lois et règlements en vigueur restent applicables en leurs dispositions non contraires au présent Acte fondamental ». Son article 85 dispose. « Le présent Acte fondamental qui abroge la Constitution du 15 Mars 1992, entre en vigueur dès sa signature par le président de la République, chef de l'État ».*

[275] Pour toutes ces considérations nous pouvons utilement inviter à consulte l'ouvrage de R. Yenga, *« Connaître le Conseil supérieur de la liberté de communication »*, éd. Publibook, 2007.

Section 2 : La structuration du Conseil supérieur de la liberté de communication.

Nous examinerons dans le cadre de la structuration du Conseil supérieur de la liberté de communication, la manière dont il est organisé et composé.

§ 1 : La composition du CSLC.

Le Conseil supérieur de la liberté de communication, qui comprend onze (11) membres, fait intervenir plusieurs autorités de désignation. Aux termes des dispositions de l'article 9 de la loi organique du 18 janvier 2003, certains membres sont désignés par les plus hautes autorités du pouvoir d'Etat, incarnant le pouvoir exécutif et le pouvoir législatif, d'autres le sont par la plus haute juridiction nationale (la Cour suprême), enfin il y en a qui sont désignés par les professionnels de l'information et de la communication. Ces désignations sont entérinées par un décret du Président de la République. La loi organique exige, comme critère de base, une expérience d'au moins dix (10) ans, une limite d'âge minimal de 30 ans et la jouissance des droits civils et politiques (article 10).

A). La désignation des membres du CSLC par les pouvoirs exécutif et législatif.

D'une part, le nombre de membres désignés par le Président de la République et les Présidents de chaque assemblée parlementaire n'est pas le même. D'autre part, si le choix des membres doit prioritairement porter sur les professionnels de l'information et de la communication. Un de ces membres de l'institution doit être issu de la société civile.

Dès lors, le Président de la République en désigne trois (3), deux parmi les professionnels de l'information et de la communication et un doit être issu des associations savantes et scientifiques. Il faut entendre cette dernière catégorie en termes d'associations d'érudits, de sommité, de personnalités hautement qualifiées qui, dans leurs domaines respectifs, se distinguent par la qualité de leurs travaux, de leurs recherches, et incarnent le savoir. Dieu sait que le Congo en regorge ! Mais, la question de fond est surtout de savoir quel est l'intérêt de la présence des membres représentatifs d'un aréopage de *« grands pontes »* au sein d'une institution dont la mission principale est de réguler la liberté de communication. Si c'est pour servir de contrepoids aux influences politiciennes dans la défense et la promotion de la liberté d'expression, de la liberté d'information et de communication ; garantir l'indépendance de l'institution. Ce choix peut être judicieux. Mais, s'il s'agit simplement de fleurir l'institution pour lui donner une image prestigieuse, alors on n'aura pas péché par un excès de modestie.

De leur côté, les Présidents des chambres parlementaires (Assemblée nationale et Sénat) doivent chacun en désigner deux. Un parmi les professionnels de l'information et l'autre issu des associations culturelles, pour ce qui concerne la désignation par le Président de l'Assemblée nationale ; un parmi les professionnels de l'information et des associations des consommateurs en ce qui concerne la désignation par le Président du Sénat.

B). La désignation des membres du CSLC par les professionnels et les juges.

Il s'agit, d'une part, des professionnels de l'information et de la communication qui doivent désigner deux membres. Un parmi leurs pairs et l'autre parmi les universitaires. Ce dernier n'appartient sans doute pas à la société des érudits. Et d'autre part, de la Cour suprême, la plus haute juridiction nationale, qui doit aussi en désigner deux, dont un professionnel de l'information et de la communication, et un membre issu des associations scientifiques et savantes. Nous n'en dirons plus davantage sur ce dernier.

Comme il sera vu plus loin, on peut regretter qu'une institution de régulation des libertés d'expression, d'information et de communication, investie des pouvoirs normatifs et répressifs, ne compte pas en son sein un membre qui serait issu du corps judiciaire ; alors que la constitution fait de l'autorité judiciaire le gardien des libertés individuelles. Nous dirons de même concernant l'absence d'une personnalité issue du barreau (un avocat) dont on sait que ses membres ont vocation à défendre les droits et les libertés fondamentaux dans leur quotidien.

C). Le titre et le mandat de membre du CSLC.

Les membres du Conseil supérieur de la liberté de communication portent le titre de *« hauts conseillers »*. Leur nomination est entérinée, après désignation par les différentes autorités et dans les conditions que nous venons de voir, par un décret du Président de la République, pour un mandat de trois (3) ans renouvelable une fois. En cas de vacance dûment constatée, il est pourvu au remplacement du membre concerné selon le principe du parallélisme des formes. C'est-à-dire selon la procédure prévue pour sa désignation.

Les membres du Conseil supérieur de la liberté de communication ne peuvent pas être révoqués pendant leur mandat pour les opinions qu'ils émettent dans l'exercice de leurs fonctions. Comme il sera vu plus loin, l'irrévocabilité des membres du CSLC, sauf cas d'incompatibilité, est une des garanties de l'indépendance de l'institution.

§ 2 : L'organisation du CSLC.

Sur le plan structurel, outre l'assemblée générale qui regroupe l'ensemble de ses 11 membres, les organes du Conseil supérieur de la liberté de communication sont le bureau, le secrétariat administratif et les commissions spécialisées.

A). Le Bureau du CSLC.

Le bureau du Conseil supérieur de la liberté de communication est composé de trois membres : un Président, un Vice-président et un Secrétaire comptable. Le Président est nommé par décret du Président de la République parmi les 11 membres. Les autres membres du bureau, c'est-à-dire le Vice-président et le Secrétaire-comptable sont élus en leur sein par les 11 membres du CSLC.

B). Le secrétariat administratif.

C'est l'organe technique de travail du Conseil supérieur de la liberté de communication. Ses règles d'organisation et de fonctionnement sont définies dans le règlement intérieur du Conseil. Il exécute les décisions du Conseil. Il comprend cinq (5) directions : la direction du contrôle, la direction administrative et juridique, la direction technique, la direction de la coopération, de la communication et du protocole, la direction des finances et du matériel[276].

C). Les commissions spécialisées du CSLC.

Aux termes des dispositions de l'article 18 de la loi organique précitée du 18 janvier 2003, le Conseil supérieur de la liberté de communication dispose en son sein ou sous sa tutelle, de 4 commissions spécialisées, placées sous l'autorité de son président. Elles exercent les compétences liées aux pouvoirs consultatifs, normatifs et de conciliation. Sur le plan fonctionnel, chaque commission spécialisée est dirigée par un président et un rapporteur.

---

[276] Cf. Décision n°2003-003/CSLC/B/P, portant attribution et organisation du secrétariat administratif du Conseil supérieur de la liberté de communication ; R. Yenga, *« connaître le conseil supérieur de la liberté de communication »*, op. p. 28.

Il s'agit des commissions suivantes :

- la Commission administrative et juridique, chargée de la déontologie et de l'éthique.
- la Commission autorisation de création des entreprises audiovisuelles, chargée des technologies de l'information et de la communication.
- la Commission vérification de la publicité et des sondages, chargée de la protection des droits et libertés.
- la Commission organe de justification de la diffusion, chargée des accréditations et de la carte de journaliste[277].

Les personnels de la Commission et du secrétariat administratif ne peuvent en aucun cas être membres des conseils d'administration des entreprises de l'information et de la communication ni exercer des responsabilités au sein de ces entreprises.

Section 3 : Le fonctionnement du CSLC.

Seront ci-après examinées, les garanties de l'indépendance des membres du Conseil supérieur de la liberté de communication, les missions et les prérogatives de cette institution.

§1. Les garanties de l'indépendance des membres du CSLC.

Pour garantir l'indépendance du Conseil supérieur de la liberté de communication à travers ses membres, ces derniers sont astreints à un certain nombre de contraintes.

A). Les contraintes et garanties d'ordre administratif.

Les membres du Conseil supérieur de la liberté de communication doivent, avant de prendre leurs fonctions, prêter serment devant la Cour suprême, qui en donne acte. Ce serment est prescrit par l'article 19 de la loi organique du 18 janvier 2003[278].

Outre le serment, les membres du Conseil supérieur de la liberté de communication sont astreints à un certain nombre d'interdictions et d'incompatibilités.

Ainsi donc, il est interdit, pour cause de conflit d'intérêts, aux membres du Conseil supérieur de la liberté de communication de détenir directement et indirectement des participations dans une entreprise de l'information et de

---

[277] Cf. P. A. DOKO, "CSLC (Conseil supérieur de la liberté de communication), mise en place des commissions spécialisées…"http://www.lasemaineafricaine.net/index.php/national/7119-c-s-l-c-conseil-superieur-de-la-liberte-de-communication-mise-en-place-des-commissions.

[278] *« Je jure de remplir loyalement mes fonctions, de les exercer en toute impartialité dans le respect de la constitution et des lois et des règlements de la République et de garder le secret des délibérations et des votes ».*

la communication. L'interdiction du conflit d'intérêts permet de préserver la neutralité et l'impartialité des membres du Conseil dans l'exercice de leurs fonctions. C'est un gage de l'indépendance de l'institution.

Dans le même ordre d'idées, la loi organique du 18 janvier 2003 énumère les fonctions incompatibles avec celles de membres du Conseil supérieur de la liberté de communication. Ces incompatibilités concernent les mandats de députés et sénateurs, la qualité des membres du gouvernement, de membres de la Cour constitutionnelle, de la haute cour de justice, du conseil économique social et environnemental, du médiateur de la république, des fonctions de magistrat, de préfet, sous-préfet, de maire, d'administrateur-maire, de conseiller local, de membres d'un organe dirigeant d'un parti politique, d'un syndicat ou d'une association. Les fonctions de membres du Conseil supérieur de la liberté de communication sont également incompatibles avec l'exercice de la profession de journaliste et assimilé. Les fonctionnaires nommés en qualité de membre du Conseil supérieur de la liberté de communication sont placés en position de détachement. Enfin, la constatation de l'infraction entraîne la révocation d'office du membre concerné[279].

B). Les garanties financières.

Sur le plan budgétaire et financier, il convient de souligner que les crédits nécessaires au fonctionnement du Conseil supérieur de la liberté de communication sont inscrits au budget de l'Etat. Au titre de l'exercice 2019, les crédits alloués au CSLC sont fixés à la somme de six cent dix-huit millions (618 000 000) de francs FCFA [280]. Le Président du Conseil en est l'ordonnateur, le secrétaire-comptable en est le comptable. Les comptes du Conseil sont soumis au contrôle de la Cour des comptes et de discipline budgétaire. Les membres du Conseil ont droit à une indemnité de fonction dont le montant est fixé par décret du Président de la République[281].

§ 2 : Les missions et prérogatives du CSLC.

Les missions et les prérogatives du Conseil supérieur de la liberté de communication sont bien spécifiées. Elles constituent la raison d'être de l'institution.

---

[279] Cf. article 14 de la loi organique.

[280] Cf. Arrêté n° 379 du 15 janvier 2019 portant notification des crédits et autorisation d'exécution du budget de l'Etat, exercice 2019, au profit du Conseil national de la liberté de la communication.

[281] Cf. article 21 de la loi organique du 18 janvier 2003.

A). Les missions du CSLC.

Les missions du Conseil supérieur de la liberté de communications sont énumérées dans l'article 6 de la loi organique du 18 janvier 2003. Elles consistent à : *garantir aux citoyens, le libre accès à l'information et à la communication ; suivre les médias et assurer leur protection contre les menaces et les entraves dans l'exercice de leur fonction d'information libre et complète ; favoriser la libre concurrence et l'expression pluraliste des courants de pensée et d'opinion ; veiller à la qualité du contenu et à la diversité des programmes audiovisuels, au développement de la production et de la création audiovisuelles nationales ; garantir l'impartialité du secteur public des médias ; veiller à la non-diffusion des informations qui ne concourent pas à la consolidation de la paix et de l'unité nationale ; empêcher et réprimer la manipulation par quiconque de l'opinion publique à travers les médias ; assurer la protection de l'enfance et de l'adolescence dans la programmation des émissions par les services de communication audiovisuelle ; veiller à l'accès équitable des partis, des associations et des groupements politiques à l'audiovisuel public ; répartir le temps d'antenne en période électorale dans l'audiovisuel public entre les partis, les groupements politiques et les individualités ; fixer les règles pour la durée des campagnes électorales qui s'imposent à tous les exploitants des services de communication audiovisuelle autorisés en vertu de la présente loi ; veiller au respect du principe d'équité dans le traitement de l'information ; promouvoir auprès des médias et des professionnels de l'information et de la communication, l'application et le respect des normes professionnelles, éthiques et déontologiques afin d'assurer l'exercice d'une information objective et d'une presse responsable et républicaine ; veiller à la promotion et à la défense des cultures locales et des langues nationales ; veiller à la répartition équitable des aides de l'Etat entre les entreprises publiques et privées de la communication.*

A travers, le conseil, ses commissions spécialisées lui permettent de, *veiller au respect de la personne humaine et de sa dignité, de l'égalité entre les femmes et les hommes, de la protection des enfants et des adolescents devant toute information nocive émanant de médias de toutes formes y compris l'internet ; veiller à ce que le fait de communiquer tout comme le produit de la communication reflète la finalité de la communication qui consiste à susciter un cumul de connaissances utiles pour le développement ; assurer un certain nombre de prérogatives techniques (telles que, l'attribution ou le retrait de la carte de journaliste professionnel et de journaliste professionnel assimilé ; des accréditations ; des autorisations d'établissement local des radios et des télévisions privées ; des fréquences) ; la vérification de la publicité et des sondages ; le développement et la promotion des nouvelles technologies de l'information et de la communication ; veiller au respect du principe d'équité dans le traitement de l'information, etc.*

B). Les pouvoirs et prérogatives du CSLC.

Le Conseil supérieur de la liberté de communication dispose d'importantes prérogatives dans le cadre de ses missions. Il a un pouvoir de contrôle, un pouvoir normatif, un pouvoir de sanction, un pouvoir consultatif et de proposition.

I). Le pouvoir de contrôle du CSLC.

De façon générale, le Conseil supérieur de la liberté de communication doit, dans le cadre de son pouvoir de contrôle, veiller au respect de la personne humaine et de sa dignité, de l'égalité entre les femmes et les hommes, à la protection des enfants et des adolescents devant toute information néfaste émanant de médias de toutes formes y compris l'internet ; à ce que le fait de communiquer, tout comme le produit de la communication, reflète la finalité de la communication qui consiste à susciter un cumul de connaissances utiles pour le développement ; à la qualité du contenu et à la diversité des programmes audiovisuels ; à la non-diffusion des informations qui ne concourent pas à la consolidation de la paix et de l'unité nationale. Il doit empêcher et réprimer la manipulation, par quiconque, de l'opinion publique à travers les médias ; vérifier la qualité de la publicité et des sondages ; veiller à la répartition équitable des aides de l'Etat entre les entreprises publiques et privées de communication, etc.

II). Le pouvoir normatif.

En matière électorale, le pouvoir normatif du Conseil supérieur de la liberté de communication consiste d'une part, à fixer les règles de la durée des campagnes électorales qui s'imposent à tous les exploitants des services de communication audiovisuelle autorisés en vertu de la loi, et d'autre part, à répartir, en période électorale, le temps d'antenne dans l'audiovisuel public entre les partis, les groupements politiques et les individualités.

En d'autres matières, le Conseil supérieur de la liberté de communication doit promouvoir auprès des médias et des professionnels de l'information et de la communication, l'application et le respect des normes professionnelles, éthiques et déontologiques afin d'assurer la diffusion d'une information objective et d'une presse responsable et républicaine. D'autre part, le Conseil supérieur de la liberté de communication dispose du pouvoir d'attribuer et retirer des fréquences radio et télévision, de la carte d'identité professionnelle.

III). Le pouvoir de sanction.

Le Conseil supérieur de la liberté de communication dispose d'un pouvoir de sanction de nature administrative et financière. Au titre de sanctions administratives, outre le retrait des fréquences radios, télévisions ou de la carte professionnelle, le CSLC peut prononcer la suspension ou arrêter un programme audiovisuel, une publication non conforme au cahier de charges souscrit. Au titre des sanctions financières, il peut infliger des amendes aux organes de presse qui se rendent coupables de violation manifeste et répétée des lois et règlements qui régissent la liberté de l'information et de la communication[282].

IV). Les pouvoirs consultatifs et de proposition.

En application des dispositions de l'article 7 dernier de la loi organique du 18 janvier 2003 précitée, le Conseil supérieur de la liberté de communication peut émettre des avis techniques ou des recommandations sur des questions relatives à la liberté de l'information et de la communication. A ce titre, il peut être saisi par le Gouvernement, l'Assemblée nationale, le Sénat, l'autorité judiciaire, des citoyens ou toute personne morale, selon les préoccupations des uns et des autres. Il peut également jouer le rôle de conciliateur dans le cadre d'un litige.

Le Conseil supérieur de la liberté de communication peut également, en application des mêmes dispositions, s'autosaisir de toute question entrant dans son domaine de compétence ; soit pour alerter les pouvoirs publics et faire des propositions et recommandations ; soit pour constater des manquements aux lois et règlements en matière de la liberté de l'information et de la communication, soit pour infliger des sanctions[283]. Il peut également prendre des initiatives, comme nous venons de le voir, pour mener des campagnes de communication dans le but d'assurer la promotion de la liberté d'expression, d'information et de communication à l'attention aussi bien des professionnels des médias que du public ; faire connaître le rôle et les missions de l'institution auprès d'eux. Il en est ainsi, s'agissant des campagnes de sensibilisation du public sur les dangers que peuvent représenter certains programmes ou médias ou les nouvelles technologies de l'information et de la communication (internet, réseaux sociaux, etc.) pour le

---

[282] Cf. article 8 de la loi organique du 18 janvier 2003.

[283] L'affaire de la suspension ou non du journaliste Rocil Otouna, dont le CSLC s'était saisi, en est un exemple (Cf. F. Oyé, *« Medias : Le SCLC met en garde contre toutes menaces envers les journalistes »*, www.adica-congo.com, 13 mai 2020-18 :11 ; B. Boukaka, *« Congo- Affaire Rocil Otouna : Le Président du Conseil supérieur de la liberté de la communication ouvre une procédure juridique et administrative »*, Les échos du Congo-Brazzaville, lesechos-congobrazza.com, le 03 mai 2020 ; *« Congo : RSF demande la réhabilitation d'un présentateur de télévision écarté après une interview sur le coronavirus »*, rsf.org, 13 mai 2020, 08 juin 2020).

public, notamment les catégories les plus vulnérables de la populaire (l'enfance, la jeunesse).

Enfin, le Conseil supérieur de la liberté de communication dispose d'un moyen important de vulgarisation : le rapport annuel d'activités. Prévu à l'article 23 de la loi organique du 18 janvier 2003, il est élaboré et adressé par le Conseil au Président de la République, à l'Assemblée nationale, au Sénat et à la Cour suprême. On peut considérer qu'avec l'institution de la fonction de Premier ministre Chef du Gouvernement par la constitution du 25 octobre 2015, ce rapport annuel d'activités devrait également lui être adressé. Etant publiés au journal officiel, les pouvoirs publics devraient s'en saisir pour impulser, selon son contenu, d'utiles réformes et faire avancer le respect des libertés d'expression, d'information et de communication. Bref, pour lever toutes les pesanteurs qui en entravent l'exercice.

Section 4 : Analyse critique du CSLC.

Le Conseil supérieur de la liberté de communication inspire quelques réserves, au regard de sa composition et de son fonctionnement, qu'il convient de souligner. S'agissant d'une institution qui est censée garantir la liberté de la presse, la liberté de communication, la liberté de l'information et le droit d'informer. Il y a un risque de politisation qui serait manifestement incompatible avec l'indépendance qui doit la caractériser.

§ 1 : Des réserves au regard du mode de désignation des membres du CSLC.

Le mode de désignation des membres du Conseil supérieur de la liberté de communication est moins rassurant pour en garantir l'indépendance. Nous avons déjà souligné que sept (7) des onze (11) membres, soit plus de la majorité absolue, sont désignés par les plus hautes autorités de l'Etat qui incarnent le pouvoir exécutif et le pouvoir législatif. On ne peut que déplorer la très faible implication des professionnels des médias dans le processus de désignation d'une institution qui les concerne au premier chef. Nous partageons sur ce point le constat dressé par une partie de la doctrine, notamment V.R. Manangou[284].

Ensuite, sans conférer à l'institution une physionomie trop corporatiste, les membres choisis parmi les professionnels de l'information et de la communication ne présentent qu'une courte majorité, soit 6 des 11 membres de l'institution. Par ailleurs, si les membres du bureau sont élus par

---

[284] Cf. V. R. Manangou, *« Droit et libertés fondamentaux en République du Congo : Analyse d'une consécration constitutionnelle sans effectivité pratique »*, Revue droits et libertés fondamentaux (RDLF) 2015, chr. N°17 ; Le Conseil supérieur de la liberté de communication.

l'assemblée des 11 membres du Conseil, seul le président de cette institution est nommé par décret du Président de la République.

De surcroit, c'est le Président de la République qui entérine, par décret, les choix opérés par les différentes autorités de désignation. Cette situation conforte l'idée d'un risque de politisation de l'institution. Il est constant que le caractère électif des membres du Conseil supérieur de la communication, comme ce fut le cas des membres du Conseil supérieur de la liberté d'information et de la communication dans la constitution du 15 mars 1992[285], aurait pu présenter plus l'assurance de l'indépendance de cette institution[286]. Enfin, comme nous l'avons souligné plus haut, on peut regretter qu'aucun professionnel du droit (avocat ou magistrat) ne figure pas parmi les membres autres que ceux issus du monde des médias.

§ 2 : Des réserves au regard du fonctionnement du CSLC.

Le Conseil supérieur de la liberté de communication inspire quelques réserves au regard de son pouvoir de nomination des responsables des médias publics, du pouvoir de régulation de l'activité des médias en période électorale, ainsi que du pouvoir de sanction pour manquements à la législation et la réglementation sur la liberté de la presse.

A). Le défaut d'implication du CSLC dans la désignation des dirigeants des médias publics.

On peut constater avec regret que le Conseil supérieur de la liberté de communication n'intervient pas dans le processus de désignation des responsables de haut niveau, notamment des dirigeants des médias publics (radio, télévision...). A défaut de lui confier la nomination des dirigeants de l'audiovisuel public[287], notamment, il eut été utile de l'associer, dans le cadre de ses fonctions consultatives, pour donner son avis ou faire des propositions sur le ou les candidats pressentis. Un tel procédé de désignation directe ou indirecte réduirait, autant faire se peut, la dépendance vis-à-vis du pouvoir politique, notamment du pouvoir exécutif.

---

[285] L'article 158 de la constitution du 15 mars 1992 dispose, « Le Conseil supérieur de l'information et de la communication est composé de onze membres dont trois sont élus parmi les professionnels, deux nommés par le président de la République, trois par le Parlement réuni en congrès et un élu par les associations scientifiques et savantes, un élu par les associations civiles, un élu par les associations de consommateurs ».

[286] L'article 79 de l'acte fondamental du 4 juin 1991 réservait aux professionnels de l'information et de la communication la désignation des 2/3 des membres du CSLIC. Tandis que le Premier ministre, le Conseil supérieur de la République (organe législatif de la transition) et les associations des consommateurs devaient désigner l'autre tiers.

[287] En France, le Conseil supérieur de l'audiovisuel (CSA) est compétent pour nommer les présidents des chaines publiques de télévision (France télévision), de radio France et de France média monde, ainsi que les membres du conseil d'administration de ces établissements. Cf. article 12 de la loi n°2013-1028 du 15 novembre 2013 relative à l'indépendance de l'audiovisuel public, JO.16 septembre 2013, p.18622.

B). Des réserves concernant le pouvoir de régulation du CSLC en période électorale.

Nous avons vu plus haut que le Conseil supérieur de la liberté de communication exerce, en période électorale, un pouvoir de régulation pour faire respecter le pluralisme politique comme le prévoient aussi bien les dispositions des articles 8 et suivants de la loi n° 15-2001 du 31 décembre 2001 relative à l'audiovisuel public, que celles des articles 6 et 18 de la loi organique du 18 janvier 2003. Mais, il est constant de déplorer, lors des grandes consultations électorales, un déséquilibre flagrant dans la couverture médiatique au détriment des candidats ou partis de l'opposition. Les médias publics, notamment l'audiovisuel public, font souvent la part trop belle aux candidats ou formations politiques se réclamant de ce qui est convenu d'appeler par *« la majorité présidentielle »*. Le Conseil supérieur de la liberté de communication semble inefficace pour réguler cette surreprésentation de la majorité présidentielle dans les médias publics, bien souvent accentuée par la prolifération d'associations circonstancielles de soutien aux relents parfois clientélistes.

L'argument souvent avancé par les médias publics pour justifier cette iniquité serait que les partis et formations politiques de l'opposition ne se bousculent guère au portillon pour formuler des offres ou déclineraient les invitations qui leur seraient adressées pour se faire entendre. Mais, ces arguties, au demeurant facétieuses, ne peuvent guère exempter le CSLC de jouer pleinement son rôle en termes d'équité, en rétablissant un juste équilibre dans l'accès, de tous les partis, les associations et formations politiques, à la couverture médiatique de l'espace audiovisuel public en période électorale. Il sortirait ainsi de la passivité dont on l'accuse à tort ou à raison.

C). Quelques réserves sur le pouvoir de sanction du CSLC.

La mise en œuvre des prérogatives du Conseil supérieur de la liberté de communication en matière de sanctions suscite quelques réserves non seulement au regard de leur sévérité, mais aussi de l'opportunité et du pouvoir d'appréciation de la faute.

I). L'appréciation du comportement fautif par le CSLC.

Nous savons que le CSLC est une autorité administrative indépendante. A ce titre, il dispose d'un pouvoir coercitif pour sanctionner les comportements fautifs au regard des obligations légales et réglementaires auxquelles les professionnels des médias sont soumis. Cependant, le pouvoir d'infliger des sanctions administratives ou financières doit s'exercer dans le cadre des normes qui l'encadrent ainsi que des exigences constitutionnelles. Cela, sous la surveillance du juge administratif, qui en contrôle la légalité. S'agissant du CSLC, le régime juridique de son pouvoir de répression administrative est loin d'être parfait.

Certes, la loi organique du 18 janvier 2003, déterminant les missions, l'organisation et le fonctionnement du Conseil supérieur de la liberté de la communication, énumère dans ses articles 7 et 8 la nature des sanctions susceptibles d'être prononcées (retrait des fréquences radio et télévision, retrait de la carte d'identité professionnelle, suspension ou arrêt d'un programme audiovisuel ou d'une publication non conforme aux dispositions du cahier de charges, sanctions financières). Aucune disposition législative ne définit, sauf erreur de notre part, les règles de la procédure administrative punitive que le CSLC serait tenu de suivre. Il convient, toutefois, de préciser que le régime des sanctions administratives du CSLC ne peut pas être confondu avec celui de la répression pénale qui est régi par le titre XI (articles 187 à 242) de la loi n° 8-2001 du 12 novembre 2001 sur la liberté de l'information et de la Communication. Même si le CSLC peut se prévaloir de la commission des infractions qui y sont définies pour infliger des sanctions administratives. Tout porte à croire que le CSLC semble disposer d'un pouvoir souverain d'appréciation aussi bien du fait ou du comportement fautif, de la procédure à mettre en œuvre que de la sanction à prononcer.

Ce pouvoir *« discrétionnaire »* peut être une source d'excès et d'abus. La décision rendue par le CSLC du 07 mai 2010, concernant le Président français N. SARKOZY (contre le Journal *« Le CHOC »*) est illustrative d'un excès de pouvoir.

Le CSLC, s'étant autosaisi[288], a considéré que les articles du journal *« Le CHOC »,* intitulés : *« La liberté de la presse en France » ; voici comment la presse française traite le Président français : SARKOZY a perdu son sexe ! » et « Le drapeau français utilisé comme papier toilette »,* ne présentent aucun intérêt général, ni particulier de promotion culturelle, sociale, économique, scientifique ou de loisir. Ils constituent, selon lui, une atteinte aussi bien à l'honneur et à la dignité de la personne qu'aux bonnes mœurs. Le CSLC rejette l'argumentation du journal *« Le CHOC »* selon laquelle, il s'agit d'une reproduction d'un article du journal français *« Le Monde ».*

Ce moyen fondé sur un élément d'extranéité n'a pas convaincu l'organe de régulation et de répression des médias congolais. Cela quand bien même que ces publications imputées au journal français n'auraient pas donné lieu à des poursuites judiciaires en France. Bien au contraire, le CSLC a considéré,

---

[288] Le CSLC s'était autosaisi en vertu des dispositions de l'article 7 dernier alinéa de la loi organique du 18 janvier 2003 et l'article 203 loi du 12 novembre 2001 sur la liberté de l'information de la communication, réprimant l'offense commise publiquement envers un chef d'Etat étranger, les membres gouvernements étrangers (Titre XI, chapitre IV : délit contre les chefs d'Etat et les agents diplomatiques étrangers).

dans la motivation de sa décision, que *« le journal français ''Le Monde'' se définit comme ''un satirique de Désinformation'' (...) La législation congolaise interdit la publication par quelques moyens que ce soit de fausses nouvelles, des pièces fabriquées, falsifiées ou mensongères attribuées aux tiers, d'imputations diffamatoires, faites de mauvaise foi, susceptibles de troubler la paix publique de nuire à la nation ou d'ébranler le moral de la nation »*[289].

Qu'à cela ne tienne, la diffusion incriminée aura valu au journal *''Le Choc''* une suspension de publication sous toutes les formes pour une durée de trois (3) mois.

Au-delà du fait d'être à la fois stupéfiante et sarcastique sur la ligne éditoriale du journal français *« Le Monde »*[290], cette motivation interpelle sur le fond ; relativement à la question de savoir en quoi la reproduction de ces éléments d'extranéité serait attentatoire à l'ordre public, à la paix publique, à l'intérêt de la nation ou à la morale de la nation si elle ne l'est pas dans le pays d'origine ?

Sauf à considérer qu'il faille bien lire entre les lignes pour déceler l'intention inavouée de l'auteur de la publication incriminée et lui accoler un caractère subversif ou séditieux. On commettrait là une erreur dirimante. Car, une démarche suspicieuse, sur fond de procès d'intention, est en soi attentatoire à la liberté d'expression et à celle de la presse.

Accréditer une telle démarche viendrait à redéfinir les prérogatives du Conseil supérieur de la liberté de communication, en opérant un glissement du pouvoir de sanctions administratives vers un pouvoir de police administrative spéciale voire une police de la presse et des médias. L'on sait que dans le premier cas, il s'agit de réprimer un comportement jugé fautif ; de punir toute personne physique ou morale ayant enfreint la loi. Dans le second cas, s'agissant d'une mesure de police administrative, il est question d'agir par anticipation, à titre préventif pour éviter ou empêcher tout trouble à l'ordre public ou à un intérêt public protégé par la loi[291].

On tout état de cause, la mise en œuvre des prérogatives répressives du CSLC devrait s'accompagner du respect des principes et exigences constitutionnelles en termes de garantie des droits de la défense, de la publicité des débats ou de la procédure, de l'impartialité, de la motivation, de la légalité des délits et des peines, de la nécessité, de la proportionnalité et du non-cumul des sanctions, du contradictoire, etc.

---

[289] Délibération n°001/CSLC/CM/ sur les articles intitulés *« Liberté de la presse en France ! Voici comment la presse française traite le Président français : SARKOZY a perdu son sexe ! »* et *« Le drapeau français utilisé comme papier toilette »*, du Journal Le Choc, JO. 27 mai 2010, pp. 439-441.

[290] *Fondé en 1944 (18 décembre 1944), le Journal le Monde est souvent présenté comme un quotidien de Centre gauche. Il revendique un électorat majoritairement de gauche (Cf. Wikipédia, Le Monde, https://fr.wikipedia.org/wiki/Le_Monde).*

[291] *Cf. Le cas français, Conseil d'Etat, « Les pouvoirs de l'administration dans le domaine des sanctions », Rapport, 1995, la Documentation française (éditeur), 1995, 197 p.*

II). Un sentiment de défiance partagé par une partie de la doctrine congolaise.

La défiance étant la mère de sûreté, une partie de la doctrine congolaise se montre assez incisive vis-à-vis du Conseil supérieur de la liberté de communication (CSLC) ; une institution censée réguler et garantir la liberté de la presse, de la communication et des médias dans l'ensemble.

Pour un auteur comme R. Yenga, cette institution se serait en quelque sorte dévoyée de sa mission de garant de l'exercice de la liberté de l'information et de la communication tout en la régulant, en se transformant très vite en *« véritable fossoyeur de la liberté de la presse »*. Il dénonce une sévérité excessive des suspensions de la parution des journaux, très souvent dénouées du moindre fondement légal[292].

Pour sa part, V. R. Manangou fait observer, dans une analyse pertinente des principes constitutionnellement consacrés (mais dévoyés dans la pratique, faute d'effectivité au Congo), une forme d'instrumentalisation législative et réglementaire s'agissant de la liberté de la presse. La presse serait instrumentalisée par le pouvoir politique, notamment le pouvoir exécutif.

Cet auteur reconnait le caractère indispensable d'une institution comme le CSLC dans une démocratie. Cependant, il déplore la révélation de sa vraie nature à travers sa composition et son fonctionnement ; en ce qu'il apparaît comme un allié objectif du pouvoir, mutant de régulateur en censeur au service du pouvoir politique. Certes, l'auteur reconnait ne pas épargner ni prétendre justifier certaines dérives de la presse. Mais il considère, après examen de quelques décisions rendues par le CSLC, que sa censure est excessive[293].

L'impression qui s'en dégage est qu'on assiste à l'évanescence de la fonction de régulatrice qui est censée animer le Conseil supérieur de la liberté de communication, et caractériser son indépendance. Le risque est de voir cette institution perdre son prestige, se transformer, non pas en protecteur du *« 4ème pouvoir »* contre les assauts des pouvoirs traditionnels de l'Etat, ranger ou retourner son glaive pour devenir la bouche qui prononce les paroles du pouvoir exécutif[294], la bouche du pouvoir politique suprême.

---

[292] Ainsi résume-t-il la situation de la presse dans son ouvrage, *« Le Crépuscule de la liberté de la presse au Congo-Barzzaville »* (R. Yenga), éd. Edilivre, Paris, 2014.

[293] Cf. V. R. Manangou, *« Droit et libertés fondamentaux en République du Congo : Analyse d'une consécration constitutionnelle sans effectivité pratique », op. cit. pp 10 et suiv.*

[294] Nous paraphrasons ici Montesquieu, quand il parle des juges comme étant *« la* bouche de la loi », *« ... les juges de la nation ne sont, comme nous avons dit, que la bouche qui prononce les paroles de la loi ; des êtres inanimés, qui n'en peuvent modérer ni la force ni la rigueur. C'est donc la partie du corps législatif, que nous venons de dire être, dans une autre occasion, un tribunal nécessaire, qui l'est encore dans celle-ci ; c'est à son autorité suprême à modérer la loi, en faveur de la loi même, en prononçant moins rigoureusement qu'elle... »*, Esprit des Lois, LIV. XI. CHAP. VI., P.327.

III). La presse incarne-t-elle un IVème pouvoir au Congo ?

Le IVème pouvoir évoque, d'emblée, la presse ou les médias, constituant, quel que soit le support, l'ensemble de moyens de diffusion de l'information au public. La notion de 4ème pouvoir émane de l'anglais Edmund Burke qui qualifiait ainsi la presse dans sa critique de la révolution française en 1790[295].

Du point de vue de la pensée politique stricto sensu, c'est sans doute à Alexis de Tocqueville que l'on doit la noblesse de son expression en ce qu'il complète la classique séparation triptyque des pouvoirs de Montesquieu (exécutif, législatif et judiciaire), par un 4ème pouvoir représenté par la presse, dans sa contemplation de la société américaine à travers les rapports de force institutionnels[296].

L'écrivain, dramaturge et journaliste Honoré de Balzac, n'était pas en reste. Puisque, critiquant la presse dans sa chronique de la revue parisienne du 25 août 1840, il la qualifiait aussi de *« quatrième pouvoir dans l'Etat »*[297].

Mais, l'idée que la presse serait un 4ème pouvoir réside dans le fait qu'elle s'érige en contre-pouvoir par rapport aux trois pouvoirs classiques constitués, compte tenu de l'influence qu'elle exerce sur eux et sur l'opinion publique[298]. Mais il ne s'agit pas d'un pouvoir formellement constitué comme le sont les trois autres dans la théorie de Montesquieu. Il doit cependant sa légitimité à travers la garantie que lui confère le constituant au titre des libertés fondamentales. Il s'agit d'une part de la liberté d'expression qui, comme nous l'avons vu plus haut, consiste à exprimer librement ses idées et sa pensée dans le cadre de la loi et dans le respect des autres. Il s'agit ensuite de la liberté de la presse proprement dite qui, intimement liée à la liberté d'expression, consiste dans la diffusion de l'information au public ou en recueillant leurs avis ou leurs opinions, également de la cadre de la loi. La liberté d'expression et la liberté de la presse sont des éléments consubstantiels au bon fonctionnement des institutions, de l'exercice du pouvoir politique voire de la démocratie.

---

[295] Cf. E. Burke, *« Réflexions on the revolution in France »*, London, J. Dodsley, 1790 (P. Andler, *« Réflexions sur la révolution de France »*, Les belles lettres, Le Goût des idées hors série, Paris, 2016) ; Th. Ferenczi, *« Le Journalisme »* Paris, PUF (Que Sais-Je), 2007, p.3 ; F. Balle, *« Les médias »*, Paris, PUF (Que Sais-Je ?), 2014, pp.94-98.

[296] Cf. A. de Tocqueville, *« De la démocratie en Amérique »*, T2, Paris, Pagnerre (12ème éditeur), 1848.

[297] *« La presse est en France un quatrième pouvoir dans l'Etat : elle attaque tout et personne ne l'attaque. Elle blâme à tort et à travers, elle prétend que les hommes politiques et littéraires lui appartiennent et ne veut pas qu'il y ait réciprocité. Ses hommes à elle doivent être sacrés. Ils font et disent des sottises effroyables, c'est leur droit ! Il est bien temps de discuter ces hommes inconnus et médiocres qui tiennent tant de place dans leur temps, et qui font mouvoir une presse, égale en production, à la presse des livres »*, H. de Balzac, « Chronique de la presse », La Revue parisienne, 28 août 1840, p. 243.

[298] Cf. D. Kessler, *« Les médias sont-ils un pouvoir »* ?, in revue Pouvoir, 2012/4 (n°143), pp.105-112

Parlant des effets de la liberté de la presse ou du pouvoir de la presse dans le monde politique, Alexis de Tocqueville écrit, *« la liberté de la presse ne fait pas seulement sentir son pouvoir sur les opinions politiques, mais encore sur toutes les opinions des hommes. Elle ne modifie pas seulement les lois, mais les mœurs »*[299].

Aussi considère-t-il que, *« Chez certaines nations qui se prétendent libres, chacun des agents du pouvoir peut impunément violer la loi sans que la constitution du pays ne donne aux opprimés le droit de se plaindre devant la justice. Chez ces peuples, il ne faut plus considérer l'indépendance de la presse comme l'une des garanties, mais comme la seule garantie qui reste de la liberté et de la sécurité des citoyens (...). Si donc les hommes qui gouvernent ces nations parlaient d'enlever son indépendance à la presse, le peuple entier pourrait leur répondre : laissez-nous poursuivre vos crimes devant les juges ordinaires, et peut être que nous consentirons alors à ne point en appeler au tribunal de l'opinion »*[300].

Le pouvoir de la presse et des médias peut être diversement apprécié selon les époques, les régimes, voire l'environnement dans lequel on se trouve. Témoin de l'histoire, les relations que la presse entretient avec le monde politique sont tantôt faites de connivence, tantôt empreinte d'hostilités, tantôt obnubilées par la tempérance. La presse peut être la voix des sans voix.

Dans le cas du Congo, le pouvoir de la presse a évolué au gré des régimes, des situations sociopolitiques et institutionnelles qui ont caractérisé son histoire ; que les auteurs conviennent de classer en trois périodes.

La première période est celle d'une presse qui fait écho, comme partout en Afrique après la deuxième guerre mondiale, au mouvement de décolonisation en l'accompagnant jusqu'aux premières années de l'indépendance. C'est une presse très enthousiaste, euphorique, patriotique et revendicative. Une presse à l'unisson avec les dirigeants et les pouvoirs publics naissants pour bâtir une nation et s'atteler au développement économique et social d'un pays juste sorti du joug colonial[301]. Cette presse-là exerce un pouvoir de connivence avec le monde politique, elle est par excellence engagée et collaborative.

---

[299] Cf. A. de Tocqueville, *« De la démocratie en Amérique »*, op. cit. (Tome II, 2ème partie, chap. 3, pp.14-28).

[300] *Idem.*

[301] Cf. G.A. Diamouangana, *« Vie et mort des médias au Congo-Brazzaville (1989-2006) : contribution de la Semaine africaine à l'émergence d'un espace public »*, Thèse, Université, Bordeaux 3, 2013. Cet auteur souligne la pénétration de la presse en Afrique, comme un produit importé de l'Europe de la fin du XVIII siècle au début du XIX dans le cadre du mouvement d'évangélisation du continent noir, puis accompagner la colonisation ; une presse bien loin des populations autochtones. Par ailleurs, l'émergence d'une presse privée indigène fut très limitée en raison du faible niveau d'instruction et de l'élite, avant de prend un essor après guerre dans le cadre du mouvement de décolonisation. Il s'agit selon P. Minkala-Ntadi, « d'*une presse de propagande politique* », *Cf. « La presse congolaise dans la tourmente politique : l'illustration d'une tension entre liberté d'expression et responsabilité sociale », Quaderni, 77/2012, pp.113-120.*

La deuxième période, sans doute plus longue que la précédente (mis à part l'époque de la domination coloniale), va de 1963 à la fin des années 80. Elle est celle d'une presse bien inféodée au pouvoir d'Etat. C'est un des leviers du pouvoir politique. Elle est *''la bouche''* du Parti unique, Parti-Etat. Dans un contexte bipolaire marqué par la division entre le bloc communiste et le bloc capitaliste, les médias dont l'Etat détenait le monopole furent des instruments privilégiés de la propagande du parti unique. Ils devaient jouer un rôle très actif dans la conscientisation et la galvanisation des masses populaires afin de pérenniser les idéaux de la révolution socialiste contre toute velléité subversive de ses ennemis avérés ou supposés et à la solde des impérialistes.

Dès lors, tous les pouvoirs émanant du peuple, à travers le parti unique, en l'occurrence le Parti congolais du travail (PCT), il n'y a donc pas de place pour un 4ème pouvoir qui viendrait concurrencer les organes du parti et du pouvoir d'Etat. Ce dernier ne devait qu'appliquer la ligne directrice décidée par le parti unique. Le journal *« Etumba » (Combat ou lutte en lingala)* fut officiellement estampillé organe de presse du parti, donc un relais de l'opinion du parti et de l'Etat. Le quotidien *« Mweti »* (*étoile*) ne pouvait que relayer les informations du gouvernement largement influencées par la ligne du parti, tout comme l'Agence congolaise de l'information (ACI). La seule radio portait un nom à lui seul très évocateur du régime médiatique de l'époque, *« La Voix de la Révolution congolaise ».* Sans oublier la seule Télévision du pays qui ne pouvait pas non plus avoir une autre ligne éditoriale que celle des idéaux du parti et de l'Etat.

On ne peut pas parler de liberté de la presse ou d'une presse libre nonobstant la survivance de « *La Semaine africaine* », seul journal privé (créé en 1952), de surcroit catholique dans un Etat où le marxisme-léninisme fut la seule idéologie. Il devait s'autocensurer ou soumettre ses livraisons à la commission de censure[302]. Dans cet espace médiatique quasi monolithique, l'existence d'un 4ème pouvoir faisant office de contre-pouvoir est foncièrement antinomique. Donc, une incongruité.

La troisième époque est celle de la libéralisation et du pluralisme de la presse depuis le début des années 90. Elle correspond au retour du multipartisme, du pluralisme politique. Elle connaîtra un début très euphorique avec une floraison des titres parfois d'inégales qualités ; dont la plupart, confrontés à la réalité, vont disparaître de l'espace médiatique[303]. La

---

[302] Cf. G.A. Diamouangane, *« Vie et mort des médias au Congo-Brazzaville (1989-2006)... op. cit.pp. 82 et suiv ;* P. Minkala-Ntadi, *« La presse congolaise dans la tourmente politique... » .op. cit. §3-6.*

[303] On pouvait compter près de 95 titres dans les années quatre-vingt-dix. Ce nombre a décru pour des raisons économiques ou sur décision des autorités ; il serait d'une trentaine ou quarantaine ; une trentaine de chaines de télévision dont une chaine nationale, près de quatre-vingt-dix stations de radios. Cf. E. Gampaka, *« Congo-Brazzaville : Liberté de la presse, un environnement hostile »,* in Africa Info, https :www.adrica-info.org/société/813-congo-barazzaville ; P. Sony-Benga, *"L'environnement médiatique au Congo-Brazzaville* (TV-Radio) », https://www.balancingact-africa.com/news/broadcast-fr/32567; P. Minkala-Ntadi, «La presse congolaise dans la tourmente politique... », op. cit., §7.

réaffirmation de la liberté d'expression et de son corolaire, la liberté de la presse, vont permettre aux médias de s'affirmer pleinement comme un 4ème pouvoir, face aux grands pouvoirs classiques. Il faut rappeler que les mutations qui se sont produites au plan international, ensuite de la chute du mur de Berlin et du délitement de l'empire soviétique y sont pour beaucoup[304].

Au plan continental, la déclaration de Windhoek (Namibie) du 03 mai 1991 sur la promotion d'une presse libre, indépendante et pluraliste aura un impact significatif en plan interne[305], en tant qu'elle assure l'épanouissement de la démocratie et le développement économique[306].

Cependant, les relations entre la presse et le monde politique étant faites de turbulence, l'expression véritable d'un IVème pouvoir est souvent mise à mal par la réminiscence, dans une partie de la classe politique, des vieux réflexes de la pensée monolithique réfractaire à toute voix dissonante. C'est parce que la presse forge l'opinion publique, l'influence ou la fabrique, que le politique s'obsède à la dompter, à la contrôler pour asseoir son pouvoir. Il n'y a donc pas, dans cette configuration, de place pour l'apostat.

Enfin, la presse congolaise pâtit aussi d'une réputation qui fragilise l'émergence du IVème pouvoir qu'elle est censée incarner. Non pas en tant que, pour emprunter l'expression de Gustave Flaubert, *« la presse est une école d'abrutissement, parce qu'elle dispense de penser »*[307], mais en ce qu'elle souffre d'un défaut de moyens pour affermir son pouvoir. Il en est ainsi du statut social du journaliste, parfois peu ou mal formé, mal rémunéré, enclin au clientélisme et aux accointances avec des milieux politiques et

---

304 L. Bemba, « Médias et pouvoir politique au Congo-Brazzaville, des origines à nos jours », L'harmattan, 2014 ; R. de la Brosse, « Quelques pistes de réflexion sur la liberté des médias dans les transitions démocratiques », Les cahiers du journalisme, n°10, printemps-été 2002 ; R. de la Brosse, « Le rôle de la presse écrite dans la transition démocratique an Afrique », Th. Univ. Bordeaux 3, sciences de l'information, 1999 ; p.228 ; Ch. Girard, « De la presse en démocratie. La révolution médiatique et le débat public », La vie des idées, 11 octobre 2011, http://www.laviedesidées.fr/De-la-presse-en-democratie.html; D. Bougnoux « Médias et démocratie La fonction des médias dans la démocratie », « Information, médias et internet »Revue-Cahiers Français n° 338, Mai-Juin 2007.

305 Cf. F. Sogni Zaou, « La liberté de la presse au Congo-Brazzaville », L'Harmattan, 2014.

306 Cette déclaration souligne entre autres que, *« 1. Conformément à l'esprit de l'article 19 de la Déclaration universelle des droits de l'homme, la création, le maintien et le renforcement d'une presse indépendante, pluraliste et libre sont indispensables au progrès et à la préservation de la démocratie dans un pays, ainsi qu'au développement économique; 2. Par presse indépendante doit s'entendre une presse sur laquelle le pouvoir public n'exerce ni emprise politique ou économique ni contrôle du matériel et des équipements nécessaires à la production et à la diffusion de journaux, magazines et périodiques; 3. Par presse pluraliste doit s'entendre la suppression des monopoles de tous genres et l'existence du plus grand nombre possible de journaux, magazines et périodiques reflétant l'éventail le plus large possible des points de vue de la communauté; 4. L'évolution actuelle d'un nombre croissant de pays africains vers la démocratie fondée sur le multipartisme est hautement appréciée et crée un climat favorable à l'éclosion d'une presse indépendante et pluraliste; 5. Le mouvement qui se dessine dans le monde entier vers plus de démocratie, de liberté d'information et d'expression est une contribution fondamentale à la réalisation des aspirations de l'humanité… »,*
http://www.un.org/fr/events/pressfreedomday/declaration.shtml.

307 *Dans, « Lettre à George Sand », 8 septembre 1871, Pléiade IV, p. 376.*

économiques incompatibles avec les exigences déontologiques[308]. Mis à part les médias publics, le manque de moyens des organes ou entreprises de presse privée contribue à la précarisation et la paupérisation de la profession. Il est source du mépris et de la condescendance de la part du politique[309]. Face à la faiblesse du tissu économique national, le recours à l'Etat s'avère indispensable d'autant plus qu'aux termes des dispositions de l'article 8 de la loi du 12 novembre 2001 sur la liberté de l'information et de la communication, *« les entreprises d'information et communication publiques et privées peuvent bénéficier de l'assistance soit directe, soit indirecte de l'Etat ».*

Mais l'aide de l'Etat, quelles qu'en soient la nature et les modalités de redistribution, a un effet pervers. Elle peut inciter à l'autocensure, accroître le mercantilisme et surtout la dépendance institutionnelle du pouvoir médiatique, incarné par la presse, vis-à-vis du pouvoir politique, des pouvoirs constitués[310]. Face à toutes ces pesanteurs, l'effectivité d'un IVème pouvoir au Congo ne peut qu'être chimérique. La presse devrait donc s'appuyer sur les nouveaux médias de masse générés par les nouvelles technologies de l'information et de la communication, lorsqu'ils ne sont pas à leur tour sous aiguillon.

---

308 L'article 9 de la loi du 12 janvier 2001 sur la liberté de l'information et de la communication interdit aux entreprises de presse privée de recevoir toute aide en numéraire, en nature ou en industrie de la part d'un parti politique. Elles ne peuvent pas non plus recevoir directement ou indirectement l'aide d'un Etat étranger en dehors des accords diplomatiques entretenus par le Congo. Tout ça pour garantir ce qu'il convient d'appeler par l'indépendance de la presse !!!

309 D'ailleurs, J.C. Ngakosso, alors ministre de la culture et des arts, écrit, *« Les journalistes congolais n'ont pas bonne presse des pouvoirs politiques. Trop d'hommes de pouvoir déconsidèrent le journaliste et méprisent ses droits. Ils ne voient en lui qu'un nécessiteux prêt à monnayer son honneur et sa dignité contre les billets de banque »*, in, « *La nouvelle presse congolaise : du goulag à l'agora*, Paris, Montréal, L'Harmattan, coll. « Études africaines », 1997, 123 p.

310 *Dans cette optique on peut utilement consulter, H. Maler, « La critique des médias et ses enjeux démocratiques », in Médias, mensonge et démocratie », Presse Universitaire de Rennes, février 2005, pp.173-180 ;* http://www.acrimed.org/La-critique-des-medias-et-ses-enjeux-democratiques; *Ch. Mounzeo, «Améliorer l'environnement économique et social des médias, pour assurer leur indépendance et leur liberté effectives», La Semaine africaine, http://www.lasemaineafricaine.net/index.php/societe/765-journee-mondiale-de-la-liberte-de-la-presse-lameliorer-lenvironnement-economique-et-social, Publié le samedi 7 mai 2011.*

Titre 3 : la commission nationale des droits de l'homme.

La constitution du 25 octobre 2015 institue, dans son titre XVI (articles 214 à 216), une Commission nationale des droits de l'homme (CNDH). Elle reprend à l'identique les dispositions du titre XIV (articles 167 à 169) de la constitution du 20 janvier 2002. Institution nationale de la promotion et la protection des droits de l'homme, cette Commission s'inscrit dans le droit fil des instruments juridiques ratifiés par le Congo tant au niveau des Nations-Unies[311] qu'au plan africain[312], qui font partie intégrante du corpus constitutionnel, comme le réaffirme le préambule de la constitution de 2015.

Nous identifierons et examinerons, dans le cadre des développements qui vont suivre, son organisation, sa composition, ses attributions et son fonctionnement. Comme cela résulte aussi bien de la constitution que de la

[311] Sur le plan international, la protection des droits de l'homme est une des préoccupations des Nations-Unies depuis sa création. Telle qu'elle s'est exprimée dans la charte, puis par le Conseil économique et social en 1946, dans la déclaration universelle des droits de l'homme du Le 10 décembre 1948, le pacte international des droits économiques, sociaux et culturels et celui des droits civils et politiques du 16 décembre 1966. Après une longue période d'incitation des Etats à prendre des mesures appropriées pour la création des institutions nationales de défense des droits de l'homme (INDH), la Commission des droits de l'homme de l'ONU approuvait, dans sa résolution n°1992/54 du 03 mars 1992 les principes relatifs au statut de telles institutions, communément appelés « Principes de ¨Paris ». Ces principes seront ensuite approuvés par l'Assemblée générale de l'ONU dans sa résolution n°48/134 du 20 décembre 1993. Il n'est pas inutile de souligner que la conférence mondiale sur les droits de l'homme, tenue à Vienne (Autriche) du 14 au 25 juin 1993, aura joué un rôle actif sur la promotion des droits de l'homme en ce sens que les INDH qui se conformeraient aux principes de Paris devraient se voir accorder un statut d'accréditation et être reconnues comme acteurs important de la promotion et la protection des droits de l'homme. Cf. Haut-commissariat des Nations-unies aux droits de l'homme, *« Institutions nationales pour les droits de l'homme : historique, principe, fonctions et attribution »,* éd. Nations-Unies, New York/Genève, 2010, pp.8 et suiv.

[312] Sur le plan continental, outre son préambule, la charte africaine des droits de l'homme et des peuples stipule en son article 26 que « Les Etats parties à la présente Charte ont le devoir de garantir l'indépendance des Tribunaux et de permettre l'établissement et le perfectionnement d'institutions nationales appropriées chargées de la promotion et de la protection des droits et libertés garantis par la présente Charte ». Rappelons que le Plan d'action de Maurice (1996-2001) prévoyait, dans le cadre de ses activités, l'organisation d'ateliers sur les INDH. De la même manière, le séminaire des Ambassadeurs africains auprès de l'OUA des 8 et 9 septembre 1996 à Addis-Abeba (Ethiopie) reconnaissait le rôle primordial des INDH en exhortant les gouvernements à leur apporter leur soutien. A l'issue de la première Conférence des INDH qui eut lieu du 05 au 07 février 1996 à Yaoundé (Cameroun), les participants se félicitaient de la mise en place de nouvelles institutions nationales, tout en espérant un statut représentatif approprié auprès de la Commission africaine des droits de l'homme et des peuples. Partenaires indispensables dans la mise en œuvre de la Charte africaine des droits de l'homme et des peuples, les INDH ont vu leur statut défini et précisé par des résolutions de la Commission africaine des droits de l'Homme et des peuples : Résolution sur le statut des INDH auprès de la CADHP, adoptée lors de la 24ème session ordinaire de Banjul (Gambie) du 22 au 31 octobre 1998 ; Résolution sur l'octroi du statut d'affilié aux INDH et aux institutions spécialisées dans la défense des droits de l'homme en Afrique (résolution CADHP/Res.370 (LX) du 22 mai 2017, Niamey (Niger).

loi n° 30-2018 du 07 août 2018 portant attribution, organisation et fonctionnement de la Commission nationale des droits de l'homme (elle abroge la précédente loi n° 5-2003 du 18 janvier 2003)[313].

Section 1 : L'identification, la composition et l'organisation de la CNDH.

La nature et la structuration de la Commission nationale des droits de l'homme sont définies par les dispositions constitutionnelles et législatives conformément aux normes conventionnelles édictées au plan international et continental que nous venons de rappeler en filigrane.

§ 1 : L'identification et le régime juridique de la CNDH.

L'identification et le régime juridique de la Commission nationale de droits de l'homme conduisent à en examiner la nature et les règles applicables à cette institution.

A). La nature juridique de la CNDH.

La Commission nationale des droits de l'homme est un organe de suivi, de la promotion et de la protection des droits de l'homme, comme l'a défini l'article 215 de la constitution. C'est une institution nationale des droits de l'homme au sens du droit international, relativement à cette matière. L'article 1er de la loi n° 5-2003 du 18 janvier 2003, qui lui était consacrée, la qualifiait d'organe *« ...constitutionnel de suivi, de la promotion et de la protection des droits de l'homme »*. La nouvelle loi du 07 août 2018 ne repend plus la qualification d'organe constitutionnel, dans son article 1er, mais seulement celle d'organe de suivi de la promotion et de la protection des droits de l'homme[314]. Il la définit, dans le domaine des droits de l'homme, comme un espace de consultation, de dialogue entre les citoyens, les pouvoirs publics et la société civile.

---

[313] Loi n° 30-2018 du 7 août 2018 portant attributions, organisation et fonctionnement de la Commission nationale des droits de l'homme. JO. n°33 du 16 août 2018, p. 1046. Comme nous l'avons vu plus haut, la Cour constitutionnelle avait jugé irrégulière sa saisine aux fins d'un avis de conformité avant la promulgation de cette loi, au motif qu'il ne s'agit pas d'une loi organique et que l'article 35 alinéa 1er de la loi n°1-2003 du 17 janvier 20O3 portant organisation et fonctionnement de la Cour constitutionnelle ne compte pas le Secrétaire général du gouvernement au nombre des autorités habilitées à saisir la Cour constitutionnelle à cette fin. Cf. Avis n° 007-ACC-SVC/18 du 12 juillet 2018 sur la conformité à la Constitution de la loi portant attributions, organisation et fonctionnement de la commission nationale des droits de l'homme.

[314] Cependant, la qualification d'organe constitutionnel par le législateur ne permettait pas de hisser la CNDH au rang d'un pouvoir constitutionnel au même titre que les pouvoirs exécutif, législatif et judiciaire.

Comme toute institution nationale des droits de l'homme (INDH), la CNDH de l'homme est un organe de l'Etat, doté d'un mandat constitutionnel de promotion et de protection des droits de l'homme. Comme nous venons de le voir, la loi du 07 août 2018 précise dans son article 1er alinéa 2 qu'elle constitue, dans le domaine des droits de l'homme, un espace de consultation, de dialogue entre les citoyens, les pouvoirs publics et la société civile. Elle est, aux termes des dispositions de l'article 2 de la loi, une institution indépendante. Elle est indépendante des pouvoirs d'Etat, bien qu'elle soit financée principalement par le budget de l'Etat. D'ailleurs, l'article 3 de la loi du 07 août 2018 dispose que les pouvoirs publics sont tenus d'accorder à la Commission nationale des droits de l'homme l'aide et l'assistance nécessaire dans l'accomplissement de ses missions.

Institution nationale, la Commission nationale des droits de l'homme ne doit pas être confondue avec les organisations non gouvernementales (ONG) de défense des droits de l'homme, qui fleurissent de plus en plus au plan international et national. C'est le cas, par exemple, de l'Observatoire congolais des droits de l'homme. Bien qu'étant indépendante de l'Etat, la CNDH n'en demeure pas moins une structure de celui-ci. Pèse sur une institution nationale de promotion et de protection des droits de l'homme, comme la CNDH, un devoir de neutralité dans ses investigations ; alors qu'une ONG est fortement animée par un parti pris.

Enfin, sur le plan formel, la dénomination importe peu pour conférer à l'organisme la nature d'une institution nationale de droits de l'homme. Pourvu qu'il s'agisse d'une entité créée par l'Etat. Libre à lui de la dénommer *''Commission'', ''Comité'', ''médiateur'' ou ''Conseil'',* auquel il confie la mission de promouvoir et de protéger les droits de l'homme.

B). Le cadre et le régime juridique de la CNDH.

Le cadre et le régime juridique permettent de déterminer le niveau de consécration et de pertinence d'une institution nationale de promotion et de protection des droits de l'homme.

I). La liberté de choix du cadre juridique.

Les instruments internationaux pertinents, notamment les résolutions de la Commission africaine des droits de l'homme et des peuples énoncent la liberté de chaque Etat de choisir le cadre juridique approprié pour créer une institution nationale des droits de l'homme, conformément à ses prérogatives souveraines[315]. Dans sa résolution du 4 mars 1994 (A/RES/48/134), l'Assemblée générale des Nations-Unies réaffirme l'importance de créer, conformément à la législation nationale, les institutions nationales efficaces

[315] Cf. Résolution CADPH/Rés.370 (LX) 2017 du 22 mai 2017 (paragraphe 3 du préambule).

pour la promotion et la protection des droits de l'homme ; tout en stipulant dans son paragraphe 12 *« qu'il appartient à chaque Etat de choisir le cadre le mieux approprié à ses besoins propres au niveau national »*. Il peut s'agir soit d'un cadre constitutionnel, soit d'un cadre législatif, soit d'un cadre réglementaire, comme cela est énoncé au paragraphe 2 des principes de Paris annexés à la résolution précitée de l'Assemblée générale des Nations unies du 4 mars 1994.

Le Congo a fait le choix d'un cadre juridique constitutionnel pour créer l'institution nationale des droits de l'homme (INDH), en l'occurrence la CNDH ; laissant au législateur le soin d'en définir les missions et les règles d'organisation et de fonctionnement. Il est constant qu'en tant qu'organisme public, les règles qui lui sont applicables ainsi qu'à son personnel sont celles de droit public et relèvent en principe de la compétence du juge administratif.

Enfin, la Commission nationale de droit de l'homme est accréditée au *''Statut B''*, de la classification du Comité international de coordination des institutions nationales pour la promotion et la protection des droits de l'homme (CIC). Le *''Statut B''* est le *''Statut d'observateur''* attribué aux institutions nationales dont la conformité avec les Principes de Paris est incomplète ou les renseignements fournis sont insuffisants. Cela, à la différence du *''Statut A''*, celui de la conformité aux Principes de Paris[316] .

II). Le régime juridique.

Le régime est un peu différent au niveau de la Commission africaine des droits de l'homme et des peuples (CADHP), qui prévoit le statut d'affilié ou d'observateur[317]. Il s'avère que, sauf erreur de notre part, la Commission nationale des droits de l'homme de la République du Congo n'a pas encore acquis le statut d'institution nationale affiliée auprès de la CADHP.

§ 2 : La composition de la CNDH.

Il convient d'abord de présenter les principes du pluralisme et de représentativité qui président à la composition des institutions nationales des droits de l'homme.

---

[316] Cf. *www.nanhri.org/wp-content/uploads/2016/04/CONGO-BRAZAVILLE.pdf.*

[317] L'article 67 du règlement intérieur de la Commission africaine des droits de l'homme et des peuples stipule que *« La Commission africaine peut octroyer le statut d'affilié aux institutions nationales des droits de l'homme créées par les États parties et fonctionnant conformément aux normes et standards internationaux et régionaux reconnus... »* Cela permet aux institutions qui remplissent les critères d'affiliation, définis par la résolution précitée du 22 mai 2017 (CADHP/Rés. 370 (LX) 2017) de participer activement aux sessions de la Commission et de prendre part aux votes des délibérations et résolutions. Les organismes qui n'en remplissent pas les conditions peuvent y être invités en qualité d'observateur. En principe, le statut d'affilié est octroyé à une seule institution nationale de droit de l'homme pour chaque Etat.

A). Le principe du pluralisme et la représentativité.

La résolution de la CADHP du 22 mai 2017, précisant les critères d'affiliation des institutions nationales de droit de l'homme, stipule qu'elles doivent être composées d'une diversité des membres représentatifs de la société. Elle s'inspire sur ce point de l'un des principes de Paris selon lequel, la composition des institutions nationales, qu'elle le soit par voie élective ou non, doit être établie selon une procédure qui présente toutes les garanties nécessaires pour assurer la représentation pluraliste des forces sociales (de la société civile).

Cela grâce à des pouvoirs permettant une coopération effective avec des représentants ou grâce à la présence de représentants des organisations non gouvernementales compétentes dans le domaine des droits de l'homme et de la lutte contre la discrimination raciale, des syndicats, des organisations socioprofessionnelles intéressées (juriste, médecins, journalistes, personnalités scientifiques...) ; des courants de pensée philosophiques et religieux ; d'universitaires et d'experts qualifiés ; de parlementaires ; des administrations (auquel cas, ces représentants ne participent aux délibérations qu'à titre consultatif)[318].

B). Les deux catégories de membres de la CNDH.

La loi du 07 août 2018 dispose en son article 6 que la Commission nationale des droits de l'homme est composée de soixante (60) membres.

Nonobstant la répartition des quotas, aucune précision sur les modalités concrètes de désignation de certaines catégories des membres ; bien qu'ils soient en définitive nommés par décret du Président de la République pour un mandat de trois ans renouvelable une fois. Rien n'est pas non plus précisé s'il s'agit d'un décret simple ou d'un décret en Conseil des ministres. Cependant, les critères généraux de choix sont, la nationalité congolaise, l'âge minimal de 25 ans, la jouissance des droits civiques et politiques, la compétence, l'expérience professionnelle, la moralité et l'intégrité. Il existe deux catégories de membres. Les membres avec voix délibérative et les membres avec voix consultative.

I). Les membres avec voix délibérative.

Cette catégorie de membres a l'avantage d'être inclusive en tant qu'elle est assez représentative de la diversité sociale, professionnelle et culturelle. Cela indépendamment des autorités ou organismes de désignation. C'est eux qui, par leur suffrage, détiennent le pouvoir décisionnel au sein de la CNDH.

[318] Cf. Résolution de l'Assemblée générale des Nation-unies, A/RES/48/134, du 4 mars 1994, Institutions nationales pour la promotion et protection des droits de l'homme (Annexe).

Cette catégorie est composée de : *trois personnalités choisies par le Président de la République ; une personnalité choisie par le Président de l'Assemblée nationale ; une personnalité choisie par le Président du Sénat ; une personnalité choisie par le Premier ministre Chef du gouvernement ; une personnalité choisie par le Médiateur de la République ; quatre personnalités de la société civile issues des organisations non gouvernementales (ONG) œuvrant dans le domaine des droits de l'homme ; trois personnalités issues des ONG œuvrant dans le domaine des droits de la femme ; quatre personnalités issues des ONG œuvrant dans le domaine des droits de l'enfant ; trois associations issues des organisations associatives juvéniles régulièrement reconstituées ; deux personnalités issues des milieux des peuples autochtones en raison d'une femme et d'un homme ; un représentant du ministère de la justice et des droits humains ; un représentant du ministère des postes, des télécommunications et de l'économie numérique ; un représentant du ministère en charge de l'éducation civique ; deux personnalités issues du pouvoir judiciaire ; deux personnalités issues de l'ordre des avocats ; deux personnalités issues de l'ordre des médecins ; deux personnalités issues du milieu universitaire ; deux personnalités issues des syndicats les plus représentatifs ; une personnalité issue du milieu de la presse privée ; une personnalité issue du milieu de la presse publique ; deux représentants des confessions religieuses ; deux personnalités issues des associations des personnes handicapées ; deux personnalités issues du monde économique ; deux personnalités issues du monde culturel*[319].

On peut observer qu'il n'existe aucune précision sur les secteurs ou les domaines dans lesquels le Président de la République, les Présidents des deux chambres parlementaires, le Premier ministre Chef du gouvernement et le Médiateur de la République peuvent choisir leurs candidats. Ces autorités disposent sur ce point d'un pouvoir discrétionnaire. On peut également déplorer le défaut de représentation des institutions royales et *''cheffières''* dont la proximité avec les populations, surtout rurales et paysannes, en fait des témoins privilégiés des questions de droits de l'homme. Enfin, on peut aussi déplorer la sous-représentation de certaines catégories comme les professionnels du droit (notamment les avocats) ou des médias qui sont acteurs en tant que défenseurs des droits de l'homme, lanceurs d'alertes, la voix des sans voix et, à ce titre, très exposés dans l'accomplissement de leur *''sacerdoce''*.

[319] Les 60 membres, ayant voix délibératives, sous l'empire de la constitution du 25 octobre *2015*, l'ont été par le décret n°2018-480 du 26 décembre 2018, JO n°3 du 17 janvier 2019, p.64.

II). Les membres avec voix consultative.

Ils ne participent pas au vote. Cette catégorie est constituée par les représentants de l'administration, notamment les membres du gouvernement plus ou moins concernés par les questions de droits de l'homme. Les modalités de leur choix ne sont pas précisées. Il s'agit de : *un représentant de la primature ; trois représentants des ministères à vocation sociale ; deux représentants des ministères à vocation économique ; un représentant du ministère en charge de la défense et de la sécurité ; un représentant du ministère chargé des relations extérieures ; un représentant du ministre chargé de la justice et des droits humains ; un représentant du ministère chargé de l'environnement ; un représentant du ministère de l'intérieur, chargé de l'administration du territoire et de la décentralisation ; un représentant du ministère chargé de la jeunesse ; un représentant du ministère chargé de la promotion des droits de la femme ; un représentant du haut-commissariat à l'instruction civique et à l'éducation morale.*

On peut ici déplorer le défaut de représentation des autorités déconcentrées et des autorités décentralisées (locales) dont les agissements peuvent dans un sens comme dans l'autre impacter les droits de l'homme. Elles sont, en raison du critère de proximité, parties prenantes dans la problématique de la promotion et la protection des droits de l'homme.

C). Le statut et la perte de la qualité de membres de la CNDH.

Les membres de la CNDH sont astreints à certaines obligations et jouissent d'un certain nombre d'avantages et privilèges attachés à leur qualité, qui garantissent l'indépendance de cette institution nationale de droit de l'homme.

I). L'immunité, la protection et les avantages financiers des membres de la CNDH.

En raison de leur immunité, telle qu'elle est définie par l'article 24 de la loi 07 août 2018, les membres de la CNDH ne peuvent pas être recherchés, ni poursuivis, détenus ou jugés pour les opinions et votes qu'ils émettent dans l'exercice de leurs fonctions. Cette immunité devrait également couvrir les biens et moyens matériels mis à la disposition de la CNDH pour son fonctionnement. Il s'agit d'une immunité contre les saisies, les perquisitions, les confiscations. Ils bénéficient de la même protection que le législateur garantit aux agents publics ou à tout dépositaire de l'autorité publique contre les menaces, l'outrage et les violences de la part de qui que ce soit.

Enfin, sur le plan financier, si les fonctions de membres de la CNDH sont gratuites, l'article 19 de la loi du 07 août 2018 prévoit qu'ils ont droit au remboursement de leurs frais de transport et à la perception d'une indemnité de session dont le taux et les conditions d'attribution sont fixées par décret en Conseil des ministres. Cependant, seuls les membres du bureau perçoivent une indemnité de fonction dont le montant est fixé par décret en Conseil des ministres. Les crédits nécessaires au fonctionnement de la commission nationale des droits de l'homme sont inscrits au budget de l'Etat. Ce montant est fixé à huit cents millions (800 000 000) de francs FCFA au titre de l'exercice 2019[320].

II). Les incompatibilités et obligations des membres de la CNDH.

Le régime des incompatibilités concerne plus particulièrement les membres du bureau de la CNDH. En effet, ils ne peuvent pas cumuler leurs fonctions de membres du bureau de cette institution nationale de droits de l'homme avec tout mandat électif, une fonction publique, un emploi public ou privé (cf. article 23 de la loi du 07 août 2018).

Cependant, ils peuvent, sans autorisation préalable, se livrer à toute activité agricole, scientifique, littéraire, artistique ou d'enseignement supérieur.

Par ailleurs, les membres de la CNDH sont astreints à un devoir de réserve. Il leur est interdit d'avoir des prises de position publiques ou privées sur les affaires dont la Commission est saisie ou aura été saisie. Le non-respect de cette obligation constitue une défaillance, voire un manquement répréhensible[321].

III). La fin du mandat et la perte de la qualité de membre de la CNDH.

En dehors de l'arrivée à terme du mandat de trois ans, la qualité de membre de la CNDH peut être perdue de deux façons. Elle peut l'être unilatéralement, par une démission claire et sans équivoque. Elle peut l'être dans le cadre d'une décision de révocation, sanctionnant la défaillance dont le membre se serait rendu responsable. En effet, aux termes des dispositions du dernier alinéa de l'article 9 de la loi du 07 août 2018, la défaillance peut consister dans un comportement susceptible de troubler l'ordre public ou contraire aux lois et règlements de la République, de manquement aux règles

---

[320] Arrêté n°368 du 15 janvier 2019 portant notification des crédits et autorisation d'exécution du budget de l'Etat, exercice 2019, au profit de la Commission nationale des droits de l'homme, JORC, n°5, 2019, p.127.

[321] Cf. article 25 de la loi du 07 août 2018.

disciplinaires édictées par le règlement intérieur de la Commission et aux principes fondamentaux, à savoir la sauvegarde et la consolidation de l'unité nationale et le respect du caractère laïc de l'Etat. Dans tous les cas, la défaillance d'un membre de la CNDH est constatée par l'Assemblée plénière.

Conformément aux Principes de Paris, le pluralisme de la composition de l'institution doit être garanti de telle sorte qu'il est pourvu au remplacement du membre démissionnaire ou révoqué selon le principe du parallélisme des formes. C'est-à-dire selon les mêmes modalités prévues pour son choix et sa désignation.

§ 3 : L'organisation de la CNDH.

Sur le plan purement structurel, la Commission nationale des droits de l'homme comprend trois organes et une instance technique de travail : l'Assemblée plénière, le Bureau, les Sous-commissions spécialisées et le Secrétariat général.

A). L'Assemblée plénière de la CNDH.

C'est l'organe délibérant ou de décision de la CNDH. Elle est composée par l'ensemble des membres de la Commission. Elle se réunit une fois par trimestre en session ordinaire sur convocation de son Président. Elle peut se réunir en session extraordinaire à la demande du Président, du bureau ou du tiers des membres ayant voix délibérative. Ses décisions sont prises à la majorité de membres ayant voix délibérative. En cas d'égalité de voix, celle du Président de la Commission est prépondérante.

B). Le Bureau, les sous-commissions et le secrétaire général de la CNDH.

Le Bureau de la Commission nationale des droits de l'homme est composé d'un Président, de deux Vice-présidents, d'un trésorier et d'un rapporteur. A la différence de l'Assemblée plénière, les membres du Bureau de la CNDH sont élus par les membres de la Commission ayant voix délibérative.

La Commission nationale des droits de l'homme constitue en son sein des Sous-commissions spécialisées dont les attributions, l'organisation et le nombre sont fixés par le règlement intérieur. C'est à elles que sont distribués les dossiers à traiter selon leurs domaines de compétences. Dans son règlement intérieur issu de la session de l'assemblée plénière du 27 mars 2019 au 5 avril 2019, la CNDH devrait compter 5 sous-commissions au lieu de 4, pour être en adéquation avec la constitution du 25 octobre 2015 (articles 214, 215 et 216). Il s'agit, de la sous-commission droits civils et politiques ; la sous-commission droits économiques, sociaux et culturels ; la sous-commission droits des peuples ; la sous-commission équité et genre et la sous-commission questions internationales[322].

Le Secrétariat général est l'organe technique de travail de la Commission nationale des droits de l'homme. Il est dirigé et animé par le Secrétaire général. Le personnel de la CNDH est en principe placé sous sa direction.

Section 2 : Les attributions, les moyens et le fonctionnement de la CNDH.

Il est ici question d'examiner les missions dévolues à la commission nationale des droits de l'homme et la manière dont cette institution nationale s'attèle à les mettre en œuvre, au regard des textes nationaux et des instruments juridiques internationaux y afférents.

§ 1 : Les missions et le fonctionnement de la CNDH.

Conformément aux principes de Paris sur le statut des institutions nationales pour la promotion et la protection des droits de l'homme, principes auxquelles ne doivent pas déroger les Etats signataires ni les organisations régionales en tant qu'ils ont été entérinés par les Nations Unies dans la résolution précitée de l'Assemblée générale, *« les institutions nationales sont dotées d'un mandat aussi étendu que possible et clairement énoncé dans un texte constitutionnel ou législatif, qui détermine leur composition et leur champ de compétence ».*

Dès lors, la Commission nationale des droits de l'homme a deux principales missions qui lui sont assignées par le constituant et précisées par le législateur en référence aux conventions internationales afférentes aux droits de l'homme que le Congo a ratifiées.

Aux termes des dispositions de l'article 215 de la constitution du 25 octobre 2015, reprenant l'article 168 de celle du 20 janvier 2002, *« La Commission nationale des droits de l'homme est un organe de suivi de la promotion et de la protection des droits de l'homme ».*

A). Dans le domaine de la promotion des droits de l'homme.

Au titre de la promotion des droits de l'homme, il résulte des dispositions de l'article 4 de la loi du 07 août 2018 que la Commission nationale des droits de l'homme a pour missions *d'entreprendre des actions de sensibilisation sur les droits de l'homme et l'intention du plus large public*

---

[322] http://www.adiac-congo.com/content/commission-nationale-des-droits-de-lhomme-la-session-inaugurale.

(c'est une mission de vulgarisation des questions des droits de l'homme) ; d'élaborer, collecter et diffuser la documentation relative aux droits de l'homme (une mission d'information) ; d'encourager l'enseignement et la recherche sur le droit de l'homme (mission de formation, de pédagogie...) ; de mettre en œuvre ou de proposer aux pouvoirs publics, des activités et des programmes susceptibles de renforcer la promotion des droits de l'homme au sein de la société congolaise, en particulier dans les écoles, les universités et établissements d'enseignement ; de promouvoir la connaissance des droits de l'homme au sein de l'administration et de la force publique ; d'offrir un forum de dialogue et de concertation aux acteurs publics et privés concernés par les droits de l'homme ; de contribuer à la réflexion sur les voies et moyenne permettant de consolider la culture des droits de l'homme.

La responsabilité de la promotion des droits de l'homme incombant aux Etats, il va de soi que les institutions nationales comme la CNDH sont les relais appropriés de promotion des instruments juridiques et des recommandations des organismes internationaux sur les droits de l'homme. La CNDH joue le rôle d'interface entre, d'une part, les institutions internationales (onusiennes ou africaines), l'Etat et, d'autre part, la population sur la promotion et la prise de conscience de la problématique des droits de l'homme.

D'ailleurs, dans sa résolution du 4 mars 1994, approuvant les Principes de Paris, l'Assemblée générale des Nations-Unies se dit *« Convaincue du rôle important que des institutions peuvent jouer au niveau national s'agissant de promouvoir et de protéger les droits de l'homme et les libertés fondamentales ainsi que de faire plus largement connaître ces droits et libertés et d'y sensibiliser l'opinion »* et encourage les Etats membres à créer des institutions nationales pour la promotion et la protection des droits de l'homme ou à les renforcer s'il en existe déjà, et à leur faire une place dans les plans de développement national.

B). Dans le domaine de la protection des droits de l'homme.

En matière de protection des droits de l'homme, la Commission nationale assure, vis-à-vis des autorités exécutives, législatives de l'Etat ou d'autres institutions, des missions de conseil et d'assistance juridique. Il exerce également un pouvoir de contrôle en cas de violation des droits de l'homme. L'ensemble de ses missions sont énumérées dans l'article 5 de la loi du 07 août 2018.

I). Les missions de conseil et d'assistance juridique de la CNDH.

Dans le cadre du mandat qui lui est confié, ce conformément aux principes de Paris, la mission de conseil et d'assistance juridique de la CNDH consiste à : *fournir, à titre consultatif, au gouvernement, au parlement ou à tout autre organe compétent, soit à la demande des autorités concernées, soit en usant de la faculté d'auto-saisine, avis, des recommandations, des propositions ou des rapports concernant toute question relative aux droits de l'homme ; examiner la législation et les textes administratifs en vigueur et faire des recommandations qu'elle estime appropriées en vue de garantir la conformité de ces textes avec les principes fondamentaux des droits de l'homme ; élaborer et publier des rapports sur toute question pertinente ayant trait aux droits de l'homme, en vue, notamment d'identifier les obstacles et les problèmes qui entravent l'exercice effectif des droits de l'homme et de formuler des propositions pour y remédier ; contribuer à la préparation des rapports et des documents que la République du Congo, en application de ses obligations conventionnelles dans le domaine des droits de l'homme, est tenue de présenter devant les organes internationaux et régionaux de contrôle ; formuler, à l'attention des pouvoirs publics, les recommandations appropriées en vue de mettre en œuvre les délibérations de ces organes de contrôle, en particulier celles qui sont relatives au respect des obligations conventionnelles de la République du Congo ; recommander, le cas échéant, la révision des lois nationales et leur mise ne conformité avec les instruments internationaux relatifs aux droits de l'homme ratifiés par la République du Congo et promouvoir la ratification de nouveaux instruments internationaux dans ce domaine* ; *accéder aux lieux de détention et adresser, le cas échéant, des recommandations appropriées aux autorités compétentes ; diligenter des enquêtes, soit directement, soit sur les requêtes individuelles ou collectives des citoyens fondées sur la violation des droits de l'homme et des libertés lorsqu'aucune juridiction n'est saisie.*

II). Les missions de contrôle de la CNDH.

Les missions de la Commission nationale des droits de l'homme en matière de contrôle sont de deux ordres. Elles se rapportent au contrôle des lieux de privation des libertés et à diligenter des enquêtes.

a). Le contrôle des lieux de privation des libertés.

Les missions de contrôle de la Commission nationale des droits de l'homme consistent à accéder aux lieux de détentions (lieux de privation des libertés comme les prisons, cellules des commissariats de police ou de la gendarmerie, centres de détention préventive ou provisoire, etc.) et à adresser, le cas échéant, des recommandations appropriées aux autorités compétentes.

Cependant, les modalités de ses interventions ne sont pas définies. Rien ne permet de savoir s'il s'agit des visites inopinées ou des visites convenues. En toute hypothèse, eu égard à son mandat constitutionnel et légal, toute obstruction aux missions de la Commission nationale des droits de l'homme est en principe prohibée et devrait être sanctionnée par les autorités compétentes.

b). L'engagement des enquêtes en cas de violation des droits de l'homme.

La CNDH peut diligenter des enquêtes, soit directement (auto-saisine), soit sur requête individuelle ou collective des citoyens, fondées sur la violation des droits de l'homme et des libertés fondamentales. Comme il sera vu ci-après. La procédure d'enquête est régie par les dispositions des articles 26 à 29 (ch. VI) de la loi n° 30-2018 du 07 août 2018.

§ 2 : La saisine de la CNDH.

La Commission peut être saisie sur requête, soit par la personne qui s'estime victime d'une violation des droits de l'homme, soit par une tierce personne, soit par une organisation non gouvernementale (ONG). Les conditions de recevabilité de la requête se rapportent, à l'identité et l'adresse du requérant (lorsqu'il est dûment identifié par la Commission, il peut requérir l'anonymat s'il le souhaite) ; à la spécification du cas de violation commise (il s'agit de motiver la requête au regard de son objet, de la nature des droits de l'homme dont la violation est dénoncée, des circonstances et des considérations relatives aux faits incriminés). La requête ne doit pas viser les faits dont une juridiction est déjà saisie. Car, la Commission nationale des droits de l'homme ne peut pas entraver le cours de la justice. Elle ne doit pas non plus viser les violations qui ont disparu au moment de la saisine (ce qui est tout de même étonnant !). La loi du 07 août 2018 précise que la requête ne doit pas contenir des termes outrageants, injurieux ou diffamatoires.

A). L'instruction de la requête par le rapporteur de la CNDH.

L'instruction de la requête est régie par les dispositions des articles 28 et 29 de la loi du 07 août 2018. La procédure est accélérée (urgence) pour diligenter une enquête. Ainsi donc, le bureau de la Commission nationale des droits de l'homme se réunit dans un délai de 72 heures à compter de sa saisine.

Il peut se réunir, sans délai, en cas de violation grave, manifeste et continue des droits de l'homme. Lorsque la requête est jugée recevable, le Bureau désigne un des membres de la Commission ayant voix délibérative en qualité de rapporteur spécial pour instruire le dossier. Le rapporteur spécial dispose de pouvoirs d'investigation assez étendus. Ainsi donc, il communique, pour avis, la requête dont la Commission est saisie à toute personne ou administration mise en cause ; il procède à l'audition de la victime, de toute personne impliquée, du représentant de l'administration concernée ou de tout sachant. Il a accès à tout rapport, tout registre, tout document, tout objet et tout lieu concernés par l'enquête. Elle peut rechercher, s'il y a lieu avec l'administration ou toute personne concernée, les voies et moyens pour faire aboutir la requête. Cependant, le rapporteur ne dispose pas de moyens efficaces pour vaincre les réticences ou les obstacles auxquels il serait confronté dans l'exercice de sa mission.

Enfin, le rapporteur dispose d'un délai de 15 jours, à compter de sa désignation, pour déposer son rapport au bureau de la commission. Ce rapport contient les diligences qu'il a accomplies, les avis et recommandations qu'il formule.

B). La décision de la CNDH.

Aussi paradoxal que cela puisse paraître, pour un organisme dont l'une des missions est la protection des droits de l'homme contre toute sorte d'atteintes, la Commission nationale des droits de l'homme n'est pas véritablement investie d'un pouvoir décisionnel. Les mesures qu'elle est susceptible de prendre au vu du rapport de l'enquêteur spécial suite à sa saisine, n'ont pas d'effet décisoire ou contraignant. La CNDH joue en réalité un rôle de conciliation ou de médiation. Puisqu'en conséquence des conclusions du rapport spécial, il lui est loisible de prendre des mesures nécessaires ou de faire des propositions en vue d'un règlement amiable du litige.

En cas d'échec de la conciliation, la victime de violation des droits de l'homme peut saisir le juge compétent pour faire valoir ses droits. Il n'est pas non plus précisé si la saisine de la Commission nationale des droits de l'homme a un effet suspensif des délais de recours contentieux. Il est constant que la saisine de la CNDH n'est pas un préalable obligatoire au recours juridictionnel.

On peut considérer que, si elle ne se résigne pas, la personne victime des violations des droits de l'homme peut se prévaloir des conclusions du rapporteur spécial ainsi que des recommandations de la Commission nationale des droits de l'homme dans le cadre d'un recours juridictionnel.

Enfin, il y a tout de même une maigre consolation au défaut du caractère contraignant des mesures de l'institution nationale de protection des droits de l'homme. Elle consiste à se remettre au bon vouloir de l'administration dont dépend l'agent incriminé ou l'autorité incriminée en lui communiquant, comme le prévoit le dernier alinéa de l'article 29 de la loi précitée du 07 août 2018[323], les résultats de l'enquête ayant abouti aux mesures de la Commission, afin qu'elle fasse cesser les agissements dénoncés ou exerce des poursuites disciplinaires ou judiciaires contre les auteurs des violations révélées des droits de l'homme.

Mais, cette démarche peut paraître illusoire lorsque ces violations sont le fait des personnalités ou des autorités placées à un niveau élevé dans la hiérarchie administrative ou des institutions, qui semblent se couvrir d'une immunité de fait voire d'une impunité.

On peut espérer que les pouvoirs publics, notamment les plus hautes autorités de l'Etat puissent tirer les conséquences des observations que la Commission serait amenée à émettre dans son rapport général annuel d'activités afin de prendre des mesures nécessaires pour améliorer la situation des droits de l'homme. Cela d'autant plus que ce rapport annuel doit normalement être adressé au Président de la République, aux Présidents des deux chambres parlementaires (l'Assemblée nationale et le Sénat), au Premier ministre Chef du gouvernement, au ministre de la justice, au ministre de l'intérieur et au Médiateur de la République. Il y a sur ce point un changement que l'on peut saluer. Car, la précédente loi du 18 janvier 2003 ne visait que le Président de la République, le Président du Sénat, le Président de l'Assemblée nationale et le Médiateur de la République.

§ 3 : Les moyens de la CNDH.

Il est du devoir de l'Etat de doter les institutions nationales de droits de l'homme de moyens matériels, financiers et humains nécessaires à son fonctionnent. Cela, comme l'exigent les principes de Paris, annexés à la résolution précitée de l'Assemblée générale des Nations-Unies : *« Les institutions nationales doivent disposer d'une infrastructure adaptée au bon fonctionnement de leurs activités, en particulier de crédits suffisants. Ces crédits doivent leur permettre de se doter de leur propre personnel et de leurs propres locaux, afin d'être indépendantes du gouvernement et de n'être pas soumises à un contrôle financier qui pourrait compromettre cette indépendance ».*

[323] Il est précisé dans ces dispositions que la CNDH peut confier les résultats de ses investigations aux autorités compétentes pour faire cesser la violation constatée ou exercer des poursuites judiciaires éventuelles contre les personnes tenues responsables d'avoir commis, ordonné, encouragé ou autorisé des actes attentatoires aux droits de l'homme. En fait, tout dépend des desideratas des autorités administratives ou politiques compétentes.

Ainsi donc, aux termes des dispositions de l'article 3 de la loi du 07 août 2018, les pouvoirs publics sont tenus d'accorder à la Commission nationale des droits de l'homme, l'aide nécessaire à l'accomplissement de ses missions.

Dès lors, outre les moyens matériels, la Commission dispose de son propre personnel et peut, comme le prévoit l'article 17 de la loi, recourir à des experts auxquels elle peut confier des missions ponctuelles d'information et de consultation. Sur le plan financier, l'article 18 de la loi prévoit que l'Etat inscrit au budget général de chaque année les crédits nécessaires au fonctionnement de la Commission nationale des droits de l'homme dont l'ordonnateur principal est son Président. Comme nous l'avons vu plus haut, ces crédits s'élevaient huit cents millions (800.000.000) de FCFA au titre du budget de l'exercice 2019[324]. Par ailleurs, la Commission nationale des droits de l'homme peut recevoir des dons en nature des partenaires au développement.

Section 3 : La problématique des droits de l'homme au Congo.

La problématique des droits de l'homme est une question sensible et préoccupante pour un Etat. Car, il lui incombe de garantir le respect des droits de l'homme dans ses normes, dans ses institutions et dans les faits conformément à ses engagements internationaux. Dans le cas du Congo, si l'on peut observer la prise en compte des préoccupations des droits de l'homme à travers les dispositifs normatifs et institutionnels, on peut cependant déplorer des défaillances notamment en période de conflits ou de crises institutionnelles.

§ 1 : La prise en compte normative et institutionnelle des droits de l'homme.

Sous réserve de la période antérieure aux années quatre-vingt-dix, la prise en compte de la problématique des droits de l'homme s'est traduite par l'édiction des normes internes, la signature et la ratification des instruments juridiques internationaux se rapportant aux droits et libertés fondamentaux, ainsi que la mise en place des institutions qui y sont dédiées, comme c'est le cas de la Commission nationale des droits de l'homme, et l'implication d'autres institutions étatiques.

---

[324] Ces crédits paraissent insuffisants pour permettre à la CNDH de remplir pleinement ses missions et de tenir ses engagements au plan international et au plan national. D'ailleurs, le système des Nations-Unies sommait le Congo de verser ses cotisations statutaires et d'ouvrir des représentations de la CNDH sur tous les départements. Le Président de la CNDH a dû conduire une délégation reçue par le ministre des finances le 11 septembre 2020 pour solliciter une augmentation des crédits alloués à son institution (Cf. *« Tension de trésorerie à la Commission nationale des droits de l'homme (CNDH) »*, https:/www.finances.gouv.cg/fr/print/node/3004.

A). Le corpus juridique relatif aux droits de l'homme.

Comme nous l'avons vu plus haut, le préambule de la constitution du 25 octobre 2015 intègre, dans le bloc de la constitutionnalité, les principes fondamentaux proclamés et garantis par la Charte des Nations Unies du 24 octobre 1945 ; la Déclaration universelle des droits de l'Homme du 10 décembre 1948 ; la Charte africaine des droits de l'Homme et des Peuples du 26 juin 1981 ; la Charte de l'Unité nationale et la Charte des droits et des libertés du 29 mai 1991 et tous les textes nationaux et internationaux pertinents dûment ratifiés, relatifs aux droits humains. Ensuite, le titre II (Sous-titre 1) de la constitution est quant à lui consacré aux droits et libertés fondamentaux.

Dans le rapport national de 2009 au Conseil des droits de l'homme des Nations-Unies, en vue de l'examen périodique universel sur la manière dont les Etats s'acquittent de leurs obligations et engagements en la matière[325], le Congo énumère tous les instruments juridiques internationaux pertinents qu'il a ratifiés, dans ce domaine, depuis son accession à l'indépendance, ainsi que, outre la constitution, les différents textes législatifs et réglementaires.

Il en a été de même dans le cadre de l'examen périodique universel (EPU) lors de la 17ème session du Conseil des droits de l'homme du 21 octobre au 1er novembre 2013, au cours de laquelle le Congo avait présenté ses réalisations en matière de promotion et de protection des droits de l'homme depuis l'EPU de 2009[326].

Il en a aussi été de même à l'occasion du 3ème EPU du Congo lors de la trente-et-unième session du Groupe de travail du Conseil des droits de l'homme des Nations-unies du 5 au 16 novembre 2018. Son rapport final a été moins critique que les précédents, en faisant état des progrès réalisés par le Congo. Ainsi qu'il ressort de la décision du Conseil des droits de l'homme des Nations-Unies du 14 mars 2019, adoptant l'ensemble des textes issus de l'examen périodique universel du Congo. Il s'agit notamment du rapport du Groupe de travail, des observations formulées par le Congo sur les recommandations ou les conclusions, ainsi que les engagements pris et les réponses apportées aux questions ou points qui n'avaient pas été

---

325 Rapport présenté, conformément à la résolution 60/251 du 15 mars 2006 de l'Assemblée générale des Nations unies et en application de la résolution 5/1 du 18 juin 2007 du Conseil des droits de l'homme, du 4 au 15 mai 2009 (A/HRC/WG.6/5/COG/1 du 23 février 2009). Cf. A. Mavoungou, « Les droits de l'homme au Congo : une volonté d'application manifeste malgré des difficultés évidentes », Annales de l'Université Marien Ngouabi, 2011-2012 ; 12-13 (3), pp.92 à 113.

326 Cf. Conseil des droits de l'homme, 17ème session (octobre-novembre 2013), Soumission de l'EPU, République du Congo, Genève, Mars 2013 ; Conseil des droits de l'homme, 25ème session, rapport du Groupe de travail sur l'examen périodique universel du Congo, A/HRC/25/16/Add.1, 11 mars 2014.

suffisamment traités pendant les échanges dans le cadre du groupe de travaux[327].

B). L'implication des institutions en matière des droits de l'homme.

Il s'agit d'une part de l'implication, notamment de certains départements ministériels et des institutions qui s'y rapportent ou indépendantes et, d'autre part, du parlement, enfin de la justice.

I). L'implication des institutions exécutives et autres en matière des droits de l'homme.

Des institutions autres que la Commission nationale des droits de l'homme concourent d'une certaine manière à la promotion et à la protection des droits de l'homme, comme le rappelle le rapport précité de l'examen périodique universel du Congo de 2009, qui énumère le Médiateur de la République, le ministère de la justice, des droits humains et de la promotion des peuples autochtones, le ministère de la promotion de la femme et de l'intégration de la femme au développement, le Conseil supérieur de la liberté de communication, le ministère des affaires sociale, le Conseil économique, social et environnemental, etc.

II). L'implication du parlement en matière des droits de l'homme.

Il est significatif de souligner l'implication du parlement dans la problématique de promotion et de protection des droits l'homme au titre de ses fonctions normatives (le vote des lois et la ratification des engagements internationaux en matière des droits de l'homme), au titre de ses fonctions de contrôle de l'action du gouvernement (il peut interpeller, diligenter une enquête ou mettre en place une commission d'enquête en cas de soupçon ou de violation des droits de l'homme pour engager la responsabilité du

[327] Décision adoptée par le Conseil des droits de l'homme du 14 mars 2019 du 25 février au 22 mars 2019 (point 6, 40/103, textes issus de l'examen périodique universel du Congo) ; https://faai.ch/news/adoption-du-rapport-final-de-lepu-du-congo-declaration-orale-au-nom-du-reiper; Conseil des droits de l'homme : les progrès du Congo sur la santé et l'éducation, https://news.un.org/fr/story/2018/11/1029141; Rapport national présenté conformément au paragraphe 5 de l'annexe à la résolution 16/21 du Conseil des droits de l'homme (Congo), Conseil des droits de l'homme Groupe de travail sur l'Examen périodique universel trente et unième session,5–16 novembre 2018,
https://documents-dds-ny.un.org/doc/UNDOC/GEN/G18/276/48/PDF/G1827648.pdf?OpenElement;
Compilation concernant le Congo Rapport du Haut-commissariat des Nations Unies aux droits de l'homme,
https://documents-dds-ny.un.org/doc/UNDOC/GEN/G18/257/89/PDF/G1825789.pdf?OpenElement;

gouvernement[328]) ou au titre de ses fonctions d'évaluation des politiques publiques pour s'assurer si les objectifs fixés par le gouvernement en la matière sont atteints et sont efficients et les moyens mis en œuvre ont été efficaces.

D'ailleurs, le Parlement congolais organisait, en collaboration avec l'Union interparlementaire (UIP) et le Haut commissariat des Nations Unies aux droits de l'homme (HCDH), un séminaire du 23 au 25 juillet 2008, sur le thème : Le Parlement de la République du Congo et les organes des traités relatifs aux droits de l'homme, dont l'objectif était de permettre une réelle prise en compte de la problématique des droits de l'homme par le législateur, dans son implication aux travaux des organes des traités et dans le suivi de leurs recommandations[329]. Au titre des recommandations, les participants à ce séminaire insistaient sur la nécessité pour le parlement de se doter d'un outil de diffusion des droits de l'homme (ce dispositif institutionnel pourrait être complété par un arsenal de lois spécifiques alignées sur les normes des instruments internationaux des droits de l'homme) ; la création au niveau des deux Chambres du parlement d'une structure formelle chargée de suivre la protection et la promotion des droits de l'homme ; la nécessité de placer la promotion des droits de l'homme au centre de l'action parlementaire pour la prévention des conflits internes ; l'élaboration conjointe par le parlement, le gouvernement et la société civile, d'un livret sur les droits de l'homme en tant qu'outil de vulgarisation des questions y afférentes à l'intention des parlementaires et de l'ensemble de la population ; l'insertion des questions relatives aux droits de l'homme dans les programmes scolaires ; le renforcement des libertés et des droits de l'homme en les intégrant systématiquement dans les campagnes de diffusion de la culture démocratique lors des descentes parlementaires sur le terrain ; le renforcement de la collaboration entre le parlement, le gouvernement et la société civile en matière de promotion et de protection des droits des l'homme ; l'implication des parlementaires dans le processus de concertation

---

[328] L'interpellation du gouvernement suite à la mort de 13 jeunes dans le commissariat de police de CHACONA à Brazzaville, est illustrative de l'implication du parlement en matière des droits de l'homme ; même si en l'espèce aucune commission d'enquête parlementaire ne fut mise en place pour élucider les circonstances de ce drame, ni que les responsabilités n'aient été clairement élucidées.
Cf. https://www.lemonde.fr/afrique/article/2018/07/27/congo-brazzaville-le-gouvernement-reconnait-la-mort-de-13-jeunes-dans-un-commissariat_5336594_3212.html; http://www.rfi.fr/afrique/20180806-jeunes-morts-commissariat-congo-chacona-familles-veulent-etre-indemnisees;
http://www.rfi.fr/afrique/20180729-jeunes-tues-commissariat-congo-chacona-polemique-enfle;
http://www.dac-presse.com/drame-de-chacona-nouveau-flagrant-delit-de-crimes-de-mensonge-grossier-congo/;https://lesechos-congobrazza.com/.../5013-congo-drame-de-chacona-l-etat-prendra-en.;
http://icibrazza.com/congo-tragedie-du-poste-de-police-de-chacona-a-mpila-devant-les-deputes-le-gouvernement-na-pas-convaincu/.

[329] *« Le Parlement de la République du Congo et les organes de traités relatifs aux droits de l'homme : quelles stratégies pour une meilleure collaboration ? »,* Rapport du 25 juillet 2008 in, http://archive.ipu.org/hr-f/parliaments.htm; *archive.ipu.org/hr-f/smnr-congo08.pdf.*

en vue de la préparation des rapports aux organes de traité et dans le suivi de leurs recommandations[330].

Concernant la prise en compte des droits de l'homme, les participants insistaient et recommandaient que le parlement puisse s'approprier cette thématique, qui devrait se refléter aussi dans son organisation, à travers le règlement de son bureau ou les différentes structures telles que les commissions. Les parlementaires et le personnel du parlement devraient être au fait des connaissances des instruments juridiques relatifs aux droits de l'homme, d'où la nécessité de créer un centre de documentation au sein du Parlement[331].

Enfin, pour assurer un suivi efficace de la gouvernance des droits de l'homme par le parlement, il a été recommandé la mise en place d'un mécanisme d'évaluation de l'action du parlement en la matière. Le parlement devait entre autres redynamiser son contrôle sur l'élaboration et la transmission des documents de ratification des instruments juridiques internationaux en la matière au secrétaire général des Nations Unies ou encore l'organisation des rencontres ou des forums périodiques avec la société civile sur la problématique des droits de l'homme[332].

III). L'implication de la justice en matière des droits de l'homme.

Face à l'impunité et aux violations des droits de l'homme, le juge est le dernier rempart contre l'incurie des gouvernants. Le juge devrait jouer pleinement son rôle dans la protection des droits de l'homme. Car, il est, à travers le pouvoir judiciaire qu'il incarne, le gardien constitutionnel des libertés individuelles. Ce rôle est consigné dans l'article 11 de la constitution, qui impose l'obligation d'informer toute personne arrêtée des motifs de son arrestation et qui interdit tout acte de torture, tout traitement cruel, inhumain ou dégradant. Mais, pour jouer pleinement son rôle en sanctionnant les atteintes aux droits de l'homme, le juge doit jouir d'une réelle indépendance vis-à-vis des pouvoirs politiques, notamment du pouvoir exécutif.

§ 2 : Des défaillances dans la prise en compte effective des droits de l'homme.

L'édiction des normes et la création d'un cadre institutionnel approprié aux droits de l'homme n'ont de sens que s'ils se traduisent dans les faits par une mise en œuvre effective et des sanctions en présence des violations dont

[330] Idem.
[331] Idem.
[332] Idem.

les citoyens peuvent être l'objet. Cela pose le problème de l'effectivité des mécanismes de protection des droits de l'homme au Congo[333]. Il conviendra d'examiner les causes et de caractériser quelques circonstances illustratives de ces défaillances.

A). Les causes des défaillances dans la protection des droits de l'homme.

Nous pouvons puiser dans la doctrine congolaise, deux auteurs qui fournissent quelques explications à la défaillance dans la protection des droits des l'homme.

I). L'approche prudente et pragmatique de V. Mavoungou.

V. Mavoungou a une approche prudente et pragmatique des causes de la défaillance des mécanismes de promotion et de protection des droits de l'homme au Congo. Cela en dépit, selon lui, d'une volonté d'application manifeste. Il explique cette carence par des difficultés évidentes. Sur le plan normatif, il souligne les difficultés d'accès et d'appréhension des normes internationales relatives aux droits de l'homme. Au plan institutionnel, il met en exergue les difficultés liées au pouvoir judiciaire dont l'indépendance n'est pas effectivement garantie, un système judiciaire partial et sujet aux contingences et interventions multiformes qui altèrent la bonne administration de la justice au grand dam des justiciables, auxquels s'ajoute un manque de moyens matériels, humains et financiers, la surpopulation carcérale dans des prisons héritées de la colonisation, dont la capacité d'accueil est dépassée, l'absence d'un dispositif d'insertion sociale dans des prisons sous-équipées. Au plan sanitaire, il déplore un système de santé défaillant et inadapté et l'augmentation de la mortalité. Des difficultés aux plans éducatifs et socio-économiques, etc. [334]

---

[333] *Cf. K.D. KAMWANGA, « Les mécanismes internationaux de protection et l'effectivité des droits de l'homme »,https://www.memoireonline.com/12/05/29/memoire-mecanismes-internationaux-protection-effective-droits-de-l-homme1.html*; *V. Champeil-Desplats et D. Lochak (Dr.),* « À la recherche de l'effectivité des droits de l'homme », *Presses universitaires de Paris Nanterre, 2008 ; S. B. MVONDO,* « Effectivité des Droits de l'Homme en Afrique », *www.academia.edu/25723313/Effectivité_des_Droits_de_lHomme_en_Afriq; JRK DE KEUDJEU, «L'effectivité de la protection des droits fondamentaux en Afrique subsaharienne francophone»,* publication.lecames.org/index.php/jur/article/download/912/616 *; D. Maugenest et P.G. Pougoué, « Droits de l'homme en Afrique centrale: colloque régional de Yaoundé du 9-11 novembre 1994 », édition Karthala, 1996.*

[334] Cf. V. Mavoungou, « Les droits de l'homme au Congo : une volonté manifeste malgré des difficultés évidentes », op. pp. 108 et suiv.

II). L'approche radicale de V.R. Manangou.

V. R. Manangou fonde son analyse sur la constitution du 20 janvier 2002, dont on sait que certaines dispositions, y compris celles relatives aux droits et libertés fondamentaux, sont reprises par la constitution du 25 octobre 2015.

Selon cet auteur, les droits et libertés proclamés dans la constitution seraient limités par la consécration constitutionnelle et corrélative des devoirs des citoyens envers l'Etat, voire la nation[335]. On peut voir chez l'auteur un début d'explication de l'ineffectivité des droits de l'homme en tant qu'il dénonce une conception étatiste, le caractère ambigu, la relativité et le risque d'un usage abusif des devoirs consacrés par le constituant. Il convient, raison gardée, de souligner que les droits et les devoirs des citoyens ne sont pas antinomiques.

Mais ils ne doivent pas être mis en concurrence ni être instrumentalisés au préjudice des citoyens. Une instrumentalisation des devoirs des citoyens au détriment de leurs droits et libertés fondamentaux est la ligne jaune que les gouvernants doivent s'abstenir de franchir. Il en est de même de la prévalence excessive par les citoyens de leurs droits au détriment de leurs devoirs. Cela dit, ainsi que nous l'avons vu plus haut, l'introduction des devoirs des citoyens dans la loi fondamentale n'est pas une invention congolaise. Cela d'autant plus que l'article 27 de la charte africaine des droits de l'homme et des peuples, stipule que,

« Chaque individu a des devoirs envers la famille et la société, envers l'Etat et les autres collectivités légalement reconnues et envers la Communauté internationale.

Les droits et les libertés de chaque personne s'exercent dans le respect du droit d'autrui, de la sécurité collective, de la morale et de l'intérêt commun ».

Concernant les facteurs du déficit de l'effectivité des droits de l'homme, nous sommes d'avis que la production d'un rapport national, même dans le cadre de l'examen périodique universel, ne garantit pas forcément le respect ni la protection effective des droits de l'homme. Surtout lorsqu'il s'agit d'un acte purement déclaratif.

L'une des causes du défaut de l'effectivité des droits de l'homme au Congo serait, selon VR Manangou, l'instrumentalisation de la législation et la réglementation en la matière. Pour lui, comme dans la plupart des pays africains, les droits de l'homme sont proclamés dans le but de se donner une visibilité internationale. On dirait par acquit de conscience ou pour se donner bonne conscience. Dès lors, la proclamation et la mise en place formelle des

---

[335] Cf. V. R. Manangou, *« Droit et libertés fondamentaux en République du Congo : Analyse d'une consécration constitutionnelle sans effectivité pratique »,op. cit.*

institutions dans le domaine des droits de l'homme constituent un facteur de légitimation du pouvoir ou du régime politique aux yeux de la communauté internationale.

Il est acquis qu'une règle de droit n'a de sens que si elle est assortie de sanctions au plan administratif et judiciaire en cas de transgression. Or, le défaut de l'effectivité concrète en matière des droits de l'homme s'explique aussi par le laxisme et le manque de volonté des autorités hiérarchiques ou des institutions étatiques de tirer les conséquences concrètes et coercitives des violations manifestes des droits de l'homme. Cette défaillance accroît le sentiment d'impunité qui anime les auteurs des comportements incriminés.

A cela s'ajoute la défaillance de l'institution judiciaire, dont on sait qu'elle est la pièce maîtresse du dispositif de protection des droits de l'homme. Or, la justice pâtit d'un déficit de confiance auprès des justiciables. Notamment des victimes, qui la considèrent à tort ou à raison de n'être pas suffisamment indépendante du pouvoir politique. Surtout lorsque les auteurs des violations sont hautement placés ou bénéficient d'une protection à un niveau très élevé de la hiérarchie administrative, policière ou politique. Enfin, cela crée également un sentiment de résignation des victimes qui, face à ces pesanteurs, jugent leur cause perdue d'avance. De surcroit, lorsqu'ils sont démunis pour solliciter le ministère d'un avocat.

L'autre cause de l'ineffectivité des droits de l'homme que souligne V.R. Manangou réside dans la confrontation des normes, le conflit des normes. Les droits de l'homme seraient *« une pièce rapportée »* de l'occident par le colon. Elle est en conflit constant avec le droit traditionnel ou local. En dépit de leur universalisation, à travers la résolution 217 A (III) de l'Assemblée générale des Nations Unies du 10 décembre 1948[336], il s'agit d'un ensemble de principes créés et proclamés dans un contexte culturel, sociologue et politique différent des coutumes et traditions africaines, qui leur résistent naturellement.

B). L'illustration de la défaillance dans la protection des droits de l'homme.

La défaillance des mécanismes de protection et de promotion des droits de l'homme au Congo peut être illustrée dans les situations de conflits internes ou non-internationaux, au sens du droit international humanitaire, et d'instabilité ou de crises politiques, que l'on peut qualifier de troubles ou de tensions internes en principe exclus du champ d'application du droit international humanitaire[337].

---

[336] Déclaration universelle des droits de l'homme.

[337] On sait que le droit international humanitaire distingue, dans le cadre d'application des 4 conventions de Genève du 12 août 1949 et leurs 3 protocoles additionnels du 08 juin 1977 et 05 décembre 2005, distingue deux types de conflits armés. A savoir les conflits armés internationaux et les conflits armés non internationaux. Les situations de trouble, de violence ou de tensions purement internes ne sont pas régies

I). Les droits de l'homme en période de conflit armé interne.

Le terme de conflit interne doit être compris au sens de l'article 3, commun aux conventions de Genève du 12 août 1949 et de l'article 1er du protocole additionnel II du 08 juin 1977. C'est-à-dire de conflit armé ne présentant pas un caractère international ; ayant surgi sur le territoire d'un état. Un conflit qui oppose les forces étatiques et un ou des groupes armés (ou des groupes armés entre eux). La notion de conflit armé étant interprétée selon deux critères alternatifs. D'une part, l'intensité des violences. Ce critère est apprécié au cas par cas, à travers soit les moyens utilisés (types d'armes), la nature des forces mobilisées (l'intervention de l'armée ou des forces spéciales quand les forces de police s'avèrent débordées), la durée du conflit, la fréquence des actes de violence et des opérations militaires, le déplacement des populations civiles, le caractère asymétrique du conflit, le nombre des victimes, les destructions occasionnées, la localisation ou la dissémination des combattants, etc[338]. D'autre part, le conflit armé interne peut être caractérisé par l'organisation des belligérants agissant sous le contrôle d'une structure de commandement. Ce critère est satisfait pour les forces étatiques, il l'est plus ou moins pour les forces non étatiques.

En somme, le conflit armé interne ou non international englobe les situations de guerre civile, de rébellion ou d'insurrection armée. Dans le cas du Congo, hormis la crise de 1959, cette situation correspond aux différentes guerres civiles et conflits armés qui ont eu lieu depuis 1993 (1993-1995, 1997, 1998, 2002-2003, 2016) dont les principaux mobiles ne sont autres que la conquête et la conservation du pouvoir. Ces conflits étant favorisés pendant les années quatre-vingt-dix par la prolifération des milices partisanes puissamment armées et à la solde des leaders politiques *(ninjas, cobras, cocoyes, aubevillois, zoulous, mambas, faucons, requins, etc.)*, en présence d'une force publique républicaine défaillante en tant qu'elle n'inspirait guère confiance à la population, encore moins aux gouvernants et aux acteurs politiques[339]. Ces conflits ont occasionné des pires exactions et

---

par le droit international humanitaire, donc exclues en principe du champ d'application des conventions de Genève et leurs protocoles additionnels. Cela sous réserve de l'application des droits fondamentaux de l'homme ainsi que les principes contenus dans l'article 3, commun aux conventions de Genève. Cf. S. Vité, *« Typologie des conflits en droit international humanitaire : concepts juridiques et réalités »*, Revue internationale de la Croix Rouge, n°873, mars 2009, pp.69-94, https://www.icrc.org/fre/assets/files/other/irrc-873-vite-fre.pdf; J. d'Aspremont, J. de Hemptinne, *« Droit international humanitaire »*, éd. A. Pedone, 2012 ; B. R. ATCHE, *« Les conflits armés internes en Afrique et le droit international »*, thèse doctorat en Droit, Université de Cergy-Pontoise, 21 novembre 2008.

338 Cf. S. Vité, op. cit., https://www.icrc.org/fre/assets/files/other/irrc-873-vite-fre.pdf, *pp.6 et suivantes.*

339 Cf. R. Bazenguissa-Ganga, "*Milices politiques et bandes armées à Brazzaville ; Enquête sur la violence politique et sociale des jeunes déclassés*'', avril 1996, Les études du CERI ; P. Soni Benga, *« Les dessous de la guerre du Congo-Brazzaville »*, éd. L'Harmattan, 1998 ; P. Soni Benga, *« la guerre*

violations des droits de l'homme (des milliers de pertes en vie humaine, des blessés, des viols, des déplacés, des traitements inhumains et dégradants, des pillages systématiques, des destructions des habitations ainsi que des infrastructures[340] . Ces violences et voies de fait n'auront ensuite donné lieu à aucune réparation concrète des différentes victimes. Il en est de même de la nouvelle guerre du pool qui éclatait le 04 avril 2016, consécutivement à la proclamation officielle de l'élection présidentielle, scrutin du 20 mars 2016, par la Cour constitutionnelle.

II). Les droits de l'homme en cas de tensions ou troubles intérieurs.

Il s'agit ici des violations des droits humains que l'article 1er paragraphe 2 du protocole additionnel numéro 2 du 08 juin 1977 (sur les conflits armés non internationaux) exclut expressément de son champ d'application ainsi que les conventions de Genève de 1949. Elles se rapportent aux situations de tensions internes, de troubles intérieurs, comme les émeutes, les actes isolés et sporadiques de violence et autres actes analogues, qui ne sont pas considérés comme des conflits armés internationaux ni non internationaux.

Ce type de situations a caractérisé l'histoire tumultueuse du Congo depuis l'indépendance. Une histoire émaillée de sang avec ses crises institutionnelles à répétition. D'ailleurs, les décennies qui ont suivi le retour du pluralisme politique ne font pas exception. L'explication de ces violences, qui portent atteinte aux droits de l'homme, repose toujours sur l'intransigeance des acteurs et leaders politiques en exercice ou de l'opposition (encore que les ambitions des uns et des autres ne sont pas forcément assises sur des convictions solides, si ce n'est souvent sur un confort personnel) dans leur désir effréné de conquérir et/ou conserver le pouvoir, sur fond d'accusations et de la défense d'une mauvaise ou bonne gouvernance institutionnelle, économique et sociale. La recrudescence des violences est souvent constatée en périodes pré ou posté électorales, attisées par des revendications des uns et des autres.

A titre d'illustration, dans son rapport de l'année 2016 sur les droits de l'homme au Congo-Brazzaville (*Country rapports on human rights politics for 2016*), publié par le département d'Etat américain et transmis au Congrès par le Secrétaire d'Etat Rex Tillerson, plusieurs cas de violation des droits de

---

inachevée du Congo-Brazzaville (15 octobre 1997-18 décembre 1998) », éd. L'Harmattan, 2001 ; P. Soni Benga, *« Les non-dits des violences politiques au Congo-Brazzaville*, éd. L'Harmattan, 2005.

[340]Cf. Rapport OCDH-FIDH, « Congo-Brazzaville : L'arbitraire de l'Etat, la terreur des milices », 10 juin 1999 ; https://www.fidh.org/fr/afrique/Congo,61/;K.Kilokila-Kiampassi,« Barbarie et folie meurtrière au Congo-Brazzaville, un châtiment collectif pour appartenance ethnique», éd. L'Harmattan, 2005.

l'homme sont dénoncés, mais fermement contestés par les autorités nationales[341].

Ce rapport, qui s'appuie sur les révélations des ONG, des organisations de la société civile[342] et les informations de l'ambassade américaine, met en cause les forces de sécurité et la défaillance du système judiciaire congolais. Il fait, pêle-mêle, état des exécutions, des disparitions, des arrestations et détentions arbitraires des prisonniers politiques, l'usage de la torture[343] et autres traitements cruels, inhumains ou dégradants, des atteintes au droit à l'intimité de la vie privée, les restrictions des libertés publiques, notamment la liberté d'expression, la liberté de la presse et la liberté des associations, le traitement sévère des immigrants illégaux et sans papiers, notamment lors des expulsions massives dans le cadre de la fameuse opération de police dite *« mbata ya ba kolo », « la gifle des aînés »* lancée le 04 avril 2014, des restrictions infligées aux activités des groupes politiques d'opposition, les violences sexuelles, etc[344].

Outre l'impunité dont bénéficie les auteurs supposés de ces actes, pour la plupart commis consécutivement au référendum sur le changement de la constitution en octobre 2015 et à la proclamation des résultants de l'élection présidentielle le 04 mars 2016, le rapport du Département d'Etat américain pointe également la défaillance du système judiciaire qu'il juge très dépendant du pouvoir politique et le régime carcéral. Il stigmatise la banalisation des arrestations et détentions arbitraires du fait du dépassement des délais légaux.

En effet, il s'évince des dispositions de l'article 48 du code de procédure pénale (CPP) que dans les circonscriptions où siège un tribunal de grande instance, s'il existe contre une personne des indices graves et concordants de nature à motiver son inculpation, les officiers de police judiciaire doivent la

---

[341] United States Department of State-bureau of Democracy, Human rights and labor; www.rfi.fr/afrique/20170310-rapport-americain-droits-homme-congo-brazzaville-pool; *"REPUBLIC OF THE CONGO 2016 HUMAN RIGHTS REPORT" (Rapport 2016 sur les droits de l'homme en République du Congo), www.rpdh-cg.org/.../rapport-sur-les-droits-de-lhomme-pour-la-republique-du-congo-.;https://parismatch.be/.../droits-de-lhomme-situation-alarmante-congo-brazzaville; « Droits de l'homme : le département d'Etat américain épingle le Congo »,www.lasemaineafricaine.net/.../14504-droits-de-l-homme-le-departement-d-etat-amerique. Le Département d'Etat américain, mandaté par le Congrès, publie depuis 41 ans des rapports annuels pour fournir aux décideurs des informations précises sur la situation des droits de l'homme dans près 200 pays parmi lesquels les Etats membres de l'ONU et ceux qui perçoivent l'aide des Etats-Unis. Comme le précise le Secrétaire d'Etat Rex Tillerson dans sa préface sur le rapport 2016, ces rapports portent sur différents domaines, droits civils, politique, droits des personnes qui militent pour les droits de l'homme conformément à la déclaration universelle des droits de l'homme et autres instruments internationaux pertinents. Etant précisé que la promotion des droits de l'homme et la gouvernance démocratique sont au cœur de la politique étrangère des USA.*

[342] *« Un monde tortionnaire », ''Afrique subsaharienne : Congo-Brazzaville'',* Action des chrétiens pour l'abolition de la torture (ACAT), Rapport 2016 (pp.39-51) ;
https//www.acatfrance.fr/public/rapport_umt_2016_acat.pdf ; *« Rapport sur le portrait de la torture en République du Congo à la l'occasion de la journée consacrée par les Nations-Unies aux victimes de la torture »*, ADHUC, OCDH, Union européenne, 26 juin 2017.

[343] Cf. Ngouela Ngoussou, "*Les policiers réfutent la pratique de la torture systématique à Brazzaville*", httpas://www.voaafrique.com/.

[344] Cf. " *Republic of the Congo 2016 human rights report", op. cit. p. 2 et suiv.*

conduire devant le procureur de la République sans pouvoir la garder à leur disposition pendant plus de 72 heures. Ce délai de garde à vue peut être prolongé de 48 heures sur autorisation écrite du procureur de la République ou du juge d'instruction. Ces délais sont, aux termes de l'article 49 du même code doublés en dehors de la circonscription où siège un tribunal d'instance ou de grande instance ou de section.

A l'issue de ces délais de garde à vue, la personne peut soit être déférée devant la juridiction compétente pour être jugée, soit se voir décerner un mandat d'arrêt, soit lui délivrer une convocation fixant les dates et jours de sa comparution libre, soit la levée de la mesure et la remettre en liberté. Il convient de souligner que, l'article 108 du même code dispose que toute personne arrêtée en vertu d'un mandat d'amener, qui a été maintenue pendant plus de 72 heures dans la maison d'arrêt sans être entendue est considérée comme étant en détention arbitraire.

Etant précisé qu'au Congo tout citoyen peut faire office d'auxiliaire des forces de l'ordre pour prêter son concours, puisqu'en vertu des dispositions de l'article 59 du code de procédure pénale, toute personne a, en cas de crime flagrant ou délit flagrant, qualité pour en appréhender l'auteur et le conduire devant l'officier de police judiciaire le plus proche. Cela n'est pas sans risque en termes d'abus du droit.

Enfin, concernant la détention préventive (au terme de la garde à vue et sur un mandat de dépôt ou d'arrêt), la loi distingue deux régimes. D'une part, pour les personnes domiciliées au Congo, elle ne peut pas excéder 15 jours après la première comparution devant le juge d'instruction si elle n'a pas déjà été condamnée soit pour un crime, soit à un emprisonnement de plus de trois mois sans sursis pour délit de droit commun (article 120 du CPP). Dans les autres cas, la détention préventive ne peut pas excéder quatre mois. S'il y a prolongation, celle-ci ne peut pas excéder deux mois (article 121 du CPP).

Le rapport du département d'Etat américain dénonce le non-respect de ces règles de procédure pénale, il en va de même de l'attitude des juges qui sont moins enclins à mettre en œuvre leurs prérogatives en matière de la mise en liberté provisoire, même quand elle est de droit aux termes des dispositions des articles 122 et suivants du code de procédure pénale.

Le Département d'Etat américain, qui s'est appuyé sur les révélations des ONG et des organisations de la société civile, dénonce également l'inefficacité du Conseil national de droits de l'homme (CNDH) qui, bien qu'au courant des faits, ne s'est jamais réuni. Cela d'autant plus que le Président de cet organisme de promotion et de protection des droits de l'homme se trouvait à l'étranger (France) depuis juin 2014 pour des raisons de santé[345]. Le vice- Président de cette institution était tombé en disgrâce. Il

---

[345] Cf. L'ancien ministre, Maître J. M. Mbemba. Il a été condamné le 1er juin 2018, par contumace, à 10 ans de réclusion criminelle pour détention illégale d'armes et de munitions de guerre et atteinte à la

se trouvait également à l'étranger et faisait l'objet d'une plainte en relation avec la guerre du Pool déclenchée suite à la publication des résultats de l'élection présidentielle le 4 avril 2016[346].

Enfin, il peut être reproché au Département d'Etat américain, tout comme aux organisations non gouvernementales et membres de la société civile, de se focaliser uniquement sur les violences étatiques, sans intégrer dans leurs rapports et analyses les violations des droits de l'homme qui seraient commises par des milices, groupes et bandes armés, et autres bandes criminelles qui sèment la terreur dans les quartiers[347].

III). La reconnaissance des dysfonctionnements de l'institution judiciaire.

Les dysfonctionnements de l'appareil judiciaire en matière de garantie des droits de l'homme ont fait écho même au plus haut sommet de l'Etat. Car, dans son message à la nation, devant le Parlement réuni en congrès le 30 décembre 2017, le Président de la République précisant le sens de son mot d'ordre, *« La rupture »,* tourné en dérision comme synonyme de la *« crise »,* réitérait qu'il s'agissait de lutter contre des antivaleurs. *« C'est la primauté du droit et de la justice sur l'arbitraire et l'impunité ».* Aussi émettait-il le vœu de voir s'ouvrir, au premier trimestre de l'année 2018, le procès des *« citoyens en garde à vue prolongée »* pour trouble à l'ordre public et atteinte à la sûreté de l'Etat lors du référendum constitutionnel de 2015 et l'élection présidentielle de 2016[348].

Ce constat, plus de deux ans après les faits, des *« gardes à vue prolongées »* au-delà des délais légaux, est saisissant sur l'arbitraire dénoncé par lui face à une justice défaillante, également gangrénée par la corruption et les antivaleurs stigmatisées dans le message à la nation. Cette défaillance est telle que l'effectivité de l'indépendance du pouvoir judiciaire est en cause. Car, la maîtrise du calendrier judiciaire pour les procès, dans lesquels les droits humains fondamentaux garantis par la constitution étaient en cause, lui échappait. Tout cela donne l'impression que le calendrier

---

sécurité intérieure de l'Etat,http://www.rfi.fr/afrique/20180602-congo-brazzaville-condamnation-proces-mbemba-prison; https://www.portail242.info/Justice-Jean-Martin-Mbemba-condamne-par-contumace-a-dix-ans-de-prison_a2970.html.

[346] Me. M. Massengo Tiassé a supervisé un rapport sur les prisonniers politiques et les violations des droits de l'homme, qu'il présentait le 13 septembre 2016 à la 33ème session du Conseil des droits de l'homme des Nations-Unies à Genève, http://www.rfi.fr/emission/20160913-massengo-tiasse-congo-brazzaville-sont-bien-prisonniers-politiques-droits-hommes.

[347] Cf. T. Noungou et G. G.Ondze, « Département du Pool : relents terroristes sur fond de revendications politiques », http :www.adiac.com/print/content/.

[348] Cf. « Message du président de la République sur l'état de la nation en 2017, devant le parlement réuni en congrès du 30 décembre 2017 à Brazzaville », http://www.adiac-congo.com/content/message-du-president-de-la-republique-sur-letat-de-la-nation-en-2017-devant-le-parlement, 31 décembre 2017 ; RFI, « Congo-B: le président veut un procès début 2018 pour deux de ses opposants », www.rfi.fr/.../20171231-congo-brazzaville-sassou-nguesso-proces-debut-2018-oppos.

judiciaire dépend des *desideratas* du pouvoir exécutif, dont le chef intervient en qualité garant du bon fonctionnement des institutions de la République pour en pallier les dysfonctionnements.

La révocation de sept magistrats pour faute professionnelle lors de la session extraordinaire que Conseil supérieur de la magistrature du 20 février 2018 ne faisait que confirmer le constat des dysfonctionnements de l'appareil judiciaire, dont l'annonce fut faite dans le message précité du Président de la République à la nation[349].

[349] Le Conseil supérieur de la magistrature était convoqué en session le 20 février 2018 extraordinaire par décret présidentiel du 7 février 2018. Cf. P.W. Douniama, *« Sept magistrats révoqués pour faute professionnelle »*, Les Dépêches de Brazzaville, n°3150, mercredi 21 février 2018 ; Décret n°2018-57 du 23 février 2018, portant révocation de sept magistrats de l'ordre judiciaire ; H. Mouandinga, *« La magistrature se débarrasse de ses brebis galeuses »*, J.Debel, *« la justice congolaise, un pouvoir en crise de confiance et de crédibilité »*, in Le Patriote, n°468 du 26 février2018, pp.1, 9 et 10.

Quatrième partie : La force publique.

La police nationale, la gendarmerie nationale et les forces armées congolaises sont les trois composantes de la force publique, comme en dispose l'article 204 du titre XIII de la constitution du 25 octobre 2015 ; qui reprend les dispositions du titre XV de la constitution du 20 janvier 2002. Le rôle de la force publique, notamment de l'armée au sein des institutions de la République a connu une évolution au gré des événements qui ont marqué l'histoire constitutionnelle et politique du Congo, qu'il convient de cerner en deux périodes. C'est-à-dire de la période allant de la proclamation de la République en 1958 à la fin du monopartisme, d'une part ; et celle qui court depuis la conférence nationale souveraine de 1991, d'autre part.

Section 1 : La force publique congolaise de 1958 à 1990.

La période allant de l'année 1958 au début des années 90 se caractérise par la neutralité de la force publique dans le cadre de la sécurité collective et conventionnelle avec l'ancienne métropole. Elle voyait ensuite naitre une force autonome puis interventionniste et politisée, devenant un acteur clé du régime politique.

§1. La neutralité et le désintérêt d'une force publique du jeu politique.

La neutralité et le désintérêt, que d'aucuns diraient *« apparents »,* s'observent à travers le régime de la sécurité collective et conventionnelle dans le cadre de la communauté créée en 1958, du transfert des compétences du fait de l'indépendance et des prémices d'une force publique congolaise.

A). La sécurité collective et conventionnelle sous la Communauté créée en 1958.

Comme nous l'avons vu plus haut, sous le régime de l'autonomie interne, la défense était l'une des compétences exclusives de la Communauté instituée par la constitution du 04 octobre 1958 (titre XII), entre la France et ses territoires d'outre-mer (non décolonisés). Elle échappait donc aux Etats membres. Car, aux termes des dispositions de l'article 78 de la constitution française de 1958,

*« Le domaine de la compétence de la Communauté comprend la politique étrangère, **la défense,** la monnaie, la politique économique et financière commune ainsi que la politique des matières premières stratégiques.*

Il comprend en outre, sauf accord particulier, le contrôle de la justice, l'enseignement supérieur, l'organisation générale des transports extérieurs et communs et des télécommunications.

Des accords particuliers peuvent créer d'autres compétences communes ou régler tout transfert de compétence de la Communauté à l'un de ses membres ».

Cette situation s'imposait à l'Etat autonome du Moyen-Congo, membre de la communauté, proclamé République du Congo, par la délibération n° 112-58 du 28 novembre 1958 de l'Assemblée territoriale du Moyen-Congo.

Dans ce cadre institutionnel, les principes de la défense applicables au Congo étaient ceux de l'ordonnance française n° 59-147 du 7 janvier 1959[350] portant organisation générale de la défense, dont l'article 1er dispose,

[350] Abrogé par l'Ordonnance n°2004-1374 du 20 décembre 2004 - art. 5 (V) JORF 21 décembre 2004 .

« La défense a pour objet d'assurer en tout temps, en toute circonstance et contre toutes les formes d'agression, la sécurité et l'intégrité du territoire, ainsi que la vie de la population.

Elle pourvoit de même au respect des alliances, traités et accords internationaux.

Les principes de défense de la Communauté sont déterminés par les autorités constitutionnellement responsables.

Les mesures d'application sont prises dans des conditions propres aux différents Etats membres de la Communauté ».

L'article 2 alinéa 1er de cette ordonnance disposait que c'est le pouvoir exécutif, qui, dans l'exercice de ses attributions constitutionnelles, prend les mesures nécessaires pour atteindre les objectifs définis à l'article précédent.

Cette vision d'une défense globale et unitaire paraissait beaucoup plus comme une alternative à l'émancipation des territoires d'outre-mer face à l'amplification du mouvement de décolonisation à l'échelle continentale. Elle dissimulait mal les intentions inavouées de la puissance coloniale de ne pas perdre son précarré dans un monde bipolaire et pour endiguer la menace communiste. Donc, sous la période de l'autonomie interne, la sécurité collective et conventionnelle était principalement assurée par une armée coloniale, contrôlée par la métropole.

B). Le transfert des compétences en matière de défense.

La Communauté instituée par la constitution française du 04 octobre 1958 n'allait pas résister longtemps au mouvement continental d'aspiration des peuples colonisés à l'autodétermination. L'accession à l'indépendance devrait nécessairement s'accompagner de la possession de la plénitude de tous les attributs de la souveraineté d'un Etat. La force publique, notamment l'armée est l'attribut qui garantit et défend efficacement la souveraineté de l'Etat, de la nation. La question se posait sur la capacité d'un Etat fraichement indépendant de se doter d'une force publique fiable et efficace pour défendre sa sécurité, le peuple, ses intérêts vitaux et surtout l'intégrité de son territoire.

Ainsi donc, dans le cadre des accords préalables à la proclamation de l'indépendance, signés le 12 juillet 1960 et ratifiés par le parlement congolais suivant la loi n° 60-43 du 28 juillet 1960[351], la France concédait de transférer à la République du Congo[352], des compétences jusque-là réservées à la Communauté de 1958. Il s'agissait d'une série d'accords[353], ainsi que

[351] Cf. A. Gabou, *« les constitutions congolaises »*, op. cit. pp. 121 à123.

[352] Elle fit de même pour les autres Etats de l'AEF.

[353] Les trois autres accords consécutifs à l'indépendance furent, l'accord relatif aux dispositions transitoires applicables jusqu'à l'entrée en vigueur des accords de coopération entre la République française et la République du Congo ; l'accord relatif aux dispositions transitoires en matière de justice

nous l'avons déjà dit, dont l'accord particulier portant transfert à la République du Congo des compétences de la Communauté. La défense figurait au titre de ces compétences exclusives de cette Communauté.

Dans les faits, malgré la proclamation de l'indépendance le 15 août 1960, la force publique congolaise n'était pas véritablement souveraine.

Puisque, constituée essentiellement de supplétifs de l'armée coloniale, elle était sous commandement d'officiers français[354]. D'ailleurs, il ressort de l'article 3 de l'accord relatif aux dispositions transitoires applicables du 12 juillet 1960 que, *« les forces armées françaises continueront d'assurer les missions qui leur sont actuellement assignées selon les règles et procédures applicables à la date d'entrée en vigueur du présent accord ».*

Tandis que le précédent article de cet accord stipule que la République française continuait d'assurer la protection diplomatique des ressortissants de la République du Congo à l'étranger.

Cette situation était ubuesque. Car, bien qu'étant indépendante, la République du Congo demeurait, comme les autres anciens territoires de l'Afrique équatoriale française (AEF), membre de la Communauté instituée en 1958[355], par l'effet du 4ème accord du 12 juillet 1960 sur la participation du Congo à ladite Communauté. Il y est stipulé que la République du Congo est membre de la Communauté à laquelle elle participe dans les conditions définies par les accords de coopération.

Donc, la tutelle persistante de l'ancienne puissance coloniale était caractéristique d'une souveraineté limitée[356] voire d'une souveraineté sous surveillance. Elle n'était pas sans susciter, avec le temps, des réactions aux relents nationalistes de la part d'une partie de la classe politique, dénonçant une emprise néocoloniale. Le Premier Président de la République du Congo, l'Abbé Fulbert Youlou, bien qu'étant un civil, était le Chef suprême des armées dont le contrôle lui échappait en réalité. Comme il sera vu plus loin, le Congo dénonçait ces accords de défenses en 1966. Le démantèlement des casernes et le départ des troupes françaises du Congo eurent lieu en avril et juin 1965 dans un climat d'extrême tension, qu'a décrit l'historien Ollandet[357].

---

entre la République française et la République du Congo ; l'accord sur la participation de la République du Congo à la Communauté.

[354] Le lieutenant-colonel Jean était le Chef d'état-major ; Le Commandant Sarlat, dirigeait l'escadrille de l'armée de l'air ; le Capitaine Lefebvre commandait la compagnie de commandement ; le Capitaine Villeneuve était chargé de l'intendance ; le Lieutenant Lothe était le chef du détachement des transmissions ; l'adjudant Rande fut le chef du service du matériel. Nous citons ici, le colonel Gustave Zoula dans son article, *« Anniversaire des FAC (Forces armées congolaises) : la naissance des forces armées ou les grandes dates à retenir »*, htttp : www.lasemaineafricaine.net/index.php/point-de-vue/1052, 23 juin 2011.

[355] Cf. F. Borella, *« L'évolution de la Communauté en 1960 : de la Communauté constitutionnelle à la Communauté conventionnelle »*, Annuaire français de droit international, 1960, (n° 6), pp. 925-952.

[356] A l'instar de la doctrine Brejnevienne (URSS) quelques années plus tard lors du printemps de Prague en le Tchécoslovaquie.

[357] Cf. J. Ollandet, *« l'expérience congolaise du socialisme »*, op. pp.162 et suiv.

C). Les prémices d'une force publique congolaise.

Comme l'écrit G. Zoula, la création d'une armée congolaise devait satisfaire à trois objectifs. C'était avant tout une question de principe. Car *« un état indépendant et souverain ne peut pas se passer d'une armée, symbole d'autonomie et affirmation de sa puissance… »*. Bien qu'étant une force de troisième ordre, après la police et la gendarmerie, le pouvoir politique avait acquis la conviction que l'armée pouvait être efficacement déployée en premier lieu. Enfin, l'armée est, par la discipline et la neutralité qui la caractérisent, le creuset qui forge le nationalisme et le patriotisme d'un jeune Etat, déjà en proie à des affrontements de nature tribale ou ethnique. A ce titre, elle était le lieu idéal de brassage de tous les congolais, surtout les jeunes, pour consolider l'unité nationale[358].

Nous convenons avec cet auteur que la création, le 28 juillet 1960 de la 1re compagnie d'infanterie, suite aux accords précités du 12 juillet 1960 et en vue de la proclamation de l'indépendance le 15 août 1960, marquait les prémices d'une force publique congolaise ; même si elle était encore sous le commandement d'officiers français. S'en suivront, la création le 15 novembre 1960 du 9ème bataillon d'infanterie marine et la 1re compagnie le 16 novembre 1960[359].

Sur le plan purement formel, les forces armées congolaises, notamment l'armée congolaise, furent créées par la loi n°16/61 du 16 janvier 1961 portant organisation de la défense du territoire de la République du Congo et recrutement des forces armées. Dans le cadre de cette loi, les forces armées comprenaient la gendarmerie et l'armée avec ses trois composantes (terre, air et mer). C'était sous les décrets n° 61-43 et 61-44 du 16 février 1961 que la gendarmerie fut créée, avec une organisation et un fonctionnement indépendants de l'armée. Le décret n° 61-274 du 09 novembre 1961 plaçait les forces armées sous l'autorité directe du Président de la République, Chef des armées. La police nationale fonctionnait sous le régime du décret du 20 octobre 1959[360].

Le contexte particulier de la République naissante, marqué par la présence moins discrète de l'ancienne métropole au sein des institutions et des fonctions stratégiques et régaliennes du jeune Etat, la neutralité de la force publique semblait bien apparente. Sans être directement impliquée dans le cours des événements qui avaient conduit à la démission et à la chute du Premier Président de la République du Congo. Les observateurs et témoins de l'histoire s'accordent pour dire que la force publique y était aussi

---

[358] Cf. pour plus de précisions, G. Zoula, *« Anniversaire des FAC (Forces armées congolaises) : la naissance des forces armées ou les grandes dates à retenir »*, *op. cit. p. 3.*

[359] Cf. G. Zoula, idem ; J. Ollandet, op.cit. pp.146 et suiv.

[360] Cf. J. Ollandet, op. cit. pp. 148 et suiv.

pour quelque chose[361]. Même si les jeunes officiers entreprirent de ne pas s'emparer du pouvoir, préférant jouer le rôle de médiateur pour le laisser entre les mains des civils. Mais, cette posture de réserve et de neutralité n'allait pas résister au cours de l'histoire.

§ 2 : La politisation de la force publique et l'installation des régimes militaires.

La politisation de la force publique conduira inexorablement à l'installation des régimes militaires sous le monopartisme. Ce sera d'abord le cas, sous la deuxième République avec le régime, bien que civil, du Mouvement national de la Révolution (MNR) et, après son éviction, avec le régime du Parti congolais du travail.

A). Le pouvoir civil et l'implication de la force publique sous le MNR.

Sous la seconde République, les forces de l'ordre agissantes dans le jeu politique étaient d'abord la *« Défense civile »,* officiellement appelée *« Corps national de défense civile »* (CNDC) ensuite les forces armées congolaises.

I). Le rôle très actif « la Défense civile » : un corps d'élite et une milice d'Etat.

L'apparente neutralité de la force publique classique nourrit un sentiment de méfiance qui conduisit à la création du Corps national de la défense civile (CNDC), appelée *« La Défense civile »* tout court. Elle fut créée par la loi n° 12-15 du 18 juin 1965, portant création du Corps national de la défense civile. C'est une milice politique, le bras armé du Mouvement national de la révolution (MNR), parti unique, acquise à sa dévotion, une structure paramilitaire. Donc, une milice d'Etat.

D'ailleurs, l'article 2 de la loi du 18 juin 1965 définit la *« Défense civile »,* comme *« un corps d'élite »* constitué de militants choisis au sein des organismes du parti. Ce corps est placé sous le contrôle du Bureau politique du MNR et sous l'autorité du Comité de défense.[362] Le corps national de défense civile avait une composition hétéroclite en tant qu'il comprenait des secouristes, des milices ouvrières, des milices rurales et des brigades de

[361] Cf. A. Gabou, *« Chronologie politique congolaise »,* op. cit. p.42.

[362] Le Comité de défense comprend le ministre de la défense (ou son représentant), le ministre de l'intérieur (ou son représentant), un conseiller militaire (le chef de l'état-major général) et deux représentants de l'Assemblée nationale.

vigilance. Le 3 janvier 1966, la Défense civile était placée sous le commandement du Lieutenant Ange Diawara[363].

Trois sortes de missions étaient assignées à la Défense civile, en fonction des circonstances. D'une part, en temps normal ou de paix, la Défense civile devait s'occuper de l'éducation civique et politique des citoyens, de l'encadrement des militants, de la sécurité civile et de la défense passive de la population. D'autre part, en cas de circonstances exceptionnelles définies aux articles 29 et 37 de la constitution du 08 décembre 1963 (état d'urgence ou état de siège), la Défense civile devait, en collaboration avec les forces de l'ordre classiques, assurer la sécurité politique de l'Etat, l'organisation et la protection des populations, défendre les entreprises et les édifices d'intérêt public, rechercher et contrôler les fauteurs de trouble et agents de subversion.

Enfin, en cas d'agression extérieure, la Défense civile devrait assurer l'organisation de la défense intérieure et la mobilisation de la population, rechercher et contrôler les ennemis opérant à l'intérieur du pays. Elle serait, dans ce cas, placée sous les ordres du Chef de l'Etat-major général de la défense nationale[364]. Ces membres recevaient des instructions et un entraînement militaires.

Si le corps national de la défense civile apparaît comme une structure auxiliaire des forces de l'ordre classiques, son essence politique en faisait un outil privilégié du régime dont il assurait le maintien.

De surcroit, le rôle politique de la *« Défense civile »* était confirmé et conforté par la Charte du MNR du 26 mars 1966, dont on peut penser qu'elle tenait lieu de constitution. Celle-ci stipule, dans son article 51, que le corps national de la défense civile est rattaché au parti pour la défense des institutions. Il est à ce titre placé sous la tutelle du ministre de la défense et sous le contrôle politique du Parti (le MNR, parti unique).

II). L'entrée de l'armée dans la scène politique sous le MNR.

L'armée devait sortir de la léthargie dans laquelle elle se trouvait pour faire son entrée dans le jeu politique. Cette entrée de l'armée fut hésitante et non fracassante. La fin de l'apolitisme de l'armée n'était pas à l'initiative de l'institution militaire qui manifestait, en apparence, un désintérêt de la chose politique. Ce fut sous l'instigation du pouvoir civil, notamment des débats au sein du parti unique (MNR) qui ne se berçait plus d'illusions que l'armée allait rester indéfiniment en retrait du jeu politique.

---

[363] Cf. A. Gabou, *« chronologie politique congolaise »*, op. cit. p.52.

[364] Cf. article 4, loi n°12-65 du 18 juin 1965 (précitée) ; A. Gabou, *« Les constitutions congolaises »*, op. cit. pp.276-277.

a). Les facteurs de la fin de l'apolitisme de l'armée.

Plusieurs facteurs expliquent, comme le souligne J. Ollandat, la mutation du positionnement de l'armée au sein des institutions de la République[365].

D'une part, le fait de se contenter du retrait de l'armée et de son apolitisme, pour ne faire appel à elle qu'en cas de crise afin qu'elle jouât le rôle d'arbitre, présentait un grand risque d'aiguiser les appétits et les velléités de s'emparer du pouvoir le moment opportun. Il était mieux d'avoir les cadres de l'armée avec soi plutôt que hors de soi, afin que le Parti unique pût s'assurer un contrôle effectif de l'appareil d'Etat. La participation de l'armée au processus décisionnel au sein du parti unique devenait en quelque sorte une *''assurance multirisque''*.

D'autre part, le contexte international, au niveau continental marqué par la multiplication des coups d'Etat dont celui du Kwame N'Nkrumah (Ghana) du 24 février 1966, après l'assassinat d'un autre panafricaniste P. Lumumba le 17 janvier 1961 (Congo-Kinshasa), incitait à la plus grande méfiance. Il ne fallait pas laisser l'armée à l'écart du jeu politique avec le risque d'une récupération par les forces exogènes.

Ensuite, sur le plan idéologique, l'orientation socialiste adoptée depuis la révolution des 13, 14 et 15 août 1963 nécessitant un positionnement tel qu'il n'allait pas s'accommoder d'une mise à l'écart de l'armée pendant longtemps, dans un monde divisé entre deux blocs (Est-ouest). Enfin, comme le souligne Ollandet, la question de l'armée fut inscrite comme une priorité lors de la session du Comité central du MNR du 13 février au 18 mars 1966. Les miliaires devraient adhérer à l'idéologie du parti[366].

b). L'intégration de l'armée dans les structures du MNR.

Elle est illustrée par la présence d'un Commissaire politique aux armées en tant qu'un des membres de droit du Comité central, comme le stipule l'article 24 des statuts du MNR, approuvés par la loi n° 25-64 du 20 juillet 1964 portant institution du parti unique. D'ailleurs, à titre transitoire, le Comité central mis en place par le congrès constitutif du MNR comprenait un certain nombre de délégués, dont trois représentants des forces armées et de sécurité (article 28 des statuts). Le chef de l'état-major général de l'armée fut un des membres statutaires du congrès national du MNR, la plus haute instance du parti unique.

Aux termes des dispositions de l'article 78 de la charte du MNR du 26 mars 1966, l'administration militaire était une des composantes de l'appareil d'Etat au même titre que l'administration judiciaire, l'administration générale et financière et l'administration technique et sociale. Elle était

---

[365] Cf. J. Ollandet, op. cit. pp. 164 et suivants.
[366] Cf. Ollandet, op. cit. pp. 168-169.

placée sous un commandement collégial. L'article 91 de la charte interdisait l'utilisation des armes pour arracher le pouvoir et qualifiait un tel acte d'antinational et de crime contre la volonté populaire.

c). La création de l'armée populaire nationale et la dégradation du climat politique.

L'armée populaire nationale fut créée par une loi du 22 juin 1966, pour se substituer aux forces armées congolaises (FAC), dans le contexte d'une âpre lutte idéologique entre deux courants. D'une part, le courant présidentiel, disposant du Corps national de la défense civile comme levier armé du parti unique (le MNR). Il se montrait très méfiant sur l'incidence de l'évolution du rôle de l'armée. D'autre part, le courant progressiste incarné entre autres par le Capitaine Marien Ngouabi, pour qui la création de l'Armée populaire nationale (APN) collait mieux aux idéaux de la révolution des trois journées glorieuses des 13, 14 et 15 août 1963. Elle était mieux à même de les défendre[367] . Donc, favorable à la politisation de l'armée.

Devait ensuite se cristalliser le débat sur le sort de la Défense civile et les milices populaires entre deux principaux clans. Comme le souligne J. Ollandet, il y avait d'une part, le haut commandement militaire, composé essentiellement d'officiers issus de l'ancienne armée coloniale, et la gendarmerie. Ce clan était partisan de la méthode forte, consistant dans le désarmement et la dissolution de la Défense civile et de toutes les milices populaires. D'autre part, le clan des jeunes officiers, majoritaires dans les casernes, qui préférait une solution négociée, la fusion de la Défense civile et les milices avec l'Armée afin de constituer une force unique de défense de la nation[368]. Cette solution de compromis avait l'avantage d'éviter l'affrontement entre les deux forces, vue la capacité de nuisance de la défense civile et des milices en raison de leur implantation dans le pays.

La position des *« dissolutionnistes »* pouvait aussi s'expliquer par les excès et exactions de la Défense civile et des milices, qui avaient terni leur réputation. Ils les voyaient comme étant contraires à l'éthique militaire. Cette position avait acquis l'adhésion du Président de la République qui, bien qu'étant lui-même Secrétaire général du MNR, n'en avait pas nécessairement le contrôle. Ce débat clivant avait gagné le Comité central du MNR, organe suprême du parti unique dans l'entre-congrès, où les tenants de la politisation de l'armée, dont le Capitaine Marien Ngouabi, en tête de la représentation de l'institution militaire, étaient très actifs[369].

---

[367] Cf. J. Ollandet, op. cit. pp.170 et suiv ; G. Zoula, *« Anniversaire des FAC »,* op. cit. p.4 ; A. Gabou, « Chronologie politique congolaise », op. cit. p.55 ; M. A. Tsiba, *« Pourquoi la violence refuse l'Etat et la République au Congo-Brazzaville ? »,* op. cit. pp.119 et suivantes.

[368] Cf. J. Ollandet, op. cit. pp.189 et suiv.

[369] J. Ollandet. Op. cit. p. 197 et suiv.

Les événements de juin 1968 avaient conduit à l'échec de l'offensive des partisans de la méthode forte, visant à neutraliser la défense civile et les milices populaires ainsi que les militaires réfractaires dans les casernes, face à la contre-offensive des parachutistes déjà exaspérés par le traitement infligé à leur chef, le Capitaine Marien Ngouabi, illégalement rétrogradé au rang de soldat de 2ème classe par décision du Premier ministre, sur instruction du Président de la République le 26 juin 1968, soit deux jours après la création de l'APN. Ce bras de fer qui se poursuivit tout le mois de juin 1968, malgré le retour du président de la République du sommet de l'OCAM[370] jusqu'à l'insurrection du 31 juillet 1968, entre les différents clans, était la conséquence logique de la politisation de l'armée. Cette dernière devenait désormais un acteur incontournable de la vie politique, pendant les décennies qui suivaient.

B). L'émergence et la pérennité des régimes militaires avant et sous le PCT.

Le mouvement insurrectionnel du 31 juillet 1968, dirigé par le capitaine Marien Ngouabi, marquait pour la première fois, dans l'histoire constitutionnelle et politique du Congo, l'éviction du pouvoir civil et la prise effective du pouvoir par les militaires. La logique des régimes militaires, sur fond d'une orientation idéologique qui se voulait marxiste-léniniste, devenait le marqueur de la vie institutionnelle du pays pendant plus de deux décennies.

Cette nouvelle donne politique était favorisée, au-delà des difficultés et du défaut d'intégration nationale dont les effets s'étaient produits à la veille de l'indépendance avec la guerre civile de 1959, par un processus de développement politique ayant abouti à sortir la force publique de la neutralité dans laquelle elle se tenait[371]. Depuis la fin du pouvoir civil, la période de l'action politique de l'armée sera segmentée en quatre séquences qui s'appuient chacune sur une structure partisane de légitimation des régimes militaires. Il en sera ainsi pendant la phase de transition sous le Conseil national de la Révolution (CNR), de la création du PCT à l'assassinat du Président Marien Ngouabi, pendant l'intermède du Comité

---

[370] Organisation commune africaine et malgache créée le 12 février 1965 à Nouakchott en Mauritanie. Elle prenait la suite de l'Union africaine et malgache de coopération économique (UAMCE, ancienne UAM qui fut créée en 1961). Elle fut successivement dénommée organisation commune africaine, malgache et mauricienne (1970-1974) ; organisation commune africaine et mauricienne (1974 à 1985). Elle cessa d'exister en 1985.

[371] Cf. D.G. Lavroff, *« Régimes militaires et développement politique en Afrique noire »*, Revue française de science politique, 1972, n°5, pp.973-991 ; C. Keutcha Tchapnga, *« Droit constitutionnel et conflits politiques dans les Etats francophones d'Afrique Noire »*, RFDC, 2006, n°63, pp. 451-491 ; M. L. Martin, *« constitutionnalisme et contrôle politique des militaires en Afrique francophone »*, http : resmilitaris.net, vol. 5, n°2, Eté-automne 2015.

militaire du Parti (CMP) et de la restauration de l'autorité du PCT à la fin du monopartisme.

I). L'action politique de l'armée sous le CNR.

Le Lieutenant Augustin Poignet fut le premier militaire à avoir occupé les fonctions de Chef de l'Etat. Donc, de Président de la République du Congo. Même si cela fut pendant un très court instant, de 24 à 48 heures seulement, au lendemain de l'insurrection du 31 juillet 1968. Marien Ngouabi fut désigné commandant en Chef de l'armée. Le Chef de l'état-major était le Lieutenant Louis Sylvain Goma[372].

a). Un apparent rétablissement du pouvoir civil.

La prise du pouvoir par les militaires connut un certain flottement à ses débuts, qui semblait dissimuler un malaise, si ce n'était une sorte d'inexpérience ou d'impréparation sur la manière de gouverner. Cette situation embarrassante conduisit à un apparent rétablissement du pouvoir civil. Les militaires, dont leur Chef Marien Ngouabi, entreprirent le 04 août 1968, de rappeler le Président de la République Alphonse Massamba-Débat, qui s'était retiré après les événements du 31 juillet 1968 dans son village (Boko), pour reprendre ses fonctions de Chef d'Etat. Il était aussi membre de droit du directoire du Conseil national de la révolution (CNR), créé par l'acte du 05 août 1968, comme organe suprême de la révolution jusqu'à la mise en place des nouvelles institutions[373].

Le Président de la République formait, sur proposition du CNR, un gouvernement dirigé par un militaire, le capitaine Alfred Raoul, par décret n° 68-228 du 20 août 1968. Dans les faits, la réalité du pouvoir n'appartenait non pas au Président de la République, mais au directoire du CNR, notamment à son chef, Marien Ngouabi. Car, aux termes de l'acte fondamental du 14 août 1968 portant organisation et fonctionnement des pouvoirs publics, le CNR était le garant de la continuité de l'Etat et des institutions de la révolution jusqu'à la mise en place des nouvelles institutions.

Il dirigeait, orientait et contrôlait l'action de l'Etat. Le Président de la République était, en quelque sorte, sous la tutelle du directoire du CNR, bien qu'il en fût un des deux membres de droit et il devait veiller au respect de ses décisions et actes. Il ne devait prendre aucune initiative ni décision sans

---

[372] Cf. A. Gabou, *« Chronologie politique congolaise »*, op. pp.56 et suiv ; J. Ollandet, *« l'expérience congolaise du socialisme... »* op. cit. p.229 et suiv.

[373] Le CNR propose au Président de la République la nomination et la révocation du Premier ministre et des membres du gouvernement, il a la charge d'élaborer le texte fondamental sur l'organisation et le fonctionnement de l'Etat. L'organisation et le fonctionnement du CNR sont définis par le règlement intérieur adopté par l'acte n°01-68 du 14 août 1968.

consultation ni autorisation préalable du CNR. Ce rôle figuratif n'allait pas durer longtemps. D'autant plus que la situation était aussi ubuesque puisqu'une poignée d'éléments de la défense civile retranchés dans le camp biafra (quartier Makélékélé) opposèrent une résistance à l'armée jusqu'à ce qu'ils eurent été défaits le 31 août 1968[374]. Cette défaite du dernier carré de ses partisans entraînait la démission définitive du Président de la République le 04 septembre 1968 et mettait définitivement fin à l'expérience du pouvoir civil.

b). Une réaffirmation de l'effectivité du pouvoir militaire.

Dès le lendemain de la démission du Président Alphonse Massambat Débat, le capitaine Alfred Raoul, Premier ministre fut chargé par le CNR d'assurer l'intérim des fonctions de Président de la République à compter du 05 septembre 1968. Marien Ngouabi demeurait président du CNR. Cette situation avait duré jusqu'au 1er janvier 1969, date de publication d'un nouvel acte fondamental qui mettait fin à l'intérim du Président de la République et officialisait le Commandant Marien Ngouabi dans les fonctions de Président de la République, cumulativement avec celles de Président du CNR.

II). La création du PCT et les luttes fratricides au sein du pouvoir militaire.

La césure idéologique qui devait imprimer une orientation marxiste-léniniste à la révolution des 13, 14 et 15 août 1963 en vue de l'édification d'une société socialiste, fondée sur le socialisme scientifique, avait abouti à la création du Parti Congolais du Travail lors du congrès constitutif du 29 au 30 décembre 1969. C'était sous l'impulsion du Commandant Marien Ngouabi. Une nouvelle constitution fut adoptée le 30 décembre 1969. Elle sera substituée, plus de deux années après, par une autre constitution, celle du 24 juin 1973. Comme par le passé, ces textes continuaient de reconnaitre au Président de la République, assurant la direction du Parti unique, la qualité de chef suprême des forces armées. Ils ne définissaient pas le rôle politique de l'armée. Cependant, la politisation de la force publique était confirmée dans les statuts du PCT. Car, aussi bien les statuts du 30 décembre 1960 que ceux du 31 décembre 1972, réaffirmaient, comme sous le MNR, la politisation de l'institution militaire par la création, au sein du Comité central, d'une Commission permanente à l'armée. Cette situation plongeait le pays dans un cycle de violences sanglantes et d'instabilité institutionnelle.

---

[374] Cf. A. Gabou. Op. cit. p. 59 ; J. Ollandet, op. cit. p.236.

a). Le coup d'Etat manqué du Lieutenant Pierre Kinganga du 23 mars 1970 et la dissolution de la gendarmerie.

La politisation de l'armée exacerbait les ambitions et les clivages au sein du parti pour la conquête et la conservation du pouvoir par la force. Il en était ainsi du coup d'Etat manqué du 23 mars 1970, attribué au Lieutenant Pierre Kinganga, alias *« Sirocco »,* suivi de la dissolution du corps de la gendarmerie nationale, sur lequel il s'appuyait, par le décret n° 70-98 du 03 avril 1970 en exécution d'une motion du congrès du PCT réuni en session extraordinaire du 29 au 31 mars 1970[375]. Le congrès confirmait le rôle déterminant de l'armée dans l'édification d'une société socialiste depuis la révolution dite des trois journées glorieuses des 13, 14 et 15 août 1963.

Les événements du 23 mars 1970 étaient l'occasion de se débarrasser du corps de la gendarmerie nationale, hérité de la colonisation et qui demeurait réfractaire à sa mutation. Le congrès reconnaissait que ce coup d'Etat avait connu un début d'exécution grâce à la complicité manifeste, délibérée, efficace et active d'une forte proportion des éléments de ce corps, qu'il fallait purement et simplement dissoudre. Ses membres devaient être reclassés au sein de l'Armée populaire nationale (APN) et les brigades de gendarmerie transformées en poste de police militaire, sous le contrôle direct de l'état majeur de l'APN.

b). Le coup d'Etat manqué du Lieutenant Ange Diawara du 22 février 1972 : Le M 22.

Ni l'échec de la tentative de putsch du 22 mars 1970, ni la dissolution de la gendarmerie nationale, ni la répression politico-judiciaire qui s'en était suivie, ne parvenaient rasséréner le climat politique et l'activisme des éléments réfractaires au sein de l'armée et du parti unique. A cela s'ajoutaient un contexte économique difficile et l'agitation sociale avec la grève des élèves et étudiants qui perduraient. La généralisation du malaise dans la population avait conduit le chef du parti à enclencher, suivant les recommandations du Comité central de décembre 1971, un vaste mouvement d'épuration au sein des structures du parti et de l'Etat pour se débarrasser de ce qui pouvait être qualifié de brebis galeuses.

Le bureau politique devait voir ses effectifs réduits de 10 à 5 membres, le Comité central allait aussi subir sa cure d'amaigrissement, tout comme le Gouvernement (le Conseil d'Etat) le 21 décembre 1971, avec le limogeage retentissant du lieutenant Ange Diawara de son portefeuille de ministre de l'Agriculture, des eaux et forêts dans lequel il s'était beaucoup investi.

---

[375] Cf. A. Gabou, *« les constitutions congolaises »,* op. cit. pp.346 et 347. Il convient de souligner le régime du CNR avait réussi la dissolution du corps de la défense civile par le reclassement d'un grand nombre de ces éléments et des milices au sein de l'armée. Ce qui n'était pas le cas du corps de la gendarmerie nationale.

Cependant, il était maintenu comme membre du bureau politique. Le capitaine Alfred Raoul, ancien Premier ministre, Président de la République intérimaire du 05 septembre 1968 au 1er janvier 1968, perdait ses fonctions de vice-président du Conseil d'Etat, en charge du commerce, de l'industrie et des mines, ainsi que de membre du bureau politique du parti congolais du travail.

La convergence des frustrations fut un des éléments déclencheurs du coup d'Etat du 22 février 1972, connu sous le nom de code *« M22 »,* conduite par le lieutenant Ange Diawara, ancien Chef de la défense civile sous le régime du MNR, mais qui rejoignit le capitaine Marien Ngouabi et incarnait l'aile gauche du Parti congolais du travail.

A la différence du coup d'Etat manqué du Lieutenant Pierre Kinganga du 20 mars 1970, le putsch du 22 février 1972, bien qu'étant mené par un groupe d'officiers dont le lieutenant Ange Diawara fut la figure de proue, paraissait, selon les témoins de l'histoire, être une vaste conspiration qui dépassait le cadre strict des militaires, en ce qu'il aurait des relais au sein même des structures du parti, voire des milieux syndicaux[376]. Ce coup de force échouait suite à la fuite du Lieutenant Ange Diawara et ses compagnons qui prirent le maquis de Ngoma tsé-tsé, pendant plus d'une année suite à sa neutralisation l'armée le 24 avril 1973[377].

c). Persistance des difficultés et la décadence du régime militaire de M. Ngouabi.

Le régime militaire installé par Marien Ngouabi depuis le succès de l'insurrection du 31 juillet 1968 et surtout avec la création du Parti congolais le 30 décembre 1969, ne cessait d'accumuler des difficultés, accentuées par une conjoncture économique internationale marquée par le premier choc pétrolier des années soixante-dix. La compagne d'épuration menée depuis la session du Comité central de décembre 1971, qui fut l'un des facteurs du putsch du 22 février 1972, n'avait guère atteint les résultats escomptés de surmonter les clivages au sein de la direction du parti et une véritable cohésion politique. Ce, avec en toile de fond une défaillance institutionnelle à tous les niveaux. Un recentrage de la ligne du parti s'imposait avec la radicalisation de la révolution, par la création d'un état-major spécial révolutionnaire.

Une déclaration dite du *« 12-12 »,* issue de la session du Comité central du parti congolais du travail du 12 décembre 1975, annonçait un vaste mouvement de radicalisation en vue d'un congrès extraordinaire du parti. Ce mouvement se traduisait dans un premier temps par la démission collective

---

376 Pour une analyse plus complète et précise, on peut utilement se référé à J. Ollandet, op. cit. pp.275 à 309 ; A. Gabou, *« Chronologie politique congolaise »,* op. cit. pp.67 à 69.

377 Idem.

du Bureau politique. Mais son président se maintenait en tant qu'il était le président du parti et du Comité central et, de droit, Président de la République, chef de l'Etat. Il allait de soi que le Commandant Marien Ngouabi se voyait confier la haute direction du Parti unique et de l'Etat.

Un Etat-Major spécial révolutionnaire (EMSR), créé par l'acte n° 42 du 12 décembre 1975, devait assurer les fonctions statutairement dévolues au bureau politique, former un nouveau gouvernement et procéder à la désignation des commissaires politiques. L'EMSR était un régime provisoire qui avait vocation à disparaître après le congrès extraordinaire du PCT et la désignation de nouvelles instances du parti, dont le bureau politique.

L'Etat-Major spécial révolutionnaire (EMSR) était composé de cinq membres dont trois militaires, le Commandant Marien Ngouabi, Président du Comité central, Président de la République, Chef de l'Etat, qui le présidait ; le Commandant Louis Sylvain Goma, Président de la Commission du plan du Parti et nouveau Premier ministre, le commandant Denis Sassou Nguesso, secrétaire chargé de la commission permanente de l'armée et ministre de la défense et la sécurité, et deux civil, Jean Pierre Thystère-Tchicaya, secrétaire permanent chargé de l'organisation et de l'administration du Parti et Jean Pierre Ngombé, en charge de la propagande et de l'éducation, Ministre de l'information, des poste et télé communication.

Enfin, il ressortait de la déclaration de 12-12 que, l'Etat-major spécial devait s'appuyer, pendant la période de radicalisation de la révolution, sur les cadres et combattants de l'armée populaire nationale pour soutenir le mouvement et assurer la sécurité du peuple et des acquis de la révolution congolaise des trois journées glorieuses des 13, 14 et 15 août 1963.

Ce fut un vœu pieux, puisque 15 mois plus tard, le congrès extraordinaire du Parti ne s'était pas tenu. Car, le Commandant Marien Ngouabi, Président du comité central du Parti, Président de la République et chef de l'Etat, fut assassiné le 18 mars 1977. Dans cette confusion, furent également assassinés l'ancien Président de la République, Alphonse Massamba-Débart, et le cardinal Emile Biayenda.

Le hasard du destin fit que le premier régime militaire, qui prit le pouvoir par les armes lors de l'insurrection du 31 juillet 1968, se refermât cruellement dans la douleur et par les armes, après tant de péripéties émaillées de violence et de sang. S'en suivra un autre régime tout aussi militaire.

III). L'intermède du Comité militaire du parti (CMP).

*« Le pire de tous les despotismes, c'est le gouvernement militaire » ! (*Robespierre).

Le régime du Comité militaire du parti (CMP) est un régime atypique dans les circonstances de son intervention et son envergure.

a). Une violation flagrante du schéma constitutionnel.

La junte militaire, composée de 11 officiers et officiers supérieurs, mise en place pour exercer le pouvoir au lendemain de l'assassinat du Président Marien Ngouabi, fut l'archétype même d'un régime prétorien et martial. Il confine au despotisme. En dépit du contexte particulier et sans précédent dans l'histoire du pays qui vit l'assassinat dans la foulée du Président de République en exercice, d'un ancien Président de la République et du plus haut prélat du pays, la prise du pouvoir par le Comité militaire du parti se fit en violation flagrante du schéma constitutionnel et statutaire sur la vacance de la présidence de la République et la désignation de son successeur.

En effet, l'article 40 de la constitution du 24 juin 1973 disposait, *« en cas de vacance de la Présidence de la République pour quelque cause que ce soit, ou d'empêchement, constatée par un plénum réunissant les membres du Comité central et de l'Assemblée nationale populaire, statuant à la majorité absolue des membres composant ce plénum, les fonctions de Président de la République, à l'exception des pouvoirs prévus par les articles 38 alinéa 1er, 41, 43, 44, 45, 46 et 47, sont provisoirement exercées par le Président de l'Assemblée nationale populaire.*

Le Congrès du parti est convoqué dans un délai de trois mois à compter la constatation de la vacance en vue d'élire le nouveau Président de la République ».

Or, en l'espèce, ainsi qu'il ressort de l'acte 005-PCT du 19 mars 1977 portant création du Comité militaire du parti, cet organe se voyait déléguer la plénitude des pouvoirs du Comité central du PCT, à l'effet, d'une part de préparer les obsèques nationales du Président du Comité central du parti, Président de la République, Chef de l'Etat et Président du Conseil d'Etat ; et d'autre part, de coordonner les activités du Parti, gérer les affaires de l'Etat et d'assurer la défense du peuple et de la révolution jusqu'à nouvel ordre.

b). La légitimation du pouvoir militaire par les nécessités de la révolution.

La création du Comité militaire du parti ainsi que toutes les décisions subséquentes furent motivées par *« les nécessités de la révolution ».* Elles constituèrent un motif de légitimation de l'intervention de l'armée pour maintenir et perpétuer l'exercice du pouvoir par les militaires, surtout dans un contexte particulièrement troubles, d'agitations, de confusion et de grave crise institutionnelle ; qui aurait risqué de plonger le pays dans le chao. D'aucuns pensent qu'il s'agissait des circonstances extrêmement exceptionnelles où le pays était au bord de l'implosion et d'une guerre civile. Dès lors, l'armée serait le seul recours pour éviter le chao !!!

Si *« les nécessités de la révolution »,* concept au demeurant non clairement défini, commandèrent à tout le moins que le cap de l'édification du socialisme scientifique au Congo, tel qu'énoncé dans l'article 1er des statuts du parti du 31 décembre 1972, devait être maintenu ; il n'y avait aucun inconvénient à ce que le Comité central du parti congolais du travail pût charger un organe ad hoc pour préparer et organiser, sous son contrôle, les obsèques du Président assassiné. Et, l'armée devrait continuer de jouer son rôle de gardienne de la révolution. D'ailleurs, l'article 19 des statuts du parti congolais du travail prévoyait, dans son alinéa 2, que le Comité central pouvait exceptionnellement prendre toute initiative indispensable à la bonne marche de la politique intérieure et extérieure du parti et de l'Etat lorsque l'intérêt de la révolution l'exige et selon les principes du marxisme-léninisme. Mais, cela nécessitait la convocation de la conférence nationale au moins une fois tous les deux ans. Cela n'allait pas jusqu'à violer la constitution.

Cependant, aucune disposition de la constitution du 24 juin 1973 ne prévoyait, en dehors du cadre strictement défini de l'article 40 sur la vacance de la présidence de la République ou l'empêchement de l'autorité qui en est investie, un autre mécanisme pour en assurer l'intérim et la conduite des affaires de l'Etat et de la Nation.

Par ailleurs, le parti dirigeant l'Etat, aucune disposition des statuts de ne prévoyait de confier les prérogatives du Comité central à un organe qui échapperait à son contrôle. Or, en s'octroyant la délégation de la coordination des activités du parti, en lieu et place du Comité central, le Comité militaire du parti avait acquis une légitimité de fait, une légitimité qui le hissait *ipso facto* au-dessus des organes du parti. La délégation de compétences ainsi consentie était quasiment *ad vitam aeternam*, c'est-à-dire jusqu'à nouvel ordre. Donc pas limitée dans le temps. Dès lors, ce qui en apparence ne devait être qu'un intermède allait subrepticement se pérenniser.

c). Une autorégularisation par un nouveau cadre juridique.

Pour parachever la légitimation du pouvoir militaire installé par le fait du prince, il eut fallu un glissement procédural qui aboutit à une autorégularisation a postériori par l'adoption d'un nouveau cadre juridique. Il s'agissait, en l'occurrence de deux actes.

D'une part, l'acte n°001-PCT-CMP du 03 avril 1977 fixant l'organisation et la structuration du Comité militaire du parti. Cet acte opérait une redistribution des compétences entre les 3 trois principaux membres du CMP : le Président du CMP, le Colonel Joachim Yhombi-Opango, à qui étaient dévolues les fonctions de Président de la République, Chef de l'Etat et Président du Conseil des ministres ; le Premier vice-président du CMP, le Commandant Denis Sassou Nguesso, en charge de la coordination des activités du Parti et de la supervision des commissions et départements de contrôle et de vérification, de l'organisation, des relations extérieures, de l'éducation et de la propagande, en sus des fonctions de ministre de la défense nationale ; du deuxième vice Président du CMP, le Commandant Louis Sylvain Goma, qui cumulait les fonctions de Premier ministre, Chef du Gouvernement avec celles de ministre du plan. Les huit (8) autres membres n'avaient aucune fonction particulière au sein du CMP. Sauf le Capitaine Florent Tsiba, qui en était le porte-parole et dont la voix tonitruante faisait même vibrer un poste transistor à la lecture des communiqués et comptes rendus du Comité militaire du parti.

D'autre part, l'acte fondamental du 05 avril 1977 déterminant l'organisation et le fonctionnement des pouvoirs publics jusqu'à la promulgation de la nouvelle constitution. Il abrogeait la constitution du 24 juin 1973 dans les dispositions qui ne lui seraient pas conformes. Cet acte fondamental mettait entre parenthèses le régime militaire qui prévalait depuis l'insurrection du 31 juillet 1968 et qui avait survécu jusque-là au gré des soubresauts que nous avons évoqués plus haut. Ce, même si dans le discours dominant de l'époque, il ne s'agissait que d'un changement dans la continuité pour sauvegarder les acquis de la révolution de 1963.

En somme, le régime du CMP s'était révélé comme un régime militaire autoritaire, de concentration et de confusion des pouvoirs du Parti et de l'Etat. Le congrès extraordinaire qui aurait pu déboucher sur la mise en place des nouveaux organes du Parti ne fut jamais convoqué, ni la nouvelle constitution rédigée. Le CMP exerçant son emprise sur le Parti, qu'il dirigeait désormais. En témoigne l'acte n° 015 du 16 septembre 1977, dont il ressort que le Comité central du PCT devrait se contenter de l'organisation et du fonctionnement du parti au plan territorial et sectoriel. Mais, pas au sommet.

Au niveau de l'Etat, le régime militaire brillait par une concentration, voire une confusion des pouvoirs entre les mains du Président du CMP qui légifère par ordonnance, le parlement étant dissout. Les portefeuilles importants du gouvernement étaient occupés par les membres influents du CMP. Sur le plan idéologique, le régime fut taxé à tort ou à raison d'emprunter une ligne droitière et liquidationniste. Sur le plan économique et social, le régime n'était pas en mesure de juguler la crise économique, bien que préexistante, qui ne faisait que s'aggraver. Le malaise gagnait les couches sociales qui subissaient de plein fouet les effets de la crise face à l'embourgeoisement d'une partie des élites et des leaders. Les mécontentements étaient contenus par la peur des représailles, de la répression que la junte militaire faisait craindre. Brefs, tous ces facteurs allaient précipiter la fin du régime du CMP après environ deux années d'un règne transitionnel inédit à l'époque.

IV). La continuité et la fin apparente de la dynamique des régimes militaires.

Le renversement du régime du Comité militaire du Parti, à l'issue de la session du Comité central du 5 au 8 février 1979, aurait pu susciter l'espoir d'un retour du pouvoir civil. Dans la mesure où depuis les événements du 18 mars 1977, le parti congolais du travail, bien que placé sous *« la tutelle du CMP »,* fut géré par son secrétaire permanent, un civil en la personne de Jean-Pierre Thystère Tchicaya.

a). Sous les régimes antérieurs et postérieurs au 3ème congrès extraordinaire du parti.

Pour autant, c'est le Comité militaire du parti lui-même qui, par décision du 27 janvier 1979, avait convoqué le Comité central en session ; à l'issue de laquelle l'acte n°002-PCT-CMP du 05 février 1979, abrogeait l'acte n°005-PCT du 19 mars 1977 portant création du Comité militaire du Parti. Cette abrogation consacrait la fin de l'intermède du CMP. Pour restaurer l'autorité du Parti, Le Comité central décidait de convoquer le troisième Congrès extraordinaire qui devait mettre en place les nouveaux organes du Parti, conformément à ses statuts.

Cette tâche fut confiée à un organe provisoire dénommé Comité préparatoire au troisième congrès extraordinaire du PCT, présidé par l'ancien Premier Vice-président du Comité militaire, en charge de la coordination des activités du Parti. S'ouvrait alors une nouvelle période de transition régie par l'acte n°005-PCT-CC du 07 février 1979, calqué dans une certaine mesure sur celui de l'acte fondamental du 05 avril 1977, avec une particularité que le Comité préparatoire n'avait pas vocation à durer au-delà de l'entrée en fonctions des institutions issues du 3ème congrès extraordinaire du parti unique.

S'il ne s'agissait pas d'une junte militaire, le Comité préparatoire au 3ème congrès extraordinaire du parti n'installait pas moins un régime militaire. Car, son Président, le Colonel Denis Sassou Nguesso, ancien 1er vice-président du CMP, était d'office Président de la République, Chef de l'Etat, Président du Conseil des ministres. Le Gouvernement fut dirigé par l'ancien 2ème vice-président du CMP, le Colonel Louis Sylvain Goma, maintenu à ce poste.

Le changement dans la continuité de la dynamique de régime militaire se poursuit avec les institutions issues du 3ème congrès extraordinaire du parti du 30 mars 1979, qui adoptait les nouveaux statuts du parti, rétablissait le bureau politique, confirmait le rôle du Comité central comme organe suprême du parti dans l'intervalle des congrès. Le Président du Comité préparatoire fut élu Président du Comité central et, de droit, Président de la République, Chef de l'Etat.

Les nouveaux statuts confirmaient et clarifiaient la politisation de l'armée à travers la commission permanente à l'armée en tant qu'organe du Comité central du parti congolais du travail spécialisé en matière de défense et de sécurité. Ses missions consistaient à assurer les objectifs du parti dans la défense et la sécurité du peuple ainsi que de la révolution ; l'organisation et le fonctionnement des structures du parti et des organisations de masse au sein de l'armée population nationale ; la formation et l'éducation politique et idéologique des combattants et cadres de l'armée populaire nationale ; la participation de l'armée populaire nationale aux taches de développement économique, social et culturel ; le lien permanent entre l'armée et peuple. Enfin, la commission permanente à l'armée devait rendre compte de ses activités au Comité central.

b). La constitutionnalisation du rôle de l'armée sous la constitution du 08 juillet 1979.

Toutes les constitutions que le Congo connut jusque-là comportaient des dispositions relatives à l'armée. Soit dans le cadre des prérogatives militaires du Chef de l'Etat en tant que Chef suprême des forces armées, ou de recours à la force publique en cas de circonstances exceptionnelles (état d'urgence ou état de siège) ou de déclaration de guerre. Soit en matière de nomination aux emplois et fonctions civils et militaires. Soit dans le cadre du domaine de la loi dévolue au parlement en matière de détermination des principes fondamentaux de l'organisation générale de la défense.

La nouveauté dans la constitution du 08 juillet 1979 résidait dans la consécration constitutionnelle du rôle de l'armée, au titre VI (articles 99 et 100) dédié à l'armée populaire nationale. Elle est définie non pas comme un organe constitutionnel classique, mais comme un *« instrument de la révolution congolaise »,* dont la mission principale fut la sauvegarde de l'indépendance et de la souveraineté nationales. Ainsi donc, l'armée était chargée de la sécurité de la révolution et de la défense de l'unité et de l'intégrité territoriales. A ces fonctions régaliennes, le constituant de 1979 constitutionnalisait également le rôle économique, social et culturel de l'armée en tant qu'un acteur de développement en vue de l'édification d'une société socialiste.

La constitutionnalisation du rôle de l'armée, aux côtés des institutions civiles et politiques de l'Etat fut incontestablement un facteur de renforcement du pouvoir militaire, qui s'inscrivait dans le droit fil de la dernière évolution institutionnelle amorcée par le 3ème congrès extraordinaire en définissant l'institution militaire dans les nouveaux statuts du parti comme un des organes du Comité central du PCT, parti unique.

On se souviendra encore que les régimes militaires auront cessé de gouverner le Congo avec l'abandon du monopartisme et le retour au multipartisme suite à la conférence nationale souveraine de 1991.

Section 2 : La force publique depuis le rétablissement du multipartisme.

L'abandon du monopartisme au Congo au début des années 1990 s'était accompagné de la fin des régimes militaires, consacrant la dépolitisation de la force publique qui, aux termes des dispositions de l'article 54 de l'acte fondamental du 04 juin 1991, comprend l'armée nationale, la police nationale et la gendarmerie nationale. Cette nouvelle donne n'allait pas sans se heurter aux réflexes et habitudes militaristes bien ancrés pendant plus de deux décennies.

§ 1 : La dépolitisation imparfaite de la force publique pendant la transition de 1991.

L'une des recommandations de la Conférence nationale souveraine de 1991 fut d'en finir avec les régimes militaires dans la gouvernance institutionnelle du pays. Le retrait de l'armée du jeu politique et le cantonnement des militaires dans les casernes s'étaient également traduits, outre le rétablissement de la gendarmerie, par la suppression de la milice populaire (créée en 1970), par la suppression de la police militaire, la débaptisation de l'Armée populaire nationale, qui reprend sa dénomination des Forces armées congolaises (FAC). Le but était de reconstruire une force publique nouvelle et républicaine. Mais, la dépolitisation de l'armée pendant la période de la transition démocratique de 1991 à 1992 était imparfaite pour plusieurs raisons.

A). Au regard des principaux acteurs de la transition démocratique.

Le consensus obtenu pendant la conférence nationale souveraine fut de dépouiller le Président de la République en exercice de ses prérogatives essentielles, y compris celles de Chef suprême des forces armées, dont il fut toujours en activité et l'officier général le plus élevé dans la hiérarchie militaire (en redoutant un coup de force qui viendrait saborder le processus de transition vers la démocratie pluraliste). Ces prérogatives militaires étaient confiées à un Premier ministre, un civil, Chef du Gouvernement, exerçant par ailleurs les fonctions de ministre de la défense, en la personne de André Milongo (un ancien cadre de la Banque mondiale), désigné par un Conseil supérieur de la République qui faisait office de Parlement de transition (Présidé par Mgr. Ernest Kombo). Cette situation aura été une source de difficultés, rendant imparfaite l'interdiction faite à l'armée de s'immiscer du jeu politique à l'écart duquel elle devrait désormais se tenir.

Cela, même si le maintien du Général Jean Marie Michel Mokoko, Chef de l'état-major général des FAC, en poste depuis la période du monopartisme en 1987, fut jugé comme une assurance contre toute velléité de basculement du processus démocratique. Le but étant de réduire et d'annihiler l'influence de l'armée dans le jeu politique.

Cependant, le régime de la transition démocratique présentait une ambivalence en raison de la cohabitation d'un Président de la République, le général Denis Sassou Nguesso, Chef de l'Etat, mais délesté de ses prérogatives régaliennes au profit d'un Premier ministre civil, André Milongo, attributaire des fonctions de Chef suprême des armées et de ministre de la défense, le véritable chef de l'exécutif.

Il ne s'agissait pas non plus d'un régime confessionnel du seul fait de la présidence du Conseil supérieur de la République (CSR) par un haut dignitaire ecclésiastique, un prélat, Monseigneur Ernest KOMBO. Car, le caractère laïc de l'Etat était bien réaffirmé dans l'acte fondamental du 04 juin 1991 au titre des principes de la République.

B). Au regard de la résurgence de l'armée et le recadrage politique.

Les acteurs de la transition démocratique qui suivit la conférence nationale souveraine du 25 février 1991 au 10 juin 1991 avaient, dans une certaine mesure, favorisé la résurgence de l'armée pour un recadrage de l'action politique. La mutinerie des parachutistes du Groupement aéroporté (GAP), un corps d'élite des forces armées congolaises, débutée le 15 janvier 1992, illustrait manifestement une dépolitisation imparfaite de l'institution militaire.

L'une des causes de cette mutinerie résidait dans les changements opérés le 14 janvier 1992 par le Premier ministre de transition au sein du haut commandement, bien qu'ayant maintenu le Général Jean Marie Michel Mokoko dans les fonctions de Chef de l'Etat-Major. Les parachutistes réclamaient entre autres l'abrogation des nominations à la tête des différents corps, unités et directions des forces armées et le rétablissement des officiers déchus dans leurs fonctions, la révocation d'un colonel en activité qui fut nommé Secrétaire d'Etat à la défense, la réintégration dans l'armée des militaires révoqués pour des raisons politiques sous les régimes du MNR et du PCT, la tenue en urgence des états généraux des forces armées congolaises. Ce, outre les revendications d'ordre salarial[378].

En effet, l'armée semblait jouer un double rôle. D'une part, celui de l'arbitre ou du garant de l'irréversible processus de transition démocratique pour lequel le Chef de l'état-major, le général Mokoko, faisait fonction de caution à la fois morale et institutionnelle. D'autre part, l'armée venait jouer les trouble-fête.

Même s'il s'agissait d'une fraction minoritaire des FACS, nostalgique d'une hégémonie militaire évanescente, dont la capacité de nuisance était encore réelle. Elle avait réussi à créer une crise qui divisa les institutions de la transition. Un bras de fer s'engageait entre les mutins et le gouvernement, sous le regard bienveillant du Conseil supérieur de la République envers les mutins, sans laisser indifférentes les puissances étrangères, notamment la France et les USA qui s'en impliquaient à travers leurs ambassadeurs respectifs au Congo.

Cependant, l'issue fut que les mutins avaient eu, en grande partie, gain de cause. Car, le 17 janvier 1992, les nominations du 14 janvier 1991 contestées furent purement et simplement annulées. Le Premier ministre de transition, qui s'était enfui le 19 janvier 1992, réapparaissait le 21 janvier 1992 pour reprendre ensuite la tête d'un nouveau gouvernement, dans lequel un général en activité des forces armées congolaises, Raymond Damase Ngollo, fut nommé ministre de la défense. Les états généraux de l'armée se tenaient du 19 au 27 février 1992.

Enfin, le caractère imparfait de la dépolitisation de l'armée sera encore confirmé par le ministre de la défense dans sa déclaration du 31 janvier 1992. Bien que dénonçant la présence d'associations à caractère tribal ou régionaliste dans l'armée, il annonçait la participation des militaires dans les commissions électorales. Cela fut acté le 22 février 1992 entre le Bureau du Conseil Supérieur de la République et le Gouvernement de transition[379].

§2. L'état de la force publique postérieurement à la transition démocratique.

La force publique pâtit, postérieurement à la transition démocratique, d'un sentiment de défiance auprès des leaders politiques, favorisant fatalement l'émergence des milices partisanes comme un succédané.

A). La crise de confiance envers la force publique.

La force publique congolaise, bien que dépolitisée, subissait une crise de confiance encore vivace à cause du rôle que l'armée joua pendant des

[378] Cf. A. Gabou. *« Chronologie politique congolaise »*, op. cit. pp. 137 et suivantes.
[379] Cf. A. Gabou, op. cit.142-151.

décennies sous le monopartisme. Elle était accusée à tort ou à raison d'être gagnée par des clivages subjectifs, gangrénée par des travers ethnorégionalistes[380], sans forcément incarner une dimension républicaine. Pourtant, elle avait vocation, selon le constituant, notamment celui du 15 mars 1992, à être apolitique, à n'être soumise qu'aux lois et règlements de la République, à n'être instituée que dans l'intérêt général et non à des fins individualistes ou partisanes, à être subordonnée au pouvoir civil, etc.

Cette perte de confiance nourrissait de la part de la classe politique émergente au Congo, en proie à des querelles intestines, un sentiment de méfiance qui confinait à la défiance ; un sentiment peu propice à la consolidation d'une force publique véritablement républicaine et respectable, qui agirait dans le cadre des missions qui sont traditionnellement les siennes ; telles qu'elles sont définies par la constitution, les lois et règlements de la République et dans l'intérêt de tous, l'intérêt du peuple, l'intérêt de la Nation. Bref, dans l'intérêt général.

B). L'émergence des milices partisanes.

C'est la conséquence du déficit de confiance dont la force publique pâtissait auprès des citoyens et de la classe politique ; une profonde défiance. Ce, en raison de l'incapacité de la force publique à rétablir et à maintenir la paix et l'ordre public dans le pays. Cette situation conduisit les leaders politiques à créer, en toute illégalité, des milices partisanes envers lesquelles ils éprouvèrent le sentiment et l'assurance d'être mieux protégés et plus en sécurité. La défiance envers la force publique fut à son comble. Car, même le pouvoir en place avait constitué des groupuscules de miliciens, sous la forme d'une réserve ministérielle *(aubevillois et cocoyes)* pour affronter les milices partisanes des opposants *(ninjas, cobras et autres)*, alors qu'il avait, au nom de l'Etat et de l'effectivité du pouvoir, le monopole de la force publique légitime et régalienne.

Donc, la contrainte légitime[381] pour garantir la paix, l'ordre public et la stabilité du fonctionnement des institutions de la République. Les affrontements postélectoraux des années 1992, 1993 et 1994 en sont une patente illustration. A cela s'ajoutaient, la guerre civile de juin à octobre 1997, celles de 1998 ainsi que la dernière guerre du pool déclenchée la veille

---

380 Pour un auteur comme F. Bankounda, l'armée congolaise est fortement ethnicisée suite aux affrontements de 1993-1994, 1997 et 1998, in *«Congo-Brazzaville, une septième constitution pour quoi faire ? »*, Politique africaine, 2001, n°1, pp. 163-170. On peut utilement s'interroger si cette ethnicisation de l'armée n'avait pas prévalu pendant les décennies du monopartisme avec la politisation de l'institution militaire.

381 Sur cette notion, Cf. Max Weber (1919), « Le savant et le politique », Paris, Union Générale d'Éditions, 1963; Michel Troper, *« Le monopole de la contrainte légitime », (légitimité et légalité dans l'Etat moderne)*, Paris, éditions Hazan, 1995/2, n°25, pp.34-47 ; Catherine Colliot-Thélène, *« La fin du monopole de la violence légitime ? »*, Revue d'études comparatives Est-Ouest, 2003, n° 34-1 pp. 5-31 .

de la proclamation des résultats de l'élection présidentielle du 20 avril 2016, comme nous le verrons plus loin.

S'agissant spécifiquement de ce phénomène des milices partisanes, dont la création constitue, aux termes de l'article 173 de la constitution du 20 janvier 2002 et repris par l'article 207 de celle du 25 octobre 2015, un crime puni par la loi, il sied de souligner que c'était la reproduction d'une pratique institutionnelle qui avait prévalu dès la deuxième République sous le régime du MNR.

Le recours à ces forces parallèles pendant les années d'affrontements internes, ne fut que le rejaillissement des vieux réflexes encore vivaces et ancrés dans la mémoire des acteurs politiques dont la plupart avaient officié à l'époque de la défense civile et des milices ouvrières ou sous les régimes successifs du CNR et du PCT. Le surarmement de ces milices partisanes avait fatalement plongé le pays dans l'abime.

Enfin, l'ordonnance n° 4-2001 du 05 février 2001, portant statut général des militaires et des gendarmes, restreint dans son article 6 leur liberté d'opinions et de croyances philosophiques, religieuses ou politiques. Ils ne peuvent les exprimer qu'en dehors du service, avec les réserves qu'exige l'état militaire. L'article 8 de cette même ordonnance interdit carrément aux militaires en service d'adhérer à des groupements ou associations à caractère politique ou syndical.

Ce régime devrait évoluer dans le sens du renforcement de l'apolitisation de l'armée par la modification du statut général des militaires et des gendarmes, qui restreint le droit des militaires de se porter candidat à une élection politique ; en leur interdisant de le faire tant qu'ils sont encore en service[382]. Cette restriction est conforme aux dispositions de l'article 58 alinéa 5 de la Constitution du 25 octobre 2015 qui dispose que, *« Les magistrats et les agents de la force publique ne peuvent adhérer aux partis politiques »* et, celles de l'article 205 qui disposent que, *« La force publique est apolitique. Elle est soumise aux lois et règlements de la République. Elle est instituée dans l'intérêt général. Nul ne doit l'utiliser à des fins personnelles.*

La force publique est subordonnée à l'autorité civile. Elle n'agit que dans le cadre des lois et règlements. Les conditions de sa mise en œuvre sont fixées par la loi ».

La loi n° 10-2021 du 27 janvier 2021, portant statut général des militaires et des gendarmes[383], précise dans son article 1er que, *« les militaires et les gendarmes sont au service de la Nation. Leur mission est de préparer et d'assurer la défense militaire et la sécurité du territoire national, des institutions de la République ainsi que des populations et de leurs biens ».* Ils sont tenus à un devoir de neutralité comme l'exige l'état militaire.

---

[382] Cf. Compte rendu du Conseil des ministres du 11 août 2020.

[383] Loi n° 10-2021 du 27 janvier 2021, portant statut général des militaires et des gendarmes, JORC, n° 6, du jeudi 11 février 2021, 235.

Le nouveau statut général des militaires et gendarmes confirme l'apolitisation de la force publique, en ce que l'article 7 de la loi 27 janvier 2021 dispose qu'*« Il est interdit aux militaires de créer des partis politiques, des groupements ou associations à caractère politique ou syndical ou d'y adhérer »*. L'article 8 de cette loi confirme aussi l'interdiction faite aux militaires d'être candidats à une élection politique[384].

Enfin, bien que participant au vote comme tout citoyen congolais non déchu de ses droits civils et politiques, une nouveauté intervenait à l'élection présidentielle de 2021 où les membres de la force publique (militaires, gendarmes et policiers) étaient autorisés à voter par anticipation le 17 mars 2021, alors que le corps électoral était convoqué le 21 mars 2021. C'était officiellement dans le but de bien sécuriser le scrutin.

---

[384] *« Le militaire ne peut se porter candidat à une élection politique que lorsqu'il se trouve dans l'une des situations de cessation de l'état militaire prévues au chapitre 7 du titre III de la présente loi »*, article 8 de la loi n° 10-2021 du 27 janvier 2021.

Cinquième partie : L'administration territoriale de la République.

L'administration territoriale renvoie à la manière dont sont organisées et gérées les structures administratives locales dans l'espace de la République. Elle est assurée par les collectivités locales dans le cadre de la décentralisation et les circonscriptions administratives, cadre de déploiement de l'autorité de l'Etat au niveau territorial au titre de la déconcentration pour se distinguer de l'administration centrale. Le territoire national étant subdivisé en structures administratives appelées tantôt collectivités territoriales, tantôt collectivités locales, pour désigner une seule et même réalité, les différents échelons constitutionnellement ou légalement définis, tantôt en circonscriptions administratives sans forcément être dotées de la personnalité morale. Cette organisation peut induire soit une forte implication de l'Etat dans une approche de centralisation et/ou de déconcentration ; soit un degré plus ou moins large de liberté, dit décentralisation, sans préjudice des prérogatives régaliennes de l'Etat. Dans ce dernier cas, ces entités sont caractérisées par une personnalité juridique qui en fait des titulaires des droits et des obligations, dotées de l'autonomie financière, des compétences propres dévolues par la loi ; l'exercice d'un pouvoir décisionnel à travers les organes qui leur sont propres. Enfin, l'absence de lien de subordination entre-elles, si ce n'est une coopération dans le cadre de la loi. Le schéma suivi au Congo s'articule ainsi autour des principes de la déconcentration et de la décentralisation pour l'administration de son espace territorial. Ce schéma a évolué au cours de son histoire institutionnelle.

Titre 1er : Une administration territoriale centralisée.

Avant 2015, cette forme d'organisation et d'administration du territoire a, d'une part, procédé de l'héritage colonial et, d'autre part, été imposée au gré des circonstances.

Section 1 : L'héritage colonial de la centralisation.

L'administration centralisée du territoire congolais a prévalu avant et surtout après l'indépendance jusqu'en 1973. Elle consistait dans l'administration territoriale par le pouvoir central, bien que l'étendue de l'empire colonial nécessitât une forme de déconcentration, comme ce fut le cas dans les espaces constituant l'Afrique équatoriale française (AEF) et l'Afrique-Occidentale française (AOF), avec une subdivision en circonscriptions (département ou région), districts et villages. La loi-cadre du 23 juin 1956 consacrait une évolution marquée par la suppression du Gouverneur général de l'ensemble du bloc colonial (AEF) et son remplacement par un Haut commissaire, représentant l'Etat colonial. L'institution de la Communauté des Etats, autour de l'ancienne métropole, ne favorisait pas non plus la mise en place des structures véritablement décentralisées dans le territoire du moyen Congo, devenu République du Congo le 28 novembre 1958 ; en dépit des compétences réservées à l'Etat français.

Ce schéma ne sera pas non plus abandonné après l'accession du Congo à l'indépendance. En témoignent l'ordonnance n° 07/63 du 3 octobre 1963, instituant les conseils de préfecture et de sous-préfecture, ainsi que le décret n° 64-406 du 15 décembre 1964 relatif aux pouvoirs des préfets et à l'organisation des services administratifs de l'Etat dans les préfectures. Cette organisation comprenait en outre des postes de contrôle administratif (PCA) et des villages. Ces structures furent administrées respectivement par un préfet, un sous-préfet ou un chef de poste de contrôle administratif, assisté d'organes purement consultatifs (les conseils de préfecture et des conseils de sous-préfecture).

Les changements de dénomination des principales collectivités locales par les décrets de 65-81 du 10 mars 1965 portant création du Commissaire du gouvernement ; n° 67-243 du 25 août 1967 fixant l'organisation administrative territoriale de la République ainsi que les limites et les chefs-lieux des régions, et n° 68-6 du 4 janvier 1968 relatif aux pouvoirs des Commissaires du gouvernement et des chefs de districts n'avaient guère conduit à l'abandon de la logique centraliste. Ce, nonobstant la circonstance que ces textes substituaient les régions aux Préfectures et les districts aux sous-préfectures[385]. S'agissant des Communes, l'organisation coloniale instituait trois catégories de Communes : les communes de plein exercice, les communes de moyen exercice et les communes mixtes. D'une catégorie à l'autre, l'exécutif était nommé par le pouvoir central[386].

Section 2 : Une centralisation au gré des circonstances.

L'administration territoriale centralisée s'est imposée en République du Congo au gré des circonstances, en rupture avec l'ordre décentralisateur existant.

§ 1 : La centralisation sous le Comité militaire du parti (CMP).

Sous le régime militaire de l'acte fondamental du 05 avril 1977 dont les articles 2 et 3 abrogeaient les dispositions de la constitution du 24 juin 1973 relatives aux pouvoirs populaires (conseils populaires des régions, districts et communes), l'article 23 renvoyait à une ordonnance la fixation de l'organisation et du fonctionnement des collectivités locales. Il mettait ainsi fin à la première expérience congolaise de la décentralisation instituée par la constitution du 24 juin 1973. Les ordonnances du 06 juin 1977 (n° 20-77 et n° 21-77), remplaçaient les conseils populaires des districts, régions et communes par des délégations spéciales. Sous ce régime, les collectivités locales étaient administrées par un Président de la délégation spéciale, nommée par décret présidentiel.

§ 2 : La centralisation sous les régimes provisoires de février et mars 1979.

Les régimes des actes *''fondamentaux''* du 07 février et 30 mars 1979, bien qu'ayant renversé celui du CMP, ne revenaient pas non plus, ne serait-ce qu'immédiatement, sur l'abandon de la décentralisation. Car, leurs articles 2 et 3 n'étaient que la reproduction des dispositions similaires de l'acte fondamental du 05 avril 1977.

Cependant, c'était dans la suite du congrès extraordinaire du parti congolais du travail du 27 au 30 mars 1979, dans la perspective du référendum du 8 juillet 1979 et des élections à l'Assemblée nationale et aux

---

[385] Sur toutes ces questions, Cf. JM. Breton et al, Droit public congolais, op. cit. pp. 215 et suivants.

[386] Cf. J.M. Breton, op. ci. P. 246. Loi du 18 novembre 1955 portant réorganisation municipale en AOF et AEF, au Togo, Cameroun et Madagascar.

conseils populaires de régions, districts et communes, que l'ordonnance n° 13-79 du 10 mai 1979 devait renouer avec la décentralisation.

§ 3 : La centralisation sous la transition démocratique de 1991-1992.

Après la conférence nationale souveraine, consacrant la fin du monopartisme, la centralisation de l'administration territoriale de la République fut rétablie sous la transition démocratique en raison de la dissolution, par l'acte fondamental du 04 juin 1991 dans son article 90, des Conseils populaires des régions, des communes et des districts élus le 24 septembre 1989, au même titre que la dissolution l'Assemblée nationale populaire élue le 24 septembre 1989, celle du Conseil constitutionnel et du Conseil économique et social. Comme en disposaient ses articles 82 et 83, qui maintenaient les différents échelons administratifs locaux, pendant la période de transition. Les régions, communes, arrondissements et districts étaient dirigés par des administrateurs nommés par le gouvernement de transition.

§ 4 : La centralisation sous le régime de l'acte fondamental du 24 octobre 1997.

L'acte fondamental du 24 octobre 1997, adopté à la fin de la guerre civile de juin à octobre 1997, abrogeait l'ensemble des institutions issues de la constitution du 15 mars 1992. Il rétablissait la centralisation de l'administration territoriale de la République dans les mêmes termes que sous l'acte fondamental du 04 juin 1991. Cela en dépit du fait que son article 1er, reproduisant celui de la constitution du 15 mars 1992, réaffirmait le caractère décentralisé de l'Etat congolais. Mais, pendant la longue période de transition qui dura quasiment 5 ans de 1997 à 2002, les régions, les communes, les arrondissements et les districts étaient dirigés par des administrateurs nommés par le gouvernement[387].

[387] Cf. article 79 de l'acte fondamental du 24 octobre 1997.

Titre 2 : L'administration territoriale décentralisée sous le monopartisme.

Sous le monopartisme, l'administration territoriale était décentralisée avec l'institution des pouvoirs populaires qui, bien qu'étant supprimés sous le régime du Comité militaire du parti, furent rétablis en 1979.

Section 1. Une expérience interrompue de la décentralisation de 1973 à 1977.

Le Congo a connu une expérience de décentralisation, avec l'institution des pouvoirs populaires sous les constitutions du 30 décembre 1969 et du 24 juin 1973. Mais, elle fut remise en cause en 1977, sous le régime du Comité militaire du parti.

En effet, c'est sous la constitution du 30 décembre 1969 que le Congo optait pour une administration décentralisée du territoire dans son article 61, à travers les Conseils populaires des communes, districts et régions considérés comme des organes du pouvoir d'Etat dans les localités.

Cependant, ces Conseils populaires furent créés par deux ordonnances n° 16-73 du 04 juin 1973 pour les districts et les régions et n° 17-73, du même jour, concernant l'organisation municipale. Ces institutions de l'administration décentralisée étaient élues le 24 juin 1973, pour un mandat de 3 ans, au même moment que le référendum sur la constitution de 1973, conformément à l'ordonnance n° 15-73 du 04 juin 1973 portant loi électorale pour le référendum constitutionnel et les élections à l'Assemblée nationale populaire et aux conseils populaires de régions, de districts et de communes[388].

Les collectivités locales étaient ainsi administrées par des organes élus. Cependant, les candidats à l'élection devaient figurer, dans chaque circonscription, sur une liste unique arrêtée par le Comité central du Parti congolais du travail après leur constitution à la base par des délégations composées des membres du même parti unique et des organisations de masses. Le nombre de sièges dans chaque conseil populaire était fonction de la population de la circonscription. La représentation de l'Etat dans les régions était assurée par le Commissaire politique, tandis qu'au niveau du district par le Chef du distinct.

[388] Cf. décret n°73-192 du 9 juin 1973, portant convocation du corps électoral pour la consultation en vue référendum constitutionnel et les élections à l'Assemblée nationale populaire et aux conseils populaires de région, de district et de commune.

Cette première expérience congolaise de décentralisation fut interrompue, comme nous venons de le voir, par le régime du Comité militaire du Parti, avec l'acte fondamental du 05 avril 1977, suite à l'assassinant du Président de la République, le Commandant Marien Ngouabi, le 18 mars 1977.

Section 2. Le rétablissement des pouvoirs populaires de 1979 à 1991.

Après la chute du régime du Comité militaire du parti le 05 février 1979, tenant les recommandations du 3ème congrès extraordinaire du parti congolais du travail du 27 au 30 mars 1979, les ordonnances du 10 mai 1979 (n° 12-79 et n° 14-79), instituaient respectivement les conseils populaires des communes et les conseils populaires des districts et des régions, modifiées par la loi n° 45-81 du 06 novembre 1981 (complétées par la loi n° 005-86 du 25 février 1986 instituant les conseils populaires d'arrondissements, modifiée par la loi n° 001-87 du 23 janvier 1987 et n° 002/87 du même jour), rétablissant ainsi l'expérience congolaise de la décentralisation mise en œuvre par les ordonnances précitées du 04 juin 1973.

La mise en œuvre concrète de ces organes se fit, comme en 1973, par leur élection dans la foulée du référendum constitutionnel du 08 juillet 1979, en application de l'ordonnance n° 13-79 du 10 mai 1979 portant loi électorale pour le référendum constitutionnel et les élections à l'Assemblée nationale populaire et aux conseils populaires des régions, des districts et des communes.

Le mandat était de 4 ans. Ces conseils populaires étaient renouvelés pour la dernière fois le 24 septembre 1989, avant d'être dissouts par l'acte fondamental du 04 juin 1991. La constitution des listes des candidats dans les circonscriptions, la répartition des sièges et le processus électoral étaient calqués sur l'ordonnance du 04 juin 1973. Sur plan organique et fonctionnel, chaque conseil populaire était constitué d'un bureau élu à son sien et composé d'un président, d'un vice-président, d'un secrétaire.

Organes délibérants non permanents, les conseils populaires se réunissent en principe en session ordinaire de quinze jours au plus, deux fois par an ; l'une entre la mi-mars et mi-avril et l'autre entre la mi-novembre et la mi-décembre. En dehors de ces deux sessions ordinaires, les conseils populaires pouvaient se réunir à la demande des 2/3 des membres ou du Président, sur convocation de l'autorité centrale[389].

Sur plan exécutif, les régions, districts et communes étaient dirigés respectivement par un commissaire politique, un chef de district et un maire.

Le Commissaire politique et le chef de district étaient nommés par le pouvoir central, le maire était en principe élu. Ils avaient une double casquette, d'être des autorités déconcentrées de l'Etat et des autorités

---

[389] Cf. JM Breton, Droit public congolais, op. cit. pp.232 et suivantes.

décentralisées. Ces exécutifs s'appuyaient chacun, sur un organe intermédiaire dit Comité exécutif composé, outre le Commissaire politique, chef de district ou le maire qui en assurent la présidence, d'un vice-président et deux secrétaires[390].

[390] Idem.

Titre 3 : La décentralisation depuis le multipartisme.

Il est nécessaire d'examiner l'administration décentralisée du territoire de la République sous l'empire de la constitution du 15 mars 1992 et sous les constitutions du 20 janvier 2002 et du 25 octobre 2015.

Section 1 : La décentralisation sous la constitution du 15 mars 1992.

Le constituant de 1992 constitutionnalisait le principe de la décentralisation au titre des caractères de l'Etat ; en définissant la République du Congo comme étant un Etat décentralisé (article 1er). Elle reconnait par ailleurs au législateur la compétence de créer des collectivités locales. Il en est ainsi en matière la libre administration des collectivités locales, de leurs compétences, de leurs ressources, ainsi qu'en ce qui concerne la loi déterminant leurs statuts juridiques, leur fonctionnement et leurs rapports avec le pouvoir central (articles 104, 169 et 171).

Cette liberté d'administration se traduit par la possession d'un organe ou d'une Assemblée délibérante, c'est-à-dire d'un conseil élu au suffrage universel direct et qui élit en son sein un bureau exécutif (article 170). Tenant la rupture avec le passé, les assemblées délibérantes des collectivités locales ne sont plus appelées « Conseils populaires », mais des « conseils ». Enfin, les collectivités locales ont la personnalité juridique. Elles jouissent de l'autonomie administrative, patrimoniale, financière, économique, culturelle et sociale[391].

[391] Outre la constitution, la cadre juridique des collectivités locales est constitué entre autres par, la loi n°08-94 du 3 juin 1994 fixant les orientations fondamentales de la décentralisation en République du Congo ; loi n°02/95 du 18 février 1995 portant création de la Région de la Cuvette-ouest ; loi n°07-95 du 21 mars 1995 portant organisation et fonctionnement des collectivités locales de moyen exercice ; 09/95 du 25 mars 1995 portant modification de la loi 009-90du 08 septembre 1990, fixant l'organisation administrative et territoriale de la République populaire du Congo ; loi n°16-95 du 14 septembre 1995 portant organisation et fonctionnement des régions et communes de plein exercice ; loi n°16-95 du 14 septembre 1995 relative à la répartition des compétences entre les communes de plein exercice et l'Etat ; loi n°18-95 du 18 septembre 1995 portant érection de certaines chefs de lieux de distincts, chefs de lieus de régions en commune de moyen exercice ; loi n°18-95 du 18 septembre 1995, érigeant les postes de contrôle administratif et certaines localités en district.

Sous l'empire de la constitution du 15 mars 1992, le législateur a apporté des changements dans la qualification et classification des collectivités locales.

Une distinction est opérée entre les collectivités locales de plein exercice et les collectivités locales de moyen exercice. Le nombre de régions est passé de 9 à 10. Cela, avec la création de la région de la cuvette-ouest issue de la scission de l'ancienne région de la cuvette en deux. Les Postes de contrôle administratifs (PCA) et certaines collectivités locales sont érigés en districts. Certains chefs-lieux de districts ou de régions sont érigés en communes de moyens exercices.

Section 2 : La décentralisation sous les constitutions de 2002 et 2015.

La constitution du 20 janvier 2002 et celle du 25 octobre 2015 s'inscrivent, comme la précédente, dans la logique décentralisatrice[392]. Celle du 25 octobre 2015 réaffirme la constitutionnalisation du principe de la décentralisation à travers le caractère décentralisé de l'Etat dans son article 1er.

Cette volonté se confirme par l'institution d'un *« ministère de l'administration du territoire et de la décentralisation »* confié à une même autorité, cumulativement avec le portefeuille de l'intérieur. Il en résulte que les objectifs de l'organisation administrative décentralisée du territoire sont : le déploiement harmonieux de l'administration sur l'ensemble du territoire dans le cadre de la déconcentration ; la mise en place d'une administration de proximité ; la création des conditions d'émergence d'une administration orientée vers le développement ; la promotion de la démocratie locale dans le cadre de la décentralisation ; la réalisation de l'unité nationale. Cette dernière évolution n'est pas sans rappeler la prise en compte de la Charte africaine des valeurs et des principes de la décentralisation, de la gouvernance locale et du développement local, du 27 juin 2014[393]. Nous examinerons tour à tour le cadre juridique, les principes gouvernant l'organisation décentralisée de la République et les différentes structures de l'administration décentralisée du territoire sous ces deux régimes constitutionnels.

---

[392] Cf. Gomes Olamba P.N. « Décentralisation, démocratie et développement local au Congo-Brazzaville, Paris, L'Harmattan, 2019 ; Droit institutionnel du Congo-Brazzaville, Paris, L'Harmattan, 2019.

[393] Adoptée à la 23ème session ordinaire de la Conférence des chefs d'Etat et de gouvernement de Malabo, Guinée équatoriale, du 27 juin 2014, signé par le Congo le 12 juin 2015.

Sous-section 1 : Le cadre juridique de la décentralisation.

Il est constitué, outre les dispositions de la constitution du 20 janvier 2002 (articles 111, 174 à 177) et celles du 25 octobre 2015 (article 1er, 125, 208 à 211), par les dispositions législatives et réglementaires, répertoriées par le ministère de l'intérieur et de la décentralisation[394], et des textes postérieurs.

§ 1 : Le cadre législatif.

Il s'agit, de la loi n° 3-2003 du 17 janvier 2003 fixant l'organisation administrative territoriale ; la loi n° 7-2003 du 06 février 2003 portant organisation et fonctionnement des collectivités locales. ; la loi n° 8 -2003 du 6 février 2003 portant loi organique relative à l'exercice de la tutelle sur les collectivités locales ; la loi n° 9-2003 du 6 février 2003 fixant les orientations fondamentales de la décentralisation ; la loi n° 10-2003 du 6 février 2003 portant transfert de compétences aux collectivités locales ; la loi n° 11-2003 du 6 février 2003 portant statut particulier de la ville de Brazzaville et de la ville de Pointe-Noire ; la loi n° 30-2003 du 20 octobre 2003 portant institution du régime financier des collectivités locales ; la loi n° 31 -2003 du 24 octobre 2003 portant détermination du patrimoine des collectivités locales ; la loi n° 5-2005 du 25 mai 2005 portant statut de la fonction publique territoriale (....)[395], modifiée par la loi n° 14-2019 du 21 mai 2019 relativement aux articles 41, 53, 65 et 69[396] ; la loi n° 15-2019 du 21 mai 2019 fixant la répartition des compétences entre l'Etat et les collectivités locales en matière d'entretien routier et définissant les modalités de leur exercice par le département et la commune[397]; la loi n° 16-2019 du 21 mai fixant la répartition des compétences entre l'Etat et les collectivités locales en matière d'enseignement préscolaire, primaire et secondaire et définissant les modalités de leur exercice par le département et la commune[398] ; la loi n° 17-2019 du 21 mai 2019 fixant la répartition des compétences entre l'Etat et les collectivités locales en matière de santé de base et définissant les modalités de leur exercice par le département et la commune, etc[399].

---

394 Ministère de l'intérieur et de la décentralisation, Direction générale des collectivités locales, « Recueil des textes législatifs et réglementaires sur la décentralisation », Brazzaville, novembre 2013.

395 Idem.

396 Cf. Loi n° 14-2019 du 21 mai 2019 modifiant et complétant les articles 41, 53, 65 et 69 de la loi n° 5-2005 du 11 mai 2005 portant statut de la fonction publique territoriale, JO n°23-2019 du 06 juin 2019, p.502.

397 JO n°23-2019 du 06 juin 2019, p. 503.

398 JO n°23-2019 du 06 juin 2019, p.506.

399 JO n°23-2019 du 06 juin 2019, p 513.

§ 2 : Le cadre réglementaire.

Le cadre réglementaire est constitué,

D'une part, par les décrets suivants : Décret n° 2003-108 du 7 juillet 2003 relatif aux attributions du ministre de l'administration du territoire et de la décentralisation ; Décret n° 2009–394 du 13 octobre 2009 relatif aux attributions du ministre de l'intérieur et de la décentralisation ; Décret n° 2003-149 du 4 août 2003 portant organisation du ministère de l'administration du territoire et de la décentralisation ; Décret n° 2003-148 du 4 août 2003 portant attributions et organisation de la direction générale des collectivités locales ; Décret n° 2004-237 du 13 mai 2004 portant attributions, organisation et fonctionnement du comité technique d'évaluation de la décentralisation ; Décret n° 2003-20 du 6 février 2003 portant fonctionnement des circonscriptions administratives territoriales ; Décret n° 2004-37 du 26 février 2004 fixant le traitement de fonction des membres des bureaux des conseils départementaux et municipaux ; Décret n° 2004-11 du 03 février 2004 fixant le traitement de fonction des administrateurs-maires des arrondissements, des administrateurs-maires des communautés urbaines, des administrateurs délégués des communautés rurales, des secrétaires généraux de départements, des conseils de départements et de communes, des arrondissements, des communautés urbaines et des secrétaires administratifs des communautés rurales ; Décret n° 2007-205 du 29 mars 2007 fixant les modalités de transfert de compétences et d'exercice des compétences transférées aux collectivités locales ; Décret n° 2010-792 du 31 décembre 2010 relatif à l'administration du quartier et du village, etc.

D'autre part, par les arrêtés suivants : Arrêté n° 7877/MATD/CAB du 8 décembre 2005 fixant les attributions et l'organisation des services et des bureaux de la direction générale des collectivités locales ; arrêté n° 8185/MATD/CAB du 24 août 2004 portant nomination des membres du comité technique d'évaluation de la décentralisation ; arrêté n° 1549 /MATD/CAB du3 février 2005 portant attributions et organisation du secrétariat général du conseil départemental ; arrêté n° 627/MATD/CAB du03 mars 2003 portant institution, attributions et composition du cabinet du président du conseil départemental ou municipal ; -Arrêté n° 1550/MATD/CAB du 3 février 2005 portant institution, attributions et composition des secrétariats des membres du bureau du conseil autre que le président ; Arrêté n°2716 MATD/MEFB du 26 mars 2004 fixant le montant des indemnités de session des conseillers départementaux et municipaux[400], etc.

[400] Idem.

Sous-section 2 : Les principes gouvernant la décentralisation.

Les grands principes qui gouvernent l'administration décentralisée de la République sont réaffirmés sous l'empire des constitutions du 20 janvier 2002 et du 25 octobre 2015.

§1. La personnalité juridique et l'autonomie administrative et financière.

La décentralisation repose sur le principe de la personnalité juridique en ce sens que les collectivités locales sont des personnes morales distinctes de l'Etat. A ce titre, elles disposent d'un patrimoine propre. Elles ont des droits et des obligations, peuvent agir en justice et accomplir des actes juridiques.

La personnalité juridique des collectivités locales est confortée par le fait qu'elles jouissent également d'une autonomie financière. Sur ce dernier point, la constitution du 20 janvier 2002 (article 176) et celle du 25 octobre 2015 (article 209) interdisent à l'Etat d'imputer ses dépenses de souveraineté sur les budgets des collectivités locales ; même si l'Etat doit inscrire dans son budget des crédits (dotations) destinés à compléter les ressources des collectivités locales, des contributions de développement. Les finances des collectivités locales ne sont pas définies par la loi organique relative aux lois des finances de l'Etat, mais par un dispositif autonome, en l'occurrence la loi n° 30-2003 du 20 octobre 2003 portant institution du régime financier des collectivités locales.

§2. Le principe de la libre administration des collectivités locales.

La libre administration des collectivités locales est un principe reconnu en droit interne par la constitution et en droit conventionnel au niveau continental.

A). Un principe à valeur constitutionnelle.

La libre administration des collectivités locales est un principe à valeur constitutionnelle. En consacrant ce principe dans la constitution du 20 janvier 2002 (article 111 et 175) et celle du 25 octobre 2015 (article 125 et 209), le constituant congolais s'est inspiré du principe prétorien dégagé par le Conseil constitutionnel français dans sa décision n° 79-104 DC du 23 mai 1979[401].

[401] *Sur la loi modifiant les modes d'élection de l'Assemblée territoriale et du Conseil de gouvernement du territoire de la Nouvelle-Calédonie et dépendances et définissant les règles générales de l'aide technique et financière contractuelle de l'État, « ... 9. Considérant, d'une part, que, si les dispositions ainsi arrêtées*

En inscrivant dans le cadre juridique congolais le principe selon lequel, « *les collectivités locales s'administrent librement par des conseils élus et dans les conditions prévues par la loi, notamment en ce qui concerne leurs compétences et leurs ressources* », le constituant a voulu reconnaitre aux collectivités locales une liberté d'action dans sa gouvernance.

Mais, la liberté d'action ainsi reconnue aux collectivités locales n'est pas sans limites. Car, l'article 5 de la loi n° 9-2003, précitée, du 06 février 2003, précise que *« la décentralisation ne doit en aucun cas porter atteinte à la souveraineté, à l'indépendance, à l'indivisibilité et à la laïcité de l'Etat, ainsi qu'au contrôle que la loi confère au représentant de l'Etat ».* C'est dire aussi que la libre administration des collectivités locales ne va pas jusqu'à couvrir les compétences régaliennes qui incombent à l'Etat (tels que la justice, la défense, la diplomatie, etc.). Elle n'implique pas non plus le pouvoir de légiférer. Mais, elle se limite aux compétences en matière administrative et financière telles qu'elles sont dévolues par la constitution et les lois, dans l'exercice du pouvoir réglementaire.

Il convient également de souligner sur ce dernier point qu'aux termes de l'article 16 de la loi n° 9-2003 du 06 février 2003 fixant les orientations fondamentales de la décentralisation (précitée), *« l'attribution de tout un domaine d'activités à des collectivités locales n'exclut pas, pour l'Etat, le pouvoir d'édicter des prescriptions générales ou particulières que les collectivités locales doivent observer ».*

La liberté d'administration s'exerce dans le cadre des conseils élus au suffrage universel direct. C'est-à-dire des assemblées délibérantes des collectivités locales telles qu'elles sont élues par les populations concernées. Ces assemblées élisent à leur tour et en leur sein des bureaux exécutifs. C'est l'expression de la démocratie locale[402], une démocratie de proximité.

B). Un principe aussi inspiré de la charte africaine.

Il convient aussi de souligner sur ce point que, l'un des objectifs de la charte africaine des valeurs et des principes de la décentralisation, de la gouvernance locale et du développement local, signée par le Congo le 12 juin 2015, est de promouvoir et de soutenir la gouvernance locale et la

---

ont pour effet de mettre fin implicitement pour l'assemblée territoriale et explicitement pour le conseil de gouvernement au mandat des membres de ces deux institutions [...] elles s'analysent, en définitive, comme une mesure d'abréviation du mandat de l'assemblée territoriale et du conseil de gouvernement dont la durée est fixée par la loi et ne peut être modifiée qu'en la même forme ; qu'en tirant les conséquences, au regard du mandat des membres de cette assemblée et de ce conseil, d'une entrée en application immédiate du nouveau régime électoral, le législateur [...] n'a méconnu ni le principe de la séparation des pouvoirs ni les dispositions constitutionnelles qui le mettent en œuvre ***ou qui consacrent la libre administration des collectivités territoriales...*** *».* Le Conseil d'Etat a considéré que le principe de la libre administration est une liberté fondamentale *(Cf. CE. 18 janvier 2001, Commune de Venelles, rec. 18).*

402 Cf. P.N. Gomes-Olamba, *« Décentralisation, démocratie et développement local au Congo-Brazzaville »,* Paris, L'Harmattan, 2019, pp.53 et suivantes.

démocratie locale comme piliers de la décentralisation en Afrique[403]. L'article 5 (paragraphe 2) de cette charte énonce, au titre de la gouvernance locale que les gouvernements locaux ou les autorités locales ont, conformément à la législation nationale, le pouvoir de gérer de manière responsable et transparente, leurs administrations et leurs finances à travers des assemblées et des organes exécutifs démocratiquement élus. Sur le plan normatif, la libre administration se traduit par l'exercice du pouvoir décisionnel de type réglementaire.

§3. La gestion des affaires locales ou propres aux collectivités locales.

Si, comme nous venons de souligner, la libre administration est un principe cardinal de la décentralisation. Elle induit nécessairement la gestion des affaires locales ou des affaires propres aux collectivités locales. D'ailleurs, l'article 3 de la loi n° 9-2003 du 06 février 2003 fixant les orientations fondamentales de la décentralisation précise que *« la libre administration des collectivités locales s'entend de la reconnaissance à celles-ci de la plénitude des compétences dans la gestion de leurs affaires propres »*.

Tout comme l'article 5 de la même loi précise que la décentralisation donne compétence aux collectivités locales de gérer leurs propres affaires. Dès lors la notion d'affaires locales ou d'affaires propres aux collectivités locales implique une distinction entre les domaines de compétences de l'Etat et celles des collectivités locales ou même parmi les collectivités locales.

Certes, la notion d'affaires locales ou d'affaires propres aux collectivités locales est discutée dans la doctrine[404]. Mais, le législateur congolais en donne une définition, heureuse ou malheureuse, car cela va de soi, dans l'article 15 de la loi n° 10-2003 du 06 février 2003 portant transfert de compétences aux collectivités locales aux termes duquel, *« les besoins spécifiques propres aux habitants d'une collectivité locale, liés par une solidarité d'intérêts et par un lien spécial, distinct de celui de la solidarité nationale, sont des affaires propres »*. Donc, les collectivités locales ont, comme en dispose

---

[403] Cf. article 2 de la charte.

[404] Cf. J.M. Pontier, *« Les affaires locales », in, « La décentralisation 30 après »*, Toulouse, Presses de l'Université Toulouse 1 Capitole, LGDJ - Lextenso Editions, 2013, pp. 145-164 ; *"La notion de compétences régaliennes dans la problématique de la répartition des compétences entre les collectivités publiques"*, RDP 2003, p. 193 et s. ; *"Des compétences régaliennes"*, in Destin des collectivités politiques d'Océanie, PUAM 2011, vol. 2, p. 745 et s. ; J. Chapuisat, *« La notion d'affaires locales en droit administratif »*, thèse Paris 1971 ; M.H. Frayssinet, *« La clarification des compétences des collectivités territoriales ou l'improbable innovation »*, Sciences de la société, 81 | 2010, pp.11-25.pp ; http://journals.openedition.org/sds/818 ; DOI : 10.4000/sds.818; Marcou, Gérard. *« Les collectivités locales dans les constitutions des États unitaires en Europe »*, Les Nouveaux Cahiers du Conseil constitutionnel, vol. 42, no. 1, 2014, pp. 63-87 ; https://www.cairn.info/revue-les-nouveaux-cahiers-du-conseil-constitutionnel-2014-1-page-63.htm; P.N. Gomes-Olamba, « *Décentralisation, démocratie et développement au Congo-Brazzaville* », op. cit. pp. 54 et suivantes.

l'article 9 de la loi n° 09-2003, précitée, une compétence générale dans la gestion des affaires locales.

§4. Le principe du contrôle de l'Etat sur les collectivités locales.

Le principe du contrôle de la gouvernance locale par l'Etat est le pendant de la libre administration des collectivités locales. Car, le constituant n'a pas érigé la libre administration des collectivités locales en principe absolu, puisqu'elle doit s'exercer dans les conditions prévues par la loi. Notamment en ce qui concerne les compétences et les ressources des collectivités locales. Le principe de la libre administration connaît des limites qui tiennent à l'intérêt général et au respect de la légalité. Ces limites sont au centre des rapports entre l'Etat et les collectivités locales[405]. Il s'agit du contrôle de l'Etat sur les collectivités locales. Ce contrôle prend la forme d'une triple tutelle administrative, budgétaire ou financière et technique. Les constitutions du 20 janvier 2002 (article 177) et du 25 octobre 2015 (article 211) renvoient, chacune, à une loi organique le soin de fixer les conditions dans lesquelles l'État exerce sa tutelle sur les collectivités locales décentralisées. La loi n° 8-2003 du 6 février 2003 portant loi organique relative à l'exercice de la tutelle sur les collectivités locales, s'y attèle. Son article 2 définit la tutelle, comme le contrôle de l'Etat sur les collectivités locales en vue de la sauvegarde de l'intérêt général et de la légalité. Elle s'exerce sous forme de contrôle administratif, financier et technique. C'est un contrôle a posteriori, sous réserve des actes soumis à l'approbation préalable du représentant de l'Etat, notamment le budget, les emprunts, les marchés et les contrats publics locaux.

La notion de tutelle devrait être nuancée et appréhendée à l'aune de la charte africaine des valeurs et principe de la décentralisation, de la gouvernance locale et du développement local. Notamment l'article 6 sur le principe de subsidiarité[406].

---

[405] S'agissant du principe de légalité, l'article 9 de la charte africaine stipule que, les gouvernements locaux adoptent leurs règlements, élaborent et mettent en œuvre des programmes, projets et initiatives au niveau local, dans le respect des lois et réglementations nationales.

[406] L'article 6 de charte africaine des valeurs et principe de la décentralisation, de la gouvernance locale et du développement local stipule que, *« 1. Le gouvernement central crée les conditions propices à la prise de décisions, à l'élaboration, à l'adoption et à la mise en œuvre des programmes et des politiques aux niveaux inférieurs du gouvernement où les gouvernements locaux ou les autorités locales offrent une meilleure garantie de pertinence et d'efficacité. 2. Les gouvernements centraux créent les conditions propices pour la coopération et la coordination entre le niveau national et tous les niveaux sous-nationaux de gouvernement et habilitent les gouvernements locaux ou les autorités locales à exercer leurs*

A). Concernant la tutelle administrative.

En matière de tutelle administrative, le législateur a prévu deux types de contrôles. Un contrôle de la légalité des actes et un contrôle institutionnel sur les organes des collectivités locales.

I). S'agissant du contrôle sur la légalité et les actes transmissibles.

Le principe de la libre administration induit pour conséquences que, les actes des collectivités locales sont exécutoires de plein droit dès l'accomplissement des formalités de notification (pour les actes individuels) ou de publication (pour les actes réglementaires). S'inspirant du législateur français, notamment de la loi n° 82-213 du 2 mars 1982 relative aux droits et libertés des communes, des départements et des régions (ayant supprimé la tutelle administrative et financière a priori), le législateur congolais distingue les actes non soumis à l'obligation de transmission au représentant de l'Etat dans le département (le Préfet), pour lesquels l'exécution de plein droit s'applique, de ceux qui sont obligatoirement transmissibles.

L'article 11 de la loi organique précitée énumère les actes non obligatoirement transmissibles et pour lesquels le pouvoir de tutelle de l'Etat en matière de contrôle de la légalité ne s'applique pas, en principe. Il s'agit, des actes de gestion courante des services ou du domaine public de la collectivité locale ; des actes d'administration interne notamment en matière de gestion du personnel ; des conventions autres que celles qui sont mentionnées à l'article 3 de la loi ; des actes d'administration quotidienne, notamment les échanges de correspondances entre les élus locaux et leurs administrés. Ces actes peuvent faire l'objet d'un recours pour illégalité devant le juge administratif.

a). Les actes obligatoirement transmissibles.

Pour les actes impérativement transmissibles au représentant de l'Etat (le Préfet), en vue du contrôle de la légalité, dans le cadre de ses prérogatives en matière de tutelle administrative, la loi organique précitée en dresse la liste dans son article 3. Il s'agit, des délibérations des assemblées locales quel que soit le domaine d'attribution ou la nature réglementaire ou individuelle de la délibération ; des décisions prises sur délégation de l'assemblée délibérante par le bureau du Conseil ; des décisions réglementaires individuelles prises par le maire dans le cadre de son pouvoir de police ou par le Conseil

---

fonctions et responsabilités. 3. Les gouvernements ou les autorités locales coopèrent avec les gouvernements centraux et d'autres acteurs locaux pour une efficience et une efficacité accrues dans l'action publique pour la fourniture de services publics ».

départemental en vertu des pouvoirs de police qui lui sont conférés par les textes en vigueur ; des actes à caractère réglementaire pris par les autorités locales et qui relèvent de leur compétence en application des lois.

Sont ainsi visés les actes de portée générale pris par les membres des exécutifs locaux dans l'exercice de leurs attributions ; des conventions relatives aux marchés, aux emprunts et aux conventions de concession ou d'affermage des services locaux à caractère industriel et commercial ; des décisions individuelles relatives au recrutement, à la nomination, à l'avancement de grade, aux sanctions soumises à l'avis du conseil disciplinaire et au licenciement des agents ; des actes qui intéressent les modalités d'exercice d'une liberté publique par un ou plusieurs administrés ou qui risquent de mettre en échec l'exercice d'une telle liberté ; des délibérations relatives au budget local.

b). La sanction du défaut de transmission.

S'agissant toujours du régime des actes obligatoirement transmissibles, ils doivent l'être dans le délai de dix (10) jours à compter de leur signature par l'autorité exécutive locale.

1). La nullité de l'acte non transmis.

Le défaut de transmission, ou de notification, dans le délai prescrit de dix (10) entraîne la nullité des actes concernés. Sont également entachés de nullité de plein droit, les actes émis par les autorités de l'assemblée délibérante en dehors des sessions ou des compétences locales, tout comme ceux intervenus en violation dispositions réglementaires de l'Etat.

Cette nullité peut être invoquée devant le juge en tout état de la procédure, parce qu'elle est d'ordre public. Elle implique que les actes subséquents pris en vertu de ces actes nuls seront entachés d'illégalité pour défaut de base légale.

2). Les pouvoirs de contrôle du préfet et le déféré préfectoral.

Le Préfet dispose quant à lui d'un délai d'un mois (30 jours) pour accuser réception à l'autorité locale, le Président du Conseil exécutif. Pendant ce délai, s'il, constate que l'acte transmis est entaché d'illégalités, il doit inviter l'autorité exécutive locale à le modifier et le retirer dans un délai d'un mois, lorsqu'il s'agit d'une délibération, et de 15 jours s'agissant d'un acte réglementaire. En l'absence d'observations du Préfet dans le délai d'un mois à compter de la réception de l'acte transmis, celui-ci devient exécutoire de plein droit.

En cas de refus de l'autorité locale de suivre les observations du représentant de l'Etat, ce dernier peut, dans le cadre de ses prérogatives de contrôle, déférer l'acte litigieux devant le tribunal administratif en vue de son annulation. Le juge administratif dispose d'un délai de quarante-cinq (45) jours, pour statuer. Le déféré préfectoral peut être assorti d'une demande de suspension de l'exécution de l'acte attaqué. En cas d'urgence ou d'atteinte aux droits et libertés fondamentaux, le préfet peut également saisir le juge administratif dans le cadre de la procédure de référé.

c). La spécificité congolaise du régime des actes transmissibles.

Enfin, le régime des actes obligatoirement transmissibles a ceci de particulier qu'en droit congolais, toutes personnes physiques ou morales, qui s'estiment lésées, ne peuvent directement attaquer l'acte litigieux devant le juge administratif. Elles doivent exercer un recours administratif préalable obligatoire auprès du Préfet aux fins de constater l'illégalité dont l'acte est entaché pour qu'il exerce ses prérogatives en matière de tutelle et de contrôle. Ce n'est qu'en cas d'échec qu'elles peuvent saisir le juge administratif d'un recours en annulation.

II). S'agissant du contrôle sur les organes des collectivités locales.

Il convient de souligner que les collectivités locales comportent trois organes, le Conseil ou l'assemblée délibérante, le bureau exécutif (élu au sein du conseil) ou l'autorité exécutive et les commissions (instance d'études et d'instructions)[407].

La tutelle de l'Etat vis-à-vis des collectivités locales se manifeste tant à l'égard de leurs assemblées délibérantes qu'à l'égard des autorités exécutives. Elle prend parfois la forme d'une sanction individuelle, notamment lorsqu'elle s'adresse à une autorité bien déterminée.

a). Vis-à-vis des conseils des collectivités locales.

La tutelle administrative consiste à veiller au respect des dispositions législatives et réglementaires relatives à la décentralisation, dont les manquements peuvent entraîner la mise en œuvre des prérogatives de l'Etat en matière de pouvoir de suspension, de pouvoir de dissolution ou de pouvoir de substitution, tels qu'ils sont définis par la loi organique précitée. Les décisions prises dans ce cadre sont lourdes de conséquences et affectent

[407] Cf. Loi organique n°7-2003 du 6 février 2003 portant organisation et fonctionnement des collectivités locales (article4).

le principe de libre administration. Ce qui en fait une liberté sous contrôle ou sous surveillance.

1). Le pouvoir de suspension des conseils locaux.

Il s'agit d'une mesure à la fois conservatoire et coercitive. Elle intervient en cas de dissensions internes empêchant le fonctionnement normal et régulier de l'institution ; de mise en péril des intérêts supérieurs de la collectivité locale par les délibérations du conseil ; de péril imminent résultant d'atteinte à l'ordre public ou des actes présentant par leur nature et leur gravité le caractère de calamité publique ou de désastre national. Cette mesure de suspension, qui ne peut excéder deux années, est prise par décret en Conseil des ministres sur rapport du ministre en charge de l'administration du territoire et de la décentralisation, après avis du Sénat (article 14, loi organique de 2003).

2). Le pouvoir de dissolution des conseils locaux.

C'est une mesure très lourde de conséquences, notamment lorsqu'elle intervient dans le cadre des rapports entre l'Etat et les collectivités locales. En effet, la dissolution d'un conseil local est décidée dans des circonstances bien déterminées. Elle peut l'être, soit en cas de rébellion vis-à-vis du pouvoir central, soit lorsque l'assemblée locale est amputée d'une moitié de ses membres, soit en cas de démission collective des membres de cette assemblée ou d'annulation des élections. La dissolution est prononcée par décret en Conseil des ministres, sur rapport du ministre en charge de l'administration du territoire et de la décentralisation, et après avis du sénat.

La dissolution entraîne la mise sous tutelle de la collectivité locale, dans ce sens qu'elle est administrée par une délégation spéciale composée d'un président, d'un vice-président et d'un secrétaire nommé par le Président de la République sur proposition du ministre de en charge l'administration du territoire et de la décentralisation. Cet organe ad hoc assure la continuité institutionnelle et expédie les affaires courantes de la collectivité, à l'exclusion de l'aliénation ou l'échange de tout ou partie du patrimoine de la collectivité ; de la modification des prévisions budgétaires ; de contracter des emprunts ; de prendre quelque initiative que ce soit engageant la responsabilité de la collectivité (articles 15, 16 et 17, loi organique 2003). En cas de dissolution de l'assemblée locale, il est procédé à l'élection partielle dans un délai de 45 jours pour la durée restant à courir, sauf si la dissolution est intervenue dans les six mois qui précèdent le renouvellement général des assemblées locales.

3). Le pouvoir de substitution.

Il est exercé par le préfet, représentant de l'Etat, en cas de carence de l'assemblée locale (négligence, abstention ou refus), dans l'exercice de ses missions, après une mise en demeure non suivie d'effets. Le pouvoir de substitution consiste en une intervention du préfet, en lieu et place de l'organe ou de l'autorité en cause. Du point de vue de son étendue, le pouvoir de substitution couvre, aux termes des dispositions de l'article 20 de la loi organique précitée de 2003, toutes les matières pour lesquelles les organes et les autorités locales ont compétence. Et ce particulièrement, lorsque le président du Conseil s'abstient ou refuse de convoquer le Conseil en session ; lorsque l'autorité locale ne prend pas les mesures de police indispensables au maintien de l'ordre public ou lorsque le président du conseil refuse de convoquer la session budgétaire.

b). Vis-à-vis des exécutives locales.

Le bureau exécutif ou l'autorité exécutive d'un Conseil départemental ou municipal est, aux termes des dispositions de l'article 6 de la loi n° 7-2003 du 06 février 2003 portant organisation et fonctionnement des collectivités locales, l'instance qui assure la permanence du Conseil et le représente pendant les intersessions. Il comprend un président (le président du conseil départemental ou le maire), un vice-président et un secrétaire. Le pouvoir de contrôle ou la tutelle de l'Etat peut l'être à l'égard du bureau exécutif, de son président ou de ses membres. Il prend dans ces deux derniers cas la forme d'une sanction.

1). Concernant le Bureau exécutif.

Aux termes des dispositions de l'article 21 de la loi organique n° 8-2003, relative à l'exercice de la tutelle sur les collectivités locales, en cas de démission collective du bureau exécutif, le Préfet doit convoquer une session extraordinaire de l'assemblée locale afin d'élire un nouveau bureau exécutif. Le Préfet doit immédiatement en informer le ministre de l'administration du territoire et de la décentralisation. Ce dernier saisit sans délai le Président du Sénat.

2). Concernant le Président Bureau exécutif ou le chef de l'exécutif local.

Le pouvoir de tutelle des autorités de l'Etat à l'égard des chefs des exécutifs locaux prend la forme d'un pouvoir de sanction. Il comporte deux types de mesures coercitives : la suspension, qui est une mesure conservatoire et la révocation, qui est véritablement une sanction.

α). La mesure conservatoire de suspension.

Il convient de distinguer la situation du président du Conseil départemental de celle du maire.

α-1). La suspension du président du Conseil départemental.

Le pouvoir de suspendre le président du Conseil départemental est dévolu au ministre de l'intérieur, en charge de l'administration du territoire et de la décentralisation. La suspension ne peut intervenir que pour des faits graves et concordants. Si le législateur ne précise pas la nature des faits susceptibles d'entraîner la suspension du chef de l'exécutif départemental, il n'en demeure pas moins que ces faits doivent être en rapport avec ses fonctions exécutives. Pour autant, ces faits doivent présenter un double caractère de gravité et de concordance tel qu'ils rendent impossible le maintien du Chef de l'exécutif départemental en fonction.

D'un point de vue procédural, le Président du bureau exécutif doit être entendu sur ces faits par le Conseil départemental. Le ministre de l'intérieur, en charge de l'administration du territoire et de la décentralisation, établit ensuite un rapport qu'il doit présenter au Conseil des ministres présidé par le Président de la République en vue d'une décision après examen. L'article 49 de la loi précitée dispose que le Conseil des ministres dispose d'un délai de trois (3) mois pour se prononcer, faute de quoi la suspension du président du bureau exécutif du Conseil départemental est nulle. On aura compris que la suspension demeure une mesure conservatoire. L'intérim est assuré par le vice-président du bureau exécutif.

α-2). La suspension du président du Conseil municipal (le Maire).

S'agissant d'un maire, l'article 64 de la loi précitée du 6 février 2003 dispose que sa suspension peut être prononcée par arrêté du ministre en charge de l'administration du territoire et de la décentralisation pour des faits graves et concordants, après qu'il ait pu fournir ses explications. La loi ne précise pas si le maire est entendu par le conseil municipal (comme c'est le cas du président du Conseil départemental) ou par le ministre en charge de l'administration du territoire et de la décentralisation. Comme pour le président du bureau exécutif du Conseil départemental, on peut s'interroger si un fait isolé, présentant un caractère de gravité au regard des fonctions de chef de l'exécutif local, peut justifier une mesure de suspension. Car, pris au pied de la lettre, l'article 64 (comme l'article 49) de la loi précitée semble limiter la suspension à des *« faits graves et concordants »*.

Cette formulation restrictive exclut d'emblée l'engagement de la procédure de suspension pour un fait isolé, bien que présentant un caractère de gravité incompatible avec la qualité ou la fonction de chef de l'exécutif local. Cela à défaut de la conjonction avec un ou d'autres faits aussi graves. On peut penser, sans risque de se tromper, que c'est dans un souci de la stabilité des institutions locales que le législateur aurait jugé utile de restreindre les motifs de suspension du chef d'un exécutif local. Auquel cas, il eût été loisible au législateur congolais de 2003 d'user d'une formule alternative de *« fait ou d'un ensemble de faits graves ou concordants, dès l'instant où ce fait ou cet ensemble de faits affectent le fonctionnement des institutions locales*. Le mot *« faits »* peut aussi être remplacé par celui *« d'indices »*.

Enfin, la suspension du président du bureau exécutif du conseil municipal, étant une mesure conservatoire, elle ne peut excéder trois mois[408] ; auquel cas, elle devient illégale. Elle peut faire l'objet d'un recours pour excès de pouvoir devant le juge administratif.

---

[408] On peut citer à titre d'exemple, l'arrêté n ° 22318 du 21 novembre 2019, portant suspension du président du conseil municipal, Maire de la ville de Mossendjo (Monsieur N. S. E.B.), de ses fonctions, pour une durée de trois mois à compter du 21 novembre 2019, JO. n°48 du 28 novembre 2018, p.1474. Cette suspension fut prononcée au vu l'arrêt de la Cour suprême n° 09/GCS-19 du 3 mai 2019, modifié par l'arrêt n° 23/GCS-19 du 17 juin 2019 renvoyant l'affaire le concernant devant le tribunal de grande instance de Brazzaville pour vol et destruction des biens publics. Il en ressort que les explications fournies au ministre en charge de l'administration du territoire et de la décentralisation par l'intéressé, dans sa lettre n° 011/DN/CM/P/CAB du 5 mai 2019, n'ont pas convaincu du contraire dans cette affaire de vol présumé des rails du CFCO. Il a été révoqué par le décret n°2020-120 du 29 avril 2020, JORC, n° 18-2020 du 30 avril 2020, p. 432-433. C'est aussi le cas très emblématique de la suspension du Maire et président du Conseil départemental et municipal de Brazzaville, par arrêté du ministre en charge de l'administration du territoire n°4831/MID/CAD du 28 février 2020, Christian Roger Okemba. Il ressort du compte rendu du 18 avril 2020 que Conseil départemental et municipal de Brazzaville était en proie à des crises récurrentes depuis 2017. Les derniers faits qui ont motivé sa suspension concernent des irrégularités correspondant, d'une part, à la somme de 250 millions de frs CFA de l'appui de l'Etat aux travaux de rétablissement du trafic lourd à Djiri, crédits perçus en décembre 2019 au mépris des règles de passation des marchés publics et dépensés à l'insu des autres membres du Bureau exécutif et du Receveur municipal; d'autre part, de la somme de 1 milliard 250 millions de francs CFA, correspondant à un appui budgétaire de l'Etat à la commune de Brazzaville dans le cadre du programme d'urgence du Gouvernement, somme aurait été virée sur un compte privé à la demande du Maire, et ce en l'absence de tout marché public; enfin de la signature d'un contrat sous seing privé avec une banque, en violation des règles du code des marchés publics. Il a été révoqué par le décret n°2020-119 du 29 avril 2020, JORC, n° 18-2020 du 30 avril 2020, p. 432. Le Maire avait ensuite saisi la Cour constitutionnelle. Cette juridiction se déclarait incompétente dans sa décision n°003/DCC/SVA/20 du 14 juillet 2020, JORC n°29-2020 du 23 juillet 2020, pp.650 à 653. C'est à bon droit que la Cour constitutionnelle avait décliné sa compétence. Ce, même si l'arrêté de suspension et le décret de révocation auraient violé les dispositions des articles, 9 et 50 de la constitution. Car, la contestation de ces actes administratifs individuels relève de la compétence du juge administratif, en l'occurrence la Cour suprême, conformément à l'article 3 de la loi n°17-99 du 15 avril 1999, qui dispose, *« La Cour suprême se prononce sur les recours pour excès de pouvoir formés contre les décisions émanant des diverses autorités administratives »*, pour violation de la loi, dont la constitution. Or, la Cour constitutionnelle est, aux termes des dispositions de l'article 175 alinéa 2 de la constitution, juge de la constitutionnalité des lois, des traités et accords internationaux. Cela exclut les actes réglementaires lato sensu comme les arrêtés et les décrets.

β). S'agissant de la révocation.

A la différence de la suspension qui est une mesure conservatoire, la révocation est véritablement une sanction. Aux termes des dispositions des articles 50 et 65 de la loi n° 07-2003 du 06 février 2003, précité, le président du bureau exécutif peut être révoqué de ses fonctions et du Conseil départemental ou du Conseil municipal. La cause ou le motif de la révocation réside dans la commission des faits limitativement énumérés dans l'article 50 alinéa 2 de la loi précitée. A savoir : empêcher le fonctionnement normal et régulier du Conseil départemental ou du Conseil municipal ; être en rébellion avec le pouvoir central ; porter atteinte à la sûreté de l'Etat ; mettre en péril les intérêts de la collectivité locale ; troubler gravement l'ordre public.

A la différence de la suspension, le caractère de gravité (bien que les faits visés le sont par leur nature) et surtout de concordance ne sont pas requis. La constatation de la commission de l'un de ces manquements suffit pour engager la procédure de révocation qui impose l'avis préalable du Conseil départemental ou municipal concerné, un rapport du ministre en charge de l'administration du territoire et de la décentralisation, qu'il présente au Conseil des ministres. La révocation est prononcée par décret en Conseil des ministres[409].

En cas de révocation, il incombe au ministre de l'intérieur, en charge de l'administration du territoire et de la décentralisation de convoquer le Conseil départemental ou municipal en session extraordinaire pour élire un nouveau président dans un délai de vingt-et-un jours conformément à l'article 48 de la loi précitée[410].

Enfin, comme toute décision administrative faisant grief, le décret de révocation du président du bureau exécutif, président du Conseil

---

[409] Sous la première législature issue de la constitution du 25 octobre 2015, on peut citer la révocation des Présidents des Conseils départementaux de la cuvette et des plateaux par deux décrets n°2019-214 et 2019-215 du 13 août 2019, JO n°35-2019 du 29 août 2019, pp.920 et 921. pour avoir empêché le fonctionnement normal et régulier du Conseil et mise en péril des intérêts de la collectivité locale (Pour le président du Conseil départemental de la Cuvette, il lui est reproché des défaillances dans le management du bureau exécutif, des dissensions au sein du bureau exécutif affectant le fonctionnement normal et régulier du Conseil, l'insubordination du vice-président et du secrétaire du bureau exécutif entraînant des absences répétées et non autorisées, l'absence des réunions hebdomadaires du bureau exécutif générant des décisions solitaires ; la paralyse de l'administration et un état de grève larvée du personnel en raison des absences répétées du vice-président et du secrétaire du bureau exécutif. Pour celui des Plateaux, Il lui était reproché le manquement répété à l'obligation de résidence, notamment ses absences répétées et prolongées au siège du Conseil, malgré le rappel par le ministre de l'Intérieur et de la Décentralisation; La non-tenue des réunions hebdomadaires du bureau, des dissensions internes au sein du bureau, affectant le fonctionnement normal et régulier de l'assemblée locale). On peut également rappeler le décret n°2020-119 du 29 avril 2020 portant révocation du président du conseil départemental et municipal, maire de la ville de Brazzaville (Christian Roger Okemba), JORF, 30 avril 2020, n°18, p.432 ; et le décret n°2020-120 du 29 avril 2020 portant révocation du président du conseil départemental et municipal, maire de la ville de Mossendjo (Eric Blaise Ngouloubi-Saye), JORF, 30 avril 2020, n°18, p.432.

[410] L'intérim étant assuré par le vice-président du bureau exécutif, un bureau d'âge organise l'élection du nouveau président du Conseil. Au cas où le président du bureau d'âge, le vice-président et le secrétaire du bureau exécutif sont candidats, le Conseil organise l'élection de l'ensemble du bureau exécutif sous la supervision du nouveau président du bureau dont l'âge suit celui de son prédécesseur.

départemental ou du Conseil municipal peut faire l'objet d'un recours pour excès de pouvoir devant la Cour suprême. Cela conformément à l'article 3 de la loi n° 17-99 du 15 avril 1999, qui dispose, *« La Cour suprême se prononce sur les recours pour excès de pouvoir formés contre les décisions émanant des diverses autorités administratives »*[411].

3). Concernant les autres membres du Bureau exécutif.

La suspension ou la révocation des autres membres du bureau exécutif du Conseil départemental ou du Conseil municipal intervient, à défaut de dispositions spécifiques, dans les mêmes conditions que celles qui s'appliquent à un conseiller, dans les conditions des articles 34, 35 et 36 de la loi précitée du 06 février 2003.

En effet, la suspension ne peut pas durer plus de deux mois. Elle est prononcée par arrêté du ministre de l'intérieur, en charge de l'administration du territoire et de la décentralisation, après audition de l'intéressé par le Conseil départemental ou le Conseil municipal, au cours de laquelle il présente ses moyens de défense. Le Conseil apprécie le bien-fondé de la mesure et en dresse rapport. La suspension suppose que l'intéressé soit reconnu coupable des actes qui empêchent le fonctionnement normal et régulier du Conseil.

La révocation est prononcée par décret en Conseil des ministres sur rapport du ministre en charge de l'administration du territoire et de la décentralisation.

Il y a ceci d'important. En effet, aux termes des dispositions de l'article 35 de la loi n° 07-2003 du 06 février 2003, précitée, la révocation d'un Conseiller municipal ne peut intervenir que s'il est condamné pour crime ou délit volontaire. Ce qui revient à dire qu'en l'absence d'une décision définitive du juge pénal, condamnant un Conseiller départemental ou municipal, quoique membre du bureau exécutif, il ne peut pas être révoqué de ses fonctions.

Pour autant, si cette disposition induit une approche générale d'incompatibilité d'une condamnation pénale avec la fonction ou la qualité de membre d'un organe local, il est incongru de faire dépendre la révocation d'un de ses membres d'une décision de justice, dès l'instant où son comportement nuit gravement aux fonctionnements des institutions locales ou constituent une menace à l'ordre public.

Enfin, comme la suspension, la révocation peut faire l'objet d'un recours pour excès de pouvoir devant la juge administratif, notamment la Cour suprême à travers sa chambre administrative.

[411] Cf. Loi no 17-99 du 15 avril 1999 modifiant et complétant certaines dispositions de la loi no 25-92 du 20 août 1992 et de la loi 30-94 du 18 octobre 1994 portant organisation et fonctionnement de la Cour suprême.

B). Concernant la tutelle financière.

La tutelle financière s'exerce dans le cadre du contrôle budgétaire et, dans une certaine mesure, du contrôle juridictionnel ou de gestion.

I). S'agissant du contrôle budgétaire.

Il s'exerce dans le cadre du pouvoir de substitution de l'Etat ou de son représentant dans plusieurs situations : lorsque le budget est voté hors délai ; lorsqu'il n'est pas voté en équilibre réel ; en cas de non-inscription d'une dépense obligatoire au budget ; en cas de survenance d'un déficit dans l'arrêt des comptes.

Concernant la manifestation de la tutelle financière en cas de vote tardif du budget d'une collectivité locale, il convient de souligner que les autorités doivent veiller à ce que l'exercice budgétaire des collectivités locales débute le 1er janvier et soit clos le 31 décembre. Le budget doit être adopté et approuvé avant le début de l'exercice.

a). Le défaut d'adoption du budget dans le délai requis.

D'une part, aux termes des dispositions des articles 39 à 40 de la loi du 20 octobre 2003 relative au régime financier des collectivités locales, lorsque le vote du budget n'intervient pas dans les délais fixés par la loi ou si le Conseil n'adopte pas le budget pour un motif quelconque, le préfet doit faire constater ce manquement au Conseil. Dans ce cas, il met en recouvrement les recettes et engage les dépenses ordinaires dans les limites du budget de l'année précédente. Ainsi donc, les crédits, dont la collectivité locale peut disposer au cours d'un mois sont, à chaque article, limités au douzième provisoire des prévisions définies à l'alinéa ci-dessus. Les observations du représentant de l'Etat sont communiquées à l'exécutif du conseil dans les trente jours qui suivent l'adoption de la loi de finances. Les observations du représentant de l'Etat sont prises en compte, soit dans le budget adopté par l'organe délibérant local, soit en annexe de ce budget.

Lorsque les observations du représentant de l'Etat ne sont pas prises en compte, celui-ci prend des mesures conservatoires en suspendant l'exécution du budget et saisissant la juridiction compétente dans les trente jours qui suivent la transmission des observations à l'organe exécutif. La juridiction compétente est tenue de prendre sa décision sous huitaine.

D'autre part, aux termes des dispositions de la loi organique précitée sur la tutelle, si le budget n'est pas voté dans un délai de vingt jours, le préfet saisit la chambre départementale de la Cour des comptes et de discipline budgétaire ou à défaut la Cour des comptes et de discipline budgétaire qui dispose d'un délai d'un mois, afin de formuler des propositions pour le règlement du budget. Au vu de ces propositions, le représentant de l'Etat règle le budget et le rend exécutoire.

Si le budget de la collectivité locale ne peut être voté dans les délais requis, en raison du retard d'informations indispensables en provenance du représentant de l'Etat, le Conseil bénéficie d'office d'un délai supplémentaire d'un mois.

b). L'inscription d'office de crédits pour les dépenses obligatoires.

La tutelle financière de l'Etat sur les collectivités locales s'exerce également par le mécanisme d'inscription d'office des crédits pour assurer le paiement d'une dépense obligatoire en cas d'insuffisance de crédits au budget. Les dépenses obligatoires sont, aux termes des dispositions de l'article 28 de la loi organique précitée du 6 février 2003, les dépenses nécessaires à l'acquittement des dettes exigibles et les dépenses pour lesquelles la loi l'a expressément décidée. Elles doivent impérativement être inscrites de manière suffisante et exécutées.

En effet, aux termes des dispositions des articles 29 et suivants de la loi organique précitée de 2003, si une dépense obligatoire n'est pas inscrite au budget ou si elle ne l'est pas pour une somme suffisante, la chambre départementale de la Cour des comptes et de discipline budgétaire ou, à défaut, la Cour des comptes et de discipline budgétaire, saisie par le préfet du département, par le comptable intéressé ou par toute personne ayant intérêt, constate la situation et adresse une mise en demeure à la collectivité locale. Si cette mise en demeure n'est pas suivie d'effets, la chambre départementale de la Cour des comptes et de discipline budgétaire ou, à défaut, la Cour des comptes et de discipline budgétaire demande au préfet d'inscrire d'office cette dépense au budget et propose éventuellement la création des ressources ou la diminution des dépenses facultatives.

Il peut arriver que le Préfet s'écarte de la décision de la chambre départementale de la Cour des comptes et de discipline budgétaire ou, à défaut, la Cour des comptes et de discipline budgétaire. Il doit alors motiver sa décision.

c). L'équilibre budgétaire.

Concernant l'exercice des pouvoirs de tutelle dans le cadre de l'obligation de l'équilibre, le budget des collectivités locales doit être équilibré en recettes et en dépenses. Dès lors, aux termes des dispositions de l'article 31 de la loi organique du 06 février 2003 sur la tutelle des collectivités locales, si l'exécution du budget fait apparaître un déficit qui varie de cinq à dix pour cent (5 à 10 %) des recettes de fonctionnement et selon la taille de la collectivité locale, la chambre départementale de la Cour des comptes et de discipline budgétaire ou, à défaut, la Cour des comptes et de discipline budgétaire, saisie par le préfet, formule des propositions en vue de l'établissement de l'équilibre.

Le budget de l'année ou des années suivantes doit prévoir des mesures de redressement en vue de résorber le déficit conformément aux propositions du juge et sur décision du préfet.

II). Le mandatement d'office d'une dépense obligatoire.

En dehors du pouvoir d'inscription d'office, le Préfet, représentant de l'Etat, dispose aussi du pouvoir de mandatement d'office, après une mise en demeure restée infructueuse, lorsque le président de l'exécutif local refuse de mandater une dépense obligatoire inscrite au budget de la collectivité et disposant de crédits suffisants pour en effectuer le paiement. C'est une autre façon de vaincre une résistance abusive dont certaines autorités locales peuvent faire preuve envers les créanciers.

C). Concernant la tutelle technique.

Elle concerne l'obligation qui pèse sur les collectivités locales d'observer toutes les prescriptions prévues par les lois et règlements en vigueur dans l'accomplissement de leurs actes. A ce sujet, le contrôle technique sur les collectivités locales s'exerce à travers les interventions des services techniques de l'Etat dans la conclusion des marchés, des contrats d'exécution des travaux et d'attribution des subventions (cf. articles 35 et 36, loi organique de 2003).

Sous-section 3. L'administration des collectivités locales.

Le territoire de la République est subdivisé en collectivités locales dans le cadre de la décentralisation. Les collectivités locales sont avant tout des circonscriptions administratives ou des entités administratives territoriales dotées de la personnalité morale et juridique et de l'autonomie financière[412]. Elles sont gérées par des conseils élus[413]. La constitution du 20 janvier 2002 (article 174) tout comme celle du 25 octobre 2015 (article 208) consacrent le Département et la Commune, comme des collectivités locales de droit commun. Ils jouissent ainsi d'un statut constitutionnel. D'autres collectivités locales peuvent être créées par la loi.

---

[412] Cf. Loi n°7-2003 du 06 février 2003 portant organisation et fonctionnement des collectivités locales (art. 1er) ; loi n°9-2003 du 06 février 2003 fixant les orientations fondamentales de la décentralisation (art. 6).

[413] Cf. Loi n°7-2003 du 06 février 2003 portant organisation et fonctionnement des collectivités locales.

Les collectivités locales sont le cadre d'exercice de la décentralisation. Etant précisé que le Département et la Commune ont le double statut de collectivité locale et de circonscription administrative. Le législateur congolais a défini l'organisation et le fonctionnement des collectivités locales dans une série de textes dont la loi n° 07-2003 du 06 février 2003, la loi n° 09-2003 fixant les orientations fondamentales de la décentralisation, la loi n° 09-2003 fixant les grandes orientations de la décentralisation, la loi n° 10-2003 portant transfert de compétences aux collectivités locales.

Certaines agglomérations, notamment les villes de Brazzaville et de Pointe-Noire, sont dotées d'un statut particulier à travers la loi n° 11-2003 du 06 février 2003.

§1. Les organes représentatifs de la démocratie locale.

L'article 2 de la loi n° 7-2003 du 06 février 2003, portant organisation et fonctionnement des collectivités locales et l'article 7 de la loi n° 9-2003 du 06 février 2003, fixant les orientations fondamentales de la décentralisation, disposent que les collectivités locales sont administrées par des conseils locaux (conseils départementaux ou conseils municipaux) élus au suffrage universel direct. Le Conseil (assemblée délibérante) élit ensuite en son sein un bureau exécutif, qui est l'organe exécutif. Les Conseils et les bureaux exécutifs sont représentatifs de la démocratie locale. La loi prévoit la possibilité de créer des commissions dans le cadre du fonctionnement des collectivités locales.

A). Le Conseil départemental et le conseil municipal.

Les assemblées locales, autorités délibérantes ou organes délibérants, sont les Conseils départementaux (pour les départements) et les Conseils municipaux (pour les communes). Ils sont composés de l'ensemble des membres, tels qu'ils résultent des élections locales y afférentes.

I). Le mode de désignation des membres des assemblées locales.

Nous examinerons ici les aspects relatifs au mode du scrutin, aux candidatures, à la représentativité et à la fidélisation des élus locaux.

a). Le mode du scrutin.

Les conseillers locaux (départementaux et municipaux) sont, aux termes des dispositions de l'article 67 de la loi n° 9-2001 du 10 décembre 2001 (modifiée) portant loi électorale, élus pour un mandat de cinq (5) ans au scrutin sur liste, à la représentation proportionnelle, sans panachage ni vote préférentiel. Le vote a lieu au niveau du district, pour les conseillers départementaux ; au niveau des arrondissements, pour les conseillers municipaux ; au niveau du district et de l'arrondissement, pour les conseillers départementaux et municipaux des villes de Brazzaville et de Pointe-Noire et au niveau de la commune, pour les conseillers municipaux des communes dépourvues d'arrondissements.

b). Sur les candidatures.

Les conditions de présentations des candidatures sont définies par les articles 62 et 67, modifiés de la loi du 10 décembre 2001 portant loi électorale. Il faut justifier de la nationalité congolaise, être âgé d'au moins 18 ans, résider sur le territoire national au moment de la présentation de la candidature, avoir la jouissance de ses droits civils et politiques, n'avoir pas été condamné pour crimes ou délits volontaires, justifier au moyen d'un récépissé du versement d'un cautionnement non remboursable de 500.000 Francs CFA. Le contenu du dossier de déclaration de candidature est précisé par l'article 62 de la loi électorale[414]. Les candidats aux élections locales peuvent se présenter individuellement en qualité d'indépendant ou par un groupement ou un parti politique légalement constitué auquel ils appartiennent.

c). La représentativité des femmes aux conseils locaux ou le quota.

La question du genre est prise en compte dans les conseils locaux. Sans parler de parité homme/femme, le législateur congolais impose un quota de femmes. Aussi exige-t-il, d'une part, que chaque liste des candidats aux élections des conseillers départementaux et municipaux doive comporter au moins 30 % de femmes et d'autre part, que le positionnement doive rigoureusement respecter une alternance au plus fort reste.

[414] la déclaration de candidature doit comporter les noms et prénom (s), date et lieu de naissance, profession et domicile ; un extrait d'acte de naissance ; quatre cartes de photographie d'identité et le logo choisi pour l'impression de ses affiches électorales ; un curriculum vitae certifié sur l'honneur ; un spécimen de signature ; un casier judiciaire volet n°2 ; un certificat de nationalité ; une déclaration de moralité fiscale ; le nom du parti ou groupement politique auquel il appartient ; l'indication de la circonscription électorale à laquelle il appartient ; un récépissé de versement au trésor public d'un cautionnement de cinq cent mille (500 000) francs CFA, non remboursable.

d). La fidélisation des conseillers locaux et le nombre des sièges.

Les Conseillers départementaux et municipaux sont tenus de rester fidèles aux partis ou groupements politiques sur les listes desquelles ils ont été élus, sous peine de perdre leur qualité d'élus s'ils venaient à démissionner de leurs formations politiques. En cas de perte de la qualité de conseiller local pour ce motif, il est immédiatement pourvu au remplacement de l'intéressé par celui du candidat classé immédiatement après lui sur la liste dont il est issu. A défaut de candidat sur la liste, une élection locale partielle est organisée pour pourvoir le siège vacant. Il n'est pas exclu que le candidat ayant démissionné de sa formation politique se représente en qualité d'indépendant.

Enfin, le nombre des sièges des conseillers locaux était de 1158 en 2017. Leur répartition varie entre 45 et 101 pour des conseillers départementaux et de 25 à 100 pour les conseillers municipaux.

II). Le statut d'élus locaux.

Les Conseillers départementaux et municipaux, acteurs de la démocratie locale, bénéficient assurément d'un statut tout au long de la durée de leur mandat de cinq ans[415]. Les règles qui le régissent sont définies par les articles 33 à 43 de la loi n° 7-2003, précitée, du 06 février 2003. Le mandat des élus locaux ne peut prendre fin qu'en cas de décès, de dissolution du conseil départemental ou du conseil municipal, de démission ou de révocation, comme nous l'avons développé plus haut, notamment dans le cadre de la tutelle de l'Etat.

Ils bénéficient d'un privilège de juridiction dans la mesure où, en application de l'article 42 de la loi précitée du 06 février 2003 (n° 7-2003), en cas de poursuite le concernant pour crime ou délit en dehors ou dans l'exercice de ses fonctions, le procureur de la République, une fois saisi, doit présenter sans délai une requête à la Cour suprême (chambre pénale) qui statue en matière de règlement de juge[416] et désigne la juridiction chargée de l'instruction ou du jugement. Enfin, l'exercice du mandat d'élu local est gratuit. Mais il donne lieu au remboursement des frais de déplacement et à la perception d'une indemnité dont le taux est fixé conjointement par le ministre des finances et le ministre en charge de l'administration du territoire et de la décentralisation.

---

[415] Cf. PN Gomes-Olamba, *« Décentralisation, démocratie et développement local au Congo-Brazzaville »*, op. cit. pp. 45 et suiv.

[416] Procédure par laquelle le juge suprême règle un conflit positif (deux juridictions saisies simultanément se déclarent compétentes) ou un conflit négatif (deux juridictions déclinent leur compétence) de compétence matérielle ou territoriale pour déterminer la juridiction compétente.

III). Les attributions des assemblées locales.

Le Conseil départemental et le Conseil municipal règlent par leurs délibérations les affaires du département ou de la commune dans les conditions prévues par la loi.

a). Les attributions du Conseil départemental.

En dehors de ses délibérations, le Conseil départemental est investi d'un pouvoir consultatif. A ce titre, il peut émettre des avis concernant les plans et programmes d'investissement, les schémas directeurs d'aménagement, la création et la délimitation de nouvelles agglomérations prévues dans le plan de développement économique et social, en matière de modification des limites des districts, des communautés urbaines et des communautés rurales ; sur les études d'aménagement et de développement départemental. Il peut aussi être consulté sur des questions d'intérêt national.

b). Les attributions du Conseil municipal.

Les attributions du conseil municipal sont presque les mêmes que celles du conseil départemental. Outre le pouvoir décisionnel qu'il exerce à travers ses délibérations, le conseil municipal peut être consulté et donner son avis sur les questions relatives aux plans et programmes d'investissement, aux schémas directeurs d'aménagement, à la création et la délimitation de nouvelles agglomérations prévues dans le plan de développement économique et social, à la modification des limites des arrondissements.

B). Le bureau exécutif local.

C'est l'organe ou l'autorité exécutive d'une collectivité locale. Ses membres sont élus par l'assemblée délibérante, en son sein, lors de la session inaugurale. Il est composé d'un président (le président du conseil départemental ou le maire), d'un vice-président (le vice-président du conseil départemental ou l'adjoint au maire) et d'un secrétaire. Les membres du bureau exécutif exercent leurs fonctions pendant toute la durée du mandat de cinq (5) ans jusqu'aux nouvelles élections, en vertu du principe de continuité des institutions locales[417].

[417] Jean-Marc André « *La notion de continuité en droit public* », Thèse de doctorat en Droit, Université Lyon 3, 1997.

I). Le bureau exécutif du département.

Il est présidé par le Président du Conseil départemental élu lors de la session inaugurale de cette assemblée locale, soit un mois après les élections locales (ou d'office à l'expiration du délai d'un mois), dans les conditions de l'article 14 de la loi n° 7-2003 du 06 février 2003 ou après la révocation du président sortant du conseil département.

a). Le président du bureau exécutif du département.

Il est le chef de l'exécutif départemental. A ne pas confondre avec le Préfet du département qui est une autorité déconcentrée, le représentant de l'Etat dans le département. Or, le président du Conseil départemental est un élu local. Il agit dans le cadre de la décentralisation. Les attributions du Président du Conseil départemental, qu'il ne faut pas confondre avec celles du conseil lui-même, sont définies dans l'article 51 de la loi précitée du 6 février 2003 (7-2003).

Le chef de l'exécutif départemental est chargé d'instruire et de préparer les affaires à soumettre à la délibération du conseil, de présider les sessions du conseil, d'exécuter les décisions du conseil, d'élaborer le programme de développement et d'aménagement du département, d'élaborer et exécuter le budget, de recruter et nommer le personnel aux emplois locaux, de conclure les marchés et contrats du département, de gérer le patrimoine du département, de coordonner et diriger les services du département, de représenter le département en justice et de prendre les mesures urgentes en cas de situation exceptionnelle.

Le président du Conseil départemental est investi du pouvoir réglementaire qu'il exerce par arrêté ou tout autre acte. Il coordonne toutes les activités du département. Il est l'ordonnateur principal du budget voté par le Conseil départemental.

b). Le vice-président et le secrétaire du bureau exécutif du département.

Le vice-président est amené à suppléer le président du Conseil départemental en cas de vacance ou d'empêchement. Il agit sur délégation de pouvoir ou de signature du président du Conseil.

Le secrétaire du bureau exécutif du département, qu'il ne faut pas confondre avec le secrétaire général du conseil départemental, est un agent public, nommé parmi les cadres de la fonction publique territoriale pour coordonner les services décentralisés du département et de veiller à leur bon fonctionnement. Placé sous l'autorité du président du Conseil départemental, il est à ce titre le supérieur hiérarchique des fonctionnaires et agents du département[418]. Or, le secrétaire du bureau exécutif est un élu, « un politique ». Il est exclusivement en charge des questions matérielles, de la documentation et des archives du bureau exécutif[419].

II). Le bureau exécutif de la commune.

Comme pour le département, le bureau exécutif de la commune est élu par le conseil municipal, lors de la session inaugurale. Il est présidé par le maire, assisté d'un vice-président (adjoint au maire) et d'un secrétaire.

a). Le Maire, président du bureau exécutif de la commune.

Les attributions du maire, chef de l'exécutif communal et président du bureau exécutif, qu'il ne faut pas confondre avec celles du Conseil municipal, sont définies par l'article 66 de la loi précitée du 6 février 2003 (7-2003). Le maire est chargé de l'exécution des décisions du conseil municipal ; de la conservation et de l'administration du patrimoine de la commune ; de la gestion des revenus, de la surveillance des établissements municipaux, de la comptabilité municipale ; de l'élaboration et de l'exécution du budget ; de présenter au conseil municipal le compte administratif et le compte de gestion ; de diriger et faire exécuter les travaux municipaux ; de souscrire les marchés et passer les baux ; de recevoir les dons et legs ; de représenter la commune en justice ; d'ester en justice ; de recruter et de nommer les fonctionnaires et agents aux emplois municipaux : de prendre des mesures urgentes en cas de situation exceptionnelle, d'exercer les pouvoirs de police municipale.

Il coordonne toutes les activités de la commune. Il est l'ordonnateur principal du budget voté par le conseil municipal.

b). L'adjoint au maire et le secrétaire du bureau exécutif de la Commune.

L'adjoint au maire est le vice-président du bureau exécutif de la commune. Il agit sur délégation expresse de signature ou de pouvoirs. Quant au secrétaire du bureau exécutif, il ne doit pas être confondu avec le secrétaire général du conseil municipal ou de la mairie qui est un agent public, nommé par le maire, président du conseil municipal. Il a pour missions de préparer les réunions du bureau exécutif, d'établir les procès-verbaux et les rapports du bureau exécutif. Il est chargé des questions

---

[418] Cf. art. 56 et 57, loi n°7-2003 du 6 février 2003.
[419] Cf. art. 55, loi n°7-2003 du 6 février 2003.

matérielles, de la gestion de la documentation et des archives du bureau exécutif[420].

C). Les commissions des conseils locaux.

Le législateur distingue deux instances. D'une part, les commissions d'études et d'instruction, d'autre part, les commissions ad hoc.

I). Les commissions d'études et d'instruction.

Elles sont créées par le Conseil départemental et le conseil municipal pendant les sessions pour plancher sur des questions qui nécessitent de longues investigations en raison de leur importance ou de leur complexité. Cependant, le législateur reconnait également au président du bureau exécutif la possibilité de créer des commissions d'études et d'instruction en dehors des sessions ou entre les sessions[421].

Si la différence réside dans le fait que l'initiative des commissions d'études et d'instruction incombe soit au Conseil, soit au président du conseil, selon que l'on se trouve ou non en période de session, on peut utilement s'interroger s'il n'y a pas un risque d'interférence ou de télescopage entre les deux instances. Surtout dans l'hypothèse où la commission créée par le Conseil ne rendait pas son rapport avant la fin de la session. Qu'à cela ne tienne, ces commissions sont présidées par le président du Conseil. Leur composition doit respecter la pluralité des élus en termes de proportionnalité. L'organisation et le fonctionnement de ces commissions sont définis par le règlement intérieur du Conseil.

II). Les commissions ad hoc.

Les commissions ad hoc sont spécialement créées pour examiner une question bien déterminée ; soit *ad litem*. L'initiative de création d'une telle commission appartient au conseil départemental ou au conseil municipal dans les conditions fixées par le règlement intérieur de l'assemblée concernée.

D). Le fonctionnement du Conseil : les sessions.

Les règles de fonctionnement des Conseils locaux sont définies par les dispositions des articles 14 à 32 de la loi du 6 février 2003 (n° 7-2003), ainsi que le règlement intérieur adopté lors de la session inaugurale.

---

[420] Cf. articles 68 et suiv. loi du 6 février 2006 (7-2003).
[421] Cf. Articles 11 et suivants.

I). Le lieu des réunions du conseil.

En principe, le Conseil se réunit au siège du département ou à la mairie. Cependant, le législateur reconnait la possibilité de tenir les sessions du Conseil à un autre endroit qu'à son siège en cas de circonstances exceptionnelles, notamment des troubles sociopolitiques graves, à la demande soit du président du Conseil soit des deux tiers (2/3) des membres du conseil.

Le caractère de gravité de troubles sociopolitiques graves justifiant la tenue de la réunion du Conseil à un autre lieu qu'à l'Hôtel du département ou à l'Hôtel de Ville, est une question d'opportunité dont l'appréciation appartient au président ou aux membres du Conseil. Pour autant, il doit s'agir de circonstances rendant impossible le fonctionnement normal des institutions ou affectant la quiétude des débats, nonobstant la mobilisation des forces de l'ordre pour mettre fin au trouble à l'ordre public. Le défaut de caractérisation ou de justification de la gravité des troubles sociopolitiques allégués est un motif d'illégalité pouvant fonder un recours devant le juge administratif.

II). La périodicité et la nature des sessions des Conseils locaux.

L'activité du Conseil départemental ou du Conseil municipal est rythmée par ses sessions. Celles-ci n'ont pas la même nature ni le même caractère. Les membres y sont régulièrement convoqués.

a). La convocation aux réunions du conseil.

Les réunions ont lieu sur convocation du président du Conseil départemental ou du Conseil municipal (le maire) à l'ensemble des conseillers, au moins dix (10) jours avant la date prévue. Ce délai est réduit à trois (3) jours en cas d'urgence. La convocation est assortie d'une note de synthèse explicative sur les affaires à soumettre à la délibération, constituant l'ordre du jour.

Le représentant de l'Etat dans le département (le Préfet) doit être préalablement informé de la date, de l'heure, de l'ordre du jour et du lieu des réunions dans un délai de trente (30) jours pour les sessions ordinaires et huit (8) jours pour les sessions extraordinaires).

En cas d'extrême urgence, le délai de convocation est réduit à un (1) jour franc minimum. Dans ce cas, le président du conseil départemental ou le maire doit informer l'assemblée locale du motif de l'urgence dès l'ouverture de la session afin qu'elle se prononce sur l'urgence alléguée et décide s'il faut renvoyer toute ou partie des affaires inscrites à l'ordre du jour à une séance ultérieure. Cependant, l'urgence non justifiée peut constituer une entrave à la liberté d'exercice du mandat d'élu local, susceptible de fonder un recours devant le juge administratif.

b). Sur la nature des sessions et des débats.

Le conseil départemental ou municipal se réunit en session ordinaire et en session extraordinaire au cours des débats publics ou à huis clos. Il peut entendre toute personne qu'il juge utile et délibère sur les sujets inscrits à l'ordre du jour.

1). Des sessions ordinaires et extraordinaires.

Le Conseil départemental et le conseil municipal tiennent chacun en ce qui le concerne trois sessions ordinaires par an, d'une durée de dix (10) jours. Il s'agit de la session ordinaire qui a lieu au mois de février, et des deux sessions administratives qui interviennent aux mois de mai et en d'octobre de la même année.

Ils peuvent aussi tenir des sessions extraordinaires à la demande soit du chef de l'exécutif local (le président du bureau exécutif du département ou de la commune, en l'occurrence le président du conseil départemental ou le maire), soit des 2/3 des membres de l'assemblée locale considérée. Dans ce cas, l'ordre du jour est établi par le président du bureau exécutif.

Les sessions extraordinaires peuvent également être convoquées à la demande motivée soit du préfet, représentant de l'Etat, soit du ministre en charge de l'administration du territoire et de la décentralisation. Ainsi donc, l'assemblée locale est convoquée dans un délai de trente (30) jours.

2). Sur la publicité des débats et les auditions.

Les séances du conseil municipal ou du conseil départemental sont présidées par le président ou le maire (à l'exception de la session inaugurale qui est tenue par le président d'âge). Elles sont en principe publiques. Toutefois, le conseil peut, à la demande, du président, du maire ou d'au moins trois (3) conseillers, décider, à la majorité absolue des membres présents ou représentés, de se réunir à huis clos.

La publicité des débats peut prendre la forme d'une diffusion par des moyens audiovisuels, de visioconférence ou dans d'autres médias sous réserve de l'exercice par le président ou le maire de ses pouvoirs de police.

Le législateur prévoit la possibilité d'entendre le représentant de l'Etat (en l'occurrence le Préfet), les chefs des services départementaux ou municipaux y compris leurs représentants devant le conseil. Cependant, ces auditions ne peuvent que porter sur leurs domaines de compétence.

3). Sur les délibérations de l'assemblée locale.

Les assemblées locales ne peuvent régulièrement siéger et délibérer qu'à la majorité absolue de leurs membres en exercice présents. En sont donc exclus les membres suspendus, révoqués, démissionnaires ou déchus de leurs mandats. Au cas où le quorum n'est pas atteint lors de la première réunion, le conseil se réunit à la prochaine réunion quel que soit le nombre de membres présents et le préfet en est saisi dans un délai de trois (3) jours.

Le vote est ouvert à tous, y compris aux membres du bureau exécutif (le président, le vice-président et le secrétaire). Les membres du bureau exécutif sont exclus du vote pour l'adoption du compte administratif.

Les délibérations du conseil sont prises à la majorité simple des suffrages exprimés. En cas d'égalité de voix, celle du président du conseil est prépondérante. Le vote a lieu au scrutin public. Sauf si deux tiers (2/3) des membres du conseil présents requièrent du contraire.

Aux termes des dispositions de l'article 25 de la loi du 6 février 2003 (n° 7-2003), les délibérations portant sur le compte administratif de l'exercice clos sont accompagnées d'une note explicative et motivée de la situation de l'exercice clos du receveur du département ou de la commune, qui porte sur les ressources effectives ; les dépenses réglées et non réglées ; les crédits votés et approuvés ; les résultats du compte administratif et de gestion. L'absence de cet état explicatif ou son caractère insuffisant, autorise le préfet à déférer la délibération y afférente devant le juge administratif en vue de son annulation pour illégalité.

Concernant le caractère exécutoire des délibérations des conseils locaux, il convient de souligner que celles-ci, une fois signées par le président du conseil départemental ou du conseil municipal (le maire) et contresignées par le secrétaire, sont transmises au préfet dans un délai de dix (10) jours et publiées par voie d'affichage. Elles sont de ce fait exécutoires. Enfin, s'agissant de la conservation (archivage) et de l'accès aux délibérations, il convient de souligner qu'elles sont mentionnées dans le registre des délibérations (coté et paraphé par le préfet) dans un ordre chronologique. Toute personne peut y avoir accès ou en avoir librement communication. D'ailleurs, aux termes des dispositions de l'article 26 de la loi du 6 février 2003, les contrats de services publics, les projets de contrats ou de marchés accompagnés de l'ensemble des pièces peuvent être consultés au siège du département ou de la commune par tout conseiller qui en fait la demande dans les conditions fixées par le règlement intérieur.

§2. Les compétences des collectivités locales.

Le domaine des compétences des collectivités locales est limitativement défini dans la constitution du 25 octobre 2015. Le législateur opérait une répartition des compétences transférées par l'Etat entre les deux catégories des collectivités locales.

A). La constitutionnalisation des compétences des collectivités locales.

Les compétences des collectivités locales trouvent leur fondement dans la constitution, qui en détermine les domaines d'intervention. Il est donc significatif de souligner l'innovation apportée par la constitution du 25 octobre 2015 qui opère une consécration constitutionnelle et limitative du périmètre des compétences des collectivités locales.

Son article 210 dispose,

« Sont de la compétence des collectivités locales :
- la planification, le développement et l'aménagement du département ;
- l'urbanisme et l'habitat ;
- l'enseignement préscolaire, primaire et secondaire ;
- la santé de base, l'action sociale et la protection civile ;
- la prévention, la réduction des risques et la gestion des catastrophes ;
- l'environnement, le tourisme et les loisirs ;
- le sport et l'action culturelle ;
- l'agriculture, l'élevage, la pêche et la pisciculture ;
- l'administration et les finances ;
- le commerce et l'artisanat ;
- les transports ;
- l'entretien routier ;
- le budget de la collectivité locale ».

Le dernier alinéa de cet article précise que, « ...la loi détermine également le régime financier des collectivités locales ainsi que les principes fondamentaux de la fonction publique territoriale. »

Cette constitutionnalisation du champ des compétences des collectivités locales peut s'analyser comme un renforcement de la décentralisation dans le cadre de la libre administration.

Le constituant modifie, sur certains points, la répartition des compétences définies par la loi n° 10-2003 du 6 février 2003 en supprimant toute ou partie de certaines compétences. Ainsi donc, au titre de l'aménagement, il est réduit à l'aménagement du département au lieu de l'aménagement du territoire ; l'enseignement public (plus vaste) désormais plus précis et réduit à l'enseignement préscolaire, primaire et secondaire ; à l'agriculture, l'élevage, et la pêche s'adjoint la pisciculture. D'autres compétences sont purement et simplement supprimées.

Il en est ainsi en matière d'eaux, de forêts et de la chasse ; des travaux publics ; des mines, de l'énergie et de l'hydraulique ; de l'emploi. Le constituant crée un groupe de nouvelles compétences en matière d'entretien routier ; de la prévention, la réduction des risques et la gestion des catastrophes. Le législateur définit, pour chaque compétence, les modalités de leur exercice par le département et la Commune.

B). La répartition législative des compétences entre les collectivités locales.

Le législateur a opéré, à travers la loi n° 06-2003 du 6 février 2003, suivie par de nouvelles lois, dont les lois n° 15-2019, 16-2019 et 17-2019 du 21 mai 2019 précitées[422], une répartition de compétences entre les départements et les communes, tout en relevant les limites. Il convient, avant toute chose de cerner les principes qui régissent la redistribution des compétences et qui s'articulent autour de la notion de transfert.

I). Les principes et les modalités de transferts des compétences.

Les principes qui régissent la redistribution des compétences des collectivités locales s'articulent autour des différentes déclinaisons de la notion de transfert, qui découlent des dispositions des articles 2 et suivants du titre 1er de la loi du 6 février 2003 (n° 10-2003).

a). Le transfert de compétences.

Le législateur définit le transfert de compétences comme l'acte par lequel l'Etat confie aux collectivités locales des pouvoirs qui lui sont dévolus dans le double but de rapprocher l'administration des administrés et de mieux satisfaire les besoins locaux. Mais, cette définition doit ici être comprise dans le cadre de la décentralisation. Car, la déconcentration vise également à rapprocher l'administration centrale dans administrés au niveau local et que les besoins locaux peuvent être pris en compte à ce niveau.

---

[422] Cf. loi n° 15-2019 du 21 mai 2019 fixant la répartition des compétences entre l'Etat et les collectivités locales en matière d'entretien routier et définissant les modalités de leur exercice par le département et la commune, JO n°23-2019 du 06 juin 2019, p. 503 ; la loi n° 16-2019 du 21 mai fixant la répartition des compétences entre l'Etat et les collectivités locales en matière d'enseignement préscolaire, primaire et secondaire et définissant les modalités de leur exercice par le département et la commune, JO n°23-2019 du 06 juin 2019, p.506 ; la loi n° 17-2019 du 21 mai 2019 fixant la répartition des compétences entre l'Etat et les collectivités locales en matière de santé de base et définissant les modalités de leur exercice par le département et la commune, JO n°23-2019 du 06 juin 2019, p 513.

b). Le transfert des biens.

Le transfert des moyens, notamment matériels, permet aux collectivités locales de mettre en œuvre les compétences qui leur sont attribuées. C'est l'une des conditions de l'effectivité de la libre administration des collectivités locales et de la gestion de leurs affaires. Il s'agit d'un transfert des biens meubles et immeubles, qui peut revêtir différentes modalités définies par la loi, à savoir :

1). La mise à disposition.

Le législateur définit la mise à disposition comme le transfert de plein droit des biens meubles et immeubles de l'Etat aux collectivités locales. Même si le législateur ne le précise pas dans son article 4, la mise à disposition n'opère pas en principe un transfert de propriété des biens. L'Etat propriétaire peut les revendiquer, le cas échéant.

2). L'affectation.

L'affectation apparaît comme une variante de la mise à disposition. La différence, aux termes des dispositions de l'article 3 alinéa 4 de la loi du 06 février 2003 (n° 10-2003), réside dans le fait qu'elle ne s'opère pas de plein droit. Elle dépend de la volonté de l'Etat de transférer gracieusement ses biens meubles ou immeubles en vue de leur utilisation par les collectivités locales. Comme la mise à disposition, les biens faisant l'objet d'une affectation peuvent être revendiqués par l'Etat propriétaire.

Il est constant que la mise à disposition ou l'affectation des biens peuvent se faire dans le cadre d'un acte réglementaire ou d'une convention de mise à disposition conclue entre l'Etat et la collectivité locale bénéficiaire, assortie d'une clause d'inaliénabilité ou de retour.

3). La cession.

La cession est un acte de transfert, à titre onéreux, d'un bien meuble ou immeuble en vue de son administration ou de sa gestion. Elle opère un transfert de propriété de l'Etat à la collectivité locale acquéreuse. Elle suppose une évaluation préalable du bien par les services compétents. Ce même si une cession peut être faite gratuitement ou moyennant une somme symbolique (exemple 100FCFA).

c). Le transfert des services.

Aux termes des dispositions de l'article 6 de la loi n° 10-2003 du 6 février 2003, le transfert des services consiste à transmettre aux collectivités locales l'ensemble ou une partie des services de l'Etat principalement concernés par l'exercice des compétences transférées. L'article 7 de la loi définit les modalités par lesquelles le transfert des services s'opère.

En effet, il a lieu, soit à travers la signature d'une convention de transfert entre l'Etat ou son représentant et la collectivité bénéficiaire ; soit par la réorganisation préalable des services pour éviter que les modifications postérieures des règles relatives à l'exercice des compétences transférées par voie réglementaire ne génèrent à la collectivité locale des charges nouvelles ou à l'Etat des compensations supplémentaires.

La question du statut du personnel des services transférés se pose. Or, il ne va pas sans dire que ce personnel gardera le statut de fonctionnaire. Encore faudra-t-il savoir s'il devra faire le choix de garder le statut de fonctionnaire de l'Etat ou à vocation à concourir à la mise en place de la fonction publique territoriale.

d). Les compensations financières du transfert de compétences.

Les compensations financières des charges générées, pour les collectivités territoriales, en raison des compétences transférées par l'Etat obéissent aux principes et modalités définis par le législateur.

1). L'attribution concomitante des ressources correspondantes.

Le transfert de compétences a un coût que les collectivités locales ne peuvent pas supporter en l'état, sans mesures d'accompagnement ou de financement appropriées.

Si le transfert des compétences de l'Etat doit s'accompagner d'un transfert de moyens matériels et humains, les collectivités locales ne peuvent mettre en œuvre ni accomplir les compétences qui leur sont attribuées sans disposer de moyens financiers. L'attribution concomitante, intégrale et immédiate des ressources correspondantes est un impératif inévitable. Ainsi donc, le législateur précise dans les articles 9 à 11 de la loi n° 10-2003 du 6 février 2003 les conditions financières du transfert de compétence.

En effet, l'article 9 alinéa 1er de cette loi dispose que,

« Les ressources attribuées aux collectivités locales sont équivalentes aux charges supportées par l'Etat à la date de transfert de compétences... ».

C'est aussi ce qu'en dispose l'article 9 de la loi n° 30-2003 du 20 octobre 2003 portant institution du régime financier des collectivités locales,

« Aucun transfert de charge ne peut être fait à la collectivité locale, si celle-ci n'est pas accompagnée d'un transfert de ressources ; de même aucune dépense relevant de l'administration centrale ne peut être imputée au budget de la collectivité locale ».

En d'autres termes, le transfert des compétences doit s'accompagner du transfert corrélatif et concomitant des ressources équivalentes à celles que l'Etat consacrait, à la date du transfert, aux financements des compétences ainsi transférées. Dès lors, il serait inéquitable d'opérer des transferts de compétences qui accroîtraient les dépenses, voire les charges des collectivités locales, sans leur donner les moyens adéquats pour les financer[423]. Il en est de même, en application des dispositions de l'alinéa 2 de l'article 9 qui exige une compensation par des ressources faisant l'objet d'un montant équivalent en cas de charges nouvelles incombant aux collectivités locales du fait des modifications par l'Etat des règles relatives à l'exercice des compétences transférées.

2). Les modes de financement du transfert de compétences.

La compensation des charges induites par le transfert des compétences de l'Etat aux collectivités locales est déterminée par les articles 10 et 11 de la loi précitée du 6 février 2003 (n° 10-2003).

Ce financement s'opère d'une part par un transfert de la fiscalité, c'est-à-dire des impôts perçus par l'Etat et qui deviennent l'une des ressources propres des collectivités locales et, d'autre part, par l'allocation d'une dotation globale de décentralisation (DGD), inscrite annuellement au budget de l'Etat au titre des dépenses de transfert (titre 4) conformément à l'article 16 de la loi organique n° 36-2017 du 3 octobre 2017 relative aux lois de finances[424].

Dans la mesure où le produit des impôts transférés se révèlerait insuffisant pour couvrir les charges générées par les compétences transférées par l'Etat, le solde est compensé par la dotation globale décentralisation. La DGD est un concours financier de l'Etat exclusivement destiné à compléter le financement des charges liées au transfert, à la création ou à l'extension des compétences au profit des collectivités locales[425].

---

[423] Le législateur congolais a repris à son compte, les dispositions de l'article 72-2 de la constitution française du 1958, qui dispose, *« Tout transfert de compétences entre l'État et les collectivités territoriales s'accompagne de l'attribution de ressources équivalentes à celles qui étaient consacrées à leur exercice... »*

[424] Loi organique n° 36-2017 du 3 octobre 2017 relative aux lois de finances, JO du 5 octobre 2017, édition spéciale, n°8.

[425] La DGD fait partie des concours financiers de l'Etat aux collectivités locales qu'énumère l'article 18 de la loi n°9-2003 du 6 février 2003 au même titre que la dotation globale de fonctionnement (DGF), la dotation globale d'investissement (DGI), les subventions spécifiques, etc.

Entant précisé qu'aux termes des dispositions de l'article 5 de la loi n° 10-2003 du 6 février 2003, préalablement au transfert des compétences, il doit être procédé à une évaluation des charges à transférer. Cette tâche est confiée au Comité technique d'évaluation de la décentralisation (CTED). Elle se fait sur la base, d'une part de la capacité financière de la collectivité locale, laquelle capacité est appréciée en fonction du potentiel fiscal (le produit de l'impôt escompté), et d'autre part, par le besoin de financement apprécié en fonction du montant des dépenses découlant du transfert de la compétence.

II). Les compétences des départements et des communes.

La répartition des compétences est précisée et détaillée par les dispositions des articles 17 à 28 pour les départements et, selon les mêmes groupes de compétences, les articles 29 à 40 pour les communes.

Sans faire la revue de toutes les compétences, on peut évoquer, à titre d'exemple, la répartition des compétences entre l'Etat, les départements et les communes en matière d'entretien routier, de l'enseignement préscolaire, primaire et secondaire et en matière de santé de base.

a). En matière d'entretien routier.

La loi n° 15-2019 du 21 mai 2019, fixant les compétences entre l'Etat et les collectivités locales en matière d'entretien routier et définissant les modalités de leur exercice par le département et la commune[426], opère une redistribution des compétences en la matière de façon suivante.

1). Les compétences de l'Etat.

Aux termes de l'article 5 de la loi précitée, l'Etat demeure compétent dans la définition et le contrôle des normes techniques de construction des routes, des ouvrages d'art, de création et d'entretien des voiries ; la classification du réseau routier et sa mise à jour ; la définition des normes et l'exercice de la police de circulation ; la construction, l'aménagement, la réhabilitation et l'entretien des routes nationales et des grands ouvrages d'arts ; la collecte et la répartition des ressources issues du fonds routier ; la fixation des horaires de travail dans les services de l'entretien routier ; la formation initiale des personnels de l'entretien ; la rémunération des personnels déconcentrés de l'Etat évoluant dans les services de l'entretien routier des collectivités locales.

---

[426] JO n°23-2019 du 6 juin 2019, p. 503. Les modalités d'exercice des compétences par les départements et communes sont définies par les dispositions des articles 8 à 21 de cette loi.

Enfin, le conseil départemental et municipal de Brazzaville et celui de Pointe-Noire exercent les compétences relevant du département.

2). Les compétences des départements.

En matière d'entretien routier, les départements sont compétents dans leurs ressorts respectifs, de l'entretien des routes départementales ; de la construction, l'aménagement, l'entretien, le contrôle des voiries des communautés urbaines, des communautés rurales et des chefs-lieux des districts ; du recrutement et de la rémunération des personnels de l'entretien routier, relevant du statut de la fonction publique territoriale (cf. article 6 de la loi n° 23-2019 du 21 mai 2019).

3). Les compétences des communes.

Sont de la compétence des communes, dans leurs ressorts respectifs, la construction, l'aménagement, l'entretien, le contrôle des voiries urbaines ; la construction et l'entretien des équipements urbains ; le recrutement et la rémunération des personnels de l'entretien routier relevant du statut de la fonction publique territoriale (cf. article 7 de la loi n° 23-2019 du 21 mai 2019).

b). En matière de l'enseignement préscolaire, primaire et secondaire.

La loi n° 16-2019 du 21 mai 2019 fixe la répartition des compétences entre l'Etat et les collectivités locales en matière d'enseignement préscolaire, primaire et secondaire et définit les modalités de leur exercice par le département et la commune[427].

1). Les compétences de l'Etat.

En matière d'enseignement préscolaire, primaire et secondaire et aux termes des dispositions de l'article 3 de la précitée, l'Etat reste et demeure compétent pour l'élaboration et la mise à jour de la carte scolaire nationale ; la définition et la mise en œuvre de la politique pédagogique et andragogique comprenant l'adoption des objectifs et orientations générales des programmes d'enseignement préscolaire, primaire, secondaire général et technique, professionnel, ainsi que des centres de rescolarisation et d'alphabétisation ; la gestion du temps d'apprentissage, des effectifs et des flux scolaires ; l'organisation des examens et concours ainsi que la

[427] JO n°23-2019 du 6 juin 2019, p. 506. Les modalités d'exercice des compétences par les départements et communes sont définies par les dispositions des articles 8 à 43 de cette loi.

délivrance des diplômes ; la formation des personnels enseignants et non enseignants ; la gestion des écoles professionnelles, des lycées d'excellence, des lycées interdépartementaux et des écoles spécialisées ; la rémunération du personnel enseignant et non enseignant relevant de la fonction publique d'Etat ; la répartition des moyens que l'Etat consacre à l'éducation afin d'en assurer l'égalité d'accès ; la détermination des critères d'attribution des bourses ou des aides scolaires ; la définition des normes de construction des édifices scolaires et de création, d'ouverture et de fonctionnement des établissements scolaires publics ou privés conventionnés ou sous contrat de l'Etat ; l'agrément des écoles privées ; la production des matériels et fournitures indispensables à la prestation de l'action pédagogique et andragogique ; la fixation des horaires de travail dans les services de l'enseignement ; le contrôle des établissements scolaires et l'inspection pédagogique et andragogique ; l'évaluation des politiques éducatives en vue d'assurer la cohérence de l'ensemble du système éducatif.

2). Les compétences des départements.

Le département s'occupe également de la participation à l'établissement et à la gestion de la tranche départementale de la carte scolaire nationale ; de la construction, la réhabilitation, l'équipement, l'entretien et la maintenance des établissements scolaires, ainsi que des logements des enseignants, des internats, des cantines scolaires, des aires de jeux, des blocs administratifs, des salles multimédias, des bibliothèques, des ateliers et laboratoires, des sanitaires et des points d'eau ; le recrutement et la rémunération des personnels enseignants et non enseignants, ainsi que des animateurs des centres de rescolarisation et d'alphabétisation, dans le strict respect des dispositions du statut de la fonction publique territoriale ; la sécurisation et le gardiennage des infrastructures scolaires publiques relevant de sa compétence ; la participation à la gestion des écoles professionnelles, des lycées d'excellence, des lycées interdépartementaux, des écoles spécialisées gérés par l'Etat et des établissements scolaires conventionnés ou sous contrat de l'Etat ; l'attribution des bourses ou des aides scolaires et l'appui spécifique à la scolarisation des enfants autochtones ; la participation à la conception, à la production et à l'acquisition des matériels didactiques ; l'organisation du transport scolaire dans le département[428].

[428] Cf. articles 4 et 5 loi n° 16-2019 du 21 mai 2019.

3). Les compétences des communes.

Les compétences des communes en matière d'enseignement préscolaire, primaire et secondaire sont définies par les articles 6 et 7 de la loi précitée.

Les communes ont la responsabilité de la gestion des centres d'éducation préscolaire ; écoles primaires ; centres de rescolarisation et d'alphabétisation.

Elles ont également en charge, la participation à l'établissement et à la gestion de la tranche communale de la carte scolaire nationale ; la construction, la réhabilitation, l'équipement, l'entretien et la maintenance des établissements scolaires énumérés à l'article 6 de la présente loi, ainsi que des logements des enseignants, des internats, des cantines scolaires, des aires de jeux, des blocs administratifs, des salles multimédias, des bibliothèques, des ateliers et laboratoires, des sanitaires et des points d'eau ; le recrutement et la rémunération des personnels enseignant et non enseignant, ainsi que des animateurs des centres de rescolarisation et d'alphabétisation, dans le strict respect des dispositions du statut de la fonction publique territoriale ; la sécurisation et le gardiennage des infrastructures scolaires publiques relevant de sa compétence ; la participation à la gestion des écoles professionnelles, des lycées d'excellence, des lycées interdépartementaux, des écoles spécialisées gérés par l'Etat et des établissements scolaires conventionnés ou sous contrat de l'Etat ; l'attribution des bourses ou des aides scolaires et l'appui spécifique à la scolarisation des enfants autochtones ; la participation à la conception, à la production et à l'acquisition des matériels didactiques ; l'organisation du transport scolaire dans la commune.

c). En matière de santé de base.

La loi n° 17-2019 du 21 mai 2019 fixe la répartition des compétences entre l'Etat et les collectivités locales en matière de santé de base et définit les modalités de leur exercice par le département et la commune[429].

1). Les compétences de l'Etat en matière de santé de base.

En matière de santé de base, il résulte des dispositions de l'article 6 de la loi précité que l'Etat demeure compétent dans la définition de la politique de santé et du médicament ; l'élaboration et la mise à jour de la carte sanitaire nationale ; la détermination des conditions d'ouverture et de fonctionnement

[429] JO n°23-2019 du 6 juin 2019, p.513. Les modalités d'exercice des compétences par les départements et communes sont définies par les dispositions des articles 9 à 32 de cette loi.

des formations sanitaires ; la fixation des horaires de travail dans les services de santé ; la formation initiale des personnels de santé ; la rémunération des personnels déconcentrés de l'Etat évoluant dans les structures sanitaires relevant du niveau de base ; l'accréditation des formations sanitaires dans le cadre de l'assurance maladie universelle ; la détermination des spécifications des matériels techniques et des consommables indispensables à la prestation des soins de santé de base ; la définition et le contrôle des normes de construction des édifices abritant les services de santé ; la définition et le contrôle des normes des équipements médicaux, du mobilier et d'entretien des formations sanitaires ; la définition de la nomenclature et de la tarification des actes des soins et services de santé ; l'inspection des services ; l'appui technique, financier et logistique aux structures sanitaires relevant du niveau de base.

2). Les compétences des départements en matière de santé de base.

Aux termes des dispositions de l'article 7 de la même loi, les départements sont compétents en ce qui concerne la gestion des postes de santé et des centres de santé intégrés publics ainsi que des hôpitaux de référence des districts sanitaires, y compris les hôpitaux de référence des districts sanitaires situés dans le ressort territorial des communes ; l'animation des organes de participation communautaire dans la gestion des postes de santé, des centres de santé intégrés, des autres formations sanitaires ambulatoires et des hôpitaux de référence des districts sanitaires ; la gestion des relais communautaires évoluant dans les aires de santé ; le recrutement, l'affectation et la rémunération des personnels des postes de santé, des centres de santé intégrés et des hôpitaux de référence des districts sanitaires, relevant du statut de la fonction publique territoriale ; la mise à disposition des formations sanitaires relevant de la santé de base, des matériels techniques, des médicaments et produits de santé indispensables à la prestation des soins de santé de base conformément à la réglementation en vigueur ; la participation à l'établissement de la tranche départementale de la carte sanitaire nationale ; l'élaboration et l'exécution des plans départementaux de santé et d'hygiène ; l'assainissement des formations sanitaires publiques relevant de la santé de base ; la surveillance épidémiologique au niveau communautaire ; la maîtrise d'ouvrage en matière de construction ou de réhabilitation des formations sanitaires publiques relevant de la santé de base, ainsi que les logements d'astreinte, des installations de secours de fourniture d'énergie et d'eau qui y sont rattachés ; la sécurisation et le gardiennage des formations sanitaires publiques relevant de la santé de base.

3). Les compétences des communes en matière de santé de base.

Ainsi qu'il résulte des dispositions de l'article 8 de la loi précitée, sont de la compétence des communes, la gestion des postes de santé et des centres de santé intégrés publics situés dans le ressort territorial des communes ; l'animation des organes de participation communautaire dans la gestion des postes de santé, des centres de santé intégrés et des autres formations sanitaires ambulatoires des districts sanitaires ; la gestion des relais communautaires évoluant dans les aires de santé ; le recrutement et la rémunération des personnels des postes de santé et des centres de santé intégrés relevant du statut de la fonction publique territoriale ; la mise à disposition des formations sanitaires relevant de la santé de base, des matériels techniques, des médicaments et produits de santé indispensables à la prestation des soins de santé de base conformément à la réglementation en vigueur ; la participation à l'établissement de la tranche municipale de la carte sanitaire départementale ; l'élaboration et l'exécution des plans municipaux de santé et d'hygiène ; l'assainissement des formations sanitaires publiques relevant de la santé de base ; la surveillance épidémiologique au niveau communautaire ; la maîtrise d'ouvrage en matière de construction ou de réhabilitation les formations sanitaires publiques relevant de la santé de base, ainsi que les logements d'astreinte, des installations de secours de fourniture d'énergie et d'eau qui y sont rattachés ; la sécurisation et le gardiennage des formations sanitaires publiques relevant de la santé de base.

III). La limitation des compétences des collectivités locales.

Les limites aux compétences des collectivités locales peuvent prendre deux aspects. Elles tiennent aux compétences non transférables, donc des limites d'ordre matériel, et aux limites d'ordre fonctionnel.

a). Les compétences non transférables aux collectivités locales.

L'énumération du domaine des compétences des collectivités locales par l'article 210 de la constitution du 25 octobre 2015 est limitative. On peut considérer que les matières autres que celles qui sont visées par l'article 210 de la constitution ne sont pas transférables aux collectivités locales. Cependant, la loi n° 10-2003 du 6 février 2003 portant transfert de compétences aux collectivités locales, bien qu'étant antérieure à la constitution de 2015, énumère en sont article 13 les compétences non transférables aux collectivités locales.

Il s'agit des domaines régaliens tels que la défense et la sécurité, les affaires étrangères, la justice, la monnaie. Ou encore des matières premières stratégiques (elles sont définies par l'article 14 de la loi comme les matériaux d'origine naturelle susceptibles de transformation et d'utilisation économique essentielle à la vie de la nation), l'enseignement supérieur, les postes et télécommunications, les hôpitaux généraux et les centres hospitaliers universitaires. Cette énumération n'est pas limitative puisque l'article 13 de la loi précitée fait état de toute autre matière qui fonde le caractère unitaire de l'Etat. Le dernier alinéa de l'article 13 dispose expressément que les collectivités locales n'ont pas de compétences politiques.

b). Des limites d'ordre fonctionnel.

Ces limites prennent la forme des interdictions visées aux articles 43 à 45 de la loi précitée des 06 février 2003 (n° 10-2003).

1). L'exclusion des attributions constitutionnelles des trois pouvoirs d'Etat.

Les collectivités locales ne peuvent, en application des dispositions de l'article 43 de la loi précitée, exercer les attributions dévolues par la constitution au pouvoir exécutif, au pouvoir exécutif et au pouvoir judiciaire ; telles qu'elles sont définies aux titre (IV), titre (V) et titre (VI) et titre (VII) dans la constitution.

2). L'interdiction de la tutelle d'une collectivité locale sur une autre.

En vertu du principe de l'autonomie et surtout de la libre administration des collectivités locales, il ne saurait y avoir une tutelle horizontale. C'est-à-dire d'une collectivité locale sur une autre ; qu'elles soient du même niveau ou de la même catégorie (d'une commune sur une autre ou d'un département sur un autre). Pas non plus de tutelle verticale à l'échelle locale. C'est-à-dire d'un département sur une commune. C'est l'objet de l'article 44 de la loi précitée du 6 février 2003 (n° 10-2003).

Dès lors, il est interdit à une collectivité locale de prendre des décisions qui auraient une incidence en dehors de son ressort territorial. Sauf, lorsqu'elles visent leurs biens situés dans le territoire d'une autre collectivité.

3). L'interdiction limitée de compétences internationales.

L'article 45 de la loi n° 10-2003 du 6 février 2003 interdit, en principe aux collectivités locales, l'exercice des compétences internationales. Cependant, il autorise néanmoins aux collectivités locales de conclure des conventions avec des collectivités locales étrangères, dans la limite de leurs compétences et dans le respect des engagements internationaux de la République du Congo. Elles peuvent s'associer, pour l'exercice de leurs compétences, en créant des organismes de coopération dans les formes et conditions prévues par la loi. Elles peuvent aussi conclure entre elles des conventions par lesquelles l'une d'elles s'engage à mettre à la disposition d'une autre collectivité, les services et les moyens pour lui faciliter l'exercice de ses compétences.

En fait d'interdiction, le législateur congolais reconnait aux collectivités locales la possibilité de recourir, dans le cadre des compétences qui leur sont dévolues, à la coopération décentralisée avec les collectivités locales d'un Etat étranger ou des organisations non gouvernementales internationales, dans le cadre des échanges des moyens et de services, en signant des accords de coopération dans le but de promouvoir ou de dynamiser le développement économique et social dans leur ressort territorial. Ce procédé peut être utilement mis en œuvre dans le cadre des échanges transfrontaliers pour pallier la défaillance ou la carence des Etats voisins. Cette problématique est traitée avec talent par notre collègue et ami Patrice Ndiaye[430].

§3. Les biens des collectivités locales.

La décentralisation ne saurait être parfaite si elle ne s'accompagne pas d'une détermination précise, outre les compétences, des moyens indispensables au fonctionnement des collectivités locales, qui puissent garantir leur libre administration. Les biens des collectivités locales figurent parmi ces moyens.

A). La consistance du patrimoine des collectivités locales.

Comme toute personne physique ou morale, les collectivités locales disposent d'un patrimoine. Il est, aux termes des dispositions de l'article 1er de la loi n° 31-2003 du 24 octobre 2003 portant détermination du patrimoine

430 P. Ndiaye, « Les collectivités territoriales et l'ordre international: état et perspectives de la décentralisation des relations internationales dans le cadre unitaire français », Thèse de doctorat en Droit public, Université Montpellier 1, 1994 ; P. Ndiaye, « Collectivités locales et frontière pyrénéenne : la coopération transfrontalière décentralisée en Languedoc-Roussillon », Presses Universitaires de Perpignan, 1993 ; Patrice Ndiaye, « La responsabilité des acteurs locaux de la coopération transfrontalière», in « aux coutures de l'Europe, défis et enjeux juridiques de la coopération transfrontalière », Paris, L'Harmattan, 2006. Voir, aussi, B. Gallet, « Les enjeux de la coopération décentralisée », Revue internationale et stratégique, vol. 57, no. 1, 2005, pp. 61-70 ; « La coopération décentralisée dans l'espace francophone », https://apf.francophone.org 2013_07_cap_rapportcoopdecentr.

des collectivités locales, constitué par l'ensemble des biens relevant des domaines public et privé, propriétés des collectivités locales sur lesquelles elles exercent des droits et des obligations y rattachés.

D'ailleurs, aux termes des dispositions de l'article 3 de la loi n° 31-2003, précitée, du 24 octobre 2003, *« Le patrimoine des collectivités locales concerne, le patrimoine du département ; le patrimoine de la commune »*.

I). Une approche ambigüe de la domanialité au regard de l'Etat.

La domanialité ou la propriété des collectivités locales ne doit pas être confondue avec celle de l'Etat. Chaque collectivité locale étant une personne juridique, morale, distincte de l'Etat, son patrimoine ne se confond pas avec celui de l'Etat. Le droit congolais comporte une incongruité, voire une ambigüité en définissant le domaine de l'Etat, dans l'article 1er du code du code du domaine de l'Etat, comme *« ...l'ensemble des biens et droit, mobiliers et immobiliers, corporels et incorporels appartenant à l'Etat, aux collectivités décentralisées et aux établissements publics »*[431].

Cette définition est en contradiction, sinon remet en cause la définition qu'en donne l'article 1er précité de la loi n° 31-2003 du 24 octobre 2003 portant détermination du patrimoine des collectivités locales.

Le législateur de 2004, qui du reste était le même que celui de 2003, aurait dû être mieux inspiré en parlant de *« domaine des personnes publiques »*, de la *« propriété des personnes publiques »* ou du *« patrimoine des personnes publiques »* ou les biens des personnes morales de droit public. A moins que l'on veuille considérer que les collectivités locales et les établissements publics ne seraient que de simples dépositaires des biens dont la propriété appartiendrait à l'Etat. En toute hypothèse, l'intitulé même du code est remis en cause. Car, en fait de *« code du domaine de l'Etat »,* il eut été judicieux, dans le cadre de la décentralisation, d'adopter un titre plus général et fédérateur en termes de *« code de la propriété des personnes publiques »* ou de *« code des biens des personnes publiques »*.

Mais, la loi n° 10-2004 du 26 mars 2004, fixant les principes généraux applicables aux régimes domanial et foncier, adoptée le même jour que la loi 9-2004 portant code électoral, apporte un correctif à cette ambigüité dans son article 24, en disposant que, *« le domaine public et le domaine privé des personnes publiques constituent le patrimoine de l'Etat, des collectivités locales et des établissements publics »*.

---

[431] *« Le domaine de l'Etat est l'ensemble des biens et droits, mobiliers et immobiliers, corporels et incorporels appartenant à l'Etat, aux collectivités décentralisées et aux établissements publics » (Article 1er loi n°.9-2004 du 26 mars 2004 portant code du domaine de l'Etat).*

II). La domanialité publique et la domanialité privée.

Les biens des personnes publiques appartiennent soit au domaine public soit au domaine privé. L'article 1er de la loi la loi n° 31-2003 du 24 octobre 2003 portant détermination du patrimoine des collectivités locales, ne fait pas exception à la règle, en ce qu'il dispose, comme nous venons de le souligner que, *« Le patrimoine des collectivités locales est l'ensemble des biens relevant des domaines public et privé, propriétés des collectivités locales sur lesquelles elles exercent des droits et des obligations y rattachés ».*

La classification entre domaine public et domaine privé dépend, moins de la nature du bien, mais de l'usage qui en est fait, surtout de son affectation à l'usage du public selon son aménagement ou à un service public.

a). La notion de domaine public.

Le législateur congolais adopte une définition du domaine public, largement inspirée du droit français. Le domaine public est identifiable par l'appartenance du bien à une personne publique, son affectation directe à l'usage du public ou à un service public, dans ce dernier cas, pourvu qu'il fasse l'objet d'un aménagement spécial[432].

Ainsi donc, l'article 4 de la loi n° 9-2004 du 26 mars 2004, portant code du domaine de l'Etat, définit le domaine public,

« Le domaine public est l'ensemble des biens et droits des collectivités publiques et des établissements, publics qui sont, soit mis à la disposition directe du public usager, soit affectés à un service public, pourvu qu'en ce cas, ils soient, par nature ou par des aménagements particuliers, adaptés exclusivement ou essentiellement au but particulier de ces services ».

L'article 25 alinéa 1er de la loi n° 10-2004 du 26 mars 2004 fixant les principes généraux applicables aux régimes domanial et foncier, en donne une définition plus complète en ce qu'il comprend dans la domanialité publique, les bien considérés comme tel par la loi. Donc, des dépendances du domaine public par détermination de la loi :

« Le domaine public réunit l'ensemble des biens qui par destination sont affectés à l'usage direct du public, au service du public après un aménagement spécial ou considérés comme biens publics par détermination de la loi... »

Font donc partie des dépendances du domaine public, les biens, fonds publics ; les édifices, les constructions et les ouvrages destinés à l'usage du public et aux services publics ; les droits mobiliers et immobiliers ; les droits, les services et les servitudes y afférents ; les dépendances affectées à

---

[432] *Cf. Article L2111-1 du code de la propriété des personnes publiques, « Sous réserve de dispositions législatives spéciales, le domaine public d'une personne publique mentionnée à l'article L. 1 est constitué des biens lui appartenant qui sont soit affectés à l'usage direct du public, soit affectés à un service public pourvu qu'en ce cas ils fassent l'objet d'un aménagement indispensable à l'exécution des missions de ce service public ».*

l'usage du public ; les eaux et les ressources naturelles du sol et du sous-sol marin, fluvial et terrestre ; les biens meubles et immeubles de l'Etat à l'étranger[433].

Ces biens peuvent être classés dans l'une des deux subdivisions du domaine public, le domaine public naturel et le domaine public artificiel.

Le domaine public naturel est constitué par les dépendances du domaine public maritime ; domaine public fluvial ; domaine public terrestre ; domaine public aérien[434].

Le domaine public artificiel comprend, le domaine public de circulation ; le domaine public de défense ; le domaine public des monuments ; le domaine public mobilier ; les servitudes d'utilité publique[435].

b). La notion de domaine privé.

Le domaine privé des collectivités locales et de leurs établissements publics est défini aussi bien par les articles 21 à 23 de la loi n° 9-2004 du 26 mars 2004, portant code du domaine de l'Etat ou par l'article 26 de la loi n° 10-2004 du 26 mars 2004 fixant les principes généraux applicables aux régimes domanial et foncier.

Le domaine privé se définit par la négative, par rapport au domaine public. Certes les biens du domaine privé ont en commun avec ceux du domaine public, leur appartenance à une personne morale de droit public (à l'exception de ceux des établissements publics à caractère industriel et commercial ou des entreprises publiques). Ils s'en distinguent en ce qu'ils ne sont pas affectés l'usage direct du public, ni destinés à un service public ni faisant l'objet d'un aménagement spécial et ne sont pas définis comme publics par la loi. Mais, le législateur peut expressément décider que tels biens appartiennent à tel organisme intègre son domaine privé. C'est le cas d'une décision de déclassement et de désaffectation qui consiste à sortir un bien du domaine public pour l'incorporer dans le domaine privé, afin d'en permettre l'aliénation.

Dès lors, le domaine privé comprend tous les biens meubles, immeubles et droits réels immobiliers du domaine de l'Etat, des collectivités décentralisées et des établissements publics, qui, en raison de leur nature et de leur destination, ne sont pas considérés comme dépendances du domaine public.

Ainsi donc, les biens immobiliers et droits réels immobiliers du domaine privé appartiennent, soit à l'Etat ; ils constituent le domaine privé de l'Etat ; soit aux collectivités décentralisées ; ils constituent le domaine privé des

---

[433] Cf. article 5 du code du domaine de l'Etat (loi n°9-2004 du 26 mars 2004).
[434] Cf. article 7 du code du domaine de l'Etat.
[435] Cf. article 12 du code du domaine de l'Etat.

collectivités décentralisées ; soit aux établissements publics ; ils constituent alors le domaine privé des établissements publics[436].

Du point de vue de leurs modes d'acquisition, constituent le domaine privé de l'Etat, des collectivités décentralisées et des établissements publics, les biens et droits immobiliers acquis et gérés par l'Etat, les collectivités décentralisées ou les établissements publics pour leur propre usage ; les immeubles acquis par l'Etat, les collectivités décentralisées ou lers établissements publics par voie d'expropriation, de reprise, de rachat, de dons, de legs, etc., pour leur propre usage ; les biens et droits immobiliers dont la saisie et la confiscation sont prononcées au profit de l'Etat, des collectivités décentralisées et des établissements publics ; les édifices, constructions, ouvrages destinés à l'usage de l'Etat, des collectivités décentralisées ou des établissements publics ; les biens déclassés du domaine public au profit du domaine privé de l'Etat, des collectivités décentralisées ou des établissements publics[437].

III). Le patrimoine du département.

Concernant le domaine public du département, celui-ci est, aux termes des dispositions de l'article 4 de la loi n° 31-2003 du 24 octobre 2003, composé des biens suivants, les voies et places publiques ; les bâtiments et les ouvrages départementaux non classés dans le domaine public de l'Etat ; les équipements et les infrastructures départementaux et les monuments historiques. Quant au domaine privé du département, il comprend, aux termes des dispositions de l'article 5 de la même loi, l'ensemble des biens corporels et incorporels, mobiliers et immobiliers, propriétés du département et qui ne font pas partie du domaine public de l'Etat.

IV). Le patrimoine de la commune.

Aux termes des dispositions de l'article 8 de la loi n° 31-2003, précitée, du 24 octobre 2003, le domaine public de la commune comprend, les voies et places publiques ; les bâtiments et les ouvrages municipaux non classés dans le domaine public de l'Etat ou du département ; les équipements et les infrastructures communaux ; les monuments historiques. Tandis que le domaine privé de la commune est composé, d'après l'article 9 de la même loi, de l'ensemble des biens corporels et incorporels, mobiliers et immobiliers, propriété de la commune et qui ne font pas partie du domaine public de l'Etat, du département, ni de la commune concernée.

---

[436] Cf. article 22 du code du domaine de l'Etat.

[437] Cf. articles 23 et 80 du même code ; article 1er loi décret n°2005-515 du 26 octobre 2005, fixant les modalités d'occupation du domaine public.

V). Les modes d'acquisition du patrimoine des collectivités locales.

Les techniques d'acquisition du patrimoine ou des biens des collectivités locales sont prévues par les dispositions des articles 12 à 15 de la loi précitée du 24 octobre 2003 (n° 31-2003).

En effet, les biens des collectivités locales s'acquièrent par transfert ou cession des biens du domaine de l'Etat, à titre gracieux ; dons ou legs, ou part d'autres voies de droit, notamment, la prescription, la saisie, la confiscation ; achat, échange, passation de marché, droit de préemption ou d'expropriation pour cause d'utilité publique sous condition d'une juste et préalable indemnité ; succession, par déshérence des biens vacants et sans maître[438].

L'article 13 de la même loi prévoit que l'Etat peut céder, aux collectivités locales, une partie de ses biens meubles ou immeubles relevant de son domaine public ou privé, situés dans les limites géographiques de celles-ci. Par ailleurs, l'Etat peut conclure avec les collectivités locales des conventions portant sur l'exploitation ou l'utilisation de ces biens meubles et immeubles.

Quant aux modalités de cession ou de transfert, l'article 14 dispose que les cessions ou les transferts des biens de l'Etat aux collectivités locales sont décidés par décret en Conseil des ministres, soit à la requête de ces collectivités locales, soit sur l'initiative de l'Etat lui-même.

En conséquence de la cession ou du transfert, il résulte des dispositions de l'article 15 que les biens cédés ou transférés, selon les dispositions des articles 11, 12, 13 de la présente loi, deviennent la propriété de la collectivité locale concernée qui en assure l'administration ou la gestion conformément à la loi.

B). Les caractéristiques des biens des collectivités locales.

Il convient de distinguer les dépendances du domaine public, de celles du domaine privé.

Du point de vue de la domanialité publique, comme pour toutes les personnes publiques, les biens du domaine public sont incessibles, insaisissables, inaliénables et imprescriptibles[439].

Pourtant, les articles 7 et 11 de la loi n° 31-2003 du 24 octobre 3003 disposent que, *« Les biens meubles et immeubles du domaine public du département (ou de la commune) sont inaliénables et les droits y rattachés sont imprescriptibles »*.

---

[438] Cf. article 12, loi n°31-2003 du 24 octobre 2003.

[439] Cf. article 51 code du domaine de l'Eta et l'article 1er du décret n°2005-515 du 26 octobre 2005 fixant les modalités d'occupation du domaine public.

Tandis qu'en ce qui concerne le domaine privé, les articles 58 et 59 du code domaine de l'Etat disposent respectivement que, les biens immeubles du domaine privé sont la propriété de l'Etat, des collectivités décentralisées ou des établissements publics. Ils sont susceptibles d'appropriation privée. Le domaine privé de l'Etat, des collectivités décentralisées ou des établissements publics est soumis aux règles du droit civil sauf dérogations résultant des lois spéciales.

C). La gestion des biens des collectivités locales.

Il convient de rappeler que les collectivités locales gèrent et administrent leurs biens librement, conformément à la loi.

La gestion et l'administration du patrimoine des personnes publiques sont régies par les dispositions des articles 49 à 77 (soit les articles 51 à 57 pour le domaine public et les articles 58 à 76 pour le domaine privé) du code du domaine de l'Etat. S'agissant spécifiquement des collectivités locales, il s'agit des dispositions des articles 16 à 21 de la loi du 24 octobre 2003 (n° 31-2003).

Aux termes des dispositions de l'article 49 du code du domaine de l'Etat, les biens du domaine de l'Etat, des collectivités décentralisées ou des établissements publics sont gérés par les personnes physiques ou morales, bénéficiaires par autorisation, location, affectation, ou tout autre moyen reconnu par la loi.

L'article 50 du même code dispose que, les actes de gestion du domaine de l'Etat, des collectivités décentralisées ou des établissements publics sont faits en la forme administrative. Exonérés des droits de timbre et d'enregistrement, ils sont revêtus du seing ou du contreseing préalable du ministre chargé des finances et éventuellement des ministres concernés.

La gestion du patrimoine des collectivités locales repose sur le principe de liberté. Ainsi donc, l'article 2 de la loi du 24 octobre 2003 (n° 31-2003) indique que les collectivités locales disposent d'un patrimoine et accomplissent librement tous les actes nécessaires à sa gestion, conformément à la loi. C'est le conseil départemental ou le conseil communal qui délibère sur les biens meubles et immeubles des domaines public et privé du département.

I). Concernant les biens du domaine public.

Comme nous l'avons vu plus haut, les biens du domaine public des collectivités locales sont inaliénables, imprescriptibles, incessibles et insaisissables. Ils peuvent donner lieu à une occupation commune, donc collective, ou à une occupation privative ou individualisée dans les conditions définies par les lois et règlements.

a). L'occupation collective du domaine public local.

C'est l'utilisation normale, courante, anonyme et impersonnelle d'une dépendance du domaine public par tout administré, tout usager non individualisé. Elle doit être non seulement temporaire, mais aussi conforme et compatible avec la destination ou l'affectation de la dépendance du domaine public concerné. L'occupation collective, commune, anonyme ou impersonnelle du domaine public obéit aux principes de liberté d'utilisation, d'égalité et de gratuité. La collectivité locale peut prescrire des restrictions qui lui paraissent justifiées, pour des raisons d'intérêt général ou de préservation d'un domaine public.

b). L'occupation individualisée du domaine public local.

Aux termes des dispositions de l'article 49 de la loi n° 9-2004 du 26 mars 2004, précitée, portant code du domaine de l'Etat, *« les biens du domaine de l'Etat, des collectivités décentralisées ou des établissements publics sont gérés par les personnes physiques ou morales, bénéficiaires par autorisation, location, affectation, ou tout autre moyen reconnu par la loi ».*

L'article 2 du décret n° 2005-515 du 26 octobre 2005 fixant les modalités d'occupation du domaine public dispose que, *« L'occupation du domaine public se fait par affectation ou par autorisation expresse d'occuper »*[440].

Il conviendra d'examiner avant tout les principes d'occupation des dépendances du domaine public des collectivités locales.

1). Les principes gouvernant l'occupation individualisée du domaine public.

L'occupation individualisée du domaine public local obéit aux principes suivants,

- *Une occupation compatible avec l'affectation du bien.*

L'utilisation ou l'occupation d'une dépendance du domaine public doit être conforme à sa destination, ainsi qu'en dispose, l'article 52 de la loi n° 9-2004 du 26 mars 2004, portant code du domaine de l'Etat, *« Nul ne peut, sans autorisation délivrée par l'autorité compétente, occuper une dépendance du domaine public national, ou l'utiliser dans les limites excédant le droit d'usage reconnu à tout citoyen.*

Les infractions aux dispositions de l'alinéa premier font « objet d'une amende au profit de l'Etat, de la collectivité décentralisée ou des établissements publics, et d'un établissement de la collectivité publique dans ses droits »[441].

---

[440] Cf. JO, n°40 du 22 au 31 octobre 2005, pp.1740-1742.

➢ *Le caractère temporaire de l'occupation du domaine public local.*

L'occupation ou l'utilisation d'une dépendance du domaine public n'est pas permanente. Elle est limitée dans le temps et ne peut pas excéder la durée autorisée. L'occupant ou l'utilisateur ne peut pas en principe se prévaloir d'un droit absolu au renouvellement. Ainsi donc, l'article 53 de la loi précitée dispose que, *« les autorités chargées de la gestion du domaine public de l'Etat peuvent autoriser les occupations temporaires et le stationnement sur les dépendances du domaine public dont elles assurent la garde, et effectuer tous actes d'administration de ce domaine ».*

Ce principe est applicable mutatis mutandis aux collectivités locales.

En effet, la durée d'occupation du domaine public ne peut pas, aux termes des dispositions de l'article 25 du décret précité du 26 octobre 2005 (2005-515) fixant les modalités d'occupation du domaine public, excéder vingt (20) ans. Cette durée peut, exceptionnellement, être supérieure s'il y a lieu d'édifier des installations permanentes présentant un intérêt public certain[442].

➢ *Le caractère précaire et révocable de l'autorisation.*

L'autorisation d'occupation du domaine public local présente un caractère précaire et révocable. Ce qui revient à dire que la personne publique, notamment la collectivité locale peut à tout moment, nonobstant la durée de l'autorisation, mettre fin à l'occupation d'une dépendance du domaine public ; souvent pour un motif d'intérêt général[443].

Dès lors, aux termes des dispositions de l'article 26 du décret du 26 octobre 2005 (2005-515), *« L'autorisation expresse d'occuper le domaine public prend fin, à l'expiration du délai prévu à l'article 25 du présent décret ; en cas de non-respect des obligations à la charge du bénéficiaire de l'autorisation ; par abandon volontaire ; en cas de faillite ou de dissolution de l'entreprise ou de la société bénéficiaire de l'autorisation ; en cas de changement de destination de la dépendance ; en cas de non-utilisation de la dépendance dans les deux ans qui suivent à compter de la date de publication du décret prévu à l'article 20 du présent décret ; en cas de sous-location ».*

---

[441] Ce principe est inspiré du droit français (Cf. CE, 3 mai 1963, Min Equipement c/commune de Saint-Brevin-les-Pins ; CE, 28 avril 2004, Association pour le respect du site du Mont-blanc ; CE, 30 septembre 2005, Monsieur Henri X).

[442] Inspiré du droit français (Cf. CE, 17 décembre 1975, Société Letourneur Frères ; CE, 19 janvier 1998, Noblet; CE, 19 novembre 2004, SCI BARRIA ; CE, 23 mars 2005, Société SAN LUIS.

[443] *CE, 24 novembre 1993, Société anonyme atlantique bâtiments constructions* ; *CE, 29 mars 2000, M. Jean-Louis ISAS ; CE, 23 avril 2001, Syndicat Intercommunal pour l'assainissement de la vallée de la Bièvre.*

➢ *Le caractère personnel de l'autorisation.*

L'autorisation d'occupation du domaine public est, sauf exception, strictement personnelle et non transmissible. Car, la personne publique propriétaire ou gestionnaire du domaine public n'est pas tenue d'autoriser, de renouveler ou d'accepter la transmission d'une autorisation d'occupation d'une dépendance du domaine public. Dans le cadre d'une succession ou de cession du fonds de commerce, il est indépendant que le transfert fasse l'objet d'un écrit avec la personne publique gestionnaire ; il s'agit d'une autorisation de transfert d'une convention d'occupation du domaine public[444].

➢ *La forme administrative des actes de gestion.*

Sur le plan formel, les actes de gestion du domaine des collectivités locales et de leurs établissements publics sont, comme ceux de l'Etat et ses établissements publics, faits en la forme administrative. Ce, conformément aux dispositions de l'article 49 de la loi précitée du 26 mars 2004 (n° 9-2004). D'ailleurs, l'article 33 du décret précité du 26 octobre 2005 dispose que, les actes de gestion du domaine public de l'Etat et des collectivités décentralisées sont faits en la forme administrative.

Ce qui revient à dire qu'il n'est pas nécessaire de recourir à un notaire pour constater l'opération par un acte authentique.

Enfin, aux termes des dispositions de l'article 50 de la loi précitée, les actes de gestion du domaine de l'Etat, des collectivités décentralisées ou des établissements publics sont exonérés des droits de timbre et d'enregistrement. Ils sont revêtus du seing ou du contreseing préalable du ministre chargé des finances et éventuellement des ministres concernés.

➢ *Le caractère gratuit ou onéreux de l'occupation du domaine public.*

En application des dispositions des articles 31 et 33 du décret du 26 octobre 2005, l'occupation du domaine public donne lieu à la perception des loyers ou des redevances dont les taux au mètre carré sont fixés par loi des finances.

Cependant, les affectations peuvent être accordées à titre gratuit aux personnes morales de droit public n'ayant pas d'autonomie financière. Les autorisations expresses d'occuper peuvent être, à titre exceptionnel et pour des raisons d'utilité publique, accordées à titre gratuit aux personnes morales de droit privé qui en font la demande.

[444] *CE, 18 septembre 2015, Sté Prest'air, req. n°387315.*

2). L'affectation du domaine public.

L'affectation d'une dépendance du domaine public est régie par les dispositions des articles 3 à 14 du décret précité du 26 octobre 2005 (n° 2005-515). L'affectation est définie par l'article 3 du décret comme, l'acte par lequel le domaine public est mis à la disposition d'un service public pour lui permettre d'assurer sa mission.

La demande d'affectation d'une dépendance du domaine public local émane, en vertu de l'article 49 de la loi précitée du 26 mars 2004 (n° 9-2004), de la personne physique ou morale gestionnaire du service public qui en éprouve le besoin pour son fonctionnement. Elle constitue un dossier, dont le contenu est fixé aux articles 4 et 5 du décret du 26 octobre 2005 (n° 2005-515), qu'elle adresse au préfet ou au maire suivant le lieu de situation de l'immeuble (s'il s'agit d'un bien immobilier). Après instruction du dossier et avis des services compétents, conformément aux articles 7 à 11 du décret (la direction départementale du domaine foncier, du cadastre et de la topographie, la direction départementale du développement urbain, la commission technique d'urbanisme et la direction départementale des impôts), l'affectation du bien est décidée par décret en conseil des ministres. En cas de rejet de la demande d'affectation, le demandeur ne dispose d'aucun recours.

En cas de réponse favorable, la remise effective de la dépendance du domaine public au service affectataire est constatée contradictoirement entre les représentants de ce service, de la direction générale des impôts et de la direction générale du domaine foncier, du cadastre et de la topographique.

L'affectataire dispose d'un délai de cinq (5) ans pour utiliser la dépendance du domaine public mise à sa disposition. Faute de quoi, sa désaffectation peut être décidée, conformément à l'article 14 du décret précité, par décret en conseil des ministres, sur rapport conjoint des ministres des finances, des affaires foncières et de l'administration du territoire.

3). L'autorisation d'occupation privative du domaine public local.

Les biens appartenant au domaine public peuvent faire l'objet d'une occupation privative sur autorisation de la collectivité gestionnaire. Ce principe, posé par l'article 53 du code du domaine de l'Etat (loi précitée n° 9-2004 du 26 mars 2004), est applicable mutatis mutandis aux collectivités locales, en ce qu'il dispose que, *« les autorités chargées de la gestion du domaine public de l'Etat peuvent autoriser les occupations temporaires et le stationnement sur les dépendances du domaine public dont elles assurent la garde, et effectuer tous actes d'administration de ce domaine.*

Les formes et les conditions d'occupation sont déterminées par décret pris en conseil des ministres sur rapport conjoint du ministre chargé des finances et du ministre en charge des affaires foncières ».

Le décret n° 2005-515 du 26 octobre 2005 (article 15 à 30) définit dans son 15 l'autorisation expresse d'occuper (AEO) comme, *« ... l'acte par lequel l'Etat ou la collectivité décentralisée donne en jouissance aux personnes physiques ou morales de droit privé, une dépendance de son domaine public ».*

L'AEO s'adresse, en principe exclusivement, aux personnes physiques ou morales de droit privé, à la différence de l'affectation qui concerne les personnes morales de droit public ou des personnes physiques ou morales de droit privé gestionnaires d'un service public ou investies d'une mission de service public.

L'AEO ou l'autorisation d'occupation temporaire (AOT) est un titre habilitant ou donnant droit à occuper ou utiliser une dépendance du domaine public. Ces titres peuvent prendre plusieurs formes selon le mode d'occupation ou d'utilisation du domaine public.

Ces autorisations peuvent prendre la forme d'un acte réglementaire (acte administratif unilatéral, notamment pris sous la forme d'un arrêté) Il en est ainsi du permis de stationnement (occupation du domaine public sans emprise au sol, comme les terrasses à café, étalage, etc.) ou d'une permission de voirie (occupation avec emprise au sol).

Elles peuvent prendre la forme d'un contrat, notamment d'une convention d'occupation temporaire signée entre la collectivité locale gestionnaire du domaine public et la personne physique ou morale de droit privé.

La demande d'autorisation est formulée par le pétitionnaire dans les conditions définies par les articles 16 et suivants du décret précité n° 2005-515 du 26 octobre 2005 (en ce qui concerne le contenu du dossier et la procédure instruction).

La personne publique peut procéder à une sélection préalable ou une mise en concurrence, selon les modalités qui lui conviennent, en vue de l'occupation du domaine public ; notamment dans le cadre d'une exploitation économique du domaine public[445].

---

[445] On peut sur ce point s'inspirer du droit français, avec l'article L.2122-1-1 du code général de la propriété de personnes publique (CGPPP), issu l'ordonnance n°2017-562 du 19 avril 2017, aux termes duquel, *« Sauf dispositions législatives contraires, lorsque le titre mentionné à l'article L. 2122-1 permet à son titulaire d'occuper ou d'utiliser le domaine public en vue d'une exploitation économique, l'autorité compétente organise librement une procédure de sélection préalable présentant toutes les garanties d'impartialité et de transparence, et comportant des mesures de publicité permettant aux candidats potentiels de se manifester.*

Lorsque l'occupation ou l'utilisation autorisée est de courte durée ou que le nombre d'autorisations disponibles pour l'exercice de l'activité économique projetée n'est pas limité, l'autorité compétente n'est tenue que de procéder à une publicité préalable à la délivrance du titre, de nature à permettre la manifestation d'un intérêt pertinent et à informer les candidats potentiels sur les conditions générales d'attribution » ; Astrid Boullault, *« La place de la négociation dans les conventions d'occupation du domaine public »,* Contrats Publics, n° 193, Décembre 2018, pp. 64-68.

L'occupation privative du domaine public ne peut pas, en application des dispositions de l'article 25 du décret du 26 octobre 2005, et sauf cas exceptionnel, excéder vingt (20) ans. Cette durée peut être prorogée dans les mêmes formes et conditions qui ont conduit à sa délivrance.

II). Concernant les biens du domaine privé.

L'article 58 de la loi n° 09-2004 du 26 mars 2004, portant code du domaine de l'Etat, dispose, *« Les biens immobiliers du domaine privé sont la propriété de l'Etat, des collectivités décentralisées ou des établissements publics. Ils sont susceptibles d'appropriation privée »*. L'article 81 alinéa 1er de la même loi dispose que les biens du domaine privé sont susceptibles d'appropriation.

L'article 16 de la loi n° 31-2003 du 24 octobre 2003 portant détermination du patrimoine des collectivités locales dispose que leurs biens peuvent être aliénés, à l'exception de ceux du domaine public. Toute aliénation des biens du domaine privé des collectivités locales est soumise à une délibération du conseil départemental ou municipal.

Sur la forme, les articles 6 et 10 de la loi n° 31-2003 du 24 octobre 2003 portant détermination du patrimoine des collectivités locales disposent que, le conseil départemental (ou municipal) délibère sur les biens meubles et immeubles du domaine privé du département ou de la commune.

Ainsi donc, aux termes des dispositions l'article 17 de la loi précitée du 24 octobre 2003 (n° 31-2003), la vente des biens mobiliers ou immobiliers du domaine privé des collectivités locales s'effectue selon les formes prescrites par la loi. Si l'article 18 de cette loi dispose que, *« les baux des biens départementaux ou municipaux sont réglés par le conseil départemental ou municipal qui décide de la forme de passation des marchés conformément à la loi », et l'article 21, « Les collectivités locales peuvent passer tout contrat ou tout marché nécessaire à la gestion de leur patrimoine dans les formes et dans les conditions prescrites par la loi »* ; l'article 59 de la loi n° 09-2004 du 26 mars 2004, prescrit que, *« Le domaine privé de l'Etat, des collectivités décentralisées ou des établissements publics est soumis aux règles du droit civil, sauf dérogations résultant des lois spéciales »*.

Sur les modes de gestions ou d'utilisation, des dépendances du domaine privé des collectivités locales peuvent, comme celles de l'Etat, faire l'objet d'une affectation, d'une cession, d'attribution en participation au capital des sociétés, d'échange, d'autorisation provisoire d'occuper, de location ordinaire, de bail emphytéotique, etc[446].

---

[446] Cf. 60, loi n°09-2004 du 26 mars 2004.

§4. Les services publics.

Une approche générale de la notion de service public ainsi que ses particularismes au plan national, international et continental nous paraissent s'imposer avant d'aborder la problématique des services publics locaux au Congo.

A). Considérations générales sur la notion de service public.

N'en déplaise à une partie de la doctrine française qui soutient la thèse contraire[447], le service public désigne tantôt une activité, tantôt l'organisme ou l'entité qui déploie cette activité (organisme de droit public, de droit privé ou mixte). Il peut également désigner, selon le régime juridique applicable des catégories de services publics tels que les services publics administratifs (SPA) ou des services publics industriels et commerciaux (SPIC).

La notion de service public nous intéresse ici dans son acception strictement juridique telle qu'elle a été forgée depuis plus d'un siècle en droit français, dont le Congo s'est toujours inspiré en raison du fait colonial.

Au début de XXème siècle, Léon Duguit, chantre de l'école de service public, dite *« école de Bordeaux »* (par opposition à l'école de la puissance publique, dite *« école de Toulouse »*, de Maurice Hauriou), définit le service public comme *« toute activité dont l'accomplissement doit être réglé, assuré, assumé et contrôlé par les gouvernants, parce que l'accomplissement de cette activité est indispensable à la réalisation et au développement de l'interdépendance sociale et qu'elle est de telle nature qu'elle ne peut être réalisée complètement que par l'intervention de la force gouvernante »*[448]. Le service public est donc une activité que les gouvernants doivent obligatoirement exercer dans l'intérêt des gouvernés[449].

Pour André de Laubadère, le service public est une activité d'intérêt général exercée par une personne publique ou sous le contrôle d'une personne publique et suivant une prérogative dérogatoire au droit commun[450].

Le service public est, selon René Chapus, une des raisons d'être de l'administration. Aussi considère-t-il que l'administration n'a de légitimité certaine que parce que et dans la mesure où ses activités ont le caractère de services publics[451].

Dans son rapport public pour l'année 1999, le Conseil d'Etat français définit le service public comme *« une activité d'intérêt général, soit directement*

---

[447] Cf. G.J. Guglielmi, G. Koubi, *« Droit du service public »*, Paris, Montchrestien, 2000, pp. 59 et suiv.

[448] Cf. L. Duguit, « Traité de droit constitutionnel », T 2, Paris, Sirey, p.1.

[449] Cf. L. Duguit, RDP, 1907, p.417.

[450] A. de Laubadère, JC Venezia, Y Gaudemet, *« Traité de droit administratif »*, Paris, LGDJ, 10ème édition, 1988, p.662.

[451] Cf. R. Chapus, *« Droit administratif général »*, T1, Paris, Montchrestien, 15ème édition, pp.573

prise en charge par une personne publique, soit exercée sous son contrôle étroit »[452].

Il en résulte que le service public s'identifie d'un point de vue matériel ou d'un point de vue fonctionnel.

I). L'approche organique du service public.

Le service public se déduit, sur le plan organique, du lien direct ou indirect d'une activité à une personne publique, une personne morale de droit public.

Il y a un rattachement direct lorsque l'activité à considérer est exercée ou accomplie par une personne morale de droit public. C'est-à-dire par l'Etat, une collectivité locale ou un établissement public. Dans ce dernier cas, il peut s'agir d'un établissement public administratif (EPA, gérant un service public administratif, SPA) ou d'un établissement public industriel ou commercial (EPIC, gérant un service public industriel et commercial, EPIC)[453].

Le rattachement organique est indirecte lorsqu'une personne publique confie ou délègue à une personne privée (physique ou morale) une activité en vue de satisfaire, sous son contrôle, un intérêt général avec ou sans prérogatives de puissance publique[454].

II). L'approche matérielle du service public.

Sur le plan matériel, le service public s'identifie par rapport au but poursuivi à travers l'activité considérée. C'est-à-dire atteindre ou réaliser un intérêt général ; l'accomplissement d'une activité en vue de satisfaire un besoin présentant un caractère d'intérêt général.

Comme l'écrit René Chapus, une activité constitue un service public quand elle est assurée ou assumée par une personne publique en vue d'un intérêt général.

Mais, il ne faudrait pas perdre de vue que toutes les activités accomplies par une personne publique ne visent pas forcément à satisfaire un intérêt général. Tel est cas de la gestion du domaine privé. Des organismes privés peuvent accomplir des missions d'intérêt général, sans pourtant autant qu'ils

[452] Cf. Conseil d'Etat, « Réflexion sur l'intérêt général », rapport public 1999, EDCE, n°50, La documentation française, p.272.

[453] Cf. A. de Laubadère, JC Venezia, Y Gaudemet, *« Traité de droit administratif »*, op. cit. p.662 ; R. Chapus, *« Droit administratif général »*, op. cit. p.579 ; G.J. Guglielmi, G. Koubi, *« Droit du service public »*, Paris, Montchrestien, op. cit. p. 65.

[454] Cf. CE. 13 mai 1938, Caisse Primaire aide et protection, rec. 417 ; 28 juin 1963,Narcy ; 20 juillet 1990, Ville de Melun… AJDA, 1990, p. 820 ; 22 février 2007, Ass. Pers. Ets. Inadaptés, JCP, 2007, 2066.

ne soient considérés, selon les critères jurisprudentiels d'identification, comme exerçant une activité de service public[455].

B). Des influences et des incidences extérieures de la notion de service public.

Le service public à la française inspire autant qu'il subit des contrecoups de l'extérieur. Les approches du service public forgeant une conception communautaire ou de l'Union européenne, ainsi que de l'Union africaine ne manquent pas de retenir l'attention.

I). Les incidences du droit européen du service public.

Le traité fondateur de la communauté économique européenne (CEE), fortement imprégné de la philosophie libérale, privilégie le libre jeu de la concurrence et les règles du marché au point d'ignorer l'intérêt qui s'attache à la définition du service public. Cette dernière ne sera que progressivement intégrée au fil de l'évolution du cadre juridique et institutionnel de la construction de l'Union européenne.

Sans être véritablement un *''OJNI''* (objet juridique non identifié), le service public fait figure d'exception ou de dérogation à la libre concurrence, qui est la norme du marché. Dès lors, la notion de service public en Europe connaît plusieurs déclinaisons : services d'intérêt économique général (SIEG), service d'intérêt non-économique général (SINEG), service d'intérêt général (SIG), service universel (SU), service social d'intérêt général (SSIG).

a). Les services d'intérêt économique général (SIEG).

En effet, l'article 86 traité de Rome (ancien article 90) fait état des services d'intérêt économique général (SIEG), comme une exception aux règles de la concurrence. Car, le paragraphe 1, stipule que les entreprises publiques doivent respecter les règles de la concurrence. Cependant, le paragraphe 2 précise que les entreprises chargées de la gestion des services d'intérêt économique général sont soumises aux règles de la concurrence dans la limite où l'application de ces règles ne fait pas échec à l'accomplissement en droit et en fait de la mission particulière qui leur a été impartie.

Cette conception est confirmée par le traité d'Amsterdam du 2 octobre 1997 qui, ajoutant un article 7 D au traité de Rome, stipule que, *« sans préjudice des articles 77, 9 O et 92, et eu égard à la place qu'occupent les*

[455] Cf. TC. 24 nov. 1894, Loiseleur, rec. 631 ; CE. 26 sept. 1986, Ep. Herbelin, rec. 221 ; 18 juin 2001, Lelaidier, DA, 2001, n°214.

services d'intérêt économique général parmi les valeurs communes de l'Union ainsi qu'au rôle qu'ils jouent dans la promotion de la cohésion sociale et territoriale de l'Union, la Communauté et ses Etats membres, chacun dans les limites de leurs compétences respectives et dans les limites du champ d'application du présent traité, veillent à ce que ces services fonctionnent sur la base de principes et dans des conditions qui leur permettent d'accomplir leurs missions ».

Les SIEG seraient, selon le livre blanc de 2004, des services marchands, par opposition aux services non marchands. Ce sont des services de nature économique soumis à des obligations de service public dans le cadre d'une mission particulière d'intérêt général[456].

L'article 106 §2 du traité de Lisbonne du 13 décembre 2007 stipule que, *« Les entreprises chargées de la gestion de services d'intérêt économique général ou présentant le caractère d'un monopole fiscal sont soumises aux règles des traités, notamment aux règles de concurrence, dans les limites où l'application de ces règles ne fait pas échec à l'accomplissement en droit ou en fait de la mission particulière qui leur a été impartie. Le développement des échanges ne doit pas être affecté dans une mesure contraire à l'intérêt de l'Union ».*

Or, les SIEG sont accomplis ou fournis par les grandes entreprises de réseaux, comme dans les domaines des transports, de l'eau, de l'énergie, de la poste ou de la télécommunication. Il incombe à chaque Etat de déterminer au niveau local ou national ceux qui, selon lui, relèvent de la catégorie de SIEG. Car, l'article 2 du protocole 26 du traité de Lisbonne, stipule,

« Les dispositions des traités ne portent en aucune manière atteinte à la compétence des États membres pour fournir, faire exécuter et organiser des services non économiques d'intérêt général »[457].

---

[456] Cf. Le Guide relatif à la gestion des services d'intérêt économique général (sieg), Premier ministre, SGAE, https://www.associations.gouv.fr/IMG/pdf/Guide_SIEG_du_SGAE.pdf, p.3.

[457] *Cf. article 14, traité de Lisbonne* (ex-article 16 TCE) stipule, « Sans préjudice de l'article 4 du traité sur l'Union européenne et des articles 93, 106 et 107 du présent traité, et eu égard à la place qu'occupent les services d'intérêt économique général parmi les valeurs communes de l'Union ainsi qu'au rôle qu'ils jouent dans la promotion de la cohésion sociale et territoriale de l'Union, l'Union et ses États membres, chacun dans les limites de leurs compétences respectives et dans les limites du champ d'application des traités, veillent à ce que ces services fonctionnent sur la base de principes et dans des conditions, notamment économiques et financières, qui leur permettent d'accomplir leurs missions. Le Parlement européen et le Conseil, statuant par voie de règlements conformément à la procédure législative ordinaire, établissent ces principes et fixent ces conditions, sans préjudice de la compétence qu'ont les États membres, dans le respect des traités, de fournir, de faire exécuter et de financer ces services ». L'article premier du protocole 26 du Traité de Lisbonne (TFUE), sur les services d'intérêt général, stipule, *« Les valeurs communes de l'Union concernant les services d'intérêt économique général au sens de l'article 14 du traité sur le fonctionnement de l'Union européenne comprennent notamment:*

—le rôle essentiel et le large pouvoir discrétionnaire des autorités nationales, régionales et locales pour fournir, faire exécuter et organiser les services d'intérêt économique général d'une manière qui réponde autant que possible aux besoins des utilisateurs;

—la diversité des services d'intérêt économique général et les disparités qui peuvent exister au niveau des besoins et des préférences des utilisateurs en raison de situations géographiques, sociales ou culturelles différentes;

b). Les services non économiques d'intérêt général (SNEIG).

Les services non économiques d'intérêt général (SNEIG), ont fait leur apparition dans la littérature juridique de l'UE avec la directive services, dite *« directive Bolkestein »*[458], dont ils étaient exclus par l'article 2§ 2a ; y compris les activités participant à l'exercice de l'autorité publique conformément à l'article 45 du traité (article 2§ 2.i). Basés sur la solidarité sociale et la redistribution, ces services ne sont pas soumis aux règles de la concurrence.

Cette catégorie concerne les secteurs comme de la justice, de la police ou de la sécurité sociale.

c). Le service universel (SU).

La notion de service universel a été conçue par la Commission européenne dans les années 1994 et 1996 pour atténuer les craintes plus ou moins légitimes de l'envahissement du libéralisme dans les services publics. Elle se définit comme, un service de base offert à tous dans l'ensemble de la communauté à des conditions tarifaires abordables et avec un niveau de qualité standard. Pour autant, le service universel ne se réduit pas, selon la Commission de l'Union européenne, à un service strictement minimal et sans plus. Aussi, en précise-t-elle les contours et les caractéristiques qui le rapprochent du service public français (lois du service public, dite loi de Rolland), en tant que le service universel doit satisfaire aux exigences d'égalité, de continuité, d'adaptation, de mutabilité, etc.[459]

d). Le service d'intérêt général (SIG).

Ce sont les services marchands et non marchands, soumis à des obligations spécifiques de service public par les autorités publiques. Ils peuvent être assurés par les personnes publiques ou les personnes privées. Le protocole n° 26, annexé au traité de Lisbonne (TFUE) du 13 décembre 2007, est consacré aux services d'intérêt général et en souligne l'importance. Ils englobent les SIEG, les services non économiques et les services sociaux d'intérêt général.

—un niveau élevé de qualité, de sécurité et quant au caractère abordable, l'égalité de traitement et la promotion de l'accès universel et des droits des utilisateurs ».

[458] *Directive 2006/123/CE du Parlement européen et du Conseil du 12 décembre 2006, relative aux services dans le marché intérieur.*

[459] *« Les critères du service universel portent sur des principes : égalité, universalité, continuité, adaptation ; ainsi que des lignes de conduite saine : transparence de gestion, de tarification et de financement contrôle par des instances distinctes des opérateurs »* (Cf. Communication de la commission du 26 septembre 1996, Com 96/C281/03) ; S. Garceries, *« Service public et droit communautaire. Une nouvelle crise de la notion de service public en droit administratif français ? »,* in, Société contemporaine, n°32, 1998, pp.37-57.

e). Les services sociaux d'intérêt général (SSIG).

De construction assez récente, les services sociaux d'intérêt général, que consacre le traité précité de Lisbonne, ont vocation à répondre aux besoins et à la dignité de l'être humain ; notamment dans les domaines de l'aide à la personne et aux personnes vulnérables. Intégrant la sphère de la solidarité nationale, ils visent à renforcer la cohésion sociale. N'ayant pas un caractère lucratif, ce sont des services non marchands par excellence. Donc, ils sont exclus du champ d'application des règles communautaires de la concurrence.

Enfin, selon la directive Services (dite directive Bolkestein), les SSIG comprennent les services d'intérêt non économique, les services publics ou privés des soins et de santé, ainsi que les services sociaux comme le logement social, les services à la petite enfance et à la famille.

II). Le service public en droit africain.

A niveau continental, les préoccupations du service public sont prises en compte dans la charte africaine sur les valeurs et les principes du service public et de l'administration du 31 janvier 2001, ratifiée par le Congo par un décret du 6 décembre 2012[460].

a). Les principes et les objectifs de la charte.

Ils sont contenus dans le préambule de la charte. En effet, elle proclame l'engagement des Etats membres de l'Union africaine à renforcer le professionnalisme et l'éthique dans les services publics ; à sauvegarder les valeurs fondamentales du service public et le respect des droits des usagers ; à promouvoir les valeurs et les principes régissant l'organisation du service public et de l'administration, l'amélioration et l'encadrement des nouvelles valeurs et gouvernance dans le service public ; à renforcer et à consolider le service public en vue de promouvoir l'intégration et le développement durable du continent ; à promouvoir un service public et une administration fonctionnant dans des conditions optimales d'équité et d'efficacité.

Il est manifeste que les ambitions ainsi affichées devraient être réalisées afin de promouvoir les valeurs et les principes de la démocratie, de la gouvernance, des droits de l'homme et du développement durable.

Pour autant, ces principes et valeurs proclamés dans le préambule de la charte ne s'appliquent pas de facto. La charte prescrit qu'il faudrait tenir

[460] Cf. Loi n° 35-2012 du 6 décembre 2012 autorisant la ratification de la charte sur les valeurs et les principes du service public et de l'administration ; décret n° 2012-1217 du 6 décembre 2012, portant ratification de la charte sur les valeurs et les principes du service public et de l'administration, JO n°50-2012, du 13 décembre 2012, p 1056.

compte des conditions spécifiques de chaque Etat membre de l'Union africaine.

D'ailleurs, il est spécifié que ces principes et valeurs ne doivent pas annihiler les dispositions plus favorables au service public et à l'administration des droits et devoirs contenues dans la législation ou les instruments juridiques nationaux, régionaux ou internationaux, de telle sorte qu'en cas de contradiction c'est l'interprétation la plus favorable aux intérêts légitimes des usagers du service public qui doit prévaloir (cf. article 26 de la charte).

Enfin, pour rendre effectif la réalisation de ces objectifs et l'application des principes ainsi énoncés, les Etats membres de l'Union africaine sont tenus, en application des dispositions de l'article 23 §1, *a). D'adopter des instruments d'ordre législatif, exécutif et administratif afin de rendre leurs lois et règlements nationaux conformes à la Charte ; b). De prendre toutes les mesures nécessaires en vue d'assurer une plus large dissémination de la Charte ; c). De faire preuve de volonté politique comme une condition nécessaire à la réalisation des objectifs énumérés dans la Charte ; d). D'intégrer les engagements, valeurs et principes de la présente Charte dans leurs politiques publiques et stratégies nationales ; e). De prendre les mesures nécessaires au développement de la coopération et à l'échange d'expériences en matière de service public et d'administration compatibles avec les objectifs, valeurs et principes de la Charte.*

b). La définition africaine du service public.

La charte africaine sur les valeurs et les principes du service public et de l'administration définit le service public comme, *« ...un service ou activité d'intérêt public placée sous l'autorité de l'administration ».*

Cette définition, qui rejoint, dans une certaine mesure la définition basique en droit français, s'articule autour de trois critères : matériel, organique et fonctionnel.

Le critère matériel, qui se rapporte au but du service ou de l'activité considérée. C'est-à-dire le but en vue duquel le service (ou l'activité) est créé ou exercé, en l'occurrence la satisfaction des besoins des citoyens ou des usagers.

Pourtant, la charte parle de *« l'intérêt public »* au lieu de *« l'intérêt général »,* sans qu'elle ne définisse cette notion. Or, la notion d'intérêt public est très vaste. Car, elle englobe aussi bien l'intérêt général, le besoin collectif, le bien commun, les biens faits publics, etc. L'intérêt public se distingue de l'intérêt privé. Or, certaines activités des personnes publiques peuvent être réalisées dans les mêmes conditions qu'une personne privée. C'est le cas des services publics industriels et commerciaux.

Le critère organique renvoie au rattachement du service ou de l'activité à l'administration. Or, la charte définit l'administration comme étant *« ...toute institution ou organisation au niveau continental, régional, national et local qui applique des politiques publiques ou exerce des missions de service public ».*

Cette approche de l'administration est aussi générale. Car, les institutions ou les organisations, voire les organismes qui appliquent une politique publique ou exercent une mission de service public, ne sont pas forcément des personnes publiques. Il peut s'agir des personnes privées, physiques ou morales, chargées par une autorité publique ou une personne publique de mettre en œuvre une politique publique ou d'accomplir une mission de service public dans un but d'intérêt général. Donc, la notion de l'administration ne recouvre pas seulement les personnes morales de droit public *stricto sensu*, détentrices de la puissance gouvernante.

Enfin, il y a dans la définition de la charte, un critère fonctionnel. Celui de l'autorité administrative sous laquelle l'activité ou le service est placé. Il renvoie à la notion de contrôle de la personne publique en droit français.

En somme cette approche africaine du service public semble tenir compte de la diversité des systèmes juridiques dont on sait qu'ils sont, en raison du fait colonial, d'inspiration française, anglo-saxonne, lusophone ou hispanophone.

c). Les particularités de l'approche africaine du service public.

Tel qu'il est défini dans la charte, le service public s'affranchit de la distinction entre service public administratif (SPA) et service public industriel et commercial (SPIC), à la française. Il s'affranchit aussi des déclinaisons européennes des services d'intérêt général (SIG, SIEG, SIGNE, SSIG ou SU) que nous venons de voir plus haut.

La charte africaine sur les valeurs et les principes du service public et de l'administration a aussi la particularité de mentionner les obligations du service public et de l'administration, un code de bonne conduite des agents du service public, les droits des usagers du service public, la gestion et la valorisation des ressources humaines dont on peut dire qu'il s'agit des droits des agents du service public.

1). Concernant les obligations du service public.

Elles sont définies, dans la charte comme s'imposant aussi à l'administration et font l'objet des dispositions des articles 4 à 8 (chapitre II), en faveur des usagers. Ainsi donc, les services publics (comme l'administration) doivent fonctionner conformément au cadre juridique et aux politiques publiques en vigueur ; qui intègrent le respect des droits de l'homme et de la légalité, l'accessibilité aux services publics dans les conditions adéquates d'égalité et de non-discrimination, d'informations relatives aux services fournis. L'efficacité des services fournis implique une obligation de suivi, d'évaluation et d'adaptation aux besoins des usagers. Donc, la modernisation du service public et de l'administration.

2). Concernant le code de bonne conduite des agents du service public.

Il s'agit ici d'un ensemble de sujétions ou d'exigences qui s'imposent aux personnels du service public, que définissent les articles 9 à 13 (chapitre III de la charte). Ainsi donc, les agents du service public doivent faire preuve de professionnalisme, d'un comportement éthique, ne pas se trouver en situation d'incompatibilité avec leurs fonctions ou de conflit d'intérêts. Ils doivent respecter les prescriptions légales, réglementaires et les mécanismes de prévention et de lutte contre la corruption des fonctionnaires. L'obligation déclarative du patrimoine s'impose au début, pendant et à la fin des fonctions.

3). Les droits des agents du service public, la gestion et la valorisation des ressources humaines.

En contrepartie, les articles 14 à 18 (chapitre IV de la charte) sont consacrés aux droits et devoirs des agents du service public en termes d'égalité, de liberté d'expression, d'association, de liberté syndicale ; de sécurité et les conditions de travail et de rémunération.

Concernant la gestion et la valorisation des ressources humaines (articles 19 à 22, chapitre V de la charte), ces exigences se déclinent en termes de politique de recrutement, de gestion des performances des agents du service public, de développement de leurs capacités ou de leur mobilité.

d). Les limites de la charte africaine sur les services publics.

On peut noter avec regret quelques limites de la charte sur les valeurs et les principes du service public et de l'administration. En effet, cette charte ne comporte pas d'exigences envers les usagers du service public. Car, un service public ne peut pas atteindre ses objectifs en termes d'efficacité, d'efficience et de qualité des prestations fournies s'il n'intègre pas un minimum des devoirs à la charge des usagers. Ces exigences peuvent s'analyser en termes d'éthique, de respect de la chose publique, de paiement de la redevance ou du prix du service ou de la prestation fournie et de respect du personnel du service public, etc.

L'accent devrait également être mis, dans le cadre d'une bonne gouvernance, sur la participation ou la représentativité des usagers au sein des organismes de gestion des services publics.

On peut également regretter que la charte n'intègre pas des exigences en termes de développement durable, etc.

C). Les services publics en droit congolais.

De la notion de service public au Congo, suivra l'examen spécifique du déploiement des services publics dans le cadre de la décentralisation au niveau des collectivités locales.

I). L'approche congolaise du service public.

La notion de service public au Congo est appréhendée, comme le souligne J.M. Breton, par des sources éparses d'ordre constitutionnel, législatif, réglementaire ou jurisprudence, tant sous l'angle de la redistribution des compétences un niveau de l'Etat entre le pouvoir exécutif et le pouvoir législatif, tant dans le cadre de l'organisation, de la gestion et du fonctionnement des différentes administrations et entités publiques ou privées, que dans le cadre de l'activité des juridictions nationales au sommet desquelles se situe la Cour suprême[461].

Au sein de la doctrine congolaise, un auteur comme A. Gabou donnait une définition du service public qui, selon lui, *« ...est une structure personnalisée ou non, relevant du domaine réglementaire (voire législatif), soumis au droit public ou au droit privé, appelée à développer une activité d'intérêt général, employant un personnel constitué d'agent public ou privé. Le service public, qu'il soit de nature administrative ou industrielle et commerciale, soumise en totalité ou en partie à un régime de droit public ou de droit privé, compte tenu des exigences propres tenant à l'efficacité de sa gestion. Il constitue à cet égard un support organique de l'activité réglementaire... »*[462].

Cette définition trop complexe et touffue ne nous donne pas un éclairage précis sur la notion de service public en droit Congolais. Elle a simplement l'avantage d'être descriptive en tant qu'elle fait figure d'un condensé de l'évolution de la jurisprudence française sur la notion de service public.

II). Les services publics locaux.

Avant toute chose, une définition des services publics locaux s'impose.

a). La notion de services publics locaux.

Le législateur congolais ne définit pas spécifiquement les services publics locaux. Cependant, cette notion se déduit de l'article 22 de la loi précitée

---

[461] Cf. JM. Breton et autres, Droit public congolais, op. cit. pp. 297-301.

[462] Cf. A. Gabou, *« Grands services publics et entreprises nationales »*, cours ronéotypé, INSSEJA, 1977-1978.

n° 31-2003 du 24 octobre 2003 portant détermination du patrimoine des collectivités locales, qui fait obligation aux autorités locales de créer, dans la limite de leurs ressources, les services nécessaires à la vie de leurs citoyens. Donc, les services publics locaux sont aux termes de la loi ceux qui sont nécessaires à la vie des populations locales.

Les services publics locaux sont des activités d'intérêt général assurées directement ou indirectement par les collectivités locales dans le cadre des compétences qui leur sont dévolues par les dispositions constitutionnelles, législatives ou réglementaires.

Les services publics locaux sont intimement liés à la liberté d'action des autorités décentralisées dans la gestion des affaires locales. Ils constituent une réponse idoine des pouvoirs publics aux attentes des populations locales, qu'ils doivent satisfaire. Ils sont de ce fait un facteur de resserrement des liens sociaux, de la solidarité et de la cohésion sociale.

b). La création des services publics locaux.

Se posent ici, les questions relatives à la compétence, à la nature du service et aux obligations en matière.

1). La compétence en matière de création des services publics locaux.

La compétence en matière de création des services publics locaux appartient aux organes délibérants des collectivités locales, comme le prescrit l'article 23 de la loi précitée du 24 octobre 2003 (31-2003). Il s'agit en l'occurrence du Conseil municipal (pour les communes), du Conseil départemental (pour les départements) et du Conseil municipal et départemental (pour les collectivités locales à statut particulier comme Brazzaville et Pointe-Noire). C'est l'application des principes selon lesquels *« les collectivités locales sont administrées par les conseils élus »*[463] ; *« le conseil départemental règle, par voie de délibérations, les affaires départementales conformément à la loi » ou « le conseil municipal règle, par délibérations, les affaires communales conformément à la loi »*[464].

Dès lors, les exécutifs locaux, notamment le Maire ou le Président du Conseil départemental, ne sont pas compétents pour créer un service public local.

Enfin, certains services ne sont pas créés par les collectivités locales, mais résultent du transfert, dans le cadre d'un acte réglementaire, par l'Etat qui en avait la charge. Ce transfert peut prendre la forme d'une convention

---

[463] Cf. article 7, loi n°9-2003 du 6 février 2003, fixant les orientations fondamentales de la décentralisation.

[464] Cf. article 44 et 58 de la loi n°7-2003 du 6 février 2003 portant organisation et fonctionnement des collectivités locales.

sur les modalités matérielles et financières entre l'Etat et la collectivité locale sur autorisation de l'organe délibérant.

2). Les services locaux de création obligatoire.

La loi du 24 octobre 2003 (n° 31-2003) énumère les catégories de services publics locaux dont la création s'impose aux collectivités locales. Le caractère obligatoire de ces services découle de l'article 22, *« Les autorités des collectivités locales* ***ont l'obligation****, dans les limites de leurs ressources,* ***de créer****, par leurs délibérations,* ***les services nécessaires à la vie de leurs citoyens*** *»*.

Ces services publics dits, *« départementaux »* ou *« municipaux »* sont énumérés dans l'article 23 de la loi parmi les services ou les catégories suivantes : *l'hygiène, la protection civile et l'environnement ; la production et la distribution de l'eau et de l'énergie ; le transport ; les activités économiques ; les activités sociales, culturelles et sportives.*

Il convient d'en détailler le contenu.

- Concernant les services d'hygiène, de protection civile et d'environnement.

Cette catégorie, que l'on peut qualifier de services de l'article 24 de la loi du 24 octobre 2003 (n° 31-2003), regroupe les services suivants : les pompes funèbres ; la création, l'aménagement et l'entretien des cimetières ; la distribution publique d'eau potable ; le service d'assainissement ; la collecte et l'évacuation des ordures ménagères ; tous les autres services ou activités susceptibles de concourir à l'hygiène ou à la protection de l'environnement.

- Les services de production et de distribution de l'énergie.

Cette catégorie recouvre les services de l'article 25 de la loi du 24 octobre 2003 (n° 31-2003). Ils comprennent la possibilité, pour les Communes, d'exploiter les installations d'une puissance inférieure à 1000 kW et d'assurer la distribution locale en moyenne et basse tension.

- Les services de transport.

Ce sont les services de l'article 26 de la loi précitée du 24 octobre 2003 (n° 31-2003). Il s'agit des services de transport comprennent, les transports en commun ; le stationnement payant et l'entretien des routes d'intérêt local.

- *Les services liés aux activités économiques.*

Il s'agit des services de l'article 27 de la loi précitée. Cette catégorie renferme, les foires et les marchés ; les abattoirs et les services divers liés à des activités relevant normalement du secteur privé (par exemple les activités artisanales, industrielles et commerciales).

- *Les services liés aux activités sociales, culturelles et sportives.*

Ces services de l'article 28 de la loi regroupent les activités suivantes : la construction, l'équipement et la gestion des écoles, des centres de santé, des garderies d'enfants, des crèches et des centres d'aide et de promotion sociale ; la construction, l'équipement et la gestion des bibliothèques et des salles de spectacles ou de jeux ; l'aménagement des aires de sports ; la construction, l'entretien et la gestion des équipements sportifs.

3). Les services publics locaux de création facultative.

En dehors des services obligatoires sus visés, les collectivités locales peuvent créer des services publics dans le cadre de leurs compétences respectives, conformément à la loi, pour répondre aux attentes de leurs populations. Ces services peuvent résulter des compétences transférées par l'Etat ou de création ex nihilo.

c). La gestion des services publics locaux.

Les collectivités disposent de deux modalités pour gérer leurs services publics. Elles peuvent en assurer directement la gestion ou indirectement en la confiant à un tiers. Ces modes de gestion sont prévus par l'article 29 de la loi précitée, à savoir la régie et la concession ou l'affermage. Une place spécifique sera réservée à la gestion du service public par une entreprise publique.

1). La gestion directe des services publics locaux en régie.

Aux termes des dispositions de l'article 30 de la loi n° 31-2003 du 24 octobre 2003, la régie est un mode de gestion d'un service public par la collectivité locale elle-même. Elle en assure l'exécution avec ses propres moyens, notamment en personnel et en argent.

La régie peut revêtir deux formes. A savoir, la directe ou la régie indirecte. La régie directe est celle dans laquelle la collectivité locale assume seule le fonctionnement et le risque du service public par les agents nommés et rémunérés par elle. Tandis que la régie indirecte ou intéressée, comme nous l'examinerons plus bas, s'entend du procédé par lequel la collectivité locale fait gérer, sous sa responsabilité, un service par des particuliers qui assument certains risques limités en contrepartie d'une participation aux bénéfices ou primes de gestion. Le choix de la régie, comme mode de gestion d'un service public local, relève de l'appréciation souveraine et discrétionnaire des autorités locales, notamment de l'organe délibérant (le conseil municipal ou le conseil départemental).

2). La gestion indirecte ou déléguée des services publics locaux (DSP).

Une collectivité locale peut décider, à travers son assemblée délibérante, de confier la gestion d'un ou de ses services publics à un tiers, dans le cadre d'une délégation de service public.

α). La DSP, une notion non ignorée du droit positif congolais.

Contrairement à ce qu'affirme Paul Nicolas GOMES Olamba, la notion de délégation de service public n'est pas absente du droit positif congolais[465]. Tout au moins depuis 2003, des dispositions législatives et réglementaires s'emploient à définir la notion et à fixer le régime juridique de la délégation de service public.

- *La DSP dans la loi organique n° 8-2003 du 6 février 2003.*

Si l'article 3 de la loi organique n° 8-2003 du 6 février 2003 vise les conventions de concession et d'affermage des services publics locaux à caractère industriel et commercial parmi les actes des collectivités locales soumis à l'obligation de transmission au Préfet dans le cadre du contrôle de la légalité[466], il n'en demeure pas moins que ces conventions sont en réalité des délégations de service public.

- *La DSP dans les codes de l'électricité et de l'eau.*

Le législateur et l'autorité réglementaire congolais sont plus précis, sur la notion de délégation de service public et le régime juridique qui lui est applicable, dans les domaines de l'électricité et de l'eau.

En effet, l'article 23 du code de l'électricité (chapitre IV, section 1, consacrée aux contrats de délégation du service public de l'électricité) dispose que, *« L'Etat peut déléguer à une ou plusieurs personnes publiques*

---

[465] Cf. P.N. Gomes Olamba, Décentralisation, démocratie et développement local au Congo-Brazzaville, op. cit. pp.115, 116 et suivantes.

[466] Cf. Loi organique n°8-2003 du 6 février 2003, relative à l'exercice de la tutelle sur les collectivités locales.

ou privées de droit congolais la gestion de tout ou partie du service public de l'électricité. Il conclut, à cet effet, un ou plusieurs contrats de délégation qui peuvent prendre la forme de la concession, de l'affermage, de la régie intéressée, de licence ou toute autre forme de délégation applicable au secteur de l'électricité. Il peut transférer à cette occasion, par contrat au délégataire, une exclusivité de l'exploitation de tout ou partie de l'activité de production, de transport ou de distribution de l'électricité ».

Les modalités de gestion de ces conventions de délégation du service public de l'électricité sont définies par le décret 17 juillet 2017[467].

De son côté, l'article 59 du code de l'eau (chapitre 2, Section 1, sur les contrats de délégation) dispose que, *« L'Etat peut déléguer à une ou plusieurs personnes morales publiques ou privées de droit congolais la gestion de tout ou partie du service public de l'eau.*

Il conclut à cet effet un ou plusieurs contrats de délégation qui peuvent prendre notamment la forme de la concession, de l'affermage ou de la régie intéressée ».

Les modalités de gestion de ces conventions sont fixées par un décret du 17 juillet 2017[468].

- *La DSP dans le code des marchés publics.*

Une autre preuve de la prise en compte de la notion de délégation de service public et de la définition du régime juridique applicable à ce type de conventions en droit congolais est fournie par le code des marchés publics, adopté par le décret du 20 mai 2009 (n° 2009-156)[469].

Il s'évince de son article 1er, au titre de l'objet que, outre les marchés publics, le code « ... fixe *également les règles régissant la passation, le contrôle et la régulation des conventions de délégations de service public, telles que définies par les dispositions des articles 77 et suivants du présent décret, dans le respect des dispositions prévues en la matière par le code de l'eau et le code de l'électricité. Il fixe enfin le règlement du contentieux des marchés publics et des délégations de services publics ».*

Le code des marchés publics définit, dans son article 2 alinéa 13, une délégation de service public et les types des contrats qui en font partie. Il s'agit donc, d'un « *contrat par lequel une des personnes morales de droit public ou de droit privé visées à l'article 3 du présent décret confie la*

[467] Cf. Loi n° 14-2003 du 10 avril 2003 portant code de l'électricité ; Décret n° 2017–247 du 17 juillet 2017, fixant les modalités de délégation de gestion du service public de l'électricité, JO. n° 30-2017 du 27 juillet 2017, p.951

[468] Cf. Loi n° 13-2003 du 10 avril 2003 portant code de l'eau ; Décret n° 2017-253 du 17 juillet 2017 fixant les modalités de délégation de gestion du service public de l'eau, JO. n° 30-2017 du 27 juillet 2017, p 964 ;

[469] Décret n° 2009-156 du 20 mai 2009 portant code des marchés publics, JO, n° Décret n° 2009-156 du 20 mai 2009 portant code des marchés publics, JO. Edition Spéciale N° 2-2009, du 25 mai 2009, pp. 3 et suivantes.

gestion d'un service public relevant de sa compétence à un délégataire dont la rémunération est liée ou substantiellement assurée par les résultats de l'exploitation du service ; au sens du présent décret, les délégations de service public comprennent les régies intéressées, les affermages (l'opération de réseau), ainsi que les concessions de service public, qu'elles incluent ou non l'exécution d'un ouvrage… ».

Pour être complet, nous pouvons également viser l'article 77 du code des marchés publics (chapitre 6, dédié aux délégations de services publics), qui reconnait à l'Etat et aux collectivités locales décentralisées la possibilité de conclure des conventions de délégation de services publics dans les conditions prévues par ce code.

Si la notion et le régime applicable aux conventions de délégation de services publics s'inspirent du droit français[470], lui-même imprégné des préoccupations de la construction européenne, le cadre général des délégations de services publics défini par le code des marchés publics, outre les lois spécifiques aux services de l'eau et de l'électricité, nous paraît un peu déroutant sur la forme. Car, l'intitulé ou le titre *« code des marchés publics »* ne reflète pas le fond, notamment le contenu.

Dès l'instant où le décret du 20 mai 2009 (n° 2009-156) ne traite pas que des marchés publics, mais inclut aussi les contrats de délégation de services publics[471], il eut été judicieux qu'il fût intitulé autrement. De ce fait, nous suggérions, sans aucune prétention, l'intitulé de *« code des marchés et contrats publics » ou celui de « code des achats publics »*. L'un et l'autre ont le mérite d'englober toute la commande publique dans un même support[472].

β). Les différentes formes de délégation des services publics locaux.

La délégation des services publics locaux peut s'opérer sous plusieurs formes. L'article 29 de la loi précitée du 24 octobre 2003 (n° 31-2003) ne cite que la concession et l'affermage (outre la régie directe). L'article 2 alinéa 13 du code des marchés publics vise la concession, l'affermage et la régie intéressée.

C'est aussi le cas, concernant les secteurs particuliers de l'électricité et de l'eau[473]. A la différence des secteurs de l'eau et de l'électricité, le code de

---

[470] Cf. loi n° 93-122 du 29 janvier 1993 relative à la prévention de la corruption et à la transparence de la vie économique et des procédures publiques, JO, du 30 janvier, 1993, p.1588 ;
Loi n° 95-127 du 8 février 1995 relative aux marchés publics et délégations de service public, JO du 9 février 1995 ; 2186 ; Décret n°93-471 du24 mars 1993, relative à la publicité des délégations de service public, JO du 26 mars 1993 ;LOI n°2016-1691 du 9 décembre 2016 relative à la transparence, à la lutte contre la corruption et à la modernisation de la vie économique.

[471] Cf. I. Féviliyé, *« Le nouveau droit des marchés publics au Congo »,* Revue congolaise de droit et des affaires, éd. Spéciale n°1, mars 2010, pp. 69 et suivants ; S.L. Matsching, *« La législation sur l'eau en République du Congo »,* 25 juin 2014, www.cabemery.org.

[472] Pour ne pas parler du « code de la commande publique » entré en vigueur en France le 1er avril 2019 pour se substituer à l'ancien code des marchés publics.

[473] Cf. articles 23 du code de l'électricité et 59 du code de l'eau.

marchés publics ne définit pas les notions de concession, d'affermage, ni de régie. On observera également que la législation et la réglementation congolaises ne comprennent pas, à la différence du droit français, parmi les délégations de services publics, les contrats de gérance et le bail emphytéotique administratif (BEA)[474].

- *Concernant la concession de service public.*

L'article article 31 de la loi précitée, n° 31-2003 du 24 octobre 2003, portant détermination du patrimoine des collectivités locales, dispose *« La concession d'un service public est une convention par laquelle une collectivité locale, qui est l'autorité concédante, confie à une personne publique ou privée, le concessionnaire, la charge d'assurer l'exécution d'un service public à ses risques et périls pendant une durée déterminée, rémunérée par des perceptions prélevées sur les usagers ou les bénéficiaires du service ».*

Cette définition légale de la concession en droit congolais a été, dans une certaine mesure, reprise par les articles 2 des décrets n° 2017–247 et 2017-253 du 17 juillet 2017 fixant, respectivement, les modalités de délégation de gestion des services publics de l'électricité et de l'eau[475].

---

[474] J.F. Lachaume et autres, « Grands services publics », op. cit. pp. 224 à 227.

[475] La concession est un *« ... contrat de délégation de gestion du service public par lequel l'autorité délégante confie à un tiers le mandat de gérer le service public de l'électricité à ses frais, risque et périls. L'autorité délégante charge ce tiers de l'exploitation du service, de la maintenance des installations, des investissements de construction, de renouvellement et d'extension des réseaux» (article 2 alinéa 8, Décret n° 2017–247 du 17 juillet 2017 fixant les modalités de délégation de gestion du service public de l'électricité).* Un, *« ... contrat de délégation de gestion du service public par lequel l'autorité délégante confie à un tiers, le mandat de gérer le service public de l'eau potable à ses frais, risques et périls. L'autorité délégante charge ce tiers de l'exploitation du service, de la maintenance des installations d'eau, des investissements de construction, de renouvellement et d'extension du réseau »* (article 2 alinéa 12, Décret n° 2017-253 du 17 juillet 2017 fixant les modalités de délégation de gestion du service public de l'eau). Il y a une certaine similitude avec la nouvelle définition française de la concession par l'article 5 de l'ordonnance n° 2016-65 du 29 janvier 2016 relative aux contrats de concession *« Les contrats de concession sont les contrats conclus par écrit, par lesquels une ou plusieurs autorités concédantes soumises à la présente ordonnance confient l'exécution de travaux ou la gestion d'un service à un ou plusieurs opérateurs économiques, à qui est transféré un risque lié à l'exploitation de l'ouvrage ou du service, en contrepartie soit du droit d'exploiter l'ouvrage ou le service qui fait l'objet du contrat, soit de ce droit assorti d'un prix.*
La part de risque transférée au concessionnaire implique une réelle exposition aux aléas du marché, de sorte que toute perte potentielle supportée par le concessionnaire ne doit pas être purement nominale ou négligeable. Le concessionnaire assume le risque d'exploitation lorsque, dans des conditions d'exploitation normales, il n'est pas assuré d'amortir les investissements ou les coûts qu'il a supportés, liés à l'exploitation de l'ouvrage ou du service », JORF, n°0025 du 30 janvier 2016, texte n°66. L'article 7 exclut de la concession, au sens de cette présente ordonnance, d'une part, les délégations ou les transferts de compétences ou de responsabilités organisés entre autorités concédantes soumises à l'ordonnance en vue de l'exercice de missions d'intérêt général sans rémunération de prestations contractuelles et d'autre part, les subventions au sens de l'article 9-1 de la loi n° 2000-321 du 12 avril 2000 relative aux droits des citoyens dans leurs relations avec les administrations. Décret n° 2016-86 du 1er février 2016 relatif aux contrats de concession, JORF n°0027 du 2 février 2016, texte n° 20.

- *Concernant l'affermage.*

Cette forme de délégation de service public n'est pas non plus définie par le code congolais des marchés publics, dans ses dispositions consacrées à cette matière. Sa définition découle des dispositions de l'article 32 de la loi précitée du 24 octobre 2003 (n° 31-2003), aux termes desquelles, *« L'affermage est un contrat par lequel la collectivité locale (affermante) confie la gestion du service public à un fermier moyennant une rémunération et le versement, à la collectivité locale, d'une redevance déterminée ».*

Cette définition est également reprise, dans une certaine mesure, par les articles 2 des décrets n° 2017–247 et 2017-253 du 17 juillet 2017 fixant, respectivement, les modalités de délégation de gestion des services publics de l'électricité et de l'eau[476].

Le fermier est dans une situation voisine de celle d'un locataire en ce qu'il ne supporte pas en principe le coût du financement des investissements. Ce point différencie l'affermage de la concession. Sauf si, le fermier était avant tout le concessionnaire des travaux et du service public y afférent. Il peut dans une certaine mesure participer aux travaux de modernisation ou d'extension des ouvrages *(cf. CE. 29 avril 1987, Commune d'Elancourt, rec. Rec.152).*

L'eau et l'assainissement sont traditionnellement les domaines d'élection de l'affermage[477].

- *Concernant la régie indirecte ou intéressée.*

Cette technique de gestion est définie par l'article 30 dernier alinéa de la loi précitée du 24 octobre 2003 (n° 31-2003), à la différence de la régie directe, comme celle par laquelle une collectivité locale fait gérer, sous sa responsabilité, un service public par des particuliers qui assument certains

---

[476] L'article 2 du décret n° 2017–247 du 17 juillet 2017 dispose, l'affermage est un *« contrat de délégation de gestion du service public par lequel l'autorité délégante confie à un tiers, contre paiement d'une redevance, le mandat de gérer le service public de l'électricité à ses frais, risques et périls.*
L'autorité délégante charge ce tiers de l'exploitation du service, de la maintenance des installations et de la responsabilité de tout ou partie des investissements de renouvellement, mais sans la responsabilité des investissements d'extension dont le financement incombe à l'autorité délégante » ; celui du et 2017-253 du 17 juillet 2017, dispose que, l'affermage est un *« contrat de délégation de gestion du service public par lequel l'autorité délégante confie à un tiers, contre paiement d'une redevance, le mandat de gérer le service public de l'eau potable à ses frais, risques et périls.*
L'autorité délégante charge ce tiers de l'exploitation du service, de la maintenance des installations d'eau et de la responsabilité de tout ou partie des investissements de renouvellement, mais sans la responsabilité des investissements d'extension du réseau dont le financement incombe à l'autorité délégante ».

[477] D. Lorrain, *« La naissance de l'affermage : coopérer pour exister »,* Entreprises et histoire, vol. 50, no. 1, 2008, pp. 67-85.

risques limités en contrepartie d'une participation aux bénéfices ou de primes de gestion[478].

La régie intéressée n'est pas non plus définie par le code des marchés publics dans ses dispositions relatives aux délégations des services publics.

C'est l'article 2 alinéa 17 des décrets n° 2017–247 et n° 2017-253 du 17 juillet 2017, fixant les modalités de délégation de gestion du service public de l'électricité et de l'eau, qui la définissent[479].

γ). Les procédures de passations des DSPL.

L'article 33 de la loi n° 31-2003 du 24 octobre 2003 prévoit un décret en Conseil des ministres pour déterminer le régime juridique et financier des contrats de régie, concession et d'affermage des services publics locaux.

Cependant, les règles de passation des conventions de délégation des services publics locaux sont définies par les dispositions des articles 78 à 84 du code des marchés publics.

Il convient de noter qu'aux termes des dispositions de l'article 78, la passation de la convention de délégation de service public doit être précédée d'une publicité de nature à permettre une information la plus claire possible sur le projet considéré, selon les règles définies à l'article 46 dudit code. Le délai de réception des soumissions est au minimum de quarante-cinq (45) jours calendaires, à compter de la date de publication de l'avis. Elle requiert une autorisation préalable de l'assemblée délibérante de la collectivité locale et l'approbation de l'autorité de tutelle, en l'occurrence le Préfet ou le sous-préfet, représentant de l'Etat[480].

3). Les autres procédés de gestion des services publics locaux.

Un service public peut être géré, pas forcément par la personne publique elle-même ou par un tiers auquel elle délègue cette tâche. Il peut l'être par

---

[478] L'article 30 dernier alinéa de la loi n°31-2003 du 24 octobre 2003 dispose, *« ...La régie indirecte ou intéressée est celle dans laquelle la collectivité locale, sous sa responsabilité, fait gérer un service par des particuliers qui assument certains risques limités en contrepartie d'une participation aux bénéfices ou de primes de gestion ».*

[479] La régie *intéressée est un « ... contrat de délégation de gestion du service public de l'électricité par lequel une autorité délégante confie à un gérant la gestion d'un service public ou d'une des activités du service public, mais conserve le rôle de perception de la tarification aux usagers. Le gérant est rémunéré sous forme d'honoraires ou sur la base des critères de performances établis par le contrat »* (article 2 al. 17, décret n° 2017–247 du 17 juillet 2017 fixant les modalités de délégation de gestion du service public de l'électricité) ; la régie intéressée *est* un « ... *contrat de délégation de gestion du service public de l'eau par lequel une autorité délégante confie à un gérant la gestion d'un service public ou d'une des activités du service public, mais conserve le rôle de percepteur de la tarification aux usagers. Le gérant est rémunéré sous forme d'honoraires ou sur la base des critères de performances établis par le contrat (article 2* al. 17, *Décret n° 2017-253 du 17 juillet 2017 fixant les modalités de délégation de gestion du service public de l'eau).*

[480] Cf. article 35 loi n°31-2003 du 24 octobre 2003, *« Les contrats portant concession ou affermage de services ou de travaux publics sont délibérés par le conseil départemental ou municipal et approuvés par l'autorité de tutelle ».*

une structure spécialement créée pour ce faire. C'est le cas d'un établissement public administratif (EPA), d'un établissement public à caractère industriel et commerciale (EPIC) ou d'une entreprise publique, notamment une société anonyme ou société d'économie mixte (SEM).

L'article 36 de la loi n° 31-2003 du 24 octobre 2003 dispose que les collectivités locales peuvent être autorisées à créer des entreprises départementales ou municipales à caractère économique de droit privé ou d'économie mixte dans un but d'intérêt public pour satisfaire des besoins locaux.

Il s'agit en fait des sociétés à capitaux publics ou des sociétés d'économie mixte locales, dont les règles de création, d'organisation et de fonctionnement, pour les entreprises départementales ou municipales, sont fixées par la loi.

Enfin, les collectivités locales peuvent déclasser un service public ou dissoudre une entreprise départementale ou municipale lorsque son exploitation fait apparaître un déficit de nature à compromettre l'intérêt du service public ou de l'entreprise.

§4. Le budget des collectivités locales.

Le budget est un levier indispensable aux collectivités locales. Il permet d'affirmer pleinement leur liberté d'administration et de mener leurs politiques publiques à bon escient. Il est strictement encadré, en ce qu'il est régi par un cadre juridique spécialement défini par le législateur, à savoir le régime financier, auquel s'ajoutent des dispositions réglementaires appropriées.

La loi n° 30-2003 du 20 octobre 2003 définit le régime financier des collectivités locales. Elle est pour les collectivités locales, ce qu'est la loi organique n° 36-2017 du 03 octobre 2017 relative aux finances, pour l'Etat. D'ailleurs cette dernière loi précise dans son article 2 que, *« les textes régissant les budgets des administrations publiques autres que l'Etat notamment les budgets des collectivités locales et ceux des établissements publics, doivent s'inspirer des principes et règles édictés dans la présente loi organique »*.

Outre les considérations générales, seront examinées ci-après les questions relatives à l'élaboration, l'adoption, l'approbation, l'exécution et le contrôle du budget d'une collectivité locale.

A). Considérations générales sur le budget local.

S'agissant des collectivités locales, comme pour l'Etat, leurs budgets débutent le 1er janvier et il est clos le 31 décembre de la même année.

I). La notion et les différentes formes de budget local.

Nous définirons la notion et les différentes formes de budget d'une collectivité locale ou du budget local.

a). La notion du budget local.

Le budget est un acte d'évaluation, de prévision et d'autorisation de percevoir des recettes et de réaliser des dépenses indispensables au fonctionnement d'une collectivité locale pour une année civile.

L'article 1 alinéa 1er de la loi n° 30-2003 du 20 octobre 2003, portant régime financier des collectivités locales définit le budget des collectivités locales, comme l'acte par lequel sont évaluées, prévues et autorisées les recettes et de dépenses pour l'année civile.

L'évaluation renvoie au calcul et à la détermination du montant des recettes et dépenses de la collectivité locale. La nature prévisionnelle du budget réside dans le fait qu'il s'agit d'une estimation, d'une projection, d'une anticipation des recettes et des dépenses de la collectivité locale pour l'année civile à venir. L'aspect juridique réside dans le fait que le budget autorise, dans la limite des prévisions, le montant des recettes que l'exécutif va prélever ou encaisser et des dépenses qu'il peut effectuer. L'action comptable tient au fait que les prévisions budgétaires en recettes et en dépense sont retracées dans un document unique. Le budget limite les capacités d'action des pouvoirs publics, leurs marges de manœuvre.

b). Les différentes formes du budget local.

Le budget d'une collectivité locale comprend deux aspects. Le budget général ou principal et les budgets annexes.

1). Le budget général et son évolution.

Le budget primitif peut connaître des évolutions pouvant donner lieu à différentes formes de budget, le budget supplémentaire ou additionnel et à des décisions de modification.

α). Le budget primitif.

Il est aux termes des dispositions de l'article 3 de la loi précitée du 20 octobre 2003, le premier acte budgétaire d'une collectivité locale au cours d'un exercice.

β). Les réajustements budgétaires.

Le budget primitif, initialement voté et adopté peut connaître, au fil de son exécution, des évolutions qui nécessitent, en raison des circonstances, des réajustements.

- *Le budget supplémentaire.*

Le budget supplémentaire est un budget d'ajustement ou rectificatif du budget primitif. Il est élaboré, adopté et approuvé dans les mêmes formes que le budget primitif. Notamment en ce qui concerne l'évaluation, la prévision, l'autorisation et l'exécution des crédits ainsi que le contrôle qui en résulte[481]. Il comporte des recettes et des dépenses nouvelles, ainsi que des modifications des opérations financières prévues au budget primitif. Il prend en compte l'excédent de gestion des exercices antérieurs dégagés par une délibération de règlement.

- *Les décisions modificatives du budget.*

Les décisions de modifications du budget primitif sont des mesures correctives ponctuelles présentant un caractère exceptionnel, urgent ou imprévisible. Elles viennent pallier les insuffisances ou l'inefficience du budget supplémentaire qui, en application des dispositions de l'article 5 de la loi précitée, n'a pas réalisé tous les ajustements nécessaires pour son adoption. Les décisions de modification doivent être motivées sur le caractère exceptionnel, urgent et imprévisible des circonstances de leur intervention. Faute de quoi, elles sont entachées d'illégalité.

Elles sont prises, sous le contrôle du représentant de l'Etat, par délibération de l'assemblée délibérante autorisant la perception des recettes et l'exécution des dépenses complémentaires.

La loi ne limite pas le nombre des décisions modificatives du budget au cours d'une année, laissant donc une liberté d'action en la matière aux autorités locales.

2). Les budgets annexes.

En principe, les budgets annexes se justifient pour des services (exemple eau et assainissement) dépourvus de la personnalité juridique, donc gérés en régie. Ils sont définis par le législateur congolais dans l'article 6 de la loi n° 30-2003 du 20 octobre 2003, précitée, comme étant des budgets des services et des établissements publics industriels et commerciaux d'une collectivité locale. Ils sont adossés au budget de la collectivité locale de rattachement. Ils comprennent d'une part, les recettes et les dépenses

[481] Cf. article 4, loi n°30-2003 du 20 octobre 2003.

d'exploitation et, d'autre part, les dépenses d'investissement et les ressources spéciales qui leur sont affectées.

Les budgets annexes sont créés et supprimés sur décision de l'organe délibérant de la collectivité locale. Ils sont soumis aux mêmes règles que celles du budget principal en matière d'évaluation, de prévision, d'autorisation, d'exécution et de contrôle budgétaire.

Le législateur congolais inclut dans le budget annexe, outre les services, les établissements publics administratifs (EPA) et les établissements publics à caractère industriel et commercial (EPIC), qui sont des entités dotées de la personnalité juridique (personne morale). Ils sont définis dans l'article 6 dernier alinéa de la loi précitée du 20 octobre 2003 (30-2003), comme étant des *« personnes morales jouissant d'une autonomie de gestion et dotées des attributs patrimoniaux et financiers pour l'exécution d'un service public ».*

II). Les contraintes du budget local.

Le budget d'une collectivité locale est soumis à un certain nombre de contraintes ou de règles définies par la loi du 20 octobre 2003 (n° 30-2003), qu'il faut observer.

a). L'équilibre budgétaire.

C'est une règle fondamentale qui impose aux collectivités locales de voter leurs budgets, quelle qu'en soit la forme ou la nature, en équilibre réel et sans impasse. Cette règle est prescrite par le 2ème alinéa des articles 1er et 33 de la loi précitée du 20 octobre 2003. Elle est inspirée du droit français, notamment l'article L. 1612-4 du code général des collectivités territoriales, aux termes duquel, *« Le budget de la collectivité territoriale est en équilibre réel lorsque la section de fonctionnement et la section d'investissement sont respectivement votées en équilibre, les recettes et les dépenses ayant été évaluées de façon sincère, et lorsque le prélèvement sur les recettes de la section de fonctionnement au profit de la section d'investissement, ajouté aux recettes propres de cette section, à l'exclusion du produit des emprunts, et éventuellement aux dotations des comptes d'amortissements et de provisions, fournit des ressources suffisantes pour couvrir le remboursement en capital des annuités d'emprunt à échoir au cours de l'exercice ».*

Si le budget n'est pas voté en équilibre réel, il ne pourra pas être validé par le représentant de l'Etat. Etant précisée que l'interdiction de l'impasse budgétaire s'entend de l'excédent ou du surplus des dépenses du budget général et des budgets annexes par rapport à l'ensemble des recettes du budget. L'impasse induit un déséquilibre budgétaire.

b). L'interdiction des charges supplémentaires au budget.

Cette règle interdit d'impacter le budget local par des charges susceptibles de générer un déficit budgétaire *ex ante* et/ou un déficit budgétaire *ex post*[482]. Dans la première situation, il s'agit du résultat négatif des prévisions budgétaires des dépenses et des recettes de l'année civile, et la deuxième situation se traduit en cours d'exécution du budget par un accroissement des dépenses excédant les prévisions et les autorisations entre les dépenses et les recettes telles qu'elles ont été votées par l'assemblée délibérante et approuvées par le représentant de l'Etat.

Ainsi donc, la loi du 20 octobre 2003 portant régime financier des collectivités locales interdit toute création d'emploi ou tout recrutement, qui ne peut avoir lieu si les crédits correspondants n'ont pas été inscrits au budget[483]. L'obligation d'assortir les transferts des compétences de l'Etat aux collectivités locales, d'un transfert concomitant de ressources correspondantes ; tout comme l'interdiction d'imputer les ressources de l'administration centrale (l'Etat) sur les budgets locaux, participent de cette exigence. C'est aussi le cas, de l'obligation faite à l'Etat d'allouer une subvention au profit d'une collectivité locale pour compenser la perte de ressources que sa décision pourrait impacter sur le budget local[484].

c). Le dépôt des fonds au trésor public.

Concernant le maniement des fonds, il est prescrit que les collectivités locales et leurs établissements publics ont l'obligation de déposer leurs fonds au trésor public. Toutefois, le ministre en charge du budget peut autoriser, à titre dérogatoire, l'ouverture d'un compte spécial du trésor auprès d'une institution financière. Les trésoriers départementaux sont tenus de garantir la disponibilité des fonds déposés dans leurs caisses[485].

d). Le contrôle préventif.

Il s'agit ici d'une règle de la comptabilité publique, constituant un aspect du contrôle sur l'ordonnateur, qui prend la forme d'un contrôle préventif des dépenses engagées. En effet, l'article 12 de la loi précitée du 20 octobre 2003 (n° 30-2003) exige que tout acte susceptible d'avoir une incidence financière doive recueillir les visas préalables des services compétents auprès de la collectivité locale.

---

[482]Cf. É. VESSILLIER, « Déficit budgétaire», *Encyclopédie Universalis*, http://www.universalis.fr/encyclopedie/deficit-budgetaire.
[483] Cf. article 8, Loi n°30-2003 du 20 octobre 2003.
[484] Cf. articles 9 et 10, Loi n°30-2003 du 20 octobre 2003.
[485] Cf. article 11, loi précitée, n°30-2003 du 20 octobre 2003.

e). Les programmes de développement et les dépenses éventuelles.

D'une part, parce qu'ils ont une incidence sur le budget local, le législateur prescrit que les engagements de développement des collectivités locales doivent être préalablement autorisés, donc adoptés, par l'organe délibérant et leur exécution devra donner lieu à une évaluation annuelle[486]. D'autre part, la loi prévoit l'ouverture d'une ligne pour les dépenses éventuelles et imprévues. Cette ligne budgétaire est destinée à couvrir les dépenses mineures, dont la nature et le montant ne pouvaient pas être fixés lors de l'élaboration du budget[487].

III). Les différentes formes de crédits budgétaires et les règles applicables.

Les crédits budgétaires sont présentés en sections, chapitres, articles ou rubriques selon la nomenclature définie par voie réglementaire[488]. Cette nomenclature budgétaire permet une classification fonctionnelle et économique selon la nature des recettes et des dépenses (Cf. article 15, loi précitée, n° 30-2003 du 20 octobre 2003).

a). Sur la nature des crédits du budget local.

Les crédits inscrits au budget local revêtent deux aspects. Ils sont évaluatifs ou limitatifs.

1). Les crédits évaluatifs.

Les crédits sont dits évaluatifs lorsqu'ils s'appliquent aux dépenses obligatoires, celles que la collectivité doit effectuer et dont il n'est pas possible d'en fixer strictement le montant. Ces crédits s'imputent, le cas échéant, au-delà de la dotation inscrite au chapitre correspondant. Ainsi qu'il résulte des dispositions de l'article 16 de la loi du 20 octobre 2003 (n° 30-2003), ces crédits concernent les dépenses tels que la dette, les frais de justice, les remboursements, les dégrèvements et les restitutions, les réparations civiles. Ils sont par essence provisionnels.

---

[486] Cf. article 13, loi précitée, n°30-2003 du 20 octobre 2003.
[487] Cf. article 14 de la loi précitée, n°30-2003 du 20 octobre 2003.
[488] Décret n°2011-444 du 27 juin 2011, portant nomenclature budgétaire et comptable des collectivités locales, JO n°27-2011 du jeudi 7 juillet 2011, p. 731.

2). Les crédits limitatifs.

Les crédits limitatifs concernent les dépenses facultatives. C'est-à-dire des dépenses qui ne peuvent être engagées et liquidées que dans la limite des crédits ouverts. En cas d'insuffisance de crédits, s'il y a urgence à engager une dépense s'y rapportant, l'assemblée délibérante de la collectivité peut décider d'ouvrir des crédits supplémentaires en identifiant les ressources à affecter[489].

b). Les mouvements de crédits du budget local.

Les crédits budgétaires peuvent donner lieu à des mouvements de transferts et de virements, modifiant la répartition des dotations entre chapitres, sans création de nouveaux chapitres.

Concernant les transferts, il convient de souligner qu'ils ont pour effet de changer la désignation du service responsable de la dépense, mais n'en modifient pas la nature. Ces opérations de transferts sont prises sur décision de l'exécutif de la collectivité (le Maire ou le Président du Conseil départemental), que l'organe délibérant doit approuver lors de sa prochaine session.

En revanche, les virements de crédits sont autorisés par une délibération du Conseil municipal ou du Conseil départemental. Les virements de crédits modifient la nature de la dépense[490].

IV). La transparence en finances publiques locales et la lutte contre la corruption.

Les autorités locales sont soumises aux exigences d'une bonne gouvernance, qui impliquent le respect des obligations en matière de transparence et de responsabilité dans la gestion des finances publiques, ainsi qu'en matière de lutte contre la corruption, prescrites par les textes en vigueur.

a). Sur la transparence dans la gestion des finances publiques locales.

Les règles instituées en la matière pour l'Etat sont applicables mutatis mutandis aux collectivités locales. Qu'il s'agisse du code ou de la commission nationale de la transparence et la responsabilité dans la gestion des finances publiques.

---

[489] Cf. Article 17, loi précitée, n°30-2003 du 20 octobre 2003.

[490] Cf. articles 18, 19 et 20 loi précitée, n°30-2003 du 20 octobre 2003.

1). Le code de la transparence et la responsabilité dans la gestion des finances publiques.

Adopté par la loi du 9 mars 2017, le code de la transparence et la responsabilité dans la gestion des finances publiques[491] concerne également les collectivités locales. Car, aux termes des dispositions de l'article 2 de la loi du 9 mars 2017 (n° 10-2017), ce code s'applique à toute l'administration publique. Le législateur entend par administration publique, l'ensemble des institutions ; des unités administratives centrales, déconcentrées et décentralisées ; des établissements publics dont les activités de production et de prestation de services sont financées par des fonds publics[492].

Les autorités locales, outre les autorités déconcentrées, notamment les autorités décentralisées et des institutions publiques locales, doivent dans le cadre de leurs administrations respectives s'approprier les règles de ce code, pour une bonne gestion des finances publiques locales.

Le champ d'application matérielle des obligations de transparence et responsabilité, auxquelles sont tenus les gestionnaires des finances publiques, est bien spécifié dans la loi. Ces exigences portent sur la légalité et la publicité des opérations financières publiques ; la responsabilité des institutions et le respect de leurs attributions ; la conformité des opérations financières publiques au cadre économique ; l'élaboration et la présentation des budgets publics conformément aux lois et règles en vigueur ; la mise en œuvre des procédures légales de recouvrement des recettes et de l'exécution des dépenses publiques ; le contrôle des politiques et opérations de finances publiques ; l'information du public ; l'intégrité des acteurs[493].

2). La Commission nationale de la transparence et la responsabilité dans la gestion des finances publiques.

Le législateur a créé une commission nationale de la transparence et la responsabilité dans la gestion des finances publiques, dite CNTR, par la loi n° 18-2O19 du 24 mai 2019[494]. Il s'agit d'une autorité administrative indépendante, dotée de la personnalité morale et de l'autonomie financière, dont l'organisation, la composition, les missions et le fonctionnement sont bien définis par cette loi.

---

[491] Loi n° 10-2017 du 9 mars 2017 portant code relatif à la transparence et à la responsabilité dans la gestion des finances publiques.

[492] Cf. Article 2 alinéa 2, loi n° 10-2017 du 9 mars 2017 (précitée).

[493] Cf. Article 1er et suivants, loi n° 10-2017 du 9 mars 2017 (précitée).

[494] Loi n° 18-2019 du 24 mai 2019 portant création, attributions, composition et fonctionnement de la commission nationale de transparence et de responsabilité dans la gestion des finances publiques, JORC, n°24, du 13 juin 2019, p. 539.

α). La composition et l'organisation de la CNTR.

Qu'en est-il du point vu de la composition et de l'organisation de la commission nationale de la transparence et la responsabilité dans la gestion des finances publiques ?

- *Du point de vue de la composition.*

La commission nationale de transparence et de responsabilité dans la gestion des finances publiques est composée de onze (11) membres nommés par décret du Président de la République, pour un mandat de quatre (4) ans non renouvelable. Cela, en raison de deux membres désignés par le Président de la République lui-même ; un membre désigné par le Président du Sénat ; un membre désigné par le Président de l'Assemblée nationale ; un membre désigné par le Premier ministre ; deux membres de la société civile choisis parmi les organisations œuvrant dans les domaines de la transparence et de la responsabilité dans la gestion des finances publiques ; deux membres de la presse indépendante choisis par leurs pairs, à raison d'un pour la presse écrite et un pour la presse audiovisuelle ; deux personnalités choisies en fonction de leur expérience dans les domaines de l'audit et du contrôle financier[495].

Les membres de la commission nationale de transparence et de responsabilité dans la gestion des finances publiques sont choisis sur la base des critères d'intégrité, de diplômes requis (dont la nature ni le niveau ne sont pas précisés) et d'une expérience professionnelle d'au moins dix (10) ans. Ils prêtent serment avant leur entrée en fonction devant la Cour d'appel compétente[496]. Ils sont astreints à l'obligation de discrétion et de réserve pendant et après l'exercice de leurs fonctions.

- *Du point de vue de l'organisation.*

La commission nationale de transparence et de responsabilité dans la gestion des finances publiques est administrée par un bureau qui comprend un président ; un vice-président et un rapporteur-trésorier.

La particularité de la commission nationale de la transparence et la responsabilité dans la gestion des finances publiques est le caractère électif du président et des autres membres du bureau. En effet, ils sont élus parmi les membres de la commission pour un mandat de six (6) ans non renouvelable.

---

[495] Cf. article 4, loi du 1 4 mai 2019 (n°18-2019) précitée. Décret n°2019-365 du 10 décembre 2019, nommait pour les membres de la commission nationale de transparence et de responsabilité dans la gestion des finances publiques pour la première fois, JORC, n°51-2019 du 19 décembre 2019, p.1530.

[496] Le serment prévu à l'article 9 de la loi du 1 4 mai 2019 (n°18-2019) précitée est le suivant, *« Je jure de remplir mes fonctions avec probité, honnêteté,* impartialité, *intégrité et objectivité dans le respect de la Constitution, des lois et règlements de la République. »*

Leur mandat est plus long que celui des autres membres de la commission nationale de transparence et de responsabilité dans la gestion des finances publiques, qui est de 4 ans non renouvelable. La conséquence en est que le renouvellement de la CNTR à l'échéance du mandat de 4 ans ne concerne pas les membres du bureau. Leur désignation interviendra en cours de mandat, suivie de l'élection du nouveau bureau.

β). Les missions et le fonctionnement de la CNTR.

Les attributions de la Commission nationale de transparence et de responsabilité dans la gestion des finances publiques sont définies par l'article 3 de la loi. Les dispositions des articles 11 et suivantes de cette loi définissent les modalités de fonctionnement de l'institution qui devront être complétées par son règlement intérieur.

- *Les attributions du CNTR.*

La Commission nationale de transparence et de responsabilité dans la gestion des finances publiques se doit de veiller à la stricte application du code relatif à la transparence et à la responsabilité dans la gestion des finances publiques ; recueillir et diffuser les meilleures pratiques en matière de transparence et de responsabilité dans la gestion des finances publiques ; requérir toute expertise pour la validation des informations relatives aux recettes et aux dépenses publiques ; entreprendre des études, des analyses et des diagnostics sur la gestion des finances publiques ; diligenter toute enquête en cas de violation de la transparence et de la responsabilité dans la gestion des finances publiques.

- *Le fonctionnement du CNTR.*

La CNTR tient deux sessions ordinaires par an. Elle peut également se réunir en session extraordinaire, suivant les circonstances, à la demande de son président ou des deux tiers de ses membres. Les convocations aux sessions sont adressées par le Président à tous les membres de la Commission dans un délai d'au moins 15 jours avant la date de la réunion. En cas d'urgence, les membres de la CNTR peuvent être invités à se prononcer par voie de consultation écrite sur les questions qui leur sont soumises par le Président. Ce procédé de délibération est des moins orthodoxes. En effet, il eut été judicieux de prévoir qu'en cas d'urgence la convocation des membres de la Commission dans un délai plus bref de 3 à 5 ou 8 jours pour statuer.

La commission ne peut valablement siéger que s'il réunit un quorum des deux tiers des membres présents ou représentés. Cependant, les délibérations sont votées à la majorité simple. En cas de partage de voix, celle du président est prépondérante. Les délibérations sont constatées sous la forme de procès-verbaux signés par le président et le secrétaire de la séance. Chaque membre en reçoit un exemplaire dans le délai de 15 jours après la réunion. Ces délibérations sont consignées dans un registre spécial, coté et paraphé par le président.

- *Les moyens de la CNTR.*

La loi créant la Commission nationale de transparence et de responsabilité dans la gestion des finances publiques ne comporte aucune disposition sur les moyens humains dont cette institution disposerait pour son fonctionnement. Certes, il est indiqué que son siège est fixé à Brazzaville, mais rien n'indique si la commission dispose d'un secrétariat permanent pour son fonctionnement au quotidien.

Sur le plan financier, il est prévu que les crédits nécessaires à son fonctionnement sont inscrits au budget de l'Etat. La CNTR peut également recevoir des concours financiers extérieurs sous la forme de dons. Elle est soumise à un triple contrôle parlementaire, juridictionnel et administratif ou comptable.

γ). Analyse critique.

La Commission nationale de transparence et de responsabilité dans la gestion des finances publiques n'est pas investie d'un pouvoir décisionnel dans le cadre des missions qui lui sont dévolues. Si elle prend des délibérations, celles-ci ne s'imposent pas d'elles-mêmes. Pour autant, il est indiqué dans l'article 17 de la loi du 24 mai 2019, précitée, qu'elle établit chaque année un rapport d'activités, dont copies sont transmises au Président de la République, au Président du Sénat, au Président de l'Assemblée nationale, au Premier ministre, au ministre des finances et à celui de la justice. Tout dépend donc des desiderata de chacune de ces autorités pour tirer les conséquences qui s'imposent.

Par ailleurs, il convient de souligner que la bonne gouvernance, que requiert le respect des exigences en matière de transparence et de responsabilité dans la gestion des finances publiques, s'impose aussi dans les finances locales. Pour autant, la CNTR a le caractère d'une institution strictement nationale. Elle ne semble, ni dans sa composition, ni dans son organisation, ni dans son fonctionnement, intégrer les préoccupations des finances publiques locales. Il serait judicieux, donc loisible au législateur ou au pouvoir réglementaire, d'instituer des commissions départementales ou locales qui auraient vocation à s'occuper de la problématique de transparence et de responsabilité dans la gestion des finances publiques au niveau des collectivités locales. La prise en compte de cette exigence de proximité serait un gage de l'efficacité d'une bonne gouvernance des finances publiques locales.

b). La lutte contre la corruption.

L'accent sera d'abord mis sur la problématique de la corruption ensuite sur le cadre juridique et institutionnel de la lutte contre ce fléau.

1). La problématique de la corruption.

Kofi Annan, ancien Secrétaire général des Nations-Unies, a écrit à ce sujet que, *« La corruption est un mal insidieux dont les effets sont aussi multiples que délétères. Elle sape la démocratie et l'état de droit, entraîne des violations des droits de l'homme, fausse le jeu des marchés, nuit à la qualité de la vie et crée un terrain propice à la criminalité organisée, au terrorisme et à d'autres phénomènes qui menacent l'humanité.*

Le mal court dans de nombreux pays, grands et petits, riches et pauvres, mais c'est dans les pays en développement qu'il est le plus destructeur. Ce sont les pauvres qui en pâtissent le plus, car, là où il sévit, les ressources qui devraient être consacrées au développement sont détournées, les gouvernements ont moins de moyens pour assurer les services de base, l'inégalité et l'injustice gagnent et les investisseurs et donateurs étrangers se découragent. La corruption est une des grandes causes des mauvais résultats économiques ; c'est aussi un obstacle de taille au développement et à l'atténuation de la pauvreté »[497].

Ce mal gangrène de nombreux pays à travers le monde, l'Afrique et particulièrement au Congo. Il est un frein au développement économique et social d'un pays et au bien être de la population. Il devrait être éradiqué à tous les niveaux de la hiérarchie administrative que ce soit au plan national ou au plan local.

On peut lire à propos de cette problématique dans le plan d'action adopté par le décret n° 2009-235 du 13 août 2009, que *« La corruption n'est plus un tabou en République du Congo »*[498].

Ce plan, le premier en la matière, reconnait le caractère néfaste de la corruption sur la gouvernance et le développement économique et social. Cela parce que la corruption majore le coût des programmes de développement, décourage l'investissement et fait obstacle à la croissance économique, exerce un effet fortement dissuasif sur les investisseurs étrangers sérieux, et encourage au contraire les opérations hasardeuses axées

---

[497] Dans son avant-propos sur la « Convention des nations-unies contre la corruption », (Office des nations-unies contre la drogue et le crime), New York, 2004, p.III.

[498] Décret n° 2009 – 235 du 13 août 2009, portant approbation du plan d'action de lutte contre la corruption, la concussion et la fraude et pour l'amélioration de la gouvernance en République du Congo, JO n° 38-2009 du 17 septembre 2009, p. 2415.

sur la recherche des rentes ; entrave la collecte des recettes et alimente ainsi les déficits budgétaires et les déséquilibres macroéconomiques ; réduit l'efficacité de l'administration publique, fausse les décisions de dépenses publiques, détourne les fonds attendus de toute urgence dans les secteurs comme la santé et l'éducation vers des secteurs où règne la corruption ; restreint l'impact de l'aide au développement et incite à l'exploitation effrénée des ressources naturelles, ce qui accélère la *« déplétion »* du patrimoine environnemental ; affaiblit la primauté du droit, nuit à la réputation de l'Etat et sape la confiance qui devrait lui être accordée le public. La corruption pèse plus fortement sur les pauvres[499].

Il ressort de deux études menées par le PNUD (programme des Nations-Unies pour le développement) et par le cabinet CERTI en 2008 dans le cadre du Projet de renforcement des capacités de transparence et de gouvernance (PRCTG) en 2003 qu'environ 87 % des personnes interrogées sont convaincues de l'existence de la corruption et de la fraude dans les administrations publiques (la douane ; les impôts ; la police nationale, la justice, l'enseignement, la santé), y compris les mairies. C'est dire que les collectivités locales ne sont pas épargnées par ce fléau.

Du point de vue de ses causes, la corruption est essentiellement due à la faiblesse de contrôle ; à la faiblesse du pouvoir d'achat des fonctionnaires et les bas salaires ; à la faiblesse du secteur judiciaire ; ainsi qu'au blocage des effets financiers des avancements des agents de l'Etat ; le chômage et la pauvreté ; sans oublier la décrépitude des valeurs morales et éthiques[500].

Il a fallu, dans le cadre du plan de lutte contre la corruption, mettre en œuvre une stratégie visant à renforcer le dispositif national en matière de prévention, de détection et de répression de la fraude, de la concussion et de la corruption et de tout autre acte assimilé à ces infractions ; à inciter l'adhésion et l'implication de tous les acteurs de la vie nationale dans la lutte contre la corruption, la concussion et la fraude ; à améliorer la qualité du service public ; à moraliser la vie publique ; à renforcer et promouvoir la coopération régionale et internationale en matière de lutte contre la corruption, la concussion et la fraude, notamment en matière des transactions commerciales internationales.

Enfin, il a fallu revisiter, comme il sera vu plus loin, le cadre institutionnel en réorganisant la Commission nationale de lutte contre la corruption, la concussion et la fraude (CNLCCF) et en créant un Observatoire anticorruption afin de poursuivre la lutte contre la corruption, la concussion et la fraude.

Ce programme n'ayant pas atteint les résultats escomptés, en raison de la persistance du phénomène corruptif à tous les niveaux et des effets pervers de la crise économique.

---

[499] Ibid. p.2416.
[500] Idem.

Il ressort du rapport du rapport de juin 2018, établi avec l'assistance des services du Fonds monétaire international (FMI), que *« ...les faiblesses de la gouvernance en République du Congo causent une grande vulnérabilité à la corruption. Le Congo obtient généralement des notes inférieures à la moyenne de l'Afrique subsaharienne, avec peu ou pas d'améliorations au fil du temps. À titre d'exemple, dans le Baromètre mondial de la corruption de Transparency International pour 2016, il occupait le 159e rang sur 176 pays ; dans les Indicateurs mondiaux de la gouvernance, en matière de lutte contre la corruption, il a obtenu une note de -1,21 sur une échelle de -2,5 (faible) à 2,5 (efficace). Selon l'Enquête (désormais obsolète) sur l'environnement et les performances des entreprises (BEEPS) de 2009, l'incidence des pots-de-vin au Congo, mesurée par le pourcentage des entreprises rapportant au moins une demande de paiement de pots-de-vin, était de 37,5 % (contre une moyenne de 24 % pour l'Afrique subsaharienne). En réalité, 75,2 % des entreprises congolaises interrogées s'attendaient à donner des cadeaux en échange de marchés publics et 81,8 % s'attendaient à récompenser des fonctionnaires de l'État pour que le travail soit fait »*[501].

Ce rapport précise également que les faiblesses constatées sont principalement liées au défaut de rigueur dans l'application ne serait-ce que de la législation et la réglementation en vigueur. Cela implique un renforcement du dispositif juridique et institutionnel de lutte contre la corruption.

2). Le cadre juridique de la lutte contre la corruption.

Le cadre juridique de la lutte contre la corruption est constitué au Congo d'une part, par les instruments juridiques internationaux et, d'autre part, par la législation et la réglementation interne.

Au plan international, il s'agit de la convention des Nations-Unies contre la corruption, adoptée par la résolution de l'Assemblée générale n° 58/4 du 31 octobre 2003, ratifiée au Congo par le décret n° 2005-735 du 14 septembre 2005 (ratification autorisée par la loi n° 13-2005 du 14 novembre 2005)[502] et de la convention africaine sur la prévention et la lutte contre la corruption, adoptée lors de la 2ème session ordinaire de la Conférence de l'Union africaine à Maputo (Mozambique) le 11 juillet 2003 et ratifiée par le décret n° 2005-736 du 14 septembre 2005 (ratification autorisée par la loi n° 14-2005 du 14 novembre 2005)[503].

Au plan interne, le cadre juridique a connu une évolution sensible. La prévention et la lutte contre la corruption sont régies par différents textes législatifs et réglementaires, notamment la loi n° 5-2009 du 22 septembre

---

[501] Cf. Rapport sur la gouvernance et la corruption en République du Congo, juin 2018, https://economie.gouv.cg/sites/default/files/Republique du Congo-rapport-Diagnostic-2018-.pdf

[502] JO. n°34-2005 du 8 au 14 septembre 2005, p. 1443 et 1444.

[503] JO. n°34-2005 du 8 au 14 septembre 2005, pp.1443 et 1459.

2009 sur la corruption, la concussion, la fraude et les infractions assimilées[504], les articles 174 et 177 du code pénal ; le décret n° 2009 – 235 du 13 août 2009, portant approbation du plan d'action de lutte contre la corruption, la concussion et la fraude et pour l'amélioration de la gouvernance en République du Congo.

3). Le cadre institutionnel de la lutte contre la corruption.

Le cadre institutionnel congolais de la lutte contre la corruption a connu une évolution qu'il convient de souligner.

α). La commission nationale et l'observatoire anticorruption.

Ce sont deux institutions du dispositif de lutte contre la corruption, bien que ses résultats n'étaient pas forcément à la hauteur des espérances et en raison des enjeux, elles seront curieusement décriées et désavouées par les pouvoirs publics et une partie de la classe politique lorsqu'elles ont cru devoir jouer pleinement leur rôle.

➢ *La Commission nationale de lutte contre la corruption.*

La Commission nationale de lutte contre la corruption, la concussion et la fraude fut créée par le décret du n° 2004-323 du 08 juillet 2004. Elle était composée essentiellement des membres du gouvernement, de leurs représentants et celui du cabinet du Chef de l'Etat[505] . Elle avait été modifiée par le décret n° 2007-155 du 13 février 2007[506]. Son bureau n'était plus composé de ministres, comme ce fut le cas en 2004, mais de personnalités nommées par le Président de la République, y compris son conseiller juridique qui assurait les fonctions de secrétaire permanent. Le nombre des membres, hormis ceux du bureau, était strictement limité, passant de 22 à 13. Il est composé essentiellement des représentants des ministres et de grandes administrations de l'Etat.

La commission nationale de lutte contre la corruption, la concussion et la fraude est avant tout un organe technique placée auprès du Premier ministre, pour assister le gouvernement dans la mise en œuvre de sa politique de lutte contre ces travers. Ses missions étaient reprécisées en 2007. Elle était chargée, sans préjudice des attributions conférées aux autres administrations,

---

[504] JO. n°40-2009 du 1er octobre 2009, p.2449 ; R. Bembelly, « la nouvelle loi anti-corruption » (loi n°5/2009 du 22 septembre sur la corruption, la concussion, la fraude et les infractions assimilées), revue congolaise de droit et des affaires, n°2, janvier-février, mars 2010, p.11.

[505] Cf. article 3, décret n°2004-323 du 08 juillet 2004, précité.

[506] Décret n°2000-155 du 13 février 2007 portant réorganisation de la commission nationale de lutte contre la corruption, la concussion et la fraude, JO n°06-2007 du 15 février 2007, p. 518.

de centraliser toutes les informations nécessaires à la prévention et à la détection des faits de corruption et autres infractions assimilées commis dans le secteur privé ou dans le secteur public ; de mettre en œuvre le plan d'action de lutte contre la corruption du Gouvernement ; d'apporter un appui technique à tout organisme public ou privé qui sollicite la mise en place d'un dispositif interne pour lutter efficacement contre les actes de corruption, de concussion et de fraude.

Aussi paradoxal que cela puisse paraître, cette institution sera discréditée, décriée et désavouée par une partie de la classe politique gouvernante et les autorités pour avoir dénoncé certains membres du gouvernement qui lui paraissaient être présumés coupables d'actes de corruption, tout en portant son rapport à la connaissance des autorités judiciaires aux fins de poursuites[507]. La fameuse commission nationale de lutte contre la corruption n'avait pas survécu à cette levée de bouclier. Car, elle fut dissoute[508].

- *L'observatoire anticorruption.*

Pour renforcer l'efficacité du dispositif et tirant les leçons du manque d'efficacité de la Commission nationale de lutte contre la corruption, il était décidé, outre la réorganisation de cette structure, de créer un nouvel organe, *« l'observatoire anti-corruption »*, par la loi du 19 septembre 2007[509] . Il s'agit d'un organe indépendant, composé de neuf membres nommés pour une durée de cinq ans par le président de la République en raison d'un magistrat désigné par le Président de la Cour suprême ; un député désigné par le Président de l'Assemblée nationale conformément à son règlement intérieur ; un sénateur désigné par le Président du Sénat conformément à son règlement intérieur ; un cadre de l'inspection générale d'Etat désigné par le Contrôleur général d'Etat ; un représentant des syndicats désigné conjointement par les confédérations syndicales les plus représentatives ; un représentant du secteur économique privé désigné conjointement par les syndicats patronaux les plus représentatifs ; un représentant du Conseil œcuménique des églises désigné par le Président du Conseil œcuménique ; un représentant de la société civile désigné conjointement par les

---

[507] Arsène Severin *« Pas de suite aux dénonciations de corruption à Brazzaville »*, https://www.dw.com/fr/pas-de-suite-aux-dénonciations-de-corruption-congo-brazzaville/a-45152643; Sylvain Vidzraku, *« Congo : l'administration publique gangrenée par la corruption »*, https://afrique.latribune.fr/politique/gouvernance/2017-12-27/congo-l-administration-publique-gangrenee-par-la-corruption-762969.html, 27/12/2017 ; Fiacre Kombo, *« Lutte anticorruption : Lamyr Ngueló réitère l'indépendance de son institution »*,http://www.adiac-congo.com/content/lutte-anti-corruption-lamyr-nguele-reitere-lindependance-de-son-institution-88232; Wolf Ulrich Mfere Akiana *« La corruption au Congo-Brazzaville, les institutions inefficaces »*, EUE (éditions universitaires européennes), 1 février 2018 Essai (broché) ;

[508] Compte rendu du Conseil des ministres du jeudi 20 septembre 2018, Les Dépêches de Brazzaville, n°3325, vendredi 21 septembre 2018, p. 1 et 4, www.adiac-congo.com.

[509] Loi n°16-2007 n°38-2007 du 19 septembre 2007, portant création de l'observatoire anticorruption, JO. du 27 septembre 2007, p.1865.

associations de lutte contre la corruption et de la promotion de la bonne gouvernance ; un représentant du Comité exécutif de mise en œuvre de l'initiative sur la transparence des industries extractives, désigné par le président du Comité parmi les représentants de la société civile.

Il élisait en son sein, à la majorité simple, un bureau composé d'un président et d'un vice-président et disposait d'un secrétariat permanent placé sous l'autorité du Président. Ses membres prêtent serment avant leur entrée en fonction. Ils sont tenus à l'obligation de réserve et du secret professionnel, ils bénéficient d'une protection et d'une immunité en ce sens qu'ils ne peuvent pas être recherchés, poursuivis, ni détenus, ni jugés pour les opinions ou les votes qu'ils émettent dans l'exercice de leurs fonctions.

L'Observatoire anticorruption avait pour missions de suivre et d'évaluer les mesures de lutte contre la corruption initiées par le gouvernement et mise en œuvre par la commission nationale[510]. A ce titre, il devait prendre chaque année un rapport établissant le bilan de son activité, qu'il devait transmettre au Président de la République, aux présidents des deux assemblées parlementaires (Sénat et Assemblée nationale) et à la Commission nationale de lutte contre la corruption, la concussion et la fraude.

On peut noter que l'Observatoire anticorruption fut dissout dans la foulée et dans les mêmes circonstances que la Commission nationale de lutte contre la corruption, la concussion et la fraude.

β). La Haute autorité de lutte contre la corruption (HALC).

La Haute autorité de lutte contre la corruption a été créée par la loi du 7 février 2019 (n° 3-2019)[511] dans la suite de la dissolution, comme nous venons de le souligner, de la Commission nationale de lutte contre la corruption, la concussion et la fraude et de l'Observatoire anticorruption. Son organisation et son fonctionnement sont définis par le décret n° 2019-391 du 28 décembre 2019[512]. Elle apparaît à la fois comme un aveu d'échec et une réponse corrective au dispositif en vigueur pour éradiquer ce fléau devenu endémique.

C'est une autorité administrative indépendante. Elle jouit de la personnalité morale et de l'autonomie financière. Sa création s'intègre aussi dans le cadre des recommandations du Fonds monétaire international (FMI), dont les points 26 et 29 des 48 mesures consignées dans l'accord conclu avec

[510] Il pouvait s'agir des audits engagés par le Gouvernement dans tous les secteurs de la vie nationale ; de la mise en œuvre du plan d'action gouvernementale en matière de lutte contre la corruption ; de la mise en œuvre des réformes de gouvernance engagées par le Gouvernement.

[511] Loi n°03-2019 du 07 février 2019 portant création de la Haute autorité de lutte contre la corruption, JO. n°9-2019 du 28 février 2019, p.243.

[512] Décret n°2019-391 du 28 décembre 2019 portant organisation et fonctionnement de la Haute autorité de lutte contre la corruption, JORC. n°1-2020 du 02 janvier 2020, p.6.

cet organisme le 11 juillet 2019[513], concernent l'adoption du décret d'application de la loi relative au Comité sur la transparence prévu par l'article 59 de la loi n° 10-2017 du 9 mars 2017 portant code de la transparence et la responsabilité dans la gestion des finances publiques[514] et celui sur la Haute autorité sur la corruption, ainsi que la déclaration du patrimoine.

Nous examinerons ci-après le Comité de sélection des membres de la Haute autorité de lutte contre la corruption avant de nous intéresser à cette institution.

β-1). Le Comité de sélection des membres de la HALC.

Comme son nom l'indique, c'est l'organe de désignation des membres de la Haute autorité de lutte contre la corruption. Il cst créé par le décret n° 2019-319 du 12 novembre 2019[515]. Ce Comité est placé auprès du Premier ministre, Chef du Gouvernement[516].

β-1.1). Les attributions du Comité de sélection.

Aux termes des dispositions de l'article 2 du décret du 12 novembre 2019 (n° 2019-319), le Comité de sélection est chargé de la conduite de l'ensemble de la procédure de sélection et de recrutement des membres de la Haute autorité de lutte contre la corruption. Il est donc chargé d'élaborer les termes de référence relatifs au recrutement de chaque membre de la Haute autorité de lutte contre la corruption ; d'assurer la publication des avis d'appel à candidatures relatifs au recrutement de chaque membre de la Haute autorité de lutte contre la corruption ; d'élaborer les grilles d'évaluation relatives aux postes à pourvoir ; de recevoir les dossiers de candidature ; d'organiser les séances publiques d'ouverture des dossiers de candidature ; d'examiner et évaluer les différentes candidatures reçues ; de décider de la sélection des candidats sur la base des rapports d'analyse et d'évaluation des candidatures et d'initier les textes de nomination des candidats retenus.

---

[513] *« Le 11 juillet 2019, le conseil d'administration du Fonds monétaire international (FMI) a approuvé en faveur de la République du Congo un accord triennal au titre de sa facilité élargie de crédit (FEC) pour un montant de 324 millions de DTS (environ 448,6 millions de dollars, ou 200 % de la quote-part du pays) à l'appui du programme de réformes économiques et financières du pays »*, https://www.imf.org/fr/News/Articles/2019/07/11/pr-19274-rep-of-congo-imf-executive-board-approves-us448-mil-arrangement-under-the-ecf; Médiapart, « (Congo) Les 48 mesures de l'Accord imposées par le FMI », 27 août 2019,
https://blogs.mediapart.fr/jecmaus/blog/270819/congo-les-48-mesures-de-laccord-imposees-par-le-fmi,

[514] JO. n°11-2017, du 16 mars 2017, p.303.

[515] JO. n°46-2019 du 14 novembre 2019, p.1430.

[516] Les membres du Comité de sélection ont été nommés pour la première fois par décret n°2019-364 du 10 décembre 2019, n°51-2019 du 19 décembre 2019, p.1530.

β-1.2). L'organisation du Comité de sélection.

Le Comité de sélection des membres de la Haute autorité de lutte contre la corruption comprend une coordination, un secrétaire et une commission d'évaluation.

➢ *La coordination du Comité de sélection.*

Elle est, aux termes des dispositions de l'article 4 du décret précité, l'organe qui coordonne et supervise les activités du Comité de sélection des membres de la Haute autorité de lutte contre la corruption. La coordination est composée d'un bureau comprenant un président, en la personne du Premier ; d'un vice-président, en la personne du ministre de la justice et des droits humains et de la promotion des peuples autochtones et d'un secrétaire-rapporteur, en la personne du conseiller juridique du Premier ministre, chef du Gouvernement.

Ce bureau est assisté de huit (8) membres, à savoir, un représentant de la Présidence de la République ; un représentant du cabinet du Premier ministre ; un représentant du ministère en charge du travail ; un représentant du ministère en charge de l'intérieur ; un représentant du ministère en charge de la justice ; un représentant du ministère en charge des finances ; un magistrat ; deux représentants des organisations de la société civile œuvrant dans le domaine de la bonne gouvernance.

Il est prévu que la coordination peut faire appel à toute personne qualifiée susceptible de lui apporter son expertise dans le cadre de ses missions[517].

➢ *Le secrétariat technique du Comité de sélection.*

Il assiste la coordination. A ce titre, le secrétariat technique prend en charge toutes les taches du Comité de sélection à l'exclusion de l'examen et l'évaluation des candidatures. Il comprend, un chef de secrétariat, en la personne du conseiller à la gouvernance du Premier ministre, chef du Gouvernement et un chef de secrétariat adjoint, en la personne du responsable des ressources humaines du ministère en charge de la justice. Il comprend en outre six (6) membres, à savoir, un représentant du cabinet du Premier ministre ; un représentant du ministère en charge du travail ; un représentant du ministère en charge de l'intérieur ; un représentant du ministère en charge de la justice ; un représentant du ministère en charge des finances et deux juristes.

---

[517] Cf. Article 4, décret n°2019-319 du 12 novembre 2019 (précité).

➢ *La Commission d'évaluation du Comité de sélection.*

C'est l'instance du Comité de sélection des membres de la Haute autorité de lutte contre la corruption, qui a pour mission d'examiner et d'évaluer les candidatures conformément aux termes de référence de l'appel à candidatures et aux critères d'évaluation définis par le Comité.

Aux termes des dispositions de l'article 7 du décret du 12 novembre 2019, précité, la Commission d'examen et d'évaluation des candidatures aux fonctions de membres de la HALC comprend un président, en la personne du secrétaire général de la Primature et un secrétaire, en la personne du conseiller juridique du ministre de la justice et des droits humains et de la promotion des peuples autochtones. Ces deux personnalités sont assistées de cinq (5) membres, à savoir, un spécialiste de gestion des ressources humaines de la Présidence de la République ; un spécialiste de gestion des ressources humaines de la Primature ; un spécialiste de gestion des ressources humaines du ministère en charge du travail ; un spécialiste de gestion des ressources humaines du ministère en charge de l'intérieur et un spécialiste de gestion des ressources humaines du ministère en charge de la justice.

β-1.3). Le statut des membres du Comité de sélection.

Le Comité de sélection des membres de la Haute autorité de lutte contre la corruption n'est pas un organe permanent. Il s'agit d'un organe ad hoc. Car, aux termes des dispositions de l'article 10 alinéa 2 du décret précité du 12 novembre 2019 (n° 2019-319), les fonctions de membres de ce Comité cessent à la fin des travaux de sélection et de recrutement des membres de la Haute autorité de lutte contre la corruption.

Les membres du Comité de sélection sont soumis à l'obligation de réserve, dont la violation est sanctionnée conformément aux lois et règlements en vigueur. Ils perçoivent une indemnité fixée par arrêté conjoint du ministre des finances et celui de la justice. Les crédits nécessaires au fonctionnement du Comité de sélection sont inscrits au budget de l'Etat.

β-1.4). La procédure de recrutement des membres de la HALC.

La procédure de désignation des membres de la Haute autorité de lutte contre la corruption est formalisée. Le statut de membres choisis et nommés est précisé par la loi.

Comme nous venons de le souligner, après publication de l'avis d'appel à candidatures et réception des dossiers par le Secrétariat du Comité, la Commission d'évaluation procède à l'examen et l'évaluation des candidatures, puis établit des rapports qu'elle transmet à la coordination, le seul organe habilité à statuer en dernier ressort sur la sélection et le recrutement des membres de la HALC. Pour ce faire, la coordination ne peut valablement siéger qu'à la majorité des deux tiers (2/3) au moins des membres présents.

La coordination dresse ensuite des procès-verbaux de sélection, signés par tous les membres présents. Le Comité transmet au Conseil des ministres les procès-verbaux correspondant aux postes de président et de secrétaire général de la HALC, aux fins de nomination. Les procès-verbaux de sélection des autres membres de la HALC sont transmis au Premier ministre, chef du gouvernement aux mêmes fins. Ces désignations sont ensuite entérinées par décrets du Président de la République.

β-2). L'organisation et le fonctionnement de la HALC.

La Haute autorité de lutte contre la corruption comprend un président, un secrétaire général et un corps d'enquêteurs-investigateurs qui ne sont pas directement nommés, mais choisis après appel de candidatures par le Comité de sélection des membres de la Haute autorité de lutte contre la corruption.

β-2.1). Le Président de la HALC.

Le Président de la HALC est régi par les dispositions des articles 11 à 13 de la loi précitée du 7 février 2019 (3-2019). Il est nommé en Conseil des ministres après appel de candidatures par le Comité de sélection, dans les conditions que nous venons de voir, pour un mandat de cinq (5) ans non renouvelable[518]. La loi interdit qu'il soit relevé de ses fonctions avant l'expiration de son mandat, sauf en cas d'incapacité dûment constatée, de faute lourde ou d'agissements incompatibles avec ses fonctions. La décision de sa révocation est prise par décret en Conseil des ministres, après avis motivé du Premier ministre, Chef du Gouvernement. Il faut y voir un signe de son indépendance.

Sa mission principale est d'assurer l'orientation et la coordination des activités de la Haute autorité de lutte contre la corruption. Ainsi donc, il est chargé, notamment, de convoquer les réunions de la Haute autorité de lutte contre la corruption, en fixe l'ordre du jour et les préside ; de veiller au bon déroulement des enquêtes et investigations sur les faits de corruption, de concussion, de fraude et d'autres infractions assimilées ; d'assurer l'exécution et le contrôle des décisions et des recommandations rendues par la Haute autorité de lutte contre la corruption ; de signer tous les actes établis par la Haute autorité de lutte contre la corruption et de diffuser toutes les informations sur les activités de la Haute autorité de lutte contre la corruption.

[518] Le premier fut nommé par décret n°2020-204 du 13 juillet 2020, JORC, n°29-2020 du 23 juillet 2020, p.645.

β-2.2). Le secrétaire de la HALC.

Aux termes des dispositions de l'article 14 de la loi du 7 février 2019, précitée, le secrétaire général de la Haute autorité de lutte contre la corruption est nommé en Conseil des ministres, après appel à candidatures par le Comité de sélection, pour un mandat de six (6) ans non renouvelable[519]. Son mandat est plus long que celui du président, sans que cette durée ne s'explique pertinemment.

Pour autant, le secrétaire général est chargé de la direction et du fonctionnement des services dont il assure la gestion administrative et financière sous l'autorité du président de la Haute autorité de lutte contre la corruption.

β-2.3). Les départements de la HALC.

En dehors du Président et du secrétaire général, la HALC est structurée en départements[520], eux-mêmes structurés en subdivisions. L'article 15 de la loi précitée du 7 février 2019 n'en précise ni le nombre, ni la nature, ni les caractéristiques. On peut cependant noter que les départements de la Haute autorité de lutte contre la corruption sont dirigés et animés par les chefs de département (ou des chefs de division) ; lesquels sont nommés par décret du Premier ministre, après appel à candidatures par le Comité de sélection. Leur mandat est de cinq (5) ans non renouvelable. Leurs missions ne sont pas spécifiées. L'organisation et le fonctionnement des départements sont fixés par le règlement intérieur de la HALC.

β-2.4). Le corps des enquêteurs-investigateurs.

La loi crée un corps des enquêteurs-investigateurs de la HALC[521]. Il est constitué des cadres jouissant d'une expérience avérée en matière d'investigation et d'enquête. Ils sont nommés, après appel à candidatures, par décret du Premier ministre, chef du Gouvernement. Elle laisse au règlement intérieur de la HALC le soin de fixer l'organisation et le fonctionnement du corps des enquêteurs.

β-2.5). Le statut des membres de la HALC.

D'une part, les conditions de base requises pour prétendre aux fonctions de membre de la HALC sont relatives à la nationalité congolaise ; à la jouissance des droits civiques et à l'absence de mention sur le casier judiciaire des condamnations pour crime ou délit.

---

[519] Il fut nommé pour la première fois par décret n°2020-205 du 13 juillet 2020, JORC, n°29-2020 du 23 juillet 2020, p.645.

[520] Les premiers Chefs de département de la HALC ont été nommés par le décret n°2020-206 du 13 juillet 2020, JORC, n°29-2020 du 23 juillet 2020, p.647.

[521] Les premiers enquêteurs-investigateurs ont été nommés par décret n°2020-208 du 13 juillet 2020, JORC, n°29-2020 du 23 juillet 2020, p.648.

D'autre part, les membres de la Haute autorité de lutte contre la corruption doivent satisfaire aux exigences de moralité et de désintéressement en ce sens qu'ils ne doivent pas, dans l'exercice de leurs fonctions, être animés par la défense des intérêts individuels ou des intérêts de groupe, l'esprit de vengeance et la haine envers autrui. Ils sont soumis à un régime d'incompatibilité, dans la mesure où les fonctions de membre de la Haute autorité de lutte contre la corruption sont incompatibles avec toute fonction publique élective, toute activité professionnelle rémunérée et toute responsabilité au sein d'un parti ou d'une organisation politique.

Il convient de souligner qu'avant leur entrée en fonction, les membres de la Haute autorité de lutte contre la corruption prêtent le serment devant la Cour d'appel de Brazzaville, siégeant en audience solennelle[522].

Ils sont également astreints à l'obligation de discrétion, de réserve et de secret professionnel, pendant et après l'exercice de leurs fonctions, dont la violation est sanctionnée conformément aux dispositions des lois et règlements en vigueur. Enfin, il est spécifié dans l'article 10 du décret que toute personne qui aura publié ou divulgué des informations tenues secrètes par la Haute autorité de lutte contre la corruption sera punie des peines prévues par la loi.

β-3). Les missions et les prérogatives de la HALC.

La Haute autorité de lutte contre la corruption est investie d'un certain nombre de missions et de prérogatives redistribuées aux différents organes et structures qui la composent. Elles sont définies par les articles 2 et 3 de la loi n° 3-2019 du 7 février 2019.

β-3.1). Concernant les missions de la HALC.

La Haute autorité de lutte contre la corruption est chargée, dans le cadre de la mission la prévention et la lutte contre la corruption, d'assurer la sensibilisation et l'éducation des citoyens sur les effets néfastes engendrés par la corruption, la concussion, la fraude et les autres infractions assimilées ; de proposer au Gouvernement la stratégie nationale de prévention et de lutte contre la corruption, la concussion, la fraude et les autres infractions assimilées ; de prévenir et combattre la corruption, la concussion, la fraude et les autres infractions assimilées dans le secteur public et privé ; de contribuer au renforcement de la bonne gouvernance au niveau des secteurs public et privé et suivre l'évolution des indicateurs

---

522 Ils prêtent le serment suivant, *« Je jure de remplir mes fonctions avec probité, honnêteté impartialité, intégrité et objectivité dans le respect de la Constitution, des lois et règlements de la République »*. Ce serment est reçu par le président de la Cour d'appel qui les renvoie immédiatement à l'exercice de leur fonction. Le procès-verbal de prestation de serment est dressé par le greffier en chef de la Cour d'appel (Cf. article 21 de la loi du 7 février 2019).

relatifs ; de contribuer à promouvoir et à faire respecter à tous les niveaux les règles de bonne gestion publique, d'éthique, de probité morale et de déontologie professionnelle ; de réaliser des études sur la corruption et la gouvernance ; de transmettre aux autorités judiciaires chargées des poursuites les procès-verbaux d'audition et d'interrogatoire, les résultats des enquêtes et investigations, et toutes autres pièces accompagnant les dossiers relatifs aux faits susceptibles de constituer des infractions de corruption, de concussion, de fraude et d'autres infractions assimilées ; de coopérer avec les organismes nationaux, étrangers et internationaux de lutte contre la corruption ; de mobiliser les partenaires publics et non gouvernementaux à la prévention et la lutte contre la corruption ; de suivre la mise en œuvre des réformes engagées par le Gouvernement en matière de lutte contre la corruption, la concussion, la fraude et les infractions assimilées et, le cas échéant, faire des recommandations pour l'amélioration continue de la gouvernance.

β-3.2). Sur les prérogatives de la HALC.

Aux termes des dispositions de l'article 3 de la loi précitée, la Haute autorité de lutte contre la corruption dispose d'un pouvoir d'initiative et de décisions pour accomplir ses missions. Elle peut, notamment, se saisir d'office ou être saisie par le Président de la République, le Président de l'Assemblée nationale et le Président du Sénat sur la base des indices probants ; mener des enquêtes ou investigations sur les faits de corruption, de concussion et de fraude ; obtenir de toute autorité publique ou de toute personne physique ou morale la communication des informations et des documents dans le cadre de ses investigations ; protéger l'identité des témoins, des complices et des auteurs présumés coupables des actes de corruption, de concussion, de fraude et d'autres infractions assimilées.

L'article 22 de la loi précitée du 7 février 2019 prévoit que la Haute autorité de lutte contre la corruption établit trimestriellement un rapport d'activités, dont elle transmet une copie au Président de la République, au Président du Sénat, au Président de l'Assemblée nationale, au Premier ministre et au ministre de la justice.

La fréquence de ces rapports d'activité dans l'année (4 rapports) est le signe de l'importance accordée à la lutte contre la corruption. Cependant, son efficacité ne peut être saluée que si les pouvoirs publics, notamment les autorités susvisées venaient à en tirer concrètement les conséquences qui s'imposent au plan juridique, administratif et judiciaire.

β-4. Analyse critique du comité de sélection et de la HALC.

Le comité de sélection est très marqué par l'emprise du pouvoir exécutif, en raison de son inféodation au gouvernement, puisqu'il est placé auprès du Premier ministre, Chef du gouvernement. L'exécutif joue un rôle essentiel dans la composition de cet organe. Car, les membres des différentes composantes du Comité de sélection sont issus de ses effectifs, y compris, outre les ministres et leurs collaborateurs, le Premier ministre, chef du gouvernement qui préside la coordination, l'organe central dudit Comité. Les juristes (magistrats ou non) et les membres issus de la société civile ne sont que l'exception qui confirme la règle. D'ailleurs, le nombre réduit de ces deux catégories témoigne qu'ils ont incontestablement une influence minime sur les délibérations et les choix du Comité de sélection.

L'emprise de l'exécutif, qui se traduit par l'effacement déplorable de la représentation nationale et du Sénat des instances de sélection des candidats aux fonctions de membre d'une institution importante de la gouvernance. Or, la Haute autorité de lutte contre la corruption peut autoriser des interrogations sur l'indépendance tant organique que fonctionnelle de cette institution, et de son niveau d'efficacité pour atteindre l'objectif de l'éradication de la corruption.

Le profil essentiellement centraliste, donc étatique, du Comité de sélection et de la HALC elle-même autorise également à s'interroger sur le défaut de pertinence de l'absence des autres entités, dont les collectivités locales qui ne sont du reste pas épargnées par le phénomène corruptif. Le défaut d'ouverture du Comité de sélection aux acteurs politiques de l'opposition parlementaire ou extra-parlementaire autorise aussi à s'interroger sur le niveau réel d'indépendance de la HALC, qui n'échapperait point aux insinuations de bienveillance à l'égard de certaines personnalités présumées d'avoir commis ou favorisé des agissements corruptifs. Surtout lorsque les personnes soupçonnées sont membres, collaborateurs ou proches du pouvoir exécutif.

Or, on ne saurait concevoir un comité, certes chargé de choisir les membres de la HALC, mais investi d'un pouvoir normatif de type réglementaire, entre les mains du seul pouvoir exécutif, sans y associer les autres grands pouvoirs d'Etat ou les acteurs de la démocratie politique et de la démocratie participative. Dès lors, la configuration de l'Observatoire anticorruption et de la Commission nationale de lutte contre la corruption, la concussion et la fraude aurait pu être mise à profil dans la composition des instances de sélection des membres de la HALC et la configuration de celle-ci. Car, la lutte contre le fléau de corruption devrait être une cause nationale, sans ignorer ses manifestations au plan local, surtout au niveau des finances et de la gouvernance locales.

B). De l'élaboration à l'approbation du budget local.

Le processus budgétaire des collectivités locales comprend trois phases : l'élaboration, de l'adoption et de l'approbation. Elles font intervenir différents acteurs. Pour autant, il convient d'abord de déterminer les ressources et les charges du budget local.

I). Les ressources et les charges du budget local.

Elles sont déterminées dans la loi n° 30-2003 du 20 octobre 2003 portant régime financier des collectivités locales.

a). Les ressources budgétaires locales.

Le budget des collectivités locales est alimenté par des ressources de différentes natures. Elles sont énumérées par l'article 22 de la loi précitée du 20 octobre 2003 (n° 30-2003).

1). Les ressources fiscales et parafiscales.

Cette catégorie regroupe les impôts, les droits, les taxes ainsi que les amendes et les pénalités prévus dans le code général des impôts et perçus au profit des collectivités locales.

Les collectivités locales ne disposent pas du pouvoir de création des impôts, des droits et des diverses taxes. Ces impôts et contributions sont créés par la loi. Toute création, perception ou recouvrement des contributions non autorisées par la loi est passible de poursuites pénales pour concussion, sans préjudice de l'action en réception contre tous receveurs comptables ou individus qui les auraient perçus.

Au titre des impôts locaux, on peut citer : les contributions sur les propriétés bâties ; les contributions sur les propriétés non bâties ; les centimes additionnels à la taxe sur la valeur ajoutée ; les contributions des patentes ; la taxe additionnelle aux droits d'enregistrement sur les mutations à titre onéreux. On peut également citer diverses autres contributions, taxes ou redevances, telles que : la taxe sur l'exploitation des produits des carrières ; les produits des services concédés ; produites services à caractère économiques exploités par la collectivité locale ; produits de cession d'actes administratifs ; droit de légalisation de signature ; produit de cession par les services des collectivités locales ; la taxe de roulage ; produits des impôts et des taxes assimilés dont la perception au profit des collectivités locales est autorisée par les lois et règlement ; la taxe sur la licence des boissons ; la taxe sur les débits de boissons ; taxe sur la licence des bars dancings ; la taxe sur la licence des night-clubs ; la taxe sur la licence des hôtels et motels ;

taxe hôtelière départementale ou communale ; contributions des agents de l'Etat et du secteur privé ; contribution des commerçants et des artisans ; taxe sur la délivrance des certificats de nationalité ; taxe sur la délivrance des casiers judiciaires ; taxe sur la délivrance du certificat de résidence ; taxe sur la célébration de mariage ; taxe sur la publication des bans de mariage ; taxe sur l'établissement de certificats de vie ; taxe sur la non-déclaration de naissance ou de décès ; taxe sur l'établissement des engagements décennaux ; taxe sur l'établissement de certificats de non-mariage ; taxe sur l'établissement des duplicatas, des copies et des extraits de pièces d'état civil ; taxe sur l'autorisation de construire ; taxe les produits agricoles d'exportation ; taxes sur les autorisations diverses ; taxes sur le permis de port d'armes ; centimes additionnels sur le permis de conduire, l'immatriculation des véhicules et engins divers.

2). Les produits du domaine.

Il y a lieu de distinguer un double fondement juridique. Celui du code du domaine de l'Etat et celui du régime financier des collectivités locales.

α). Au regard du code du domaine de l'Etat.

Les produits du domaine ou produits domaniaux sont l'une des ressources des collectivités publiques. Ils sont, aux termes des dispositions de l'article 77 du code du domaine de l'Etat, constitués par les produits des baux ou des aliénations du domaine privé ; les redevances et autres droits, pour occupation à titre privatif du domaine public ; les redevances minières et des carrières ; les revenus des ventes aux enchères ou de gré à gré de tout matériel immobilier sortis des écritures des comptables publics ; les produits de confiscation ; les loyers des immeubles bâtis appartenant ; les produits forestiers, de chasse, et pêche sous réserve des ristournes à effectuer en faveur d'organismes spécialisés ; les retenues pour logement et les autres revenus sont déterminés par la loi.

Ces produits sont, en application des dispositions de l'article 78 du code du domaine de l'Etat, perçus par les comptables publics de l'Etat ou des collectivités décentralisées, ou par toute personne morale publique dûment autorisée, lorsqu'ils sont payés en nature, ou sous une forme autre que monétaire. Les redevances, les droits et les produits du domaine public et privé de l'Etat liquidés par l'administration des domaines en vertu des textes en vigueur, sont soumis à la prescription quinquennale. Cette prescription commence à courir à compter de la date à laquelle les droits et redevances sont devenus exigibles.

β). Au regard du régime financier des collectivités locales.

L'article 22 de la loi n° 30-2003 du 20 octobre 2003, portant régime financier des collectivités locales, distingue les produits du domaine privé immobilier, du domaine privé mobilier et du domaine public.

- Au titre de la gestion du domaine privé immobilier.

Les ressources provenant de la gestion des dépendances immobilière du domaine privé des collectivités locales sont constituées par : la location de bâtiments administratifs propres à la collectivité ; le produit des carrières ; le produit des droits de pêches, de chasse et de la forêt ; les produits des aliénations immobilières ; les produits de la délimitation des terrains du domaine foncier ; la location de terrains ; autres produits du domaine privé immobilier non répertoriés.

- Au titre de la gestion du domaine privé mobilier.

Les ressources générées par la gestion des biens meubles du domaine privé des collectivités locales sont constituées par, les produits de l'aliénation ou de la location d'objets mobiliers ou matériels ; les dividendes des valeurs mobilières ; les arrérages des rentes mobilières ; le remboursement des prêts ou des avances consentis par la collectivité ; les produits de la fourrière, etc.

- Au titre de la gestion du domaine public.

Il s'agit ici, des produits des droits de voirie ; produits des droits de place perçus dans les halles, les forets, les marchés et les abattoirs ; les produits de permis de stationnement et de locations sur la voie publique, les rivières et les ports ; la taxe de publicité ; les droits d'organisation des foires ; la taxe sur les spectacles ; les centimes additionnels aux redevances aéroportuaire et portière.

3). Les autres sources de recettes des collectivités locales.

Le budget local peut également comporter d'autres ressources telles que les subventions et les dotations de l'Etat, les fonds de concours, les dons, legs et l'emprunt.

Concernant les subventions et les dotations de l'Etat, on peut citer,

- *La dotation globale de fonctionnement (DGF) :* il s'agit d'un concours financier de l'Etat destiné à équilibrer les dépenses de fonctionnement de la collectivité.

- *La dotation globale de décentralisation (DGD) :* ce concours financier de l'Etat permet de couvrir les charges nouvelles, des collectivités locales, générées par le transfert de compétences.

- *La dotation globale d'investissement (DGI) :* elle est destinée à couvrir les dépenses d'investissement des collectivités locales.

- *Les subventions spécifiques ou dotations spécifiques (DS).*

Ce sont des concours financiers ponctuels de l'Etat, destinés à couvrir les dépenses non prévues. Les subventions sont versées trimestriellement à compter de la date d'exécution du budget de l'Etat[523].

- *Concernant le fonds de concours.*

Il s'agit d'un procédé de financement inspiré du droit français. C'est une subvention, voire une forme de participations versées par une collectivité locale à un organisme qui assure la maîtrise d'ouvrage d'une opération d'équipement, à condition que cette participation soit effectivement destinée à la réalisation de l'opération pour laquelle il est consenti. Sur le plan budgétaire, le fonds de concours est inscrit au titre des charges de la section de fonctionnement du budget de la collectivité qui l'accorde. Il nécessite une délibération du Conseil de la collectivité donatrice et celle de l'organe délibérant de l'organisme bénéficiaire. Le montant du fonds de concours ne doit pas dépasser la part de financement, hors subventions, assurée par le bénéficiaire.

- *Concernant l'offre de concours.*

Le fonds de concours se rapproche de l'offre de concours. Mais, s'en distingue parce que l'objet de l'offre de concours est plus restreint que celui du fonds de concours. L'offre de concours ne peut être apportée que dans le cadre d'une opération de travaux publics. L'offre de concours est le fait d'apporter une contribution, matérielle ou financière à des travaux publics, c'est-à-dire à la réalisation, à l'entretien, à la rénovation d'un ouvrage public.

Elle suppose une contribution volontaire et sans contrepartie de l'offrant à une opération à la réalisation de laquelle il est intéressé directement ou

[523] Cf. article 30 et 31, loi précitée, n°30-2003 du 20 octobre 2003.

indirectement. L'auteur de l'offre de concours peut être une personne publique ou une personne privée (physique ou morale). Le bénéficiaire est généralement une personne publique[524].

b). Les charges du budget local.

Il y a deux catégories de charges du budget des collectivités locales : les dépenses ordinaires et les dépenses en capital. Elles sont définies aux articles 24 à 27 du régime financier.

1). Les dépenses ordinaires inscrites au budget local.

Elles sont subdivisées en deux catégories. Certaines sont obligatoires, d'autres facultatives.

α). Les dépenses obligatoires des collectivités locales.

Les dépenses obligatoires d'une collectivité locale correspondent à l'ensemble des dépenses courantes qui lui incombent et qui sont autorisées dans le budget. Elles ont un caractère limitatif, ainsi qu'elles sont énumérées dans l'article 25 de la loi précitée du 20 octobre 2003 (n° 30-2003).

Il s'agit des dépenses suivantes :

- Les dépenses du personnel ainsi que la contribution aux dépenses des caisses et du régime de retraite auxquels le personnel rémunéré les budgets locaux est affilié,
- La dépense de fonctionnement,
- Les dettes exigibles,
- Les impayés des exercices précédents,
- Les dépenses de travaux publics locaux, notamment, les frais d'entretien des routes et pistes, les frais d'entretien des écoles, des centres de santé, des bâtiments et des logements administratifs d'intérêt local, les frais d'entretien d'adduction d'eau et des puits, les frais d'entretien des voies navigables ainsi que les ports d'intérêt local, les frais d'entretien d'autres ouvrages de génie rural d'intérêt local, les frais d'entretien des véhicules ou des engins de toute nature ;
- Les frais de recouvrement des taxes et des redevances perçues au profit du budget local ;
- Les dépenses relatives aux obligations et aux interventions de la collectivité locale : ristourne de recettes, les contributions, les participations, les subventions, les secours, les bourses et les prêts ;
- Les dépenses diverses et imprévues : frais de justice, réparations civiles, dégrèvement, remboursement, restitution des taxes et des impôts ;
- Les frais de fonctionnement des organes délibérants ;

---

[524] Cf. CE. 18 mai 1870, Ville Marseille ; Conseil d'Etat, 14 mars 1879, min. Fin. c/ Dupont, Dreyfus ; Conseil d'Etat, 2 avril 1909, Crédit foncier de France ; Réponse du ministère de l'intérieur publiée dans le JO Sénat du 23/08/2018 - page 4364 ; Q.E. Sénat, n°03936, JO. Sénat, 05 juin 2003.

- Les indemnités de session des membres de l'exécutif local ;
- Les contributions et participations autres que celles prévues ci-dessus, imposées par la loi ou des engagements contractuels ;
- Les annuités des emprunts ;
- Toute autre dépense dont le caractère obligatoire est expressément prévu par la loi ou le règlement.

β). Les dépenses facultatives des collectivités locales.

Les dépenses facultatives sont celles qui ne figurent pas sur la liste des dépenses énumérées par l'article 25 précité. L'article 26 de la loi du 20 octobre 2003 (n° 30-2003), portant régime financier des collectivités locales, donne en quelque sorte un chèque en blanc aux autorités locales pour déterminer et inscrire les dépenses facultatives dans leurs budgets.

2). Les dépenses en capital du budget local.

L'article 27 de la loi précitée du 20 octobre 2003 (n° 30-2003), portant régime financier des collectivités locales, énumère quatre (4) types de dépenses en capital. Il s'agit,

- Des dépenses destinées à la création, au démarrage ou à la modernisation des services des collectivités locales, à l'équipement d'infrastructures ;
- Des dépenses destinées à l'exécution des plans de développement économique et social ;
- Des subventions accordées à des personnes morales de droit public ou de droit privé pour la réalisation d'opérations conformément aux programmes approuvés ;
- De la prise de participation ou de l'accroissement de participation au capital d'organismes publics ou privés.

II). Le processus budgétaire local et ses acteurs.

Le processus budgétaire des collectivités locales se déroule en trois phases distinctes.

a). La phase d'élaboration du budget local.

Comme pour le budget de l'Etat, l'initiative de la préparation et de l'élaboration du projet du budget local appartient à l'autorité ou l'organe exécutif de la collectivité. C'est ce que prévoit l'article 32 de la loi du 20 octobre 2003 (n° 30-2003), précitée.

L'autorité exécutive reçoit des services compétents un état indiquant, entre autres, le montant prévisionnel de l'ensemble des recettes et des dépenses de la collectivité. Comme pour le budget de l'Etat, c'est sur la base des documents et rapports établis par les services compétents qu'un débat sur l'orientation budgétaire devrait avoir lieu au sein de l'assemblée locale, préalablement au vote du budget. Cette démarche participe de la politique budgétaire, dont il est important de rappeler qu'aux termes des dispositions de l'article 8 de la loi n° 36-2017 du 3 octobre 2017 relative aux lois de finances, *« Le budget de toute administration publique, notamment celui de l'Etat, est établi et financé dans des conditions qui garantissent la soutenabilité de l'ensemble des finances publiques ».*

b). La phase d'adoption du budget local.

Le projet du budget élaboré et arrêté par l'autorité exécutive est soumis, aux termes des dispositions de l'article 33 de la loi précitée du 20 octobre 2003 (n°3° -2003), au Conseil municipal ou au Conseil départemental pour son adoption. Le budget est adopté chapitre par chapitre et article par article. Il est adopté en équilibre réel comme nous l'avons indiqué plus haut.

c). L'approbation du budget local.

L'approbation est un aspect du contrôle financier, notamment du contrôle de la régularité du budget adopté par l'assemblée délibérante locale. Elle est régie, outre les dispositions des articles 22 et suivants de la loi n° 8-2003 du 6 février 2003 (portant loi organique relative à l'exercice de la tutelle sur les collectivités locales), par les dispositions des articles 34 à 40 de la loi précitée du 20 octobre 2003 (n°3° -2003), portant institution du régime financier des collectivités locales. Il s'agit ici du contrôle de l'adoption du budget local. C'est la manifestation du pouvoir de tutelle du représentant de l'Etat, en l'occurrence le Préfet.

1). La transmission du budget au représentant de l'Etat.

Après son adoption, le projet du budget est transmis au représentant de l'Etat en vue de son approbation. La délibération d'adoption du budget local est transmise au représentant de l'Etat, accompagnée des comptes administratifs et de gestion du dernier exercice ; du rapport sur la situation économique et financière et les perspectives d'avenir ; du point de l'exécution du budget en cours ; des annexes telles que, le tableau des effectifs du personnel de toute nature relevant du budget de la collectivité locale, quel que soit son statut, par service, par catégorie et par grade, un état des dettes et des créances à long ou moyen terme, la liste complète des impôts, taxes, des droits ou des contributions perçus au profit de la collectivité, leurs taux, les références des textes y relatifs, le nombre des contribuables qui y sont assujettis et le montant des recettes attendues pour chaque catégorie de ressources.

2). La décision du représentant de l'Etat sur le projet du budget transmis.

Dans le cadre de son contrôle, le Préfet peut prendre deux types de décisions.

➢ *L'approbation pure et simple.*

Il peut approuver purement et simplement le budget dès l'instant où la transmission a été complète et il ne décèle aucune irrégularité sur le fond. Ainsi donc, l'approbation rend exécutoire le budget de la Commune ou du Département.

➢ *Le rejet du projet du budget transmis.*

Le représentant de l'Etat peut rejeter le budget d'une collectivité locale qui lui a été transmis pour approbation. Cette décision doit être motivée sur l'une des causes de rejet expressément prévues dans le régime financier, notamment : *la non-concordance avec les affectations prévues dans la loi des finances ; le déséquilibre budgétaire ; le défaut de prendre en compte des restes à payer dont l'existence est établie ; le défaut de prendre en compte des dépenses obligatoires ; ou pour transmission incomplète du budget*[525].

Donc, le Préfet a une compétence liée sur les motifs de rejet du budget d'une collectivité locale. Cela dans la mesure où il ne peut pas fonder son rejet sur un autre motif que ceux qui sont prévus par la loi.

Il est constant que le Préfet est tenu de communiquer ses observations au Maire de la commune ou au Président du Conseil départemental dans les trente jours qui suivent la transmission du budget. Ces observations sont prises en compte soit dans le budget lui-même soit en annexe de celui-ci.

Si ces observations ne sont pas prises en compte dans les trente jours suivant leur transmission à l'exécutif local, le Préfet peut ordonner la suspension de l'exécution du budget et saisir la chambre départementale de la Cour des comptes et de discipline budgétaire ou à défaut la Cour elle-même, qui doit délibérer sous huitaine.

➢ *La décision implicite de rejet du budget local.*

C'est l'hypothèse dans laquelle le budget d'une collectivité locale est régulièrement transmis, mais la décision du représentant de l'Etat n'intervient pas dans le délai de trente jours qui lui est imparti. Dans cette

[525] Cf. article 37, loi du 20 octobre 2003 (n°30-2003) précitée ; articles 24 et suivants, loi n°8-2003 du 6 février 2003, précitée.

situation, les recettes et les dépenses obligatoires sont exécutées sur la base des prévisions budgétaires du précédent exercice. Dès lors, comme le précise l'article 38 alinéa 2 de la loi du 20 octobre 2003 (30-2003), les crédits dont la collectivité locale peut disposer au cours d'un mois, sont, à chaque article, limités au douzième (1/12ème) provisoire des prévisions initiales.

C). L'exécution du budget local.

Les règles d'exécution du budget des collectivités locales sont définies au titre II (article 41 et suivants) de la loi n° 8-2003 du 20 octobre 2003, précitée relative à leur régime financier. Elles s'inspirent de celles qui sont applicables au budget de l'Etat. Ainsi donc, l'article 2 de loi organique n° 36-2017 du 3 octobre 2017 relative aux lois de finances dispose que, *« les textes régissant les budgets des administrations publiques autres que l'Etat notamment les budgets des collectivités locales et ceux des établissements publics, doivent s'inspirer des principes et règles édictées dans la présente loi organique »*[526].

Les dispositions du décret n° 2018-67 du 1er mars 2018, portant règlement général de la comptabilité publique[527], leur sont également applicables. Nous verrons ci-après les principaux acteurs et les opérations d'exécution du budget local.

I). Les principaux acteurs de l'exécution du budget local.

Les principaux acteurs de l'exécution du budget local sont les ordonnateurs et les comptables publics. Ils sont soumis à des règles strictes dont la méconnaissance engage leur responsabilité.

a). Les ordonnateurs locaux.

Les ordonnateurs sont ceux qui ont qualité, au nom d'une collectivité locale, de prescrire l'exécution des recettes et des dépenses inscrites au budget. Il s'agit des présidents des exécutifs locaux, notamment du Maire (pour la commune) ou du Président du Conseil départemental (pour le département)[528] ou des directeurs des établissements publics locaux. Ces ordonnateurs principaux peuvent déléguer leurs pouvoirs aux ordonnateurs délégués ou secondaires[529].

---

[526] JO, Edition spéciale du n° 8-2017, du jeudi 5 octobre 2017.
[527] Décret n° 2018-67 du 1er mars 2018 portant règlement général de la comptabilité publique, JO n° 11-2018, du jeudi 15 mars 2018, p. 303.
[528] Cf. article 44, loi n°30-2003 du 20 octobre 2003.
[529] Cf. article 7, décret 1er mars 2018 (n°2018-67), précité.

Ils sont en principe accrédités par dépôt de leurs signatures auprès des comptables publics assignataires des opérations de recettes et de dépenses dont ils prescrivent l'exécution.

b). Le comptable public local.

Le comptable public d'une collectivité locale est un agent public régulièrement habilité à effectuer, à titre exclusif et au nom de la collectivité locale concernée, des opérations de recettes, de dépenses ou de maniement de titres, soit au moyen de fonds et valeurs dont il a la garde, soit par virement interne d'écritures, soit par l'intermédiaire d'autres comptables[530].

Comme le précise l'article 45 de la loi du 20 octobre 2003 (n° 30-2003), c'est un agent de l'Etat, nommé par arrêté du ministre en charge du budget. Les comptables assignataires sont accrédités auprès des ordonnateurs et, le cas échéant, auprès d'autres comptables publics avec lesquels ils sont en relation, par dépôt de leurs actes de nomination.

Il existe deux catégories de comptables publics : les comptables de deniers et valeurs et les comptables d'ordre. Leurs fonctions sont incompatibles.

Les comptables des deniers et valeurs sont habilitées au maniement et à la conservation des fonds publics, des valeurs de portefeuille comme les bons, traites, obligations, rentes et actions de société. Tandis que les comptables d'ordre sont ceux qui centralisent et présentent dans leurs écritures et leurs comptes les opérations financières exécutées par d'autres comptables[531].

c). L'incompatibilité et la séparation des ordonnateurs et des comptables.

La loi et le règlement prescrivent clairement le principe de la séparation et de l'incompatibilité entre les ordonnateurs et les comptables publics. L'article 4 du décret précité du 1er mars 2018, reprenant dans une certaine mesure l'article 46 de la loi n° 30-2003 du 20 octobre 2003, dispose que, les fonctions d'ordonnateur et celles de comptable sont incompatibles. Cette incompatibilité touche également leurs proches, de telle sorte que les conjoints, ascendants et descendants des ordonnateurs ne peuvent être comptables des organismes publics auprès desquels ces ordonnateurs officient.

Par ailleurs, l'article 5 du décret précité interdit à toute personne non pourvue d'un titre légal ou réglementaire d'exercer les fonctions d'ordonnateur ou de comptable public sous peine de poursuites prévues par la loi. Le titre légal résulte de la nomination et de l'accréditation de

---

[530] Cf. article 14, décret 1er mars 2018 (n°2018-67), précité.
[531] Cf. article 15, décret 1er mars 2018 (n°2018-67), précité.

l'ordonnateur ou du comptable public conformément aux lois et règlements en vigueur. S'agissant des ordonnateurs principaux locaux, ce titre procède de l'élection du Président du Conseil départemental ou du Maire, ou de la décision de désignation d'un ordonnateur délégué. Pour le comptable public, il s'agit d'un arrêté du ministre en charge du budget.

II). Les opérations d'exécution du budget locales.

Les ordonnateurs et les comptables publics locaux ont la charge des opérations d'exécution du budget local, comme le prévoit l'article 42 de la loi précitée du 20 octobre 2003 (n° 30-2003). Ces opérations d'exécution du budget local concernent aussi bien les recettes et les dépenses que la trésorerie et le patrimoine. Elles sont tracées dans deux comptes différents. Ils sont tenus, l'un par l'ordonnateur et l'autre par le comptable, et établis selon une nomenclature spéciale arrêtée par le ministre en charge du budget[532].

a). Les contraintes relatives à l'exécution du budget local.

L'exécution du budget d'une collectivité locale comporte un certain nombre de contraintes que les différents acteurs doivent respecter aussi bien en matière de dépenses que de recettes.

➢ *Des contraintes en matière de dépenses publiques.*

Il convient de distinguer les opérations d'exécutions des dépenses publiques par l'ordonnateur, la prise en charge de la dépense par le comptable public ainsi que les mécanismes de contrôle et de prévention des déficits.

- Les opérations d'exécutions des dépenses publiques par l'ordonnateur.

La procédure d'exécution des dépenses publiques comporte trois phases, en ce qui concerne les ordonnateurs. En effet, les ordonnateurs ont la charge de l'engagement, de la liquidation et de l'ordonnancement ou du mandatement d'une dépense publique. L'engagement étant l'acte juridique qui crée la dépense (exemple le recrutement d'un agent public, la signature d'un contrat ou d'un marché, etc.) ou constate une obligation à la charge de la collectivité (exemple en matière de responsabilité ou d'exécution d'une décision de justice ayant prononcé une condamnation pécuniaire à l'encontre de la collectivité locale). La liquidation est l'opération qui consiste à fixer, à

---

[532] Cf. Arrêté n°9537/MFBPP/CAB du 1er avril 2011 fixant les modalités d'élaboration et de présentation de la délibération de règlement du budget des collectivités locales.

arrêter ou déterminer le montant de la dépense publique. L'ordonnancement ou le mandatement est l'ordre donné par l'ordonnateur au comptable public de payer une dépense publique ; il se matérialise par un mandat, mandat de paiement.

- Le contrôle de la régularité de la dépense engagée.

Avant sa prise en charge par le comptable assignataire, la dépense publique doit revêtir le visa d'un autre acteur dans le cadre du contrôle des dépenses engagées, parfois appelé contrôleur financier, afin d'éviter tout dépassement des crédits budgétaires.

D'ailleurs, l'article 47 de la loi n° 30-2003 du 20 octobre 2003 dispose qu'aucune dépense ne peut pas être assignée à la caisse du comptable si elle n'est pas, outre l'engagement, la liquidation et l'ordonnancement, revêtue des visas des services compétents auprès de la collectivité.

- La prise en charge comptable de la dépense et les mécanismes prévention des dérives et déficits.

La dépense est prise en charge par le comptable public. Sa responsabilité pénale et civile sur ses propres deniers est-elle que, outre le contrôle de la régularité des opérations de l'ordonnateur et du visa de la dépense, le comptable public doit s'assurer de la disponibilité des crédits, voire des ressources nécessaires pour en assurer le paiement.

Il est significatif de souligner que le législateur a prévu un mécanisme préventif qui permet d'éviter des dérives, donc des déficits, dans l'exécution du budget local. En effet, aux termes des dispositions de l'article 48 alinéa 2 de la loi du 20 octobre 2003 (30-2003), le comptable public adresse à l'ordonnateur le 15 de chaque mois, une situation de trésorerie qui indique le montant des disponibilités en caisse. Et, à la fin de chaque mois, il lui adresse une situation financière indiquant le montant des disponibilités, des créances et des dettes à court terme.

Enfin, il convient de souligner une autre contrainte, qui tient à la rigueur budgétaire en tant qu'elle interdit que l'exécution du budget ne puisse générer un déficit en fin d'exercice, ni une accumulation des arriérés de paiement. Pour ce faire, l'article 49 alinéa 2 de la loi du 20 octobre 2003 (n° 30-2003) dispose que lorsqu'un déficit est constaté, il est traité dans les conditions définies par la loi relative à l'exercice de la tutelle sur les collectivités locales. Il s'agit notamment de l'article 31 de la loi n° 8-2003 du 6 février 2003, portant loi organique relative à l'exercice de la tutelle sur les collectivités locales qui prévoit que,

« Si l'exécution du budget fait apparaître un déficit qui varie de cinq à dix pour cent (5 à 10 %) des recettes de fonctionnement et selon la taille de la collectivité locale, la chambre départementale de la Cour des comptes et

de discipline budgétaire ou à défaut la cour des comptes et de discipline budgétaire, saisie par le Préfet, formule des propositions en vue de l'établissement de l'équilibre.

Le budget de l'année ou des années suivantes doit prévoir des mesures de redressement en vue de résorber le déficit conformément aux propositions du juge et sur la décision du Préfet ».

Les arriérés de paiement sont envoyés par le comptable à l'ordonnateur en vue de leur annulation et leur réimputation sur l'exercice suivant. Cette réimputation peut, conformément à l'article 49 dernier alinéa de la loi n° 30-2003 du 20 octobre 2003, précitée, être faite soit dans le budget primitif soit dans le budget supplémentaire. En cas de réimputation dans le budget supplémentaire, le conseil municipal ou le conseil départemental de la collectivité considérée doit se prononcer dans un délai de soixante (60) jours après la fin de l'exécution ayant dégagé des restes à payer.

➢ *En matière de recettes.*

Les recettes des collectivités locales sont, comme celles de l'Etat, constatées, liquidées et ordonnancées par l'ordonnateur, avant leur prise en charge et mises en recouvrement par le comptable public. En effet, après constatation et liquidation (fixation du montant), l'ordonnateur émet un titre recette. L'ordonnateur peut, à la demande du comptable public, émettre des titres de régularisation lorsqu'il s'agit des recettes encaissées sur versements spontanés du débiteur.

Les titres de perception sont notifiés sous forme d'avis au redevable par le comptable qui en la charge. Cet avis contient, outre le montant de la créance, la date de l'échéance, les modalités de paiement et les possibilités de contestation ouverte au redevable.

Le recouvrement amiable est le mode normal de perception des recettes et créances publiques. En tout cas, c'est le principe. Mais, il peut être procédé au recouvrement forcé selon la nature de la créance ou de son caractère contentieux ou s'il s'avère nécessaire de prendre, sans délai, des mesures conservatoires pour éviter la perte de la créance. Pour autant, avant tout recouvrement forcé, une tentative de recouvrement amiable s'impose.

Concernant les états exécutoires, leur recouvrement est poursuivi jusqu'à opposition devant le juge compétent.

Enfin, les créances publiques bénéficient d'un privilège d'exécution dans la mesure où les réclamations et contestations relatives à l'assiette et à la liquidation des droits n'ont pas d'effet suspensif sur les poursuites si elles ne sont pas assorties de garanties acceptées par le trésor public, à hauteur des sommes contestées[533].

---

[533] Sur toutes ces questions, Cf. articles 36 et suivants, Cf. article 14, décret 1er mars 2018 (n°2018-67), précité.

b). La comptabilité et la responsabilité des ordonnateurs et des comptables.

Les opérations d'exécution du budget local sont tracées en fin d'exercice dans deux comptes différents. Les ordonnateurs et les comptables publics sont, chacun en ce qui le concerne, soumis à un régime spécifique de responsabilité compte tenu de leur rôle dans l'exécution du budget local.

1). La comptabilité des ordonnateurs et des comptables publics.

A la fin de chaque exercice, l'ordonnateur élabore un compte administratif. Le comptable public établit quant à lui un compte de gestion. Ce dernier est ensuite transmis à l'ordonnateur afin d'en certifier les écritures par rapport au compte administratif[534]. Ces deux comptes sont soumis au Conseil municipal ou au Conseil départemental qui, après rapprochement des écritures, les approuve par une délibération.

2). Le règlement du budget local.

Avant la fin de l'année qui suit l'exécution du budget, l'organe délibérant de la collectivité locale prend une délibération de règlement du budget. Cette délibération a pour objet de constater le résultat financier de l'exercice et d'approuver les différences entre les résultats et prévisions du budget primitif complétés, le cas échéant, par le budget additionnel et les budgets annexes. Cette délibération doit être transmise au Préfet qui, à son tour, la transmet à la Cour des comptes et de discipline budgétaire aux fins de contrôle.

3). La responsabilité des ordonnateurs et des comptables publics.

Outre la loi du 20 octobre 2003 sur le régime financier des collectivités locales (articles 60 à 67), les ordonnateurs et les comptables publics locaux sont assujettis aux dispositions de la loi n° 36-2017 du 3 octobre 2017 portant loi organique relative aux lois de finances et du décret n° 2018-67 du 1er mars 2018, portant règlement général de la comptabilité publique ; auxquelles on peut se reporter concernant leur responsabilité.

Notons qu'aux termes des dispositions de l'article 12 du décret n° 2018-67 du 1er mars 2018, portant règlement général de la comptabilité publique, en cas d'infraction aux règles et procédures relatives à la gestion des recettes

[534] Cf. articles 54 et 54, loi du 20 octobre 2003, n°30-2003.

et des dépenses des organismes publics et de leur patrimoine, ou en cas de faute de gestion, tous les ordonnateurs encourent, en raison de l'exercice de leurs attributions, les responsabilités prévues par la législation et la réglementation en vigueur, sans préjudice des sanctions pouvant être prononcées à leur encontre par la Cour des comptes et de discipline budgétaire après les avoir entendus.

L'article 13 du même décret précise que, tout ordonnateur encourt une responsabilité qui peut être disciplinaire, pénale et civile sans préjudice des sanctions pouvant lui être infligées par la Cour des comptes et de discipline budgétaire, en raison des fautes de gestion définies à l'article 87 de la loi n° 36-2017 du 3 octobre 2017 portant loi organique relative aux lois de finances.

Concernant les comptables publics, il convient de souligner qu'aux termes des dispositions de l'article 28 du décret précité, leur responsabilité est engagée en cas de constatation de déficit de caisse ou de manquant de deniers ou de valeurs ; de défaut de recouvrement d'une recette ; de paiement irrégulier d'une dépense en manquement aux obligations de contrôles énumérés à l'article 25 dudit décret ; de paiement irrégulier d'une indemnisation mise à la charge de la collectivité locale du fait du comptable public.

Il en résulte que les comptables publics sont responsables du recouvrement de la totalité des droits liquidés par les ordonnateurs à partir de la date de prise en charge, par leurs soins, des titres de perception correspondants. L'apurement de ces prises en charge résulte soit du recouvrement effectif, soit de la réduction ou de l'annulation des droits préalablement liquidés, soit de leur admission en non-valeur. [535]

Cependant, le comptable public ne peut pas être tenu responsable des agissements de l'ordonnateur ou toute personne qui s'immisce dans ses fonctions.

Dès lors, le comptable public n'est ni personnellement ni pécuniairement responsable des erreurs commises dans l'assiette et la liquidation des produits dont il a la charge de recouvrer.

En cas de gestion de fait, son auteur est déclaré comptable de fait par la Cour des comptes et de discipline budgétaire. Le comptable de fait est tenu des mêmes obligations et responsabilités que la gestion patente pour le comptable public. Il peut, en outre, être condamné par la Cour des comptes et de discipline budgétaire à une amende, en raison de son immixtion dans les fonctions de comptable public[536].

---

[535] Cf. article 45 du décret 1er mars 2018 (n°2018-67), précité.
[536] Cf. article 28 du décret 1er mars 2018 (n°2018-67), précité.

§5. Le personnel des collectivités locales et la fonction publique territoriale.

Le personnel des collectivités locales est constitué par l'ensemble des agents, titulaires ou non titulaires, régis, outre la constitution, par les dispositions législatives ou réglementaires relatives à la fonction publique locale ou territoriale. Les fonctionnaires territoriaux sont nommés dans un emploi permanent et titularisés dans la hiérarchie administrative. Les agents non titulaires sont, comme dans la fonction publique de l'Etat, régis par des dispositions spécifiques. Ils sont dans une situation de précarité, en ce sens que la collectivité locale peut à tout moment mettre fin à leur engagement[537].

Car, ils n'ont pas en principe vocation à demeurer longtemps dans les emplois qu'ils occupent. La création de la fonction publique territoriale est un aspect important de la décentralisation qui permet aux collectivités locales de se doter, outre les moyens matériels, des moyens humains dont elles ont la maîtrise pour exercer leurs compétences, dans le cadre et dans le respect du principe de la libre administration qui leur est consacré par la constitution[538].

De l'examen des caractéristiques de la fonction publique territoriale suivra celui de son cadre juridique et institutionnel ; de l'accès, du déroulement et de la des fins des fonctions des agents publics locaux.

A). Les caractéristiques de la fonction publique territoriale.

On situera la fonction publique territoriale dans la fonction publique en général et on examinera le système adopté.

I). La place de la fonction publique territoriale dans la fonction publique.

La fonction publique territoriale comprend non seulement les agents des collectivités locales stricto sensu (en l'occurrence, les Communes et les départements), mais aussi ceux des services publics et des établissements publics qui y sont rattachés. La fonction publique territoriale est, à côté de la fonction publique de l'Etat, une composante de la fonction publique générale.

---

[537] D. E. Emmanuel-Adouki, *« Les volontaires de l'enseignement: la précarité dans la fonction publique congolaise »*, Revue du CAMES – Série B, vol. 006, n° 1-2,2004, pp. 275 et s.

[538] Cf. article 125, constitution du 25 octobre 215.

II). Le choix du système d'emploi.

Il existe deux grands systèmes de fonction publique. Le système de carrière et celui de l'emploi. Dans un système de carrière, les agents sont assurés de passer leur vie dans la fonction publique et y ont vocation à faire carrière en occupant des emplois avec une possibilité d'évolution en termes d'avancement et de promotion. Il garantit aux titulaires une situation de stabilité sociale et professionnelle. Ce système est applicable dans la plupart des Etats européens, dont la France. Il est quasiment repris dans les pays d'Afrique francophone[539].

Le système d'emploi, est un système anglo-saxon (spoil system aux USA), dans lequel les agents n'ont pas vocation à y faire carrière. Ils sont en principe recrutés pour un emploi bien déterminé. S'il peut paraître sélectif et élitiste en tant qu'il permet le choix des candidats les mieux qualifiés à l'emploi, il a cependant l'inconvénient de l'instabilité ou l'insécurité de l'emploi, dans la mesure où la suppression de cet emploi emporte la fin des relations avec l'administration[540].

Le législateur congolais indique bien dans l'article 4 de la loi précitée du 11 mai 2005 (n° 5-2005) que la fonction publique territoriale est fondée sur le système d'emploi. Il précise dans l'article 5 de la même loi qu'il faut entendre par là, un système de gestion des ressources humaines basé sur la rentabilité et le rendement et qui permet à l'administration de se séparer d'une personne embauchée en cas d'insuffisance professionnelle ou si l'emploi est supprimé pour un motif économique[541]. Dès lors, on peut considérer selon le législateur que, la fonction publique territoriale est envisagée sous l'angle des tâches à accomplir, des activités à exercer et non sous l'angle de la profession ou de la carrière. Ainsi donc, dans ce système, l'agent est recruté pour occuper un poste déterminé, auquel il restera affecté en principe tant qu'il demeurera dans la fonction publique territoriale.

B). Le cadre juridique et institutionnel de la fonction publique territoriale.

Le cadre juridique renvoie ici aux textes qui régissent la fonction publique territoriale. Dans le cadre institutionnel, nous examinerons

---

[539] Cf. JM. Breton, *« Droit de la fonction publique des Etats d'Afrique francophone »*, Paris, EDICEF, 1990.

[540] François Gazier, *« La fonction publique dans le monde »*,Revue Tiers Monde , Année 1973, n° 53, pp. 198-201 ; Pochard, Marcel. *« Une fonction publique de carrière »*, Marcel Pochard éd., *Les 100 mots de la fonction publique.* Presses Universitaires de France, 2011, pp. 19-26.

[541] L'article 6 de la loi dispose que, *« Si l'emploi est supprimé et si la collectivité ne peut offrir immédiatement un autre emploi correspondant à son grade, la personne embauchée reçoit une indemnité de licenciement égale à trois mois de traitement, si elle totalise une ancienneté de cinq ans au plus ; quatre mois de traitement, si elle totalise une ancienneté de dix ans au plus ; six mois de traitement, si elle totalise une ancienneté de plus de dix ans ».*

exclusivement des organes qui concourent à l'administration et surtout à la gestion de cette fonction publique.

I). Le cadre juridique de la fonction publique territoriale.

La constitution du 25 octobre 2015 est, sans doute, à ce jour la première loi fondamentale du Congo qui ait conféré une consécration constitutionnelle à la fonction publique territoriale. Ce, en tant qu'elle précise dans son article 210 dernier alinéa que la loi détermine les principes fondamentaux de la fonction publique territoriale. Jusque-là, les constitutions successives ne se prononçaient guère sur la fonction publique territoriale. Elles se contentaient d'évoquer le statut général de la fonction publique, au titre de la délimitation du périmètre de la loi[542].

Outre les sources constitutionnelles, la matière est spécifiquement régie par les dispositions de loi n° 5-2005 du 11 mai 2005 portant statut de la fonction publique territoriale, modifiée par la loi n° 14-2019 du 21 mai 2019[543]. Ce statut n'exclut pas l'application des règles du statut général de la fonction publique[544], dont elle est l'une des composantes et dans la mesure où ces règles générales ne sont pas en conflit avec les règles spécifiquement édictées pour le personnel des collectivités locales et leurs établissements publics.

---

[542] *« La loi fixe les règles concernant (...). Le statut général de la fonction publique »* (article 38, constitution du 2 mars 1961) *; « La loi fixe les règles concernant (...) Le statut général de la fonction publique »* (article 58, constitution du 08 décembre 1968) *; '' Sont du domaine de la loi (...) Le statut des agents de l'Etat »* (art. 55, constitution du 24 juin 1973); *« Sont du domaine de la loi (...) Les règles concernant garanties accordées aux fonctionnaires de l'Etat »* (article 47, constitution du 8 février 1979) *; « La loi détermine (...) le statut général de la fonction publique* (article 53, acte fondamental du 4 juin 1991) *; « Sont du domaine de la loi (...) le statut général de la fonction publique »* (art. 104, constitution du 15 mars 1992) *;'' Sont du domaine de la loi (...) le statut général de la fonction publique »* (Article 54, acte fondamental du 24 octobre 1997) *; «Sont du domaine de la loi (...) le statut général de la fonction publique « (Article 111, constitution du 20 janvier 2002) ; « La loi fixe également les règles concernant (...)le statut général de la fonction publique (article 125, constitution du 25 octobre 2015).*

[543] Loi n°5-2005 du 11 mai 2005 portant statut de la fonction publique territoriale, JO, n°18-2005 du 14 mai 2005, p.906 ; loi n°14-2019 du 21 mai 2019 modifiant et complémentant les articles 41, 53, 65 et 69 de la loi n°5-2005 du 11 mai 2005 portant statut de la fonction publique territoriale.

[544] L'article 2 de la loi du 11 mai 2005 (n°5-2005) dispose que la fonction publique territoriale est régie par des règles et des instances appropriées. Elle est un élément constitutif de la fonction publique. Il convient de souligner que le cadre législatif de la fonction publique congolaise, en général, a connu une nette évolution. Ce depuis délibération de l'Assemblée territoriale du Moyen-Congo n°42/57 du 14 aout 1957, portant statut général des fonctionnaires dans le cadre du territoire du Moyen-Congo ; loi n°15-62 du 3 février 1962, portant statut général des fonctionnaires (pour plus de précision sur la période allant de 1957 à 1987, Cf. J.M. Breton et autres, Droit public congolais, op. cit. p. 400 et suiv, pp.754-758;F. Bankounda, *« La fonction publique congolaise à l'heure du PAS : institution d'une fonction publique d'exception ? »*, Revue congolaise de droit, 1987, n°1, p.66) ; ordonnance n°021-89 du 14 novembre 1989 (modifiée) portant refonte de la fonction publique ; loi n°14-2007 du 25 juillet 2007 modifiant et complétant les articles 91 et 177 de l'ordonnance n°021-89 du 14 novembre 1989, JO n°30-2007 du 02 août 2007, p1601 ; loi n°21-2010 du 30 décembre 2010, modifiant et complétant certaines dispositions de l'ordonnance n°021-89 du 14 novembre 1989, portant statut général de la fonction publique, JO n°03-2010 du 20 janvier 2011, p.39.

D'ailleurs, l'article 3 de la loi du 11 mai 2005 (n° 5-2005) dispose que les règles juridiques applicables aux agents de toutes les collectivités locales comprennent entre autres les règles communes aux fonctionnaires de l'Etat et aux fonctionnaires territoriaux relativement aux droits et obligations.

Sur le plan réglementaire, la loi n° 5-2005 du 11 mai 2005 portant statut de la fonction publique territoriale prévoit une série de décrets en Conseil des ministres ainsi que des arrêtés d'application. C'est le cas, à ce jour, du décret n° 2018-89 du 5 mars 2018, portant attributions et organisation de la direction générale de la fonction publique territoriale ou de l'arrêté n° 133370 du 30 juillet 2019, portant nomination des directeurs départementaux de la fonction publique territoriale.

II). Les organes de la fonction publique territoriale.

La fonction publique territoriale comprend trois (3) organes qui assurent, comme en dispose l'article 7 de la loi du 11 mai 2005 (n° 5-2005), sa cohésion dans l'application des règles statutaires. Certains de ces organes ont un caractère consultatif, d'autres sont voués à la gestion, enfin il y a ceux qui sont dédiés aux cadres et régimes disciplinaires.

a). Les organes consultatifs de la fonction publique territoriale.

Régis par les dispositions des articles 8 à 16 des la loi précitée, les organes consultatifs de la fonction publique territoriale sont de trois (3) types. Il s'agit du Conseil supérieur de la fonction publique territoriale, des commissions administratives et des comités techniques.

1). Le Conseil supérieur de la fonction publique territoriale (CSFPT).

La loi ne définit ni la composition, ni le nombre, ni le mode de désignation des membres du CSFPT. Il s'agit en principe d'un organe paritaire[545]. Un décret devrait combler ce vide. Cependant, l'article 11 de la loi se contente de mentionner que le conseil supérieur de la fonction publique territoriale est présidé par le ministre en charge de l'administration du territoire et de la décentralisation et qu'un représentant du Premier ministre Chef du Gouvernement assiste aux délibérations dudit conseil.

Les attributions du conseil supérieur de la fonction publique territoriale sont définies par l'article 10 de la loi. Dès lors, le conseil supérieur de la

---

[545] Il est inspiré du droit français avec le Conseil supérieur de la fonction publique territoriale institué par la loi du 26 janvier 1984 portant dispositions statutaires relatives à la fonction publique territoriale et le décret n°84-346 du 10 mai 1984 relatif au Conseil supérieur de la fonction publique territoriale.

fonction publique territoriale assure l'unité et l'harmonisation de la fonction publique territoriale. Il contribue, à ce titre, au respect du principe de la libre administration des collectivités locales. En sa qualité d'organe de Conseil, il doit en principe être consulté, pour avis, par le ministre en charge de l'administration du territoire et de la décentralisation sur tout projet de loi sur la fonction publique territoriale, ainsi que des projets de décrets concernant la situation des fonctionnaires et des statuts particuliers des cadres d'emplois. Il peut également être saisi, à la demande écrite d'un tiers de ses membres, de toute question relative à la fonction publique territoriale.

Le Conseil supérieur de la fonction publique territoriale dispose également d'un pouvoir d'initiative en ce sens qu'il peut faire des propositions en matière statutaire et sur toutes les questions relevant de sa compétence.

Le CSFPT est également un organe d'études. A ce titre, il est chargé de constituer une documentation sur la fonction publique territoriale. Il doit tenir à jour les statistiques d'ensemble et centraliser les informations et les documents que les collectivités locales et leurs établissements publics sont tenus de lui fournir à sa demande. Il peut procéder de son propre chef à toutes études sur l'organisation et le perfectionnement de la gestion du personnel territorial.

2). La commission administrative de la FPT.

Aux termes des dispositions de l'article 12 de la loi du 11 mai 2005 (n° 5-2005), une commission administrative est créée auprès d'un centre départemental ou interdépartemental de gestion de la fonction publique territoriale. Les missions de la commission administrative sont définies par l'article 13. Elle est en effet chargée d'examiner les questions relatives à la carrière des fonctionnaires territoriaux, aux conditions de travail et de sécurité sociale ; de veiller au respect des droits des fonctionnaires territoriaux dans le département ; de donner son avis sur le recrutement des agents non titulaires devant occuper un emploi auquel l'appartenance au corps donne vocation ; de se prononcer sur les avancements, reclassements et promotions sur listes d'aptitude. Un décret devrait fixer sa composition, les modalités de désignation de ses membres et son fonctionnement.

3). Le comité technique de la FPT.

Comme le prévoit l'article 15 de la loi du 11 mai 2005 (n° 5-2005), un comité technique est créé dans chaque collectivité locale et ses établissements publics administratifs. Cet organe de proximité est consulté pour avis sur les questions relatives à l'organisation des administrations intéressées et aux conditions générales de fonctionnement de ces administrations ; aux programmes de modernisation des méthodes et techniques de travail et à leur incidence sur la situation du personnel ; à l'examen des grandes orientations à définir pour l'accomplissement des tâches de l'administration concernée ; à l'hygiène et à la sécurité. Un décret devrait fixer sa composition, les modalités de désignation de ses membres et son fonctionnement.

b). Les organes de gestion de la fonction publique territoriale.

Les organes de gestion de la fonction publique territoriale sont de deux ordres. Régis par les dispositions des articles 18 à 25 de la loi précitée du 11 mai 2005 (n° 5-2005), ces son le Comité et les Centres de gestion. Ils sont répartis en Comité national et en centre départemental ou interdépartemental.

1). Le Comité national de gestion de la FPT.

Il regroupe l'ensemble des collectivités locales et leurs établissements publics. Il peut aussi déléguer une partie de ses compétences aux centres départementaux ou interdépartementaux de gestion. Le comité national de gestion est dirigé par le ministre en charge de l'Administration du territoire et de la décentralisation. Aux termes des dispositions de l'article 20 de la loi précité, le comité national de gestion de la fonction publique territoriale a pour missions d'assurer la publicité des déclarations de création et de vacance d'emplois des fonctionnaires territoriaux qui doivent lui être transmises par les centres départementaux de gestion ; de fixer les orientations générales de la formation professionnelle des agents de la fonction publique territoriale ; de définir, dans les conditions prévues par les statuts particuliers, les programmes de formation et d'adaptation à l'emploi ; d'assurer la centralisation d'actes de gestion relatifs aux mutations, avancements, promotions internes et reclassements.

Les centres départementaux ou interdépartementaux de gestion doivent communiquer au comité national de gestion toutes les propositions de création, de suppression et de vacance d'emplois, ainsi que les tableaux d'avancement.

2). Le Centre départemental et interdépartemental de gestion de la FPT.

Chaque département doit en principe être doté d'un Centre départemental de gestion de la fonction publique territoriale, qui regroupe obligatoirement à ce niveau toutes les collectivités locales et leurs établissements publics. Cependant, plusieurs départements peuvent prendre l'initiative de créer un centre interdépartemental de gestion, sur proposition du ministre en charge de l'administration du territoire et de la décentralisation.

Ainsi donc, aux termes des dispositions de l'article 23 de la loi précitée, le centre départemental ou interdépartemental de gestion a pour mission d'assurer l'organisation des concours et des examens professionnels des fonctionnaires départementaux en collaboration avec le ministère en charge de l'enseignement technique et professionnel ; d'assurer la reconversion des fonctionnaires départementaux devenus inaptes à l'exercice de leurs fonctions ; assurer la gestion des actes relatifs aux mutations, avancements, promotions internes et reclassements.

L'article 24 de la loi fait obligation aux collectivités locales et à leurs établissements publics administratifs de communiquer au centre départemental ou interdépartemental de gestion de leur ressort territorial, les propositions de création, de suppression et de vacance d'emplois, ainsi que les tableaux d'avancement. Faute de quoi, les nominations prononcées en violation de cette obligation sont entachées d'illégalité. Elles sont nulles et de nul effet.

Sur le plan de l'organisation, le centre départemental de gestion est présidé par le Président du Conseil départemental. Lorsqu'il s'agit d'un centre interdépartemental de gestion, la présidence est assurée par le Président du Conseil départemental du lieu où se tient la réunion.

c). Le cadre disciplinaire de la fonction publique territoriale.

Le Comité ou le Centre départemental ou interdépartemental est l'instance disciplinaire au niveau de chaque département ou groupement interdépartemental. Régi par les dispositions des articles 26 et 27 de la loi précitée, il est compétent pour connaître des fautes disciplinaires des agents de la fonction publique territoriale telles que déterminées par les dispositions de la loi.

Le régime disciplinaire est défini par les dispositions des articles 169 à 189 de la loi du 11 mai 2005 (n° 5-2005). Les décisions du Comité ou le Centre départemental ou interdépartemental de discipline peuvent faire l'objet d'un recours contentieux devant le tribunal administratif.

C). L'entrée dans la fonction publique territoriale.

Comme pour la fonction publique de l'Etat, l'accès à la fonction publique territoriale est soumis aux conditions générales et aux modalités prescrites par le législateur congolais.

I). Les conditions générales d'accès dans la fonction publique territoriale.

L'accès dans la fonction publique territoriale est soumis à des conditions strictement définies par les dispositions de l'article 75 de la loi du 11 mai 2005 (n° 5-2005). Ces conditions sont relatives à la détention de la nationalité congolaise ; à la jouissance des droits civiques ; à l'absence de condamnation pour crime ou délit volontaire à une peine privative de liberté de plus de six mois ; à l'aptitude (physique ou morale) à exercer les emplois auxquels l'appartenance au corps donne accès ; à l'âge minimal de dix-huit (18) ans et l'âge maximal de 48 ans, sauf exception prévue par la loi ou les statuts particuliers ; au diplôme ou à la qualification professionnelle requise.

II). Les modalités d'accès dans la fonction publique territoriale.

Les agents de la fonction publique territoriale sont regroupés dans huit (8) corps ou cadres d'emplois ordinaires, constitués par les services administratifs ; les services sociaux et d'hygiène ; les services techniques ; les services économiques et financiers ; les services d'animation culturelle ; les services sportifs ; la police municipale ; la protection civile. La loi du 21 mai 2019 (n° 14-2019), modifiant la loi du 11 mai 2005 (n° 5-2005), notamment les articles 65 et 69 a créé pour chacun de ces cadres, des corps exceptionnels, placés *« hors catégories »* à échelle unique et subdivisés en six échelons (de 1 à 6). Ils sont soumis à des statuts particuliers et obéissent à des conditions spécifiques de recrutement.

L'entrée dans les corps ou cadres d'emplois ordinaires de la fonction publique territoriale peut s'opérer selon trois modalités : soit par voie de concours, soit par voie de nomination directe, soit par voie de contrat. Les deux premiers procédés concernent les agents titulaires, le 3ème concerne les agents non titulaires.

a). Le recrutement par voie de concours.

Comme dans la fonction publique de l'Etat, le concours est la voie normale d'accès à la fonction publique territoriale. Les matières, les programmes et les modalités de déroulement du concours sont fixés par le Comité national de gestion de la fonction publique territoriale. Le nombre de places ouvertes au concours de recrutement dans un corps doit correspondre à celui des emplois à pourvoir.

L'article 72 de la loi précitée du 11 mai 2005 (n° 5-2005) prévoit deux types de concours. Il y a d'une part, un concours externe, ouvert aux candidats titulaires d'un diplôme requis ou d'une qualification professionnelle exigée par les dispositions légales ou réglementaires.

Il y a ensuite un concours interne. Celui-ci est réservé, comme le précise, le paragraphe 2 de l'article 72, aux agents exerçant déjà dans un emploi, soit dans la fonction publique d'Etat en qualité de fonctionnaire ou de non-titulaire, soit dans une collectivité locale ou un établissement public administratif ainsi qu'aux candidats en fonction dans une organisation internationale. Les candidats au concours interne doivent en outre avoir accompli au moins trois (3) années de service effectif dans leur corps d'origine et être titulaires du titre et du diplôme exigé pour l'accès au corps.

Les candidats ainsi recrutés ont vocation, après une période de stage ou probatoire (6 mois au moins), à devenir fonctionnaires, c'est-à-dire être titulaires dans le corps ou cadre d'emploi pour lequel le concours a été ouvert[546].

b). L'accès par voie de nomination directe et de transfert.

D'une part, les emplois fonctionnels de la fonction publique territoriale peuvent être pourvus par voie de nomination directe, sur décision de l'autorité compétente. Ce mode d'accès est prévu par les dispositions des articles 80 à 82 de la loi. Il concerne les membres des cabinets des autorités locales décentralisées ; les directeurs des établissements publics administratifs dont les caractéristiques et l'importance le justifient (dont la liste est fixée par voie réglementaire) ; les directeurs des services municipaux et départementaux.

Il est toutefois précisé que la nomination des agents non-fonctionnaires à ces emplois ne leur donne aucun droit à être titularisés dans un grade de la fonction publique territoriale à la cessation de leurs fonctions.

Les fonctionnaires nommés à ces emplois fonctionnels peuvent être déchargés de leurs fonctions. Cette procédure est mise en œuvre au terme d'un délai de six mois suivant leur nomination dans l'emploi.

D'autre part, la loi du 11 mai 2005 (n° 5-2005) prévoit dans son article 83 la possibilité d'accéder à un autre corps de la fonction publique territoriale par le procédé de transfert. Ce procédé exceptionnel n'a lieu que s'il s'agit des corps appartenant à l'échelle d'une même catégorie, dans les conditions prévues par les statuts particuliers. Etant précisé que les corps des fonctionnaires de la fonction publique territoriale sont répartis en trois (3) catégories : I (agents de conception), II (agents de maîtrise), III (agents d'exécution)[547]. Chaque catégorie est subdivisée en échelle (1, 2 et 3) et chaque échelle d'une catégorie comporte 16 échelons (de 1 à 16)[548].

---

[546] Sur les notions d'unités administrative, d'emplois, corps, cadre d'emplois, de poste de travail, de catégorie, de poste budgétaire et autres, Cf. articles 28 et suivants de la loi du 11 mai 2005 (n°5-2005).

[547] Cf. articles 34 et 65.

[548] Cf. article 65 de la loi du 11 mai 2005, modifié par la loi du 21 mai 2019 (n°14-2019).

c). Le recrutement contractuel des agents de la FPT.

Le procédé contractuel permet de recruter des agents non titulaires pour satisfaire aux besoins occasionnels, voire saisonniers. Donc, pour pourvoir des emplois non permanents dans une collectivité locale ou un établissement public. Aux termes des dispositions de l'article 144 de la loi du 11 mai 2005 (n° 5-2005), il s'agit d'un contrat à durée déterminée (CDD), qui ne peut excéder six mois, renouvelable une fois. Le candidat peut être soumis à un test pour en apprécier les compétences. Surtout lorsqu'il s'agit de pourvoir aux emplois des catégories d'agents de maîtrise ou de conception. Leur rémunération est fixée conformément à la réglementation en vigueur.

En principe, la condition de la citoyenneté congolaise n'est par exigée. Sauf s'il s'agit d'occuper des fonctions de hautes responsabilités dans les cadres d'emplois de la fonction publique territoriale.

Toutefois, la loi prévoit dans son article 147 que les collectivités locales et les établissements publics peuvent recruter des agents hautement qualifiés pour exercer des emplois dans le cadre d'une mission précise pendant une période déterminée et conclure pour cette durée des contrats à titre exceptionnel ; pour cette catégorie d'agents, la rémunération est fixée d'un commun accord entre les parties.

Enfin, sauf s'il y accède par voie de concours, les agents non titulaires n'ont en principe pas vocation à être titularisés dans un emploi de la fonction publique territoriale. Ils ne sont pas soumis aux dispositions relatives au statut des fonctionnaires territoriaux.

D). Le déroulement de la carrière dans la fonction publique territoriale.

Seront abordés ci-après les questions relatives à la notation, l'évaluation, l'avancement, les positions et la cessation définitive des fonctions d'un agent de la fonction publique territoriale.

I). La notation et l'évaluation.

La notation et l'évaluation sont des facteurs de performance. Ainsi donc, aux termes des dispositions de l'article 99 de la loi du 11 mai 2005 (n° 5-2005) précitée, tout agent en activité affecté à un poste de travail (le poste de travail étant défini par l'article 32 de la même loi comme le lieu où, dans une unité administrative, l'agent qui y est affecté remplit les missions que son emploi implique) est soumis à une notation et à une évaluation. Il est donc noté et évalué chaque année, en fonction de sa manière de servir et de ses performances.

Le pouvoir de notation et d'évaluation appartient à l'autorité hiérarchique de la collectivité locale ou de l'établissement public administratif, dont relève le poste de travail où est affecté l'agent au 31 décembre de l'année sur laquelle portent la notation et l'évaluation. Les résultats de la notation et de l'évaluation sont portés à la connaissance de l'agent par l'autorité hiérarchique.

II). L'avancement.

L'avancement dans la fonction publique territoriale peut s'opérer sous deux formes. Aux termes des dispositions des articles 102 et suivants de la loi précitée du 11 mai 2005, il y a l'avancement d'échelon et l'avancement de classe.

L'avancement de l'échelon inférieur à l'échelon supérieur à lieu tous les deux ans (vingt-quatre mois) et selon la valeur professionnelle, après inscription au tableau d'avancement.

L'avancement de classe s'opère comme suit : l'agent du 4ème échelon d'une classe passe, après deux ans (24 mois) d'ancienneté dans cet échelon et selon la valeur professionnelle, au 1er échelon de la classe supérieure, après inscription au tableau d'avancement. Dans tous les cas, la promotion au grade supérieur entraîne la nomination dans un emploi correspondant.

III). Les positions statutaires des fonctionnaires.

La fonction publique territoriale distingue trois positions statutaires, régies par les dispositions des articles 104 et suivants de la loi précitée du 11 mai 2005. Dès lors, tout fonctionnaire peut être placé par l'autorité administrative hiérarchique dans l'une des trois positions suivantes, la position d'activité, la mise à disposition et la position spéciale.

a). La position d'activité.

C'est la position normale d'un agent public ou d'un fonctionnaire territorial. En effet, aux termes des dispositions de l'article 105 de la loi du 11 mai 2005 précitée, l'activité est la position du fonctionnaire qui, titulaire d'un grade, exerce effectivement les fonctions de l'un des emplois correspondant à ce grade.

Le législateur congolais a le mérite de la pertinence de distinguer différentes situations dans lesquelles un fonctionnaire ou un agent public territorial en activité peut se trouver. En effet, un agent public en activité peut se trouver en situation de service, de congé ou de stage.

1). La situation de service.

Comme en dispose l'article 106 de la loi du 11 mai 2005, la situation de service est celle d'un fonctionnaire qui exerce effectivement les missions de l'emploi auquel il a été nommé ou qui, après avoir été nommé à un emploi, se trouve en attente d'affectation à un poste de travail. On peut, dans une certaine mesure y rapprocher, la situation d'un fonctionnaire qui est en attente de son affectation et qui perçoit exclusivement la rémunération liée à son grade.

2). La situation du fonctionnaire ou d'un agent en congé.

Cette situation se caractérise par sa diversité en raison des différents congés auxquels un fonctionnaire ou un agent public territorial peut prétendre. L'article 107 de la loi du 11 mai 2005 considère qu'est en congé, le fonctionnaire nommé à un emploi, mais qui est autorisé à suspendre pendant un temps déterminé l'exécution de ses missions. Le congé a un effet suspensif de l'obligation de service. L'article 108 de la loi du 11 mai 2005 distingue les différentes situations de congés dans lesquelles un fonctionnaire ou un agent public territorial peut se trouver et dont le régime est défini par voie réglementaire : congé administratif ; congé de maternité ou de paternité ; congé de maladie ; congé exceptionnel ; congé pour convenances personnelles ; congé pour concours ; congé syndical.

- *Concernant le congé administratif.*

Le congé administratif est à la fois un droit et une obligation pour l'agent public ou le fonctionnaire territorial. Il est pris au cours d'une année et permet, d'après l'article 109 de la loi précitée du 11 mai 2005, au fonctionnaire d'obtenir périodiquement une suspension de son obligation de service. Si l'autorité administrative hiérarchique ne peut pas le lui refuser, l'agent est tenu d'user de son droit à congé administratif.

Mais, le droit à congé administratif reconnu au fonctionnaire ou à l'agent public trouve sa limite dans la nécessité du service. De telle sorte que, comme le précise l'article 109 dans son alinéa 2, l'administration peut, pour des raisons qui tiennent aux nécessités du service, enjoindre au fonctionnaire de regagner son poste de travail avant la fin de sa période de congé administratif. Le fonctionnaire ou l'agent public ne peut pas s'y opposer sous peine de sanction disciplinaire. Car, il s'agit d'une contrainte imposée par les nécessités de service. Sauf si l'agent justifie d'un motif légitime le mettant dans l'impossibilité d'y déférer. Dans tous les cas, le droit à congé dont le fonctionnaire a été privé doit obligatoirement être pris en compte l'année suivante. Enfin, un fonctionnaire en congé conserve le traitement lié à son grade, à son emploi et à son poste de travail.

➢ *Concernant le congé de maternité, de paternité et de maladie.*

Tout d'abord, le congé de maternité ou de paternité permet, comme le prévoit l'article 110 de la loi du 11 mai 2005, au fonctionnaire d'obtenir la suspension de ses obligations de service à l'occasion de la naissance d'un enfant. On peut regretter que le droit au congé maternité ou paternité soit limité à la naissance d'un enfant. Le législateur congolais aurait pu l'étendre, à une autre situation telle que l'arrivée d'un enfant au foyer, dans le cadre d'une adoption. Dans ce cas, le terme de congé parental serait plus idoine, pour englober toutes ces situations.

Qu'à cela ne tienne, le fonctionnaire bénéficiaire d'un congé de maternité ou de paternité perçoit pendant la durée de son congé l'entièreté de la rémunération liée à son grade, à son emploi et à son poste de travail.

Enfin, aux termes des dispositions de l'article 111 de la loi de 2005, le fonctionnaire atteint d'une maladie dûment constatée et le mettant dans l'impossibilité temporaire d'exercer ses fonctions doit être mis en congé de maladie. Le constat est fait par le comité technique après avis d'un médecin agréé. Dans cette position, le fonctionnaire continue de bénéficier de son traitement.

➢ *Congés pour événement familial et congé de convenance personnelle.*

L'article 112 de la loi précitée du 11 mai 2005 prévoit la possibilité pour le fonctionnaire territorial de bénéficier, dans la limite de quinze jours par année civile, d'une ou de plusieurs suspensions exceptionnelles de ses obligations de service à l'occasion d'événements marquants sa vie de famille. Ce type de congés ne doit pas être confondu avec le congé parental ; bien que la naissance ou l'arrivée d'un enfant après son adoption constituent également des événements qui marquent la vie familiale. Il s'agit ici de prendre en compte d'autres événements comme le mariage, le décès ou l'assistance d'un membre de la famille malade, etc. La suspension des obligations de service, pour ces motifs, donne droit au versement de la totalité de la rémunération d'activité.

Concernant le congé pour convenances personnelles, l'article 113 de la loi dispose que le fonctionnaire a droit à ce type de congé, dans la limite de six mois par année civile. La particularité de ce type de congé est que le motif n'est pas circonscrit par le législateur. D'où l'expression, *« ...pour quelque motif que ce soit... »,* utilisée par le législateur. Ils dépendent des desiderata du fonctionnaire qui peut en prendre une ou plusieurs fois dans une période de six mois par année civile, de telle sorte que la suspension ne soit inférieure à 15 jours. L'agent en congé pour convenances personnelles perd ses droits à rémunération, à l'exception des droits à prestations familiales.

➢ *Congé professionnel et congé syndical.*

Le congé professionnel est celui qui permet à un fonctionnaire de s'inscrire, de préparer et passer un concours interne dans la fonction publique territoriale. Aux termes des dispositions de l'article 114 de la loi du 11 mai 2005, la suspension des obligations de service dans le cadre de ce congé ne peut excéder un mois maximum. Le fonctionnaire bénéficie pendant ce temps de la totalité de sa rémunération.

Quant au congé syndical prévu à l'article 115 de la même loi, il permet à un fonctionnaire syndicaliste de participer à un séminaire ou un stage de formation syndicale. Le fonctionnaire en congé syndical perçoit, pendant la durée dudit congé, l'intégralité de sa rémunération. Etant précisé que l'autorité hiérarchique ne pas, en principe, s'y opposer sous peine d'entrave à l'exercice de la liberté syndicale.

3). La situation du stage.

La position d'activité concerne aussi les agents qui se trouvent en situation de stage, comme le précise l'article 117 de la loi précitée du 11 mai 2005 (n° 5-2005) soit suite à sa nomination soit dans l'attente de son affectation à un emploi. Cela, lorsqu'il est admis en formation à la suite d'un concours professionnel de la fonction publique territoriale, ou admis en formation dans une école spécialisée de l'administration à la suite d'un concours, ou encore en situation de perfectionnement ou de recyclage.

b). La mise à disposition des fonctionnaires ou d'agents publics.

La mise à disposition est prévue par l'article 119 de la loi du 11 mai 2005, précitée. Dans le cadre de cette position, le fonctionnaire territorial demeure dans son corps d'origine, continue de percevoir la rémunération correspondante. Mais, il effectue son service dans une administration autre que la sienne. La mise à disposition ne peut pas être imposée à l'agent. Elle ne peut avoir lieu qu'avec l'accord du fonctionnaire ou de l'agent public (les stagiaires en sont en principe exclus), au profit d'une collectivité locale, d'un établissement public administratif ou d'un organisme d'intérêt général. Elle est formalisée par une convention entre la collectivité locale d'origine et la collectivité locale ou l'établissement public voire l'organisme d'accueil.

Cette convention doit en principe préciser la nature des activités exercées par le fonctionnaire ou l'agent mis à disposition, les conditions de son emploi, les modalités de contrôle et d'évaluation de son activité, les modalités du remboursement éventuel de sa rémunération par la collectivité locale ou l'organisme d'accueil et les missions qui lui sont confiées. Le fonctionnaire ou l'agent mis à disposition doit remplir des fonctions d'un niveau hiérarchique comparable à celui des fonctions exercées dans son administration d'origine.

Il existe une possibilité directe et dérogatoire de la mise à disposition. Elle est prévue par l'article 121 de la loi qui prévoit que, par dérogation, le fonctionnaire territorial peut être recruté en vue d'être mis à disposition pour effectuer tout ou partie de son service dans une autre collectivité ou un établissement public administratif autre que le sien, même lorsqu'il existe un emploi budgétaire correspondant à la fonction à remplir et permettant la nomination du fonctionnaire.

L'organe délibérant de la collectivité locale ou de l'établissement public est préalablement informé de la mise à disposition. L'arrêté et la convention de mise à disposition doivent en principe être transmis au représentant de l'Etat dans le département dans le cadre du contrôle de la légalité. Un rapport annuel de l'autorité locale ou du chef de l'établissement public administratif, précisant notamment le nombre de fonctionnaires mis à disposition auprès d'autres administrations ou auprès des organismes d'intérêt général, doit être adressé au Comité technique.

La mise à disposition est limitée dans le temps. Bien que la loi du 11 mai 2005 n'en précise pas la durée, le fonctionnaire concerné doit réintégrer sa collectivité d'origine à l'expiration de la durée impartie. Faute de quoi, il peut faire l'objet d'un licenciement après mise en demeure.

Enfin, la mise à disposition se rapproche, dans une certaine mesure du détachement. Mais elle s'en distingue surtout parce que dans le détachement la rémunération de l'agent est supportée par la collectivité ou l'organisme d'accueil.

c). Les positions spéciales : hors cadre et exceptionnelle.

La loi n° 5-2005 du 11 mai 2005 prévoit, dans ses articles 123 à 126, deux positions spéciales dans lesquelles les fonctionnaires territoriaux peuvent se retrouver. Il s'agit de la position hors cadre et de la position exceptionnelle.

1). La position hors cadre.

La position hors cadre est celle dans laquelle un fonctionnaire est appelé à servir, avec l'accord de la collectivité locale, auprès d'une administration, d'une entreprise publique, d'un organisme international ou d'un organisme d'intérêt local. Il cesse, dans cette position, de bénéficier de sa rémunération. Il est soumis au régime statutaire qui régit la fonction qu'il exerce.

Dès lors, à l'expiration de la période de mise hors cadre ou en cas de remise à la disposition de son administration d'origine, le fonctionnaire est réintégré dans son emploi d'origine ou dans un emploi équivalent. La mise hors cadre ne peut pas être prononcée d'office par l'autorité administrative hiérarchique. Elle l'est à la demande expresse de l'agent public. Elle peut être accordée après que l'agent ait acquis un certain nombre d'années d'ancienneté et elle est limitée dans le temps. A l'expiration de la mise en hors cadre, l'agent peut réintégrer sa collectivité d'origine ou admis à la retraite, s'il a atteint la limite d'âge.

2). La position exceptionnelle.

Elle est, aux termes des dispositions de l'article 126 de la loi précitée du 11 mai 2005 (n° 5-2005), celle dans laquelle se trouvent les fonctionnaires qui sont appelés à occuper des emplois réservés, ainsi que ceux qui exercent à titre permanent une fonction politique ou syndicale empêchant l'exercice normal d'une activité dans l'administration.

Ces agents publics conservent le poste budgétaire qui leur a été attribué dans leur unité administrative d'origine et perçoivent pendant la période de position exceptionnelle les éléments de rémunération supplémentaire liés à l'emploi qu'ils exercent et au poste qu'ils occupent. A la fin de leur position exceptionnelle, ces fonctionnaires doivent réintégrer et retrouver immédiatement leur emploi d'origine. Sauf s'ils peuvent faire valoir leurs droits à la retraite.

IV). La sortie définitive de la fonction publique territoriale.

La sortie définitive de la fonction publique territoriale a pour effets la perte de la qualité de fonctionnaire ou d'agent public territorial et de tous les droits y afférents. Elle libère également l'agent de ses obligations statutaires. Elle se matérialise sous la forme d'une décision de radiation des cadres qui prend effet à compter de la date de sa notification. Sauf si sa prise d'effet est différée dans le temps. La radiation est prononcée par l'autorité locale ou le chef de l'établissement public administratif, après avis du comité départemental ou interdépartemental de gestion. Elle peut être prononcée d'office, résulter d'une démission régulièrement acceptée, d'un licenciement ou d'une révocation.

a). La cessation définitive des fonctions à l'initiative de l'autorité administrative.

Lorsqu'elle émane de l'autorité administrative hiérarchique, la cessation des fonctions ou la sortie définitive de la fonction publique territoriale peut prendre la forme soit d'une radiation d'office, soit d'un licenciement ou d'une révocation.

1). La radiation d'office.

La radiation d'office d'un fonctionnaire, voire d'un agent public territorial est une décision prise par l'autorité hiérarchique administrative dans les cas spécifiquement énumérés par les articles 129 et 130 de la loi du 11 mai 2005 (n° 5-2005) précitée. Elle résulte de la simple constatation du fait que le fonctionnaire se trouve dans l'un des cas qui se rapportent à l'expiration des droits à congé de maladie ; au décès du fonctionnaire ; au départ à la retraite ; à la condamnation pour crime ou délit volontaire à une peine privative de liberté égale ou supérieure à six mois ; au terme de l'échéance de deux mois suivant l'expiration d'une période de détachement ou de mise en disponibilité, dès lors que le fonctionnaire n'a pas manifesté son intention de réintégrer la fonction publique territoriale ; à l'insuffisance professionnelle.

L'incapacité permanente et définitive peut donner lieu à la radiation d'office (ou sur demande) ou après examen par le comité technique.

S'agissant d'une décision prise d'autorité par l'administration, la radiation d'office est, aux termes des dispositions de l'article 132 de la loi, susceptible de recours portant sur la contestation de la réalité des faits invoqués. La charge de la preuve du contraire incombe au requérant.

On peut considérer que l'enfermement par le législateur du recours, contre une décision de radiation d'office d'un agent public territorial, à un contrôle restreint de la contestation de la réalité des faits invoqués par l'autorité administrative, est excessif ; dès l'instant où il ne peut pas être exclu qu'elle agisse par détournement de pouvoir.

2). Le licenciement ou la révocation.

La radiation des cadres, entraînant la cessation définitive des fonctions d'un fonctionnaire ou d'un agent public territorial, peut résulter ou faire suite à une décision de révocation ou de licenciement.

➢ *Concernant la révocation.*

La révocation est une mesure disciplinaire qui ne peut être prononcée que dans les conditions prévues par la présente loi (procédure disciplinaire). La révocation régulièrement prononcée entraîne radiation immédiate de l'agent fautif des cadres.

➢ *Concernant le licenciement.*

Le licenciement peut résulter de la circonstance que l'agent public territorial a commis des manquements à ses obligations statutaires ou découlant de sa situation. Il revêt dans ce cas un caractère disciplinaire et l'autorité administrative est tenue de mettre en œuvre la procédure requise.

Il peut aussi résulter de ce que l'agent public territorial fait preuve d'une insuffisance professionnelle dans l'exercice de ses fonctions. Etant précisé que l'insuffisance professionnelle ne se fonde par sur un comportement fautif de l'agent, mais sur l'incapacité ou l'inaptitude à accomplir ou à assumer les missions qui lui sont confiées conformément à son d'emploi et à ses fonctions. C'est-à-dire l'inaptitude à exercer les fonctions pour lesquelles il a été engagé ou correspondant à son grade.

Dans le cas d'un licenciement pour insuffisance professionnelle, le législateur exige que l'autorité hiérarchique ait préalablement recherché le reclassement de l'agent, soit dans son corps, soit dans un autre corps de la même catégorie (Cf. article 136, loi du 11 mai 2005, précitée).

Le licenciement d'un fonctionnaire ou d'un agent public territorial peut aussi être motivé par des considérations qui tiendraient, aux termes des dispositions de l'article Article 137 de la loi précitée du 11 mai 2005, à la réorganisation du service ; à la suppression d'emplois ou de crédits ; ou aux modifications de ses fonctions. Ce type de licenciement ne peut pas engager la responsabilité de l'administration pour faute.

La loi interdit formellement certains licenciements comme le licenciement d'une femme enceinte.

Dans tous les cas, l'autorité administrative est tenue d'observer la procédure de licenciement, comprenant entre autres la communication du dossier individuel de l'agent (lorsque cette formalité est requise), la convocation à un entretien préalable, la notification de la décision du licenciement comportant le délai de préavis, le versement d'une indemnité.

Toutefois, certains licenciements n'ouvrent pas droit à indemnité. Il en est ainsi, aux termes de l'article 138 de la loi. C'est le cas des stagiaires licenciés ou révoqués au cours ou à l'expiration de la période d'essai ; des titulaires détachés dans les emplois contractuels ou temporaires ; des agents ayant atteint l'âge de la mise à la retraite ; des agents démissionnaires ; des agents immédiatement reclassés dans un emploi équivalent ; des agents licenciés pour faute grave ; des agents bénéficiant d'un congé pour convenances personnelles de plus d'un mois dont le réemploi est impossible, immédiatement après un an.

b). La sortie définitive des fonctions à l'initiative de l'agent public.

La cessation définitive des fonctions ou la sortie définitive de la fonction publique territoriale peut aussi résulter de la démission sans équivoque du fonctionnaire ou de l'agent public. Ainsi que le prévoit l'article 133 de la loi du 11 mai 2005, la démission est présentée à l'autorité locale ou au chef de l'établissement public administratif.

Pour être valable, la démission doit être acceptée. L'autorité hiérarchique locale ou le chef de l'établissement public administratif peut refuser la démission par une décision motivée dans l'intérêt du service et notifiée à l'agent, dans un délai de deux mois suivant la réception de la lettre de démission. Passé ce délai, la démission est réputée acquise. L'acceptation de la démission a une conséquence telle qu'elle rend la décision de l'agent ou du fonctionnaire irrévocable.

c). La retraite, la prolongation de l'âge de départ et la préretraite.

L'article 140 de la loi du 11 mai 2005 dispose que la limite d'âge pour faire valoir les droits à la retraite est la même que celle qui s'applique aux fonctionnaires de l'Etat. Cet âge était en principe de cinquante-cinq (55) ans. Toutefois, sur décision du ministre chargé de l'administration du territoire et à titre exceptionnel, l'âge de départ à la retraite de certains fonctionnaires territoriaux pouvait être prolongé au-delà de cinquante-cinq (55) ans, pour une durée qui ne peut dépasser deux ans ; soit à cinquante-sept (57) ans maximum.

Il y a une possibilité, au-delà de cette durée, que le fonctionnaire puisse continuer à exercer des emplois dans le cadre d'une mission précise pendant une période déterminée sur la base des contrats conclus avec les collectivités locales ou les établissements publics intéressés.

L'admission à la retraite anticipée ou préretraite est possible sur demande expresse, acceptée par le ministre chargé de l'administration du territoire. Ainsi donc, aux termes des dispositions de l'article 141 de la loi précitée, tout fonctionnaire âgé de cinquante (50) ans au moins et ayant accompli quinze (15) ans de service ininterrompu pouvait faire valoir ses droits à la retraite avant cinquante-cinq (55) ans.

Cependant, l'augmentation de l'âge d'admission à la retraite des agents civils de l'Etat impacte ceux de la fonction publique territoriale. En effet, aux termes des dispositions de l'article 10 de la Loi n° 11 - 2012 du 4 juillet 2012, le droit à la pension d'ancienneté d'un agent civil de l'Etat est acquis lorsqu'il a accompli, à la cessation de son activité, au moins vingt-deux (22) ans de service, pour les agents de la catégorie III, dont l'âge d'admission à la retraite est fixé à cinquante-sept (57) ans ; vingt-cinq (25) ans de service, pour les cadres des catégories I et II, dont l'âge d'admission à la retraite est fixé à soixante (60) ans ; trente ans (30) de service, pour les cadres hors catégories, dont l'âge d'admission à la retraite est fixé à soixante-cinq (65) ans[549].

---

[549] Loi n° 11 - 2012 du 4 juillet 2012 portant institution du régime des pensions des agents de l'Etat (JO n° 28-2012 du 12 juillet 2012, p.562).

Les agents publics territoriaux peuvent éventuellement prétendre à une pension proportionnelle dans les conditions de l'article 12 de la loi précitée du 4 juillet 2012, dont l'article 12 dispose que le droit à la pension proportionnelle est acquis sans condition d'âge ni de durée des services, à l'agent de l'Etat ou à l'assimilé mis à la retraite dans les conditions prévues par les textes régissant les risques professionnels ; sans condition de durée des services aux agents qui atteignent la limite d'âge de leur emploi sans pouvoir prétendre à la pension d'ancienneté ; aux agents de la force publique selon leur statut ; aux agents civils de l'Etat visés à l'article 2 de la présente loi et qui ont effectivement accompli : dix-sept ans pour les agents de la catégorie III, dont l'âge d'admission à la retraite est fixé à cinquante-sept ans ; vingt ans pour les cadres des catégories I, et II, dont l'âge d'admission à la retraite est fixé à soixante ans ; vingt-cinq ans pour les cadres hors catégories, dont l'âge d'admission à la retraite est fixé à soixante- cinq ans.

Enfin, l'admission à la retraite anticipée peut aussi être accordée en cas d'invalidité permanente entraîne la mise à la retraite (Cf. article 142, loi 2005).

E). Les droits et obligations des agents publics territoriaux.

Il convient de rappeler qu'aux termes des dispositions de l'article 3 de la loi du 11 mai 2005 (n° 5-2005) les règles communes aux fonctionnaires de l'Etat relatives aux droits et obligations sont les mêmes que celles qui sont applicables aux fonctionnaires territoriaux. En l'occurrence, ces règles sont définies aux articles 149 à 168 de la loi de 2005.

I). Des droits et garanties.

Le législateur reconnait une série de droits et de garanties aux fonctionnaires et agents publics territoriaux, dont certains ont une valeur constitutionnelle.

a). Le droit syndical et le droit de grève.

Le droit syndical et le droit de grève ont une valeur constitutionnelle. En effet, l'article 32 de la constitution du 25 octobre 2015 dispose qu'à l'exception des magistrats et des agents de la force publique, les libertés syndicales et le droit de grève sont garantis dans les conditions fixées par la loi. Dès lors, l'article 149 de la loi du 11 mai 2005 (n° 5-2005) prescrit que le droit syndical est garanti aux fonctionnaires territoriaux, qui peuvent librement créer des organisations syndicales, y adhérer et y exercer des mandats. Les organisations syndicales ont la personnalité morale. Tandis que l'article 150 de la même loi reconnait aux fonctionnaires territoriaux l'exercice du droit de grève conformément aux lois et règlements en vigueur.

b). Le droit à rémunération.

Il est en quelque sorte le corolaire du droit au travail consacré par l'article 30 de la constitution du 25 octobre 2015, aux termes duquel, l'Etat reconnait à tous les citoyens le droit au travail et crée les conditions qui en rendent effective la jouissance. Cependant, aux termes des dispositions de l'article 151 de la loi du 11 mai 2005 (n° 5-2005), les fonctionnaires territoriaux ont droit à une rémunération qui est fixée en fonction du grade, du poste de travail, de l'échelon et de l'emploi auquel ils ont été nommés.

Cette rémunération est composée de deux éléments. D'une part, le traitement de base et d'autre part, les éléments complémentaires constitués par tous les avantages, notamment des primes et indemnités instituées par la législation ou la réglementation en vigueur. Les fonctionnaires territoriaux sont affiliés au régime de retraite de la caisse de retraite des fonctionnaires.

Cependant, le droit à rémunération ou le versement du traitement des fonctionnaires et agents publics territoriaux est subordonné à l'accomplissement du service. L'inexécution du service justifie le refus du traitement. La règle du service fait justifie que soient appliquées des retenues sur traitement qui ne peuvent pas excéder la moitié du salaire, dès qu'il est établi que l'agent public ou le fonctionnaire territorial n'a pas effectué la totalité de ses heures de service ou n'en respecte pas les horaires.

c). Le droit à la formation professionnelle.

Aux termes des dispositions de l'article 154 de la loi du 11 mai 2005 (n° 5-2005), le droit à la formation professionnelle est reconnu aux fonctionnaires territoriaux. Ils suivent les formations professionnelles dans les conditions fixées par les textes en vigueur. Tout fonctionnaire territorial a droit dans la mesure de son mérite et des besoins de l'administration locale à une promotion au terme de sa formation professionnelle.

d). Le droit à la protection.

Il est régi par les dispositions des articles 155 et suivants de la loi. Ce droit à la protection dont bénéficient les fonctionnaires territoriaux à l'occasion de leurs fonctions est organisé par la Collectivité locale ou l'établissement public administratif dont ils dépendent. Cette protection revêt plusieurs aspects.

Il peut consister à garantir les conditions d'hygiène et de sécurité afin de préserver la santé, l'intégrité physique et intellectuelle des fonctionnaires et agents publics territoriaux dans l'exercice de leur travail.

Il peut aussi s'agir d'une protection fonctionnelle. Ainsi donc, aux termes dispositions de l'article 156 de la loi du 11 mai 2005 (n° 5-2005), lorsqu'un fonctionnaire d'une collectivité locale ou d'un établissement public administratif est poursuivi pour faute de service, la collectivité locale ou l'établissement public administratif doit le couvrir des condamnations civiles prononcées contre lui.

Cependant, lorsqu'il est poursuivi pour faute personnelle détachable de l'exercice de ses fonctions, il ne bénéficie pas de la couverture de la collectivité locale ou de l'établissement public administratif.

Par ailleurs, aux termes des dispositions de l'article 157 de la loi du 11 mai 2005 (n° 5-2005), la collectivité locale ou l'établissement public local doit protéger les fonctionnaires territoriaux contre les menaces, violences, voies de fait, injures, diffamations et outrages dont ils peuvent être l'objet à l'occasion de l'exercice de leurs fonctions et de réparer, le cas échéant, le préjudice qui en résulte.

II). Les obligations des fonctionnaires et agents publics territoriaux.

Les fonctionnaires et agents publics territoriaux sont soumis à un certain nombre d'obligations définies par les articles 158 à 168 de la loi du 11 mai 2005 (n° 5-2005). Il s'agit de l'obligation de servir ; de l'obligation de réserve, de neutralité, d'impartialité ; de l'obligation de secret et de discrétion professionnels ; de l'obligation d'information et de l'obligation de probité.

a). L'obligation de servir.

C'est l'obligation fondamentale de tout fonctionnaire ou agent public territorial, en ce sens qu'aux termes des dispositions de l'article 158 de la loi, il doit consacrer l'intégralité de son activité professionnelle aux tâches qui lui sont confiées. Cette obligation interdit au fonctionnaire ou à l'agent public de se livrer à toute activité privée rémunérée de quelque nature que ce soit. Cela, à l'exception des activités agricoles, pastorales, agroforestières, halieutiques, culturelles, d'enseignement et de recherche.

L'obligation de servir qui pèse sur l'agent public, implique corrélativement pour l'autorité administrative de le mettre en mesure d'exécuter les fonctions de sa charge.

b). L'obligation de réserve, de neutralité et d'impartialité.

Tout agent ou fonctionnaire territorial doit faire preuve de réserve, de retenue, de neutralité et d'impartialité dans l'exercice de ses fonctions. Le devoir de réserve, de neutralité et d'impartialité interdit de faire usage de ses fonctions à des fins de propagande politique, idéologique, religieuse ou ethniciste.

De surcroit, il doit dans l'exercice de ses fonctions ou en dehors de celles-ci se tenir à un devoir de loyauté à l'égard de la collectivité locale et des autorités.

c). L'obligation de secret, de discrétion professionnelle et d'information.

Comme le prescrit l'article 161 de la loi du 11 mai 2005 (n° 5-2005), les fonctionnaires territoriaux sont tenus au secret professionnel et doivent faire preuve de discrétion professionnelle pour tous les faits, informations ou documents dont ils ont connaissance dans l'exercice de leurs fonctions.

Ils ne doivent pas les divulguer. Dès lors, en dehors des cas expressément prévus par la réglementation en vigueur, notamment en matière du droit ou de la liberté d'accès aux documents administratifs, les fonctionnaires territoriaux ne peuvent être déliés de l'obligation de discrétion professionnelle que par décision expresse de l'autorité dont ils dépendent ou par décision de justice.

Ils doivent satisfaire aux demandes d'information du public dans le respect des contraintes qui s'imposent en matière du secret et de la discrétion professionnels.

d). L'obligation d'obéissance hiérarchique.

L'article 164 de la loi du 11 mai 2005 (n° 5-2005) précitée dispose que tout fonctionnaire territorial, quel que soit son rang dans la hiérarchie est responsable de l'exécution des tâches qui lui sont confiées. Il doit se conformer aux instructions de son supérieur hiérarchique. Pour autant, l'obligation d'obéissance hiérarchique n'implique pas l'exécution d'un ordre manifestement illégal ou susceptible de compromettre gravement un intérêt public.

L'obligation d'obéissance hiérarchique implique également qu'en cas d'urgence, l'agent public est tenu de répondre à toute réquisition et injonction émanant de son supérieur hiérarchique d'exécuter, dans le cadre de ses fonctions, une tâche même en dehors des jours ou des horaires de service réglementaires. Il bénéficie, dans ces circonstances, d'une rémunération pour les heures supplémentaires qu'il aura accomplies.

e). L'obligation de probité.

Aux termes des dispositions de l'article 166 de la loi précitée, tout agent public territorial est tenu, dans l'exercice de ses fonctions, à l'obligation de probité. Ce devoir de probité interpelle l'honnêteté des fonctionnaires territoriaux qui doivent éviter la corruption, la concussion, le trafic d'influence et l'affairisme. Bref, de ce qui est convenu désormais d'appeler par *« des antivaleurs »*.

Par ailleurs, le devoir de probité implique aussi que les fonctionnaires territoriaux ne puissent prendre, par eux-mêmes ou par personne interposée, dans une entreprise soumise au contrôle de l'administration à laquelle ils appartiennent ou en relation avec cette dernière, des intérêts de nature à compromettre leur indépendance. Il ne peut y être dérogé que dans les conditions fixées par la réglementation en vigueur.

F). La sanction des obligations des fonctionnaires et le régime disciplinaire.

Les fonctionnaires territoriaux sont soumis à un régime disciplinaire qui sanctionne tout manquement à leurs obligations. Le législateur a défini une échelle de sanctions dans un ordre de gravité croissant correspondant à des manquements bien identifiés, ainsi que l'organe ou l'autorité disciplinaire et la procédure à suivre.

I). Les fautes et les sanctions disciplinaires.

La faute disciplinaire réside dans les manquements ou la violation par le fonctionnaire ou l'agent public de ses obligations statutaires ou réputées comme telles. Les articles 170 et suivants de la loi du 11 mai 2005 (n° 5-2005) distinguent trois groupes de sanctions qui répriment des comportements fautifs bien définis.

a). Le premier groupe des sanctions et les comportements incriminés.

Les sanctions disciplinaires du 1er groupe sont l'avertissement et le blâme. Ils sanctionnent les manquements ci-après.

1). Concernant l'avertissement.

Aux termes des dispositions de l'article 174 de la loi du 11 mai 2005, l'avertissement est prononcé pour sanctionner les retards injustifiés au travail ; l'état d'ébriété sur les lieux de travail ; la tenue vestimentaire incorrecte ou indécente ; le port des articles ou supports à caractère publicitaire ou politique de nature à porter atteinte à la neutralité de l'administration ; l'attitude ou le comportement de nature à empêcher les agents à exercer les tâches qui leur sont confiées.

L'avertissement est, aux termes des dispositions de l'article 178 de la loi, notifié par écrit à l'agent. Ce dernier est informé qu'en cas de récidive, il encourt une sanction du deuxième groupe. C'est-à-dire une exclusion temporaire de quinze jours ou une exclusion temporaire d'un mois avec perte de salaire.

2). Concernant le blâme.

Le blâme sanctionne, aux termes des dispositions de l'article 175 de la loi du 11 mai 2005, l'insubordination ; le manquement à l'obligation de secret et de discrétion professionnelle par un agent ; l'utilisation à des fins personnelles et sans autorisation écrite du supérieur hiérarchique compétent, des biens mis à sa disposition pour l'exécution d'une mission.

En cas de récidive, le fonctionnaire encourt le changement d'affectation d'office ou la mutation d'office ; un abaissement d'échelon (sanction du 3ème groupe). Aux termes des dispositions de l'article 179 de la loi du 11 mai 2005, le blâme entraîne l'interdiction d'exercer sa fonction pendant une durée de cinq jours avec perte, pendant cette période, de tout droit à rémunération à l'exception des prestations familiales.

b). La sanction du deuxième groupe et les comportements concernés.

Le deuxième groupe comporte une seule sanction disciplinaire, l'exclusion temporaire avec suspension de solde. Elle sanctionne les manquements énumérés à l'article 176 de loi du 11 mai 2005 (n° 5-2005), à savoir la condamnation à une sanction privative de liberté ou d'emprisonnement d'une durée inférieure ou égale à six mois ; la fraude dans les examens et concours ; l'abandon injustifié du poste de travail pendant une semaine ; la rixe sur les lieux de travail ; les injures et les menaces à l'encontre d'un subordonné ou d'un supérieur hiérarchique.

En cas de récidive, le fonctionnaire concerné encourt une sanction du 3ème groupe (la perte des droits à l'avancement ou la rétrogradation). L'article 181 de la loi dispose que, l'exclusion temporaire d'un mois entraîne la perte de tous les éléments de la rémunération de l'agent pendant sa période d'effet, à l'exception des prestations familiales.

c). Les sanctions du troisième groupe et les comportements incriminés.

Les sanctions du troisième groupe sont la perte des droits à l'avancement ; l'abaissement d'échelon ; la rétrogradation ; la révocation ou le licenciement. Les fautes punies au titre des sanctions du troisième groupe sont énumérées par l'article 177 de la loi du 11 mai 2005 (n° 5-2005). Elles sont relatives au vol d'outils ou d'instruments, opéré au sein de l'unité administrative ; à la soustraction et au détournement des biens publics ; à la concussion ; à la corruption ; au trafic d'influence ; au sabotage économique ; au faux et usage de faux.

Les effets des sanctions du 3ème groupe sont définis aux articles 182 à 185 de la loi du 11 mai 2005.

Dès lors, la perte des droits à l'avancement empêche tout avancement à l'échelon ou à la classe supérieure pendant une période de trois ans à compter du jour de la date du plus proche avancement à venir.

L'abaissement d'échelon a pour effet de placer l'agent à un échelon inférieur à celui qu'il a atteint. Un agent ne peut être abaissé d'échelon en deçà du premier échelon de la première classe dont il relève. Si l'agent à qui la sanction a été infligée se trouve au premier échelon de la classe à laquelle il appartient, la perte des droits à l'avancement est substituée à la mesure d'abaissement d'échelon. La durée de cette perte est égale au temps nécessaire pour franchir l'échelon que l'agent aurait dû perdre si la mesure d'abaissement avait pu s'appliquer.

Concernant la rétrogradation, elle entraîne le classement d'un fonctionnaire à l'échelle immédiatement inférieure à celle dont il relève. Lorsque le fonctionnaire est classé dans la deuxième échelle d'une catégorie, la rétrogradation entraîne le classement dans la première échelle de la catégorie immédiatement inférieure. Le fonctionnaire rétrogradé est placé au premier échelon de la première classe dans l'échelle à laquelle il est intégré.

Quant à la révocation ou le licenciement, elle entraîne la radiation de l'agent. Elle peut intervenir avec ou sans perte des droits à pension. L'agent révoqué sans perte des droits à pension peut prétendre au remboursement des retenues pour pension opérées sur son traitement.

d). Le cas particulier de la suspension.

Contrairement à une opinion bien répandue, la suspension n'est pas une sanction disciplinaire, mais une mesure conservatoire consistant, selon la gravité des manquements constatés, à mettre l'agent public ou le fonctionnaire à l'écart de ses fonctions, dans l'attente d'une sanction à l'issue de la procédure disciplinaire. Elle se justifie dans l'intérêt du service.

Dès lors, aux termes des dispositions de l'article 172 de la loi du 11 mai 2005 (n° 5-2005), en cas de faute grave relevant du troisième groupe, l'auteur peut être immédiatement suspendu par l'autorité investie du pouvoir de nomination en attendant sa comparution devant l'instance disciplinaire ou la juridiction compétente.

L'article 172 de la loi énumère les cas dans lesquels la suspension peut être prononcée. Il en est ainsi en cas de détention préventive ou de garde à vue, l'agent est considéré comme en activité et conserve l'intégralité de son traitement ; de condamnation à une peine privative de liberté d'une durée inférieure ou égale à six mois, l'agent fautif est suspendu pendant la durée de l'exécution de la peine, avec suppression de la moitié de sa rémunération mensuelle.

Dans tous les cas, l'agent suspendu, dont la situation n'est pas réglée dans un délai de quatre mois, est rétabli dans ses fonctions. Sauf si la suspension est consécutive à des poursuites pénales. Dans ce cas, une retenue est alors opérée sur son traitement d'un montant égal au tiers.

II). La procédure disciplinaire et les voies de recours.

La procédure en matière disciplinaire est formalisée et strictement encadrée. L'agent public bénéficie des garanties et des voies de recours pour faire valoir ses droits.

a). L'instance et le pouvoir disciplinaire.

Le pouvoir disciplinaire est dévolu, dans la fonction publique territoriale, au Comité départemental ou interdépartemental de discipline ; ainsi qu'il résulte des dispositions des articles 26, 27, 171 et 173.

L'autorité investie du pouvoir de nomination ne peut prononcer aucune sanction, en dehors de ceux du 1er groupe (avertissement et blâme) sans avoir préalablement requis l'avis de l'instance disciplinaire compétente ; en l'occurrence de Comité départemental ou interdépartemental de discipline.

Si l'autorité disciplinaire apprécie librement la réalité des faits justifiant une sanction disciplinaire, l'énumération des comportements fautifs et des sanctions applicables semble limiter les pouvoirs de l'autorité disciplinaire quant au choix de la sanction. Pourtant, l'article 186 de la loi du 11 mai 2005 (n° 5-2005) précise qu'une même faute peut donner lieu à l'infliction de plusieurs sanctions. Cela est une entorse sérieuse au principe du *« Non bis in idem »*, interdisant de sanctionner un même fait plus d'une fois.

On peut considérer qu'il en soit ainsi lorsqu'il s'agit des sanctions du même groupe. Le deuxième alinéa du même article prévoit la possibilité de cumuler les sanctions en cas de multiplication de fautes. La question peut se poser pour savoir si le cumul de sanctions doit se faire au sens de la sanction la moins grave ou la plus grave. Mais, le principe de faveur conduirait à l'application de la sanction disciplinaire plus douce.

L'autorité disciplinaire a une compétence liée dans ce sens qu'elle ne peut infliger à l'agent une autre sanction que celle qui est prévue par la loi du 11 mai 2005.

Enfin, une faute commise par un agent public peut constituer à la fois une infraction pénale et un manquement disciplinaire, donner lieu à des poursuites pénales et disciplinaires. Cependant, l'autorité disciplinaire n'est pas liée par la décision du juge pénal, sauf en ce qui concerne la qualification des faits.

b). La procédure disciplinaire.

La procédure disciplinaire est engagée, aux termes des dispositions de l'article 173 de la loi précitée par l'autorité de la collectivité locale ou de l'établissement public administratif, qui saisit l'instance disciplinaire compétente en la matière (le comité départemental ou le comité interdépartemental de discipline).

1). Le caractère contradictoire de la procédure.

La procédure disciplinaire est contradictoire à double titre.

➢ *La communication préalable du dossier et des documents annexes.*

L'autorité administrative, en l'occurrence l'autorité investie du pouvoir de nomination est tenue de satisfaire à l'obligation de communication de l'entier dossier de l'agent ainsi que tous les documents annexes. Il s'agit d'un droit reconnu au fonctionnaire qui fait l'objet de poursuites disciplinaires, dans l'exercice duquel l'autorité administrative ne peut opposer aucune restriction.

Comme le précise l'article 187, l'agent concerné est informé du lieu et des modalités d'accès à l'intégralité de son dossier individuel et de tous les documents annexes dans un délai de huit (8) jours au moins avant la date de sa comparution devant l'instance disciplinaire. La question peut se poser de savoir si le délai de 8 jours est suffisant, compte tenu de la possibilité de solliciter des copies des éléments du dossier, ou s'il est possible de reporter ainsi que la date de comparution pour un motif légitime ; notamment en cas de l'indisponibilité dans laquelle l'agent se trouverait pour exercer son droit.

➢ *Le droit à l'assistance d'un défenseur de son choix.*

Le fonctionnaire est informé, en même temps que la communication du dossier individuel et les documents annexes, de son droit à l'assistance d'un défenseur de son choix. Il peut s'agir d'un représentant syndical, d'un avocat ou d'un conseil qu'il choisit librement. Le conseil choisi peut l'assister au stade de la consultation du dossier ou devant l'instance disciplinaire.

2). L'avis de l'instance de discipline et la décision.

La sanction disciplinaire participe d'une opération administrative complexe. Cela en ce sens que l'autorité investie du pouvoir de nomination, en l'occurrence le chef de l'exécutif de la collectivité locale ou de l'établissement public dont dépend le fonctionnaire, ne peut pas la prononcer sans requérir l'avis préalable du Comité départemental ou du Comité interdépartemental de discipline. Il ne peut en être autrement que lorsqu'il s'agit d'appliquer une sanction du 1er groupe de l'échelle des sanctions disciplinaires, en l'occurrence l'avertissement ou le blâme. L'avis du Comité départemental ou du Comité interdépartemental de discipline doit être suffisamment motivé et précis. Aux termes des dispositions du dernier alinéa de l'article 27 de la loi du 11 mai 2005, les décisions du comité départemental ou interdépartemental de discipline sont susceptibles de recours devant le tribunal administratif.

L'autorité de la collectivité locale ou de l'établissement public n'est pas liée par l'avis du Comité départemental ou du Comité interdépartemental de discipline. Il peut le suivre ou prendre une autre décision, également soumise à l'obligation de motivation et de précision.

c). Les voies de recours.

Tout fonctionnaire ou tout agent public territorial peut exercer un recours contre toute sanction prise à son encontre, aussi bien par l'instance disciplinaire que par l'autorité administrative de la collectivité locale ou de l'établissement public dont il dépend.

Les voies de recours, prévus par l'article 188 de la loi du 11 mai 2005, sont de deux types.

Il s'agit,

D'une part, des recours administratifs préalables et obligatoires. En l'occurrence, un recours gracieux porté devant l'auteur de la décision et un recours hiérarchique exercé auprès du supérieur hiérarchique de l'auteur de l'acte. L'article 189 de la loi du 11 mai 2005 prévoit aussi une demande préalable, au sens de l'article 188 précité de la même loi. Il s'agira ici de lier le contentieux dans le cadre d'une demande indemnitaire. Etant précisé que le recours administratif a un effet suspensif du délai du recours contentieux.

D'autre part, d'un recours contentieux qui, sous peine d'irrecevabilité, doit être précédé, comme il vient d'être vu, d'un recours administratif ou d'une demande préalable. Le recours juridictionnel est porté devant le tribunal administratif territorialement compétent. La saisine du juge administratif n'est pas suspensive de l'exécution de la décision attaquée.

§6. Les collectivités locales à statut particulier : Brazzaville et Pointe-Noire.

Certaines entités territoriales, notamment les villes de Brazzaville et de Pointe-Noire bénéficient d'un statut particulier (en raison de leur importance démographique, économique et politique) fixé par la loi n° 11-2003 du 6 février 2003. Elles sont à la fois érigées en département et en commune.

A). La structure territoriale des collectivités locales à statut particulier.

L'une des particularités des collectivités locales à statut particulier, les villes de Brazzaville et de Pointe-Noire, réside dans le fait que l'une et l'autre sont à la fois un Département et une Commune. *''Donc, deux collectivités en une seule'' !* Les deux collectivités locales, le département et la commune se déploient dans un même espace géographique. Cela en ce sens qu'aux termes des dispositions de l'article 1er de la loi n° 11-2003 du 06 février 2003, les limites territoriales de chacun de ces deux départements sont celles de leurs communes respectives. En l'occurrence la Commune de Brazzaville, pour le département de Brazzaville, et la Commune de Pointe-Noire, pour le département de Pointe-Noire. Le siège du département est le même que celui de la Commune (Brazzaville pour le département et la Commune du même nom ; Pointe-Noire pour le département et la Commune du même nom).

Brazzaville et Pointe-Noire constituent chacune, une circonscription administrative et une collectivité locale.

B). Organisation et fonctionnement de la double collectivité locale.

Les doubles collectivités locales de Brazzaville et de Pointe-Noire sont chacune administrées par un organe délibérant, le conseil municipal élu au suffrage universel direct et un organe exécutif élu au sein du Conseil municipal.

I). L'organe délibérant : Le Conseil municipal et départemental.

Qu'il s'agisse de Brazzaville ou de Pointe-Noire, le Conseil municipal fait en même temps office de Conseil départemental. Les règles relatives aux fonctionnements des conseils départementaux sont applicables lorsque le Conseil de Brazzaville et le Conseil de Pointe-Noire siègent en qualité de Conseil départemental.

II). Le bureau exécutif.

L'exécutif collégial est appelé *« bureau exécutif ».* Sa composition doit refléter la représentation proportionnelle pluraliste. Qu'il s'agisse de Brazzaville ou de Pointe-Noire, le bureau exécutif comprend 5 membres. Il est présidé par le Maire, assisté d'un premier vice-président, en la personne du 1er adjoint au maire ; d'un deuxième vice-président, en la personne du 2ème adjoint au maire ; d'un 1er secrétaire et d'un 2ème secrétaire.

III). L'autonomie budgétaire.

Une autre particularité de la double collectivité locale réside dans le fait qu'il n'y a pas de fusion en matière budgétaire. Chaque collectivité jouit d'une autonomie budgétaire en ce sens qu'en application des dispositions de l'article 5 de la loi du 06 février 2003 (n° 11-2003), le département de Brazzaville et le département de Pointe-Noire ont chacun un budget propre. La commune de Brazzaville et la commune de Pointe-Noire ont également chacune un budget propre.

IV). Les règles générales d'administration et de gestion.

Sous réserve des dispositions du statut particulier défini par la loi du 06 février 2003 (n° 11-2003), les règles générales d'administration et de gestion des communes et des départements définies par la législation et la réglementation en vigueur en matière de décentralisation sont applicables à Brazzaville et à Pointe-Noire.

Il en est de même, s'agissant des dispositions communes et les relations entre l'Etat, les communes et les départements, réglant le contrôle financier et la tutelle technique.

C). Deux circonscriptions administratives particulières.

Aux termes des dispositions de l'article 9 de la loi du 06 février 2003 (n° 11-2003), la ville de Brazzaville et la ville de Pointe-Noire sont aussi des circonscriptions administratives. A ce titre, elles sont placées chacune sous l'autorité d'un préfet de département. Le préfet du département de Brazzaville est également le préfet de la ville de Brazzaville dans les conditions de droit commun. Le préfet du département de Pointe-Noire est également le préfet de la ville de Pointe-Noire dans les mêmes conditions.

Cependant, la loi institue un Préfet de police, dans le département de Brazzaville.

Sous-section 4 : Les circonscriptions administratives.

L'autorité et l'administration de l'Etat se déploient sur toute l'étendue du territoire national dans le cadre de la déconcentration. L'identification des circonscriptions administratives permettra d'en examiner l'organisation et le fonctionnement.

§1. L'identification des circonscriptions administratives.

Les circonscriptions administratives sont en principe des entités administratives territoriales dépourvues de la personnalité morale ou juridique et de l'autonomie financière. Les circonscriptions administratives sont le cadre d'exercice de l'autorité de l'Etat au titre de la déconcentration. L'article 1er du décret n° 2003-20 du 06 février 2003 portant fonctionnement des circonscriptions administratives territoriales, énumère les circonscriptions qui constituent également des subdivisions administratives du territoire national. Il s'agit des *départements, des communes, arrondissements, districts, communautés urbaines ; communautés rurales ; les quartiers et les villages*[550].

Les circonscriptions administratives ont vocation à accéder au statut de collectivité locale, si elles ne le sont pas déjà pour certaines d'entre elles. Sur ce point, l'article 1er de la loi n° 09-2003 du 06 février 2003, précitée, pose deux conditions. D'une part, avoir une population jugée suffisante. Cependant, le seuil démographique d'éligibilité n'est pas déterminé. D'autre part, la circonscription administrative doit avoir un niveau de développement permettant de dégager des ressources susceptibles de garantir, à terme, les conditions d'une libre administration. Ce critère, à la fois matériel et structurel, n'est pas non plus précisé. Il renvoie à la réunion d'un certain nombre d'infrastructures ou d'équipements publics ou privés, au déploiement d'une activité économique, industrielle, voire sociale, ou culturelle.

Pourtant, lorsque ces conditions sont réunies, la transformation d'une circonscription administrative en collectivité locale est décidée par une loi sur rapport du ministre en charge de l'administration du territoire et de la décentralisation. Cela concerne les départements, les communes, les arrondissements, les districts, les communautés urbaines et les communautés rurales.

§2. L'organisation et le fonctionnement des circonscriptions administratives.

Les circonscriptions administratives étant les relais locaux de l'autorité de l'Etat, elles entretiennent des rapports hiérarchiques avec l'administration centrale. Les circonscriptions administratives sont également hiérarchisées entre elles.

[550] Cf. loi n°3-2003 du 17 janvier 2003 fixant l'organisation administrative territoriale (article 2) ; décret n°2003-20 du 06 février 2003 portant fonctionnement des circonscriptions administratives territoriales (article 1er).

A). Le département.

Le département est une circonscription administrative, si ce n'est qu'une entité administrative qui, aux termes des dispositions de l'article 8 de la loi n° 3-2003 du 17 janvier 2003 précitée, assure le relais de l'action du gouvernement sur une portion du territoire national. Il constitue l'échelon de conception, de programmation, d'harmonisation, de soutien, de coordination et de contrôle des actions et des opérations de développement économique, social et culturel qui s'y réalisent grâce à l'intervention de tous les services des administrations civiles de l'Etat. C'est l'échelon de l'exécution des réalisations d'intérêt général. Il constitue une entité géographique regroupant un ensemble de districts ou de communes d'un seul tenant. Il comprend au moins quatre districts.

Aux termes des dispositions de l'article 2 du décret n° 2003-20, précité du 06 février 2003, le département est placé sous l'autorité du Préfet. Il est assisté dans l'exercice de ses fonctions d'un secrétaire général.

I). Le Préfet.

Il convient d'examiner le statut, le cabinet et les attributions du Préfet.

a). Le statut du Préfet et son cabinet.

Nommé par décret du Président de la République en Conseil des ministres, le préfet est le représentant de l'Etat ou le dépositaire de l'autorité de l'Etat dans le département. Il est nommé soit parmi les administrateurs civils, soit parmi les personnes ayant au moins un diplôme de deuxième cycle de l'enseignement supérieur, soit parmi les officiers ; soit parmi les personnes jouissant d'une notoriété publique et d'une grande expérience professionnelle.

Il défend les intérêts de l'Etat, représente le gouvernement et chaque ministre qui exerce un pouvoir hiérarchique à son égard. Les membres du gouvernement peuvent lui consentir une délégation de pouvoir ou de signature et lui donner des instructions relatives aux services de l'Etat déployés dans le département. Il rend compte de ses actes au ministre compétent. Il représente l'Etat en justice et peut, en son nom, ester en justice.

Le Préfet est astreint à une obligation de réserve, à l'obligation de résidence et ne peut s'absenter de son département que sur autorisation du ministre en charge de l'administration du territoire et de la décentralisation, son autorité normale de tutelle. Il est tenu à un strict devoir de loyauté vis-à-vis du gouvernement.

Il peut à son tour consentir une délégation de signature soit au secrétaire général de la préfecture, soit aux chefs des services administratifs et civils, soit au sous-préfet dans les cas bien spécifiés. Il ne peut appartenir à un syndicat ni se mettre en grève. Il représente l'Etat dans les cérémonies officielles au niveau local, il a la préséance en toute circonstance sauf en cas de présence d'un membre du gouvernement. Le Préfet bénéficie de quelques avantages matériels tels que la mise à dispositions d'un logement et d'un véhicule de fonction, outre l'indemnité de fonction inscrite au budget de l'Etat. Il a droit à un congé annuel qui ne peut excéder un mois[551].

Le Préfet dispose d'un cabinet, dont le chef, placé sous son autorité, a rang et prérogative de sous-préfet. Les attributions du Préfet sont déterminées par arrêté du ministre en charge de l'administration du territoire et de la décentralisation.

b). Les attributions du Préfet.

Le Préfet, représentant de l'autorité de l'Etat dans le département est investi de plusieurs attributions d'ordre administratif, en matière judiciaire et de police, en matière de sécurité civile, en matière de défense, en matière économique et financière et en matière de contrôle des collectivités locales.

1). En matière administrative.

Les attributions du préfet en matière administrative sont définies par les dispositions des articles 15 à 26 du décret n° 2003-20 du 06 février 2003 (précité). En effet, il est chargé des intérêts nationaux, du respect de la loi et de l'ordre ; veille à l'exécution des règlements et des décisions du gouvernement. Il est habilité à signer les contrats au nom de l'Etat dans le département. A l'exception des agents du corps judiciaire et des forces armées, le Préfet exerce, sous l'autorité des ministres concernés, le pouvoir hiérarchique sur les chefs des circonscriptions administratives et les chefs des services déconcentrés de l'Etat. Il a également autorité directe sur les délégués ou les correspondants de ces différentes administrations, ainsi que sur les services interdépartementaux pour l'exercice de leurs missions dans le cadre départemental. Dans la gestion du personnel, le Préfet dispose d'un pouvoir de notation. En effet, c'est lui qui propose chaque année la note des chefs de service départementaux des administrations civiles de l'Etat, même si le pouvoir de notation incombe en définitive à l'autorité investie du pouvoir de nomination. Par ailleurs, il est préalablement consulté sur toute mutation ou nomination des chefs de services départementaux. Autorité administrative, le Préfet est investi du pouvoir d'édicter des mesures individuelles et/ou des mesures réglementaires de portée générale qui peuvent prendre la forme soit des arrêtés, soit de décisions, soit d'instructions, soit de circulaires. Il détient le registre des actes

---

[551] Cf. articles 3 à 14 du décret n°2003-20 du 6 février 2003 (précité).

administratifs dont il communique copie au ministre en charge de l'administration du territoire et de la décentralisation.

Le Préfet est en quelque sorte la courroie de transmission des correspondances échangées entre l'administration centrale et les services déconcentrés de l'Etat. Les instructions, notes de service, circulaires des administrations centrales de l'Etat et des services soumis à son autorité lui sont exclusivement destinées. Il peut arriver qu'en cas d'urgence, un ministre puisse directement s'adresser au chef des services déconcentrés qui en dépend. Mais, il doit en informer le Préfet. Les responsables de services déconcentrés de l'Etat peuvent adresser aux collectivités locales des correspondances d'ordre technique ou de gestion par le truchement du Préfet. Sur le plan comptable, l'article 23 du décret n° 2003-20, précité, du 6 février 2003 dispose que le Préfet est l'ordonnateur délégué des administrations de l'Etat dont il coordonne l'activité. Il est responsable de l'utilisation des crédits du budget de l'Etat affecté aux chefs des circonscriptions administratives et les chefs de service déconcentrés. Dès lors, ces derniers doivent lui rendre compte de la consommation de ces crédits.

Sur le plan patrimonial, le Préfet est responsable de la gestion des biens meubles et immeubles de l'Etat dans le département. Ce, à l'exception de ceux qui sont destinés à la défense nationale, aux collectivités locales et aux juridictions. Par ailleurs, le Préfet assure la cohérence des projets immobiliers de l'Etat dans le département et précise leur localisation. A ce titre, il élabore après consultation du collectif des chefs de service, un schéma départemental d'implantation des services de l'Etat, qui indique les orientations de la politique immobilière de l'Etat dans le département pour une période de cinq (5) ans. Ce schéma est relayé chaque année par un programme départemental d'équipement et d'entretien élaboré par le préfet après avis du collectif des chefs de service.

En ce qui concerne le suivi et la coordination, l'article 24 du décret précité souligne que le Préfet tient des réunions périodiques avec les chefs des circonscriptions administratives et les chefs de services déconcentrés de l'Etat. Il préside aussi les réunions de concertation avec les partenaires de l'Etat dans le département, à savoir les collectivités locales, les associations, les syndicats, les groupements professionnels et les organismes consulaires. Le Préfet préside de plein droit toutes les commissions administratives des services déconcentrés de l'Etat dans le département, sauf les organes juridictionnels ou disciplinaires.

Concernant les élections, l'article 26 du décret précité du 6 février 2003 dispose que le préfet est responsable de l'organisation des élections dans le département. Il supervise le recensement.

Le Préfet reçoit, instruit et transmet au ministre en charge de l'administration du territoire et de la décentralisation, les dossiers de déclaration et constitution des associations, de demande de naturalisation, de réintégration et de renonciation à la nationalité congolaise, d'autorisation d'achat et port d'arme et de demande de titre de séjour.

2). En matière judiciaire et de police.

Les attributions du représentant de l'Etat dans le département en matière judiciaire et de police sont régies par les dispositions des articles 27 à 31 du décret n° 2003-20, précité, du 06 février 2003. Garant de l'ordre public, le Préfet est l'autorité de police générale dans le département. A ce titre, il peut édicter toute mesure nécessaire au maintien de l'ordre, de la sûreté, la sécurité et la salubrité publiques.

Officier de police judiciaire au niveau départemental, le Préfet peut donner des ordres directs aux services de police et peut solliciter le concours de la gendarmerie. L'article 27 du décret précité dispose en ses deux derniers alinéas qu'il peut personnellement requérir les officiers de police judiciaire aux fins d'accomplir tous les actes nécessaires pour constater les crimes et délits contre la sûreté intérieure et extérieure de l'Etat et en livrer les auteurs aux tribunaux. Il peut à ce titre ordonner des perquisitions ou des arrestations. Il lui est rendu compte de tout événement, infraction ou action concernant la sécurité, le respect des lois et règlements et l'exécution des services dans sa circonscription.

Outre les attributions de police générale, le représentant de l'Etat dans le département est également investi des pouvoirs de police spéciale. Notamment dans les domaines des réunions, de la chasse, de la pêche, des débits de boissons, des transferts, des installations classées, des jeux, des spectacles, des vidéoclubs, des salles de cinéma, de la circulation. Il en est de même en matière de la police des frontières avec le concours des services de police compétents.

Il a compétence pour délivrer les autorisations d'ouverture et de gérance des débits de boisson, des établissements touristiques, des salles de jeux, des spectacles, des vidéoclubs et des salles de cinéma. Il peut aussi en ordonner la fermeture par décision motivée, laquelle est immédiatement communiquée au ministre en charge de l'administration du territoire et de la décentralisation[552].

3). En matière de sécurité civile.

Il incombe au Préfet, représentant de l'Etat dans le département, d'assurer la préparation et l'exécution des mesures de défense civile et protection sanitaire. Il assure également la mise en œuvre des mesures de sauvegarde en cas de catastrophe, de calamité naturelle, d'épidémie ou d'épizootie. Il a autorité sur l'ensemble des moyens du département qui concourent à la mise

[552] Cf. articles 28 à 30 du décret n°2003-20 du 6 février 2003.

en œuvre des plans d'urgence. C'est lui qui a compétence pour déclarer une zone sinistrée ou infectée.

4). En matière de défense.

C'est le Préfet qui préside le Conseil de défense du département. A ce titre, il assure la préparation, la conduite et la coordination des mesures de défense qui n'ont pas un caractère militaire. En cas de conflit armé, le Préfet assure l'organisation de la vie civile par des mesures qui concourent à cet effet, à savoir le rationnement et les réquisitions. Il a le pouvoir de requérir la force armée. Enfin, il est informé par les autorités militaires et de police de toute affaire d'une importance particulière dans le département[553].

5). En matière économique et financière.

Les attributions du Préfet dans ce domaine sont régies par les articles 34 à 42 du décret du 6 février 2003. Il est responsable de l'exécution, dans le département, de la politique du gouvernement en matière de planification, de l'aménagement du territoire, des finances et du développement économique et social. Ainsi donc, il assure le développement économique du département ; veille au bon fonctionnement des entreprises ; il promeut l'emploi et en évite les pertes.

L'article 36 du décret énumère les domaines d'intervention du Préfet dans le domaine économique. Il en est ainsi en matière d'aides pour les investissements ; en matière de développement ou de restructuration d'entreprises ou de décision prise par l'Etat à l'égard des entreprises dont la situation peut affecter l'équilibre du marché local de l'emploi ; en matière de participation de l'Etat au capital, au Conseil ou au Comité de gestion des entreprises privées conformément aux lois et règlements en vigueur ou dans la présidence des commissions départementales à compétence financière.

Concernant l'information et la consultation, il convient de souligner que le Préfet doit être informé sur toutes les demandes de concours de l'Etat ou d'exonération fiscale destinées à réaliser tout projet d'investissement, ainsi que du choix des investissements à réaliser dans le département.

En matière d'aide aux entreprises, le Préfet est obligatoirement consulté sur les demandes d'aide instruites par les services de l'Etat, en vue de faciliter les opérations d'investissement ou de restructuration d'une entreprise située dans le département. L'article 38 alinéa 3 du décret précité (2003-20 du 6 février 2003) énumère les types d'aides qui peuvent être allouées aux entreprises implantées dans le département. Ces aides peuvent prendre la forme soit de subventions, de prêts, d'avantages fiscaux ou d'exonération de la taxe professionnelle dans les conditions bien déterminées. Il peut être consulté sur toute décision administrative à prendre au non de l'Etat, concernant les entreprises dont la situation peut affecter

[553] Cf. article 32 et 33 du décret du 6 février 2003 (n°2003-20).

le marché de l'emploi dans le département. Dans ce cas, c'est le chef des services fiscaux ou le trésorier payeur du département qui peut apprécier si la situation de l'entreprise et son importance nécessitent la consultation du représentant de l'Etat au regard du marché local de l'emploi.

La participation ou la présence de l'Etat dans les structures ou les organes de gestion des entreprises est assurée par le Préfet. A ce titre, l'article 40 du décret précise qu'il représente personnellement l'Etat ou par l'intermédiaire d'un de ses délégués dans les entreprises bénéficiaires du concours de l'Etat. Il est personnellement tenu au courant du bon fonctionnement de ces entreprises ou organismes. La représentation de l'Etat s'impose dans les sociétés d'économie mixte, dans les entreprises à capitaux publics. Ce, à condition, d'une part que le règlement intérieur ou les statuts le prévoient, d'autre part, que l'action de ces entreprises ou de ces organismes ne dépasse pas les limites géographiques du département. D'une manière générale, le préfet, représentant de l'Etat dans le département, intervient dans toutes les commissions financières qui étudient les possibilités d'accorder des aides aux entreprises.

Enfin, dans le domaine de la planification, c'est lui qui assure la politique départementale de planification. Il rassemble les données économiques et sociales de sa circonscription. Il reçoit les organes du département en tant que collectivité locale décentralisée dans la préparation du plan national et de sa tranche départementale. Il propose les mesures qu'il juge utiles à l'élaboration du plan, qu'il transmet au ministre en charge du plan et de l'aménagement du territoire.

6). En matière de contrôle des collectivités territoriales.

Le préfet, représentant de l'Etat dans le département, contrôle les actes des autorités locales décentralisées et de leurs établissements publics conformément à la loi. En cas d'illégalité, il peut les déférer devant le juge administratif. Il a seul compétence pour négocier et signer, au nom de l'Etat, toute convention avec les autorités locales décentralisées ou leurs établissements.

II). Le Secrétaire général du département.

Le Secrétaire général est, du point de vue statutaire, nommé par décret du Président de la République sur proposition du ministre l'intérieur parmi les cadres de l'administration du territoire ou parmi les personnes qui jouissent d'une notoriété et d'une grande expérience professionnelle. En application du principe du parallélisme des formes, il est également mis fin à ses fonctions dans les mêmes conditions. Placé sous l'autorité directe du Préfet, le Secrétaire général du département l'assiste dans l'exercice de ses fonctions. Il peut le suppléer en cas d'absence ou d'empêchement. Il joue le rôle de conseiller administratif et juridique du Préfet. Le Secrétaire général du département est astreint à l'obligation de réserve.

Du point de vue de ses attributions, le Secrétaire général du gouvernement est chargé de la coordination de l'action des circonscriptions administratives et des services déconcentrés de l'Etat ; du contrôle de légalité des actes des organismes et autorités locales ; de l'étude et du suivi des questions relatives à l'activité socio-économique ; du suivi des questions relatives aux frontières et limites territoriales, ainsi que du suivi de l'exécution des crédits délégués.

Placé sous l'autorité du Préfet, le Secrétaire général du département est l'autorité hiérarchique des chefs des services déconcentrés et des agents de l'Etat. Il dirige les directions départementales des services préfectoraux.

Le Préfet peut lui consentir des délégations permanentes de pouvoir ou de signature sur les questions relatives à la police administrative générale et à la police administrative spéciale ; à la supervision du recensement administratif, à l'établissement et la révision des listes électorales ; à la préparation technique et à l'organisation des élections ; au contrôle de la réglementation sur l'état civil ; à la gestion du personnel et du patrimoine ; à la tenue et la conservation des archives.

Enfin, le Secrétaire général du département est habilité à représenter le Préfet dans les commissions administratives et les conseils d'administration des établissements, des entreprises et les organismes publics, dont l'action ne dépasse pas les limites du département, dans les conditions prévues par les textes en vigueur[554].

B). Le district.

La loi n° 3-2003 du 17 janvier 2003, précitée, fixant l'organisation administrative territoriale, définit le district dans ses articles 18 à 21 comme une circonscription administrative intermédiaire qui assure le relais de l'action du gouvernement dans le département. Il est constitué par un groupement de villages résultant d'une même entité administrative, géographique et culturelle. Il est subdivisé en communautés urbaines et en communautés rurales. Cependant, aucune précision n'est faite sur le nombre de villages ou de communautés urbaines ou rurales nécessaires pour constituer et créer un district. La création d'un district se fait dans le cadre d'une loi. Circonscription administrative, le district est placé sous l'autorité du Sous-préfet, lequel est assisté dans ses fonctions par un Secrétaire général.

I). Le sous-préfet.

Du point de vue de son statut, le sous-préfet du district est nommé par décret du Président de la République, sur proposition du ministre en charge de l'administration du territoire, soit parmi les cadres de l'administration du territoire, soit parmi les personnes qui jouissent d'une notoriété publique et d'une expérience professionnelle. Il est mis fin à ses fonctions dans les

---

[554] Cf. articles 47 à 52 du décret du 06 février 2003 (2003-20).

mêmes conditions. Il est placé sous l'autorité directe du Préfet du département dans lequel se situe sa circonscription administrative. Il représente le Préfet et agit sur délégation. C'est une autorité déconcentrée. Il représente, en lieu et place du Préfet du département, l'autorité de l'Etat à cet échelon de la circonscription administrative districale[555].

Du point de vue des missions, les attributions du sous-préfet sont définies par les articles 56 à 72 du décret précité du 06 février 2003 (n° 2003-20). En effet, le sous-préfet est, au niveau du district, le dépositaire de l'autorité de l'Etat. A ce titre, il assiste le Préfet dont il est le délégué dans les affaires qui relèvent de sa circonscription. Dès lors, le sous-préfet doit régulièrement informer le préfet de la situation de sa circonscription, veiller au respect des lois et règlements et concourir au maintien de l'ordre public, de la sécurité et à la protection de la population, prendre les mesures nécessaires à la prévention ou à la lutte contre les calamités susceptibles de mettre en danger la santé, la salubrité, la sécurité des populations et les activités socio-économiques de sa circonscription.

II). Le Secrétaire général du district.

Le statut et les attributions du Secrétaire général du district sont définis par les articles 73 à 76 du décret n° 2003-20 précité du 06 février 2003.

Nommé par arrêté du ministre en charge de l'administration du territoire parmi les cadres de l'administration territoriale ou les personnes jouissant d'une notoriété publique et d'une grande expérience professionnelle, le Secrétaire général du district est le collaborateur du sous-préfet ; il l'assiste dans l'exercice de ses fonctions. Il peut suppléer le sous-préfet en cas d'absence ou d'empêchement. Il est son conseiller administratif et juridique. Il est soumis une obligation de réserve.

Placé sous l'autorité du sous-préfet auquel il rend compte, le secrétaire général du district veille au bon fonctionnement de l'administration du district.

Il contrôle et coordonne l'action des circonscriptions administratives et des services déconcentrés de l'Etat dans le ressort du district. Responsable des tâches administratives, il agit sur délégation de pouvoir et de signature du sous-préfet dans les domaines aussi divers et variés tels que l'animation du secrétariat, l'exploitation des rapports émanant des circonscriptions administratives et des services déconcentrés de l'Etat, la gestion du personnel et du patrimoine, la tenue des fichiers, le bon fonctionnement du système d'état civil, l'exécution du recensement administratif, l'établissement et la révision des listes électorales, la préparation et l'organisation technique des élections, la tenue et la conservation des archives, la police administrative générale et spéciale.

---

[555] Cf. articles n°54 et 55 décret n°2003-20 du 6 février 2003.

C). La commune.

La loi n° 03-2003 du 17 janvier 2003, fixant l'organisation administrative territoriale, défit la Commune dans son article 12 comme une agglomération urbaine d'habitants résultant d'une même entité administrative et géographique ayant un minimum de développement économique, social et culturel. Sur le plan structurel, la Commune peut être subdivisée en deux autres types de circonscriptions administratives que sont les arrondissements et les quartiers, dont le nombre varie en fonction du poids démographique et de l'extension géographique. Sur le plan purement administratif, la Commune est placée sous l'autorité d'un Maire qui, bien qu'étant un élu, détient la double casquette d'autorité décentralisée et d'autorité déconcentrée au regard du statut de l'entité communale qui est à la fois une circonscription administrative et une collectivité locale.

La Commune est ici abordée sous l'angle de la déconcentration, donc d'une circonscription administrative. A ce titre, elle est administrée par le Maire, assisté par le secrétaire général de la Commune.

I). Le Maire de la Commune en tant qu'une autorité déconcentrée.

Le Maire est ici vu en sa qualité de dépositaire de l'autorité de l'Etat dans la circonscription administrative communale, dont le statut et les missions sont circonscrits par les dispositions législatives et réglementaires ; notamment la loi précitée n° 3-2003 du 17 janvier 2003 et le décret précité n° 2003-20 du 06 février 2003.

a). Le statut du Maire.

Bien qu'il soit élu au sein du Conseil municipal, le Maire est le représentant de l'Etat dans la Commune. Placé sous l'autorité du Préfet du Département dont il relève et auquel il rend compte, le Maire est au niveau de la circonscription administrative communale, le dépositaire de l'autorité de l'Etat. Soumis à une obligation de réserve, le maire bénéficie d'un logement et d'un véhicule de fonction. Il a droit à un congé annuel d'un mois. Le Maire peut être révoqué de ses fonctions dans le cadre de la loi.

b). Les attributions du Maire.

Outre le fait qu'il est l'autorité hiérarchique des administrateurs-maires des arrondissements de sa Commune, les attributions du maire en sa qualité d'autorité déconcentrée de l'Etat sont très étendues.

1). En matière d'exécution des décisions de l'Etat.

Dépositaire de l'autorité de l'Etat, le maire veille à l'exécution des lois et des règlements. A ce titre, il est, aux termes des dispositions de l'article 80 du décret précité du 06 février 2003, responsable de la mise en œuvre de la politique et des décisions du gouvernement dans la commune.

2). En matière des pouvoirs de police.

Les attributions du maire en matière de pouvoirs de police sont de deux ordres. Elles se répartissent en pouvoir de police administrative et en pouvoirs de police judiciaire. Elles sont définies par les articles 81 à 87 du décret précité.

α). Les pouvoirs de police administrative du Maire.

Les pouvoirs de police administrative se subdivisent en pouvoirs de police administrative générale et en pouvoirs de police administrative spéciale.

- *La police administrative générale.*

Dans le cadre de ses pouvoirs de police administrative générale, le maire doit, sous le contrôle du Préfet et du juge administratif, veiller au bon ordre, à la sûreté, à la sécurité, à la tranquillité et à la salubrité publics sur toute l'étendue du territoire communal. Pour ce faire, il peut recourir à la force de police et des unités de gendarmerie présentes dans sa circonscription.

Le pouvoir de police administrative générale du maire comprend également la police municipale dont les missions sont définies par l'article 83 du décret précité du 06 février 2003 (n° 2003-20), en tant qu'elle concerne la sûreté et la commodité de passage dans les rues, quais, places et voies publiques, le nettoiement, l'éclairage public, l'enlèvement des encombrements, la démolition ou la réparation des édifices menaçant ruine, l'interdiction d'exposer aux fenêtres ou d'autres parties des édifices tout objet pouvant causer des dommages à autrui ou causer des exhalaisons nuisibles ; le maintien de la tranquillité publique en réprimant les rixes et disputes accompagnées d'émeutes dans les rues, le tumulte provoqué dans les lieux publics, les attroupements, les bruits, les rassemblements nocturnes et tous les actes de nature à troubler le repos des citoyens ; le maintien du bon ordre dans les endroits où il y a de grands rassemblements des personnes tels que les foires, les marchés, les cérémonies publiques, les funérailles, les spectacles, jeux, cafés, cybercafés, églises et autres lieux publics ; le soin de veiller à ce que toute personne décédée soit inhumée décemment ; le mode de transport des personnes décédées, les inhumations, les exhumations, le maintien du bon ordre et de la décence dans les cimetières ; le contrôle de la qualité des denrées vendues à l'étalage, au poids ou à la mesure et la salubrité des combustibles exposés en vente ; la prévention par des précautions convenables et la distribution des secours nécessaires, les accidents et les fléaux calamiteux tels que les incendies, inondations, éboulements de terrains, les maladies épidémiques ou contagieuses, les épizooties ; le soin de prendre provisoirement les mesures nécessaires sur les aliénés dont l'état pourrait compromettre la moralc publique, la sécurité des personnes et des biens ; la mission d'empêcher la divagation des animaux malfaisants ou féroces.

- *La police administrative spéciale.*

Le Maire est compétent en matière de police administrative spéciale, portant sur un objet particulier. Il en est ainsi de la police de la circulation (régie par l'article 84 du décret précité) ; de la réglementation des débits de boissons, cafés, restaurants, salles de jeux, spectacles, salles de cinéma, cybercafés, vidéo clubs, publicités, affichage, pêche, environnement, contrôle des prix, établissements dangereux incommode et insalubres (article 85 du décret) ; de la déclaration, d'office ou sur proposition des services compétents, d'une zone déterminée infectée en cas d'épidémie ou d'épizootie (article 86 du décret) ; du rationnement des denrées et des produits pour toute ou partie de la commune en cas de circonstance ou période exceptionnelle (article 87 du décret).

β). Les pouvoirs de police judiciaire du Maire.

En matière de police judiciaire, il ressort des dispositions de l'article 81 alinéa 4 du décret précité que le maire est *« officier de police judiciaire ».* A ce titre, il est, en application des dispositions de l'article 14 (1°) du code de procédure pénale, chargée, de constater les infractions à la loi pénale, d'en rassembler les preuves et d'en rechercher les auteurs tant qu'une information n'est pas ouverte. Conformément à l'article 12 du code de procédure pénale, le maire exerce ses attributions d'officier de police judiciaire sous la direction du procureur de la République.

3). En matière d'état civil et des élections.

Les attributions du maire en matière d'état civil et des élections sont définies par les articles 88 et 89 du décret n° 2003-20 du 06 février 2003, précité.

Officier d'état civil, le maire tient les registres, célèbre les mariages, délivre les actes de naissance, de mariage, de décès et en assure la conservation. Il est responsable du fonctionnement régulier des centres d'état civil de sa commune, sous le contrôle du procureur de la République.

Par ailleurs, le maire effectue annuellement le recensement administratif de la population de sa commune. Il dresse les listes électorales et en assure la révision périodique.

4). La nature et le régime des actes du Maire.

Aux termes des dispositions de l'article 90 du décret du 06 février 2003 précité, le maire exerce son pouvoir réglementaire sous la forme d'arrêtés ou de décisions. Ces actes sont exécutoires dès leur publication, soit au journal de la commune (recueil des actes administratifs de la commune), soit par affichage, soit par annonce publique, et le cas échéant après réception par le Préfet. S'il s'agit d'actes individuels, ils ne sont opposables aux tiers qu'après communication aux intéressés. Enfin, ces actes peuvent faire l'objet d'un recours dans les conditions prévues par les dispositions légales et réglementaires.

c). Le secrétaire général de la Commune.

Le secrétaire général de la Commune est la deuxième personnalité de la circonscription administrative communale. Son statut et ses attributions sont définis par les articles 91 à 93 du décret n° 2003-20 du 06 février 2003.

1). Le statut du secrétaire général de la Commune.

Du point de vue de son statut, il convient de souligner que le Secrétaire général de la commune est nommé par arrêté du Président du Conseil municipal parmi les cadres de la fonction publique territoriale. Soumis à l'obligation de réserve, il est placé sous l'autorité directe du maire à qui il rend compte et devant lequel il est responsable. C'est lui qui assure la coordination et l'animation des agents municipaux. Il est l'autorité hiérarchique des chefs de service et de l'ensemble du personnel de la mairie.

2). Les attributions du secrétaire général de la Commune.

Le maire consent au secrétaire général une délégation permanente de pouvoirs et de signature concernant la conservation et l'administration du patrimoine municipal, ainsi que l'établissement des actes conservatoires des droits patrimoniaux ; la gestion des revenus des établissements municipaux et du personnel ; la police administrative générale et la police administrative spéciale ; l'état civil, à l'exclusion des actes relatifs aux mariages ; le recensement administratif, l'établissement et la révision des listes électorales, la préparation et l'organisation des élections.

D). L'arrondissement.

Aux termes des dispositions des articles 15 à 17 de la loi n° 03-2003 du 17 janvier 2003, l'arrondissement est une subdivision de la commune. Il assure le relais de l'action du gouvernement à ce niveau. Sa création suppose la réunion d'un minimum de conditions administratives, économiques et d'équipement socioculturel. Un arrondissement ne peut être érigé qu'au sein d'une commune et dans le cadre du plan directeur de la ville. Subdivisé en quartiers, l'arrondissement est placé sous l'autorité d'un administrateur-maire, nommé par décret du Président de la République, et du secrétaire général.

I). L'administrateur-maire en tant qu'une autorité déconcentrée.

Du point de vue de son statut, l'administrateur-maire d'arrondissement est nommé par décret du Président de la République parmi les cadres de l'administration du territoire ou les personnes qui jouissent d'une notoriété publique et d'une grande expérience professionnelle. Soumis à l'obligation de réserve, l'administrateur-maire est le dépositaire de l'autorité de l'Etat dans l'arrondissement. Il est responsable devant le maire de la commune, à qui il rend compte.

Du point de vue de ses attributions, l'administrateur-maire veille à l'exécution des lois et règlement de la République, des décisions du gouvernement et des délibérations du conseil municipal ; informe régulièrement le maire de la situation de sa circonscription. L'administrateur-maire dispose également des pouvoirs de police générale en ce qu'il prend ou suggère les mesures nécessaires à la prévention ou la lutte contre les calamités susceptibles de mettre en danger la santé, la sécurité des populations, des biens et les activités socio-économiques dans sa circonscription. Il dispose des forces de police et bénéficie du concours des unités de la gendarmerie nationale présentes dans sa circonscription. Il peut leur donner des directives ou des instructions nécessaires à l'exécution d'une mission déterminée. Aux termes des dispositions de l'article 99 du décret du 06 février 2003 (n° 2003-20), en cas d'urgence, l'administrateur-maire peut prendre des mesures nécessaires pour prévenir ou combattre les calamités susceptibles de mettre en danger la santé de la population et les activités socio-économiques de sa circonscription.

L'administrateur-maire d'arrondissement peut, sur délégation du maire de la commune, être chargé de conserver et administrer le patrimoine municipal mis à sa disposition et d'établir les actes conservatoires des droits patrimoniaux ; de gérer le personnel municipal et les agents de l'Etat en service dans sa circonscription ; de gérer les crédits mis à sa disposition ; de prendre toutes les mesures nécessaires à l'entretien des voies, des espaces et jardins publics ; de suivre l'exécution des travaux municipaux dans l'arrondissement ; de procéder chaque année au recensement administratif et à l'établissement et la révision périodique des listes électorales.

Officier d'état civil, l'administrateur-maire d'arrondissement tient, aux termes des dispositions de l'article 98 du décret précité, des registres et délivre les actes relatifs aux naissances, mariage, de décès et en assure la conservation. Il veille au fonctionnement régulier du centre d'état civil.

L'administrateur-maire est aussi officier de police judiciaire. Il est ainsi habilité à constater les crimes et délits, prendre des mesures nécessaires pour en déférer les auteurs devant les juridictions compétentes. Il peut, conformément à la loi, procéder à des saisies, des poursuites et des arrestations.

L'administrateur-maire est investi d'un pouvoir réglementaire qu'il exerce sous la forme de décisions, de notes de service et de circulaires qui sont exécutoires dès leur transmission au maire de la commune.

II). Le secrétaire général d'arrondissement.

Le secrétaire d'arrondissement assiste l'administrateur-maire dans l'exercice de ses fonctions. Il est nommé par arrêté du ministre en charge de l'administration du territoire parmi les cadres de l'administration du territoire ou les personnes qui jouissent d'une notoriété publique et d'une grande expérience professionnelle. Il est placé sous l'autorité de l'administrateur-maire dans l'exercice de ses fonctions. Comme le prévoit l'article 102 du décret précité, le secrétaire général d'arrondissement peut être chargé, à l'exception de la célébration des mariages, de la conservation et l'administration du patrimoine de l'arrondissement ainsi que de l'établissement des actes conservatoires des droits patrimoniaux ; de la gestion des revenus des établissements municipaux et du personnel ; de la police administrative générale et de la police administrative spéciales ; de l'état civil (à l'exception des actes relatifs du mariage) ; du recensement administratif, de l'établissement et la révision des listes électorales, de la préparation et l'organisation technique des élections.

E). La communauté urbaine.

La loi n° 03-2003 du 17 janvier 2003, fixant l'organisation administrative territoriale, définit la Communauté urbaine en sont article 22, comme étant une circonscription administrative[556] constituée par une agglomération

[556]A ne pas être confondue avec la Communauté urbaine, en droit français, qui est établissement public de coopération intercommunale (EPCI), regroupant un certain nombre de commune pour un seul tenant à

urbaine d'habitant. Elle comprend un certain nombre de quartiers voisins appartenant à une même entité administrative et géographique, connaissant un minimum de développement économique, social et culturel. La communauté urbaine a vocation à évoluer ou à être transformée en Commune[557] ; dès l'instant où, comme le prévoit l'article 44 de la loi n° 3-2003 du 17 janvier 2003, elle atteint un niveau de développement économique, social et culturel jugé suffisant pour disposer de ressources susceptibles de garantir les conditions d'une libre administration.

Le projet de loi érigeant une communauté urbaine en commune, aux fins de jouir de la personnalité morale et de l'autonomie financière, est pris en conseil des ministres sur rapport du ministre en charge de l'administration du territoire[558]. La communauté urbaine est placée sous l'autorité d'un administrateur-maire, assisté d'un secrétaire général.

I). L'administrateur-maire de la communauté urbaine (CU).

De l'examen du statut de l'administration-maire de la communauté urbaine suivra celui de ses attributions.

a). Le statut de l'administrateur-maire de la communauté urbaine (CU).

L'administrateur-maire d'une communauté urbaine est nommé par arrêté du ministre en charge de l'administration du territoire. Il est mis fin à ses fonctions dans les mêmes formes. L'administrateur-maire de la communauté urbaine est le dépositaire de l'autorité de l'Etat. Aux termes des dispositions de l'article 103 du décret du 06 février 2003 (2003-20), l'administrateur-maire de la communauté urbaine est placé sous l'autorité du sous-préfet à qui il rend compte. Soumis à l'obligation de réserve, il veille à l'exécution des lois et règlements de la République, ainsi que les décisions du gouvernement. Il est investi du pouvoir réglementaire qu'il exerce sous la forme d'arrêtés, de décisions, de note de services ou de circulaires.

---

partir d'un seuil démographique de plus de 250 000 habitants (Cf. Article L5215-1 code général des collectivités territoriales, CGCT).

[557] C'est le cas des communautés urbaines de Madingou, d'Owando, d'Ewo, de Sibiti, d'Impfondo, de Djambala, de Kinkala, d'Oyo et de Pokola, qui ont été érigées en Communes par la loi n° 13-2017 du 16 mars 2017 portant érection de certaines communautés urbaines en communes (JO , n° 12-2017 du 23 mars 2017, p.332).

[558] Cf. http://zes.gouv.cg/fr/compte-rendu-du-conseil-des-ministres-du-mercredi-05-avril-2017 (publié le 06 avril 2017.

b). Les attributions de l'administrateur-maire de la communauté urbaine (CU).

Les attributions de l'administrateur maire d'une communauté urbaine sont définies par les articles 105 à 111 du décret précité du 06 février 2003 (n° 2003-20).

D'une manière générale, l'administrateur-maire d'une communauté urbaine est chargé de gérer le personnel en service dans sa circonscription, les crédits mis à sa disposition ; de prendre toutes les mesures relatives à l'entretien des voiries, espaces et bâtiments publics, de la création et de l'entretien des espaces verts. En matière d'urbanisme, il participe à l'élaboration des documents d'urbanisme et de veiller à la bonne exécution des plans d'urbanisme et des travaux urbains. En matière démographique et électorale, il est chargé du recensement administratif annuel des personnes imposables, de l'établissement et de la révision des listes électorales. Il est également compétent pour promouvoir l'équipement culturel, sanitaire, sportif et socio-éducatif.

Font également partie des attributions de l'administrateur-maire d'une communauté urbaine, les questions relatives à l'eau et l'assainissement ; à l'habitat ; à la défense contre les incendies ; à la voirie et réseau divers ; aux marchés d'intérêts communautaires ; à la signalisation et aux parcs de stationnement ; aux cimetières ou à l'éclairage public.

En matière de police administrative, l'administrateur-maire d'une communauté urbaine dispose, sous l'autorité du sous-préfet, des pouvoirs de police administrative générale relativement à la tranquillité, la sécurité des personnes et des biens et à la salubrité ; à la sûreté et la commodité de passage sur les quais, les places et voies publiques ; au mode de transport, à l'inhumation et à l'exhumation des personnes décédées et l'entretien des cimetières ; à la réglementation de la chasse, de la pêche, de la publicité, de l'affichage, du contrôle et de la liberté de commerce.

Dans le cadre de ses pouvoirs de police administrative générale relativement à l'ordre public, l'article 109 du décret précité du 06 février 2003 dispose que l'administrateur-maire d'une communauté urbaine peut prendre toutes les mesures utiles au maintien et au rétablissement de l'ordre public. Il peut pour ce faire disposer des forces de police auxquelles il donne des ordres directs et solliciter le concours de la gendarmerie. Les forces de police l'informent ou lui rendent compte de tout événement, infraction ou action concernant la sécurité, l'observation des lois et règlements et l'exécution des services dans sa circonscription.

En matière judiciaire, l'administrateur-maire d'une communauté urbaine est officier de police judiciaire. A ce titre, il est habilité à constater les crimes et délits, à prendre toutes mesures nécessaires pour déférer les auteurs devant la juridiction compétente. Il est compétent pour procéder à des saisies, perquisitions et arrestations dans les conditions prévues par la loi.

Enfin, dans le cadre de ses attributions, il incombe à l'administrateur-maire d'une communauté urbaine qui, en application des dispositions de l'article 111 du décret précité du 06 février 2003 (2003-20), est spécifiquement chargé de préparer et d'assurer les conditions nécessaires à l'érection de sa circonscription en commune. Etant rappelé que ces conditions sont, au titre des dispositions de l'article 44 de la loi précitée du 17 janvier 2003 (n° 3-2003), relatives au niveau de développement économique, social et culturel jugé suffisant pour disposer des ressources capables de garantir la jouissance de la personnalité morale et de l'autonomie financière en vue d'une libre administration de cette entité administrative territoriale.

II). Le secrétaire général de la Communauté urbaine.

Concernant son statut, il convient de souligner que le secrétaire général de la communauté urbaine est nommé par arrêté du ministre en charge de l'administration du territoire parmi les cadres de l'administration du territoire ou parmi les personnes qui jouissent d'une notoriété publique et d'une grande expérience professionnelle. En vertu du principe du parallélisme des formes, les fonctions de secrétaire général de la communauté urbaine cessent dans les mêmes conditions.

Du point de vue de ses attributions, il ressort de l'article 112 du décret du 06 février 2003 (n° 2003-20) que le secrétaire général de la communauté urbaine assiste l'administrateur-maire dans l'exercice de ses fonctions. Il est appelé à suppléer l'administrateur-maire en cas d'absence ou d'empêchement. Cependant, il ne peut lui déléguer ses attributions relatives aux mariages, qui ressortissent à la compétence exclusive de l'administrateur-maire.

F). La communauté rurale.

Il convient de nous appesantir sur l'identification et l'administration de la communauté rurale.

I). L'identification de la communauté rurale.

Le législateur congolais définit la communauté rurale, dans l'article 24 de la loi n° 03-2003 du 17 janvier 2003 fixant l'organisation administrative territoriale, comme une circonscription administrative constituée par un groupement d'habitants d'une même agglomération rurale ayant un niveau de développement caractérisé par la présence d'un minimum d'infrastructures de base et de services publics tels que les établissements scolaires, les établissements sanitaires, les centres secondaires d'état civil et des marchés. Comme on peut le constater, cette énumération d'infrastructures et de services publics est loin d'être exhaustive.

La communauté rurale est avant tout un regroupement de villages contigus (dont le nombre n'est pas déterminé par le législateur dans l'article 25 de la loi précitée) sur un périmètre bien déterminé autour d'un village-centre, qui en est le chef-lieu. Cette configuration peut prêter à considérer la communauté rurale comme un établissement public territorial de coopération intervillage (EPTCIV), à l'instar des établissements publics de coopération intercommunale (EPCI) ou des syndicats de communes à vocation unique ou à vocation multiple (SIVU ou SIVOM) qui existent en France dans le cadre de l'intercommunalité[559].

Il s'agit ici d'une simple circonscription administrative, dont le chef-lieu est le village centre, qui a vocation à être transformé ou érigé en communauté urbaine dès l'instant où, en application des dispositions de l'article 45 de la loi du 17 janvier 2003 (n° 03-2003), il atteint un certain niveau de développement économique, social et culturel suffisant. Dans ce cas, un autre village remplissant les critères de l'article 24 précité de la même loi peut être érigé au rang de chef-lieu de la communauté rurale. Même si le législateur ne le prévoit pas, l'éclatement de la communauté rurale n'est pas exclu si une partie ou la quasi-totalité des villages qui la composent atteignent un niveau spectaculaire de développement économique, social et culturel qui les rendrait éligibles soit au statut de communauté urbaine ou à celui de commune, dans les conditions définies par la loi.

II). L'administration de la communauté rurale.

Aux termes des dispositions de l'article 26 de la loi n° 03-2003 du 17 janvier 2003, la communauté rurale est placée sous l'autorité d'un administrateur délégué. Ce dernier est assisté dans l'exercice de ses fonctions par un secrétaire administratif, comme le précise l'article 114 dernier alinéa du décret du 06 février 2003 (2003-3).

---

[559] Cf. les syndicats de communes créés par la loi du 22 mars 1890 ; les communautés de communes créées par la loi du 6 février 1992 ; les communautés urbaines créées par la loi du 31 décembre 1966 ; les communautés d'agglomération créées par la loi du 12 juillet 1999 ; les syndicats d'agglomération nouvelle créés par la loi du 13 juillet 1983 ; les métropoles créées par la loi du 16 décembre 2010, et modifiées par la loi du 27 janvier 2014 ; loi n° 2015-991 du 7 août 2015 portant nouvelle organisation territoriale de la République.

a). L'administrateur délégué d'une communauté rurale.

L'administrateur délégué de la communauté rurale est nommé par arrêté du ministre de l'administration du territoire parmi les cadres de l'administration du territoire ou parmi les personnes qui jouissent d'une notoriété publique et d'une grande expérience professionnelle. Il est mis fin à ses fonctions dans les mêmes conditions. Il est placé sous l'autorité du sous-préfet à qui il rend compte de son action et devant lequel il est responsable. Il est dépositaire, au niveau de sa circonscription administrative, de l'autorité de l'Etat.

Au titre de ses attributions, l'administrateur délégué veille, sous l'autorité du sous-préfet, à l'exécution des lois et règlements de la République ; prend les mesures propres à en assurer la diffusion auprès de la population.

De façon général, l'administrateur délégué est chargé, aux termes des dispositions de l'article 119 du décret du 06 février 2003 (n° 2003-20), de la gestion du personnel de l'Etat en services dans sa circonscription, des crédits mis à sa disposition ; de l'entretien des voies et des bâtiments dont la communauté rurale a la charge ; du suivi et du contrôle de la réalisation des projets économiques et sociaux en cours d'exécution dans sa circonscription ; du recensement administratif annuel des personnes imposables ; de la collecte des impôts et taxes ; de l'établissement et de la révision des listes électorales.

En matière de police administrative, l'administrateur délégué est dépositaire des pouvoirs de police administrative générale. Dès lors, il veille au maintien de l'ordre public par des mesures qu'il juge utiles et indispensables. Il dispose des forces de police et leur donne directement des ordres. Celles-ci l'informent ou lui rendent compte de tout événement, infraction ou action survenu ou commis dans sa circonscription concernant l'ordre public, l'observation des lois et règlements. Il peut le cas échéant solliciter le concours de la gendarmerie pour le maintien de l'ordre public.

Officier de police judiciaire, l'administrateur délégué est, aux termes des dispositions de l'article 118 du décret précité, compétent pour constater les crimes et délits, prendre toutes les mesures utiles pour en déférer les auteurs devant les juridictions compétentes. Il peut également prendre, conformément à la loi, des mesures coercitives telles que des saisies, des perquisitions et des arrestations.

Enfin, l'administrateur délégué peut proposer ou prendre toutes les mesures utiles au développement économique, social et culturel de sa circonscription.

b). Le secrétaire administratif de la communauté rurale.

Nommé par arrêté du préfet du département dont dépend la communauté rurale, parmi les agents de l'administration du territoire en service dans ce département, le secrétaire administratif de la communauté rurale assiste, ainsi qu'il vient d'être dit, l'administrateur délégué dans l'exercice de ses fonctions. Il est mis fin à ses fonctions dans les mêmes conditions de forme.

Aux termes de l'article 122 du décret du 06 février 2003 (n° 2003-20), il est chargé, sous l'autorité directe de l'administrateur délégué, de la coordination et de l'animation des services de la communauté rurale. Il peut suppléer l'administrateur délégué en cas d'absence ou d'empêchement.

G). Le quartier et le village.

Ces deux entités administratives territoriales sont régies (outre la loi n° 3-2003 du 17 janvier 2003, fixant l'organisation administrative territoriale et le décret n° 2003-20 du 6 février 2003, portant fonctionnement des circonscriptions administratives territoriales), par le décret n° 2010-792 du 31 décembre 2010, relatif à l'administration du quartier et du village[560].

I). L'identification du quartier et du village.

Le quartier et le village sont deux entités administratives de base. L'identification du quartier et du village est quasi-homogène, même si quelques spécificités subsistent en raison des circonscriptions administratives hiérarchiques de rattachement, ainsi qu'il ressort du chapitre 1er du décret précité du 31 décembre 2010, dédié aux dispositions générales.

a). Le quartier.

Aux termes des dispositions des articles 2 et 3 du décret du 31 décembre 2010, le quartier est l'entité administrative de base d'une commune, d'une communauté urbaine ou d'un arrondissement et du chef-lieu de district. Il est créé par arrêté du préfet du département sur rapport motivé du maire de la commune ou de l'administrateur-maire de l'arrondissement, de l'administrateur-maire de l'arrondissement la communauté urbaine ou du sous-préfet. L'arrêté en définit les limites et la dénomination.

Le quartier est composé d'habitants réunis par une communauté d'intérêts résultant du voisinage. Le voisinage crée donc des liens économiques et socioculturels qui unissent les populations d'un quartier.

---

[560] Décret n° 2010-792 du 31 décembre 2010, relatif à l'administration du quartier et du village, JO n°01-2011 du 06 janvier 2011, pp.3-5.

b). Le village et le hameau.

Concernant le village, l'article 4 du décret du 31 décembre 2010 le définit comme l'entité administrative de base de la communauté rurale ou du district. A la différence du quartier, le village est composé d'habitants unis par une communauté d'intérêts économiques, sociologiques, culturels et historiques.

L'article 5 du décret précité du 31 décembre 2010 fixe un seuil démographique minimal permettant de déterminer un village. Ainsi donc, le village est déterminé par sa population résidante qui doit être égale ou supérieure à trente (30) habitants.

Dès lors, aux termes des dispositions de l'article 6 du même décret, une localité de moins de trente habitants ne saurait être qualifiée de village. Il s'agit d'un hameau. Cependant, le même article précise qu'un village peut résulter du regroupement de deux ou plusieurs hameaux contigus dont la population est égale ou supérieure au seuil de trente (30) habitants.

Conformément aux dispositions des articles 7 et 8 du même décret, un village est créé par arrêté du préfet du département sur rapport motivé du sous-préfet. Cet arrêté en définit les limites et la dénomination. Ainsi qu'il vient d'être souligné, le ressort territorial du village varie selon sa configuration. En effet, un village peut être constitué soit par une entité d'un seul tenant. C'est-à-dire une seule et même agglomération ; soit par une agglomération principale à laquelle est rattaché un nombre variable de hameaux ; soit par un ensemble de hameaux.

Enfin, un village a vocation à évoluer pour être érigé en village-centre, donc chef-lieu d'une communauté rurale, en communauté d'agglomération, en district voire en commune selon son niveau d'évolution démographique ou de développement économique, social et culturel[561].

II). L'administration du quartier et du village.

Le chef du quartier et le chef du village ne sont plus de simples auxiliaires de l'administration, comme des notables coutumiers ou traditionnels. La loi du 17 janvier 2003 et les décrets du 06 février 2003 et celui du 31 décembre 2010, qui leur sont spécifiquement dédiés, consacrent véritablement un statut du chef du quartier ou du chef du village. Ils sont, chacun, assistés dans l'exercice de leurs fonctions par un secrétaire.

---

[561] A titre d'exemple, on peut citer les lois du 16 mars 2017 (n° 11-2017, p. 331), portant création du district de Bokoma ; du 16 mars 2017 (n° 12-2017, p.331) portant création du district de Kabo et celle du 16 mars 2017 (n° 14-2017, p.334) portant érection de la localité de Kintélé en commune.

a). La désignation et l'autorité du chef du quartier ou du chef du village.

Exerçant l'autorité sur le quartier ou le village, le chef du quartier et le chef du village sont nommés par arrêté du préfet du département sur proposition de l'administrateur-maire de l'arrondissement ou de la communauté urbaine ou du sous-préfet ou de l'administrateur délégué de la communauté rurale. Le chef du quartier ou le chef du village est choisi parmi les habitants du quartier ou du village. L'article 10 du décret du 31 décembre 2010 fixe les critères de choix du chef de quartier ou du chef du village. En effet, il doit être de nationalité congolaise et âgé d'au moins 25 ans ; faire preuve d'une probité morale ; être accepté par la population ; avoir sa résidence permanente dans le quartier ou dans le village et savoir lire et écrire.

Aux termes des dispositions des articles 11 et 12 du décret du 31 décembre 2010, le chef de quartier ou le chef de village est, dans son ressort territorial, le dépositaire de l'autorité de l'Etat qu'il représente en tant que le représentant soit de l'administrateur-maire d'arrondissement, soit de l'administrateur-maire de la communauté urbaine, soit du sous-préfet ou de l'administrateur délégué de la communauté rurale, à qui il rend périodiquement compte de sa gestion et devant lequel il est responsable. Il est soumis à l'obligation de réserve. Ainsi donc, il doit s'abstenir, dans l'exercice de ses fonctions, et en aucun cas, de faire prévaloir ses considérations d'ordre politique, ethnique, philosophique ou religieux.

Dans l'exercice de leurs fonctions, le chef du quartier et du village portent des signes distinctifs dont les caractéristiques sont déterminées par un arrêté du ministre chargé de l'administration du territoire. Enfin, pour couronner leurs statuts, aux termes des dispositions de l'article 24 du décret du 31 décembre 2010, les fonctions de chef de quartier et de chef de village donnent droit à la perception d'une allocation annuelle dont le montant est fixé par arrêté conjoint du ministre chargé de l'administration du territoire et du ministre chargé des finances.

b). Le secrétaire.

Un secrétaire assiste le chef de quartier ou le chef de village dans l'exercice de ses fonctions, ainsi qu'en dispose l'article 13 du décret précité. Le secrétaire est choisi selon les mêmes critères que ceux qui s'appliquent à la désignation du chef de quartier ou le chef de village, définis à l'article 10 dudit décret.

Le secrétaire assure, cas de vacance, pour quelque motif que ce soit, l'intérim des fonctions de chef du quartier ou du village, cumulativement aux siennes. La vacance est dûment constatée par l'administrateur-maire d'arrondissement ou de la communauté urbaine, par l'administrateur délégué de la communauté rurale ou le sous-préfet. Dans tous les cas, le poste de chef de quartier ou de chef du village doit être pourvu dans un délai de deux mois et suivant les critères définis à l'article 10 du présent décret[562].

Comme pour le chef du quartier ou du village, les fonctions de secrétaire donnent droit à la perception d'une allocation annuelle dont le montant est fixé par arrêté conjoint du ministre chargé de l'administration du territoire et du ministre chargé des finances.

c). La cessation des fonctions de chef de quartier ou du village et de secrétaire.

Aux termes des dispositions des articles 14 à 17 du décret du 31 décembre 2010, les fonctions de chef de quartier, de chef du village et de secrétaire prennent fin soit par le décès, soit par la démission soit par la révocation du titulaire.

En dehors du cas de décès, la démission est formalisée par une lettre adressée au préfet du département par la voie hiérarchique. Elle ne devient effective que lorsqu'elle est acceptée par le préfet du département.

La révocation est une sanction infligée par l'autorité de nomination dans les cas bien définis par l'article 17 du décret du 31 décembre 2010. Il s'agit notamment des cas d'insoumission à l'autorité hiérarchique ; d'incitation des populations à la rébellion ; d'inaptitude à assurer ses fonctions ; de détournement des biens publics ; de désaveu par les 2/3 au moins de la population.

Comme le prévoit l'article 15 du décret, en cas de vacance, pour quelque motif que ce soit, dûment constaté par l'administrateur-maire d'arrondissement ou de la communauté urbaine, par l'administrateur-délégué de la communauté rurale ou le sous-préfet, l'intérim de chef de quartier ou du chef du village est assuré par le secrétaire cumulativement avec ses fonctions.

Dans un délai de deux mois et selon les critères définis à l'article 10 du présent décret, le poste de chef de quartier ou de chef du village doit être pourvu.

III). Les attributions du chef de quartier, du village et du secrétaire.

Il convient de distinguer, d'une part les attributions du chef de quartier ou du chef du village (articles 18 à 22 du décret du 31 décembre 2010), et d'autre part, celles du secrétaire de ces entités (article 23).

---

[562] Cf. article 15 du décret du 31 décembre 2010.

a). Les attributions du chef de quartier ou du chef du village.

Le chef de quartier ou le chef de village a une fonction d'orientation, de coordination et de contrôle des activités menées, dans le cadre administratif et communautaire de son ressort territorial. Il est habilité, en l'absence de toute autorité de rang hiérarchique supérieure, à présider toutes les manifestations ou les cérémonies officielles organisées dans son ressort territorial.

Autorité conciliatrice dans le cadre de règlement amiable des litiges, le chef de quartier ou le chef de village contresigne les procès-verbaux des conseils de famille dont il est saisi.

Le chef de quartier ou le chef de village est chargé de l'administration de sa structure, sous l'autorité du chef de la circonscription territoriale dont il relève. A ce titre, le chef de quartier ou le chef de village est chargé de diffuser et d'appliquer les actes et instructions de son chef hiérarchique ; de recevoir les déclarations de naissance et de décès et de les transmettre au chef de la circonscription territoriale ; d'effectuer le recensement administratif annuel de la population et tenir à jour les monographies ; de participer à la révision des listes électorales et suivre les opérations relatives aux élections ; de veiller au maintien de l'ordre public, la sécurité, la tranquillité et informer le chef de la circonscription territoriale de tous les faits susceptibles de les troubler ; de veiller à la salubrité publique, à l'entretien et à la sauvegarde des routes desservant le quartier ou le village ; de procéder au règlement à l'amiable des différends mineurs pouvant surgir au sein de la population.

Enfin, l'assemblée générale des habitants de son quartier ou de son village est convoquée par le chef de quartier ou le chef de village. Cette assemblée générale est en principe composée par l'ensemble des habitants de ses entités. Il lui rend compte de son activité. Le chef de quartier ou du village recueille les vœux et doléances de la population et les communique au chef de la circonscription administrative territoriale.

b). Les attributions du secrétaire du quartier ou du village.

Les attributions du secrétaire du quartier ou du village sont très réduites. Aux termes des dispositions de l'article 23 du décret du 31 décembre 2010, elles sont cantonnées à l'enregistrement et l'expédition du courrier ; à la rédaction des comptes rendus, des procès-verbaux, des rapports et autres documents administratifs relatifs aux activités du quartier ou du village, par lesquels le chef de quartier ou de village rend compte de son activité.

Sous-section 5 : Le suivi et l'évaluation dans l'administration territoriale.

La mission de suivi et d'évaluation de l'administration territoriale s'opère dans le cadre des services du ministère en charge de la décentralisation, notamment à travers les structures comme l'inspection générale de l'administration du territoire, la direction générale de l'administration du territoire, la direction générale des collectivités locales, ou encore, la direction générale de la fonction publique territoriale[563].

De façon spécifique, cette mission est assurée par le Comité technique d'évaluation de la décentralisation et la conférence des Préfets.

§1. Le Comité technique d'évaluation de la décentralisation (CTED).

Crée par l'article 20 de la loi n° 9-2003 du 06 février 2003 fixant les orientations fondamentales de la décentralisation, le Comité technique dévaluation de la décentralisation est un organe consultatif placé auprès du ministre en charge de la décentralisation. Son organisation, ses attributions et son fonctionnement sont définis par le décret n° 2004-237 du 13 mai 2004.

A). L'organisation du CTED.

Le Comité technique d'évaluation de la décentralisation est composé d'un bureau présidé par le Directeur général des collectivités locales. Ce dernier est assisté d'un 1er vice-président en la personne du Directeur général du budget ; d'un 2ème vice-président, en la personne du Directeur général de la fonction publique (territoriale) et d'un secrétaire-rapporteur, en la personne du Directeur général de l'aménagement du territoire.

Il comprend en outre plusieurs membres, notamment les directeurs généraux des administrations centrales de l'Etat, dont les missions sont concernées par le transfert des compétences aux collectivités locales, et deux représentants par organisme de coopération concerné par la mise en œuvre de la décentralisation. Le CTED peut également faire appel à l'expertise de toute personne qualifiée pour l'éclairer dans le cadre de ses missions.

---

[563] Cf. Décret n° 2018-84 du 5 mars 2018, portant organisation du ministère de l'intérieur et de la décentralisation, JO. n°12-2018, du 22 mars 2018, p. 382 ; Décret n° 2018-85 du 5 mars 2018, portant attributions et organisation de l'inspection générale de l'administration du territoire, JO. n°12-2018, du 22 mars 2018, p. 384 ; Décret n° 2018-86 du 5 mars 2018, portant attributions et organisation de la direction générale de l'administration du territoire, JO. n°12-2018, du 22 mars 2018, p.386 ; Décret n° 2018-87 du 5 mars portant attributions et organisation de la direction générale des collectivités locales, JO. n°12-2018, du 22 mars 2018, p.390 ; Décret n° 2018-89 du 1er mars 2018, portant attributions et organisation de la direction générale de la fonction publique territoriale, JO. n°12-2018, du 22 mars 2018, p.379.

Tous les membres du Comité technique d'évaluation de la décentralisation sont nommés par arrêté du ministre en charge de l'administration du territoire et de la décentralisation. Les fonctions des membres du Comité technique d'évaluation de la décentralisation sont gratuites.

B). Les missions CTED.

Les attributions du Comité technique d'évaluation de la décentralisation sont définies par l'article 2 du décret du 13 mai 2004 (n° 2004-237). Dès lors, le Comité a pour mission de suivre la mise en œuvre de la décentralisation ; de concevoir et de mettre en œuvre le système d'évaluation de la décentralisation et d'en contrôler le fonctionnement ; de proposer les modalités de transfert et d'exercice des compétences transférées aux collectivités locales ; de rechercher et identifier les nouvelles compétences à transférer aux collectivités locales, les charges qui en découlent et de préciser les modalités de leur mise en œuvre ; d'apprécier le travail accompli par les autorités locales décentralisées et les conditions dans lesquelles s'exercent les compétences transférées ; d'évaluer la qualité et le degré de réalisation de la décentralisation ; d'examiner l'impact des facteurs internes notamment humains, matériels, financiers et organisationnels, d'une part, externes d'autre part ; de définir le programme et le rôle des évaluations et leur approche uniformisée de l'évaluation, etc.

C). Le fonctionnement du CTED.

Le Comité technique d'évaluation de la décentralisation se réunit une fois tous les six mois (semestre) sur convocation de son président. Il peut se réunir en session extraordinaire en cas d'urgence ou lorsque les circonstances l'exigent. Le président peut déléguer ses pouvoirs au 1er ou 2ème vice-président, qui le supplée en cas d'absence. L'ordre du jour est préparé par le secrétaire-rapporteur, sous l'autorité du président ; il est transmis, accompagné des dossiers à examiner, à tous les membres du bureau sept (7) jours au moins avant le jour de la réunion. Ce délai est réduit à trois (3) en cas de session extraordinaire. Le Comité peut décider de constituer des commissions ad hoc afin d'examiner des questions précises, ces commissions prennent fin après remise de leurs rapports.

Organe consultatif, le comité technique d'évaluation de la décentralisation émet des recommandations et des propositions, qui sont adressées au ministre en charge de l'administration du territoire et de la décentralisation. Aux termes des dispositions de l'article 1er du décret n° 2018-85 du 5 mars 2018, il incombe à l'inspection générale de l'administration du territoire d'évaluer la mise en œuvre des recommandations et des propositions du Comité technique d'évaluation de la décentralisation.

On peut saluer la pertinence de l'institution d'un tel organisme pour apprécier l'efficacité des politiques publiques relatives à la décentralisation et pour savoir si celles-ci ont atteint le niveau de performance que les populations et les acteurs locaux sont en droit d'attendre. Pour autant, nous ne disposons à cet instant d'aucun bilan permettant de dresser un état des lieux de la mise en œuvre concrète de la décentralisation à tous les niveaux.

§2. La conférence des préfets.

La conférence des préfets est avant tout une instance de suivi et d'évaluation de l'administration territoriale, dans le cadre de la déconcentration. Elle ne s'intéresse pas moins aux questions liées à la décentralisation. Elle est instituée par le décret n° 2018-83 du 5 mars 2018[564].

A). L'organisation et le fonctionnement de la Conférence des préfets.

Placée sous l'autorité du ministre chargé de l'administration du territoire, la Conférence des préfets se tient une fois par an, de manière rotative, dans l'un des 12 départements du Congo, sur convocation du ministre en charge de l'administration du territoire. Ce forum réunit, aux termes des dispositions de l'article 4 du décret précité du 5 mars 2018 (n° 2018-83), les membres du gouvernement ; les représentants de l'administration centrale du ministère en charge de l'administration du territoire et les préfets des départements.

L'article 5 du même décret prévoit qu'en fonctions des thématiques retenues, la Conférence des préfets peut être élargie aux présidents des Conseils départementaux et des Conseils municipaux. Sans qu'il ne soit prévu par le texte, les sous-préfets peuvent y être conviés. Enfin, la Conférence des préfets peut faire appel à tout sachant pour l'éclairer, en raison de son expertise, sur les thématiques des débats.

B). Le rôle et les missions de la Conférence des préfets.

Le décret précité du 5 mars 2018 (n° 2018-83) précise, dans son article 2, que la conférence des préfets est un cadre de concertation et d'évaluation des actions des préfets en vue d'assurer un fonctionnement efficace des circonscriptions administratives territoriales. Ainsi donc, elle est chargée de faire le point de la mise en œuvre des politiques publiques à l'échelle

[564] JO. n°12-2018 du 22 mars 2018, p381.

territoriale ; d'organiser des échanges sur le fonctionnement de l'administration déconcentrée et décentralisée ; d'informer les préfets des lignes directrices des politiques publiques définies au niveau central ; de faire des suggestions au gouvernement sur les questions de la déconcentration et de la décentralisation.

La Conférence des préfets peut émettre des recommandations dont la mise en œuvre est suivie et évaluée par l'inspection générale de l'administration du territoire[565].

---

[565] Cf. Décret n°2018-85 du 5 mars 2018 (article 1er), JO. JO. n°12-2018 du 22 mars 2018, p384.

Titre final : Addendum relatif au processus électoral de la constitution de 2015.

Les institutions électives prévues par la constitution du 25 octobre 2015 sont appelées à être renouvelées à leurs échéances respectives. Il en est ainsi du Président de la République, élu le 20 mars 2016, dont le mandat de 5 ans renouvelable deux (2) fois, comme fixé par l'article 65 de cette constitution, arrivait à son terme le 16 avril 2021[566].

Nous avons déjà évoqué plus haut ce qui est forcé de designer, le rituel des concertations préalablement aux échéances électorales. Un rituel que d'aucuns récusent comme ne valant pas véritablement un dialogue inclusif. C'est-à-dire, un dialogue qui donnerait du sens à une démocratie concertative ou participative que l'on promouvrait. Les concertations de Madingou[567], dans le département de la Bouenza, n'ont pas dérogé au rituel. Même si l'on s'était dévoyé du schéma constitutionnellement consacré, dans le cadre institutionnel du Conseil national du dialogue (CND)[568].

Seront évoqués, au titre de cet addendum, le processus qui a conduit à la deuxième élection présidentielle de la constitution du 25 octobre 2015, ainsi que le contentieux qui en est résulté.

Chapitre 1er : La 2ème élection présidentielle de la constitution de 2015.

Le processus de l'élection présidentielle, scrutin des 17 et 21 mars 2021, avait nécessité la révision des listes électorales, la convocation du corps électoral, la fixation du calendrier électoral, le dépôt et la validation des candidatures, le déroulement de la campagne électorale, les votes du 1er tour du scrutin et la proclamation des résultats provisoires. Il était endeuillé par le décès d'un candidat le lendemain du vote général du 1er tour.

---

566 Les résultats provisoires du scrutin du 20 mars 2016 étaient proclamés par le ministre de l'intérieur le 24 mars 2016 ; tandis que résultats définitifs avaient été proclamés par la Cour constitutionnelle le 04 avril 2016. Le Président élu était investi Président de la République lors de sa prestation de serment devant la Cour constitutionnelle le 16 avril 2016. C'était le début de son 1er mandat de cinq ans sous la constitution du 25 octobre 2015.

567 Concertations de Madingou du 24 au 26 novembre 2020.

568 Cf. Articles 227 à 229 de la constitution et la loi organique n°30-2017 du 07 août 2017.

§1. La révision extraordinaire des listes électorales.

C'était une des recommandations de la Commission cadre juridique des élections politiques, des assises de Madingou du 24 au 26 novembre 2020. Elles préféraient une révision extraordinaire des listes électorales, au lieu d'un recensement général de la population, tant réclamé par l'opposition pour avoir un fichier électoral très fiable ; gage d'un scrutin sincère et crédible. Un tel recensement, n'ayant pas été organisé à temps, était inenvisageable à quelques mois seulement de l'élection présidentielle.

Ainsi donc, l'arrêté du ministre de l'intérieur et de la décentralisation du 29 décembre 2020 fixait la révision extraordinaire des listes électorales pour la période allant du 07 janvier 2021 au 16 février 2021[569].

§2. Le processus électoral.

Les autorités en charge de l'élection, en l'occurrence le ministère de l'intérieur et de la décentralisation, avaient arrêté un chronogramme bien précis. Concernant, d'une part, la convocation du corps électoral en vue du scrutin présidentiel ; d'autre part, le dépôt des candidatures et leur validation ; enfin la période de la campagne officielle.

A). La convocation du corps électoral.

Le 1er tour de l'élection du Président de la République devrait tenir compte de la nouveauté introduite par la loi électorale, modifiée et complétée par la loi n° 50-2020 du 21 septembre 2020, permettant aux agents de la force publique (les militaires, les gendarmes et les policiers) de voter par anticipation, afin de sécuriser le processus électoral le jour du vote général.

I). Le vote anticipé des agents de la force publique.

Ainsi qu'il ressort du décret n° 2021-26 du 13 janvier 2021, le corps électoral était convoqué en deux temps pour le 1er tour de l'élection du Président de la République. C'était le 17 mars 2021, pour le vote des agents de la force publique, et, le 21 mars 2021 pour le vote général[570].

On pouvait légitimement s'interroger si le vote anticipé des agents de la force publique allait se dérouler dans les casernes des militaires, les brigades de la gendarmerie ou les commissariats de police.

---

[569] Cf. Arrêté (ministère intérieur et de la décentralisation), n°17220 du 29 décembre 2020, JORC, n°2, du 14 janvier 2021, p.57-58.

[570] Cf. décret n°2021-26 du 13 janvier 2021 portant convocation du corps électoral pour le 1er tour de l'élection du Président de la République, JORC, n°3 du 21 janvier 2021, p.115.

Il n'en était rien. Car, il ressort des dispositions de l'arrêté n° 2996 du 4 mars 2021 modifiant et complétant l'arrêté n° 2321 du 25 février 2021 que, les bureaux de vote, pour les éléments de la force publique étaient implantés dans des lieux neutres tels que, les bâtiments des établissements scolaires (écoles, collèges et lycées), les sièges des quartiers, des mairies, des préfectures, etc[571]. Les bureaux de vote n'étaient pas composés des éléments de la force publique, mais dans les conditions de droit commun.

Pour le vote, les membres de la force publique étaient inscrits, comme le prévoit l'arrêté ministériel du 08 janvier 2021[572], sur des listes spéciales établies par des commissions administratives de révision extraordinaire des listes électorales nommées par arrêté n° 17221 du 29 décembre 2020, du ministre de l'intérieur. Cette solution paraît limiter, voire annihiler le risque des doublons avec les listes générales des électeurs civils.

Enfin, le dépouillement des bulletins n'était pas effectué à l'issue du vote anticipé des éléments de la force publique. Il était différé. Les urnes étaient scellées pour être dépouillées au même moment que le dépouillement des bulletins du vote général.

Cette situation n'était pas sans susciter les inquiétudes de l'opposition, qui redoutait le risque de fraude ou de manipulation, à défaut de garanties notoires sur la conservation des urnes jusqu'au dépouillement général.

II). Le vote général des électeurs.

Le vote général devait avoir lieu le jour du scrutin convoqué, ainsi qu'il vient d'être mentionné, le 21 mars 2021, suivant les listes électorales issues de la révision extraordinaire. Le nombre et les lieux d'implantation des bureaux de vote pour l'élection du Président de la République étaient fixés par l'arrêté n° 2322 du 25 février 2021[573]. La composition des bureaux des commissions locales d'organisation des élections était fixée par l'arrêté du n° 3252 du 5 mars 2021, modifiant et complétant l'arrêté n° 2589 du 1er mars 2021[574].

---

[571] Cf. Arrêté n° 2996 du 4 mars 2021 modifiant et complétant l'arrêté n° 2321 du 25 février 2021 fixant le nombre et les lieux d'implantation des bureaux de vote spéciaux de la force publique pour l'élection du Président de la République, scrutin du 21 mars 2021, JORC, n° 11 du 18 mars 2021, p 489 ; arrêté n° 2321 du 25 février 2021 fixant le nombre et les lieux d'implantation des bureaux de vote spéciaux de la force publique pour l'élection du Président de la République, scrutin du 21 mars 2021, JORC, n° 10, du jeudi 11 mars 2021, p. 332.

[572] Cf. arrêté n°5 du 08 janvier 2021, portant désignation des Commissions administratives chargées de l'établissement des listes électorales spéciales des membres de la Force publique, JORC, n°3 du 21 janvier 2021, p.116.

[573] Arrêté n° 2321 du 25 février 2021 fixant le nombre et les lieux d'implantation des bureaux de vote spéciaux de la Force publique pour l'élection du Président de la République, scrutin du 21 mars 2021, JORC, n°3 du 21 janvier 2021, p.116.

[574] Cf. Arrêté n° 3252 du 5 mars 2021 modifiant certaines dispositions de l'arrêté n° 2589 du 1er mars 2021 portant nomination des membres des bureaux des commissions locales d'organisation des élections, JORC, n°11, du 18 mars 2021, p.491.

B). Le dépôt et la validation des candidatures en vue du scrutin du 21 mars 2021.

Suite à la convocation du corps électoral en vue de l'élection du Président de la République, scrutin du 21 mars 2021, il fallait fixer le délai de dépôt des candidatures, désigner un collège de médecins assermentés chargés d'examiner les candidats et en arrêter la liste.

I). Le délai de dépôt des dossiers de candidatures.

Le ministère de l'intérieur et de la décentralisation avait fixé la période de dépôt des dossiers de candidatures à l'élection présidentielle, du 21 janvier 2021 au 07 février 2021 à minuit[575]. Ce délai était ensuite prorogé par un autre arrêté du 05 février 2021 jusqu'au lundi 8 février 2021 à 12 heures[576].

Cette prorogation se justifiait par le fait que le dernier jour du précédent délai tombait le dimanche 07 février 2017 ; un jour non ouvrable où les administrations étaient fermées. Notamment, la direction générale des affaires électorales, dépendant du ministère de l'intérieur et de la décentralisation, où les dossiers de candidatures devraient être déposés. Sinon, il n'était pas possible, aux candidats qui ne se seraient pas pris à temps, d'accomplir toutes les formalités requises.

Le dossier de candidature devra comporter : une copie conforme de l'acte de naissance ; quatre (4) cartes de photographie format identité et le logo choisi pour l'impression de ses affiches électorales ; un curriculum vitae certifié sur l'honneur ; un certificat médical délivré par un collège de trois (3) médecins assermentés désignés par la cour constitutionnelle ; un spécimen de signature ;

un casier judiciaire, volet n° 2 ; un certificat de nationalité ; une déclaration de moralité fiscale ; un récépissé de versement au Trésor public d'un cautionnement de vingt-cinq millions (25 000 000) de francs CFA non remboursable.

II). La désignation d'un collège de trois médecins assermentés.

La désignation d'un collège de trois médecins assermentés aux fins de constater l'état de bien être physique et mental des candidats aux fonctions de Président de la République, en vue du scrutin du 21 mars 2021, est fondée

---

[575] Cf. Arrêté n° 89 du 14 janvier 2021 fixant la période de dépôt des dossiers de candidature à l'élection du Président de la République, scrutin du 21 mars 2021, JORC, n°3 du 21 janvier 2021, p.115.

[576] Cf. Arrêté n° 862 du 5 février 2021 portant prorogation de la période de dépôt des dossiers de candidature à l'élection du Président de la République, scrutin du 21 mars 2021, JORC, n°7, du 18 février 2021, p.271

sur les dispositions de l'article 66 de la constitution du 25 octobre 2015, qui dispose, entre autres que, *« Nul ne peut être candidat aux fonctions de Président de la République s'il (...), ne jouit d'un état de bien-être physique et mental dûment constaté par un collège de trois médecins assermentés désignés par la Cour constitutionnelle »*.

L'état de santé physique et mentale de tout candidat à la fonction de Président de la République doit être attesté par un certificat médical délivré par le collège de trois médecins. Ce certificat médical fait partie des pièces du dossier de candidature que prévoit l'article 48 (nouveau), de la loi n° 9-2001 du 10 décembre 2001 portant la loi électorale.

En l'occurrence, le Président de la Cour constitutionnelle sollicitait, dans une lettre en date du 13 janvier 2021 (n° 001/CC/P-CAB), du Président de l'Ordre national des médecins du Congo, la liste des médecins agréés. Ce dernier la lui communiquait dans une lettre en réponse datée du 18 janvier 2021 (n° 001/CNOM/PR/2021) dont il désignait, par décision du 19 janvier 2021, les trois membres requis pour constituer le fameux collège des médecins assermentés[577].

L'examen des aptitudes physiques et mentales des candidats à l'élection du Président de la République et la délivrance subséquente du certificat médical, pour le scrutin du 21 mars 2021, devraient avoir lieu, ainsi que le précise la décision précitée de la Cour Constitutionnelle, pendant la période de dépôt des dossiers de candidatures. C'est-à-dire du 21 janvier 2021 au 7 février 2021 de 10 heures à 14 heures au siège de la Cour constitutionnelle. Tenant la prorogation du délai de dépôt des dossiers de candidature au vendredi 8 janvier 2021 à 12h, par l'arrêté précité du 05 février 2021 (n° 862/MID-CAB), les consultations médicales des candidats au scrutin présidentiel devraient également se poursuivre jusqu'à cette date.

III). Le boycott du scrutin par une parie de l'opposition.

Il est important de souligner qu'une partie de l'opposition, notamment les composantes de la fédération de l'opposition congolaise (FOC, sous la direction de M. Clément Mierassa), l'UPC (de M. Paulin Makaya), le MUST (de Mme Claudine Munari) avaient décidé de boycotter le scrutin présidentiel du 21 mars 2021, dont ils ne cessaient de dénoncer les conditions d'organisation.

Plus surprenant fut le refus de participer à ce scrutin de la part de l'UPADS, le principal parti de l'opposition. Son Premier Secrétaire, P. Pascal Tsaty Mabiala, par ailleurs chef de file de l'opposition, s'était montré

[577] Cf. Décision n° 001/DCC/EL/PR/21 du 19 janvier 2021, portant désignation d'un collège de trois médecins assermentés chargé de constater l'état de bien-être physique et mental des candidats aux fonctions de Président de la République, scrutin du 21 mars 2021, JORC, n°7-2021 du 18 février 2021, p.288. Il s'agissait du Professeur Ikama Méo Stéphane (cardiologue) ; du Professeur Ossou-Nguiet Paul Macaire (neurologue) et du Docteur Samba Léa Edmonde Bertille (généraliste).

très critique sur les assises de Madingou, dans le département de la Bouenza, auxquelles il avait participé du 24 au 26 novembre 2020. Cela, quand bien même qu'il s'était, entre temps, illustré par une proposition, non admise dans la classe politique, consistant à proroger le mandat du Président la République sortant pour deux ans jusqu'au 2023, dans le cadre d'une transition consensuelle, pour quitter ensuite le pouvoir à l'issue d'une élection présidentielle à laquelle il ne devrait pas être candidat[578]. Mais, une telle idée, aussi novatrice fût-elle, ne pouvait pas être mise en œuvre sans réviser la constitution du 25 octobre 2015 qui ne prévoit pas un tel mécanisme d'alternance au plus haut sommet de l'Etat.

IV). La liste des candidats retenus.

La liste définitive des personnes admises à concourir pour l'élection du Président de la République était arrêtée par la Cour constitutionnelle, statuant au vu des dossiers de candidatures transmis par le Préfet-Directeur-Général des affaires électorales, du ministère de l'intérieur et de la décentralisation. En l'occurrence, ces dossiers furent transmis à la Cour par lettre du 11 février 2021 (n° 014/DGAE-DIR). Pour arrêter cette liste, la Cour constitutionnelle examine les dossiers au regard des conditions d'éligibilité fixées à l'article 66 précité de la constitution de 2015, ainsi que de l'article 48 nouveau précité de la loi électorale modifiée et complétée du 10 décembre 2001.

En l'occurrence, sur huit (8) dossiers de candidatures transmis, seul un fut rejeté pour défaut de production du certificat médical délivré par le collègue de trois médecins assermentés, de déclaration de moralité fiscale, de concordance entre la signature apposée sur la déclaration de candidature et celle qui figurait sur le spécimen produit au dossier[579]. Ces omissions laissent quelque peu dubitatif, s'agissant d'un candidat expérimenté et ayant déjà concouru à l'élection présidentielle de 2016.

Le rejet de la candidature implique la perte du cautionnement de 25.000.000FCFA, dont il est bien spécifié dans l'article 48 nouveau de la loi électorale précitée qu'il est non remboursable.

La sanction est très sévère à ce stade d'admission des candidatures. Le législateur serait mieux inspiré d'instituer, dans un souci d'équité, une proportion de remboursement à ce stade, en fonction des frais générés par le

---

[578] « *Congo: Tsaty Mabiala pour une transition et une présidentielle en 2023* », https://www.lsi-africa.com/fr/actualite-africaine/congo-opposition-mandat.html; «*Débat à Brazzaville sur la tenue de l'élection présidentielle en 2021 : L'opposition veut la prorogation du mandat de Denis Sassou N'Nguesso, pourvu qu'il ne soit plus candidat. La majorité insiste sur le respect de la Constitution* »,https://www.voaafrique.com/a/d%c3%a9bat-%c3%a0-brazzaville-sur-la-tenue-de-l-%c3%a9lection-pr%c3%a9sidentielle-en-2021/5509624.html; » ; « *Congo : l'opposition pour une transition et une présidentielle en 2023 sans Sassou* », https://fr.africanews.com/2019/12/26/congo-l-opposition-pour-une-transition-et-une-presidentielle-en-2023-sans-sassou/

[579] Il s'agissait de la candidature de M. Mboussi-Ngouari Michel.

traitement des dossiers. D'autant plus qu'à ce stade, les bulletins de vote ne sont pas encore édités.

Qu'à cela ne tienne, la Cour constitutionnelle arrêtait la liste définitive des candidats à l'élection présidentielle, scrutin du 21 mars 2021, à sept (7) candidats, dans sa décision du 17 février 2021. Il s'agissait de, Messieurs : 1. Denis Sassou-Nguesso ; 2. Guy Brice Parfait Kolelas ; 3. Mathias Dzon ; 4. Albert Oniangue ; 5. Joseph Kignoumbi-Kia-Mboungou ; 6. Uphrem Dave Mafoula ; 7. Anguios Nganguia-Engambe[580].

C). La campagne électorale du scrutin présidentiel du 21 mars 2021.

L'arrêté du ministre de l'intérieur et de la décentralisation en date du 25 février 2021 (n° 2320) fixait l'ouverture et la période de la campagne officielle du premier tour de l'élection du Président de la République, scrutin du 21 mars 2021, du 05 mars au 19 mars 2021 à minuit ; avec une suspension pendant trois jours, entre le 15 et le 17 mars 2021, pour permettre le vote par anticipation des agents de la force publique. Elle devrait reprendre le 18 mars jusqu'au 19 mars 2021 à minuit.

Cette campagne révélait, une fois de plus, la disparité de moyens entre les candidats. Certains peinaient, au-delà des tracasseries administratives et du manque de moyens tant humains que logistiques, à mobiliser l'électorat sur toute l'étendue du territoire national. Cela posait de sérieux problèmes de définition d'une la stratégie électorale et de priorisation des déplacements pour les petits candidats qui pâtissaient aussi d'un défaut d'ancrage territorial suffisant.

A cela s'ajoutait le sempiternel déséquilibre saisissant d'accès aux médias publics, dont la chaine nationale de télévision qui faisait la part trop belle au candidat sortant et celui de la majorité présidentielle, en mobilisant reporters et projecteurs pour couvrir l'activisme des représentants, de leur candidat, dispersés à travers les départements. Ce déséquilibre, que d'aucuns mettent à la faveur du privilège du candidat sortant, pose problème en termes de vitalité du jeu démocratique et de la visibilité de tous les candidats dans les médias publics. Or, on ne dira jamais assez que les médias publics devraient être des vecteurs et des facteurs de l'égalité des chances entre les candidats, permettant d'expliquer leurs programmes et leurs projets de société aux électeurs. Enfin, ce déséquilibre interpelle sur la régulation de la communication en période électorale.

---

[580] Cf. Décision n° 002/DCC/EL/PR/21 du 17 février 2021 portant liste définitive des candidats à l'élection du Président de la République, scrutin du 21 mars 2021, JORC, n°7, du 18 février 2021, p.288.

D). Des restrictions imposées le jour du scrutin.

C'est devenu un lieu commun que d'évoquer les restrictions et sujétions imposées par les autorités le jour du vote, au motif soutenu de préserver et de garantir la sérénité et la sincérité du scrutin.

Ainsi donc, toutes les frontières étaient fermées le 21 mars 2021 de 6 heures à 18heures par un arrêté du ministre de l'intérieur et de la décentralisation du 6 heures à 18 heures[581]. La circulation était interdite le jour du scrutin, sur toute l'étendue du territoire national, de 6 heures à 18 heures.

Etaient concernées par l'interdiction, la circulation automobile ; les manifestations sur la voie publique et les attroupements ; la tenue des marchés ; le port des armes de toute catégorie sauf autorisation particulière ; l'ouverture des débits de boisson, bars dancing et night-club.

Cependant, les restrictions de circuler ne concernaient pas les véhicules des chefs de mission diplomatique, ainsi qu'à ceux de la force publique.
Par ailleurs, certaines catégories de personnes pouvaient bénéficier des laissez-passer délivrés par les autorités compétentes. Il en était ainsi, des personnels électoraux ; des observateurs électoraux, nationaux et internationaux ; des personnes impliquées dans l'organisation de l'élection ; des personnels de garde des établissements sanitaires et des pharmacies ; des personnels des boulangeries, croissanteries et restaurants ; des personnels des services d'urgence et de secours.

D'autre part, si les équipes de campagne des différents candidats étaient également concernées par ces interdictions, il n'en demeurait pas moins que les candidats à l'élection présidentielle pouvaient bénéficier d'un sauf-conduit spécial pour se déplacer uniquement du domicile au bureau de vote puis rentrer chez eux[582].

Enfin, comme en 2016, internet et les réseaux sociaux furent coupés dans que cela n'eut fait l'objet d'une annonce officielle[583].

---

[581] Cf. Arrêté n° 4500 du 17 mars 2021 portant fermeture des frontières nationales à l'occasion de l'élection du Président de la République, scrutin du 21 mars 2021, JORC, n°12, du 25 janvier 2021, p. 503.

[582] Cf. Arrêté n° 4501 du 17 mars 2021 portant interdiction de la circulation automobile et de certaines activités sur toute l'étendue du territoire national à l'occasion de l'élection du Président de la République, scrutin du 21 mars 2021, JORC, n°12 du 25 janvier 2021, p. 503.

[583] *« Élections au Congo. internet coupé, un candidat évacué… Retour sur une journée de vote marquée par une faible participation »*, https://www.ouest-france.fr/monde/congo/elections-au-congo-internet-coupe-un-candidat-evacue-retour-sur-une-journee-de-vote-marquee-par-une-7195255; *« Présidentielle au Congo : Internet coupé ! »*, https://www.lepoint.fr/afrique/presidentielle-au-congo-internet-coupe-21-03-2021-2418745_3826.php; *« Les autorités congolaises coupent l'accès à internet avant l'élection présidentielle »*, https://www.lemonde.fr/afrique/article/2021/03/21/les-autorites-congolaises-coupent-l-acces-a-internet-avant-l-election-presidentielle_6073935_3212.html; *« Congo: début du vote sur fond de coupure d'internet »*, https://fr.africanews.com/2021/03/21/congo-debut-du-vote-sur-fond-de-coupure-d-internet//

E). L'incapacité et le décès d'un candidat au 1er tour de l'élection.

La campagne électorale se déroulant en pleine pandémie du covid' 19, l'attention était attirée sur le respect des gestes barrières au cours des meetings, des réunions ou toutes les manifestations drainant des foules.

I). L'incapacité d'un candidat avant et pendant le vote du 1er tour.

Le processus électoral de 2021 sera à jamais marqué par l'incapacité physique et le décès qui s'en était fatalement suivi, du candidat Parfait Guy Brice Kolelas au 1er tour de l'élection présidentielle. C'est la première fois, dans l'histoire politique du Congo, qu'un processus électoral soit ainsi affecté et endeuillé.

Il y a eu incapacité physique parce qu'avant le vote du 1er tour du scrutin présidentiel du 21 mars 2021, l'état de santé du candidat du parti UDH-YUKI, Parfait Guy Brice Kolelas, alias *« PAKO »,* s'était brusquement dégradé. Il s'était trouvé dans l'incapacité de participer à son dernier meeting de campagne du 19 mars 2021, puis admis à la clinique SECUREX à Brazzaville où il aurait été testé positif au Covid' 19. Il délivrait de son lit d'hôpital un message testamentaire, invitant les électeurs à aller voter pour le changement, le changement pour lequel il se serait battu, qu'ils le fassent pour l'avenir de leurs enfants, qu'ils lui fassent plaisir, car il ne se serait pas battu pour rien ; qu'il se battait contre la mort, dans le lit de mort[584].

Ce qui interpelle les consciences est qu'en dépit de ce message à la fois d'espérance et de combativité, le candidat de l'UDH-YUKI était visiblement et irréversiblement dans l'incapacité physique et psychologique de poursuivre la bataille électorale.

Cela aurait dû légitimer, dès le départ, le déclenchement du mécanisme de l'article 70 de la constitution du 25 octobre 2015, en saisissant dans l'extrême urgence, la Cour constitutionnelle pour faire constater l'empêchement définitif du candidat, avant le premier tour de l'élection présidentielle et prononcer, de ce fait, le report du scrutin.

Si en vertu de l'article 70 de la constitution, ce mécanisme de saisine de la Cour constitutionnelle, qui ne peut d'ailleurs pas s'autosaisir, aurait pu être déclenché à la diligence soit du Président de la République, soit du Président de l'Assemblée nationale ou celui du Sénat, il n'en demeure pas

[584] *« Mes chers compatriotes, je suis en difficulté. Je me bats contre la mort. Mais, je vous demande de vous lever. Allez-y voter, pour le changement. Je ne me serai pas battu pour rien. Battez-vous ! Je ne me serai pas battu pour rien. Levez-vous ! Comme un seul homme. Faites-moi plaisir. Je me bats sur mon lit de mort. Vous aussi, battez-vous ! Pour votre changement. Allez-y ! Il y va de l'avenir de vos enfants. Battez-vous ! Merci. »*

moins qu'il aurait pu efficacement et promptement être déclenché par l'entourage politique du candidat, comme *« tout intéressé »*. Son entourage avait, dans ces circonstances, plus intérêt à voir l'élection reportée pour ce motif, que d'autres personnalités ; surtout lorsqu'elles sont elles-mêmes candidates ou soutiennent un candidat en lice. Cela fait appel à un sens élevé de responsabilité et à un esprit républicain sans faille.

On aurait pu penser que l'incitation ou l'encouragement des électeurs à aller voter pour le changement, aurait suscité le doute sur le caractère définitif de l'empêchement. Mais, face une telle situation, les acteurs politiques doivent agir dans l'extrême urgence en invoquant le fondement juridique et étayant les faits caractéristiques d'un empêchement définitif, dont l'appréciation de la réalité incombe à l'office du juge électoral. En l'occurrence, la Cour constitutionnelle.

II). Le décès postérieur au vote et avant les résultats du 1er tour.

De l'incapacité ayant induit l'impossibilité ou à l'empêchement définitif de poursuivre le processus électoral, la situation du candidat de UDH-Yuka aura fatalement basculée au décès le 22 mars 2021 lors de l'atterrissage à l'aéroport du Bourget de l'avion médicalisé affrété d'urgence pour son évacuation sanitaire en France. Cette date semble être remise en cause par un communiqué attribué à l'avocat de la famille, selon lequel le décès serait survenu le 21 mars 2021, arguant également de ce que l'heure du décès n'est pas déterminée[585].

Cette thèse est elle-même en contradictoire avec les déclarations attribuées à l'épouse du défunt, qui aurait affirmé que son mari était encore en vie, lors qu'elle avait été priée de descendre de l'avion à l'aéroport du Bourget[586].

En toute hypothèse, le décès serait survenu postérieurement au vote et antérieurement à la proclamation des résultats provisoires du 1er tour de l'élection présidentielle, scrutin du 21 mars 2021.

Cette situation se heurtait à un vide juridique, en l'état du droit applicable. Car, la constitution du 25 octobre 2015 ne résout pas, contrairement à la constitution du 20 janvier 2002 (article 63) et, dans une certaine mesure, celle du 15 mars 1992 (article 69), les conséquences du décès d'un candidat survenu entre le vote et avant la proclamation des résultats provisoires du 1er tour par la saisine de la Cour constitutionnelle,

---

[585] *« Communiqué de Maître William BOURDON, Avocat des membres de la famille de Monsieur Guy Brice Parfait KOLELAS »*, DAC E-NEWS (dac-presse.com), http//www dac-presse.com, vendredi 23 avril 2021 01 :34.

[586] *« Congo-Dossier Parfait Kolelas : Maître William Bourdon jetterait-il le trouble ? »*, httpslesechos-congobrazza.com.

aux fins du report et de l'annulation, puis la reprise de l'ensemble des opérations électorales[587].

Donc, aucun recours n'était possible à ce stade.

F). La proclamation des résultats provisoires du scrutin du 21 mars 2021.

Après les estimations du Président de la CNEI, le ministre de l'intérieur et de la décentralisation proclamait le 23 mars 2021, les résultats provisoires de l'élection présidentielle, scrutin du 17 et 21 mars 2021. La célérité de cette proclamation, soit deux jours après le scrutin, n'a pas manqué de susciter quelques interrogations sur les performances de la CNEI, alors que d'habitude la lenteur dans la proclamation des résultats provisoires donne lieu à des spéculations sur leur crédibilité.

Il en ressortait que, sur 2.659.934 électeurs inscrits ; 1.796.882 votants, pour taux de participation : 67,55 % ; 32.204 bulletins blancs et nuls et 1.764.678 suffrages exprimés, le candidat sortant, Denis Sassou-Nguesso obtenait 1.562.948 voix (, soit 88,57 %), suivis du feu Guy Brice Parfait Kolelas, 138.433 voix (soit 7,84 %) ; de Mathias Dzon, 33.496 voix (soit 1,90 %) ; de Joseph Kignoumbi-Kia-Mboungou, 10.607 voix (soit 0,60 %) ; Dave Huphrem Mafoula : 9.585 voix (soit 0,54 %) ; Albert Oniangue : 6.908 voix (soit 0,39 %) et Anguios Nganguia-Engambe : 2.701 voix (soit 0,15 %).

Le candidat Denis Sassou-Nguesso ayant obtenu 88,57 % des suffrages exprimés, soit plus de la majorité absolue, était donc réélu Président de la République du Congo, en attendant la proclamation des résultats définitifs par la Cour constitutionnelle.

---

[587] *L'article 63 de la constitution du 20 janvier 2002 disposait, « Si, avant le premier tour, un des candidats décède ou se trouve définitivement empêché, la Cour constitutionnelle prononce le report de l'élection.*

En cas de décès ou d'empêchement définitif de l'un des deux candidats les plus favorisés au premier tour, avant la proclamation des résultats du premier tour, la Cour constitutionnelle déclare qu'il soit procédé de nouveau à l'ensemble des opérations électorales ; il en est de même en cas de décès ou d'empêchement définitif de l'un des deux candidats restés en présence en vue du second tour.

Dans les cas visés aux alinéas 1 et 2 ci-dessus, la Cour constitutionnelle saisie, soit par le Président de la République, soit par le Président de l'une ou de l'autre chambre du Parlement, soit par tout intéressé, peut proroger les délais prévus à l'article 62. Le scrutin doit avoir lieu dans les quatre-vingt-dix jours à compter de la date de la décision de la Cour constitutionnelle. Si l'application des dispositions du présent alinéa a eu pour effet de reporter l'élection présidentielle, le Président de la République en exercice demeure en fonction jusqu'à la prestation de serment de son successeur... ».

Chapitre 2 : Le contentieux et les résultats définitifs du scrutin présidentiel du 21 mars 2021.

Comme il fallait s'y attendre, les circonstances du déroulement du scrutin, encore marqué par le décès du principal challenger, et les résultats provisoires proclamés par le ministre en charge des élections, suscitaient des contestations devant la Cour constitutionnelle. Le juge du contentieux de l'élection présidentielle devait soit confirmer les résultats provisoires, soit les réformer, soit annuler purement et simplement l'ensemble des opérations électorales.

La Cour constitutionnelle était donc saisie à double titre. D'une part, au titre du recours aux fins du report du scrutin ou d'annulation de l'ensemble des opérations électorales. D'autre part, aux fins d'examiner et de proclamer les résultats définitifs de l'élection du Président de la République, scrutin des 17 et 21 mars 2021.

§1. La saisine contentieuse relative au scrutin présidentiel du 21 mars 2021.

Messieurs Christian Mozoma, Mathias Dzon et Jean-Jacques Serges Yhombi-Opango, introduisaient chacun, une requête devant la Cour constitutionnelle, respectivement le 23 mars, le 25 mars et le 29 mars 2021, dans le délai de cinq (5) jours à compter de la proclamation des résultats provisoires par le ministre de l'intérieur et de la décentralisation, conformément aux dispositions de l'article 72 de la constitution du 25 décembre 2015.

La Cour constitutionnelle avait cru judicieux, dans l'intérêt d'une bonne administration de la justice, de joindre ces trois requêtes qui présentaient un lien suffisant entre elles, afin d'y statuer par une seule décision, même si dans les motifs, chaque recours est examiné séparément.

A). Concernant la requête de M. Mathias Dzon, en date du 25 mars 2021.

Il convient de présenter les faits, les moyens et prétentions des parties ainsi que les motifs de la Cour relativement à cette requête, introduite le 25 mars 2021.

I). Les faits, les moyens et prétentions des parties.

Dans les faits, le requérant excipe des irrégularités et des fraudes massives qui auraient entaché le scrutin présidentiel des 17 et 21 mars 2021, ainsi que la proclamation précipitée des résultats provisoires, alors que, selon lui, tous les résultats n'étaient pas encore parvenus au centre de compilation. Il soulevait également le grief du défaut d'application des dispositions de l'article 70 de la constitution pour reporter le scrutin en raison de l'empêchement définitif dans lequel se trouvait un candidat, Guy Brice Parfait Kolélas.

En défense, le candidat dont l'élection était contestée, Denis Sassou-Nguesso, répondait, par le ministère de son avocat, dans un mémoire en date du 26 mars 2021. Il concluait, d'une part, à l'irrecevabilité de la requête de M. Dzon qui, selon lui, ne contenait pas toutes les mentions requises par les dispositions des articles 61 et 62 de la loi organique n° 28-2018 du 7 août 2018, modifiée et complémentée par la loi organique n° 57-2020 du 18 novembre 2020, portant organisation et fonctionnement de la Cour constitutionnelle. Ces griefs se rapportaient au fait que la requête ne comportait pas les mentions relatives aux date et lieu de naissance du requérant, à sa profession, aux nom et prénom du candidat dont l'élection était contestée, aux fondements juridiques de sa demande d'annulation de l'élection, ainsi qu'au défaut d'accomplissement des formalités de timbre fiscal et d'enregistrement.

Sur le fond, le défendeur faisait observer que le requérant n'établissait pas le fondement juridique du moyen de la précipitation affectant la proclamation des résultats provisoires sous 48 heures. Ce défaut ne constituait nullement une cause d'annulation des résultats de l'élection. Le défendeur concluait également au rejet du moyen du report du scrutin en raison de l'empêchement définitif du candidat Kolélas, sur le fondement de l'article 70 de la constitution, dès lorsque, selon lui, la non-participation au dernier meeting de la campagne électorale n'équivaut pas à un empêchement définitif et que les équipes du candidat concerné continuaient de battre campagne sur toute l'étendue du territoire national.

En réplique, le requérant précisait dans un mémoire en date du 1er avril 2021, enregistré le 02 avril suivant, en ce qui concerne la fin de non-recevoir, que les mentions relatives à son identification figuraient dans son dossier de candidature, déposé au secrétariat-greffe la Cour constitutionnelle. Il invitait la Cour à s'y reporter.

Sur le fond, il soutenait entre autres que le Gouvernement était conscient de l'empêchement définitif du candidat Kolelas et qu'il aurait dû reporter l'élection pour l'organiser dans le délai de 90 jours.

II). Les motifs de la décision sur la requête de M. Dzon.

La Cour constitutionnelle devait d'abord se prononcer sur la fin de non-recevoir, qui conditionnent la poursuite de l'examen de la requête au fond.

Les questions qui se posaient étaient d'abord de savoir si les omissions des mentions et formalités prescrites, pour la recevabilité d'une requête en saisine de la Cour constitutionnelle, pouvaient être régularisées dans un mémoire complémentaire ou en réplique. Ensuite, la Cour constitutionnelle pouvait-elle utilement se reporter au dossier de candidature, déposé auprès de son secrétariat-greffe, pour s'assurer de la régularité d'une requête dont elle est saisie, au regard des conditions de recevabilité prescrites par les dispositions des articles 61 et 62 de la loi organique du 7 août 2018 ?

C'est donc à bon droit que la Cour constitutionnelle a considéré, non seulement, que le dossier de déclaration de candidature déposé au secrétariat-greffe, préalablement à l'élection, ne constituait pas une pièce de procédure à laquelle il fallait se référer pour pallier la carence ou la défaillance du requérant dans le cadre d'un recours en contestation de l'élection et des résultats du scrutin. La Cour constitutionnelle souligne aussi le caractère substantiel des formalités de timbre et d'enregistrement, dont l'omission est non régularisable postérieurement à l'introduction du recours.

La Cour constitutionnelle a déclaré, par ces motifs, irrecevable la requête introduite par M. Mathias Dzon en vue de l'annulation et du report de l'élection du Président de la République lors que scrutin des 17 et 21 mars 2021.

On peut toutefois déplorer le fait que la Cour constitutionnelle n'ait pas invité, dans le cadre de son office, le requérant à justifier de l'accomplissement des formalités substantielles, avant de statuer. Mais, une telle démarche s'avérait inutile dès l'instant où le requérant lui-même n'avait pas apporté, dans son mémoire en réplique, des éléments probants en contestation de la fin de non-recevoir.

B). Sur la requête de M. Christian Mozoma, en date du 23 mars 2021.

Monsieur Ch. Mozoma, s'étonnant du silence de la Cour constitutionnelle suite à l'empêchement définitif du candidat Guy Brice Parfait Kolelas et à son décès survenu le 22 mars 2021, avait cru devoir saisir cette juridiction, le 23 mars 2021, d'un recours aux fins du report de l'élection présidentielle, scrutin des 17 et 21 mars 2021, sur le fondement des dispositions de l'article 70 de la constitution de 2015.

En défense, le candidat dont l'élection était contestée, Denis Sassou-Nguesso, lui opposait, par le ministère de son Conseil et dans un mémoire en date du 03 avril 2021, une fin de non-recevoir tirée du défaut de qualité pour agir au regard des dispositions de l'article 57 (nouveau) de la loi organique n° 57-2018 du 7 août 2018 précitée, qui réserve le droit de contester une élection aux seuls candidats. Il souligne également que la requête de M. Mozoma ne satisfait aux mentions et formalités prescrites par les articles 61 et 62 de la loi organique précitée. Enfin, sur le fond, il fait grief au requérant de ce qu'il n'établit pas de l'empêchement définitif allégué du candidat Kolelas.

Dans sa décision, la Cour constitutionnelle a considéré que la requête de M. Mozoma était irrecevable en ce qu'elle ne mentionnait pas ses nom, prénom, date et lieu de naissance, sa profession et son adresse. Le requérant ne justifiait pas non plus de l'accomplissement des formalités de timbre et d'enregistrement.

C). Le recours de M. Jean-Jacques Serge Yhombi-Opango, du 29 mars 2021.

Les faits étant quasiment identiques aux autres requêtes, il y a lieu de présenter les prétentions des parties et les motifs de la décision de la Cour constitutionnelle.

I). Sur les prétentions des parties.

Les moyens soulevés par le requérant et leur contestation par le défendeur, à travers leurs conseils respectifs, retiennent amplement l'attention, en raison de leur pertinence.

a). les prétentions du requérant.

Elles se rapportent à la recevabilité de sa requête et au caractère bien fondé de ses conclusions aux fins du report du scrutin des 17 et 21 mars 2021 et d'annulation des opérations de l'élection présidentielle.

1). Sur la recevabilité.

Le requérant, M. Yhombi-Opango Jean-Jacques Serge, soutient qu'il justifie de la qualité à agir. Donc, à saisir la Cour constitutionnelle sur le fondement de l'article 70 de la constitution du 25 octobre 2015, en tant que représentant, partenaire et allié politique du candidat Guy Brice Parfait Kolelas, décédé le 22 mars 2021. Cela, en vertu de la décision du 16 mars 2021 (n° 17-2021/UDH-YUKI/CEP/GBPK), par laquelle le candidat Guy Brice Parfait Kolelas l'avait nommé, dans le cadre d'un accord de gouvernement, comme son représentant spécial dans les départements de la Likouala, de la Sangha, de la Cuvette, de la Cuvette-ouest et des plateaux, en vue de la campagne pour l'élection du Président de la République, scrutin des 17 et 21 mars 2021. Il prétend justifier à ce titre d'un intérêt personnel, direct, né et actuel pour solliciter, en qualité de *« tout intéressé »*, du fait du décès de son allié politique, le report et l'annulation de l'élection du Président de la République.

Il soutient aussi qu'en mentionnant, dans l'article 70 de la constitution de 2015, une troisième catégorie de requérants, celle de *« tout intéressé »*, le constituant n'a pas voulu limiter le droit de saisir la Cour aux seuls candidats.

Il dit par ailleurs que sa requête satisfait aux conditions de forme prescrites par les articles 61 et 62 de la loi organique n° 28-2018 du 08 août 2018, portant organisation et fonctionnement de la Cour constitutionnelle. Ce, tant en ce qui concerne les mentions obligatoires de la requête (nom et prénom, date et lieu de naissance, profession, adresse, signature, ainsi que les nom et prénom du candidat dont l'élection est contestée, en l'occurrence Denis Sassou-Nguesso) que sur l'accomplissement des formalités de timbre et d'enregistrement. Sa requête comporte, selon lui, des considérations de fait et de droit qui fondent ses conclusions aux fins du report du scrutin et de l'annulation des opérations électorales.

2). Sur le fond.

Le requérant soutient que la Cour constitutionnelle aurait dû reporter l'élection, sur le fondement de l'article 70 de la constitution, à la demande soit du Président de la République, soit du président de l'une ou l'autre chambre du parlement, soit de tout intéressé. Cela en raison de l'empêchement définitif du candidat Guy Brice Parfait Kolelas, dont l'état de santé s'était brusquement dégradé depuis le dimanche 14 mars 2021, du fait d'une grippe et d'un paludisme. Bien qu'ayant subi des soins appropriés, sans amélioration, le candidat Kolelas avait failli s'effondrer lors de son meeting du jeudi 18 mars 2021 à Owando, dans le département de la Cuvette, dont les images ne pouvaient guère laisser planer le moindre doute sur la détérioration de son état de santé.

En témoigne aussi, selon le requérant, l'absence du candidat Kolelas au dernier meeting de clôture de la campagne électorale, pour avoir été ensuite admis à la clinique SECUREX de Brazzaville où il fut testé positif au Covid' 19. L'aggravation de son état de santé, ayant fatalement entraîné son décès.

Il s'agissait, selon le requérant, d'un motif suffisant d'empêchement définitif. Il déplorait qu'aucune des personnalités habilitées n'ait daigné en saisir la Cour constitutionnelle, comme l'exige l'article 70 précité de la constitution, aux fins de reporter le scrutin présidentiel du 21 mars 2021.

Le requérant évoque également d'autres irrégularités, telles que la poursuite de la comptabilisation des voix obtenues par le candidat Kolelas, alors qu'il était décédé depuis le 22 mars 2021. Cette circonstance justifiait, selon lui, l'annulation des opérations électorales.

Invoquant le principe d'égalité, le requérant soutient également que, même si la Cour constitutionnelle n'était pas saisie, avant le premier tour du scrutin, d'une demande de report de l'élection présidentielle en raison de l'empêchement définitif avéré du candidat Kolelas ; le principe d'égalité voudrait que le décès survenu le 22 mars 2021 avant la proclamation des résultats provisoires soit considéré comme s'il était survenu avant le 1er tour ou à l'un des candidats restés en lice pour le second tour. Car, selon lui, le constituant ne peut pas prévoir toutes les situations de la vie.

Pour le requérant, la CNEI aurait dû arrêter les opérations de dépouillement, dès l'instant où Guy Brice Parfait Kolelas avait perdu la qualité de candidat du fait de son décès. Ainsi donc, le décompte et la proclamation des voix d'un défunt entachent le scrutin d'irrégularités et d'illégalités.

b). Les prétentions du défendeur.

En défense, le candidat dont l'élection est contestée, en l'occurrence, Denis Sassou-Nguesso, opposait la fin de non-recevoir au recours introduit par de M. Jean-Jacques Serge Yhombi-Opango et concluait au caractère mal fondé de ses demandes.

1). Sur la fin de non-recevoir.

Le défendeur soulève une fin de non-recevoir de la requête de M. Jean-Jacques Serge Yhombi-Opango. Il a cru devoir arguer du fait que, d'une part, la mention *« gérant de société »* qui figure sur la requête ne désigne pas une profession, mais une fonction. Il y aurait violation des prescriptions de l'article 61 précité de la loi organique du 07 août 2018 ; d'autre part, en raison du défaut de la qualité à agir, dans la mesure où aux termes des dispositions de l'article 57 (nouveau) de la loi organique précitée du 07 août 2018, dans sa rédaction issue de la loi organique n° 57-2020 du 18 novembre 2020, le droit de contester une élection appartient aux candidats. Or, M. Jean-Jacques Serge Yhombi-Opango n'était pas candidat à l'élection contestée du Président de la République, scrutin des 17 et 21 mars 2021. La simple qualité de représentant, de partenaire ou d'allié du candidat kolelas, décédé, ne conférait pas à de M. Jean-Jacques Serge Yhombi-Opango, nonobstant l'acte précité du 16 mars 2021 (n°017-2021/UDH-YUKI/CEP/GBPK), le droit de se substituer au candidat pour agir en justice.

Il interprète le terme *« tout intéressé »* comme désignant, selon lui, tout candidat ayant participé à l'élection présidentielle. Il soutient par ailleurs que le requérant ne justifie pas d'un mandat que le candidat décédé lui aurait délivré antérieurement ou consécutivement au 1er tour de l'élection présidentielle pour ester, le cas échéant en justice, en ses lieu et place.

2). Sur le fond.

Le défendeur fait observer que la demande de report du scrutin était mal fondée, car la Cour constitutionnelle n'en était pas saisie avant le premier tour de l'élection présidentielle, scrutin du 21 mars 2021, pour cause d'empêchement définitif allégué du candidat Guy Brice Parfait Kolelas ; comme l'exige l'article 70 précité de la constitution.

II). Les motifs de la décision de la Cour au regard du recours de M. Yhombi-Opango.

La requête de Monsieur Jean-Jacques Serge Yhombi-Opango soulève une série de questions, tant sur la forme que sur le fond, auxquelles la Cour constitutionnelle devait répondre.

a). Sur la fin de non-recevoir.

La Cour constitutionnelle apprécie la recevabilité du recours en regard tant de la qualité ou de l'intérêt donnant qualité à agir, que des règles de forme et les formalités présentation de la requête.

1). Sur les exigences relatives au droit d'agir.

L'une des questions que soulève la requête de M. Jean-Jacques Serge Yhombi-Opango est de savoir si la désignation, par un candidat à l'élection présidentielle (dans le cadre d'un accord ou d'un acte politique), d'un partenaire ou d'un allié pour le représenter et battre campagne dans une partie du territoire national, confère à ce dernier, en cas d'empêchement définitif ou de décès du candidat, et à défaut d'un mandat spécial, le droit d'ester en justice en ses lieu et place. Cette question se pose à l'aune des dispositions de l'article 70 de la constitution du 25 octobre 2015 et de l'article 57 (nouveau), dans sa rédaction issue de la loi organique précitée, n° 57-2020 du 18 novembre 2020, modifiant et complétant certaines dispositions de la loi organique n° 28-2018 du 07 août 2018, portant organisation et fonctionnement de la Cour constitutionnelle.

L'article 70 de la constitution de 2015, que la Cour rappelle dans sa décision, dispose en effet que,

« Article 70 : Si avant le premier tour, un des candidats décède ou se trouve définitivement empêché, la Cour constitutionnelle prononce le report de l'élection.

En cas de décès ou d'empêchement définitif de l'un des candidats restés en lice pour le second tour, la Cour constitutionnelle déclare qu'il soit procédé de nouveau à l'ensemble des opérations électorales.

Dans les cas visés aux alinéas 1er et 2 ci-dessus, la Cour constitutionnelle, saisie soit par le Président de la République, soit par le Président de l'une ou de l'autre

chambre du Parlement, soit par tout intéressé, peut proroger le délai prévu à l'article 69. Le scrutin doit avoir lieu dans les quatre-vingt-dix (90) jours à compter de la date de la décision de la Cour constitutionnelle. Si l'application des dispositions du présent alinéa a eu pour effet de reporter l'élection présidentielle au-delà de la date d'expiration du mandat du Président de la République en exercice, celui-ci demeure en fonction jusqu'à la prestation de serment de son successeur élu ».

L'article 57 nouveau, de la loi organique précitée, dispose, *« Le droit de contester une élection appartient au candidat ».*

La Cour constitutionnelle examine, dans sa décision du 06 avril 2021[588], prioritairement la question du droit d'agir, que soulève la requête de M. Yhombi-Opango Jean-Jacques Serge, sous l'angle de l'intérêt du requérant. C'est-à-dire de l'intérêt donnant qualité à agir en justice.

Même si en droit, la qualité à agir ne suffit pas pour justifier une action en justice. Elle doit être sous-tendue par un intérêt à agir. De sorte que, le droit d'ester en justice revêt ces deux aspects. La qualité à agir peut découler d'un texte, d'une loi au sens large (comme c'est le cas en l'espèce), l'intérêt à agir lui est sous-jacent.

La qualité à agir s'apprécie objectivement au regard de la personne habilitée à saisir le juge d'une contestation, en faisant valoir une atteinte portée à un intérêt subjectif, qui légitime son action en justice[589].

En l'espèce, la Cour constitutionnelle s'appuie sur la notion de *« tout intéressé »*, contenue dans l'alinéa 3 de l'article 70 précité, qui énumère les personnes habilitées à saisir le juge du contentieux de l'élection présidentielle, en cas de décès ou d'empêchement définitif d'un candidat avant le 1er tour de l'élection ou de l'un des deux candidats restés en lice pour le second tour du scrutin.

Certes, la Cour considère à juste titre que, la notion de *« tout intéressé »,* mentionnée dans l'article 70 alinéa 3 de la constitution est d'interprétation large et laissée, par le constituant, à son pouvoir souverain d'appréciation.

Mais, sa mention aux côtés des autorités constituées expressément et limitativement désignées (le Président de la République, le Président du Sénat ou le Président de l'Assemblée nationale qui, en vertu de leurs qualités respectives, peuvent saisir la Cour constitutionnelle dans les conditions et les circonstances prévues par ce texte) traduit la volonté d'un élargissement des personnes susceptibles d'agir le cas échéant. De telle sorte que, la notion *« tout intéressé »,* qualifiée de générique par la cour, ne renverrait pas à la qualité, mais à l'intérêt à agir ; dont le juge contentieux de l'élection

---

588 Décision n°003/DCC/EL/PR/21 du 06 avril 2021, sur le recours aux fins d'annulation et de report de l'élection du président de la République, scrutin des 17 et 21 mars 2021, et portant proclamation des résultats définitifs de ladite élection, JORC, Edition spéciale n° 1 du 9 avril 2021, pp. 1 à 10.

589 On peut se référer, s'agissant du contentieux constitutionnel, à S. Schmitt, *« la nature objective du contentieux constitutionnel des normes : les exemples français et Italien »*, RFDC, 2007/4, n°072, pp.719-747.

présidentielle apprécie souverainement la légitimité, l'existence et la pertinence.

Vu sous cet angle, c'est à bon droit que la Cour constitutionnelle souligne le caractère restrictif de la qualité à agir exclusivement réservée aux candidats par l'article 57 (nouveau) précité de la loi organique, modifiée du 7 août 2018.

Dans la mesure où la notion de *« tout intéressé »* ne renvoie pas exclusivement aux candidats à l'élection contestée ; procédant à une appréciation souveraine et objective des éléments produits par le requérant, notamment l'acte du 16 mars 2021 (n°017-2021/UDH-YUKI/CEP/GBPK), faisant foi en tant qu'il est revêtu de la signature du candidat Guy Brice parfait Kolelas, désignant M. Yhombi-Opango Jean-Jacques Serge comme son représentant spécial dans les départements de la Likouale, de la Sangha, de la Cuvette, de la Cuvette-ouest est des plateaux, la Cour constitutionnelle a considéré à juste titre que le requérant justifie effectivement, sur le fondement de l'article 70 précité de la constitution, de la qualité de *« tout intéressé »* pour poursuivre l'annulation et le report de l'élection du Président de la République dans le cadre du scrutin des 17 et 21 mars 2021.

Enfin, cette décision induit, sur ce point des conséquences inévitables. Notamment, elle vide l'article 57 (nouveau), précitée de la loi organique du 7 août 2018 (modifiée), de toute substance. Car, elle semble ouvrir la voie à toute personne, en dehors des hypothèses des alinéas 1er et 2 de l'article 70 de la constitution, pour contester une élection en se prévalant de la qualité de *« tout intéressé »* et en justifiant par des éléments probants et pertinents d'un intérêt légitime lui conférant le droit à agir devant le juge constitutionnel.

2). Sur les exigences relatives aux mentions de la requête.

Concernant les règles de présentation de la requête, la question s'est posée de savoir si l'inscription des termes, *« gérant de société »* satisfait à l'obligation d'indiquer la profession du requérant, au titre des mentions obligations exigées, à peine d'irrecevabilité de la requête, par l'article 61 de loi organique précitée du 07 août 2018.

Sans entrer dans un débat sémantique, la Cour constitutionnelle a considéré que l'indication de la profession du requérant dans la requête était simplement destinée à renseigner sur le type de métier ou d'emploi exercé pour mieux l'identifier. La mention *« gérant de société »* satisfait, selon la Cour, à l'exigence légale. Mais, la position de la Cour ne peut pas être interprétée comme si la mention de la profession, comme les autres mentions légales, ne sont exigées qu'à titre informatif. Car, le défaut d'une seule entraîne l'irrecevabilité de la requête.

Or, en l'espèce, le moyen soulevé par la défense a trait au caractère erroné de la mention au regard de l'exigence de la profession du requérant, M. Jean-Jacques Serge Yhombi-Opango.

Il est constant que la mention exigée par l'article 61 de la loi organique précitée ne s'entend pas au sens d'une profession réglementée, mais au sens d'une activité, rémunérée ou non, exercée par le requérant, ou de sa situation professionnelle. En somme, un gérant de société, qu'il soit statutaire ou nommé, n'exerce pas moins une activité professionnelle.

b). Sur le fond.

Sur le fond, la requête de M. Jean-Jacques Serge Yhombi-Opango soulève deux questions essentielles auxquelles la Cour constitutionnelle devait répondre. Celle de l'empêchement définitif du candidat Guy Brice Parfait Kolelas et celle de l'application du principe d'égalité pour fonder la demande d'annulation et de report de l'élection présidentielle en vertu des dispositions de l'article 70 précité de la constitution de 2015.

1). Concernant l'empêchement définitif du candidat Kolélas.

Rappelant les dispositions de l'article 70 de la constitution, la Cour constitutionnelle précise que l'alinéa 1er n'est applicable que dans deux situations survenues à un candidat avant le 1er tour de l'élection. Il s'agit du décès ou de l'empêchement définitif d'un candidat. C'est-à-dire que l'un des deux événements doit survenir entre la date à laquelle la Cour constitutionnelle arrête la liste des candidats admis à concourir et celle du 1er tour de l'élection. Donc, avant le 1er jour du vote. Cela suppose que la Cour constitutionnelle, qui ne peut pas s'autosaisir, le soit par l'une des personnes habilitées (ayant qualité ou un intérêt donnant qualité à agir, dont tout intéressé), dans cet intervalle.

En l'espèce, il est constant que le décret du 13 janvier 2021 (n° 2021-26) convoquait le corps électoral en vue du 1er tour de l'élection du Président de la République le 17 mars 2021, pour les agents de la force publique, et le 21 mars 2021, pour le vote général des électeurs.

Nonobstant le vote des agents de la force publique à une date antérieure à celle du vote général, la Cour constitutionnelle, parlant de scrutin des 17 et 21 mars 2021, a considéré le 1er tour de l'élection comme étant fixé au 21 mars 2021. Elle a ainsi inhibé toute interprétation contradictoire et confuse que ces deux dates du scrutin pouvaient susciter dans les esprits.

Dès lors, la saisine de la Cour constitutionnelle aurait pu intervenir avant le 21 mars 2021 en vue, non pas de l'annulation, mais du report de l'élection présidentielle pour cause de l'empêchement définitif allégué du candidat Guy Brice Parfait Kolelas. Car, comme la Cour le précise, à juste titre, l'empêchement définitif d'un candidat avant la date du 1er tour du scrutin constitue une cause du report de l'élection, et non une cause d'annulation de ses opérations.

La motivation de la décision de la Cour Constitutionnelle revêt un aspect pédagogique ; en ce qu'elle rappelle, en dehors des autorités désignées, ès qualités, que l'alinéa 3 de l'article 70 de la constitution donne la possibilité à tout intéressé de saisir la Cour constitutionnelle aux fins de reporter l'élection lorsque les conditions requises s'en trouvent réunies.

La Cour rappelle à juste titre que, M. Jean-Jacques Serge Yhombi-Opango pouvait la saisir à cette fin, comme tout intéressé ; qualité qu'elle venait de lui reconnaitre en accueillant sa requête.

Dès lors, comme *« nul ne peut se prévaloir de sa propre turpitude »,* c'est aussi à bon droit que la Cour constitutionnelle a jugé qu'en la saisissant postérieurement à la proclamation des résultats provisoires du 1er tour de l'élection présidentielle, alors qu'elle aurait dû l'être avant le 21 mars 2021, le requérant s'était trompé (mépris) sur le sens et la littéralité de l'alinéa 1er de l'article 70. Il n'était donc pas, pour ces motifs, fondé à demander l'annulation et le report de l'élection présidentielle, scrutin des 17 et 21 mars 2021 pour cause d'empêchement définitif du candidat Guy Brice Parfait Kolelas.

Nous pouvons souligner que la Cour constitutionnelle reconnait implicitement l'empêchement définitif du candidat Guy Brice Parfait Kolelas, qui aurait pu justifier sa saisine, par qui de droit, avant le 21 mars 2021, date du 1er tour d l'élection du Président de la République.

2). Concernant le principe d'égalité invoqué par le requérant.

La Cour constitutionnelle n'a pas suivi le requérant qui invoque le principe d'égalité, pour dire que le décès du candidat Kolelas Guy Brice Parfait, le 22 mars 2021, survenu après le 1er tour de l'élection et avant la proclamation des résultats provisoires, soit assimilé à un décès survenu avant le 1er tour de l'élection présidentielle ou au décès de l'un des candidats restés en lice pour le second tour.

On ne triche pas avec les faits. Le rattachement arbitraire des faits dans le temps pour en tirer des conséquences juridiques favorables à une partie confine à la fraude, une sorte d'escroquerie à la justice. Cela au-delà du grief de dénaturation des faits.

La Cour constitutionnelle a souligné le caractère inopérant du moyen soulevé, d'autant plus que l'assimilation à laquelle elle est invitée à faire ne repose sur aucun fondement juridique. Le décès de Monsieur Kolelas survenu le 22 mars 2021, soit après le vote et avant la proclamation des résultats provisoires du 1er tour de l'élection présidentielle, scrutin des 17 et 21 mars 2021, n'entre pas dans l'une des trois hypothèses prévues par l'article 70 de la constitution : décès ou empêchement définitif d'un candidat avant le 1er tour de l'élection, décès ou empêchement définitif de l'un des candidats restés en lice pour le second tour, désistement de l'un des deux candidats qualifiés pour le second tour.

Enfin, on peut considérer qu'à travers ce moyen, le requérant aurait voulu implicitement inviter la Cour constitutionnelle à faire ressusciter la 1re branche des dispositions de l'article 63 (abrogé) de la constitution du 20 janvier 2002, qui prévoyait que,

« *En cas de décès ou d'empêchement définitif de l'un des deux candidats les plus favorisés au premier tour, avant la proclamation des résultats du premier tour, la Cour constitutionnelle déclare qu'il soit procédé de nouveau à l'ensemble des opérations électorales* ».

C'est aussi ce que prévoyait l'article 69 alinéa 8 de la constitution du 15 mars 1992,

« *...En cas de décès ou d'empêchement de l'un des deux candidats les plus favorisés au premier tour, le Conseil constitutionnel déclare qu'il soit procédé de nouveau à l'ensemble des opérations électorales ; il en est de même en cas de décès ou d'empêchement de l'un des deux candidats restés en présence en vue du second tour...* »

Ces deux textes reprennent dans une certaine mesure l'article 7 alinéa 8 de la constitution française de 1958.

Qu'à cela ne tienne, le pouvoir d'interprétation et la fonction normative du juge constitutionnel ne vont pas jusqu'à rétablir une disposition que le constituant a lui-même abrogée.

3). Une motivation insolite.

La Cour constitutionnelle se livre à une motivation, à certains égards, insolite, lorsqu'elle considère que Guy Brice Parfait Kolélas, décédé après le vote, avait jusqu'à la fin dudit vote la qualité de candidat à l'élection. Car, à cet instant, rien n'indiquait qu'il était décédé ou atteint d'un autre cas d'empêchement définitif, tant et si bien que des électeurs lui avaient apporté leurs suffrages.

Même si l'on ne pouvait pas présager du décès du candidat Guy Brice Parfait Kokelas, on ne pouvait pas ne pas se convaincre de son empêchement définitif, ainsi qu'il ressort tant des éléments probants produits par le requérant et faisaient foi selon la Cour constitutionnelle, que de la vidéo diffusée le samedi 20 mars 2021, le montrant au lit de malade dans un état pathétique, exprimant ses dernières volontés à ses compatriotes par des mots poignants, tels que,

« *...Mes chers compatriotes, je suis en difficulté. Je me bats contre la mort.....* ». Visiblement son état physique et psychologique ne pouvait guère laisser planer le doute sur le caractère définitif de son incapacité à poursuivre le processus électoral dans lequel il s'était engagé avec conviction, courage et détermination. Cela d'autant plus que la mort s'en était fatalement suivie après son évacuation en urgence en France.

La Cour constitutionnelle avait conclu, sur le fond, au rejet du recours de M. Jean-Jacques Serge Yhombi-Opango.

§2. La saisine aux fins d'examen et de proclamation des résultats définitifs du scrutin des 17 et 21 mars 2021.

La Commission nationale électorale indépendante (CNEI) transmettait, par une lettre en date du 25 mars 2021 (n° 040/CNEI/CO/PR/CAN), à la Cour constitutionnelle les suffrages obtenus par chaque candidat à l'élection présidentielle, scrutin des 17 et 21 mars 2021, consignés dans les procès-verbaux de compilation des résultats issus des bureaux de vote, afin que plaise à la Cour de les examiner et de proclamer les résultats définitifs, conformément aux dispositions de l'article 176 de la constitution.

Il est constant que la Cour constitutionnelle, juge de la régularité de l'élection du président de la République, avait en application des dispositions de l'article 26 de la loi organique précitée du 07 août 2018 (n° 28-2018), déployé ses coordonnateurs et délégués sur toute l'étendue du territoire national pour suivre le déroulement de l'élection présidentielle, scrutin des 17 et 21 mars 2021[590] ; dont une synthèse dudit suivi fut faite le 03 avril 2021.

Vidant son délibéré le 06 avril 2021, les résultats définitifs proclamés par la Cour constitutionnelle n'étaient sensiblement pas différents, à part quelques ajustements mineurs, dans l'ordre des résultats provisoires proclamés par le ministre de l'intérieur et de la décentralisation. Elle confirmait la réélection du candidat sortant, Denis Sassou-Nguesso, avec 88,40 % des suffrages exprimés, soit plus de la majorité absolue[591]. Il avait été investi, à l'occasion de sa prestation de serment le 16 avril 2021 devant la Cour constitutionnelle. Marquant ainsi le début d'un nouveau mandat de cinq ans, le deuxième sous la constitution du 25 octobre 2015.

---

[590] Cf. Les ordonnances n° 2021-002 du 26 février 2021 portant désignation des coordonnateurs au sein de la Cour constitutionnelle ; n° 2021-003 du 1er mars 2021 déterminant les compétences des coordonnateurs de la Cour constitutionnelle ; n° 2021-005 du 1er mars 2021 fixant les compétences des délégués de la Cour constitutionnelle ; n° 2021-006 du 1er mars 2021 portant nomination des délégués de la Cour constitutionnelle chargés de suivre le déroulement de l'élection du Président de la République, les 17 et 21 mars 2021, sur toute l'étendue du territoire national.

[591] Les résultats définitifs proclamés le 06 avril 2021 par la Cour constitutionnelle dans l'ordre : Denis Sassou-Nguesso 1.539.725 voix, soit 88, 40 % ; Guy Brice Parfait Kolelas: 138.561 voix, soit 7, 96% ; Mathias Dzon : 33.497 voix, soit 1,92 % ; Joseph Kignoumbi-Kia-Mboungou: 10.718 voix, soit 0,62 % ; Uphrem Dave Mafoula: 9.143 voix, soit 0,52 % ; Albert Oniangué: 6.977 voix, soit 0, 40 % ; Anguios Nganguia-Engambé: 3.157 voix, soit 0,18 %. Cf. Décision n° 003/DCC/EL/PR/21 du 06 Avril 2021 sur les recours aux fins d'annulation et de report de l'élection du Président de la République, scrutin des 17 et 21 mars 2021, et portant proclamation des résultats définitifs de ladite élection.

Index alphabétique

Les numéros correspondent aux pages.

A

B

C

D

E

F

G

H

I

J

L

M

N

O

P

R

Bibliographie

A). Ouvrages, manuels et thèses

H.D. Amboulou, « *Traité congolais de droit pénal et procédure pénale* », Paris, L'Harmattan, 2012.

H.D. Amboulou, « *Le droit des collectivités locales au Congo* », Paris, L'Harmattan, 2010.

P. Amselek (Dir), « *La science de la législation* », Paris, Puf, 1988.

Ph. Ardant, B. Mathieu, « *Droit constitutionnel et institutions politiques* », LGDJ, Édition : édition 2017-2018.

Aristote, « *Les politiques* », Traduction et présentation par Pierre Pellegrin, GF-Flammarion,

1993 (livre III).

R. Aron, « *Essai sur les libertés* », Pluriel, 1976.

J. d'Aspremont, J. de Hemptinne, « *Droit international humanitaire* », éd. A. Pedone, 2012.

B. R. ATCHE, « *Les conflits armés internes en Afrique et le droit international* », thèse doctorat en Droit, Université de Cergy-Pontoise, 2008.

JM Auby et R. Drago, « *traité de contentieux administratif* », T1, Paris, LGDJ, 1984.

Ch. Augouard, « *44 années au Congo. Suite de 28 années et 36 années au Congo et fin des Lettres de Mgr Augouard. 1905-1914-1921* ». T. 4, Brionne (Eure) : Impr. Pierre Amelot, 1936.

F.K. Awoudou, « *Le mal transhumant, les infidélités politiques dans le Bénin démocratique* », Ed. Konrad-Adenauer-Stiftung, 2005.

F. Balle, « *Les médias* », Paris, PUF (Que Sais-Je ?), 2014.

R. Bazenguissa-Ganga, « *Les voies du politique au Congo : essai de sociologie historique* », Paris, Edition Karthala, 1997.

R. Bazenguissa-Ganga, « *Milices politiques et bandes armées à Brazzaville ; Enquête sur la violence politique et sociale des jeunes déclassés* », avril 1996, Les études du CERI.

L. Bemba, « *Médias et pouvoir politique au Congo-Brazzaville, des origines à nos jours* », L'harmattan, 2014.

C.Bergeal, « *Savoir rédiger un texte normatif – Loi, décret, arrêté, circulaire* », Paris, Berger-Levrault, 1997.

F. Bernault, « *Démocraties ambigües en Afrique centrale, Congo-Brazzaville, Gabon, 1940-1965* », Paris, Karthala, 1996.

C.Bigot, « *Faveur et clause de la nation la plus favorisée* », (Ss. Dir. Gilles J. Guglielmi) « La faveur et le droit ». Paris, PUF, 2009.

J.M. Breton (et autres), « *Droit public congolais* », Paris, Economica, 1987.

J.M. Breton, « *Droit de la fonction publique des Etats d'Afrique francophone* », Paris, EDICEF, 1990.

J.P. Brat, « *La fabrique des barbouzes, histoire des réseaux Foccart en Afrique* », Paris, Nouveau Monde Editions, 2015.

P. Braud, « *sociologie politique* », Paris éd. LGDJ, 1994, p.42.

H. Brunschvicg (avec le concours de Georgette Lagarde et Jean Vanina), *« BRAZZA, Explorateur, les Traités Makoko, 1880-1882 »*, Paris, Mouton- LAHAYE, 1972.

H. Brunschwig, *Le Partage de l'Afrique noire*, Flammarion, coll. « Champs histoire », 2009.

G. Burdeau, *« L'Etat »*, Paris, éd. Seuil, 1970.

G. Burdeau, F. Hamon, M. Troper, *« Manuel de droit constitutionnel »*, Paris, LGDJ, 23ème. Ed. 1993

J. Cadart, *« institutions politiques et droit constitutionnel »*, LGDJ, Paris, 1979.

Ch. Cadoux, *« Droit constitutionnel et institutions politiques »*, Paris Cujas, 1988.

L. Cardinal, C. Andrew, *« La Démocratie à l'épreuve de la gouvernance »*, Presse de l'Université d'Ottawa, Coll. Gouvernance, 2001.

R. Chapus, *« Droit administratif général »*, Paris, 15ème éd. Montchrestien, 2001.

René Chapus, *« Droit du contentieux administratif »*, Paris, Montchrestien, 13ème éd. 2008.

J. Chapuisat, *« La notion d'affaires locales en droit administratif »*, thèse Paris 1971.

Ch. De Chavannes, *« Avec de Brazza : souvenir de la mission dans l'ouest-africain (mars 1883-janvier 1886) »*, Paris, 1934.

C. Coquery-Vidrovitch, *« Brazza et la prise de possession du Congo. La mission de l'Ouest africain, 1883-1885 »*, Paris-Ma Haye, Mouton, 1969.

W. Dandou, *« Un nouveau cadre constitutionnel pour le Congo-Brazzaville »*, Paris, L'Harmattan, 2006.

Ch. Debbasch, et al. *« Droit constitutionnel et institutions politiques »*, Economica, 4ème édition, 2001.

G.A. Diamouangana, *« Vie et mort des médias au Congo-Brazzaville (1989-2006) : contribution de la Semaine africaine à l'émergence d'un espace public »*, Thèse, Université, Bordeaux 3, 2013.

E. Dockès, *« Valeurs de la démocratie (huit notions fondamentales) »*, Dalloz, Paris, 2000.

E. Dockès, *« Droit et Société »*, Ed. Juridiques associées/L.G.D.J., 2005.

Doumbi-Fakoly, *« La colonisation, l'autre crime contre l'humanité »*, Bonneuil (94), Menaibuc, 2006.

G. Drago, *« Contentieux constitutionnel français »*, PUF (Thémis), 1998.

A. Duffy-Meunier, *« Pédagogie et interprétation du juge constitutionnel »*, in la pédagogie au service du droit, sous la direction de Ph. Raimbault et M. Hecquard-thon, Presse universitaire de Toulouse 1, Capitole, LGDJ, 2011, pp. 185-211.

O. Duhamel, Y. Mény, *« Dictionnaire constitutionnel »*, Paris, PUF, 1992

O. Duhamel & Y. Meny, *« Dictionnaire de droit constitutionnel »*, Presses Universitaires de France - PUF (1 mars 1992).

M. Duverger, *« Les constitutions de la France »* (chapitre IV, ''La République semi-présidentielle : puissance et stabilité gouvernementale'', Que-sais-je ? PUF, 15ème éd. 2004.

M. Duverger. *« La monarchie républicaine - ou comment les démocraties se donnent des rois »*, Paris, Robert Laffont, 1974.

F. Éboué, *« Les peuples de l'Oubangui-Chari : essai d'ethnographie, de linguistique et d'économie sociale »*, Paris, Comité de l'Afrique française, 1933.

S.L. Formery, *« La constitution commentée, article par article »*, Paris, Hachette, 2008-2009.

Hopiel-Ebiatsa, *« Le traité Brazza-Makoko : occupation du Stanley-Pool et naissance des colonies belge et française du Congo, 1880-1885 »*, Saint-Denis, Édilivre, 2014.

E. Hopiel-Opiele, *« Les Teke, peuples et nation »*, Montpellier, 1990, 81 p. (ISBN 2-9501472-1-6).
E. Hopiel-Opiele, *« la monarchie de droit ancestrale : sacralité et autorité »*, L'Harmattan, 2012.
E. Hopiel-Opiele, *« Fondements de l'identité et de l'unité Téké : du Stanley-Pool à leketi »*, L'harmattan, 2011.
Hopiel Ebiatsa, *« Ounko, Roi et Pontifex Téké »*, Paris, Edilivre, 2020.
L. Favoreu & L Philip, *« Le Conseil constitutionnel »*, PUF, Que sais-je ? 2005.
G. Filangieri, *«La scienza della legislazione »*, 7 Tomes, 1784, rééd (éditition della Laguna, 2004) ; traduit en fançais, *« La science de la législation »* (Cuchet), Hachette livre, BNF, 2016.
V. Forray, *« Le consensualisme dans la théorie générale du contrat »*, thèse, LGDJ, Paris, 2007.
J. Foyer, *« Sur les chemins du droit avec le Général. Mémoire de ma vie politique, 1944-1988 »*, Paris, Fayard, 2006
A. Gabou, *« les constitutions Congolaises »*, Paris, LGDJ, 1984.
A. Gabou, *« chronologie politique congolaise »*, Paris, Nouvelle perspective Editions, 1999.
E. Gankama, *« Congo-Brazzaville, la clameur démocratique des années 1990 »*, Ed. hemar/L'Harmattan, 2008.
J.P. Gaudin, *« Gouverner par le contrat »*, Paris, Sciences Po (Les presses), 2007.
Ch. De Gaulle, *« Discours et messages 1940-1946 »*, Paris, Berger-Levrault, 1946.
J. Gicquel, *« Droit constitutionnel et institutions politiques »*, éd. Montchrestien, 1995.
A. Gide, *« Un voyage au Congo »*, Paris, Gallimard, 1927.
J.E. Gicquel, J. Gicquel, *« Droit constitutionnel et institutions politiques »*, L.G.D.J, Précis, Domat, 31e édition, 2017.
P.N. Gomes Olamba, *« Décentralisation, démocratie et développement local au Congo-Brazzaville* », Paris, L'Harmattan, 2019.
P.N. Gomes Olamba, *« Droit institutionnel du Congo-Brazzaville »*, Paris, L'Harmattan, 2019.
P.F. Gonidec, *« Constitutions des Etats de la Communauté »*, Paris, Sirey, 1959.
M. Grawitz, *« Lexique des sciences sociales »* (Dalloz, 1981-2004), 8 éditions.
F. Guizot, *« Des moyens de gouverner et l'opposition dans l'état actuel de la France »*, 1821, p.320, (éd. Belin, coll. Littérature et politique, 1988).
F. Hagenbucher-Sacripianti, *« Les fondements spirituels du pouvoir au Royaume de Loango »* ORSTOM, Paris, 1973.
B. Jobert et P. Muller, *« L'Etat en action »*. Politique publique et corporatisme, PUF, Paris, 1987.
I. Kabwita-Kabolo, *« Le royaume Kongo et la mission catholique 1750-1838 : Du déclin à l'extinction »*, édition Karthala, 2004.
Ph. Karpe, *« Les collectivités autochtones »*, Thèse de droit public, Paris X, Nanterre, 2002.
M. Kete Asante, *« L'afrocentricité »* (traduction A. Mazama), Paris, Menaibuc, 2003.
H. Kelsen, *« La Démocratie. Sa nature, sa valeur »* (trad. de Charles Eisenmann), Paris, Economica, 1988.
K. Kilokila-Kiampassi,*« Barbarie et folie meurtrière au Congo-Brazzaville, Un châtiment collectif pour appartenance ethnique »*, éd. L'Harmattan, 2005.
N. Kimbembe, « *Congo-Brazzaville : Chronique du génocide des lari du Pool »*, Paris, l'Harmattant, 2019.

J. Kissangoula, *« La constitution française et les étrangers, recherche sur les titulaires des droits et libertés de la constitution sociale »,* Paris, LGDJ, 2001.
I. Konaté, *« Le discours de La Baule, 20 juin 1990, une nouvelle thérapie pour l'Afrique »,* éd. L'Harmattan, 2015.
D. Kounkou, *« Le génocide des Laris au Congo »*, Paris, l'Harmattan, 2018.
P. Lascoumes et P. Le Galès, *« Sociologie de l'action publique »,* Paris Armand Colin, 2007.
A. de Laubadère, JC Venezia, Y Gaudemet, *« Traité de droit administratif »,* Paris, LGDJ, 10ème édition, 1988, p.662.
Cl. Leclerq, *« Droit constitutionnel et institutions politiques »,* Litec. 1995,
G. Lefouoba, « *Enjeux et dynamique des rivalités sociales au Congo, une approche philosophique et historique »,* éd. L'Harmattan, 2013.
P. J. Lhoni, *« Brazzaville, Cœur de la nation congolaise, 1880-1970 »,* éd. Acoria, 2017.
A. Londres, *« Terre d'Ebène, la terre des noirs »,* Paris Albin Michel, 1929.
L. Mader, *« L'évaluation législative. Pour une analyse empirique des effets de la législation »,* Lausanne, Payot, 1985.
A. C. Makosso, *« le génocide en droit à l'épreuve du génocide de l'émotion : Cas de la République du Congo »,* Paris, L'Harmattan, 2019.
A.C. Makosso, *« Le régime consensualiste »,* le régime consensualiste dans la constitution congolaise du 25 octobre 2015 (Commentée article par article) Paris, L'Harmattan, 2017.
X. Magnon, *« La modulation des effets dans le temps des décisions du juge constitutionnel »,* Annuaire international de justice constitutionnelle (Juge constitutionnelle et parlement : les effets des décisions des juridictions constitutionnelles), 2011-2012, Economica, PUAM, pp 557-591.
H. Mambi Tunga-Bau (Préf. P. Verjans, Post. Th. Mbemba Fundu), *« Pouvoir traditionnel et pouvoir d'Etat en République Démocratique du Congo : Esquisse d'une théorie d'hybridation des pouvoirs politiques »,* Médiaspaul, 2010.
M.R. Massamba, *« Le Génocide selon Nuremberg, l'Ex-Yougoslavie et le Rwanda »,* Paris, l'Harmattan, 2021.
A. Mazama, *« L'impératif afrocentrisme »*, Bonneuil (94), Menaibuc, 2003.
J. Mbandza et V. Mboungou, *« La situation du handicap au Congo-Brazzaville »,* éd. L'Harmattan, 2015.
J.D. Mbele, *« La représentation des situations de handicaps au Congo-Brazzaville : une approche psychologique et socioculturelle »*, thèse doctorat en psychologie, Université Lyon II, juin 2008.
W. Mbilampindo, *Marchés publics et comptabilité publique (recherche sur la préservation des intérêts de l'administration et de son cocontractant »*, thèse doctorat en droit public, université de Montpellier I, 1995.
E. Mbokolo, *« Afrique noire, histoire et civilisation »,* 2 vol, Paris, Hatiers, 1992.
P. Mbon, *« introduction à la connaissance du peuple bangangoulou »,* Edition l'Harmattan, 2016, 213.
E. Mechin, *« Le droit patrimonial à la vie privée »,* Thèse doctorat, Université Lyon 3 (J. Moulin), 26.11.2014.
F. Melin-Soucramanien, *« Le principe d'égalité dans la jurisprudence du Conseil constitutionnel »*, Economica-PUAM, 1997.
P. Mendès France, Œuvres complètes, tome 4 *« pour une République moderne »* 1955-62, Paris, Editions Gallimard, 1987, p. 148-152.

A. Merlet, *« Autour du royaume de Loango XIVe et XIXe siècles »*, Paris, Sepia, 1991.

E. Millard. *« Sur les valeurs de la démocratie ; essai sur huit notions fondamentales »*, https://halshs.archives-ouvertes.fr/halshs-00125724, Submitted, 22 Jan 2007.

J.P. MISSIE, *« Ethnicité et territorialité, deux modes du vécu identitaire chez les tékés du Congo-Brazzaville »*, Cahiers d'Etudes africaines, 192/2008, pp.835-864.

R. P. Mokoko, *« Mossaka et Son Histoire : (de 1885 à 1965) »*, Trafford Publishing, 2012.

A.L. Monmondjo, *« Les leçons de l'histoire, 1959, 40 ans après »*, in, Congo-Brazzaville : Congo-Brazzaville : dérives politiques, catastrophe humanitaire, désirs de paix, Karthala, pp109-120.

Montesquieu, *« De l'esprit des lois »*, Ch.XXI, 1848.

A. M'paka, *« Congo-Brazzaville, une pseudodémocratie en perdition : Vers la fin des illusions ? »*, Paris, L'Harmattan, 2019

E. Mouayini Opou, *« Le royaume Téké »*, L'Harmattan, Paris, 2005.

E. Mouayini Opou, *« La reine Ngalifourou, souveraine des Téké : dernière souveraine d'Afrique noire »*, L'Harmattan, Paris, 2006.

P. Moudoudou, *« La constitution en Afrique, morceaux choisis »*, L'Harmathan, Paris, 2012.

Ph. Moukoko, *« Dictionnaire général du Congo-Brazzaville »*, Paris, L'Harmattan, 2ème édition, 2019.

G. Moyen et P. Moudoudou (et autres), *« Cours constitutionnelles, Pouvoirs et Droits fondamentaux en Afrique »*, Éditions universitaires européennes (EUE), 2020.

P. Muller, *« Les politiques publiques »*, Que sais-je ?, PUF, 2009.

P. Ndiaye, *« Collectivités locales et frontière pyrénéenne : la coopération transfrontalière décentralisée en Languedoc-Roussillon »*, Presses Universitaires de Perpignan, 1993.

P. Ndiaye, *« Les collectivités territoriales et l'ordre international : état et perspectives de la décentralisation des relations internationales dans le cadre unitaire français »*, Thèse de doctorat en Droit public, Université Montpellier 1, 1994.

Patrice Ndiaye, *« La responsabilité des acteurs locaux de la coopération transfrontalière »*, in *« aux coutures de l'Europe, défis et enjeux juridiques de la coopération transfrontalière »*, Paris, L'Harmattan, 2006.

A. C. Ndinga-Mbo, *« Introduction à l'histoire des migrations au Congo-Brazzaville : les nagla dans la cuvette congolaise, XVIIème-XIXème siècle »*, Paris L'Harmattan, 2006.

J.C. Ngakosso, *« La nouvelle presse congolaise : du goulag à l'agora, Paris, Montréal, L'Harmattan, coll. « Études africaines »*, 1997.

E. Ngodi, *« Résistance à la pénétration et à la conquête coloniale au Congo (XIX-XXème siècle) », Saint Denis*, Ed. Connaissance et Savoir, 2016.

D. Ngoï-Ngalla, *« Les limites géographiques des grandes aires ethniques du Congo précolonial : Mbosi, Eshira-ndumu, Téké, Kongo »*, Paris, éd. Bajad-Meri, 2008.

D. Ngoïe-Ngalla, *« Lettre d'un pygmée à un bantou, tous frères en humanité »* (préf. Du Prof. Nzudji Mukala Kadima), Pierrefitte-sur-Seine, éditions "Bajag-Meri", 2003 ; CRP, 1988.

D. Ngoï-Ngalla, *« Au royaume de Loango, les athlètes de dieux »*, Publibook, juillet 2010.

Th. Obenga, *« introduction à la connaissance du peuple de la République populaire du Congo »*, Brazzaville, Librairie populaire, 1973.

Th. Obenga, *« Afrique centrale précoloniale : document d'histoire vivante »*, Paris, Présence africaine, 1974.

Th. Obenga, *« La cuvette congolaise : les hommes et les structures : contribution à l'histoire traditionnelle de l'Afrique centrale »,* Paris, Présence africaine, 1976.

Th. Obenga, *« Histoire générale du Congo, des origines à nos jours »,* 4 tomes, Paris, l'Harmattan, 2010 et 2011.

Th. Obenga, *« L'histoire sanglante du Congo-Brazzaville, 1959-1997 : Diagnostic d'une mentalité politique africaine »,* Editions Présence africaine, 1998.

OCDE (2004), *« Le traitement de la nation la plus favorisée dans le droit international des investissements »,* Éditions OCDE, http://dx.doi.org/10.1787/338113032407.

A. D. Olinga, *« Qu'est ce qu'être juriste » ? Eléments pour une dogmatique éthique »,* Yaoundé, Ed. Clé, 2013.

J. Ollandet, *« Brazzaville, capitale de la France libre, Histoire de la résistance française en Afrique 1940-1944 »,* Paris, l'Harmattan, 2013.

J. Ollandet, *« l'expérience congolaise du socialisme »,* Paris, l'Harmattan, 2016.

J.P. Omotunde, *« Les racines africaines de la civilisation européenne »,* Paris, éd. Menaibuc, 2002.

J.P. Omotunde, *« L'origine négro-africaine du savoir grec »,* Paris, éd. Menaibuc, 2000.

J.P. Omotounde, *« Discours afrocentriste sur l'aliénation culturelle »,* Paris, Menaibuc, 2006.

OCDE (2004), *« Le traitement de la nation la plus favorisée dans le droit international des investissements »,* Éditions OCDE, http://dx.doi.org/10.1787/338113032407.

B. Ossombo, *« Le pouvoir hiérarchique dans la fonction publique congolaise »,* thèse, Université Aix-Marseille, 2007.

P. Pactet, *« Institution et droit constitutionnel »,* Paris, éd. A. Colin, 1997.

M.I. Peya, *« Le génocide imaginaire en République du Congo - Chantage contre l'unité nationale et toutes formes d'assistance »,* Paris, L'Harmattan, 2019.

M. I. Peya, *« Entre le bon sens et l'alternance absolue : l'Afrique à la croisée des chemins »,* MEDIASPAUL, Kinshasa, 2014 (éd. L'harmattan, les impliqués, 2017).

M. I. Peya, *« Démocratie à l'africaine : Osambe ou Kinzonzi »,* éd. L'harmattan, les impliqués, 2017.

J.M. Pontier, *« Les affaires locales », in, « La décentralisation 30 après »,* Toulouse, Presses de l'Université Toulouse 1 Capitole, LGDJ - Lextenso Editions, 2013, pp. 145-164 ;

J.M. Pontier, *« La notion de compétences régaliennes dans la problématique de la répartition des compétences entre les collectivités publiques »*, RDP 2003, p. 193.

J.M. Pontier, *« Des compétences régaliennes »,* in Destin des collectivités politiques d'Océanie, PUAM 2011, vol. 2, p. 745.

A.-M. Le Pourhiet, *« Les ordonnances, la confusion des pouvoirs en droit public français »,* LGDJ, 2011.

W. G. L. Randles, *« L'ancien royaume du Congo des origines à la fin du XIXe siècle »,* Paris éd. EHSS, 2002.

J. Rawls, *« Justice et démocratie »,* Edition du Seuil, 1993 (coll. Points-Essai).

P. Rosanvallon, *«La Légitimité démocratique. Impartialité, réflexivité, proximité »,* Le Seuil, 2008.

P. Rosanvallon, *« La contre-démocratie, la politique à l'âge de la défiance »*, Paris, Seuil, 2006.

E. Rouard de Card *« Les traités de protectorat conclus par la France en Afrique »*, 1870-1895, éd. Durand et Pedone-Lauriel, 1897 (numérisé, 17 janv. 2008).

C. Rousseau, « *Droit international public* », T5, Paris Sirey, 1983.
D. Rousseau, J. Bonnet, P.Y. Gahdoun, « *Droit du contentieux constitutionnel* », Paris, LGDJ, 11ème éd. 2016
J.J.Rousseau, « *Du Contrat social ou Principes du droit politique* » (1762), coll. Folio-Essais
Z. SAH, « *Le peuplement du bassin du Congo et son impact : le cas des téké et leurs voisins Kongo et ngala au Congo-Brazzaville* », Paris, Editions universitaires européennes, 2018.
Sala-Molins, « *Le code noir ou le calvaire de Canaan* », Paris, PUF, 1987.
P. Savidan, « *Repenser l'égalité des chances* », Grasset et Fasquelle, 2007 (réédition coll. Hachette-Littératures, 2010).
I. Schulte-Tenckhoff, « *La question des peuples autochtones* », Bruxelles, Bruylant et Paris, LGDJ, 1997.
S. Serbin, « *Reines d'Afrique et héroïnes de la diaspora noire* », St. Maur-des-Fossés, Ed. Sépia, 2004.
C. Sietchoua Djuitchoko, « *Aspect de l'évolution des coutumes ancestrales dans le droit public des chefferies traditionnelles au Cameroun* », Revue générale de Droit, vol. 32, n° 2, 2002, pp. 359.
M. Sinda, « *Le messianisme congolais : et ses incidences politiques : Kimbanguisme, Matsouanisme, autres mouvements* », Paris, Peyrot, 1972.
A. M. Smolinska, M. Boutros, F. Lozanorios, M. Lunca, « *Droit international des relations diplomatiques et consulaires* », Cahiers de droit international, Bruxelles, Bruylant, 2015.
F. Sogni Zaou, « *La liberté de la presse au Congo-Brazzaville* », L'Harmattan, 2014.
H. Solus, « *Traité de la condition des indigènes en droit privé : Colonies et pays de protectorat (non compris l'Afrique du Nord) et pays sous mandat* », préf. d'Arthur Girault, Paris, Librairie du Recueil Sirey, 1927.
P. Soni Benga, « *Les dessous de la guerre du Congo-Brazzaville* », éd. L'Harmattan, 1998.
P. Soni Benga, « *la guerre inachevée du Congo-Brazzaville (15 octobre 1997-18 décembre 1998)* », éd. L'Harmattan, 2001.
P. Soni Benga, « *Les non-dits des violences politiques au Congo-Brazzaville* », éd. L'Harmattan, 2005.
J.M. Sorel & CL Popescu (Sous la Dir.), « *La protection de personnes vulnérables en temps de conflit armé* », éd. Bruyllant, Bruxelles, 2010.
J.M. Sorel & CL Popescu, « *Droits de l'homme en droit international, textes de base* », Conseil de l'Europe, 2ème édition, édition du Conseil de l'Europe, Strasbourg, 2002.
B. Tchikaya, « *la charte africaine de la démocratie, des élections et de la gouvernance* », Annuaire français de droit international, 2008, Volume 54, n° 1, pp. 515-528.
B. Tchikaya, « *Droit de l'Union africaine, Principes, institutions et jurisprudence* », Paris, Berger-Levrault, 2014.
A. Tchicaya, « *La question nationale et la prise de conscience des jeunes au Congo* », La Pensée universelle, 1988.
A. de Tocqueville, « *De la démocratie en Amérique* », T2, Paris, Pagnerre (12ème éditeur), 1848.
JC. Thoenig, « *Dictionnaire des politiques publiques* », 4ème édition, Presses de Sciences Po, 2014.

M. Thouvenin, *« Le principe de non-extradition des nationaux »,* in Droit international et nationalité, coll. SFDI Poitiers, édition Pedone, 2012.
M. Troper, *« le droit et la nécessité »,* PUF, 2011, pp.155-168.
M. A. Tsiba, *« Pourquoi la violence refuse l'Etat et la République au Congo-Brazzaville ? (le processus démocratique sans exclusif liquidé) »,* EPU, Publibook, 2009.
I. Van Der Poel, *« Congo-Océan, un chemin de fer controversé »,* Paris, L'Harmattan, T1, 2006.
J.P. Vettovaglia, J. Dubois de Gaudusson et autres, *« Démocratie et élections dans l'espace francophone : Prévention des crises et promotion de la paix, Volume 2 »,* Ed. Bruylant, Bruxelles, 2010.
A. Viala, *« Les réserves d'interprétation dans la jurisprudence du Conseil constitutionnel »,* thèse, LGDJ, 1999.
M. Weber, *« Le savant et le politique »,* traduction de Julien Freund, Paris, Plon, collection « 10/18 », 1959.
H. Wesseling, *« Le Partage de l'Afrique. 1880-1914 »,* Gallimard, coll. « Folio Histoire »,
R. Yenga, *« La constitution du 20 janvier 2002 et le régime politique de la République du Congo »,* Paris, Bublibook, 2006.

B). Les Articles et études.

M.M. AÏDARA, *« Le juge constitutionnel africain et le contrôle des lois portant révision de la constitution, contribution à un débat »,* in, Afrilex (revue d'étude et de recherche sur le droit et l'administration dans les pays d'Afrique, Université Montesquieu Bordeaux IV), 26 décembre 2011, http://afrilex.u-bordeaux4.fr/le-juge-constittutionnel-africain.html.
J.F. AKANDJI-KOMBE, *« L'élaboration de la constitution congolaise du 6 novembre 2015 et les principes du droit constitutionnel »,* op. cit, pp.11.
C.H. Alexandrowicz, *« Le rôle des traités dans les relations entre les puissances européennes et les souverains africains (Aspects historiques) »,* Revue internationale de droit comparé, 1970, n° 22-4, pp. 703-709 ;
V. Agué, *« Le juge constitutionnel : législateur et constituant »* ? https://lecultedudroit.wordpress.com/2015/05/09/le-juge-constitutionnel-legislateur-et-constituant/.
L. Antoua, ''nouveau ngaam-mboonm'' intronisé à Mbaya », La semaine africaine, n° 2765 du 5 février 2008, page 7.
J.M. Aubert, *« La Révision totale des constitutions, une invention française des applications suisses »,* Mélange, Pactet, 2003, pp.455 et suivantes.
P. Avril, *« La majorité parlementaire »,* Revue Pouvoirs, 1994, n° 68, (Qui gouverne la France ?), p 945.
P. Avril, *« L'improbable statut de l'opposition »,* Les Petites Affiches (LPA), n° 138, 12 juillet 2006, p.7.
G. Berlia, *« Contribution à l'étude de la nature de la protection diplomatique »,* Annuaire français de droit international, Vol. 3, 1957, p 63.
S. Bakanawa, M. Samba, *« Changement de constitution, la royauté de Mbaya-à-Mfumu donne son point de vue »,* Le patriote, n° 311 du 22 décembre 2014, p.15
F. Bankounda-Mpele, *« La résurrection de l'éthique de circonstance au Congo, à propos de la lettre ouverte au Président de Charles Z. BOWAO »,*

https://blogs.mediapart.fr/felix-bankounda-mpele/blog/040517/la-resurrection-de-l-ethique-de-circonstance-au-congo ; (Réflexions du 27 janvier 2015).

F. Bankounda-Mpele, *« Case De Gaule, quand l'ex-ambassadeur Raymond Césaire culbute l'histoire récente »,* Médiapart, 23 mai 2017, https://blogs.mediapart.fr/felix-bankounda-mpele/blog/230517/case-de-gaulle-quand-lex-ambassadeur-raymond-cesaire-culbute-lhistoire-recente.

F. Bankounda-Mpélé, *« Vain sauvetage pour la démocratie : à propos de la décision du Conseil constitutionnel congolais du 19 juillet 1997 »,* in *« Justice et droits de l'homme »,* IDEF, avril 2003, Bruxelles, éd. Bruylant, 2004.

F. Bankounda-Mpele, *« Quiproquo et Euthanasie constitutionnels au Congo-Brazzaville ! »*, www.dac.press.com, 26 septembre 2015.

F.Bankounda-Mpele, *« Dans l'engrenage du tango politique : l'ambigüe et l'obscure ''lettre citoyenne'' de Martin MBERI »,* http:/zenga-mambu.com/fiche.php ? id=5076.

F. Bankounda, *« La fonction publique congolaise à l'heure du PAS : institution d'une fonction publique d'exception ? »,* Revue congolaise de droit, 1987, n° 1, p.66.

J. A. Barberis *« Réflexions sur la coutume internationale »,* Annuaire français de Droit international, 1990, n° 36, pp. 9-46.

JF. Bayart, *« La démocratie à l'épreuve de la tradition et Afrique subsaharienne »,* Revue Pouvoirs, 2009/2, 129, pp.27.

D. Bechillon, *« Comment encadrer le pouvoir normatif du juge constitutionnel ? »,* Cahier du Conseil constitutionnel n° 24, (Dossier : Le pouvoir normatif du juge constitutionnel), juillet 2008.

R. Bembelly, *« la nouvelle loi anti-corruption »* (loi n°5/2009 du 22 septembre sur la corruption, la concussion, la fraude et les infractions assimilées), Revue congolaise de droit et des affaires, n° 2, janvier-février, mars 2010, p.11.

A. Berramdane, *« Le discours de La Baule et la politique africaine de la France »,* RJPIC, n° 3, sept-déc. 1999, p. 247.

R.Q. BOWAO, *« Lavis n° 002-ACC-SVC/15 du 17 septembre 2015 de la Cour constitutionnelle : une forfaiture historique », in, www.congo-liberty.com, 30 septembre 2015 ; http//zenga-manbou.com, 02/10/2015.*

J.W. Binoche-Gueda, *« La représentation parlementaire coloniale (1871-1940) »,* Outre-mer. Revue Historique, Octobre-Décembre 1988, pp.521-535.

M. Boni Teiga, *« A quoi sert un roi en Afrique ? »,* http://www.slateafrique.com/44009/politique-statut-pour-rois-chefs-traditionnels.

F. Borella, *« L'évolution de la Communauté en 1960 : de la Communauté constitutionnelle à la Communauté conventionnelle »,* Annuaire français de droit international, 1960, (n° 6), pp. 925-952.

N. Brack, S. Weinblum, *« Pour une approche nouvelle de l'opposition politique »,* Revue internationale de politique comparée, 2011/2, vol.18, pp.13-27.

Boukongou (JD), *« L'indépendance de la justice comme facteur au développement économique et social »,* in Bulletin de l'APDHAC, N° 31, octobre 2008, p.11.

S. Bolle, *« La conditionnalité démocratique dans la politique africaine de la France »,* http://afrilex.u-bordeaux4.fr/sites/afrilex/IMG/pdf/2dos3bolle.pdf.

F. Borella, *« les regroupements d'Etats dans l'Afrique indépendante »,* Annuaire français de droit international, vol.7, 1961, pp.787-807.

F. Borella, *« L'évolution de la communauté en 1960, de la communauté constitutionnelle à la communauté conventionnelle »,* AFDI, vol. 1960, pp.925-952.

G. Braibant, *« Le rôle du Conseil d'Etat dans l'élaboration du droit »,* in, Mélanges René Chapus, Montchrestien, 1992, p. 91.

J.M. Breton, *« La révision constitutionnelle du 23 août 1984 et l'évolution du régime politique congolais »,* RJPIC, 1985, n° 4-5, 871.

J.M. Breton, *« L'évolution des institutions de la République populaire du Congo : dialectique du régime militaire et du pouvoir civil »,* RDP, 1986, n° 5, p. 1327.

J.M. Breton, *« Le Congo après 20 ans de régime socialiste : principe et force politique »*, Penant, n° 786-787, p. 89 ;

J.M. Breton, *« La révision constitutionnelle du 23 août 1983 et l'évolution du régime politique congolais »,* RJPIC, 1985, n° 4-5, 871 ;

J.M. Breton, *« L'évolution des institutions de la République populaire du Congo : dialectique du régime militaire et du pouvoir civil »,* RDP, 1986, n° 5, p. 1327.

R. de la Brosse, *« Quelques piste de réflexion sur la liberté des médias dans les transitions démocratiques »*, Les cahiers du journalisme, n° 10, printemps-été 2002.

R. de la Brosse, *« Le rôle de la presse écrite dans la transition démocratique an Afrique »,* Th. Univ. Bordeaux 3, sciences de l'information, 1999.

P. Brunet, *« Le Juge constitutionnel est-il un juge comme les autres ? Réflexion méthodologique sur la justice constitutionnelle », in « La Justice constitutionnelle »,* (sous la Dir. de O. Jouanjan, C. Grewe, P. Wachsmann), Paris, Dalloz, 2005, pp.115-135.

H. Brunschwig, *« La négociation du traité Makoko »,* Cahiers d'Études africaines, Année 1965, n° 17, pp. 5-56.

J.D. Boukongou, *« Pourquoi la Cour constitutionnelle confirmera l'élection du Président Denis Sassou Nguesso »*, http://starducongo.com/02/04/2016.

B. Boumakani, *« la prohibition de la ''transhumance politique'' des parlementaires. Etude de cas africains »*, RFDC, 2008/3, n° 75, pp. 499-512.

B. Boumakani, *« Les médiateurs de la République en Afrique noire francophone : Sénégal, Gabon et Burkina Faso »*, Revue internationale de droit comparé, 1999, vol 2, pp307-329.

B. Boumakani, *« La médiation dans la vie administrative »,* RDP, mai-juin 2003, pp. 863-888.

Ch. Z. BOWAO, *« Je récuse », « lettre ouverte du 20 janvier 2015, à son excellence M. Denis SASSOU NGUESSO, Président de la République »,http://brazza-news.com/ ? p=12885.*

H. Brunschwig, *« La colonisation française, du pacte colonial à l'Union française »,* Paris, Calmann-Lévy, 1949 ; E. Grosclaude, *« Le nouveau pacte colonial »,* Revue des deux mondes, 1902, T8, pp. 49-85.

S. Bolle, *« Aux anciens présidents, la nation reconnaissante... »,* in http://www.la-constitution-en-afrique.org/.

F. Bottini, *« La promulgation des lois parlementaires »,* RFDC, 2008/4, n° 76, p.761.

A. Boullault, *« La place de la négociation dans les conventions d'occupation du domaine public »,* Contrats Publics, n° 193, Décembre 2018, pp. 64-68.

R. Bourcart, *« Le Grand Conseil de l'Afrique occidentale français »,* Paris, Encyclopédie d'outre-mer, 1956.

F.Ch. Bousquet, *« Oppositions et vocation à gouverner : vers une autre classification »,* Revue Pouvoirs, 2004/1 (108), L'opposition, pp.115-124.

D. Bougnoux *« Médias et démocratie la fonction des médias dans la démocratie », « Information, médias et internet »* Revue-Cahiers Français n° 338, Mai-Juin 2007.

H. Brunschwig, *« la négociation du traité Makoko »,* Cahiers d'Études africaines, 1965, Vol.5, n° 17, pp. 5-56.

H. Brunschwig, « Les Cahiers de Brazza. 1880-1882 », Cahiers d'Études africaines, 1966, Vol. 6, n° 22, pp. 157-227.

G. Burdeau, *« L'évolution de la notion d'opposition »,* Revue internationale d'histoire politique et constitutionnelle, 1954, p.123.

G. Cadier *« Les conséquences du traité de 1860 sur le commerce franco-britannique »,* Histoire, économie & société Année 1988 7-3 pp. 355-380.

J.F. Calmette, *« La LOLF comme nouvelle approche des politiques publiques »,* Informations sociales, 2008/6, n° 150, pp.22.

J.P. Camby, *« Liberté d'expression et expression pluraliste des opinions pendant les campagnes électorales : le Conseil constitutionnel garant du pluralisme ou témoin du duel ? »,* in, *« Mélanges en l'honneur du Professeur Dominique Rousseau Nouveauté (Constitution, justice, démocratie) »,* Paris, L.G.D.J, 2020.

P. Capizzi, *« Le retrait du Burundi du statut de la cour pénale internationale : quelles conséquences »,* RDH, novembre 2016, https://revdh.revues.org/2738.

M. Carpentier, *« Pour de nouveaux "modèles" de justice constitutionnelle »,* RIDC, 1-2016, p.1

J.A. de Casanova, *« pouvoir normatif du Conseil constitutionnel et stabilité de la norme »,* Cahier du Conseil constitutionnel n° 24, (Dossier : Le pouvoir normatif du juge constitutionnel), juillet 2008.

M. Cervera-Marzal, *« Le courage comme vertu cardinale du sujet politique »,* Variations, Revue internationale de théorie critique, [En ligne], 17 | 2012, mis en ligne le 15 octobre 2012, URL : *http:// variations.revues.org/364 ; DOI : 10.4000/variations.364.*

R. Césaire, *« Six mois de crise au Congo-Brazzaville : juin-décembre 1997 »,* Revue Géopolitique, 14 mai 2017, https://www.diploweb.com/Six-mois-de-crise-au-Congo-Brazzaville-juin-decembre-1997.html.

R. Chapus, *« De la valeur juridique des principes généraux du droit et des autres règles jurisprudentielles du droit administratif »,* Dalloz, 1966, Chronique, p. 99.

J. Chevallier, *« Science du droit et science du politique, de l'opposition à la complémentarité »,* Droit et Politique, PUF, 1993, p. 251.

J. Chevallier, *« Science politique et science juridique »,* in E. Darras et O. Philippe, *« La science politique une et multiple »,* Paris, l'Harmattan, 2004, pp.41-59.

J. Chevallier, *« Doctrine juridique et science juridique »,* Droit et société, LGDJ, 2002, p. 203-119.

C. Colliot-Thélène, *« La fin du monopole de la violence légitime ? »,* Revue d'études comparatives Est-Ouest, Année 2003, n° 34-1 pp. 5-31.

B. Constant, *« commentaire sur l'ouvrage de Finagieri (1822) »,* institut coppet, Paris janvier 2012, *www.intitutcoppet.org.*

P. Cordey, *« Benjamin constant, Filangieri, « la science de la législation »,* Revue européenne des sciences sociales, T18, n° 50, Annales Benjamin Constant, n° 1 (1980), pp.55-79.

Ph. Decraene, *« Responsables français et africains étudient les réformes que va imposer l'évolution d'une Communauté ouverte à des États indépendants »,* Le Monde, 22 février 1960.

A. Decoq, *« La livraison des délinquants en dehors du droit commun de l'extradition »,* Revue critique de droit international privé, 1964, p.412.

P. Delvolvé, *« L'été des ordonnances »,* RDFA, 2005, p. 909.

F. Demier, *« Adam Smith et la reconstruction de l'empire colonial français au lendemain de l'épisode révolutionnaire »,* Cahiers d'économie politique, n° 27-28, 1996, pp. 241.

H. Deschamps, *« Les Assemblées locales dans les territoires d'outre-mer »,* Politique étrangère, 1954, n° 19-4, pp.427-436.

V. L. Desessard, *« L'extradition des nationaux »,* Rev. Pénitentiaire et de droit pénal 1999, p. 317.

E. DREYER *« restaurer le contrôle des publications étrangères »,* JCP G 2006, doctrine, p. 1829.

H. Diata, *« Ajustement structurel au Congo »,* Revue Tiers Monde, 1989, n° 117, pp. 187-202.

I. Diallo, *« A la recherche d'un modèle africain de justice constitutionnelle »,* Annuaire international de justice constitutionnelle, 2004/2005, pp 93-120.

C. DIJKEMA, *« Partage du pouvoir : que faire de la chefferie traditionnelle en Afrique du Sud ? »,* http://www.irenees.net/bdf_fiche-experience-190_en.html, Grenoble, 2005.

J. Dresch *« Méthodes coloniales au Congo belge et en Afrique équatoriale française »,* Politique étrangère Année 1947 12-1 pp. 77-89.

J. Dresch, *« Des recommandations de Brazzaville à la constitution de l'Union française »,* Politique étrangère, n° 2, 1946, pp. 167-178.

J. Dresch, *« Brazzaville (janvier-février 1944) aux sources de la décolonisation »,* Colloque, Institut Charles de Gaulle et Institut d'histoire du temps présent, 22 et 23 mai 1987, Paris, Plon, 1988.

F. Dupin, *« La contre-démocratie. La politique à l'âge de la défiance de Pierre Rosanvallon »,* Le Pholisophoire, 2006/2 (n° 27), pp.257-263).

J.P. Duprat, *« Le parlement évaluateur »,* Revue internationale de droit comparé, Vol.50 n° 2, avril-juin 1998, pp 551-576.

M. Duverger, *« Le rôle de l'opposition dans un parlement actif »,* Le Monde, 3 avril 1973.

M. Duverger, *« Sur la monarchie présidentielle »,* Le Débat, vol. 55, no. 3, 1989, pp. 27-30 ;

M. Duverger, *« Les monarchies républicaines », Revue Pouvoirs, n° 78 (Les monarchies), sept. 1996, pp.107-120.*

D. E. Emmanuel-Adouki, *« Les volontaires de l'enseignement : la précarité dans la fonction publique congolaise »,* Revue du CAMES – Série B, vol. 006, n° 1-2,2004, pp. 275.

L. Favoreu, *« Modèle européen et modèle américain de justice constitutionnelle »,* Annuaire international de justice constitutionnelle, 4-1988, 1990. Les juges constitutionnels. pp. 51-66.

L. Favoreu, *« La justice constitutionnelle en France ».* Les Cahiers de droit, (1985). 26(2), pp. 299–337.

L. Favoreu, *« La légitimité du juge constitutionnel »,* Revue internationale de droit comparé, 1994 Vol 46, Numéro 2 pp. 557-581.

I. Féviliyé, *« Le nouveau droit des marchés publics au Congo »,* Revue congolaise de droit et des affaires, éd. Spéciale n° 1, mars 2010, pp. 69.

G. Feuer, *« Les Conférences africaines et l'organisation de la Communauté africaine et malgache d'expression française »,* Annuaire français de droit international, volume 7, 1961. pp. 762-786.

M.H. Frayssinet, *« La clarification des compétences des collectivités territoriales ou l'improbable innovation »,* Sciences de la société, 81 | 2010, pp.11-25.pp ; http://journals.openedition.org/sds/818 ; DOI : 10.4000/sds.818

M. Fromont, *« La justice constitutionnelle en France ou l'exception française »,* Revue administrative, 1999 (n° spécial, 7), pp 36-45.

M. Fromont, *« La diversité de la justice constitutionnelle en Europe »,* in Mélange Ph. Ardant (Droit et politique à la croisée des cultures), Paris, LGDJ, 1999.

M. Fromont, *« La justice constitutionnelle dans le monde »,* Paris, Dalloz, 1996.

A. Flückiger, *« L'évaluation législative ou comment mesurer l'efficacité des lois »,* Revue Européenne des Sciences Sociales, 2007 (XLV-138), pp.83-101.

P. Le Galès, D. King, *« Sociologie de l'Etat en recomposition »,* revue française de sociologie, 2011, pp.453.

B. Gallet, *« Les enjeux de la coopération décentralisée »,* Revue internationale et stratégique, vol. 57, no. 1, 2005, pp. 61-70.

S. Garibian, *« Vers l'émergence d'un droit individuel à la protection diplomatique ? »,* Annuaire français de droit international, vol. 54, 2008, p. 119.

Y. Gaudemet, *« la loi administrative »,* RDP, 2006, n° 1-2006, p. 68.

F. Gazier, *« La fonction publique dans le monde »,* Revue Tiers Monde, Année 1973, n° 53, pp. 198-201.

B. Genevois, *« Les limites d'ordre juridique à l'intervention du pouvoir constituant », R.F.D.A. No 5 (sept-oct. 1998) pp. 929.*

J.Gicquel, *« Sur une source constitutionnelle du droit administratif : l'ordonnance »,* Mélanges en l'honneur de J. Morand-Deviller, Montchrestien, 2007.

W.Gilles, *« L'opposition parlementaire : étude de droit comparé »,* RDP, 2006, n° 6, p.1348.

Ch. Girard, *« De la presse en démocratie. La révolution médiatique et le débat public »,* La vie des idées, 11 octobre 2011, http://www.laviedesidées.fr/De-la-presse-en-democratie.html.

J.E. Goma-Thethet, *« Les élections à l'Assemblée nationale constituante de 1945 dans la circonscription du Gabon-Moyen-Congo »,* Outre-mer. Revue d'histoire, 2008, n° 358-359, pp. 229-247.

De Goede Meike, « Objectivation, aphasie coloniale et histoire de la déportation des matsouanistes de Brazzaville (1959) », Les Temps modernes, 2017/2 (n° 693-694), p. 195-220.

G. G. Granger, *« A quoi sert l'épistémologie ? »,* Droit et société, n° 20-21, 1992, *« Une science sociale pour la pratique juridique ? »,* pp. 39-44.

E. E. Grosclaude, *« Le nouveau pacte colonial »,* Revue des deux mondes, 1902, T8, p. 49.

B. Guèye, *« La démocratie en Afrique : Succès et résistance »,* Revue Pouvoirs, 2009/2, n° 129, pp 5 à 26.

Ph. Guillemin, *« La structuration des premiers gouvernements locaux »,* Revue française de science politique, 1959, n° 3, p.667.

J.Ch. Guyomart, *« De l'État-souverain à la souveraineté subsidiaire des monnaies locales complémentaires »,* Revue française de Socio-Économie 2013/2 (n° 12), pp. 51 à 68.

J. Habermas, *« Droit et démocratie. Entre faits et normes »* (trad. De l'allemand, R. Rochlitz, C. Bouchindhomme), Paris, Gallimard, 1997.

Th. Hassler, *« La crise d'identité des droits de la personnalité »,* Les Petites affiches, 07 décembre 2004 n° 244, P. 3.

M. Hastings, *« Oppositions parlementaires, gouvernements minoritaires et démocraties inclusives. L'exemple des pays scandinaves »,* Revue internationale de Politique comparée, 2011/2 (vol. 18), pp.45-58.

C. Hewitt De Alcandara, *« Du bon usage du concept de gouvernance »,* Revue internationale des sciences sociales, 1998, n°155, p109-118.

A. Iloki, *« la justice au Congo : pouvoir ou service public ? »,* Revue des sciences sociales n° 6, avril-juin 1986, p. 138.

A. Iloki, *« Le Conseil constitutionnel : une nouvelle institution en République populaire du Congo »,* Penant (revue de droit des pays d'Afrique), vol. 96, pp. 9 à 12.

P. C. d'ISTRIA, *« L'art politique au temps du consensus »,* Revue Raison-Publique, 04 av. 2011, en ligne www.raison-publique.fr/article422.html.

H. Izdebski *« Les sources du droit dans les pays socialistes européens (Histoire, théorie, pratique) »,* Revue internationale de droit comparé, 1986 Volume 38, Numéro 1, pp. 7-56.

P. Jan, *« Les oppositions »,* Revue Pouvoirs, 2004/1 (n°108), p.23-43.

P. Joxe, *« La loi est-elle l'expression de la volonté générale ? »,* Après-demain, vol. n°7, n°3, 2008, pp.11-14.

J. Julliard, *« Sur la monarchie présidentielle »,* Le Débat, vol. 55, no. 3, 1989, pp. 31-34.

I. Kaufman, *« Vers une démocratie consensuelle »,* Les temps modernes, 2009/1 (n°652-653), pp. 143-163.

H. Kelsen, *« Théorie pure du droit »,* Paris, Dalloz, 1962.

C. Keutcha Tchapnga, *« Droit constitutionnel et conflits politiques dans les Etats francophones d'Afrique Noire »,* RFDC, 2006, n°63, pp. 451-491.

K.F. Kinzounza *« Pourquoi la requête du candidat Guy Brice Parfait Kolelas aurait pu être retenue »,* http://wwwlasemaineafricaine.net/index.php/nationale, 12 avril 2016.

I. Konaté, *« Discours de François Mitterrand à La Baule, 20 juin 1990* », in Politique étrangère de la France, mai-juin 1990, p.130

A. Kouvouama, *« Les pratiques de terrain en situation de tensions sociales et de guerre civile au Congo-Brazzaville* », *Sociologies*, http://journals.openedition.org/sociologies/3724.

D.G. Lavroff, *« Régimes militaires et développement politique en Afrique noire »,* Revue française de science politique, 1972, n°5, pp.973-991.

L. Larcher, *« RD-Congo, l'accord de la Saint-Sylvestre »,* https://www.la-croix.com/Monde/Afrique/RD-Congo-laccord-Saint-Sylvestre-2017-01-01-1200814018.

M. Ligot, *« Les accords de coopération entre la France et les Etats africains et malgaches d'expression française »,* La documentation française, 1964, p.9.

R. De Lacharrière, *« l'Evolution de la Communauté franco-africaine »,* AFDI, vol. 6, 1960, pp.9 à 40.

G. de Lacharrière, *« Aspects récents de la clause de la nation la plus favorisée »,* AFDI, 1961, (7), pp. 107-117.

A. Lalande & L. Vermeersch, *« Qu'est-ce que la démocratie participative ?»*, Vacarme, 2007/4 (n°81), p.53.

Ch. de Lespinay, *« Les concepts d'autochtone (indigenous) et de minorité (minority) »,* Droit et cultures, 72 | 2016, 19-42.

D.G.Lavroff, « La constitution de la République du Congo du 12 juillet 1973 », RJPIC, 1974, n°1, p.3.

Ch. Leben, *« Le Conseil constitutionnel et le principe d'égalité devant la loi »,* RDP, 1982.

Lemkin, R., *« Le génocide »,* Revue générale de droit pénal, 1946, n° 1-2, p. 25.

D. Lochak, *« La neutralité de la dogmatique juridique : mythe ou réalité. Une neutralité impossible »,* in *« Théorie du droit et science »,* Dir. P. Amselek, PUF, 1994, pp.293-309.

R.M. LEMESLE, *« La Conférence de Brazzaville de 1944 : contexte et repères. Cinquantenaire des prémices de la décolonisation »,* CHEAM, 1994.

J. P. Machelon, *« Faut-il maintenir le principe de l'unité du corps judiciaire ? »,* in, Mélanges en l'honneur du Professeur Dominique Rousseau Nouveauté (Constitution, justice, démocratie), Paris, L.G.D.J, 2020.

L. Mader, *« L'évaluation législative en suisse : la longue marche d'une idée à travers les institutions étatiques »,* in, *« De l'évaluation à l'action législative »,* actes du colloque en l'honneur du Prof. Jean Daniel Delley », CETEL, Université Genève, 2009. p15

A.C. Makosso, *« Je rétorque » « Réaction à la lettre ouverte du 20 janvier 2014 »,* htttp.zenga-mambu.com/fiche.php?id=4937.

H.B.Mampouya, *« Patrimoine : les royaumes Loango et Téké scellent un cadre de concertation »,* http:/www.adiac-congo.com/print/content/patrimoine-les royaumes.

V. R. Manangou, *« Droit et libertés fondamentaux en République du Congo : Analyse d'une consécration constitutionnelle sans effectivité pratique »*, Revue droits et libertés fondamentaux (RDLF) 2015, chr. N°17.

V.R. Manangou, *« Le discours du Président Sassou annonçant le référendum : entre supercherie constitutionnelle, hold-up juridique et faute politique »*, http//Brazza-neuw.com, 24 septembre 2015.

V.R. Manangou, *« La constitution congolaise du 6 novembre 2015, entre influence française et affirmation identitaire »,* Les Annales de droit, 13 | 2019, 121-159.

M. L. Martin, *« constitutionnalisme et contrôle politique des militaires en Afrique francophone »,* http : resmilitaris.net, vol. 5, n°2, Eté-automne 2015.

B. Mathieu, *« Le conseil constitutionnel, législateur ou la question des interventions du juge constitutionnel français dans l'exercice de la fonction législative »,* Revue internationale de droit comparé, 2010, n°62-2, pp. 507-531.

B. Mathieu, *« Le Conseil constitutionnel sème le désordre dans le statut des ordonnances non ratifiées »,* https://blog.leclubdesjuristes.com/le-conseil-constitutionnel-seme-le-desordre-dans-le-statut-des-ordonnances-non-ratifiees-par-bertrand-mathieu/.

S.L. Matsching, *« La législation sur l'eau en République du Congo »,* 25 juin 2014, *www.cabemery.org.*

A. Mazeaud & M. Nonjon, *« De la cause au marché de la démocratie participative »,* Agone, 2015/1 (n°56), pp. 135-152.

Ch. Maugüé, *« Le Conseil constitutionnel et le droit supranational »,* Pouvoirs, vol. 105, no. 2, 2003, pp. 53-71.

A. Mavoungou, *« Les droits de l'homme au Congo : une volonté d'application manifeste malgré des difficultés évidentes »,* Annales de l'Université Marien Ngouabi, 2011-2012 ; 12-13 (3), pp.92 à 113.

N. Mayetela, *« Vingt ans, huit textes constitutionnels »,* La Semaine africaine, 15 août 1983, n°1539-1541.

M. Massé, *« L'extradition des nationaux »*, RSC 1994, p. 798.

M. Mberi, *« Lettre citoyenne, 'Révision constitutionnelle plutôt que changement de constitution », http : //brazza-news.com/ ? p=13606, 11/03/2015.*

W. Mbilampindo, *« l'acte fondamental dans l'histoire constitutionnelle et politique du Congo »,* RJPIC, 1996, p.213.

W. Mbilampindo, *« Un nouvel acte fondamental pour une nouvelle transition démocratique au Congo »,* RJPIC, mai-août 1998, n°2, p.149-165 ;

W. Mbilampindo, *« La plus haute juridiction du Congo, aujourd'hui »,* RJPIC, 1997, n°1, pp.37.

W. Mbilampindo, *« L'institution d'un Conseil supérieur de la magistrature au Congo »,* RJPIC, 1997, n°3, p.305.

W. Mbilampjndo, *« La nouvelle constitution de la République du Congo »,* RJPIC, 2002, n°3, pp.362.

G.J.C. MEBIAMA, *« Une nouvelle institution dans le paysage administratif africain, le médiateur de la République : le cas du Congo, du Gabon, du Burkina Faso et du Sénégal »,* Annales de l'Université Marien Ngouabi, 2010, 11-(3), p.1-27.

I. Merle, *« De la ''légalisation'' de la violence en contexte colonial. Le régime de l'indigénat en question »,* Politix, Revue des sciences sociales du politique, 2004, n° 66 pp. 137-162.

M. Miaille, *« La critique du droit »,* Droit et société, n°20-21, 1992, *« Une science sociale pour la pratique juridique ? »,* pp. 73-87.

A.M. Milandou, *« Le politicien congolais, l'ethnie et les représentations collectives du pouvoir d'Etat »,* Revue Anthropologie et sociétés, vol. 25, n°3, 2001, pp.69-84.

L. Molinero, *« La théorie de la connaissance acquise en droit administratif français »,* Revue juridique de l'Ouest, 1990-3, 99 303-357.

C.A. Morand, *« L'obligation dévaluer les effets de la loi », in « Evaluation législative et lois expérimentales »,* PUAM, 1992, pp.79.

C.A. Morand, *« Formes et fonctions de l'évaluation législative »,* in *« Elaborer la loi aujourd'hui, mission impossible ? »* (Dr. B. Jadot et F. Ost), Bruxelles, PFUSL, 1999, pp. 207.

P. Moudoudou, *« L'Etat africain, entre constitutionnalisme libéral et constitutionnalisme identitaire »,* RJPEF, 2014, n°3, pp.291-320.

T.O. Moss, *« La conditionnalité démocratique dans les relations entre la France et l'Afrique »,* L'Evénement européen, n°19, 1999, p. 225.

F.J. Moukala, *« A propos de l'escroquerie intellectuelle et juridico-politique de la Cour constitutionnelle du Congo »,* www.congo-liberty.com, *05 octobre 2015*

B. Melkevik, *« Légalité et légitimité : Réflexions sur les leçons de Weimar selon David Dyzenhauss »,* Les cahiers de Droit, vol.40, n°2, juin 1999, pp. 459-477 ; *http://id.erudi.org/iderudit/043550ar.*

I. Merle, *« De la ''législation'' de la violence en contexte colonial. Le régime de l'indigénat **en** question »,* Politix, vol. 17, deuxième trimestre 2004. L'Etat colonial.

P. de Montalivet, *« Les objectifs de valeur constitutionnelle »,* Cahiers du Conseil constitutionnel n° 20 - Juin 2006.

L. Moulin, *« Socialisation et consensus politique »,* Revue pouvoirs, n°5, av. 1978, pp. 103-112.

M. Mubiala, *« Chronique de droit pénal de l'Union africaine : l'élargissement du mandat de la Cour africaine de Justice et des droits de l'homme aux affaires de droit international pénal »,* Revue internationale de droit pénal 2014/3-4 (Vol. 85), pp. 749 à 758.

M. Mubiala, *« Vers une justice pénale africaine »*, Revue internationale de droit pénal, 2012, vol.83, pp.547-557.

J. F. Muracciole, *« La conférence de Brazzaville et la décolonisation : le mythe et la réalité », Espoir* n°152, juin 2017.

B. Nabli, *« L'opposition parlementaire, un contre-pouvoir politique saisi par le droit »*, Pouvoirs, 2010/2 (n°133), pp.125-141).

Ch. Nach Mback, *« La chefferie traditionnelle au Cameroun : Ambigüités juridiques et dérives politiques »,* Africa Dévelopment, vol.XXV, numéros 3 et 4, 2000, p. 77.

S. NANITELAMIO, *« Historique de l'enseignement supérieur laïc au Congo : quelques faits saillants »,* La Semaine africaine, vendredi 30 août 2013, http://www.lasemaineafricaine.net/index.php/point-de-vue/6487-historique-de-l-enseignement-superieur-laic-au-congo-quelques-faits-saillants.

F. Natoli, *« Sécurité et ordre public : deux notions à relation variable. Comparaison franco-italienne »,* La Revue des droits de l'homme, La Revue des droits de l'homme [En ligne], 11 | 2017, mis en ligne le 13 janvier 2017 : http://revdh.revues.org/2905.

G. Navet, *« Eugène Lerminier (1803-1857, la science du droit comme synthèse de l'histoire et de la philosophie »,* Revue d'histoire et des sciences humaines, 2001/1, n°4, pp.33-56.

P. Ndiaye, *« Des indigènes citoyens français. Les ressortissants des quatre communes de plein exercice du Sénégal : une citoyenneté singulière dans l'empire colonial français »,* in *« Le droit figure du politique ».* Études offertes au professeur Michel Miaille, (Sous Dir. J.-L. Autin, L. Weil), Presses de la faculté de droit de Montpellier 2008, coll. Mélanges, vol. II, pp. 379-395.

P. Ndiaye, *« La démocratie alimentaire locale, Quel rôle pour les collectivités territoriales ? »* in Mélanges en l'honneur du Professeur Dominique Turpin, État du droit, état des droits, LDJ 2017, p. 295 à 308

Suzy H. Nikièma, *« La clause de la nation la plus favorisée dans les traités d'investissement »,* IISD (institut international du développement durable), *février 2017,* https://www.iisd.org/sites/default/files/publications/mfn-most-favoured-nation-clause-best-practices-fr.pdf.

N. Nivert, *« Le statut de la loi référendaire à l'épreuve du contrôle de la constitutionnalité, contradictions et perspectives »,* RJOI, n°10, mars 2010, p.119.

C. Ngantui, *« Le ''Je rétorque'' d'Anatole Collinet MAKOSSO, une affabulation démagogique »*, http//www.starducongo.com, 28 janvier 2015.

E. D. Nguimbi, *« Coopération entre les institutions royales : les royaumes Loango et Téké désormais unis autour d'un cadre de concertation »,* http://lasemaineafricaine.net/index.php/national/9636, 8 août 2014.

B. Nzelomona, *« Il y a 70 ans, la Conférence française africaine de Brazzaville en 1944 »,* La Semaine Africaine, 10 janvier 2014.

A. D. Olinga, *« L'Afrique face à la globalisation des techniques de protection des droits fondamentaux »,* Présence africaine ,1999/1 (N° 159).

J. Owona, *« La nouvelle constitution de la République populaire du Congo »,* Penant, 1980, n° 769, p.239.

J. Owona, *« La nouvelle organisation des pouvoirs publics en République populaire du Congo : l'acte fondamental du 30 mars 1979 »,* Penant, 1980, n°770, p. 441.

J. Owona, *« La nouvelle constitution de la République populaire du Congo : un présidentialisme mono partisan d'assemblée »,* RJPIC, 1980, n°, p.564.

J. Padovani, *« Ordre ou désordre dans la nature juridique des ordonnances de l'article 38 de la Constitution ? À propos de la décision 2020-843 QPC du Conseil constitutionnel du 28 mai 2020 »,* https://blogdroitadministratif.net/2020/06/02/ordre-ou-desordre-dans-la-nature-juridique-des-ordonnances-de-larticle-38-de-la-constitution-a-propos-de-la-decision-2020-843-qpc-du-conseil-constitutionnel-du-28-mai-2020/.

J. Padovani, *« Statu quo ante dans le régime contentieux des ordonnances de l'article 38 de la Constitution. À propos de la décision CE, 11 juin 2020, n° 437851 (et sur les suites de la décision 843 QPC du 28 mai 2020 du Conseil constitutionnel),* https://blogdroitadministratif.net/2020/06/19/statu-quo-ante-dans-le-regime-contentieux-des-ordonnances-de-larticle-38-de-la-constitution-a-propos-de-la-decision-ce-11-juin-2020-n-437851-leb-et-sur-les-suites-de-la-decision-843-qpc/#_ftn2.

A. Panagopoulos, *« Modèle américain ou modèle européen de justice constitutionnelle. Etude comparative à travers le cas hellénique »,* Th. Doctorat, UAM, 2012.

S. PERROT, *« Y a-t-il une vie après le pouvoir ? Le devenir d'anciens chef d'Etat africains »,* CEAN (Travaux et documents), Talence, n°51-52, 1996.

A. PILLOUER, *« De la révision à l'abrogation de la constitution, les termes du débat »,* in Jus politicum-revue de droit politique, Vol 2 (2010), pp.1-20.

L. Philip, *« Le Conseil constitutionnel, juge constitutionnel »,* revue Pouvoirs, n°13, avril 1980, pp. 67-86.

C. Pereira, *« Evolution constitutionnelle et politique du Congo : le pouvoir exécutif dans la constitution du 08 juillet 1979 »,* RJPIC, 1984, n°1, p. 53.

C. Pereira, *« Les grands pouvoirs publics congolais : contribution à la théorie générale de l'Etat africain, »* RJPIC, 1978, n°4, 991.

C. Pereira, *« L'évolution constitutionnelle et politique du Congo : de la Communauté française à la République populaire du Congo »,* Penant, 1984, n°784, p.167, n°785, p.307.

B. Perret, *« L'évaluation des politiques publiques »,* Informations sociales, octobre 2003, n°110.

J. PINI, *« Réflexion sur le statut normatif de la jurisprudence constitutionnelle »,* Cahier du Conseil constitutionnel n°24, (Dossier : Le pouvoir normatif du juge constitutionnel), juillet 2008.

J. Pini, *« La Cour constitutionnelle autrichienne et les rapports entre juge constitutionnel et pouvoir constituant »,* Cahier du Conseil constitutionnel, n°7 (dossier Autriche), décembre 1999.

E. Pisier, *« Le peuple et les sages : le référendum et le Conseil constitutionnel »,* Esprit, n°96 (12), Décembre 1984, pp. 137-144.

J. Pitsys, « Le concept de gouvernance », Revue interdisciplinaire d'études juridiques (RIEJ), 2010/2, vol. 65, pp.207-228.

R. Poli, *« Les indicateurs de performances de la dépense publique »,* Revue française de finances publiques, juin 2003, n°82, p. 110.

M.C. Ponthoreau, *« Réflexion sur le pouvoir normatif du juge constitutionnel en Europe continentale sur la base des cas allemand et italien »,* Cahier du Conseil constitutionnel n°24, (Dossier : Le pouvoir normatif du juge constitutionnel), juillet 2008.

J. Robert, *« Le principe d'égalité dans le droit constitutionnel francophone »,* cahier du droit constitutionnel, n°3, novembre 1997 (travaux du 1er congrès de L'association des Cours constitutionnelles ayant en partage l'usage du français, ACCPUF).

D. Rouget, *« Le respect du droit extraditionnel et les extraditions déguisées »,* Revue trimestrielle de droit de l'homme, 1999, pp.169.

G. Sacriste, *« Droit, histoire et politique en 1900. Sur quelques implications politiques de la méthode du droit constitutionnel à la du XIXème siècle »,* Revue d'histoire des sciences humaines, 2001/1, n°4, pp. 69-94.

B. Sakpane-Gbati, *« La démocratie à l'africaine »,* Revue internationale d'éthique sociétale et gouvernementale, vol. 13, n°2/2011.

J.M. Sauvé, *« La législation déléguée »,* colloque organisé par le Centre d'études constitutionnelles et politiques ; l'Institut Cujas et la Société de législation comparée le 6 juin 2014, *http://www.conseil-etat.fr/Actualites/Discours-Interventions/La-legislation-deleguee.*

O. De Schutter, N. Lebessis, J. Paterson, *« La gouvernance dans l'Union européenne »,* Editeur : OPOCE (1 juin 2002), Collection : Cahiers cellule de prospective, 1 juin 2002.

J. Sémelin, *« Qu'est-ce qu'un crime de masse ? Le cas de l'ex-Yougoslavie »,* Revue critique internationale, 2000, n° 6, pp. 143-158.

J. Sémelin, *« Purifier et Détruire. Usages politiques des massacres et génocides »,* Paris, Seuil, 2005.

Ch. E. SENAC, « Les limites au pouvoir de révision de la nouvelle constitution tunisienne », http://www.revuegeneraledu droit.eu/blog/2014/03/09.

JL. Seurin, *« les origines historiques de la séparation des pouvoirs »,* Mélanges JM. Auby, Dalloz, 1992, p.651.

P. Sony-Benga, *"L'environnement médiatique au Congo-Brazzaville (TV-Radio) »,* https://www.balancingact-africa.com/news/broadcast-fr/32567.

M. C. SPECCHIA, *« Les limites à la révision de la constitution en France et perspectives comparées »,* VII Congrès de Droit constitutionnel, Paris, 25, 26 et 27 septembre 2008, atelier n° 3 : constitution et pouvoir constituant, http://www.droitconstitutionnel.org/congresParis/atelierP3.html.

F.R. Stefanini Marthe, L. Massimo. *« Référendums et contraintes constitutionnelles et internationales »,* Annuaire international de justice constitutionnelle, 32-2016, 2017, (Migrations internationales et justice constitutionnelle - Référendums et justice constitutionnelle). pp. 605-618.

Y. Surel, *« L'opposition au Parlement. Quelques éléments de comparaison »,* Revue internationale de politique comparée, 2011/2, vol. 18, pp.115-129.

N. Tenzer, *« Une politique publique peut-elle être évaluée ? »,* Information sociale, octobre 2003, n°110.

F.D.P. Tetang, Franc. *« De quelques bizarreries constitutionnelles relatives à la primauté du droit international dans l'ordre juridique interne : la Côte d'Ivoire et « l'affaire de l'élection présidentielle »,* Revue française de droit constitutionnel, vol. 91, no. 3, 2012, pp. 45-66.

M. Troper, *« Le monopole de la contrainte légitime »* (légitimité et légalité dans l'Etat moderne), Editions Hazan, « Lignes », 1995/2 n° 25, pages 34 à 47.

M. Troper, *« Contrôle de constitutionnalité, démocratie et représentation »,* in, Mélanges en l'honneur du Professeur Dominique Rousseau Nouveauté (Constitution, justice, démocratie), Paris, L.G.D.J, 2020.

S Trosa, *« La loi organique relative aux lois des finances (LOLF) : contrôle ou liberté ? »,* Revue française d'administration publique, 2006, n°117, p. 57.

F. Turpin, *« 1958, La communauté franco-africaine : un projet entre héritage de la IVème République et conceptions gaulliennes »,* Outre-mer, T 95, n°358-359, 1er trimestre 2008, pp. 45-58.

M. Varally, *« la valeur juridique des recommandations des organisations internationales »,* Annuaire français de droit international, 1956, 2, pp.66-96.

J. Verhoeven, *« Le crime de génocide, originalité et ambigüité »,* Revue Belge de droit international (RBDI), 1991/1, p.5.

M. Verwilghen, *« Conflits de nationalité, plurinationalité et apatride »,* RCADI, 1999, vol. 277, p.91.

A. Viala, *« Limitation du pouvoir constituant, la vision du constitutionnaliste »,* Civitas Europa, vol. 32, n°1, 2014, p. 81.

A. Viandier, *« L'évaluation législative. Pour une analyse empirique des effets de la législation... »,* Revue internationale de droit comparé, vol.38, n°1, janv-mars 1986, p.285-286.

Ch. De Visscher, *« Coutume et traité en droit international public »,* RGDIP, 1955, pp.353-369.

De Visscher, *« Cours général de droit international public »,* Recueil des cours de l'académie de droit international (RCADI), 1972, tome 136, pp.1-202

L. Vodoz, *« La prise de décision par consensus : pourquoi, Comment, à quelles conditions ? »,* in, Environnement et Société, n°15, (éd. FUL), 1994, p 57-66).

M. Waline, *« Le pouvoir normatif de la jurisprudence »,* in, Mélanges G. Scelle, 1950.

O. Weinberger, *« Droit et connaissance du droit au regard du positivisme juridique institutionnaliste »,* Droits, 1989, n° 10, p. 109 s.

A. Werner, *« Le Conseil constitutionnel et l'appropriation du pouvoir constituant », revue pouvoir, n°67, novembre 1993, (la souveraineté), pp. 177-136.*

F. Wodié, *« le Conseil constitutionnel de Côte d'Ivoire »,* nouveaux cahiers du Conseil constitutionnel, n°40, juin 2013.

C. Yatala Nsomwe Ntambwe, *« La fin du mandat présidentiel et le principe de continuité dans la constitution congolaise », https://www.droitcongolais.info/files/rdc-mandat-continuite.pdf ; https://www.droitcongolais.info/etudes_particulieres.html.*

G. Zoula dans son article, *« Anniversaire des FAC (Forces armées congolaises) : la naissance des forces armées ou les grandes dates à retenir », htttp : www.lasemaineafricaine.net/index.php/point-de-vue/1052, 23 juin 2011*

C). Les Textes.

Rapport sur le projet de loi portant fixation du Budget général de l'Exercice 1899 [Budget du ministère des colonies] (I., n° 629 ; an, S. O. de 1899, t. 1, p. 255).
AUBE, Rapport du Président de la République du 27 avril 1886, JORF n°115 du 26, 27 et 28 avril 1886, p.1926.
Décret du 29 décembre 1903, portant organisation du Congo français et dépendance, JOFR, du 24 janvier 1904, pp.32.
Décret du 26 juin 1908, JORF n°173, du 27 juin 1908, p.4333.
Décret du 15 janvier 1910, portant création du Gouvernement général de l'Afrique Equatoriale française (AEF), JOAEF, n°5, du 1er mars, p.115.
Décret du 15 janvier 1910, portant organisation du Conseil de gouvernement de l'Afrique équatoriale française, p.116-117.
Décret du 11 décembre 1888, fixant l'attribution du Commissaire général du gouvernement dans le Congo français et du Lieutenant-gouverneur du Gabon, JORF, n°339, du 13 décembre 1888, pp.5277-5278.
Décret du 30 avril 1891, portant que la colonie formée par la réunion du Gabon et le Congo français portera désormais le nom Congo-français, JORF n°120, du 3 mai 1891, pp.1981-1982.
Décret du 28 septembre 1897, portant réorganisation du Congo français, JORF n°265, du 30 septembre 1897, p.5502
Loi n°46-645 du 11 avril 1947, tendant à la suppression du travail forcé dans les territoires d'outre-mer.
Décret n°45-137 du 22 décembre 1945, portant suppression en Afrique occidentale française, en Afrique équatoriale française, au Cameroun, au Togo, à Madagascar (…) des sanctions ordinaires de l'indigénat ; Décret n°46-277 du 20 février 1946.
Décret n°45-0136 du 25 décembre 1945, fixant la valeur de certaines monnaies des territoires d'outre-mer libellées en francs (FCFA et autres), JO 26-12-1945 p. 8582.
Loi n° 46-940 du 7 mai 1946, tendant à proclamer citoyens tous les ressortissants des territoires d'outre-mer (dite Loi Lamine Gueye du nom du député sénégalais, auteur de cette loi).
Ordonnance n°45-1836 DU 17 AOÛT 1945, instituant une consultation du peuple français par voie de référendum et fixant le terme des pouvoirs de l'Assemblée consultative provisoire, (JORF du 19 août 1945.).
Loi n°55-1489 du 18 novembre 1955, relative à la réorganisation municipale en Afrique occidentale française et en Afrique équatoriale française, JORF, du 19 novembre 1955, pp.11274 et suivantes.
Décret n°56-1227 du 3 décembre 1956, portant définition des services de l'Etat dans les territoires d'outre-mer et énumération des cadres d'Etat, JORF du 04 décembre 1956, pp.11572-11573.
Décret n°56-1228 du 3 décembre 1956, relatif à l'organisation des services publics civils dans les territoires d'outre-mer, JORF du 04 décembre 1956, pp.11573-11575.
Loi n°56-619 du 23 juin 1956 autorisant le gouvernement à mettre en œuvre les réformes et à prendre les mesures propres à assurer l'évolution des territoires relevant du ministère de la France d'outre-mer, JORF du 24 juin 1956 page 5782.
Décret n°57-458 du 04 avril 1957, portant réorganisation de l'Afrique occidentale française et de l'Afrique équatoriale française, JORF du 11 avril 1957, pp.3857.
Décret n°57-460 du 4 avril 1957 fixant les attributions des chefs de territoires, des conseils de gouvernement et des assemblées territoriales dans les territoires de l'Afrique-

Occidentale française et de l'Afrique équatoriale française, JORF du 11 avril 1957, p. 3063.

Ordonnance n°58-637 du 26 juillet 1958 relative à la présidence des conseils de gouvernement dans les territoires de l'Afrique occidentale française et de l'Afrique équatoriale française, JORF du 27 juillet 1958, p.7028.

Décret n°57-459 du 04 avril 1957, fixant les conditions de formation et de fonctionnement des conseils de gouvernement dans le territoire de l'Afrique occidentale française et de l'Afrique équatoriale française, JORF du 11 avril 1957, p. 3862.

Décret n°57-458 du 04 avril 1957, portant réorganisation de l'Afrique équatoriale française et de l'Afrique occidentale française, JORF, du 11 avril 1957, pp.3857.

Délibération de l'Assemblée territoriale du Moyen-Congo n°42/57 du 14 août 1957, portant statut général des fonctionnaires des cadres du territoire du Moyen-Congo, JOAEF, du 1er janvier 1958, pp. 41.

Délibération de l'Assemblée territoriale du Moyen-Congo n°42/57 du 14 août 1957, portant statut général des fonctionnaires dans le cadre du territoire du Moyen-Congo ; loi n°15-62 du 3 février 1962, portant statut général des fonctionnaires.

Ordonnance n°58-913 du 06 octobre 1958 fixant certaines conditions d'application de l'article 76 de la Constitution et le régime provisoire des pouvoirs publics dans les territoires d'outre-mer, JORF du 07 octobre 1958, pp.9182.

Ordonnances n° 58-1254 et 58-1255 du 19 décembre 1958, portant, respectivement, loi organique sur le Sénat de la Communauté et loi organique sur le Conseil exécutif de la communauté, JORF du 20 décembre 1958 p. 11455.

Délibération n°112/58 du 28 novembre 1958, érigeant le territoire du Moyen-Congo en Etat membre de la communauté et portant création de la République du Congo, JORC du 3 décembre 1958, pp. 1 à 7.

Loi constitutionnelle n° 1 du 28 novembre 1958 portant organisation des pouvoirs de la République du Congo et déterminant les conditions de préparation et d'approbation des lois constitutionnelles de la République du Congo

Loi constitutionnelle n° 2 du 28 novembre 1958 fixant provisoirement à Brazzaville le siège de l'Assemblée législative et du gouvernement provisoire

Loi constitutionnelle n° 3 du 16 février 1959 suspendant provisoirement l'application de l'article 2 de la loi constitutionnelle n°1 du 28 novembre 1958

Loi constitutionnelle n° 4 du 20 février 1959 relative à l'Assemblée législative

Loi constitutionnelle n° 5 du 20 février 1959 relative au gouvernement de la République

Loi constitutionnelle n° 6 du 20 février 1959 relative aux rapports entre les pouvoirs publics

Loi constitutionnelle n° 7 du 20 février 1959 relative à la mise en place des institutions

Loi constitutionnelle n° 8 du 18 août 1959, fixant le drapeau de la République du Congo.

Loi constitutionnelle n° 9 du 3 novembre 1959 relative à la devise de la République du Congo.

Loi constitutionnelle n° 10 du 21 novembre 1959 relative à l'hymne national de la République du Congo.

Loi constitutionnelle n° 11 du 21 novembre 1959 relative à la présidence de la République.

Loi constitutionnelle n° 12 du 7 décembre 1959 relative au titre de l'Assemblée législative de la République du Congo.

Loi n°17-59 du 18 février 1959, accordant les pleins pouvoirs au Premier ministre pour le rétablissement de l'ordre public.

Ordonnance n°2 du 07 mars 1959, relative à l'assignation à résidence des personnes dont l'activité est de nature à porter atteinte à l'ordre public, JORC, 1er avril 1959, p.207.

Loi n°33-59 du 30 juin 1959, portant mesure d'amnistie et de libération anticipée, JORC du 15 juillet 1959, p.457.

Loi n°34-59 du 30 juin 1959, portant mesures d'amnistie à la suite d'événements et d'incidents à caractère politique, JORC du 15 juillet 1959, p.458.

Loi n°31-59 du 30 juin 1959, relative au contentieux administratif, JORC, du 15 juillet 1959, pp. 456-457.

Loi constitutionnelle n°8 du 18 août 1959, fixant le drapeau de la République du Congo, J.O.R.C du 15 sept. 1959, p. 568.

Loi constitutionnelle n°9 du 03 novembre 1959, relative à la devise de la République du Congo, JORF, 673.

Loi constitutionnelle n°10 du 21 novembre 1959, relative à l'hymne national de la République du Congo, J.O.R.C du 1er décembre 1959, p.703.

Loi constitutionnelle n°11 du 21 novembre 1959, relative au président de la République du Congo, JORC, 1er décembre 1959, p. 703.

Loi n°45-59 du 16 novembre 1959 modifiant le règlement intérieur de l'Assemblée nationale de la République du Congo, JORC, du 1er décembre 1959, p.704.

Loi n°17-59 du 18 février 1959, accordant les pleins pouvoirs au Premier ministre pour le rétablissement de l'ordre public.

Ordonnance n°2 du 07 mars 1959, relative à l'assignation à résidence des personnes dont l'activité est de nature à porter atteinte à l'ordre public, JORC, 1er avril 1959, p.207.

Loi n°33-59 du 30 juin 1959, portant mesure d'amnistie et de libération anticipée, JORC du 15 juillet 1959, p.457.

Loi n°34-59 du 30 juin 1959, portant mesures d'amnistie à la suite d'événements et d'incidents à caractère politique, JORC du 15 juillet 1959, p.458.

Loi n°60-733 du 28 juillet 1960 portant approbation des accords particuliers signés le 12 juillet 1960 entre le gouvernement de la République française, d'une part, et les gouvernements respectifs de la République centrafricaine, de la République du Congo et de la République du Tchad, d'autre part, JORF, 29 juillet 1960, pp.992 et 6993.

Accord du 12 juillet 1960 relatif aux dispositions transitoires en matière de justice entre la République française et la République du Congo, JORC, 28 juillet 1960, n° spécial, p.554.

Loi n°04-62 du 20 janvier 1962, portant création de la Cour suprême, JORF, du 15 février 1962, pp.149-156.

Loi n°60-1225 du 22 novembre 1960 portant approbation des accords particuliers conclus les 11, 13 et 15 août 1960 entre le gouvernement de la République française, d'une part, et les gouvernements respectifs de la République centrafricaine, de la République du Congo et de la République du Tchad, JORF du 23 novembre 1960, pp.10427-10428.

Décret n°60-1230 du 23 novembre 1960 portant publication des accords particuliers conclus les 11, 13 et 15 août 1960 entre le gouvernement de la République française, d'une part, et les gouvernements respectifs de la République centrafricaine, de la République du Congo et de la République du Tchad, JORF du 23 novembre 1960, pp.10459-10490.

Loi n°60-43 du 28 juillet 1960, portant ratification des accords de transferts des compétences entre la République française et la République du Congo, JORC, n° spécial (17) du 28 juillet 1960, pp.553 et 554.

Loi n°06-61 du 11 janvier 1961, fixant l'organisation judiciaire (article 4), JORC, 1er février 1961, pp. 85.

Loi n° 22-61 du 2 mars 1961 portant adoption de la Constitution de la République du Congo.

Loi n°4-62 du 20 janvier 1962, portant création de la Cour suprême, JORC, 15 février 1962, pp.149.

Ordonnance n°62-8 du 28 juillet 1962 sur l'état d'urgence et l'état de siège, JORF, numéro Spécial, 08 août 1962, pp. 631.

Ordonnance n°62-17 du 7 septembre 1962, complétant l'ordonnance n°62-8 du 28 juillet 1962 sur l'état d'urgence et l'état de siège, JORF, 15 septembre 1962, p725.

Loi n°5-62 du 20 janvier 1962 sur l'organisation et le fonctionnement du Conseil supérieur de la magistrature, JORC, 1er février 1962, pp. 97 et suiv.

Loi n°14-63 du 13 avril 1963, portant institution du parti unique, JORC, du 15 avril 1963, p.383.

Constitution du 08 décembre 1963.

Loi n°25-64 du 20 juillet 1964, portant institution du parti unique, dénommé *« Mouvement national de la Révolution »*, JORC, 1er août 1964, p.637.

Acte fondamental du 5 août 1968.

Constitution du 30 décembre 1969.

Ordonnance n°40-69 du 31 décembre 1969, portant promulgation de la constitution de la République populaire du Congo, JORPC, 15 janvier 1970, pp. 23.

Constitution de la République du Congo du 24 Juin 1973.

Acte fondamental de la République populaire du Congo du 5 Avril 1977.

Constitution de la République populaire du Congo du 8 juillet 1979.

Loi n°25-80 du 13 novembre 1980, portant amendement de la constitution du 8 juillet 1980, JORC, du 15 novembre 1980, pp.1087.

Ordonnance n°021-89 du 14 novembre 1989 (modifiée) portant refonte de la fonction publique.

Acte fondamental de transition de 1991

Constitution du 15 mars 1992

Acte fondamental du 24 octobre 1997

Constitution du 20 janvier 2002.

Loi organique n°1-2003 du 17 janvier 2003 portant organisation et fonctionnement de la Cour constitutionnelle, JORC, Avril 2004, édition spéciale, p.31.

Décret n° 2005-02 du 07 Janvier 2005 portant nomination des membres du Gouvernement, JORC, n°01-2005, du 1er au 7 janvier 2009, pp. 3-4.

Loi n°5-2005 du 11 mai 2005 portant statut de la fonction publique territoriale, JO, n°18-2005 du 14 mai 2005, p.906 ; loi n°14-2019 du 21 mai 2019 modifiant et complémentant les articles 41, 53, 65 et 69 de la loi n°5-2005 du 11 mai 2005 portant statut de la fonction publique territoriale.

Loi n°5-2005 du 11 mai 2005 portant statut de la fonction publique territoriale, JO, n°18-2005 du 14 mai 2005, p.906 ; loi n°14-2019 du 21 mai 2019 modifiant et complémentant les articles 41, 53, 65 et 69 de la loi n°5-2005 du 11 mai 2005 portant statut de la fonction publique territoriale.

Loi n°6-2005 du 13 mai 2005, déterminant les hauts emplois et fonctions civils et militaires pourvus en Conseil des ministres.

La charte africaine de la démocratie, des élections et de la gouvernance du 30 janvier 2007 (entrée en vigueur le 15 février 2012).

Décret n°2000-155 du 13 février 2007 portant réorganisation de la commission nationale de lutte contre la corruption, la concussion et la fraude, JO n°06-2007 du 15 février 2007, p. 518.

Loi n°16-2007 n°38-2007 du 19 septembre 2007, portant création de l'observatoire anticorruption, JO. du 27 septembre 2007, p.1865.

Loi n°14-2007 du 25 juillet 2007 modifiant et complétant les articles 91 et 177 de l'ordonnance n°021-89 du 14 novembre 1989, JO n°30-2007 du 02 août 2007, p.1601.

Loi organique n° 22-2008 du 26 juillet 2008 portant organisation, composition et fonctionnement du Conseil supérieur de la magistrature (elle modifie la loi n°16-99 du 15 avril 1999 modifiant et complétant certaines dispositions de la loi n°024-92 du 20 août 1992 et n°29-94 du 18 octobre 1994 portant institution du Conseil supérieur de la magistrature.

Décret n° 2009 – 235 du 13 août 2009, portant approbation du plan d'action de lutte contre la corruption, la concussion et la fraude et pour l'amélioration de la gouvernance en République du Congo, JO n° 38-2009 du 17 septembre 2009, p. 2415.

Décret n°2009-335 du 15 septembre 2009 portant nomination des membres du Gouvernement, JORC, n°38, du 17 septembre 2009, pp.2377-2378.

Loi n°21-2010 du 30 décembre 2010, modifiant et complétant certaines dispositions de l'ordonnance n°021-89 du 14 novembre 1989, portant statut général de la fonction publique, JO n°03-2010 du 20 janvier 2011, p.39.

Décret n° 2010-792 du 31 décembre 2010, relatif à l'administration du quartier et du village, JO n°01-2011 du 06 janvier 2011, pp.3-5.

Loi n°13-2010 du 22 octobre 2010 autorisant la ratification de la charte africaine de la jeunesse et le Décret n°2010-686 du 22 octobre 2010, portant ratification de la charte africaine de la jeunesse, JO. du 28 octobre 2010, pp. 879-889.

Arrêté n°9537/MFBPP/CAB du 1er avril 2011 fixant les modalités d'élaboration et de présentation de la délibération de règlement du budget des collectivités locales.

Décret n° 2011-107 du 12 février 2011 portant création, attributions, organisation et fonctionnement du comité de suivi et d'évaluation des politiques et programmes publics, JO. du jeudi 17 février 2011, pp. 263-264.

Loi n°4-2014 du 14 février 2014, autorisant la ratification de la convention relative aux droits des personnes handicapées ainsi que le protocole facultatif se rapportant à cette convention, JO. 20 février 2014, p.139 ; Décret n°2014-29 du 14 février 2014 portant ratification de cette convention, JO. 20 février 2014, pp.151-168 (comprenant en annexe les textes de la convention et du protocole).

Décret n° 2015-691 du 9 juillet 2015 portant convocation du dialogue national 2015, JORC, n°29-2015, du 16 juillet 2015, p. 586.

Décret n° 2015-658 du 1er juillet 2015 portant création, attributions et organisation du dialogue national 2015, JORC, n°28-2015 du 09 juillet 2015 p. 562.

Décret n° 2015-659 du 1er juillet 2015, portant création, attributions et organisation de la commission préparatoire au dialogue national de 2015, JORC, n°28-2015 du 09 juillet 2015, p.562.

Décret n° 2015-660 du 1er juillet 2015, portant nomination des membres de la commission préparatoire au dialogue national 2015, JORC, n°28-2015 du 09 juillet 2015, p.563.

Décret n° 2015-695 du 13 juillet 2015 portant désignation du président du présidium du dialogue national 2015, JORC, 29-2015, du 16 juillet 2015, p.586.

Décret n° 2015-694 du 13 juillet 2015 désignant le représentant du Président de la République au dialogue national, JORC, n°29-2015 du 16 juillet 2015, p.586.

Décret n°2015-915 du 21 septembre 2015 portant création de la Commission d'élaboration du projet de constitution, JORC, du 1er octobre 2015, p.778 ; Décret n°2015-915 du 21 septembre 2015, portant nomination des membres de la Commission d'élaboration du projet de constitution, JORC, du 1er octobre 2015, p.786.

Décret n°2015-941 du 7 octobre 2015, portant convocation du corps électoral pour le référendum sur la constitution, JO. N°42 du 15 octobre 2015, p.846.

Arrêté n°34293 du 8 octobre 2015 fixant la période de la campagne électorale relative à l'élection référendaire, scrutin du 25 octobre 2015, JO. N°42, du 15 octobre 2015, p 846.

Arrêté n°34294 du 8 octobre 2015, fixant la couleur des bulletins pour le référendum scrutin du 25 octobre 2015, JO. N°42, du 15 octobre 2015, p 847.

Constitution du 25 octobre 2015, promulguée le 06 novembre 2015, JORC, éd. Spéciale n°8 du 06 novembre 2015.

Décret n°2016-35 du 1er février 2016, déterminant les caractéristiques du Bulletin unique de vote, JO, du 4 février 2016, pp158-159.

Arrêté n°1020 du 23 février 2016, fixant le nombre et les lieux d'implantation des bureaux de vote relatif à l'élection du président de la République, scrutin du 20 mars 2016, JO, du 25 février 2016, pp231-326.

Acte n°2016-01 du 04 mars 2016, portant création de la Commission technique électorale ; *« Congo : l'opposition installe sa commission électorale »*, http://www.lanouvelleexpression.info/index.php ; *« Congo : l'opposition crée sa propre commission électorale »*, http:/www.lemonde.fr/afrique/article/2016, le 10 mars 2016 ; *« Présidentielle au Congo : l'opposition crée sa propre commission électorale »*, http://242.info ; *« Congo : Brazzaville : l'opposition a créé sa propre commission électorale »*, http://www.rfi.frafrique2016, le 10 mars 2016 ; *« Congo : Brazzaville : l'opposition lance sa propre commission électorale »*, http://www.jeuneafrique.com.308815/politique/le 11 mars 2016.

Acte n°2016-03 du 08 mars 2016 portant nomination des membres de la Commission technique électorale.

Arrêté n°195, du 1er février 2016 fixant la période de dépôt des dossiers de candidatures à l'élection présidentielle, scrutin du 20 mars 2016, JO. du 04 février 2016, p.159.

Arrêté n°196 du 1er février 2016, fixant la période de la campagne électorale relative à l'élection du Président de la République, scrutin du 20 mars 2016, JO, du 4 février 2016, page 160.

Décret présidentiel n°2016-93 du 06 avril 2016, révoquant F. Bitsangou (Pasteur Ntumi) de ses fonctions, JO du 14 avril 2016, p.548

Loi n° 10-2017 du 9 mars 2017 portant code relatif à la transparence et à la responsabilité dans la gestion des finances publiques.

Décret n° 2017-260 du 25 juillet 2017, portant organisation du ministère de la justice, des droits humains et de la promotion des peuples autochtones, JO, n°31-2017 du 3 août 2017, p.1015.

Décret n° 2017-261 du 25 juillet 2017, portant attributions et organisation de la direction générale de la promotion des peuples autochtones, JO, n°31-2017 du 3 août 2017, p.1017.

Loi organique n° 31-2017 du 7 août 2017 déterminant l'organisation, la composition et le fonctionnement du conseil consultatif des sages et des notabilités traditionnelles, JO. du 21 septembre 2017, pp. 1215 ; un avis de conformité de la Cour constitutionnelle, n°004-ACC-SVC du 16 juin 2017, JO du 21 septembre 2017, pp. 1217

Loi organique n°32-2017 du 07 août 2017, déterminant l'organisation, la composition et le fonctionnement du Conseil consultatif de la société civile et des organisations non gouvernementales, JO. du 21 septembre 2017, pp.1218-1219 ; Cour constitutionnelle, Avis n°005-ACC-SVC/17 du 16 juin 2017, JO du 21 septembre 2017, p.1279.

Loi organique n° 36-2017 du 3 octobre 2017 relative aux lois de finances, JO du 5 octobre 2017, édition spéciale, n°8.

Loi n° 2-2018 du 5 février 2018 détermine les modalités de nomination aux hauts emplois et fonctions civils et militaires, JO, n°7-2018 du jeudi 15 février 2018, p.163.

Décret n° 2018-67 du 1er mars 2018 portant règlement général de la comptabilité publique, JO n° 11-2018, Du jeudi 15 mars 2018, p. 303.

Loi organique n°15-2018 du 15 mars 2018 déterminant l'organisation, la composition et le fonctionnement du Conseil consultatif de la jeunesse, JO du 23 mars 2018, pp. 406-407.

Décret n°2018-233 du 13 juin 2018 fixant le taux de l'indemnité de session du Conseil national du dialogue, JO du 25 juin 2018, p.777.

Décret n°2018-276 du 18 juillet 2018 fixant les modalités de sélection des membres de l'assemblée générale du Conseil consultatif de la jeunesse, JO du 26 juillet 2018, p.980.

Loi organique n°28-2018 du 07 août 2018 portant organisation et fonctionnement de la Cour constitutionnelle, JORC n°33-2018 du 16 août 2018, p.1038.

Loi organique n°26-2018 du 07 août 2018 déterminant l'organisation, la composition et le fonctionnement du Conseil consultatif des personnes vivant avec handicap, JO. n°33 du 16 août 2016 p.1031. Loi jugée conforme à la constitution par avis n° 008-ACC-SVC/18 du 12 juillet 2018, JO. n°33 du 16 août 2016 p.1066.

Loi n° 30-2018 du 7 août 2018 portant attributions, organisation et fonctionnement de la Commission nationale des droits de l'homme. JO. n°33 du 16 août 2018, p. 1046 ; Avis n° 007-ACC-SVC/18 du 12 juillet 2018 sur la conformité à la Constitution de la loi portant attributions, organisation et fonctionnement de la commission nationale des droits de l'homme.

Avis n° A/HRC/WGAD/2018/56, du 23 août 2018, concernant Jean-Marie Michel Mokoko (Congo) ; Avis adoptés par le Groupe de travail sur la détention arbitraire à sa quatre-vingt-deuxième session (20-24 août 2018).

https://documents-dds-ny.un.org/doc/UNDOC/GEN/G18/334/92/PDF/G1833492.pdf?OpenElement.

Loi n°32-2018 du 1er octobre 2018, portant approbation du plan national de développement 2018-2022 ; « Le gouvernement valide le programme national de développement », Les Dépêches de Brazzaville, n°3263 du lundi 09 juillet 2018, pp. 1 et 2 ; n°3294 du mercredi 15 au jeudi 16 août 2018, p.4.

Avis n°5/2018 du 2 octobre 2018, Nations-Unies, A/HCR/WGAD/2018/5.

Avis n°5/2018 du 2 octobre 2018, Nations-Unies, A/HCR/WGAD/2018/5.

Décret n° 2018-479 du 26 décembre 2018 portant attributions, organisation et fonctionnement du secrétariat général de la Cour constitutionnelle, JO. n°3-2019 du 17 janvier 2019, p.39.

Décret n°2018-482 du 26 décembre 2018 fixant les modalités de sélection des membres ayant voix délibérative au sein du Conseil consultatif des personnes vivant avec handicap, JO n° 2019-03 du 17 janvier 2019, p.44.

Décret n°2018-483 du 26 décembre 2018, fixant le taux et les conditions d'attribution de l'indemnité de session du Conseil consultatif des personnes vivant avec handicap, JO. 17 janvier 2019.

Loi n°03-2019 du 07 février 2019 portant création de la Haute autorité de lutte contre la corruption, JO. n°9-2019 du 28 février 2019, p.243.

Loi n° 4-2019 du 7 février 2019 relative à l'obligation de déclaration de patrimoine par les citoyens élus ou nommés à une haute fonction publique, JO, n°9-2019 du 28 février 2019, p 245.

Loi n° 4-2019 du 7 février 2019 relative à l'obligation de déclaration de patrimoine par les citoyens élus ou nommés à une haute fonction publique, JO, n°9-2019 du 28 février 2019, p 245 .

Décret n° 2019-58 du 28 mars 2019 fixant les modalités de désignation des membres du Conseil économique, social et environnemental, JO, du 04 avril 2019, p.335.

Loi n° 14-2019 du 21 mai 2019 modifiant et complétant les articles 41, 53, 65 et 69 de la loi n° 5-2005 du 11 mai 2005 portant statut de la fonction publique territoriale, JO n°23-2019 du 06 juin 2019, p.502.

Loi n° 18-2019 du 24 mai 2019 portant création, attributions, composition et fonctionnement de la Commission nationale de transparence et de responsabilité dans la gestion des finances publiques, JORC, n° 24, du 13 juin 2019, p. 539.

Décret n°2019-161 du 26 juin 2019 portant nomination des membres du CESE, JO du 25.07. 2019, p.759.

Décret n°2019-161 du 26 juin 2019 portant nomination des membres du Conseil économique, social et environnemental, JO du 25 juillet 2919, 759.

Décret n° 2019-199 du 12 juillet 2019, portant mesures spéciales d'octroi des pièces de l'état civil aux populations autochtones, JORC, n°31-2019 du 1er août 2019, p.780

Décret n° 2019-200 du 12 juillet 2019, déterminant les modalités de protection des biens culturels, des cites sacrés et des cites spirituels des populations autochtones, JORC, n°31-2019 du 1er août 2019, p 782

Décret n° 2019-201 du 12 juillet 2019, fixant les procédures de consultation et de participation des populations autochtones aux projets et programmes de développement socio-économique, JORC, n°31-2019 du 1er août 2019, p 783

Décret n° 2019-202 du 12 juillet 2019, fixant les mesures spéciales visant à faciliter l'accès des populations autochtones aux services sociaux et de santé et à protéger leur pharmacopée, JORC, n°31-2019 du 1er août 2019, p. 785

Décret n° 2019-203 du 12 juillet 2019 fixant la composition et les modalités de fonctionnement du comité interministériel de suivi et d'évaluation de la promotion et de la protection des droits des populations autochtones, JORC, n°31-2019 du 1er août 2019, p. 787

Décret n° 2019-204 du 12 juillet 2019, portant mesures spéciales facilitant l'accès des enfants autochtones à l'éducation et des adultes à l'alphabétisation, JORC, n°31-2019 du 1er août 2019, p. 789.

Décret n° 2019-320 du 12 novembre 2019, fixant les modalités d'application de la loi relative à l'obligation de déclaration de patrimoine par les citoyens élus ou nommés à une haute fonction publique, JO, n° 46-2019 du 14 novembre 2019, p. 1432.

Décret n°2019-182 du 10 juillet 2019, portant nomination des membres du bureau du CESE, JO du 25 juillet 2019, p. 760.

Décret n° 2019-320 du 12 novembre 2019, fixant les modalités d'application de la loi relative à l'obligation de déclaration de patrimoine par les citoyens élus ou nommés à une haute fonction publique, JO, n° 46-2019 du 14 novembre 2019, p. 1432.

Loi n° 53-2020 du 13 octobre 2020 autorisant la ratification du deuxième protocole facultatif se rapportant au pacte international relatif aux droits civils et politiques, visant à abolir la peine de mort, JORC, n°42 du 22 octobre 2020, p. 987.

Décret n° 2020-477 du 13 octobre 2020 portant ratification du deuxième protocole facultatif se rapportant au pacte international relatif aux droits civils et politiques, visant à abolir la peine de mort, JORC, n°42 du 22 octobre 2020, p. 989.

Arrêté n°13205/MID-CAB du 21 octobre 2020, portant publication de la liste des partis politiques, JORC, n°44 du 05 novembre 2020, pp.1143-1146.

Loi n°53-2020 du 13 octobre 2020 autorisant la ratification du deuxième protocole facultatif se rapportant au pacte international relatif aux droits civils et politiques, visant à abolir la peine de mort, avec la loi du 13 octobre 2020, JORC, n°42-2020 du 22 octobre 2020, p.987.

Décret n°2020-477 du 13 octobre 2020 portant du deuxième protocole facultatif se rapportant au pacte international relatif aux droits civils et politiques, visant à abolir la peine de mort, JORC, n°42-2020 du 22 octobre 2020, p.989.

Loi organique n°57-2020 du 18 novembre 2020 modifiant et complétant certaines dispositions de la loi organique n°28-2018 du 07 août 2018 portant organisation et fonctionnement de la Cour constitutionnelle, JORC, n°47-2020 du 26 novembre 2020, p.1207.

Loi n° 10-2021 du 27 janvier 2021, portant statut général des militaires et des gendarmes, JORC, n° 6, du jeudi 11 février 2021, 235.

Arrêté (ministère intérieur et de la décentralisation), n°17220 du 29 décembre 2020, portant révision extraordinaire des listes électorales pour la période allant du 07 janvier 2021 au 16 février 2021JORC, n°2, du 14 janvier 2021, p.57-58.

Décret n°2021-26 du 13 janvier 2021 portant convocation du corps électoral pour le 1er tour de l'élection du Président de la République, JORC, n°3 du 21 janvier 2021, p.115.

Arrêté (ministère intérieur et de la décentralisation) n° 2996 du 4 mars 2021 modifiant et complétant l'arrêté n° 2321 du 25 février 2021 fixant le nombre et les lieux d'implantation des bureaux de vote spéciaux de la force publique pour l'élection du Président de la République, scrutin du 21 mars 2021, JORC, n° 11 du 18 mars 2021, p 489.

Arrêté (ministère intérieur et de la décentralisation) n° 2321 du 25 février 2021 fixant le nombre et les lieux d'implantation des bureaux de vote spéciaux de la force publique pour l'élection du Président de la République, scrutin du 21 mars 2021, JORC, n° 10, du jeudi 11 mars 2021, p. 332.

Arrêté (ministère intérieur et de la décentralisation) n°5 du 08 janvier 2021, portant désignation des Commissions administratives chargées de l'établissement des listes électorales spéciales des membres de la Force publique, JORC, n°3 du 21 janvier 2021, p.116.

Arrêté (ministère intérieur et de la décentralisation) n° 2321 du 25 février 2021 fixant le nombre et les lieux d'implantation des bureaux de vote spéciaux de la Force publique pour l'élection du Président de la République, scrutin du 21 mars 2021, JORC, n°3 du 21 janvier 2021, p.116.

Arrêté (ministère intérieur et de la décentralisation) n° 3252 du 5 mars 2021 modifiant certaines dispositions de l'arrêté n° 2589 du 1er mars 2021 portant nomination des membres des bureaux des commissions locales d'organisation des élections, JORC, n°11, du 18 mars 2021, p.491.

Arrêté (ministère intérieur et de la décentralisation) n° 89 du 14 janvier 2021 fixant la période de dépôt des dossiers de candidature à l'élection du Président de la République, scrutin du 21 mars 2021, JORC, n°3 du 21 janvier 2021, p.115.

Arrêté (ministère intérieur et de la décentralisation) n° 862 du 5 février 2021 portant prorogation de la période de dépôt des dossiers de candidature à l'élection du Président de la République, scrutin du 21 mars 2021, JORC, n°7, du 18 février 2021, p.271.

Arrêté (ministère intérieur et de la décentralisation) n° 4500 du 17 mars 2021 portant fermeture des frontières nationales à l'occasion de l'élection du Président de la République, scrutin du 21 mars 2021, JORC, n°12, du 25 janvier 2021, p. 503.

Arrêté n° 4501 du 17 mars 2021 portant interdiction de la circulation automobile et de certaines activités sur toute l'étendue du territoire national à l'occasion de l'élection du Président de la République, scrutin du 21 mars 2021, JORC, n°12 du 25 janvier 2021, p. 503.

Décret n°2021-300 du 12 mai 2021 portant nomination du Premier ministre, chef du gouvernement.

Décret n°2021-301 du 15 mai 2021 portant nomination des membres du gouvernement, JORF, n°21-2021 du 27 mai 2021, pp.14-15.

Décret n°2021-302 du 16 mai 2021 portant nomination d'un membre du gouvernement, JORF, n°21-2021 du 27 mai 2021, pp.15.

Décret n°2021-303 du 21 mai 2021 fixant la préséance des membres du gouvernement, JORF, n°21-2021 du 27 mai 2021, pp.15-16

D). La Jurisprudence.

Décision, Cour constitutionnelle, n° 001/DCC/SVA/16 du 20 janvier 2016 sur la nullité de la décision du Gouvernement portant convocation du corps électoral le 20 mars 2016 pour le premier tour de l'élection présidentielle, JO, du 04/02/2016, pp.170-172.

Délibération, Cour constitutionnelle, n° 001 IDEL/CC/16 du 27 janvier 2016 relative à la régularité de l'élection du Président de la République, scrutin du 20 mars 2016, JO. Du 04 février 2016, pp 174-176.

Décision, Cour constitutionnelle, n° 002/DCC/16 du 2 février 2016, portant désignation d'un collège de trois médecins assermentés charges de constater l'Etat de bien être physique et mental des candidats aux fonctions de Résident de la République, scrutin du 20 mars 2016.

Décision, Cour constitutionnelle, n°004/DCC/EL/PR/16 du 24 février 2016, arrêtant la liste définitive des candidats aux fonctions de Président de la République, scrutin du 20 mars 2016, JO du 25/02/2016, pp348-350.

Décision, Cour constitutionnelle, n°005/DCC/EL/PR/16 du 4 avril 2016 portant proclamation des résultats définitifs de l'élection du Président de la République, scrutin du 20 mars 2016, JO (édition spécial), 5 avril 2016.

Avis, Cour constitutionnelle, n° 007-ACC-SVC/18 du 12 juillet 2018 sur la conformité à la Constitution de la loi portant attributions, organisation et fonctionnement de la commission nationale des droits de l'homme, JO, n°33 du 16 août 2018, p.1065.

Décision, Cour constitutionnelle, n° 008 DCC/SVA/19 du 10 décembre 2019, sur le recours aux fins d'enjoindre au Gouvernement d'exécuter une décision de justice, J.O. N° 51-2019 du 19 décembre 2019, p. 1534.

Avis, Cour constitutionnelle, n° 006-ACC-SVC/18 du 12 juillet 2018, JO n°33 du 16 août 2018, p.1064.

Avis conformité, Cour constitutionnelle, n°003-ACC-SVC/17 du 16 juin 2017, JO. 21 septembre 2017 (n°38), p.1213.

Décision n° 004/DCC/SVA/20 du 22 juillet 2020 sur le recours en inconstitutionnalité des articles 121,128, 135, 136 et 141 de la loi n° 073/84 du 17 octobre 1984 portant code de la famille, JORC, n° 31-2020, p. 698.

Décision n° 005/DCC/SVA/20 du 31 juillet 2020 sur le recours en inconstitutionnalité de l'élection à l'issue de laquelle monsieur Denis SASSOUN'GUESSO a été reconduit président du comité central du Parti Congolais du Travail, lors du 5ème congrès ordinaire dudit parti, JORC, n°31-2020 du jeudi 6 août 2020, p. 702.

Décision n° 006 du 29 octobre 2020, sur le recours tendant à faire déclarer illégal le mandat de Monsieur (X), député à l'Assemblée nationale, et à le déclarer indigne de porter ce titre, JORC, n°45-2020 du 12 novembre 2020, p.1177.

Décision n° 001/DCC/EL/PR/21 du 19 janvier 2021 portant désignation d'un collège de trois médecins assermentés chargé de constater l'état de bien-être physique et mental des candidats aux fonctions de Président de la République, scrutin du 21 mars 2021, JORC, n°7, du 18 février 2021, p.288.

Décision n° 002/DCC/EL/PR/21 du 17 février 2021 portant liste définitive des candidats à l'élection du Président de la République, scrutin du 21 mars 2021, JORC, n°7, du 18 février 2021, p.290.

Décision n° 003/DCC/EL/PR/21 du 6 avril 2021 sur les recours aux fins d'annulation et de report de l'élection du Président de la République, scrutin des 17 et 21 mars 2021, et portant proclamation des résultats définitifs de ladite élection, JORC, Edition spéciale n° 1 du 9 avril 2021, pp. 1 à 10.

Table des matières

Structures éditoriales du groupe L'Harmattan

L'Harmattan Italie
Via degli Artisti, 15
10124 Torino
harmattan.italia@gmail.com

L'Harmattan Hongrie
Kossuth l. u. 14-16.
1053 Budapest
harmattan@harmattan.hu

L'Harmattan Sénégal
10 VDN en face Mermoz
BP 45034 Dakar-Fann
senharmattan@gmail.com

L'Harmattan Cameroun
TSINGA/FECAFOOT
BP 11486 Yaoundé
inkoukam@gmail.com

L'Harmattan Burkina Faso
Achille Somé – tengnule@hotmail.fr

L'Harmattan Guinée
Almamya, rue KA 028 OKB Agency
BP 3470 Conakry
harmattanguinee@yahoo.fr

L'Harmattan RDC
185, avenue Nyangwe
Commune de Lingwala – Kinshasa
matangilamusadila@yahoo.fr

L'Harmattan Congo
67, boulevard Denis-Sassou-N'Guesso
BP 2874 Brazzaville
harmattan.congo@yahoo.fr

L'Harmattan Mali
Sirakoro-Meguetana V31
Bamako
syllaka@yahoo.fr

L'Harmattan Togo
Djidjole – Lomé
Maison Amela
face EPP BATOME
ddamela@aol.com

L'Harmattan Côte d'Ivoire
Résidence Karl – Cité des Arts
Abidjan-Cocody
03 BP 1588 Abidjan
espace_harmattan.ci@hotmail.fr

L'Harmattan Algérie
22, rue Moulay-Mohamed
31000 Oran
info2@harmattan-algerie.com

L'Harmattan Maroc
5, rue Ferrane-Kouicha, Talaâ-Elkbira
Chrableyine, Fès-Médine
30000 Fès
harmattan.maroc@gmail.com

Nos librairies en France

Librairie internationale
16, rue des Écoles – 75005 Paris
librairie.internationale@harmattan.fr
01 40 46 79 11
www.librairieharmattan.com

Librairie l'Espace Harmattan
21 bis, rue des Écoles – 75005 Paris
librairie.espace@harmattan.fr
01 43 29 49 42

Lib. sciences humaines & histoire
21, rue des Écoles – 75005 Paris
librairie.sh@harmattan.fr
01 46 34 13 71
www.librairieharmattansh.com

Lib. Méditerranée & Moyen-Orient
7, rue des Carmes – 75005 Paris
librairie.mediterranee@harmattan.fr
01 43 29 71 15

Librairie Le Lucernaire
53, rue Notre-Dame-des-Champs – 75006 Paris
librairie@lucernaire.fr
01 42 22 67 13

www.ingramcontent.com/pod-product-compliance
Lightning Source LLC
LaVergne TN
LVHW010631051026
849532LV00001B/22
9782343240367